LES
GRANDS ÉCRIVAINS
DE LA FRANCE

NOUVELLES ÉDITIONS

PUBLIÉES SOUS LA DIRECTION

DE M. AD. REGNIER

Membre de l'Institut

ŒUVRES
DU
CARDINAL DE RETZ

TOME VIII

PARIS. — TYPOGRAPHIE LAHURE
Rue de Fleurus, 9

ŒUVRES
DU CARDINAL
DE RETZ

NOUVELLE ÉDITION
REVUE SUR LES AUTOGRAPHES
ET SUR LES PLUS ANCIENNES IMPRESSIONS

ET AUGMENTÉE

de morceaux inédits, de variantes, de notices, de notes, d'un lexique des mots
et locutions remarquables, d'un portrait, de fac-similé, etc.

TOME HUITIÈME

PAR M. R. CHANTELAUZE

PARIS
LIBRAIRIE HACHETTE ET Cⁱᵉ
BOULEVARD SAINT-GERMAIN, 79

1887

AVERTISSEMENT

Ce volume contient : les lettres de Retz à l'abbé Charrier, qu'il avait envoyé à Rome pour y solliciter sa promotion au cardinalat; ses lettres à l'abbé Paris, à son intendant M. de la Fons, et sa correspondance diverse.

Dans notre *Introduction*, nous avons fait le récit des intrigues et des incroyables manœuvres auxquelles se livra le Coadjuteur pour conquérir le chapeau. Nous ne reviendrons pas sur ce chapitre; mais nous ne pouvons passer sous silence deux points de vue essentiels et nouveaux que présente cet étrange épisode de la vie de Retz, et qui nous donnent la mesure de son ambition sans bornes. Pour quel puissant motif attachait-il tant d'importance à la pourpre? A quel prix et par quels moyens obtint-il sa nomination de la Reine? Il est d'autant plus intéressant d'éclaircir ces deux questions, que Retz a passé sous silence la première et que sur la seconde il n'a rien négligé pour faire illusion à ses lecteurs et pour tromper leur bonne foi.

Depuis les guerres de religion, la Cour, afin de donner en quelque sorte un gage de plus aux catholiques contre les protestants, semble s'être fait une règle de choisir des cardinaux pour premiers ministres. Dans sa propre famille, Retz comptait deux cardinaux, qui, avant Richelieu et Mazarin, avaient été chefs du Conseil. De là chez lui cette passion sans frein pour une dignité qui seule pouvait le conduire au faîte du ministère.

Comment le Coadjuteur parvint-il à vaincre la résistance de Mazarin à lui accorder cette insigne faveur dont la possession pouvait devenir, entre les mains d'un homme de sa trempe, une arme si redoutable?

En février 1651, le Coadjuteur, avec le consentement de Gaston d'Orléans, avait retenu dans Paris, comme otages, le jeune Roi et la Reine sa mère, et, sous leur nom, Gaston et son favori, pendant l'exil de Mazarin, avaient usurpé la direction de l'État. Mazarin, qui brûlait d'aller rejoindre au fond de la province la régente et son fils, se voyait perdu sans retour s'il ne les enlevait au plus tôt à la domination du chef de la Fronde. Pour atteindre ce but, il se résigna au dernier sacrifice. Il offrit au Coadjuteur sa nomination au cardinalat, s'il voulait fermer les yeux sur le départ de la Reine et du jeune Roi, dont la majorité venait d'être proclamée. L'offre fut acceptée dans le plus grand secret, et la Cour, sans être inquiétée, quitta Paris dans le courant de septembre 1651. C'est ce que nous révèlent des lettres inédites de Mazarin à la même date. On y trouve la preuve que, peu de jours avant ce départ, le Coadjuteur reçut le brevet de sa nomination, et que ce fut par conséquent en échange du chapeau qu'il consentit à la ruine de la Fronde.

Dans ses *Mémoires*, il ne dissimule pas que le départ de la Cour porta un coup mortel à sa faction. Or, pour ne pas encourir devant la postérité une responsabilité qui aurait pesé tout entière sur sa tête, en tant que chef de parti, qu'a-t-il imaginé? Afin d'éviter un rapprochement de dates qui, à lui seul, eût été une révélation accablante pour sa mémoire, il a prétendu que sa nomination lui fut accordée quatre ou cinq mois avant le départ du Roi et de sa mère. Par cette interversion des faits, il a espéré détourner les soupçons des lecteurs. En jetant les yeux sur notre *Introduction*, on y trouvera des preuves évidentes de ce stratagème de Retz. Cette découverte a son importance, car elle nous montre une fois de plus, et sur un point capital, que le cardinal de Retz, lorsque sa réputation pouvait être compromise, ne se faisait aucun scrupule de passer sous silence les souvenirs les plus importuns de sa mémoire, pour y suppléer par les ressources de son imagination.

Les lettres de Retz, adressées à un confident à toute épreuve, et non destinées, à coup sûr, à voir le jour, permettent de descendre dans toutes les profondeurs de la conscience de l'homme et de l'étudier dans ses derniers replis. Se croyant tout à fait à l'abri derrière un chiffre des plus compliqués, le Coadjuteur, non seulement sans le moindre embarras, sans la moindre réticence, mais encore avec un laisser-aller inimaginable, y découvre à Charrier ses pensées les plus secrètes, ses desseins les moins avouables. Pour corrompre à Rome tout ce qui lui semble corruptible, il met aux mains de l'abbé des sommes énormes; il lui donne pour instructions d'insinuer dans l'entourage du Pape que, suivant le traitement qu'il recevra de lui, il fera le bien ou le mal; que, s'il est nommé cardinal, Rome n'aura pas de partisan plus dévoué et plus ardent; que, s'il ne l'est pas, il est homme à se mettre à la tête des jansénistes, à allumer un schisme qui s'étendra bientôt à toute la chrétienté. C'est satanique, mais grandiose.

A d'autres points de vue, les correspondances de Retz avec l'abbé Paris, archidiacre de Rouen, et avec M. de la Fons, son intendant, ne sont pas moins intéressantes pour l'histoire intime de sa vie. L'immortel auteur des *Mémoires* s'y montre à nous, dans son vieux château de Commercy, d'aussi près que nous voyons Voltaire, dans ses lettres, soit à Ferney, soit aux *Délices*.

Le Cardinal nous apparaît dans ses cadres divers : tantôt on l'aperçoit se promenant dans une galerie, ornée des portraits de ses aïeux; tantôt assis dans sa bibliothèque, au milieu de ses livres, reliés en maroquin et à ses armes; ou bien encore dans ses vastes appartements, garnis de meubles précieux, choisis par sa cousine Mme de Sévigné, se plaisant à donner une hospitalité somptueuse à des visiteurs du plus grand monde.

Quelques lettres nous le font entrevoir dans sa campagne de Ville-Issey, sur les bords de la Meuse, se distrayant à faire planter des arbustes rares, que lui fournit la Quintinie, le jardinier du Roi; à jeter dans ses viviers du pain à ses poissons; à voir s'ébattre, dans une ménagerie qu'il a fait construire, des sangliers, des cerfs, des chevreuils, que lui envoie de Chantilly le grand Condé.

C'est dans cette retraite que Retz, plus à l'abri des importuns qu'à Commercy, a mis, selon toute probabilité, la dernière main à ses *Mémoires*. Ce qu'il y a de certain, ainsi que nous l'avons découvert pour la première fois et établi sur des preuves indiscutables, c'est que leur dernière rédaction ne fut entreprise qu'à partir de l'année 1671.

On trouvera dans ces correspondances du Cardinal bien d'autres détails intéressants sur sa vie privée.

AVERTISSEMENT.

Bornons-nous à signaler à l'attention des lecteurs quelles furent les principales occupations auxquelles il se livra tout entier pendant ses dernières années. Sans parler de l'administration de ses domaines particuliers, qui demandait des soins sans nombre, trois affaires capitales servirent de pâture, pendant plus de quinze ans, à l'activité dévorante de son esprit : l'administration temporelle de son abbaye de Saint-Denis, le payement de ses dettes, la rédaction de ses *Mémoires*. Retz poursuivit cette triple tâche avec une indomptable persévérance, ne se reposant d'un travail que par un autre travail, et trouvant encore le temps, pour se distraire, de se plonger dans l'étude du cartésianisme.

Avec ses innombrables fiefs et arrière-fiefs, l'abbaye de Saint-Denis était comme un vaste département ministériel, dont l'administration offrait mille difficultés, exigeait des connaissances infinies en tout genre, une surveillance de tous les instants. Retz se montra toujours à la hauteur de sa nouvelle tâche, tenant tête avec fermeté aux envahissements de ses moines et de ses voisins, et suivant ses procès avec la dextérité d'un vieux procureur rompu aux affaires les plus épineuses.

Pendant la Fronde, ses amis et ses partisans, qui voyaient en lui un futur successeur de Richelieu et de Mazarin, s'étaient mis à sec pour suffire à ses immenses libéralités parmi les factieux. Pour l'affaire du chapeau il avait emprunté des sommes folles. Pendant ses dix années d'exil, surtout lorsqu'il habitait Rome, il avait toujours mené le plus grand train, en puisant dans toutes les bourses.

Il fit tant et si bien, que, de retour à Commercy, en 1662, il devait plus de quatre millions de livres, c'est-à-dire au moins vingt-cinq millions de notre temps. Et il ne possédait que cent soixante-dix mille livres de rente !

Comment faire face à tant de créanciers, qui ne lui laissaient ni paix ni trêve ? Les divers domaines de Retz et les revenus de l'abbaye de Saint-Denis étaient sans cesse sous le coup d'une saisie. Pendant quelques années, le Cardinal, qui tenait toujours sa maison sur le plus grand pied, qui avait à son service plus de soixante domestiques, sans compter des musiciens à gages, en fut réduit à inventer expédients sur expédients pour satisfaire au plus pressé.

Ce ne fut qu'à partir de 1668, que, cédant à un noble mouvement, fort rare parmi les grands seigneurs de son temps, bien plus disposés à berner M. Dimanche qu'à le rembourser, il se réduisit au plus strict nécessaire pour désintéresser ses créanciers sans nombre. De ses cent soixante-dix mille livres de revenus, il ne se réserva, pendant plus de dix années, que dix-huit à vingt mille livres pour sa propre subsistance. Il ne se départit jamais, pendant tout ce temps-là, de cette ferme résolution, et versa chaque année à son intendant cent cinquante mille livres pour qu'il en fît la répartition.

D'après Mme de Sévigné et les Bénédictins, il parvint à payer avant sa mort plus de trois millions de livres. Or, en multipliant par dix la somme qu'il consacrait annuellement pour se libérer, on n'arrive qu'au chiffre de un million cinq cent mille livres. Ce n'est donc point uniquement avec ces sommes que Retz a pu éteindre plus de trois millions de dettes, et l'on est conduit à supposer que, si ce chiffre fut atteint, c'est grâce aux sommes considérables que lui donna Charles II, roi d'Angleterre, pour qu'il facilitât la promotion au cardinalat de M. Stuart d'Aubigny, son parent. Eh bien, malgré tant et de si louables efforts pour désintéresser ses amis, ses anciens complices de la Fronde et ses autres créanciers, le Cardinal, ce qui était ignoré jusqu'à ce jour, mourut en partie insolvable. C'est ce que nous a révélé la découverte d'une lettre de son ancien écuyer, Malclerc de Sommervilliers, qui nous apprend que le duc et la duchesse de Lesdiguières, les plus proches héritiers de Retz, renoncèrent à sa succession[1].

On savait vaguement, par quelques témoignages des contemporains, que le Cardinal n'avait rien négligé pour payer toutes ses dettes. Sa correspondance avec son intendant nous fait connaître en détail toutes les privations qu'il s'imposa, tous les efforts persévérants qu'il tenta pour arriver à ce noble but, qu'il ne devait jamais atteindre.

Faut-il attribuer cette belle conduite de Retz, dont on trouverait fort peu d'exemples au dix-septième siècle, à un retour à des sentiments chrétiens, à ce que l'on est convenu d'appeler sa conversion?

Il faut l'avouer en toute franchise, rien de pareil ne perce dans sa correspondance avec son intendant. Non, ce qui le guide avant tout, ce sont des sentiments purement humains, sentiments d'équité, de probité, de reconnaissance pour tous ceux qui lui avaient ouvert leur bourse, qui avaient exposé leur fortune, et parfois

---

1. Lettre à M. de la Fons, en date du 24 mars 1680.... « Après avoir demandé plusieurs fois, dit-il, l'acte de renonciation fait par Mgr le duc et Mme la duchesse d'Esdiguières au bien vacant de Mgr le Cardinal, on l'a néanmoins eu, lorsque M. l'abbé de Saint-Mihiel a fait entendre à M. Giraud qu'il étoit absolument nécessaire pour la vente des chevaux, etc. »

même leur vie, en embrassant sa cause. Retz n'ignorait pas que la première vertu d'un conspirateur, d'un chef de parti, c'est un dévouement sans bornes pour ses amis et ses complices. Cette vertu, il la pratiqua au plus haut degré, après comme pendant la Fronde. Nul mieux que Retz ne mérita que Bossuet ait pu dire de lui : *cet homme si fidèle aux particuliers!*

Dans un portrait de Retz aussi dénué d'impartialité que de critique, Chateaubriand n'a pu se défendre de reconnaître ce qu'il y avait d'intègre en lui au point de vue de la probité : « Sous le rapport de l'argent, dit-il, il fut noble; il paya les dettes de sa royauté de la rue, par la seule raison qu'il s'appelait M. de Retz[1]. »

Voilà le point le plus en saillie, le plus en lumière, de cette correspondance : la lutte d'une grande âme pour réparer autant que possible le mal qu'elle a fait; le spectacle singulier d'un ancien prodigue devenu avare tout à coup et se privant du nécessaire, non pour s'enrichir, mais pour acquitter ses dettes, en un temps où il était du meilleur ton de ne pas les payer. Retz, en un mot, a voulu finir en honnête homme.

Qu'à cette conduite si louable il ne se mêlât pas quelque envie de faire encore parler de lui, d'interrompre avec éclat le profond silence qui, depuis quelques années, s'était fait autour de son nom, c'est ce qu'on ne saurait nier. L'humilité, la modestie, n'étaient assurément pas ses vertus dominantes. Sa correspondance avec M. de la Fons ne doit nous laisser aucun doute sur ce point et vient confirmer ce que l'on savait déjà si bien. Çà et là, le Cardinal, en faisant allusion

---

1. *Vie de Rancé*, première édition, p. 127.

à toutes les privations qu'il s'impose pour payer ses dettes, ne peut s'empêcher de lui vanter *la beauté de sa conduite*; de lui déclarer que, *sans vanité, elle lui a donné quelque honneur dans le monde.*

A côté de l'homme vraiment généreux, vraiment grand, qui faisait des pensions à ses amis pauvres, à Marigni, à d'Anneri, aux abbés Charrier, à Corbinelli et à tant d'autres, il y avait aussi, osons dire le mot, l'acteur tout pétri de vanité, sans cesse à la recherche des coups de théâtre.

En veut-on deux ou trois nouveaux exemples tirés de sa correspondance? On connaît la page immortelle où Mme de Sévigné raconte d'une manière si pathétique l'immense douleur de Mme de Longueville, lorsqu'elle apprit que son plus jeune fils avait été tué au passage du Rhin. A la nouvelle de cette mort, qu'imagine le Cardinal pour faire croire à la duchesse qu'il y prend la part la plus vive? Il ordonne à M. de la Fons, son intendant, qui habite Paris, de faire remettre de sa part une lettre de condoléance à Mme de Longueville, et par qui? Par un messager à cheval, dûment botté et crotté, comme s'il était envoyé tout exprès de Commercy[1].

Même mise en scène à la nouvelle que le grand Dauphin est dangereusement malade[2].

On sait comment Retz, accablé d'infirmités et à bout de force, afin de se soustraire à la pénible corvée des conclaves, renvoya au Pape son chapeau de cardinal, en lui annonçant sa résolution de se retirer dans un mo-

---

1. Lettre de Retz à M. de la Fons, du 20 juin 1672.
2. Lettre de Retz à M. de la Fons, du 22 juillet 1669.

nastère pour y faire pénitence. Une lettre de Bussy-Rabutin adressée au Cardinal pour le féliciter de son dessein, et que nous publions dans ce volume[1], nous a fourni l'occasion de revenir sur cette question de la conversion de Retz, et de la résoudre, croyons-nous, d'une manière un peu plus concluante que nous ne l'avions fait autrefois.

Les contemporains, comme on le sait, furent très-partagés dans l'interprétation qu'ils donnèrent à cette action de Retz. Les uns, entre autres Mme de Sévigné et, plus tard, Bossuet, crurent très-franchement à la sincérité du Cardinal. D'autres, parmi lesquels la Rochefoucauld, ne se laissèrent pas prendre à tous ces beaux semblants. « La retraite qu'il vient de faire, écrivait en parlant de Retz l'auteur des *Maximes*, est la plus éclatante et la plus fausse action de sa vie ; c'est un sacrifice qu'il fait à son orgueil sous prétexte de dévotion : il quitte la Cour, où il ne peut s'attacher, et il s'éloigne du monde, qui s'éloigne de lui. » Ce jugement, il y a quelques années, nous avait paru assez peu fondé, et nous avions penché pour l'opinion de Bossuet et de Mme de Sévigné[2]. Depuis ce temps-là, une découverte inattendue nous a permis de serrer de plus près la question. C'est une lettre de l'abbé Servien à Pomponne, secrétaire d'État des affaires étrangères[3], dans laquelle il lui fait connaître le jugement que porta en plein consistoire, sur le projet de démission de Retz, le

---

1. Pages 544 et 545, ainsi que la note.
2. Dans notre Mémoire intitulé : *Le Cardinal de Retz et les jansénistes*, inséré dans la dernière édition du *Port-Royal* de Sainte-Beuve, tome V, à l'appendice.
3. Elle a été insérée dans notre tome VII, p. 572-573.

cardinal Azzolini, qui était son ami intime. Or les causes déterminantes de cette action, suivant Azzolini, ne diffèrent en rien de celles que mettait en avant la Rochefoucauld à la même époque. Azzolini disait donc à ses confrères : « qu'il connoissoit le cardinal de Retz par l'expérience d'une longue amitié, qu'il étoit homme à vouloir parvenir à une réputation singulière, par quelque moyen que ce fût, sans être touché d'une véritable dévotion :.... qu'il ne l'avoit pu par le ministère en aucun lieu; qu'il le vouloit par l'abandon de toutes choses, et qu'il étoit homme capable de représenter au Roi qu'il devient vieux et incommodé des yeux et d'autres maux; qu'il ne pourra plus assister dans un conclave.... »

On sait comment le Pape et Louis XIV s'entendirent pour refuser la démission, et comment Retz, suivant l'expression de Mme de Sévigné, fut recardinalisé.

Autrefois, et probablement aussi dans l'espoir de faire encore retentir le monde du bruit de son nom, en égalant les rigueurs de l'expiation aux scandales de sa vie passée, Retz avait fait la tentative de se retirer à Port-Royal et même à la Trappe. Mais les solitaires et l'abbé de Rancé, effrayés d'avoir sous leur direction un tel pénitent, dont la vocation et la persévérance ne leur semblaient pas avoir de bien profondes racines, l'avaient fort prudemment détourné de ce chimérique dessein.

Au point de vue littéraire, la correspondance du chapeau, qui ne précéda que de cinq années les *Provinciales*, est une œuvre d'un caractère vraiment singulier et peut-être sans précédent à l'heure où elle fut écrite. Si l'on n'y trouve ni les saillies de style, ni les périodes savantes et éloquentes de Balzac, ni le badinage spirituel et léger de Voiture, on y trouve encore moins ce que tous deux ont d'apprêté et d'artificiel. Le but que se propose avant tout le Coadjuteur n'est pas de faire des phrases, mais d'adresser à son envoyé à Rome des instructions nettes et précises. A l'abri d'un triple chiffre, Retz, avec le plus complet abandon, se livre à son unique confident. Il dicte, comme en se jouant, la plupart de ses lettres. Elles sont l'expression rapide, instantanée, de sa pensée. Sans le moindre effort, il arrive du premier jet à la simplicité, au naturel, à la clarté, à la concision. Il ne dit que ce qu'il faut dire, et dans une langue si bien formée, si flexible, si rapprochée de celle de notre temps, que l'on se demande, non sans étonnement, où il a pu l'apprendre à une époque où tant de grands seigneurs et tant de grandes dames écrivaient d'une manière si incorrecte et si diffuse.

Et ce ne sont pas les seules qualités littéraires de cette correspondance. Il est une de ces lettres surtout, une lettre d'apparat, d'une beauté de premier ordre, lettre destinée au besoin à être montrée à Rome, sous le manteau, par l'abbé Charrier, afin d'effrayer le Pape et son entourage. C'est la vingt-huitième de la correspondance du chapeau[1]. Retz, dans ses *Mémoires*, déclare qu'il la considérait comme son chef-d'œuvre; et, après l'avoir lue, on ne saurait être d'un autre avis que le sien. On sait comment le Pape, inquiet des accusations de jansénisme que portaient contre le Coadjuteur ses adversaires, lui avait demandé une déclaration de sa main contre cette doctrine; et l'on sait aussi comment dans sa fameuse lettre, découverte par Sainte-Beuve, le

---

1. Voyez ci-après de la page 95 à la page 102.

Coadjuteur, avec une souplesse et une dextérité sans égales, avec une habileté et une éloquence vraiment merveilleuses, se défendait de faire cette déclaration. Le Pape, n'ayant pas insisté, lui donna le chapeau sans condition, et la fière indépendance de Retz fut portée aux nues par les jansénistes, à qui il avait laissé prendre copie de sa lettre.

La correspondance que le Cardinal adressait à l'abbé Paris, archidiacre de Rouen, à qui il avait confié, depuis son retour à Commercy, la gestion de ses affaires, est d'un ton encore plus familier que celle du chapeau. L'abbé était Normand, Normand et demi, et de plus, paraît-il, de mœurs aussi légères que l'abbé Charrier. De là une source intarissable de plaisanteries de la part du Cardinal. C'est le côté piquant de cette correspondance, ce qui en égaye à chaque instant la lecture un peu aride.

Les lettres de Retz à M. de la Fons sont d'un ton beaucoup plus grave et sans la moindre préoccupation littéraire. Retz, écrivant à son homme d'affaires, ne se sert que de la langue des affaires, d'une langue usuelle, brève, et qui n'est remarquable que par sa précision et son laconisme. Mais cette correspondance, au point de vue de la vie privée du Cardinal, est d'un prix inestimable, ainsi que nous l'avons dit plus haut.

Le peu que nous avons découvert de ses lettres à de simples particuliers, et dans lesquelles on trouve un plus grand choix d'expressions, ne nous permet cependant pas de former un jugement définitif sur le caractère que devait offrir sa correspondance suivie avec des hommes et des femmes du monde. Sans aucun doute, Retz devait y mettre une certaine recherche de style, mais lorsqu'on fait réflexion que ses occupations sans nombre ne lui laissaient que fort peu de temps, on peut conjecturer, à bon escient, que ses lettres n'étaient pour la plupart que de simples billets. On a remarqué d'ailleurs que les hommes voués à de grands travaux intellectuels n'ont guère le loisir et la fantaisie de causer longuement avec leurs amis, la plume à la main. Hors Mme de Sévigné, qui n'avait, pour ainsi dire, pas autre chose à faire que d'écrire à sa fille; hors Voltaire, qui eut le don épistolaire au suprême degré, on citerait peu de grands écrivains dont la correspondance, depuis le commencement jusqu'à la fin, soit une œuvre d'art.

Il nous paraît donc fort douteux que Retz, dans ses lettres, à part quelques rares exceptions, ait laissé courir librement sa plume.

On peut supposer pourtant qu'il lui lâchait parfois la bride, lorsqu'il écrivait à sa parente par alliance, à son intime amie, Mme de Sévigné. A quels brillants assauts devaient se livrer dans leur correspondance ces deux esprits d'élite, si capables de se comprendre et de s'estimer à leur juste valeur ! A en juger par la seule lettre qui nous reste du Cardinal à la Marquise, on peut voir à quel point il se piquait au jeu et se mettait avec elle en frais de coquetterie. Que sont devenues ces précieuses lettres? Dorment-elles encore dans quelques archives aristocratiques, ou faudra-t-il à jamais regretter leur perte?

C'était là sans doute un bien vif plaisir pour le Cardinal que de correspondre avec la femme la plus spirituelle de son siècle. Mais de toutes les distractions qu'il put se donner dans sa retraite de Commercy, où il en trouvait si peu, la plus grande, à coup sûr, fut la rédaction définitive de ses *Mémoires*.

Deux puissants motifs surtout lui mirent la plume à la main :

Un impérieux besoin d'écrire son apologie, de prouver à la postérité que, s'il avait échoué, il y avait autre chose en lui qu'un conspirateur, peut-être l'étoffe d'un homme d'État de premier ordre et, à coup sûr, un écrivain hors de pair.

Puis, le violent désir de se venger, dans un pamphlet posthume, du favori victorieux qui avait su découvrir en lui et réfréner une ambition sans bornes, qui l'avait constamment écarté du ministère, jeté en prison sans jugement et condamné, pendant dix ans, à errer d'exil en exil.

Retz a-t-il atteint ce double but?

S'il n'a pas eu assez d'empire sur lui-même pour rendre justice à l'habile signataire des traités de Westphalie et des Pyrénées, on peut dire du moins qu'au point de vue moral, en faisant ressortir comme il l'a fait, en traits ineffaçables, ce qu'il y avait dans Mazarin de monstrueux égoïsme, de perfidie innée, d'insatiable rapacité, de bassesse de cœur, il a porté à sa mémoire un coup mortel.

Retz a-t-il été aussi heureux en écrivant sa propre apologie? Pendant plus de deux siècles, il a tenu presque tous ses lecteurs sous le charme de son incomparable séduction. Il en est peu qui n'aient cru à sa parfaite sincérité. Comment se défier d'un homme qui a mis tant de bonne grâce à avouer ses fautes? Le premier qui se soit tenu en garde a été, au dix-huitième siècle, le père Griffet. De nombreuses découvertes m'ont permis de voir plus à fond dans les *Mémoires de Retz*, de mettre plus à nu l'âme du personnage. Sans entrer dans aucun détail, ce dont j'ai acquis la certitude, c'est que Retz, sur quelques points importants, a donné le change à ses lecteurs; qu'il a caché avec soin la part qu'il a prise à certains événements; qu'il a usé souvent d'artifice pour dissimuler son véritable rôle; que sa constante préoccupation a été de nier qu'il ait aspiré au ministère; qu'après avoir proposé à la Régente de la débarrasser par le fer du prince de Condé, il a mis cette proposition sur le compte de cette princesse; qu'enfin, ce qui est encore plus grave, il a passé sous silence certains moyens violents, vraiment révolutionnaires, dont il espérait se servir pour arriver au pouvoir.

Nous n'en finirions pas si nous voulions signaler aux lecteurs toutes les inexactitudes volontaires, tous les partis pris de fausser la vérité, que l'on trouve dans les *Mémoires de Retz*. C'est ce que nous aurons soin de relever plus tard, si nous en avons le loisir. Qu'il nous suffise aujourd'hui de faire remarquer que si le Cardinal s'est attaché avec un soin extrême à semer ses *Mémoires* de maximes politiques de la plus haute portée, c'est qu'il a voulu prouver à la postérité que, malgré ses échecs de la Fronde, il y avait en lui un observateur et un penseur de la sagacité la plus rare.

On sait de quels applaudissements universels ces maximes, ces réflexions, ont été saluées depuis plus de deux siècles par les esprits les plus éminents; à quel point ils ont reconnu en elles des vérités pratiques pour tous les temps et pour tous les lieux.

Un publiciste anglais du dix-huitième siècle est le

premier qui en ait signalé toute l'importance. Lord Chesterfield ne cessait d'en recommander la lecture à son fils pour qu'il s'initiât à l'art si difficile du gouvernement. Nul mieux que lui n'a déterminé, d'une manière plus frappante, le caractère vraiment original des observations politiques de Retz.

« Les réflexions critiques du cardinal de Retz, disait-il, sont les plus profondes, les plus justes que j'aie jamais lues. Ce ne sont point les réflexions étudiées d'un politique à systèmes, qui, sans la moindre expérience dans les affaires et sans sortir de son cabinet, écrit ou débite des maximes. Ce sont les réflexions qu'un grand génie formait d'après une longue expérience et une longue habitude dans les plus grandes affaires ; ce sont les conséquences justes tirées des événements et non d'une simple spéculation. (Lettre CXIII.) »

Rien ne fait mieux ressortir que ce jugement du publiciste anglais la différence qui existe entre Retz et Machiavel.

A voir les choses de près, la fonction de secrétaire de la république de Florence, dont fut revêtu Machiavel, n'était qu'une fonction subalterne, qui ne lui donnait aucun rôle actif dans les délibérations des Conseils de l'État. Personnellement il ne fut jamais acteur dans les grandes affaires de son temps et ne put en étudier de près les secrets ressorts. Le grand Florentin est surtout un homme d'érudition et de spéculation, qui emprunte la plupart de ses exemples et de ses maximes à la lecture des anciens ou à des événements de son temps, déjà accomplis. C'est notamment le caractère propre de son chef-d'œuvre, de son commentaire sur les *Décades* de Tite-Live.

Retz, au contraire, tire tout de son propre fonds, de ses observations directes et personnelles. C'est sur le vif qu'il étudie les hommes de son temps, et quels hommes! pour ne citer que Mazarin, la Rochefoucauld, Turenne, Condé et Molé. Pour les bien voir, il a un double avantage : l'un, d'être un des principaux acteurs et l'un des observateurs les plus profonds qui aient jamais existé ; l'autre, de vivre en un temps de guerre civile, de faction aristocratique, où les passions se dessinent et s'accentuent avec une tout autre vigueur qu'en temps ordinaire ; où les combinaisons les plus subtiles, les ruses les plus ingénieuses, les pensées les plus secrètes finissent toujours par se trahir par la nécessité de l'action. Tel est le milieu sans pareil qui s'ouvrit à l'insatiable curiosité de Retz, à ses observations sans nombre ; le vaste champ où il a fait tant de découvertes. C'est par là surtout que l'immortalité est assurée à ses *Mémoires*, tant qu'il y aura des hommes d'État capables de comprendre ses réflexions, de s'en inspirer, d'en faire leur profit. C'est évidemment à ce succès durable que Retz a visé lorsqu'il s'est attaché à dessiner avec tant d'art et de ressemblance les portraits des hommes de son temps, à les surprendre dans le feu des séditions, à étudier les motifs les plus divers de leur conduite ; à nous apprendre comment on forme, comment on dirige un parti, comment aussi on doit attaquer le parti de ses adversaires, pour le réduire à l'impuissance ou le dissoudre. Et toutes ses observations particulières, Retz a su les condenser en maximes générales dont la profondeur n'est égalée que par la beauté de la forme. On ne saurait douter que telle n'ait été la préoccupation constante de Retz, par le soin qu'il a pris de faire ressortir ce qu'il y a de trop spéculatif et de trop systématique dans les théories de Machiavel, et aussi de trop étroit, de trop exclusif dans la Rochefoucauld lorsqu'il prétend que l'amour-propre est l'unique mobile des actions humaines[1].

R. Chantelauze.

---

[1]. Notre savant confrère, M. Marty-Laveaux, a bien voulu, pour ce volume, comme pour le précédent, se charger des annotations philologiques.

INTRODUCTION

I. — Lettres de Retz a l'abbé Charrier pour la négociation de l'affaire du chapeau a Rome[1].

(FIN DE 1651 ET COMMENCEMENT DE 1652.)

S'IL fallait en croire le témoignage de Retz, la Reine lui aurait remis sa nomination au cardinalat dans l'intervalle du mois de mai au mois de juillet 1651, au moment où il se concertait avec elle pour une nouvelle arrestation de Condé[2]. Le chapeau était le prix offert à sa participation à ce coup d'État. Nous allons démontrer pour la première fois, pièces en main, que le Coadjuteur ne reçut sa nomination qu'après le 7 septembre suivant, jour de la proclamation de la majorité du Roi, et peu de jours avant le départ de la Cour de Paris, qui eut lieu le 26 du même mois. Nous dirons ensuite pour quel grave motif Retz a essayé de dérouter le lecteur par cette interversion de dates. Afin de faire ressortir dans tout son jour le stratagème de Retz, nous croyons devoir citer d'abord quelques passages caractéristiques de ses *Mémoires*, puis quelques fragments de pièces officielles du temps, qui prouvent la fausseté de son récit.

« La Reine me dit ensuite, écrit Retz[3], que l'avis du Maréchal de Villeroi étoit qu'elle attendît *la majorité du Roi*, qui étoit proche, pour faire éclater le changement qu'elle avoit résolu pour les places du Conseil, parce que ce nouvel établissement, qui seroit très-désagréable à M. le Prince,

---

1. Nous avons puisé tout notre récit dans notre ouvrage intitulé : *Le Cardinal de Retz et l'affaire du chapeau*, 2 volumes in-8°, Paris, 1878, librairie Didier.
2. *Mémoires de Retz*, tome III, p. 337 et 348.
3. *Mémoires*, tome III, p. 347.

tireroit encore de la dignité et de la force d'une action qui donne un nouvel éclat à l'autorité. « Mais, reprit-elle
« tout à coup, il faudroit, par la même raison, remettre
« votre nomination ; M. de Châteauneuf est de ce sentiment. »
Elle sourit à ce mot ; elle me dit : « Non, la voilà en bonne
« forme ; il ne faut pas donner à M. le Prince le temps de
« cabaler contre vous. »

Comme on le voit, Retz avance, lui qui ne pouvait ignorer la date la plus importante peut-être de sa vie, que la Reine lui remit l'acte de sa nomination avant la majorité du Roi, et notez bien qu'il place ce fait au mois de juillet au plus tard.

Or, il est certain, d'après deux lettres de Mazarin, que vers le milieu de septembre la nomination n'était pas encore faite, mais seulement sur le point d'être signée. « J'ai écrit avec toute la chaleur imaginable, disait le Cardinal au marquis de Noirmoutier, en date du 22 septembre, pour obliger la Reine à ne retarder point davantage la satisfaction de M. le Coadjuteur, faisant connoître à Sa Majesté que cela étoit non-seulement avantageux à son service et à celui du roi, mais très-nécessaire, etc.... Une des raisons, ajoute-t-il, qui m'a convié à employer mon petit crédit en cette affaire... ç'a été la crainte que j'ai qu'il ne se forme de nouvelles cabales contre mondit sieur le Coadjuteur pour lui retarder la grâce que Sa Majesté lui a fait espérer[1]. »

Dans une autre lettre en date du 26 du même mois, il disait au duc de Vendôme que la nomination devait être faite[2]. « Vous avez bien fait, lui écrivait-il, si vous avez pris occasion d'avertir la Reine de ce que vous me mandez à l'égard de M. le Coadjuteur et de M. le duc d'Orléans. Je crois pourtant que le premier aura sujet d'être entièrement satisfait à présent de Sa Majesté et obligé à s'employer fortement pour tout ce qui me regardera, ayant écrit pour son affaire en termes que je m'assure que la Reine lui aura donné contentement. »

1. Archives des Affaires étrangères. France, 1651. Lettres de Mazarin, tome XXIX.

2. Archives des Affaires étrangères. France, Lettres de Mazarin, 1651, tome XXIX.

INTRODUCTION. XXIII

Au moment où Mazarin écrivait ces lignes, le Coadjuteur, depuis six jours, tenait en main sa nomination. Il avait dû la recevoir le 20. En effet, voici ce qu'on lit dans le Journal manuscrit d'un Parisien[1] : « Le jeudi 21ᵉ septembre, M. le Coadjuteur de Paris fut faire de très-humbles remerciements à la Reine, de ce que, à la prière de M. le duc d'Orléans, elle avoit eu la bonté de faire trouver bon au Roi qu'il fût nommé au cardinalat de la part de Sa Majesté. » Le chroniqueur anonyme annonçait de plus que le Coadjuteur serait poussé et porté au ministère par le duc d'Orléans.

Pourquoi le Cardinal de Retz a-t-il très-sciemment et très-volontairement jeté de la confusion sur la date de sa vie qu'il devait connaître le mieux?

Comme le Roi et la Cour quittèrent Paris peu de jours après (le 26[2] ou le 27) pour aller, à la tête d'une petite armée, attaquer le prince de Condé, et que Retz ne mit pas la moindre opposition à leur départ, il a craint, sans aucun doute, que le lecteur ne fît entre cet événement et sa nomination un rapprochement tout à son désavantage. Il a craint qu'on ne l'accusât de n'avoir donné son consentement à ce départ, qui fut cause de la ruine de la Fronde, qu'en échange du chapeau. Il a craint que l'on ne découvrît qu'il avait été pris pour dupe par Mazarin, qui, de longue date, avait préparé ce coup de maître. Une lecture attentive des *Mémoires de Retz*, à propos de ce départ de la Cour, si habilement conduit, ne peut laisser aucun doute sur ce point si intéressant[2].

Au mois de février 1651, le Coadjuteur, sachant de quelle importance il était pour les frondeurs de tenir dans leurs mains le Roi et sa mère, avait, au nom du duc d'Orléans, donné des ordres pour garder les portes de Paris, afin de les empêcher d'en sortir[3]. C'était pour éviter un semblable contre-temps que Mazarin avait fait donner au Coadjuteur

1. Bibliothèque nationale, ms. français 10274.
2. Omer Talon, dans ses Mémoires, rapporte que la Reine (le 26) conduisit d'abord le jeune Roi à Fontainebleau, etc. Voyez *Mémoires de Retz*, tome IV, p. 2, note 2; et même tome, p. 4.
3. *Mémoires de Retz*, tome III, p. 258 à 262.

la nomination au chapeau, la veille même du départ de la Cour, à la fin du mois de septembre de la même année. Or, comme Retz n'était pas homme à se dissimuler l'extrême danger que ferait courir à son parti l'absence du Roi majeur et de la Reine devenue libre, il semble évident que, plutôt que de perdre le chapeau, il préféra jouer le sort de la Fronde. En s'opposant au départ du jeune Roi et de sa mère, il aurait peut-être prolongé pendant longtemps encore l'existence de son parti, mais, à coup sûr, sa nomination aurait été révoquée sur-le-champ. Voilà pourquoi Retz a donné son consentement secret ou tacite à ce départ, et voilà pourquoi il a essayé de donner le change au lecteur sur la date précise de sa nomination au cardinalat. Depuis longtemps Mazarin, dans toute sa correspondance, n'avait cessé de conseiller à la Reine de quitter Paris avec le Roi, dès que la majorité du jeune prince aurait été proclamée dans le Parlement. C'était, suivant lui, l'unique moyen de soustraire l'autorité royale à l'oppression des Princes, du Parlement, des frondeurs. Le Roi et la Reine hors de Paris, il était évident que les factions se consumeraient dans le vide et que, par la force des choses, elles seraient réduites à néant. Condé, brouillé sans retour avec la vieille Fronde et ses chefs, devait nécessairement succomber sous les armes du Roi, malgré son génie militaire. Paris, abandonné à ses propres forces, ne pouvait plus rien désormais contre le Cardinal exilé, qui ne devait pas tarder en effet à rejoindre le Roi et sa mère, et à devenir plus puissant que jamais. Rien de plus admirable que les calculs de Mazarin. L'impuissance des deux Frondes devint bientôt si visible, que la bourgeoisie royaliste osa relever la tête, demander à grands cris le retour du Roi, et qu'elle finit par imposer sa volonté.

Le cardinal de Retz, avec son profond coup d'œil, entrevit fort bien quel serait le cours fatal des événements. Il savait quelle responsabilité pèserait sur lui dans l'histoire, en tant que chef de parti, si jamais on découvrait qu'il avait livré la Fronde pour le chapeau. Aussi avec quel art, avec quelle dissimulation n'a-t-il pas essayé dans ses *Mémoires* de rejeter cette faute sur d'autres têtes que la sienne ! Écoutez-le : « Voici, à mon sens, s'écrie-t-il après avoir parlé du départ de la Cour, voici le moment fatal et décisif de la révolution. Il y a très-peu de gens qui en aient connu la véritable importance[1]. Chacun s'en est voulu former une imaginaire. Les uns se sont figuré que le mystère de ce temps-là consista dans les cabales qu'ils se persuadent avoir été faites dans la Cour, pour et contre le voyage du Roi. Il n'y a rien de plus faux : *il se fit d'un concert uniforme de tout le monde.* La Reine brûloit d'impatience d'être libre et en lieu où elle pût rappeler M. le Cardinal quand il lui plairoit[2]. »

Retz ajoute que Gaston d'Orléans, afin d'être plus indépendant, souhaitait aussi plus que personne l'éloignement de la Cour; que Châteauneuf le désirait non moins ardemment, afin de ne pas quitter la Reine, de se rendre nécessaire et de supplanter Mazarin; que l'impatience des frondeurs n'était pas moindre, dans la pensée d'être encore plus maîtres de l'esprit du duc d'Orléans.

Quant à Retz, il ne dit mot de ses propres actions à cette heure irrévocable. Après avoir ainsi disséminé sur les plus grosses têtes la responsabilité du départ de la Cour, pour diminuer la sienne, il s'écrie avec une imperturbable assurance : « Voilà ce qui me parut de la disposition de tout le monde, sans exception, à l'égard du voyage du Roi, et je ne comprends pas sur quoi l'on a pu fonder cette diversité d'avis que l'on a prétendu et même écrit, ce me semble, avoir été dans le Conseil sur ce sujet. *Vous voyez donc qu'il n'y eut aucun mystère au départ du Roi;* mais, en récompense, il y en eut beaucoup dans les suites de ce départ, parce que chacun y trouva tout le contraire de ce qu'il s'en étoit imaginé[3]. » Suivent d'admirables pages dans lesquelles Retz, avec une merveilleuse lucidité, fait ressortir les désastreuses conséquences qui résultèrent pour la Fronde du départ du Roi. Dans ses *Mémoires* il a fait son *mea culpa*, ce qui était un peu tard, d'y avoir consenti tout comme les autres. « J'en convins en mon nom et en celui de tous les Frondeurs. J'en conviens encore au-

---

1. *Mémoires de Retz*, tome IV, p. 12-13.
2. Notons que Retz n'a jamais connu les lettres dans lesquelles Mazarin conseillait sans cesse à la Reine de quitter Paris aussitôt après la proclamation de la majorité du Roi.
3. *Mémoires de Retz*, tome IV, p. 15.

jourd'hui de bonne foi, et que cette faute fut une des plus lourdes que chacun pût faire, dans cette conjoncture, en son particulier; je dis chacun de ceux qui ne désiroient pas le rappel de M. le Cardinal Mazarin; car il est vrai que ceux qui étoient dans ses intérêts jouoient le droit du jeu[1].... Notre bévue fut d'autant plus grande, que nous en avions prévu les inconvénients, qui étoient, dans la vérité, non pas seulement visibles, mais palpables, et qu'imprudemment nous prîmes le parti de courre les plus grands pour éviter les plus petits. Il y avoit sans comparaison moins de péril pour nous à laisser respirer et fortifier M. le Prince dans la Guienne qu'à mettre la Reine, comme nous faisions, en pleine liberté de rappeler son favori[2]. »

Retz n'oublie qu'une seule chose, c'est de nous dire ce que fût devenu son chapeau de cardinal si, pour la seconde fois, il eût gardé prisonniers dans Paris le Roi et sa mère.

On ne sauroit s'imaginer à quel point, dans tout son récit de l'affaire du chapeau, il a sciemment et volontairement dénaturé certains faits, en a nié quelques-uns, en a passé sous silence quelques autres, et, en fin de compte, a prétendu que jamais négociation ne présenta moins de difficulté.

Veut-on quelques autres exemples des subterfuges et des inexactitudes préméditées de Retz? Il nous dit, par exemple, qu'après avoir reçu sa nomination, il dépêcha à Rome l'abbé Charrier. Or notez que, suivant lui, cet acte lui fut remis, au plus tard, en juillet[3], et la première lettre qu'il adresse à l'abbé Charrier n'est que du 1er octobre, ce qui coïncide parfaitement avec la date vraie de la nomination, le 20 septembre suivant[4].

1. *Mémoires de Retz*, tome IV, p. 16 et 17.
2. *Ibidem*, p. 18.
3. *Ibidem*, tome III, p. 255, note 4.
4. Retz dit de plus qu'il reçut (en juillet au plus tard) une lettre de l'abbé Charrier, lui annonçant la mort du cardinal Panzirolo, ministre du pape Innocent X. Or Panzirolo ne mourut que le 3 septembre 1651, à une époque où Retz n'avait pas encore reçu sa nomination et où l'abbé Charrier n'était pas encore à Rome. Voyez les *Mémoires de Retz*, tome III, p. 349, la note 7.

INTRODUCTION.

Il ajoute plus loin[1] que l'abbé Charrier « trouva fort peu d'obstacles à sa négociation, quoique M. le Cardinal n'oubliât aucun de tous ceux qu'il y put mettre ».

En parcourant le récit qui va suivre, ainsi que les lettres de Retz à Charrier, on verra que cette négociation fut loin de se présenter d'une manière aussi simple qu'il le prétend ; que l'affaire ne fut pas enlevée aussi facilement qu'il veut bien nous l'assurer. « De sérieux obstacles se dressèrent devant lui dont il ne dit mot, et il mit en œuvre pour les surmonter d'incroyables machinations dont il eût rougi de faire l'aveu et sur lesquelles il a jeté prudemment un voile. Sa correspondance nous permettra de soulever ce voile, de surprendre Retz sur le fait, ourdissant de sa main, sans le moindre scrupule, les manœuvres les plus coupables, les plus inouïes, avec une audace et une perversité dont on aurait peine à citer un autre exemple, si ce n'est celui du Cardinal Dubois[2]. »

Plus loin[3] Retz déclare qu'il n'envoya pas d'argent à Rome pour acheter la pourpre : « Vous croyez aisément, dit-il, qu'il n'eût pas été aisé de me résoudre à en donner pour un chapeau. » La vérité est que Retz envoya au moins cent mille écus à l'abbé Charrier, c'est-à-dire trois cent mille livres (près de deux millions de notre temps). C'est ce qui résulte de plusieurs de ses lettres adressées à cet abbé.

Il prétend de plus que l'ambassadeur de France à Rome « avoit en poche la lettre du Roi pour la révocation de sa nomination[4] ». Or, on ne trouve rien dans toute la correspondance diplomatique du bailli de Valançay qui permette de supposer que la révocation lui fut envoyée. On y voit seulement la preuve que la Cour avait ordonné au bailli de retarder autant que possible la promotion.

Enfin, Retz a exprimé tous ses regrets d'avoir adressé à

dans laquelle il est dit déjà que la mort de Panzirolo est postérieure de deux mois aux événements que raconte Retz.

1. *Mémoires de Retz*, tome III, p. 350.
2. Voyez mon ouvrage : *Le Cardinal de Retz et l'affaire du chapeau*, tome I, p. 321.
3. *Mémoires de Retz*, tome IV, p. 133.
4. *Ibidem*, tome IV, p. 135.

l'abbé Charrier une lettre très-agressive contre la cour de Rome, lettre dans laquelle il menaçait, dans le cas où il ne serait pas nommé cardinal, de se mettre à la tête du parti janséniste et d'allumer un schisme qui s'étendrait bientôt jusqu'à Rome[1].

Or nombre de ses lettres à l'abbé Charrier contiennent des insinuations et des menaces du même genre; et toutes ces lettres, il les a écrites de sang-froid, de propos délibéré, sans qu'il ait eu pour excuse, comme pour la précédente, un mouvement d'impatience et de colère. Il est bien entendu que, dans ses *Mémoires*, il garde le silence le plus profond sur cette correspondance et sur toutes les manœuvres machiavéliques dont elle est pleine.

Cette part faite à la critique de son récit pour tout ce qui touche à la négociation du chapeau, entrons dans le cœur du sujet.

Dès qu'il eut en main l'acte de sa nomination (20 septembre 1651), sans perdre une minute, de peur qu'elle ne fût révoquée d'un moment à l'autre, il fit partir pour Rome l'abbé Charrier afin d'y hâter sa promotion par tous les moyens imaginables. L'abbé méritait à tous les titres d'être le bras droit d'un tel maître. D'une audace, d'une prudence, d'une dextérité sans pareille, il n'était gêné, non plus que Retz, par aucun scrupule. Dans sa famille, qui existe encore à Lyon, il n'est connu que sous le nom de *Charrier le Diable*[2]. Afin de correspondre en toute sûreté avec l'abbé, le Coadjuteur avait composé un chiffre des plus compliqués et mis à sa disposition des sommes considérables.

Au moment où commence la négociation, le trône pontifical est occupé par Innocent X, vieillard octogénaire, accablé d'infirmités, cloué au lit par la goutte les trois quarts de l'année. En tout et pour tout dévoué à l'Espagne à qui il doit sa tiare, le pontife se montre en toute occasion l'implacable ennemi de la France et de Mazarin, qui l'avaient for-

---

1. Voyez les *Mémoires de Retz*, tome IV, p. 136, 137.
2. J'ai appris cette particularité, il y a une vingtaine d'années, par le marquis de Harenc, qui, par les femmes, descendait de la famille Charrier de la Roche.

mellement exclu lors des votes du conclave. Aussi est-il facile de comprendre avec quelle profonde satisfaction il accueillit les premières ouvertures du chef de la Fronde, sachant mieux que personne ce que pourrait un tel homme, revêtu de la pourpre, contre Mazarin. Mais, si grande que fût sa joie, elle ne put le faire sortir de ses lenteurs habituelles. Comme il y avait à faire une promotion d'un assez grand nombre de sujets, au grand désespoir du Coadjuteur, le dénouement traîna en longueur pendant plusieurs mois.

Un mot sur les principaux personnages qui furent appelés à jouer un rôle dans la négociation de Retz. En première ligne, le Coadjuteur comptait sur l'appui de la princesse de Rossano, quelque peu sa parente[1], nièce par alliance du Pape et alors très en faveur, depuis la disgrâce de sa belle-mère, la signora Olimpia. La princesse était jeune, belle, généreuse, pleine d'esprit et de grâce. Elle fut d'un grand secours au Coadjuteur dans l'affaire du chapeau.

Peu de jours avant sa nomination, Paul de Gondi avait fait une perte des plus sensibles. L'un de ses plus puissants protecteurs, le premier secrétaire d'État du Pape, le cardinal Panzirolo, venait de mourir le 3 septembre[2]. Il avait été remplacé par monsignor Fabio Chigi, ancien nonce à Cologne, qui plus tard devint pape sous le nom d'Alexandre VII, et qui, en attendant, devait être nommé cardinal dans la même promotion que Retz. Pour plusieurs motifs, le Coadjuteur n'avait pas à se féliciter d'un tel choix. Mon-

1. Il y avait eu plusieurs alliances entre les Aldobrandini, auxquels appartenait la princesse, et les Gondi de Florence.

2. Retz dit dans ses *Mémoires*, en se donnant a lui-même un démenti sans s'en apercevoir, qu'il n'expédia à Rome l'abbé Charrier qu'après avoir reçu la nouvelle de la mort du cardinal Panzirolo. Or, comme cet événement eut lieu le 3 septembre 1651, ce ne fut donc que depuis cette époque que Charrier partit pour Rome. M. Aubineau, dans son édition des *Mémoires du Père Rapin* (tome I, p. 377, note 2), dit que Retz, bien antérieurement, avait pris à Rome des mesures dans le cas où il serait nommé par la Cour au cardinalat, et que même, dès le mois d'août 1650, il avait expédié un courrier et des messages à Rome pour s'entendre avec Panzirolo et la princesse de Rossano au sujet de ses prétentions.

signor Chigi n'aimait pas plus à recevoir des cadeaux qu'à en donner, et de plus il était aussi intraitable sur les questions d'orthodoxie que sur les questions d'argent. Devenu pape, ce fut lui qui dressa le fameux formulaire contre les cinq propositions de Jansénius, dont la signature souleva de si terribles tempêtes. A la différence de Panzirolo, Fabio Chigi n'avait, à cette époque du moins, aucune haine contre Mazarin. En politique prudent et qui songe au lendemain, il avait même, lors de sa nonciature à Cologne, ouvert sa bourse au cardinal proscrit et l'avait publiquement promené dans son carrosse. Comment aborder un homme si inaccessible à la corruption? Retz, qui avait entendu parler de son intégrité, engagea l'abbé Charrier à sonder le gué avec une extrême prudence, avant d'offrir le moindre cadeau à un tel personnage.

Il fondait beaucoup plus d'espoir sur un homme d'un génie tout semblable au sien, fort digne de l'apprécier à sa juste valeur, d'entrer dans son jeu, et incapable d'un refus : c'était monsignor Azzolini, secrétaire des brefs, esprit souple et délié s'il en fut, l'un des plus grands diplomates de son siècle. Retz n'eut pas de peine à se mettre au mieux avec Azzolini. Comment deux hommes pareils auraient-ils pu manquer de s'entendre? L'habile secrétaire des brefs rendit à Retz les plus grands services, et Retz ne l'a pas oublié dans ses *Mémoires*.

L'affaire du Coadjuteur devait être officiellement dirigée à Rome par l'ambassadeur de France, qui, visant lui-même au chapeau, avait tout intérêt à la faire échouer. Le bailli de Valançay, Henri d'Étampes, chevalier de Malte, qui fut plus tard grand prieur de France, était d'un caractère bilieux, emporté, sans le moindre ressort, d'un esprit étroit et de plus gallican à outrance. Dans ses audiences au Vatican, rien n'égalait la brutalité et la violence de son langage. Le Pape, extrêmement timide, était fort effrayé de ces scènes qui parfois tournaient au tragique, mais en même temps, d'un naturel très-vindicatif, il n'accordait jamais une seule grâce au bailli sans y être contraint par la dernière nécessité.

En proie, comme on vient de le dire, à la secrète ambition du chapeau, le bailli avait le plus grand intérêt à faire échouer la promotion de Retz, et comme il recevait de France des instructions pour la retarder, ne sachant comment s'y prendre pour les exécuter, il fuyait, autant qu'il le pouvait, les audiences du Pape. Bien que dépourvu de finesse, il ne l'était pas de dissimulation. Il cacha si bien à l'abbé Charrier le fond de sa pensée, que l'abbé, tout habile qu'il était, le crut toujours de bonne foi et très-favorable à son maître.

Tels étaient les principaux personnages avec lesquels l'abbé Charrier avait à négocier.

Le Coadjuteur ne tarda pas à faire jouer *les secrets et puissants ressorts* dont parle Bossuet à propos de cette même négociation[1]. Hautes influences, argent, promesses, menaces déguisées, tout par lui fut mis en œuvre pour vaincre les lenteurs de la cour de Rome. Et son rôle est facile à comprendre : avec un homme tel que Mazarin comment compter sur le lendemain ?

Solidement patronné par le grand-duc de Toscane, Ferdinand II de Médicis, qui avait pour premier ministre un Gondi, par le duc d'Orléans, lieutenant général du royaume de France, et même par les Espagnols, qui, suivant le témoignage du bailli de Valançay, dépensèrent jusqu'à soixante-dix mille pistoles pour favoriser sa promotion, le Coadjuteur ne négligeait rien de son côté. Il s'était procuré des sommes énormes en puisant dans la bourse de quelques-uns de ses intimes amis, tels que MM. Daurat, Caumartin, Pinon du Martrai. Guy Joly, l'auteur des *Mémoires*, qui était alors secrétaire de Retz, et qui, de sa propre main, traduisait en chiffres toutes les lettres de son maître à l'abbé Charrier, désigne expressément ces personnes comme lui ayant prêté en cette circonstance plus de trois cent mille livres. Et ce n'était pas tout. Retz[2] eut recours à bien d'au-

1. Dans l'*Oraison funèbre de Michel le Tellier*, où il a gravé en quelques traits inoubliables le portrait de Retz.

2. « Le Coadjuteur se trouva... avec cinquante mille écus d'argent comptant, et autant de billets sur sa seule réputation. » *Mémoires de Guy Joly*, tome XLVII de la collection Petitot, p. 207. *Le Cardinal de Retz et l'affaire du chapeau*, tome I, p. 313.

tres bourses. Ajoutons qu'il faut tenir pour suspecte l'insinuation du P. Rapin, lorsqu'il prétend dans ses Mémoires que ce fut Port-Royal qui avança ces importantes sommes au Coadjuteur[1].

Dès que Retz fut en possession de ces ressources considérables, il expédia sur-le-champ à l'abbé Charrier courriers sur courriers pour lui porter, en même temps que ses instructions, de nombreuses lettres de change, avec ordre de semer l'or à pleines mains, mais sur bonnes promesses étayées des garanties les plus solides. En même temps il expédiait à l'abbé quantité de bijoux, de montres, de bagues enrichies de pierres précieuses, de coffrets, de rubans, d'éventails, etc., le tout destiné à la princesse de Rossano, à la signora Olimpia et autres dames qu'il supposait, à tort ou à raison, toutes-puissantes dans le consistoire. Dans son impatience fiévreuse, tournée en véritable frénésie, vivant sans cesse dans la crainte du retour de Mazarin et d'une révocation, il passait les jours et les nuits à combiner de nouvelles ruses, de nouvelles manœuvres, pour abréger les délais et hâter sa promotion. A l'abri d'un chiffre fort compliqué, composé de cinq alphabets différents, de nombres ayant un sens convenu et de caractères n'ayant aucun sens, afin de dérouter les déchiffreurs, il découvrait à l'abbé, avec une incroyable liberté d'expressions, ses plus secrètes pensées. Les cadeaux se multipliaient. Le 15 octobre, c'était un nouvel

---

1. « Il n'eut pas besoin, dit Guy Joly, d'envoyer beaucoup d'argent à Rome, si ce n'est pour quelques voyages de l'abbé Charrier, qu'il avoit envoyé pour solliciter le chapeau, et pour quelques présents de bijoux à la princesse de Rossano, qui avoit épousé le neveu du pape Innocent X. » (*Mémoires*, tome XLVII de la collection Petitot, p. 207, 210.) Notons en passant que ce que dit Guy Joly des sommes que le Coadjuteur eut alors en main se trouve vérifié par la correspondance même de Retz avec Charrier, et que son récit contredit les *Mémoires de Retz* lorsque celui-ci soutient (voir ses *Mémoires*, tome IV, p. 133) qu'il n'envoya pas d'argent à Rome pour acheter le chapeau. ....« La signora Olimpia, ...ne faisoit rien qu'à force d'argent, et vous croyez aisément qu'il n'eût pas été aisé de me résoudre à en donner pour un chapeau. »

envoi de rubans pour la princesse de Rossano, par un courrier extraordinaire ; et notez que ces courriers devaient coûter des sommes folles. Le plus piquant, c'est que le Coadjuteur, afin que ses lettres ne fussent pas saisies par les partis des Princes qui couraient la campagne, les glissait dans les paquets du Nonce, de concert avec lui.

Il frappait à toutes les portes, même à celles qui ne devaient jamais s'ouvrir pour lui. Mgr Chigi fut insensible à toutes ses offres et se contenta d'une simple bague, qu'il aurait eu d'ailleurs mauvaise grâce à refuser. Quant à la princesse de Rossano et à la signora Olimpia, elles furent, comme on le pense bien, de plus facile composition.

Le Coadjuteur, dans chacune de ses lettres, adressait à Charrier de nouvelles instructions détaillées sur la conduite qu'il aurait à tenir. En premier lieu, l'abbé devait faire valoir tous les services réels ou imaginaires que le Prélat pouvait rendre à la cour de Rome s'il était nommé cardinal, et insinuer sourdement tout le mal qu'il pourrait lui faire si sa demande n'était pas accueillie. Le jansénisme était le fantôme dont Retz se servait d'abord pour effrayer le Pape. « Dans le fond, dit Guy Joly (le Coadjuteur), ne fut ni janséniste ni moliniste, et il s'embarrassoit fort peu des disputes du temps[1]. » Bien qu'étroitement lié avec les solitaires de Port-Royal, il ne se souciait pas plus de la *grâce efficace* que de la *grâce suffisante*; ces matières si ardues de la théologie n'avaient été pour lui qu'un exercice d'esprit, non une préoccupation de l'âme sur la destinée de l'homme.

Dans ses instructions à l'abbé, il l'engageait à faire entendre que, s'il était cardinal, il serait aussi dévoué à la cour de Rome que l'avait été autrefois le cardinal du Perron. Or, il faut noter que ce cardinal avait été tour à tour fougueux gallican et fanatique ultramontain. Les états généraux devaient se réunir à Tours, et Retz disait à Charrier d'insinuer à Rome qu'il y ferait *du bien ou du mal* suivant le traitement qu'il recevrait. Gallican ou ultramontain, Rome n'avait qu'à choisir. Le Coadjuteur ne se contenta pas de

1. *Mémoires de Guy Joly*, tome XLVII, p. 209.

donner à l'abbé ces insidieuses instructions. Il trouva moyen de faire savoir habilement à Bagni, nonce du Pape en France, que, suivant qu'on se comporterait à son égard, il se déclarerait pour ou contre les intérêts du Saint-Siége dans les états généraux dont la convocation avait été fixée à Tours, mais qui n'eurent pas lieu.

Toute question d'honnêteté mise à part, les moyens dont se servait le Coadjuteur pour hâter sa promotion ne manquaient assurément pas d'habileté. Il se défendait d'être janséniste, il soutenait même qu'il ne s'était jamais occupé de ces matières, mais il faisait glisser à l'oreille du Pape, sans que celui-ci pût se douter que cela venait de lui, qu'il ne serait pas prudent de lui faire essuyer un refus. Le Pape était dûment averti que, dans toutes les questions qui, selon toute probabilité, devaient s'agiter au sein des états, Retz, nommé cardinal, s'y montrerait le vigoureux défenseur des intérêts de Rome, à l'égal du cardinal du Perron; mais que, s'il y entrait sans la pourpre, la cour de Rome n'y trouverait pas de plus fougueux gallican. On a tout le secret du jeu.

Dans son ardente impatience de recevoir le chapeau et dans la crainte perpétuelle d'une révocation, il envoyait à l'abbé courrier sur courrier, lettre sur lettre. Sa correspondance devenait de plus en plus pressante.

Il se préoccupait vivement du rôle que joueraient à son égard les Espagnols. Il se berçait de l'espoir qu'ils garderaient au moins la neutralité, pour peu qu'ils eussent conscience de leurs véritables intérêts et que le bailli de Gondi intercédât auprès d'eux en sa faveur.

Ce qui forçait Mazarin à prendre patience, à ne pas faire révoquer brusquement la nomination du Coadjuteur, c'était la ferme et courageuse attitude de ce prélat en face de M. le Prince. Mazarin n'ignorait pas que c'était le seul homme capable de lui tenir tête dans Paris. Retz se déclarait hautement l'ennemi de Condé et ne cessait d'agir, de parler, d'écrire contre lui. De son côté, Condé, dans ses manifestes et dans les pamphlets qu'il lançait contre Retz, ne cessait de le traiter en ennemi, ce qui rendait celui-ci fort glorieux. Révoquer la nomination de Retz, c'eût été le jeter infailliblement dans les bras de M. le Prince. Voilà pourquoi Mazarin hésita jusqu'au bout à en venir à cette dangereuse extrémité.

Les Princes avaient vu d'un fort mauvais œil la nomination du Coadjuteur au cardinalat. Ils s'en étaient plaints au duc d'Orléans, et, pour faire échouer la promotion, ils avaient envoyé à Rome Mathieu de Montreuil, secrétaire du prince de Conti, et deux pères jésuites qui étaient chargés par eux d'accuser le Coadjuteur d'être janséniste.

Retz, averti de toutes ces menées, engageait l'abbé Charrier à ne rien négliger du côté de la Toscane pour se faire appuyer auprès des Espagnols par le bailli de Gondi.

Au milieu de sa lutte armée contre la Cour, Condé n'oubliait pas que son plus redoutable ennemi était maître de Paris et qu'il lui faisait une rude guerre soit dans le Parlement, soit dans les conseils du duc d'Orléans, soit dans l'opinion des Parisiens. Tandis qu'il envoyait Montreuil à Rome pour faire échouer la promotion du Coadjuteur, il faisait partir secrètement pour Paris quelques hommes de main, afin de l'enlever. Cette tentative, qui échoua, est racontée d'une manière intéressante et détaillée dans les Mémoires de Gourville, qui était à la tête de ce petit complot. Retz et la Rochefoucauld parlent aussi de cet épisode.

C'était un grand honneur pour Retz d'avoir été jugé digne par le plus grand capitaine du siècle d'une attaque à main armée. L'intrépidité dont il faisait preuve au milieu du danger arrachait à Mazarin lui-même quelques mots d'admiration.

Rien de plus étrange, de plus curieux, et disons-le, de moins connu, que les négociations qui, pendant ce laps de temps, furent échangées entre Mazarin et le Coadjuteur. Mazarin entretenait alors une correspondance chiffrée très-active avec la Reine et la Princesse palatine. Il n'est pas douteux qu'Anne de Gonzague, sans cesse mêlée à cette correspondance de la manière la plus intime, n'ait rendu au Coadjuteur un service capital dans l'affaire du chapeau par les soins infinis qu'elle se donna pour endormir l'ombrageux ministre. Mazarin adressait lettres sur lettres à cette princesse et à la Reine afin de les prier d'unir leurs instances auprès du Coadjuteur pour qu'il consentît à une entrevue avec lui sur la frontière. Il ne cessait de prodiguer au Prélat les plus douces caresses, de l'entretenir dans l'espoir qu'il serait bientôt cardinal; il allait jusqu'à lui promettre le partage du ministère. Mais le Coadjuteur, qui connaissait à fond le personnage, et qui craignait avec raison qu'une telle entrevue ne fournît la preuve évidente de leur concert secret, et ne le ruinât sans retour dans la faveur de la bourgeoisie et du peuple, se fit un jeu constant de la lui faire espérer et de l'éluder. Il lui donnait parole sur parole de « le servir bien », de hâter son retour, et, en réalité, il faisait la sourde oreille. Grâce à ce manége et à l'extrême habileté de l'*Ange Gabriel* (tel était le nom de la Palatine dans le chiffre), Mazarin fut amusé pendant quelques semaines, et, lorsqu'il commença à s'en apercevoir, il était trop tard pour y remédier. Il feignait d'être fermement résolu de se confier au Coadjuteur; il ne paraissait pas douter de sa bonne foi; il affectait de lui dévoiler tous ses projets même les plus secrets, avec une grâce, un abandon fort bien joués, mais auxquels, il faut bien le dire, le Coadjuteur ne se laissa jamais prendre un seul instant. Retz, de son côté, ne négligeait rien dans ses conversations avec les émissaires de Mazarin pour leur faire croire qu'il lui était entièrement dévoué. Il allait jusqu'à blâmer en leur présence les arrêts du Parlement contre le ministre proscrit, arrêts qu'il était le premier à provoquer sous-main.

Mazarin, par cette confiance apparente qui semblait si pleine de franchise, espérait, sinon gagner le Coadjuteur à sa cause, du moins l'amener à mettre quelque tempérament dans ses cabales. Retz, de son côté, s'attachait avec le même soin à sauver autant que possible les apparences pour ne donner aucun ombrage à Mazarin. Il écrivait même à Bourges, où se trouvait alors la Cour, que, « s'il étoit aussi puissant que M. de Châteauneuf, il iroit quérir le Cardinal et l'amèneroit par le poing pour le rétablir.... » La Reine, de son côté, soupirait bien plus sincèrement pour le retour de l'exilé. Elle ne cessait de dire à M. de Senneterre : « Mais ce pauvre homme, quand le verrons-nous revenir? »

Les déclarations du Coadjuteur en faveur du rétablissement de Mazarin n'avaient d'autre but, comme il va sans dire, que d'entretenir la bienveillance de la Reine à son égard et de l'empêcher de révoquer sa nomination au cardinalat. De son côté, Mazarin s'attachait à garder autant que possible tous les dehors de la bonne foi. Il écrivait au marquis de Noirmoutier, alors un des partisans signalés de Retz, pour l'assurer que la promotion aurait lieu sans difficulté, et même pour lui donner l'éveil sur certaines cabales qu'il prétendait faussement, dans un dessein facile à comprendre, que le duc d'Orléans, à la sollicitation des Princes, ourdissait à Rome contre le Coadjuteur.

Par cette espérance sans cesse renouvelée d'une prochaine promotion, Mazarin s'efforçait de déjouer autant que possible la dangereuse stratégie de Retz. « J'ai été ravi d'apprendre, mandait-il à Bartet le 15 novembre, que les affaires du Coadjuteur sont assurées, nonobstant les oppositions de M. le Prince. Je crois même que le Coadjuteur en *rougira* avant un mois (c'est-à-dire qu'il recevra la pourpre). Par les avis que j'ai reçus depuis peu de Paris, je crois que vous pouvez assurer que ce sera un grand bonheur si vous pouvez ajuster la visite que vous savez (la visite du Coadjuteur à Mazarin) ». Dans cet espoir, Mazarin feignait de s'abandonner à de vrais épanchements de tendresse, auxquels le Coadjuteur répondait avec non moins de sincérité : « Il est certain, poursuivait le ministre exilé, que quand cela aura réussi, le *muet* le (Coadjuteur) sera très-content et Mazarin ravi : car il est résolu de ne rien oublier pour lier avec le Coadjuteur une amitié qui ne puisse jamais être sujette au changement.... »

Mazarin avait conçu le projet de rentrer en France dès que la Reine serait hors de Paris, et il était d'autant plus pressé de l'exécuter, qu'il était fort au courant des intrigues qui s'agitaient autour de cette princesse pour empêcher son retour. Châteauneuf, devenu premier ministre, s'était acquis un grand prestige par la vigueur avec laquelle il avait conduit la guerre de Guyenne. Il s'était imposé à tous ses collègues, au garde des sceaux Mathieu Molé comme au maréchal de Villeroi, gouverneur du jeune Louis XIV. Il avait pris l'engagement de faciliter le retour du Cardinal, mais au fond il n'était nullement décidé à lui céder la place;

il trouvait toujours des faux-fuyants et des délais; il menaçait la Reine, si elle insistait pour rappeler son favori, de la colère du duc d'Orléans et du Coadjuteur, et il travaillait dans l'ombre à réconcilier Condé avec Anne d'Autriche aux dépens de l'exilé.

D'autre part, le duc d'Orléans, à l'instigation du Coadjuteur, ravivait toutes les haines et les défiances du Parlement contre Mazarin. Presque abandonné de tous ceux sur lesquels il avait cru pouvoir compter, mais fort de l'immuable affection de la Reine, Mazarin, passant tout à coup d'un découragement profond à une audace qu'on ne lui avait pas connue jusque-là, résolut de rentrer en France, non en proscrit, non en suppliant, mais à la tête d'une armée levée à ses frais et dans le dessein hautement avoué de marcher au secours du Roi. Avec une grande sûreté de coup d'œil, il avait compris que le seul moyen pour lui de remonter au pouvoir, c'était de soustraire la Reine et le jeune Roi à l'influence du duc d'Orléans et du Coadjuteur. Le Roi était majeur; une fois libre, rien ne lui serait plus facile que de dicter la loi aux factieux à la tête d'une armée victorieuse.

Tout en se rapprochant de la France, Mazarin adressait à Retz par la Palatine tous les témoignages d'affection et de confiance qu'il pouvait imaginer, et le Coadjuteur y répondait avec une effusion non moins sincère. Jamais ennemis mortels ne méditèrent leur ruine mutuelle avec plus de perfidie et en échangeant des propos plus tendres.

Rien de cette étrange négociation ne perce, il va sans dire, dans les *Mémoires* de Retz. Mazarin s'ouvrait entièrement à la Palatine et au Coadjuteur de son projet de retour, protestant cependant qu'il ne ferait aucun pas sans leur assentiment. Et comme Retz n'eut garde de donner son adhésion à un tel projet, Mazarin, sans se soucier aucunement de tenir ses promesses et d'y subordonner sa conduite, prit bientôt la résolution de passer outre.

Il revenait avec la dernière insistance sur la nécessité d'une entrevue avec le Coadjuteur pour s'entendre avec lui sur la conduite qu'ils devaient tenir l'un et l'autre afin de sauver la royauté en péril. Cette sorte de *duumvirat* qu'il offrait à Retz pour le séduire, mais dont celui-ci n'eut pas de peine à voir le peu de fond et de consistance, est certainement un des faits les plus curieux et les moins connus de l'histoire de France. Il est évident que Mazarin avait moins envie de consulter le Coadjuteur que de le compromettre sans retour aux yeux des frondeurs par une visite qui n'aurait été bientôt un secret pour personne. Le Coadjuteur ne donna pas dans le piége. Pour l'y attirer, Mazarin offrit le mariage d'un de ses neveux avec une nièce du Coadjuteur. Le 5 décembre, il tentait un dernier effort pour le rattacher enfin à sa cause. Protestations d'amitié, offres, séductions, doux reproches, caresses, il mettait tout en œuvre pour le gagner dans une lettre pleine d'éloquence qu'il écrivait à la Palatine.

Mais Paul de Gondi n'entendait nullement prêter les mains en quoi que ce fût à la rentrée de Mazarin, sachant fort bien que le triomphe du ministre serait le signal de sa propre ruine.

Loin de là, il s'était formellement réservé, auprès de la Reine, de le combattre en public, afin de ne rien perdre de son influence de chef de parti. Sa position était devenue de plus en plus difficile. Il fallait qu'il se déclarât ostensiblement pour ou contre le Cardinal. Ce fut ce dernier parti qu'il embrassa résolument. Il pressa le duc d'Orléans de lever des troupes pour s'opposer au retour de Mazarin, et prépara la formation d'un tiers parti à la tête duquel serait le Duc. Ce tiers parti, combinaison désespérée de Retz, devait se composer du parlement et du peuple de Paris, des autres parlements et des habitants des provinces, et se déclarer indépendant, les armes à la main, entre le parti de Condé et celui de la Cour et du Cardinal. Il s'imaginait qu'avec ces éléments sans cohésion il pourrait lutter avec avantage et contre le Roi qui venait d'être déclaré majeur, qui était à la tête d'une armée victorieuse de M. le Prince, et contre le Cardinal, qui était relevé de toutes flétrissures et rentré en crédit en vertu d'un acte solennel de la volonté royale.

Dès que le Parlement apprit l'entrée en France de Mazarin, suivi d'une petite armée de six mille hommes, il mit aussitôt sa tête à prix ; il ordonna que sa bibliothèque et ses meubles seraient vendus pour qu'on pût prélever une somme de cent cinquante mille livres, laquelle serait offerte en récompense à qui le livrerait mort ou vif.

Si Retz n'avait pas assisté, en sa qualité de conseiller clerc, à l'arrêt rendu contre la vie de Mazarin, il ne se fit pas faute d'être présent à toutes les autres déclarations prononcées contre lui. Une telle politique ne pouvait lui être que fort utile auprès du Pape, et désormais il ne s'en écartera plus. Il n'ignorait pas la haine profonde d'Innocent X contre Mazarin. Il avait calculé avec raison que, si la promotion des cardinaux n'était plus entravée par rien et ne dépendait uniquement que de la volonté du Pape, la nouvelle de la rentrée en France du cardinal Mazarin était de nature à mettre fin aux lenteurs de Rome.

L'archevêque de Paris, François de Gondi, qui, de longue date, nourrissait une profonde jalousie et une haine fort mal déguisée contre son neveu, dont la supériorité l'offusquait, avait trouvé fort mauvais que celui-ci, n'étant que simple coadjuteur, eût été nommé cardinal, tandis que lui, archevêque de Paris, ne l'était pas. A partir de ce jour, il ne cessa de traiter son neveu en ennemi. Sans la moindre pudeur, il écrivit au Pape pour faire échouer la promotion; en même temps il fit offrir à Paul de Gondi l'archevêché de Paris, en échange de sa nomination au chapeau. Retz profita de cette ouverture pour faire peur au Pape, en lui faisant insinuer que, s'il devenait archevêque de Paris, il était à craindre qu'il n'embrassât la cause des jansénistes et des gallicans. Il ne fut donné d'ailleurs aucune suite à cette combinaison.

Nous avons dit que Condé et Conti avaient envoyé à Rome de leur côté le poète Mathieu de Montreuil, un de leurs serviteurs les plus intelligents et les plus dévoués, pour qu'il mît obstacle à la promotion du Coadjuteur. Les Princes donnèrent des instructions dans le même sens à deux de leurs familiers, les pères Boucher et de Lingendes, de la compagnie de Jésus, qui se rendaient aussi à Rome pour l'élection du général de leur ordre. Mathieu de Montreuil avait en même temps pour mission de solliciter le chapeau en faveur du prince de Conti, dont il était secrétaire.

A la réception d'une dépêche du comte de Brienne, secrétaire d'État des Affaires des étrangers, qui lui annonçait, dès le 22 septembre, la nomination du Coadjuteur au cardinalat, le bailli de Valançay s'était empressé de lui répondre qu'il la présenterait secrètement au Pape dans la première audience et qu'il presserait la promotion de tous ses efforts. L'audience du Pape ayant eu lieu le 3 octobre, le bailli insista pour que la promotion fût faite promptement, attendu, disait-il, que le Roi avait envie de faire entrer ce prélat dans son conseil aussitôt qu'il serait revêtu de la pourpre[1]. Innocent, très-heureux de cette ouverture, dit au bailli en souriant et en faisant une allusion indirecte à Mazarin, que le Coadjuteur « était un très-bon Français, ce qu'il répéta jusqu'à trois fois, et un bon ecclésiastique ». — « Je reçois grande satisfaction, ajouta-t-il, de ce que le Roi a reconnu les bonnes parties et la fidélité qui sont essentiellement en ce personnage. Je verrai la lettre du Roi, et dans la prochaine audience je vous parlerai plus clairement de mes résolutions. » En même temps, le Pape déclara au bailli qu'il ne tiendrait aucun compte de la demande de Montreuil, en faveur du prince de Conti, puisqu'il n'était porteur d'aucune lettre du Roi ; mais qu'il ne pouvait moins faire que de le recevoir.

Dans l'audience suivante, le Pontife, sans soulever la moindre objection, donna parole formelle à l'ambassadeur qu'il acceptait la nomination du Coadjuteur au cardinalat, mais en lui annonçant que la promotion ne pourrait avoir lieu que vers la fin de novembre ou au commencement de décembre.

Mazarin adressa au bailli une lettre qui confirmait les premières instructions dictées par le comte de Brienne et les appuya de toute son autorité, en pressant le bailli de hâter la promotion[2].

Jusqu'alors (fin d'octobre) l'ambassadeur s'était scrupuleusement conformé aux premières instructions qu'il avait reçues pour faire réussir l'affaire ; aussi n'est-on pas peu surpris de trouver dans une lettre qu'il adresse à Brienne, le 6 novembre, de perfides insinuations contre Retz. Peut-

1. Lettre du bailli à Brienne, du 9 octobre 1651.
2. Archives des Affaires étrangères. France. Lettres de Mazarin, tome XXIX.

être espérait-il que la cour de France ôterait le chapeau au prélat pour le lui donner à lui-même. Que ce soit l'ambition, l'envie ou l'amour de la vérité qui ait dicté cette lettre au bailli, elle n'en est pas moins curieuse[1].

Dans ses lettres suivantes il disait au comte de Brienne que la seule cause du retard que le Pape mettait à une promotion venait de l'embarras où il se trouvait de donner satisfaction à tous les intérêts et à toutes les ambitions de sa famille, mais que les intrigues des princes français n'y étaient absolument pour rien.

Cependant le bailli venait de recevoir, dans trois lettres de Brienne, des instructions secrètes pour qu'il eût à retarder la promotion du Coadjuteur. Sur ces entrefaites, il eut une très-vive discussion avec le Pape. Après cet éclat aussi impolitique qu'intempestif, fort embarrassé de retourner à ses audiences, il cherchait chaque jour de nouveaux biais et de nouveaux prétextes pour les éviter. On comprendra facilement qu'une telle conduite n'était guère propre à faire accueillir favorablement par le Pontife tout ce que le bailli pouvait lui faire insinuer sous main afin de retarder la promotion de Retz. Valançay, fort bien renseigné, prétendait qu'Innocent et ses émissaires ne négligeaient rien pour persuader à l'abbé Charrier que le roi de France et la Reine mère ne désiraient nullement au fond que la promotion eût lieu. Suivant le bailli, le but secret du Pape était d'inspirer un tel soupçon au factieux prélat afin de le pousser

---

1. « Le Pape, disait-il, ayant reçu la nomination du Coadjuteur, songe à en faire sa créature. Il espère que le Coadjuteur et le duc d'Orléans ne permettront pas qu'il se décrète rien dans le Conseil à son désavantage, y prenant tous ses intérêts en main.... J'approuve bien que l'on fasse ce qui est convenable pour hâter cette promotion, mais de sacrifier l'honneur de l'État pour cet effet, je n'en puis tomber d'accord. Si le Pape cherche de la bonne volonté en France, qu'il la cherche directement par les satisfactions qu'il donnera au Roi et non point à ses vassaux. Quand les premières barricades ont été faites à Paris, le Pape a fait venir son Nonce aux intérêts du Parlement, ainsi que vous l'avez vu, mettant son appui sur les malcontents. » (Valançay à Brienne, 6 novembre 1651. Affaires étrangères, Rome, tome CXX.)

à exciter de nouveaux troubles dans Paris. Il va sans dire que l'ambassadeur s'attachait avec le plus grand soin à détourner lui-même ce soupçon de l'esprit de Charrier. Il ne cessait de lui protester, ce qui était d'un jeu fort habile, que, si lui, ambassadeur du Roi, avait dit le moindre mot au Pontife pour l'engager à retarder la promotion, celui-ci « n'auroit pas eu de plus grande joie » que de divulguer ce secret. Il ajoutait que la meilleure preuve qu'il poursuivait très-sincèrement la promotion, c'est que le Pape n'avait pu citer à l'abbé Charrier une seule de ses paroles qui « allât au contraire d'une vive et cordiale demande de ce chapeau pour le Coadjuteur ».

Par ces protestations et ces serments, qui dans la bouche d'un religieux de mœurs austères ne manquaient pas d'autorité, l'abbé Charrier, tout fin qu'il était, fut abusé et trompé jusqu'au dernier moment. Il ne cessa de croire à la bonne foi de l'ambassadeur, mais sans jamais pourtant se livrer entièrement à lui.

Peu de jours avant le 11 décembre, le bailli avait reçu de Brienne une dépêche de la plus haute importance dans laquelle le ministre lui donnait cette fois les instructions les plus nettes et les plus détaillées sur la conduite qu'il aurait à tenir dans l'affaire du Coadjuteur. L'ambassadeur répondit à cette dépêche, le 11 décembre, par une lettre d'un intérêt capital et qui vient donner pleinement raison au cardinal de Retz, lorsqu'il affirme dans ses Mémoires que la cour de France et Mazarin, à propos de l'affaire du chapeau, agirent contre lui avec la plus insigne mauvaise foi[1].

Le bailli ne doutait pas que les Espagnols ne fussent secrètement très-favorables à la promotion du Coadjuteur, malgré le déplaisir que pourrait en éprouver M. le Prince, parce qu'ils calculaient avec raison qu'une fois maître du chapeau, le Prélat n'en aurait que plus de force pour continuer la guerre civile.

« Pour le second article (de votre lettre), poursuivait l'ambassadeur, je vous ai mandé dans mes précédentes, que j'avois très-bien compris de quelle sorte le Roi vouloit

1. Lettre du bailli du 11 décembre 1651.

que je me comportasse *pour hâter ou retarder la promotion*. Il suffit de vous assurer que je suis vos ordres très-ponctuellement et agis en conformité avec toutes les précautions nécessaires ; ce qui n'est pas une négociation fort aisée et facile, ayant affaire à un Pape qui veut et voudra toujours le contraire de ce que désirera le Roi. *Il est donc nécessaire pour le service de Sa Majesté, ainsi que vous m'avertissez, que M. le Coadjuteur ne doute point qu'il ne soit servi de moi en ses prétentions avec voiles et rames et que cependant j'aille procurant une procrastination* (un retard) *de l'effet de cette grâce audit sieur Coadjuteur jusques à tant qu'il ait donné des témoignages bien solides d'un attachement indissoluble aux intérêts du Roi. La pièce est délicate, mais je n'oublierai rien pour servir en la sorte qui m'est ordonnée....* »

Il ajoutait que le meilleur moyen de retarder la promotion, c'était que la cour de France parût la désirer vivement, et que le moyen infaillible de la précipiter serait qu'elle témoignât y être indifférente.

Il annonçait en même temps à Brienne qu'il éviterait la seule audience qui dût avoir lieu avant Noël, en alléguant une excuse, et qu'il n'irait voir le Pape qu'après la fête des Rois. C'était déclarer nettement qu'il abandonnait au hasard, pendant ce temps-là, l'affaire de Retz.

Afin de mieux tromper le Coadjuteur, Mazarin, après avoir dicté à Brienne les instructions dont nous venons de parler, ne cessait, dans ses correspondances avec la Palatine, de protester de son amitié et de son dévouement pour le Prélat. Il allait même jusqu'à informer la Princesse des manœuvres et machinations qui se tramaient à la Cour contre son ami[1]. Il était impossible de tenir un langage et une conduite plus en désaccord ; de son côté, le Coadjuteur ne se faisait pas faute d'agir absolument de la même manière[2].

1. Lettre du 10 décembre.
2. Mazarin écrivait à l'abbé Fouquet (26 décembre) : « Si mon retour devoit produire les maux que croit M. le Coadjuteur, je ne songerois jamais à rentrer en France ; mais j'espère qu'il n'en arrivera pas ainsi, *et vous lui pouvez même insinuer, que s'il étoit vrai que ma perte fût inévitable, comme il le pense apparemment, il n'y trouveroit pas son compte.* »

La Reine était dans une extrême impatience de revoir le Cardinal et de le placer de nouveau à la tête des affaires. Mille intrigues se croisaient autour d'elle pour la détourner de cette pensée, mais elle leur opposait une résolution inébranlable. Le vieux Châteauneuf était à bout de manœuvres et les plus habiles courtisans y avaient échoué. Voici une lettre inédite de Le Tellier qui se trouvait alors à Poitiers auprès de la Reine, et qui peint mieux que tous les documents connus jusqu'à ce jour les dispositions de cette princesse à l'égard de son favori : « Je n'ai pas été obligé de dire mes sentiments à la Reine sur le retour de Son Éminence, écrivait-il à un inconnu, tant parce qu'elle ne m'en a point pressé, que parce que j'ai su que tout le monde lui en avoit parlé, *jusques à lui dire qu'on croyoit que le Cardinal l'avoit ensorcelée ou qu'elle l'avoit épousé*. A tout cela elle n'a fait aucune réponse, sinon que le Cardinal étoit bon et sage, qu'il avoit de l'affection pour l'État, pour le Roi et pour elle, qu'il lui falloit laisser la conduite de cette affaire, vu que, s'il trouvoit de l'inconvénient à revenir, il ne l'entreprendroit pas[1]. »

La Reine ne se contenta pas d'exprimer tout haut ses sentiments en faveur de Mazarin ; elle dépêcha Bartet auprès de l'homme qui était le plus en état de mettre obstacle au retour du Cardinal, afin de le conjurer de s'y montrer favorable et de l'engager à se rendre à Poitiers, où se trouvait la Cour. En conséquence Bartet déclara au Coadjuteur que la Reine l'envoyait vers lui pour lui faire « part de la résolution qu'elle avoit prise de faire revenir le Cardinal, non pour lui demander son avis, mais pour le convier de s'employer pour faire que les choses se passassent doucement sur ce retour ». Il ajouta que la Reine le priait de se souvenir des grâces qu'il avait reçues d'elle, notamment de sa nomination au cardinalat, et de se rendre en personne auprès d'elle, résolue qu'elle était « à partager sa confiance entre le cardinal Mazarin et lui ».

Le Coadjuteur se confondit en protestations de dévouement pour la Reine, se montra touché au delà de toute expression

---

1. Bibliothèque nationale, papiers d'État de Le Tellier. Ms. fr. 6887. Poitiers, 26 décembre 1651.

des grâces dont elle l'avait comblé, mais il déclara que la Reine ne devait point désirer qu'il se rendît à la Cour ; « que s'il étoit cardinal, il le feroit volontiers, mais qu'en l'état où il se trouvoit, il ne vouloit pas perdre le crédit qu'il s'étoit acquis dans Paris, en l'abandonnant dans la conjoncture présente[1] ».

A Rome, sa promotion paraissait fort compromise par d'habiles manœuvres dirigées par les émissaires des Princes. Condé, l'implacable ennemi du Coadjuteur, avait donné, comme nous l'avons dit, des instructions secrètes à deux de ses familiers, les pères de Lingendes et Boucher. Les deux pères jésuites ne trouvèrent rien de mieux, pour perdre le Coadjuteur dans l'esprit du Pape, que de semer le bruit qu'il était janséniste.

Monsignor Chigi, que le Pape avait rappelé récemment de sa nonciature de Cologne pour qu'il succédât au cardinal Panzirolo, en qualité de premier secrétaire d'État, était fort ami des Jésuites et de leur doctrine. Il prit feu à cette insinuation, et courut en prévenir Innocent X. Le Pape, constamment malade, ne s'était guère mêlé jusque-là de cette question du jansénisme, mais, averti par son ministre, il lui permit d'exprimer à l'abbé Charrier ses craintes à ce sujet, et de lui laisser entrevoir l'impossibilité d'une promotion si le Coadjuteur ne se prononçait d'une manière nette et catégorique contre cette opinion, plusieurs fois condamnée par le Saint-Siége. L'abbé, surpris de cette complication imprévue, avertit sur-le-champ le Coadjuteur, et celui-ci lui répondit avec une imperturbable assurance : « Pour ce qui est du jansénisme, je doute fort que ce soit là le fond de la pensée de la cour de Rome. Vous savez comme il faut parler sur ce sujet dans le public, mais, en particulier, vous pouvez témoigner que le moyen de m'engager en cette affaire seroit le refus que l'on me fait, et que ce m'est une occasion assez avantageuse pour témoigner mes ressentiments.... »
« Si l'on vous presse encore sur le jansénisme, ajoutait-il à la fin de sa lettre, dites que vous croyez qu'il m'est si injurieux que l'on témoigne seulement le moindre doute sur mon

---

1. Lettre de Le Tellier. Poitiers, 28 décembre 1651. *Ibidem.*

sujet, que vous n'avez pas osé m'en écrire, de peur de m'aigrir trop l'esprit en me faisant voir que l'on joint au mépris que l'on a pour moi des doutes ridicules. »

Le Coadjuteur avait remis à l'abbé Charrier, avant son départ pour Rome, un certain nombre de blancs-seings, afin qu'il pût les remplir en cas d'urgente nécessité. Pressé vivement par l'abbé d'écrire au Pape une lettre de sa main afin de se disculper du soupçon de jansénisme, le Coadjuteur lui répondit d'un ton plaisant et dégagé : « Je n'écris pas par cette voie au Pape, parce qu'il est trois heures du matin et que je n'écris tout à fait si vite en italien qu'en françois, et que de plus vous êtes un rêveur de me demander des lettres, puisque vous avez des blancs signés de quoi en faire de plus éloquentes que moi, vous qui êtes tout frais émoulu et véritablement *Fiorentino*[1]. »

L'abbé, tout glorieux de cet éloge et pour le justifier de son mieux, tourna une lettre de sa façon contre le jansénisme et la présenta, sous la signature du Coadjuteur, à Mgr Chigi, afin de calmer ses inquiétudes et de dissiper ses soupçons. La lettre était conçue en termes équivoques, afin qu'au besoin le Coadjuteur la pût désavouer.

Mis en verve et en belle humeur par ce tour à l'italienne, le Coadjuteur répondit à l'abbé : « Je savois déjà ce que vous aviez fait en votre dernière entrevue du Pape, et tout l'entretien que vous aviez eu avec M. Chigi sur le jansénisme, et comme quoi, pour l'amuser, vous aviez fait une fausse lettre que j'approuve fort…. Je ne suis pas résolu d'envoyer cette prétendue déclaration (contre le jansénisme) que vous me demandez, et c'est la raison pour laquelle je ne vous ai pas dépêché d'exprès…. Mais au fond, quand j'aurois donné cette déclaration, mon affaire ne seroit pas assurée pour cela, et ces fripons chercheroient encore quelque autre raison toute nouvelle pour me chicaner. Vous-même ne croyez pas que cela puisse empêcher la promotion. Quoi qu'il en soit, quand j'en devrois être assurément cardinal, je ne veux pas qu'il paroisse dans le monde que j'aie acheté cette dignité par la vente de ma liberté et de mon honneur, qui se trouveroit

1. Lettre du Coadjuteur à Charrier du 25 novembre 1651.

étrangement blessé par ce procédé. Je doute fort que vous puissiez, en cas qu'on me manquât de parole, retirer de M. Chigi ce que vous lui auriez donné, et je ne veux point mettre sa bonne foi à cette épreuve. Tout ce que je puis faire à ce sujet est de m'en tenir à la lettre que vous lui avez donnée. » Le Coadjuteur passait ensuite à des insinuations menaçantes. « Cependant, et quelque parti que vous preniez là-dessus, vous pouvez représenter à ces Messieurs.... qu'il est [de l'intérêt] de la cour de Rome de ne pas allumer en France un feu qui s'éteindroit difficilement et qui pourroit même à la fin embraser plus dangereusement la cour de Rome.... »

Au fond, le Coadjuteur ne croyait pas que ces soupçons de jansénisme articulés contre lui fussent bien sérieux ; il supposait qu'on ne les avait lancés en avant que pour retarder la promotion. Cette lettre de Retz, pleine de hauteur, de souplesse et d'éloquence, nous le montre dans les plus secrets replis de son âme et dans tout son génie d'écrivain. Si on lui refuse le chapeau, il se mettra à la tête des jansénistes et propagera un schisme qui gagnera comme une flamme la cour de Rome. A la pensée que la pourpre va lui échapper au moment même où il s'est cru sur le point de la saisir, il ne peut plus maîtriser sa colère ; il éclate avec la plus grande imprudence dans son entourage. Ses moindres paroles sont avidement recueillies par les espions de Mazarin et aussitôt divulguées : « Ce fut alors, dit un pamphlétaire aux gages de la Cour, qu'en présence de plusieurs personnes qui en frissonnèrent d'horreur, il prononça ces paroles détestables : « Si je ne puis fléchir les dieux d'en haut, je me « résous d'employer à mon secours les divinités de l'enfer[1]. »

N'est-ce pas là, dans sa grandeur satanique, le Retz peint par Bossuet ? et, en présence de cette lettre et de celles qui

---

1. *Lettre d'un bon François sur le sujet de celles du cardinal de Retz à Leurs Majestés.* 1655, petit in-folio de 38 pages ; sans nom d'auteur, de lieu et d'imprimeur ; p. 9. C'est la traduction de ce vers de Virgile :

Flectere si nequeo superos, Acheronta movebo.
(Æn., VII, 312.)

la suivent, sera-t-il permis de dire que le portrait est exagéré? « Cet homme, dit Bossuet, si redoutable à l'État,... ce ferme génie que nous avons vu, en ébranlant l'univers, s'attirer une dignité qu'à la fin il voulut quitter, *comme trop chèrement achetée*.... Mais pendant qu'il vouloit acquérir ce qu'il devoit un jour mépriser, il remua tout par de secrets et puissants ressorts[1]!... »

Ces ressorts sont mis à nu dans les lettres de Retz.

Ce n'est pas seulement au point de vue d'une connaissance plus approfondie du personnage qu'une telle révélation est pleine d'intérêt : elle ne l'est pas moins au point de vue littéraire. Il serait difficile, croyons-nous, de trouver avant cette date un seul prosateur à comparer à Paul de Gondi dans cette correspondance. C'est là un point à noter, et qui le placera parmi les initiateurs et les précurseurs de notre grande prose. Tout ce qui caractérise un écrivain de premier ordre se trouve dans plusieurs de ces lettres : l'originalité, l'esprit, la vigueur des expressions, la clarté, le mouvement, l'éloquence. Nous appelons surtout l'attention du lecteur sur les deux lettres du 16 février 1652, qui sont de la plus grande beauté.

La seconde de ces lettres était d'une habileté extrême. Elle pouvait être interprétée aussi bien pour le jansénisme que contre, tant le Coadjuteur avait pris de précautions oratoires pour esquiver une réponse nette et précise. Il se défendait de donner une déclaration contre le jansénisme en prenant le ton d'un chrétien froissé dans sa dignité et blessé dans sa foi et dans son honneur d'un soupçon aussi peu mérité, d'une demande si injurieuse. En même temps, pour se faire bien venir de ses amis les jansénistes, il donnait à entendre que, s'il avait au fond embrassé leur doctrine, il devrait plutôt souffrir le martyre que de renier ses convictions. Puis, après les plus vives et les plus éloquentes protestations de son dévouement au Saint-Siége, il insinuait à mots couverts que Rome aurait peut-être à se repentir de ne pas lui avoir donné le chapeau.

Retz considérait cette lettre comme son chef-d'œuvre.

---

1. *Oraison funèbre de Michel Le Tellier.*

S'il exprime dans ses *Mémoires* son repentir de l'avoir écrite, c'est qu'il savait que les jansénistes, avant qu'elle fût envoyée, en avaient pris une copie. Quant à toutes ses autres lettres, qui ne sont pas moins compromettantes, comme il les croyait en sûreté entre les mains de l'abbé Charrier, il n'a témoigné aucun regret de les avoir laissé tomber de sa plume.

Le Cardinal dit dans ses *Mémoires* qu'il ne put retrouver la minute de cette lettre pour l'y insérer[1]. Plus heureux que lui, nous en avons découvert une ancienne copie dans un volumineux recueil de pièces imprimées et manuscrites, concernant le Cardinal, recueil à nous cédé par le savant bibliophile et libraire L. Potier. Retz avait défendu à Charrier de laisser copier cette lettre, mais, moins prudent que l'abbé, qui la supprima[2], il la montra à Paris, avant de l'expédier, à ses amis les jansénistes, comme un glorieux trophée, comme une preuve éclatante de sa fierté d'âme. Dans ses lettres à l'abbé Charrier, le Coadjuteur affirmait qu'il n'en

---

1. « Je ne puis m'empêcher, en cet endroit, dit-il dans ses *Mémoires*, tome IV, p. 136, 137, de rendre honneur à la vérité, et de faire justice à mon imprudence, qui faillit à me faire perdre le chapeau. Je m'imaginai, et très-mal à propos, qu'il n'étoit pas de la dignité du poste où j'étois de l'attendre, et que ce petit délai de trois ou quatre mois que Rome fut obligée de prendre pour régler une promotion de seize sujets (lisez dix), n'étoit pas conforme aux paroles qu'elle m'avoit données, ni aux recherches qu'elle m'avoit faites. Je me fâchai et j'écrivis une lettre ostensive à l'abbé Charrier, sur un ton qui n'étoit assurément ni du bon sens ni de la bienséance. C'est la pièce la plus passable pour le style de toutes celles que j'aie jamais faites ; je l'ai cherchée pour l'insérer ici, et je ne l'ai pu retrouver. La sagesse de l'abbé Charrier, qui la supprima à Rome, fit qu'elle me donna de l'honneur par l'événement, parce que tout ce qui est haut et audacieux est toujours justifié, et même consacré par le succès. Il ne m'empêcha pas d'en avoir une véritable honte ; je la conserve encore, et il me semble que je répare, en quelque façon, ma faute en la publiant. »

2. Ce qui prouve que l'abbé Charrier jeta scrupuleusement au feu l'original, c'est que nous ne l'avons pas retrouvé parmi les autres lettres de Retz à cet abbé.

avait pas laissé prendre de copie, mais ses amis de Port-Royal, plus zélés en cela qu'infidèles, se hâtèrent de lui désobéir. Nous savons qu'une copie de la lettre circulait à l'hôtel de Liancourt, et Sainte-Beuve, de son côté, en a trouvé une autre dans les papiers du docteur Deslyons. Quoi qu'il en soit, cette incroyable lettre imprime autant de honte à la mémoire de Retz qu'elle fait honneur à la finesse du diplomate et au talent de l'écrivain. On verra, après l'avoir lue, qu'il était impossible de se tirer plus habilement d'un pas si difficile, d'user de plus adroits ménagements à l'égard des jansénistes et de la cour de Rome. Retz excellait à prendre ce ton de conviction et d'innocence dont il était le premier à se moquer en secret devant ses plus intimes confidents[1]. Il faut qu'il ait eu une singulière confiance dans la crédulité de la cour de Rome pour avoir osé lui tenir un pareil langage, qui jurait si étrangement avec sa conduite.

Le Coadjuteur ayant été promu au cardinalat dans le consistoire du 19 février 1652, et la lettre ci-dessus ayant été expédiée le 16, il est manifeste que l'abbé Charrier ne put en faire usage à temps[2]. Ce n'est pas trop présumer de sa prudence que de croire qu'il se garda bien de la montrer après coup.

Pendant que le Coadjuteur était sur le point de bouleverser la chrétienté de fond en comble, si on lui refusait le chapeau, il semait le bruit, parmi les jansénistes, qu'il ne faisait plus aucune démarche pour l'obtenir. Il soutenait même qu'il avait écrit à Rome « une lettre de mépris, mais si adroite qu'il leur faisoit bien voir qu'en ne le nommant pas cardinal, ils n'y gagneroient pas[3]. »

1. Dans une lettre en date du 23 février, Retz écrivait à Charrier : « Surtout n'en donnez pas de copie; je n'en ai donné aucune à Paris, quoique je l'aie montrée à beaucoup de gens. »
2. J'ai publié la lettre de Retz du 16 février pour la première fois dans mon mémoire intitulé : *Le Cardinal de Retz et les Jansénistes*, qui figure à l'appendice du tome V de la dernière édition de *Port-Royal*, par Sainte-Beuve.
3. Journaux manuscrits du docteur Deslyons, solitaire de Port-Royal (communication de Sainte-Beuve). Rappelons, à propos de cette lettre, ce passage assez peu clair des *Mémoires de*

Le pape Innocent X, ou plutôt son secrétaire d'État, Fabio Chigi, ne paraît pas avoir insisté pour obtenir du Coadjuteur, avant sa promotion, une déclaration en règle contre le jansénisme. Guy Joly, alors secrétaire de Retz et chargé précisément de mettre en chiffres sa correspondance avec l'abbé Charrier, dit dans ses *Mémoires* que « le Pape se résolut tout d'un coup d'avancer la promotion après avoir tiré un écrit de l'abbé Charrier, par lequel il s'engageoit d'en tirer un du Coadjuteur tel qu'il le désiroit. »

Cependant Mazarin, à la tête de sa petite armée, commandée par les maréchaux de la Ferté-Senneterre et d'Hocquincourt, et par le duc de Navailles et le comte de Broglio, s'avançait à petites journées, non dans l'attitude d'un homme dont la tête avait été mise à prix, mais en triomphateur. Le 3 janvier (1652) il était à Épernay, et le 30 il faisait son entrée à Poitiers, dans le carrosse du roi, qui était allé au-devant de lui à une lieue de la ville. On peut juger de la joie de la Reine et de la consternation des deux Frondes.

Pendant son itinéraire, Mazarin n'avait cessé d'écrire fréquemment à la Palatine, à l'abbé Fouquet, à Noirmoutier, afin que le Coadjuteur ne se laissât pas entraîner à quelque parti extrême, tel qu'une réconciliation avec M. le Prince, ce que le Cardinal redoutait par-dessus tout. Il lui promet-

---

Retz, cité plus haut, qui peut donner lieu à plusieurs interprétations : « Je l'ai recherchée (cette lettre) pour l'insérer ici, dit-il, et je ne l'ai pu retrouver. La sagesse de l'abbé Charrier, qui la supprima à Rome, fit qu'elle me donna de l'honneur par l'événement, parce que tout ce qui est haut et audacieux est toujours justifié, et même consacré par le succès. » Il résulte évidemment de ce passage que la lettre fut montrée, mais le fut-elle à Rome comme elle le fut à coup sûr à Paris ? J'avais pensé d'abord, ainsi que Sainte-Beuve, que Retz avait cru qu'elle le fut à Rome avant qu'elle fût anéantie par l'abbé Charrier, et que le passage des *Mémoires de Retz* pouvait s'interpréter ainsi. Mais, après réflexion, j'ai lieu de croire que Retz n'avait pas tardé d'apprendre par l'abbé Charrier qu'elle n'avait pas été montrée à Rome, par la raison bien simple qu'elle n'y était arrivée qu'après la promotion. Retz ne fait donc allusion qu'à l'effet produit par sa lettre dans le monde janséniste de Paris.

tait le secret le plus absolu sur la négociation du chapeau. Afin de ne lui donner aucun soupçon des instructions secrètes qu'il avait envoyées contre lui à l'ambassadeur de France à Rome, il s'efforçait de lui persuader qu'il avait toujours en lui pleine et entière confiance.

De son côté, le Coadjuteur, soupçonnant fort bien le double jeu du Cardinal, lui envoyait par Pennacors mille protestations non moins sincères de dévouement et d'amitié.

A l'arrivée de Mazarin à Poitiers, Turenne et le duc de Bouillon vinrent lui offrir leur épée, et le marquis de Châteauneuf, chef du Conseil, se retira, fort dignement. Partout les armées du Roi étaient victorieuses. Obligé de céder aux forces supérieures du comte d'Harcourt, Condé abandonna la Saintonge et se replia sur la Guyenne pour y continuer la lutte.

Quelle était alors la situation de Paris? Le Coadjuteur, comme on l'a dit, y avait rêvé, mais un peu trop tard pour que cette combinaison eût chance de succès, la formation d'un tiers parti armé, destiné à tenir à la fois en échec Mazarin et M. le Prince et à les écarter l'un et l'autre de la direction des affaires. Il avait fait proposer au Parlement de s'unir avec le duc d'Orléans; mais le Parlement, saisi de crainte, avait rejeté cette proposition. Ainsi, dès le début, le tiers parti recevait un coup mortel. Après avoir lancé contre Mazarin des arrêts de mort, le Parlement avait tremblé à la seule pensée de les mettre lui-même à exécution. Il avait naïvement abandonné cette tâche à l'autorité royale. Il n'avait pris aucune mesure ni pour l'attaque ni pour la défense. Seul, le duc d'Orléans, poussé par le Coadjuteur, avait eu quelque velléité de s'opposer par la force à la marche du Cardinal. Il avait détaché ses régiments de l'armée du maréchal d'Aumont, et les avait envoyés près d'Orléans, dont la grande Mademoiselle, sa fille, devait bientôt s'emparer par surprise.

Le 24 janvier, il signait avec Condé un traité d'alliance. Le Coadjuteur, il est vrai, n'y était pas compris, mais il était formellement stipulé que le duc le prenait sous sa protection et se réservait le droit de maintenir avec lui une étroite union. Cet article pouvait faire présager, à un moment donné, un accommodement entre M. le Prince et le

Coadjuteur, et Mazarin, qui avait eu vent du traité, vivait dans une crainte mortelle de cette collusion.

Dès que la nouvelle du projet formé par Mazarin de rentrer en France était parvenue au Coadjuteur, il avait expédié à Rome un courrier extraordinaire pour ordonner à Charrier de l'apprendre au Pape, cette menace étant le plus puissant moyen pour hâter la promotion. Le Coadjuteur feignait de ne prendre ostensiblement aucune part aux arrêts contre Mazarin, mais il ne négligeait rien dans l'ombre pour pousser le Parlement aux mesures les plus extrêmes. Il avait refusé au duc d'Orléans de se réconcilier avec Condé et même il se prononçait hautement contre lui et contre Mazarin. Avec une grande sûreté de coup d'œil, il annonçait à Charrier que la nomination au cardinalat ne serait pas révoquée tant qu'il n'y aurait pas d'accord entre lui et M. le Prince. Elle ne tenait plus en effet qu'à ce fil, et il est plus que probable que Mazarin préféra voir Retz cardinal que réconcilié avec Condé.

Pendant ce temps-là, que se passait-il à Rome? Valançay, toujours retiré dans sa tente, s'abstenait, ne sachant quel rôle jouer, d'aller aux audiences du Pape, et l'abbé Charrier, très-adroitement, mettait cette brouille à profit, pour faire peur au Pape du prochain retour de Mazarin. Il lui représentait que ses bonnes intentions pour le Coadjuteur allaient devenir inutiles s'il ne prévenait les mauvais desseins du Cardinal par une prompte promotion. Il lui glissa en même temps que la révocation était en route. A cette nouvelle, imaginée par l'abbé, le Pape comprit qu'il n'y avait plus de temps à perdre, et se promit bien de ne pas se laisser surprendre.

Dans la plus complète ignorance de ses intentions, le bailli était loin de soupçonner que la promotion dût être prochaine. Il fut entretenu dans cette illusion par le silence impénétrable d'Innocent X, qui ne doutait aucunement que la moindre indiscrétion de sa part ne portât un coup fatal à la nomination du Coadjuteur. Le bailli, de son côté, était bien convaincu que le plus sûr moyen de précipiter la promotion, c'était précisément de l'entraver[1]. Il avait bien

1. Dans ses lettres à Brienne, il en était réduit à faire l'aveu

essayé, il est vrai, de renouveler contre Retz les accusations de jansénisme, mais, fort habilement, l'abbé Charrier avait dissipé ces derniers nuages dans l'esprit de Monsignor Chigi.

On était à la veille de la promotion, et le Pape avait si bien pris ses mesures, que le bailli, qu'il soupçonnait d'avoir en main la révocation du Coadjuteur, n'en eut pas le moindre indice. Loin de là, l'ambassadeur se félicitait dans ses lettres à Brienne d'avoir constamment dupé l'abbé Charrier sur les véritables intentions de la cour de France.

Cependant J.-B. de Gondi, bailli de Pise, l'allié de Retz, et premier ministre de Ferdinand II de Médicis, grand-duc de Toscane, pressait vivement ce prince de prêter son appui au Coadjuteur. Le Grand-Duc, qui était fort ami du roi d'Espagne et de son premier ministre, don Luis de Haro, les intéressa si vivement au succès de la promotion du chef de la Fronde, dont le rôle turbulent leur était si utile à Paris, qu'ils s'entremirent, avec chaleur, auprès du Pape, et qu'ils dépensèrent jusqu'à soixante-dix mille pistoles pour faire réussir l'affaire[1].

On était arrivé au 19 février, c'est-à-dire au jour même de la promotion, et le bailli de Valançay vivait dans la plus grande ignorance de ce qui se passait. Il avait reçu ordre de Brienne de reprendre ses visites au Vatican, et ce jour-là même il lui répondait qu'il se disposait à lui obéir et à demander audience pour le prochain vendredi. Il était en train d'écrire sa lettre, lorsque tout à coup lui parvint la nouvelle que le Pape, le matin même, avait promu dix cardinaux, parmi lesquels le Coadjuteur. Voici en quels termes il annonçait à Brienne cet événement qui devait être si désagréable à Mazarin :

de son impuissance; il savait mieux que personne que le Pape, à une demande d'ajournement, aurait sur-le-champ répondu par la promotion.

1. C'est-à-dire sept cent mille livres. Ce que dit le bailli de Valançay dans sa correspondance sur l'action secrète des Espagnols dans cette affaire, paraît d'autant plus vraisemblable, que nous savons par les lettres de Retz à l'abbé Charrier toutes les négociations du Prélat auprès du bailli de Gondi.

« La promotion s'est faite ce matin de douze sujets au cardinalat dont dix ont été déclarés dans le consistoire et deux réservés *in pectore*. Elle fut résolue hier matin, après l'arrivée du courrier de Lyon, et tout le monde tombe d'accord, ajoute le bailli; qui nous fait toucher du doigt la vraie cause de la décision d'Innocent X, que le Pape s'y est porté, crainte qu'il ne vînt un changement de la nomination de France, prétendant Sa Sainteté donner un homme en tête à M. le cardinal Mazarin, pour lui disputer la prééminence dans le ministère. Et si Leurs Majestés ne sont inclinées à cette nouvelle Éminence, le Pape espère fortifier par la pourpre la faction de M. le duc d'Orléans et celle de Messieurs les Princes et du duc de Lorraine, que le palais ecclésiastique tient pour très-unis, avec dessein d'abaisser l'autorité royale sous prétexte de l'éloignement de M. le cardinal Mazarin. » L'ambassadeur disait, de plus, que plusieurs des cardinaux promus ce jour-là déclaraient hautement qu'ils en avaient obligation au Coadjuteur de Paris, au moins pour une anticipation de quelques jours.

Enfin il annonçait qu'il verrait le Pape *le lendemain matin*, « laquelle audience, ajoutait-il naïvement, m'a été accordée avec une civilité extraordinaire[1]. »

On connaît le piquant récit de la promotion par Guy Joly. Malheureusement il ne contient pas un mot de vrai[2]. Nous

1. Archives des Affaires étrangères. Rome, tome CXX.
2. « Le Pape, dit-il, se résolut tout d'un coup (dans la crainte que la nomination du Coadjuteur fût révoquée) d'avancer la promotion, après avoir tiré un écrit de l'abbé Charrier par lequel il s'engageait d'en tirer un du Coadjuteur, tel qu'il le désiroit. Cette résolution, quoique fort secrète, ne laissa pas de pénétrer aux oreilles du bailli de Valançay, qui, ayant ordre de révoquer la nomination, en cas de besoin, envoya aussitôt demander audience le dimanche au soir pour le lundi matin. L'audience lui ayant été accordée sans aucune difficulté, il crut qu'il n'y avoit encore rien à craindre. Cependant le Pape, qui se doutoit bien de son dessein, envoya intimer le consistoire à petit bruit, le lundi matin 18 février 1652, de fort bonne heure, et, l'ayant commencé par la promotion, il attendit tranquillement la visite de l'ambassadeur, qui envoya s'excuser, voyant que le

savons en effet que l'ambassadeur n'avait pas entre les mains la révocation de Retz. Sa lettre, que l'on vient de lire, nous apprend de plus que, le 19 février, il ne se douta nullement, pendant une partie de la journée, que la promotion venait d'avoir lieu, et qu'il ne demanda pas une audience au Pape pour ce jour-là, mais pour le lendemain. Ce rapprochement de dates suffit pour détruire la version de Guy Joly. Le secrétaire de Retz se trompe encore en disant que la promotion eut lieu le 18 ; enfin, il n'était pas moins dans l'erreur, lorsqu'il a avancé que l'ambassadeur avait reçu la veille sa propre nomination au cardinalat. Retz dit formellement, ce qui est vrai, que le bailli ne fut averti de la promotion qu'après qu'elle fut faite. Mais, lorsqu'il ajoute que le pape Innocent lui déclara savoir de science certaine que l'ambassadeur avait en main l'acte de la révocation et que *l'abbé Charrier lui envoya deux courriers pour lui donner le même avis*, il a inventé cette dernière circonstance dans l'intérêt de sa propre apologie. Il n'est nullement question de ces deux lettres dans sa correspondance avec l'abbé. Retz y dit, au contraire, jusqu'à la fin, qu'il est certain que sa nomination ne sera pas révoquée. Ces points essentiels tirés au clair, reprenons le fil de notre récit.

Le jour même de la promotion, l'abbé Charrier et le Grand-Duc expédièrent, chacun de son côté, un courrier extraordinaire au Coadjuteur pour lui apprendre l'heureuse nouvelle, et le bailli de Valançay la fit savoir à Brienne par deux voies différentes. Le courrier du Grand-Duc devança celui de l'abbé Charrier. Le Coadjuteur prit aussitôt le nom de cardinal de Retz, qu'avait déjà porté un de ses oncles, Henri de Gondi, évêque de Paris[1]. Cette nouvelle, comme

coup étoit manqué. Cela dut le toucher d'autant plus sensiblement, que le dimanche au soir il avoit reçu par un courrier exprès, non-seulement la révocation en forme, mais aussi une nomination en sa faveur : du moins le bruit en courut à Rome. » (*Mémoires de Guy Joly*, tome XLVII, p. 209 et 210.)

1. Retz envoya annoncer cette nouvelle « à tous ses amis, qui en témoignèrent une joie extrême, à la réserve de Mme et de Mlle de Chevreuse, qui en parurent peu touchées, attendu qu'elles

on peut le croire, causa autant de déplaisir à Condé et à Mazarin que de satisfaction au Coadjuteur et à ses amis.

Pendant que Mazarin prodiguait au Coadjuteur des marques publiques d'une satisfaction qui était bien loin de son cœur, il donnait l'ordre à Brienne de témoigner au bailli tout son mécontentement pour ne s'être pas conformé aux instructions qui lui enjoignaient d'ajourner par tous les moyens la promotion. Brienne s'empressa d'administrer à M. de Valançay une verte semonce. Le bailli répondit à Mazarin que, lorsque la promotion était sur le point d'avoir lieu, il « n'étoit plus en son pouvoir de la retarder, et que toutes les voies d'y mettre obstacle lui avoient manqué ». La princesse de Rossano, ajoutait-il, et Fabio Chigi étaient trop intéressés à presser la conclusion de l'affaire pour qu'on pût l'entraver; « à moins, disait-il, de déclarer ouvertement que le Roi ne vouloit point le Coadjuteur, et, pour ce, il falloit s'adresser directement au Pape *et en avoir un ordre exprès de Sa Majesté* ».

Ce dernier passage est concluant. Il prouve avec la dernière évidence que le bailli n'avait reçu que l'ordre de faire traîner en longueur la promotion, et qu'il n'avait en main aucun acte de révocation, ainsi que l'a supposé dans ses *Mémoires* le cardinal de Retz pour justifier sa conduite ultérieure. Mais il le croyait si peu, au moment où il reçut la pourpre, qu'il écrivit deux lettres au bailli pour le remercier de ses bons offices. Il va sans dire que dans ses *Mémoires* il se garde bien de faire cet aveu.

avoient enfin découvert les intrigues de ce prélat avec la Princesse palatine. » (*Mémoires de Guy Joly*, p. 210.)

1. Voici en quels termes pompeux et élogieux la *Gazette* annonçait aux Parisiens la promotion de Retz, dans son numéro du 2 mars 1652 : « Avant-hier fut ici apportée l'heureuse nouvelle de la promotion faite par Sa Sainteté du Coadjuteur de Paris au cardinalat, laquelle a répandu une joie incroyable dans le cœur de tous les gens de bien, qui ne pouvoient croire les grandes vertus de ce docte prélat assez dignement honorées que par la pourpre, puisque, à les regarder avec les yeux de la plus sévère censure, on n'en sauroit faire autre jugement, sinon qu'il ne les possédoit que comme autant d'illustres degrés par lesquels il devoit monter à cette sublime dignité de l'Église. »

INTRODUCTION.

A quelques jours de là, le bailli de Valançay se vit dans la dure nécessité d'aller remercier Innocent X de la promotion du Coadjuteur. Le Pontife ne put contenir devant lui le mécontentement profond que lui causait le retour en France de Mazarin.

Tous les documents inédits que nous venons de produire prouvent donc jusqu'à l'évidence que le Pape ne hâta la promotion des nouveaux cardinaux que dans la crainte de voir révoquer la nomination de Retz et dans l'espoir d'opposer à Mazarin un adversaire que la pourpre semblait devoir rendre inviolable. Personne dans Rome n'eut de doutes sur ce point. Le bruit y était partout accrédité que la promotion ne s'était faite que contrairement aux intentions de Mazarin et de la cour de France. Le bailli faisait de vains efforts pour persuader du contraire[1].

Les mêmes bruits, avec des variantes, étaient répandus à Paris et même à la Cour par les personnes les plus considérables. Est-il donc surprenant que le Coadjuteur, au premier moment, les ait exploités à son profit? Un des témoignages les plus curieux à signaler est celui de la duchesse de Nemours, dont le récit est presque de tous points inexact[2].

1. Affaires étrangères. Rome, tome CXX.
2. « On n'avoit nommé, dit-elle, le Coadjuteur au cardinalat que pour le tromper; aussi ne fit-on pas grand scrupule d'envoyer quelque temps après un courrier pour révoquer la nomination, pendant lequel temps le bailli de Gondi, averti par un autre courrier du Coadjuteur, amusa celui de la Cour et le retarda, sous le prétexte de le bien régaler. Pendant ces moments il dépêcha en diligence vers le pape Innocent X, dont il connoissoit la haine pour le cardinal Mazarin, et il manda à ce pontife que, s'il vouloit faire le Coadjuteur cardinal, il n'avoit plus de temps à perdre, parce qu'il y avoit un courrier à Florence qui alloit à Rome pour y révoquer sa nomination. Le Pape, qui considéroit le Coadjuteur plus comme un ennemi de Mazarin que par aucune autre raison, se hâta de lui donner le chapeau avant qu'on pût croire qu'il eût reçu des lettres du Roi, qui en nommoit un autre, lequel étoit l'abbé de la Rivière; et ce fut de cette façon qu'il fit le Coadjuteur cardinal, ce qui surprit et fâcha extrêmement la Cour. » (*Mémoires de la duchesse de Nemours.* Collection Petitot, tome XXXIV, p. 526, 527.)

On voit par ce récit que l'envoi à Rome d'un courrier porteur de la révocation du Coadjuteur ne faisait pas à la cour de France l'ombre d'un doute. Si ce fait avait eu lieu, le bailli n'aurait pas manqué de dire, pour sa justification, que ce courrier était arrivé trop tard. Or, rien de semblable dans sa correspondance.

Cependant le Coadjuteur, informé des bruits qui couraient à Paris[1] comme à Rome et même au Vatican, qu'il n'avait été nommé cardinal que malgré la Cour et Mazarin, se prévalut habilement de tous ces bruits pour se faire une arme de ce nouveau grief contre Mazarin. Les plaintes qu'il fit entendre retentirent jusqu'à Rome. Ce fut en vain que le bailli s'étudia à en démontrer le peu de fondement[2]. Comme Retz persistait à affirmer à tous venants, ainsi que ses amis, Caumartin en tête, qu'il ne devait le chapeau qu'au seul duc d'Orléans et non à la Cour, le cabinet ne trouva rien de mieux, pour lui imposer silence, que de lui faire donner par le Roi lui-même un démenti qui, pour être déguisé, n'en dut être que plus sensible. La minute de cette lettre est de la main du comte de Brienne[3].

« Mon Cousin,

« J'avois fort espéré que notre Saint Père le Pape auroit eu la considération... à la prière que je lui avois faite et

1. Nous ne relevons pas les autres erreurs secondaires de la duchesse de Nemours. Elles ne sauraient échapper à la sagacité du lecteur, comme, par exemple, la substitution de l'abbé de la Rivière au Coadjuteur pour la nomination au cardinalat.
2. Le bailli écrivait à Brienne que rien n'était plus faux que tous ces bruits, et il soutenait que Retz ne devait son chapeau qu'au Roi et aux ministres. Il menaçait, si le Coadjuteur persistait à faire courir ces bruits mensongers, de le couvrir de honte, pièces en main.
3. Bibliothèque nationale; Gaignières, ms. 513. De toutes les écritures du dix-septième siècle, il n'en est pas d'aussi difficile à lire, y compris celle de Pascal, que l'écriture du comte de Brienne. Ce n'est qu'avec une peine extrême, même avec l'assistance de M. Léopold Delisle, le savant et très-obligeant Directeur général de la Bibliothèque nationale, que nous sommes parvenu à déchiffrer presque en entier la lettre de Louis XIV au cardinal de Retz, ainsi qu'une lettre de Brienne au même en date

quelque déférence, et ne tarderoit pas de me donner la satisfaction que je me promettois de sa part, et [de] vous la [donner aussi, comme] je l'avois requis. J'ai sujet de m'étonner que Sa Sainteté s'en soit souvenue et qu'Elle ait pris la résolution de faire sa promotion et de ce que vous y êtes entré. Et comme j'ai [lieu] d'espérer depuis si longtemps et que je suis devenu persuadé que je ne pouvois favoriser de ma protection un sujet qui [fût plus capable et] plus [digne de la mériter] et que je suis assuré que vous embrasserez avec chaleur ce qui est de mon service et de ma satisfaction, en [tout ce] que vous [pourrez]; dans ces assurances, et y prenant confiance, je vous dirai que les occasions sont [telles] que vous me pourrez donner des marques de votre fidélité et de votre affection, et je m'assure [que vous me fournirez] des preuves de la gratitude que vous devez avoir pour moi. ...Je prie Dieu, etc.

(Au bas de la lettre) :

[A Monsieur le] Cardinal de Retz, du x⁰ de mars 1652 [1].

Malgré cet avertissement parti de si haut, le cardinal de Retz continua à cabaler dans l'ombre contre Mazarin. Le bruit qu'il serait bientôt ministre était colporté en tous lieux par ses amis : « Votre nouvelle dignité, lui écrivait Scarron pour le féliciter, sera soutenue de tout ce qui lui manque pour faire voir à toute la terre que la main qui a fait les cardinaux d'Amboise et de Richelieu, n'avoit pas encore montré tout ce qu'elle savoit faire. J'espère que nous en aurons bientôt le plaisir [2].... »

Telle était en effet la secrète et ardente ambition de Retz depuis qu'il s'était résigné bon gré mal gré à devenir homme

du 6 mars 1652 (Bibliothèque nationale, Gaignières, ms. 513). La lettre du ministre à Retz est sur le même sujet que celle du Roi. Nous avons remplacé par des points les mots absolument illisibles et placé entre crochets ceux restés douteux.

1. Le nom de lieu, à la suite de la date, n'a pu être déchiffré. La lettre de Brienne à Retz est datée de Saumur, cinq jours avant celle du Roi.

2. Voyez cette lettre en entier, dans le tome I⁰ʳ des *Mémoires de Retz*, à l'Appendice, p. 345.

d'Église. Plusieurs critiques de nos jours ont paru s'étonner que Retz ait pu se consumer en de si vastes intrigues, qu'il ait fait jouer de si puissants ressorts, à seule fin d'obtenir un chapeau. S'ils l'ont accusé de frivolité en cette circonstance, c'est faute assurément de s'être souvenus des immenses avantages qui étaient alors attachés au cardinalat. Depuis Richelieu, la pourpre donnait à ceux qui en étaient revêtus le pas sur les princes du sang. Même avant Richelieu, elle était devenue comme indispensable et inhérente à la fonction de premier ministre. Elle avait paru comme un gage donné aux catholiques contre les envahissements du parti protestant, surtout depuis l'Édit de Nantes. Mazarin n'aurait eu aucun titre à être chef du ministère, s'il n'en eût été revêtu. Ajoutons que le Coadjuteur comptait dans sa famille deux cardinaux, Pierre de Gondi, son grand-oncle, et Henri de Gondi (cardinal de Retz), son oncle. Le premier fut chef du conseil sous Charles IX, et le second, sous Henri IV, fut également chef du conseil, et premier ministre d'État[1]. De là cette jalousie et cette haine que Richelieu ne cessa de montrer pour les Gondi, précisément parce qu'ils avaient occupé les plus hautes fonctions de l'État. De là aussi cette ambition bien légitime du Coadjuteur d'obtenir le chapeau, comme deux des siens, et de s'élever par ce degré au poste de premier ministre. Le but était avouable et permis sans doute ; mais ce qui ne pouvait l'être à aucun titre, ce furent les terribles moyens mis en œuvre pour l'atteindre.

II. — Lettres du cardinal de Retz a l'abbé Paris, archidiacre de Rouen.

(1662-1665.)

Bien que cette correspondance ne traite que d'affaires d'intérêts, elle n'en est pas moins très-curieuse par les nom-

---

1. « Le sieur de Luynes, dit le cardinal de Richelieu, l'établit chef du conseil pour autoriser les choses qu'il vouloit, sachant bien que la condition de son esprit (doux et foible) n'étoit pas pour s'opposer en aucune chose qu'il désirât. » (*Mémoires du cardinal de Richelieu*, livre XIII.) Voyez aussi, livre VII, ce que Richelieu dit d'Emmanuel de Gondi (père de Retz) et de sa famille.

breux détails qu'elle nous donne sur la vie intime du Cardinal à Commercy. L'abbé Nicolas Paris était sans doute de mœurs aussi faciles que l'abbé Charrier, à en juger par quelques plaisanteries fort peu ecclésiastiques que lui adresse Son Éminence. Ces lettres nous montrent l'écrivain sous un nouvel aspect; elles sont d'un style encore plus familier que celui des *Mémoires*, mais d'un style qui ne descend jamais à la trivialité. Plus de grandes périodes comme dans les lettres pastorales, par exemple; rien qui sorte du sujet; une plaisanterie fine et de bon aloi, un naturel parfait, une vivacité singulière, une phrase brève, incisive, courant droit au but, voilà ce qui caractérise cette piquante correspondance.

III. — Lettres du cardinal de Retz a son homme d'affaires, M. de la Fons, conseiller du Roi, contrôleur des Restes a la Chambre des Comptes.

(1665-1678.)

Après huit années d'exil le cardinal de Retz ayant fait son accommodement avec Louis XIV, reçut en échange de son archevêché de Paris l'abbaye de Saint-Denis, d'un revenu de cent vingt mille livres, et put rentrer à Commercy le 14 février 1662. Il y resta interné jusqu'au moment où son successeur à l'archevêché, M. Hardouin de Péréfixe, eut reçu ses bulles, et il ne fut admis à voir le Roi, à Fontainebleau, que le 6 juin 1664. Mais, dès le 22 juillet 1662, il avait fait prendre possession de l'abbaye de Saint-Denis par un de ses partisans dévoués, l'abbé Paris, archidiacre de Rouen[1], à qui est adressée la correspondance du Cardinal publiée dans ce volume. Ce ne fut qu'après sa visite au Roi que l'abbé commendataire de Saint-Denis y fit son entrée solennelle[2]. Il résida pendant quelques mois à Pierrefitte, terre

1. Dom Michel Félibien, *Histoire de l'abbaye de Saint-Denis* (1 vol. in-folio, p. 502).
2. Le premier abbé commendataire fut Louis de Bourbon, cardinal, archevêque de Sens, qui en fut pourvu a la nomination de François Ier, en 1528. Depuis ce temps-là, l'abbaye fut toujours en commende jusqu'en 1689, époque où le pape Alexandre VIII, à la prière de Louis XIV, donna le revenu de la *mense abbatiale*

et seigneurie dans le voisinage de l'abbaye et qui en dépendait.

L'abbaye de Saint-Denis, une des plus riches de France, possédait un nombre considérable de domaines et de seigneuries. Les seuls revenus de l'abbé s'élevaient, comme nous venons de le dire, à cent vingt mille livres. C'était un vrai département ministériel, tout un monde à gouverner[1]. Afin de donner une pâture à l'activité de son esprit, qui n'avait rien perdu de son feu, le Cardinal s'appliqua, pendant dix années, à présider à cette immense administration. Il avait pris d'abord comme son délégué et son lieutenant l'abbé Nicolas Paris, docteur de Navarre, Normand rompu aux affaires, et dont il utilisa les services jusqu'au mois de février 1665, ce que permet de supposer la dernière lettre qui lui fut adressée par le Cardinal à cette date. Au mois d'octobre suivant, il avait fait choix d'un homme qui, par la nature de ses fonctions de *contrôleur des Restes à la Chambre des comptes*, devait avoir une connaissance plus approfondie des affaires que l'abbé Paris. C'était un nommé M. de la Fons, conseiller du Roi, à qui le Cardinal confia en même temps et l'administration temporelle de son abbaye et la liquidation de ses immenses dettes. Ce M. de la Fons fut bientôt choisi pour syndic des innombrables créanciers de Retz.

A partir du 13 octobre 1665, le cardinal de Retz, pendant ses longs séjours à Commercy, entama avec son homme d'affaires une correspondance qui s'étend jusqu'au 17 janvier 1674[2]. Depuis cette date, on n'en trouve plus qu'une

à la Communauté des Dames de Saint-Louis à Saint-Cyr, près de Versailles, fondée par ce prince. Le dernier abbé commendataire de Saint-Denis fut le cardinal de Retz.

1. Pour s'en faire une idée, on pourra consulter l'intéressante *Histoire de l'abbaye de Saint-Denis*, par Mme d'Ayzac, dignitaire honoraire de la maison impériale de Saint-Denis, Paris, Imprimerie impériale, 1860, 2 forts volumes in-8°, tome Ier, livre IV, chapitre I : *Possessions et fiefs de l'abbaye au dix-septième siècle* (1672) p. 379 à 393 ; et même tome, chapitre VI, p. 452 à 489.

2. La dernière lettre adressée par le Cardinal à M. de la Fons porte cette date. A partir de ce moment, on n'en trouve plus une seule de Retz au même personnage, tandis qu'il en existe un

seule de Retz, en date du 13 juillet 1678, adressée au même
personnage. C'est donc une lacune de quatre années et demie
qui existe à la fin de cette correspondance, et que l'on doit
regretter vivement, car les lettres de ces dernières années
nous eussent fait pénétrer bien plus avant dans la vie privée
du Cardinal, et révélé ses suprêmes efforts pour payer ses
créanciers.

Il existe d'autres lacunes dans cette correspondance, mais
elles s'expliquent facilement par les nombreux voyages de
Retz, soit à Paris, soit à Rome. Telle qu'elle nous reste,
elle offre le plus grand intérêt, sinon au point de vue littéraire, du moins pour la biographie du Cardinal. Et même,
au point de vue du style, elle nous montre une fois de plus
l'extrême souplesse de l'esprit de Retz se pliant sans efforts
à la langue des affaires, à la langue qui leur convient le
mieux. Un style sobre, laconique, de la plus grande précision : voilà ce qui caractérise avant tout cette correspondance. Malgré tous les termes de procédure dont elle four-
mille, malgré le sens obscur de certains passages, sa lecture
n'en offre pas moins un vif attrait de curiosité, car, à chaque
ligne, on y fait quelque nouvelle découverte sur la vie intime
du personnage le plus original peut-être du dix-septième
siècle. J'avoue, pour ma part, que je ne puis me défendre
d'admirer ce grand prodigue, qui, vers la fin de sa vie,

assez grand nombre des serviteurs du Cardinal écrites à ce même
M. de la Fons, exerçant la même fonction, lettres qui s'étendent
de la date ci-dessus jusqu'en 1680, après la mort de Retz. Comme
ces dernières lettres concernent les affaires de l'abbaye de Saint-
Denis, il faut peut-être en conclure que celles que dut adresser
le Cardinal à M. de la Fons pendant cette période ont disparu
ou se trouvent dans d'autres cartons, non encore explorés, des
Archives. Une difficulté assez difficile à résoudre, c'est que dans
l'*État de la France* de 1674, tome II, p. 321, on voit figurer
comme contrôleur général des restes de la Chambre des comptes,
un nommé Abraham de la Framboisière, tandis que le nom de
M. de la Fons ne s'y trouve pas. Cependant M. de la Fons n'était
pas encore mort après le 13 juillet 1678, date de la dernière lettre
que lui adressa le cardinal de Retz, car les serviteurs de Retz,
pendant les deux années suivantes, écrivent au même personnage, revêtu de la même fonction.

cédant à une noble pensée, mit autant d'ardeur et de persévérance à payer ses dettes qu'il en avait mis autrefois à semer l'or à pleines mains. Il est telle de ces lettres où Retz déploie toutes les ressources du procureur le plus habile, nous dirions presque le plus retors.

Mais avant de prendre cette généreuse résolution de se réduire au plus strict nécessaire, pour se libérer envers ses créanciers, le Cardinal, il faut bien l'avouer, avait, pendant les premières années de son séjour à Commercy, gardé ses goûts pour la dépense et leur avait donné pleine carrière. Sans compter ses revenus patrimoniaux, ceux de son abbaye de Saint-Denis et de quelques autres bénéfices, il avait vendu (le 29 juillet 1665) à la princesse de Lislebonne, mais en s'en réservant la jouissance, sa terre et seigneurie de Commercy pour la somme de cinq cent cinquante mille livres. Bien que sur cette somme il eût remboursé ceux de ses plus intimes amis qui, au temps de la mauvaise fortune, lui avaient ouvert largement leur bourse, il lui resta encore assez d'argent pour donner pleine satisfaction à ses goûts luxueux. Il ne négligea rien pour embellir sa retraite de Commercy. Il fit raser les tours de son vieux château pour en faire une habitation moderne. Il y fit construire une belle galerie pour y installer les portraits des Gondi ses ancêtres, et des bâtiments neufs qui lui coûtèrent plus de cent mille livres[1]. Sa résidence fut ornée de meubles choisis par les soins de sa cousine, Mme de Sévigné, qu'il avait mariée de sa main pendant la Fronde. Une riche collection de livres précieux, reliés en maroquin et à ses armes, s'étalait sur de nombreux rayons dans son cabinet de travail. Toute sa maison fut montée sur un grand pied. Elle se composait de plus de cinquante domestiques. Retz eut même à ses gages un maître de musique, un maître-violon, des joueurs d'autres instruments, des chanteurs et jusqu'à une cantatrice. Il dépensa plus de cent mille livres en vaisselle plate et tint une table ouverte à tous venants.

1. Voyez ci-après, p. 164, la note 6 concernant les réparations que fit exécuter Retz dans le château de Commercy, pour le rendre habitable.

INTRODUCTION.

Dans sa campagne de Ville-Issey, sur les bords verdoyants de la Meuse, il fit construire une faisanderie, qui fut peuplée par les soins de sa parente, Mme de Lamet, et une ménagerie où s'ébattaient des cerfs, des sangliers, des chevreuils, que lui envoyait de Chantilly le grand Condé. Il fit même creuser un vivier, alimenté d'eau courante par la Meuse, et l'un des plus agréables passe-temps de l'ancien chef de la Fronde était de jeter du pain à ses poissons. Enfin, le célèbre horticulteur La Quintinie, le jardinier de Versailles, lui envoyait des arbustes rares pour orner ses jardins. C'est dans cette retraite de Ville-Issey, où il était plus à l'abri des importuns qu'à Commercy, qu'il dut composer une grande partie de ses *Mémoires*.

Cette correspondance de Retz offre, à propos des *Mémoires*, une particularité très-intéressante qui permet de fixer la date de leur dernière rédaction, c'est-à-dire du manuscrit autographe que possède la Bibliothèque nationale. On sait que le Cardinal, après avoir écrit son nom avec l'orthographe *Retz* pendant une grande partie de sa vie, l'écrit toujours *Rais* dans le manuscrit de ses *Mémoires*. Mais à quelle époque eut lieu ce changement de signature? C'est ce qu'on ignorait jusqu'à présent et ce que nous fait connaître la correspondance adressée à M. de la Fons. La dernière lettre qu'on y trouve avec la signature *Retz* est du 19 mars 1671. La première qui est signée *Rais* porte la date du 23 mars suivant. C'est donc seulement à partir de cette dernière date que le Cardinal a dû préparer la dernière rédaction de ses Mémoires, puisque l'orthographe *Rais* y figure dès les premières pages.

Dans cette correspondance, le Cardinal ne manque pas de signaler à M. de la Fons les noms des plus illustres visiteurs qui se succèdent à Commercy. C'est un passage continuel de princes, de maréchaux de France, de grands seigneurs, de cardinaux, de prélats : tantôt c'est Monsieur, frère du Roi, qui vient passer une journée au château; tantôt c'est le duc de Créqui, le vainqueur de Charles IV, duc de Lorraine; le cardinal de Bouillon, neveu de Turenne; l'évêque de Châlons (Vialart de Herse); puis ce sont les amis intimes de Retz : MM. de Caumartin, de la Houssaye, Corbinelli, les abbés Charrier, de Pontcarré, de Hacqueville (dont parle si souvent Mme de Sévigné).

Et lorsque ces distractions lui paraissent insuffisantes, le Cardinal, de temps à autre, et dans le plus grand secret, afin d'éviter les fâcheux, fait quelques petits voyages à Paris.

Depuis son retour à Commercy, ses créanciers, à qui il devait plus de trois millions de livres, ne lui laissaient ni paix ni trêve. Il était sans cesse sous le coup d'une saisie. Une fois même, en 1666, les revenus de son abbaye furent sur le point d'être atteints par un jugement. Pendant près de dix ans il en fut réduit, malgré ses grands revenus et par suite de ses folles dépenses, à inventer mille expédients pour faire face aux plus pressantes réclamations. Il donnait des à-comptes aux uns, des pensions aux autres, mais il n'avait pas encore le courage de s'imposer les derniers sacrifices pour se libérer.

Ce ne fut qu'à la fin de 1668 qu'il prit enfin la résolution décisive de laisser tout ce qu'il possédait à ses créanciers en se réservant seulement l'usufruit de sa terre de Commercy et quelques autres revenus, en tout vingt-quatre mille livres de rente.

Mme de Sévigné, dans une lettre adressée à Bussy-Rabutin, le 24 juin 1678, dit que le cardinal de Retz avait déjà payé plus de trois millions de dettes. D'autres contemporains ont donné le même chiffre. En admettant que le Cardinal ait versé, chaque année, à ses créanciers, jusqu'à la somme de cent cinquante mille livres, chiffre qui nous semble très-exagéré; pour les dix années qui s'étendent de 1668 au 24 août 1679, date de sa mort, on n'arrive qu'au chiffre de un million cinq cent mille livres. Il faut donc supposer que si Retz a payé à ses créanciers plus de trois millions de livres, ce n'est pas avec ses seuls revenus qu'il a pu atteindre ce chiffre, mais que ce doit être avec les sommes énormes que lui donna Charles II, roi d'Angleterre, afin qu'il facilitât la promotion au cardinalat de M. Stuart d'Aubigny, son parent[1].

---

1. Voyez pour plus de détails mon Mémoire intitulé : *Le Cardinal de Retz et les Jansénistes*, dans *Port-Royal* de Sainte-Beuve, troisième édition, librairie Hachette, tome V, à l'Appendice.

Ce qu'il y a de certain, c'est que le Cardinal, qu'il ait payé ou non à ses créanciers plus de trois millions, ne put s'acquitter entièrement envers eux. Ce fait, ignoré jusqu'à présent, nous est révélé par une lettre de son ancien écuyer, Malclerc de Sommervilliers, lettre en date du 24 mars 1680. Malclerc y déclare qu'il a réclamé plusieurs fois aux héritiers de Retz (le duc et la duchesse de Lesdiguières) « l'acte de renonciation (fait par eux) au bien vacant de M. le Cardinal ».

Avant de mettre fin à cette esquisse du séjour de Retz à Commercy, tirée en grande partie de sa correspondance, il convient de parler aux lecteurs de quelques actes et faits intéressants qui se rattachent à l'administration du Cardinal, en tant qu'abbé de Saint-Denis.

Depuis une dizaine d'années, il était en possession des revenus de cette abbaye, lorsque les religieux bénédictins, de la réforme de Saint-Maur, qui la desservaient, lui demandèrent un partage des biens de ce riche bénéfice, afin d'éviter à l'avenir toutes contestations entre leurs agents et ceux de l'abbé. Une autre considération bien plus importante les avait poussés à faire cette demande. Comme il était arrivé plus d'une fois que l'abbaye était tombée entre les mains d'abbés du premier rang, qui avaient été victimes des disgrâces de la Cour, les moines, en même temps qu'on dépouillait leurs abbés des revenus de l'abbaye, avaient perdu leurs propres pensions. C'est ce qui était arrivé notamment sous les derniers abbés, tels que le prince de Conti et Henri de Lorraine. Revenus de l'abbé, pensions des religieux, avaient été mis indistinctement sous le séquestre. C'est pour éviter surtout cette confusion à l'avenir que les moines demandèrent au Cardinal un partage entre la mense abbatiale et la mense conventuelle, entre les terres dont les revenus devaient appartenir à l'abbé, et celles qui devaient servir aux pensions des bénédictins de l'abbaye. Le passé du Cardinal n'était pas de nature à les rassurer, et ce partage, ils le réclamèrent avec une certaine âpreté de formes. On en vint à un procès. Enfin le Cardinal finit par céder. Le partage des biens de l'abbaye fut fait juridiquement, le 5 avril 1672, entre l'abbé et ses religieux, par-devant Charles Le Clerc de Lesseville, sous-doyen des conseillers du Grand Conseil, en conséquence d'un arrêt contradictoire de ce même Grand Conseil, rendu le 13 février précédent. Toutefois on n'en vint à l'exécution que l'année suivante, après une transaction au sujet des réparations de la basilique et des héritages tombés dans le lot des moines, c'est-à-dire dans la mense conventuelle[1]. Cette transaction fixa la part afférente aux deux parties dans les dépenses de ces réparations.

Dom Félibien, l'historien de l'abbaye, nous a transmis quelques curieux détails sur l'administration de l'abbé. Par la transaction dont nous venons de parler, le Cardinal s'était engagé à fournir aux frais de construction d'un nouveau dortoir, pour y loger plus commodément un grand nombre de religieux; de plus, à rebâtir le cloître à neuf. « Mais, dit Félibien, il préféra l'obligation où il étoit de payer plus d'onze cent mille écus de dettes, qu'il acquitta avant sa mort; en quoi il donna un exemple d'autant plus louable, qu'il est moins commun parmi les bénéficiers. »

Lors de son arrivée à Saint-Denis, le Cardinal, selon l'usage des abbés mis en possession, avait commandé un riche ornement sacerdotal. Félibien, qui le vit encore dans l'abbaye au commencement du dix-huitième siècle, en donne une intéressante description :

« Cet ornement, dit-il, est très-magnifique, tout relevé en broderie d'or et d'argent sur un fond de velours rouge. Un religieux convers de la maison, qui avoit sous lui quatre ou cinq ouvriers entretenus aux frais du monastère, conduisit tout l'ouvrage. L'ornement ne fut achevé que pour la fête de saint Denis, de l'an 1674, qu'il servit pour la première fois. Il est de plus de quarante pièces, la plupart aux armes du Cardinal, comme ayant contribué à la dépense [2]. »

A partir de l'année 1678, l'avant-dernière de sa vie, le

1. *Histoire de l'abbaye de Saint-Denis*, par dom Michel Félibien, un volume in-folio, p. 512. Voyez, pour plus de détails, l'*Histoire de l'abbaye de Saint-Denis*, par Mme d'Ayzac, tome I, p. 452 et suivantes, et chapitre VI, État des biens de l'abbaye au dix-septième siècle, ou répartition de ses propriétés, de ses revenus et de ses rentes en 1673 (c'est-à-dire pendant l'administration du cardinal de Retz).

2. *Histoire de l'abbaye de Saint-Denis*, par dom Félibien, p. 513.

cardinal de Retz résida presque toujours dans son abbaye de Saint-Denis ou à Paris, rue de la Cerisaie, dans l'hôtel de sa nièce, la duchesse de Lesdiguières. Il se rendait à Saint-Denis à la plupart des grandes solennités, où il officiait fort souvent[1]. Pendant l'année 1678, il visita les églises de Saint-Denis, qui dépendaient du monastère[2].

L'année 1679, celle de sa mort, il officia à Pâques, à la Pentecôte, au Saint-Sacrement, et vint, la veille de l'Assomption de la Vierge, passer la fête dans son abbaye.

Il avait autrefois (en 1668) formé le projet de démolir l'hôtel du cardinal de Bourbon, ancien abbé de Saint-Denis, pour faire construire avec les matériaux une résidence moderne, plus appropriée à ses besoins et à ses goûts. Il avait même obtenu du Parlement un arrêt qui l'autorisait à raser l'hôtel de Bourbon. Mais les moines, effrayés de la perspective d'un tel voisinage, lui offrirent, à titre d'échange amiable, onze autres édifices, ayant appartenu aux anciens officiers claustraux, et détachés du monastère, quoique enfermés dans l'enceinte de l'abbaye. De son côté, le Cardinal, non moins effrayé de l'énorme dépense qu'entraînerait la construction d'un hôtel, accepta cette offre. Il s'accommoda d'un vieil hôtel flanqué de deux tourelles, ayant vue sur les jardins de la communauté, et cet hôtel reçut le nom de Retz[3].

Ce fut, comme on le sait, dans l'hôtel de Lesdiguières que le Cardinal mourut le 24 août 1679. En vertu d'un privilége réservé aux abbés de Saint-Denis, son corps fut enterré dans la basilique qui servait de nécropole aux rois de France. Le cercueil de plomb qui renfermait ses restes fut enfoui près de « la grande grille de fer de la croisée, du côté

---

1. *Histoire de l'abbaye de Saint-Denis*, par dom Félibien.
2. On peut voir dans Félibien le détail de ces visites : à la collégiale de Saint-Paul (30 juin); à l'église de Saint-Michel et à celle des Trois-Patrons (10 juillet); aux paroisses de Saint-Rémy et de Saint-Jacques de Vauboulon (le 31); à l'Hôtel-Dieu, aux paroisses de Saint-Pierre, de la Madeleine, et à la petite chapelle de Saint-Jacques (31 août et 1ᵉʳ septembre).
3. On peut en voir la description dans l'*Histoire de l'abbaye de Saint-Denis*, par Mme d'Ayzac, tome II, p. 309, 310.

du midi », à peu de distance du tombeau de François Ier. » Louis XIV, qui n'avait pas oublié la Fronde, défendit qu'on plaçât la moindre inscription sur le lieu de la sépulture de Retz, et c'est précisément grâce à cette circonstance que le corps du Cardinal, en 1793, échappa aux profanations commises sur les autres cercueils. Par un de ces jeux bizarres de la fortune, le corps de l'ancien chef de la Fronde repose encore sous les voûtes de Saint-Denis, d'où ont été expulsés les ossements des fondateurs de notre unité nationale [1].

IV. — Lettres du cardinal de Retz a divers.

Les lettres diverses de Retz que nous publions n'offrent qu'un intérêt secondaire ; ce sont pour la plupart des billets de quelques lignes, ayant déjà paru dans différents recueils, ou figuré dans des catalogues d'autographes. On y retrouve toujours cette grâce et ce désir de plaire dont le Cardinal possédait si bien le secret, mais une seule nous a paru vraiment digne de l'auteur des Mémoires : c'est celle adressée à Mme de Sévigné, sa cousine par alliance, lettre déjà connue et qui, pour la première fois, a paru au siècle dernier dans un *Recueil de Lettres choisies* de la marquise. En la relisant, plus d'un lecteur éprouvera comme nous le très-vif regret que toute la correspondance de Retz avec Mme de Sévigné n'ait jamais vu le jour, si toutefois elle existe encore. Le Cardinal, qui était en état mieux que personne d'apprécier tout ce qu'il y avait d'esprit et de charme dans la marquise, et la marquise, qui avait une si haute opinion du génie de Retz, qui, peut-être, à la dérobée, avait lu ses Mémoires, devaient échanger entre eux de merveilleuses lettres dont la découverte serait d'un prix inestimable [2].

1. Je possède plusieurs lettres de Viollet-Leduc, l'ancien architecte de l'église de Saint-Denis, dans lesquelles il a bien voulu m'indiquer le lieu précis où se trouve encore le cercueil en plomb du cardinal de Retz.
2. Les lettres de Mme de Sévigné, adressées au cardinal de Retz, dorment peut-être dans les archives des héritiers des Villeroy, qui étaient eux-mêmes les héritiers des Gondi par la du-

INTRODUCTION. LXXIII

V. — Lettres adressées au cardinal de Retz
par quelques-uns de ses amis et de ses familiers.

Parmi ces lettres, nous appellerons l'attention du lecteur sur les lignes touchantes que, peu de temps avant sa mort, saint Vincent de Paul adressa à son ancien et indigne élève ; deux lettres inédites très-intéressantes de Chapelain ; une lettre d'Olivier Patru, déjà publiée, et qu'on relira avec plaisir ; enfin une fort belle lettre de l'abbé de Rancé, qui ne perdit jamais l'espoir de ramener à Dieu « l'âme peut-être la moins ecclésiastique qui fût dans l'univers »[1].

chesse de Lesdiguière, nièce et filleule du Cardinal. Louis-Nicolas duc de Villeroy et François-Paul de Villeroy, archevêque de Lyon, devinrent en effet les seuls héritiers des meubles et acquêts et des propres paternels de Paule-Françoise-Marguerite de Gondi, duchesse de Lesdiguières, cousine au huitième degré de Marguerite de Brissac, fille de Marguerite de Gondi, femme de Louis de Cossé de Brissac ; cette Marguerite de Brissac avait épousé François de Villeroy, maréchal de France, père de Nicolas duc de Villeroy et de l'archevêque de Lyon.

1. C'est le jugement que porte de lui-même le cardinal de Retz dans ses *Mémoires*. Voyez tome Ier, p. 90.

CORRESPONDANCE
DIVERSE
DU CARDINAL DE RETZ.

CORRESPONDANCE DIVERSE.

PREMIÈRE PARTIE
CORRESPONDANCE.
(1651-1676.)

I. Lettres du cardinal de Retz a l'abbé Charrier pour l'affaire du chapeau. — II. Lettres des serviteurs de Retz a l'abbé Charrier. — III. Lettres diverses.

I

LETTRES DE RETZ A L'ABBÉ CHARRIER.

NOTICE.

Il ne sera peut-être pas sans intérêt pour le lecteur d'apprendre que ce fut à Lyon, au mois de mai 1862, que je fis la très-curieuse découverte des lettres adressées par le Coadjuteur à son agent, l'abbé Charrier[1], qu'il avait envoyé

---

1. Il est souvent question de l'abbé Guillaume Charrier dans les *Mémoires de Guy Joly* et dans ceux du cardinal de Retz. Voyez notamment dans ces derniers les tomes III, p. 350; et IV, p. 130 à 137. Ce personnage, d'une extrême habileté, et qui fut le principal agent de Retz dans l'affaire du chapeau, ne peut être passé sous silence. Il était né à Lyon le 21 août 1605. Son père, Guillaume Charrier, seigneur de la Rochette, né à Issoire,

à Rome pour y suivre la négociation du chapeau. Depuis plus de deux siècles, cette correspondance dormait inexplorée dans les archives de la famille Charrier, lorsque, par un heu-

le 12 mars 1556, était venu se fixer à Lyon à la fin du seizième siècle. Il y devint conseiller, puis échevin (1596), et fut plusieurs fois député auprès de Henri IV. Il avait épousé, en 1587, Gabrielle du Four, fille de J.-B. du Four, secrétaire de l'archevêché de Lyon, notaire apostolique et banquier en cour de Rome. Il eut d'elle dix-neuf enfants, parmi lesquels l'abbé Guillaume Charrier. A la mort de son frère Jean-Baptiste, l'abbé lui succéda à l'abbaye de Chaage (diocèse de Meaux) et devint obédiencier chef du chapitre de Saint-Just de Lyon. Député, en 1645, à l'Assemblée générale du clergé, il prit une part active aux délibérations, et ce fut probablement à partir de cette époque qu'il devint le confident et l'ami du Coadjuteur de Paris. A la fin de l'année 1651, comme on l'a vu dans l'Introduction, Retz envoya Charrier à Rome pour y négocier sa promotion. On sait avec quelle dextérité il conduisit cette difficile affaire. Une lettre de Gueffier, un de nos agents diplomatiques à Rome, nous apprend que l'abbé, aussitôt après la promotion de Retz, revint à Lyon, et il y a tout lieu de supposer que ce fut à cette époque qu'il y apporta la correspondance chiffrée du Coadjuteur. Depuis lors, elle était restée constamment dans les archives de la famille Charrier. Le duc d'Orléans, pour récompenser l'abbé Guillaume du zèle et du talent dont il venait de faire preuve, l'admit parmi ses aumôniers (1652). L'abbé, fidèle au cardinal de Retz dans la mauvaise comme dans la bonne fortune, resta auprès de lui pendant toute la durée de son exil. Nous avons trouvé aux Archives des Affaires étrangères (*France*, 904) la copie d'une très-curieuse lettre qu'il adressa à cette époque à l'archevêque gouverneur de Lyon, afin qu'il l'autorisât à séjourner pendant quelque temps dans cette ville pour le règlement de quelques affaires de famille. Nous ignorons si Camille de Neufville de Villeroi donna à l'abbé cette autorisation, mais la lettre de Charrier est trop intéressante pour que nous ne la reproduisions pas :

18 septembre 1657.

« Monseigneur, mes infirmités et quelques affaires domestiques qui m'importent beaucoup, me pressant extrêmement de me rendre en mon pays, je n'ai pas voulu seulement en approcher que je ne susse auparavant si vous l'aviez agréable. Je sais, Monseigneur, avec quelle vigilance et quelle exactitude vous comman-

reux hasard, un de ses derniers représentants par les femmes, M. Louis de Sainneville, qui était possesseur de ces lettres, presque toutes chiffrées, et dont personne jusque-là n'avait

dez si dignement pour le service du Roi, dans l'étendue de votre gouvernement, et bien que, par la grâce de Dieu, ma conscience ne me reproche aucune action de ma vie contraire à l'obéissance et à la fidélité inviolable que je dois à Sa Majesté, j'ai eu pourtant raison de craindre que mon éloignement du royaume depuis quelques années, et l'attachement que j'ai au service et aux intérêts de Monseigneur le Cardinal de Retz ne me rendît l'honneur de votre protection plus difficile à obtenir, si, sans vous l'avoir demandé, comme je le fais très-humblement par ces lignes, je m'avançois même dans le voisinage de votre province. Quand vous daignerez, Monseigneur, m'accorder cette grâce, pour laquelle je n'emploie d'autre solliciteur auprès de vous que mon ancienne passion pour votre service et le profond respect que j'ai toujours eu pour votre personne, je vous assure que ma vie et ma conduite sera si réglée et si purement d'un particulier qui ne s'occupe qu'à ses affaires, que vous n'aurez point de regret d'avoir eu cette bonté pour moi. Que si encore vous me permettez d'avoir l'honneur de vous entretenir quelques moments, peut-être jugerez-vous, Monseigneur, que comme Dieu se sert bien souvent des plus petites et des plus foibles choses pour la production de ses plus grandes merveilles, de même ne vous sera-t-il pas impossible, y employant votre prudence si éclairée et votre crédit, de vous servir utilement de moi. Quelque jugement que vous en fassiez, et de quelque manière qu'il vous plaise d'en user, je recevrai votre ordre avec soumission, etc.

L'abbé Charrier.

« S'il vous plaît, Monseigneur, de m'honorer d'un mot de réponse, ayez la bonté de l'adresser à Trente, au Père Fra Paolo Francesco Biscia da Verona, augustiniano. Il me la fera tenir sûrement. »

Comme on le voit, l'abbé, qui avait failli être enlevé à Rome, sur un ordre de la cour de France, par le bailli de Valançay, prenait toutes ses précautions.

Guillaume Charrier mourut à Paris en 1667. Voyez l'*Histoire de l'Église de Meaux*, par D. Toussaint du Plessis, tome Ier, p. 573-574, et la généalogie de la famille Charrier par Lainé.

Il ne faut pas confondre l'abbé avec son neveu Guillaume Charrier, abbé commendataire de Quimperlé, qui fut, après son

pu découvrir la clef, voulut bien me les confier pour les examiner, et, depuis, m'en faire la cession.

Parmi ces lettres chiffrées, il s'en trouva quelques-unes qui ne l'étaient pas. Elles étaient écrites et *signées* de la main du *Coadjuteur de Paris*. Certains passages caractéristiques, le nom du destinataire, que Retz dans ses *Mémoires* signale comme ayant été son principal agent dans l'affaire du cardinalat, le lieu où les lettres étaient adressées, tout, jusqu'à leur date, me permit de supposer que je tenais en main la correspondance du chapeau. En possession de mon trésor, je n'eus plus qu'une pensée : découvrir la clef du chiffre. Je m'enfermai pendant plusieurs mois : je classai d'abord par ordre de dates toutes les lettres. Pendant ce triage, je m'aperçus que quelques fragments de lettres en français, mais dont le sens était sans cesse interrompu, étaient d'une autre écriture que les lettres chiffrées et portaient les mêmes dates que plusieurs de celles-ci. Je pensai que ces fragments pouvaient bien en être les déchiffrements. Je ne m'étais pas trompé dans mes prévisions. Les lettres chiffrées ne l'étaient qu'en partie. Les fragments portant les mêmes dates ne reproduisaient en rien les parties écrites en caractères ordinaires ; mais, en les comparant attentivement, lettre par lettre, avec les signes de convention des parties chiffrées, j'acquis bientôt la preuve que j'avais découvert la clef.

Voici le résultat de mes observations :

Le chiffre de Retz se composait de quatre alphabets différents et d'un cinquième chiffre que nous expliquerons ci-après.

Le premier alphabet était formé de quelques lettres de notre alphabet usuel, mais ces lettres étaient prises les unes

oncle, conclaviste du cardinal de Retz, et dont il est assez souvent question dans les lettres de Mme de Sévigné. Celui-ci mourut en 1717.

Disons, pour en finir, que plusieurs membres de la famille Charrier ont occupé d'assez hautes fonctions dans l'échevinat lyonnais, dans l'administration, dans le clergé de France. L'un d'eux, Louis Charrier de la Roche, fut, à l'époque du Concordat, nommé évêque de Versailles en 1802.

pour les autres, par exemple : *p* pour *r* ; *r* pour *s* ; *x* pour *a* ; *k* pour *g*, etc.

Le deuxième, de quelques lettres, mais en petit nombre, empruntées à l'alphabet grec, et dont la valeur ne correspondait pas non plus avec les mêmes lettres en français.

Le troisième, de quelques chiffres isolés et de nombres, chacun d'une dizaine au plus, représentant une lettre de notre alphabet. Par exemple : 9 pour *a* ; 7 pour *b* ; 5 pour *c* ; 3 pour *d* ; 4 pour *e* ; 13 pour *h* ; 12 pour *m* ; 83 pour *p* ; 53 pour *r*, etc., etc.

Le quatrième, de signes particuliers et de pure convention.

Le cinquième système consistait dans l'emploi de nombres, par *dizaines*, et par *centaines*, qui ne correspondaient plus aux lettres de notre alphabet, mais qui représentaient chacun un mot entier, quel que fût le nombre de ses syllabes. Par exemple, pour les pronoms, 25 signifiait *je* ; 26, *nous* ; 27, *vous* ; 28, *le* ; 29, *la* ; 30, *ce* ; 31, *celui* ; 32, *celle*, etc. Pour d'autres mots : 63, *le chapeau* ; 47, *argent* ; 49, *lettres* ; 50, *nouvelles* ; 55, *jansénistes* ; 60, *faction* ; 124, *ambassadeur* ; 125, *évêché* ; 127, *banquier* ; 128, *courrier*, etc., etc. De même pour les noms de lieux et les noms propres : 134, *la France* ; 152, *Rome* ou la Cour de Rome ; 209, *Paris* ; 208, *Lyon* ; 99, *le Pape* ; 153, *le Roi* ; 154, *la Reine* ; 156, *le duc d'Orléans* ; 157, *Mazarin* ; 158, *le prince de Condé* ; 159, *le prince de Conti* ; 206, *le nonce du Pape* ; 214, *le Coadjuteur* ; 248, *la Rochefoucauld*, etc., etc.

Que l'on ajoute à cet ensemble, des signes n'ayant aucune valeur, semés çà et là, dans les cinq chiffres ci-dessus, pour arrêter les déchiffreurs, et l'on pourra se rendre compte des difficultés sans nombre que présentait la lecture des lettres de Retz.

A l'aide des quelques fragments déchiffrés par Charrier, dont je viens de parler ci-dessus, il me fut permis de trouver la clef d'un assez grand nombre de chiffres. De tous ces chiffres, avec leur valeur correspondante en regard, soit pour chaque lettre, soit pour chaque mot, je composai un tableau, à l'aide duquel je parvins à lire toutes les lettres chiffrées qui n'avaient pas été traduites par l'abbé Charrier. C'était le plus grand nombre. Mais, je dois le dire, ce ne fut pas sans peine. Voici comment je fus assez heureux pour résoudre le problème. Dans les fragments déchiffrés par Charrier ne se trouvaient pas tous les signes des quatre alphabets, car Retz, pour dérouter les déchiffreurs, ne s'en servait qu'alternativement, ainsi que des nombres représentant tels ou tels mots. Mais, à l'aide des traductions de Charrier, j'arrivai à comprendre la plupart des pages non déchiffrées par lui, et par voie d'induction à pénétrer la signification des nombres et des signes dont il n'avait pas donné la clef. Les lettres connues dans un mot me firent découvrir la lettre inconnue ; les mots connus dans une phrase, le mot inconnu.

Je fis un tableau à part de tous ces nouveaux signes et nombres, interprétés ainsi d'après cette méthode d'induction, et, à l'aide de ce tableau, et de celui que j'avais dressé d'abord d'après les versions de l'abbé Charrier, je parvins à lire tout ce qui n'avait pas été déchiffré par lui, sans rencontrer jamais de non-sens dans mon déchiffrement.

La plupart des lettres adressées à l'abbé étaient dictées par le Coadjuteur à son secrétaire, Guy Joly, l'auteur de *Mémoires* bien connus, et celui-ci les mettait ensuite en chiffres de sa main. Une de ces lettres est signée en chiffres : *Joly*. Cette circonstance me donna la preuve que toute la correspondance chiffrée que je possède est de son écriture [1].

Parmi ces lettres il y en a quelques-unes dont le Coadjuteur fournissait la minute pour qu'elle fût ensuite transformée en chiffres.

D'autres enfin, mais en très-petit nombre, sont, comme je l'ai dit, de sa propre main. Retz, ayant adopté un chiffre précisément afin de pouvoir correspondre dans le plus grand secret, devait s'abstenir autant que possible de faire usage de son écriture. Il lui est arrivé plus d'une fois pourtant de glisser quelques lignes de sa main dans ses lettres chiffrées. Afin de mettre sa correspondance à l'abri d'une surprise de la part des Princes, dont les troupes couraient la campagne

---

[1]. Le Coadjuteur lui-même dit, dans plusieurs de ces lettres, qu'il les a dictées, ce qui lui a donné, ajoute-t-il, un grand mal de tête.

autour de Paris, il les envoyait à Rome dans les paquets du Nonce. Et ce qu'il y a de piquant, c'est qu'il ait osé se servir de cette voie, alors même que plusieurs de ses lettres contenaient des menaces non déguisées contre la cour de Rome, au cas où elle refuserait de le nommer cardinal[1].

Nous avons raconté dans notre *Introduction* l'histoire fort compliquée de la négociation du chapeau. Nous ne reviendrons pas sur ce chapitre. Mais nous devons signaler dans cette Notice plusieurs particularités intéressantes qui se rattachent à cette correspondance.

Le lecteur, en parcourant ces lettres de Retz, pourra se rendre facilement compte de l'extrême plaisir que je dus éprouver en les déchiffrant une à une à l'aide de la clef que j'avais si heureusement découverte. Lorsque ce travail, qui me prit plusieurs mois, fut terminé, ma première pensée fut de mettre cette correspondance sous les yeux de quelques hommes d'élite, capables d'apprécier toute l'importance d'une telle découverte. J'étais surtout impatient de voir à

1. Outre les lettres chiffrées du Coadjuteur, je trouvai dans les dossiers qui me furent livrés nombre de lettres, les unes signées, les autres sans signature, et toute une série de lettres chiffrées en italien. Toutes ces lettres, à l'adresse de l'abbé Charrier, ont été réunies en un gros volume in-4° qui fait partie de ma bibliothèque. Il s'en trouve quelques-unes autographes de cardinaux romains, adressées à Retz ; d'autres de la main de Caumartin et des serviteurs du Cardinal. Des lettres en français, en assez grand nombre, datées, mais non signées, sont de l'abbé Bouvier, l'un des plus fidèles agents du Cardinal et qui était expéditionnaire de la cour de Rome. Ce Bouvier était un homme de mérite, qui fut sur le point de devenir cardinal. Une lettre de la même écriture que celles que je possède, et que j'ai trouvée dans les Archives des Affaires étrangères, tome CLVI de la correspondance de Rome, porte la signature de Bouvier. Ces lettres, où il est souvent question de Retz et dans lesquelles il raconte à Charrier les grandes et petites nouvelles de Rome, seront, je l'espère, utilisées en leur temps. Elles sont de huit à dix ans postérieures à celles du chapeau. Quant aux nombreuses lettres chiffrées en italien, qui sont de la même époque que celles de Bouvier, je n'ai pu parvenir à en trouver la clef. Elles doivent être curieuses et sont à coup sûr d'un espion du cardinal de Retz à Rome.

quel degré elle piquerait la curiosité du plus grand critique du siècle. Sainte-Beuve, dans ses *Causeries du lundi*, avait si admirablement mis en lumière le génie de l'auteur des *Mémoires*, que je ne doutai pas qu'il ne montrât la même admiration pour l'auteur de la correspondance du chapeau. Je partis pour Paris. C'était vers les premiers mois de 1863.

Le hasard m'avait mis en relations avec l'un des hommes les plus considérables de la presse et des plus estimés, A. Nefftzer, le directeur du *Temps*. L'idée lui vint de prier Michel Lévy de réunir un soir dans son hôtel, place Vendôme, quelques littérateurs pour entendre la lecture de la correspondance de Retz. L'offre fut acceptée avec le plus aimable empressement, et voici comment Nefftzer, dans son journal[1], rendait compte de cette soirée :

« Il y a un double attrait dans la curiosité qui nous porte à fouiller et à commenter les épanchements des personnages historiques. L'historien lui-même tire un fruit considérable de ces recherches ; elles l'initient aux mobiles secrets des actions, lui révèlent les ressorts cachés des choses ;.... l'introduisent en un mot dans les coulisses, et lui font voir de près et par le menu la mécanique qu'il se propose d'expliquer. Mais l'intérêt qu'y trouvent le psychologue et le moraliste est peut-être encore plus grand, par la raison que la nature humaine se montre à nu dans ces correspondances familières, et que les caractères s'y produisent sans masque et dans le simple appareil de la vérité. Nous avons fortement ressenti ce double attrait, en assistant l'autre jour, dans un salon où l'on sait estimer ces raretés, à la lecture d'une correspondance inédite jusqu'à présent, mais qui, nous devons l'espérer, sera mise prochainement sous les yeux du public et qui justifiera certainement tout le bruit qu'elle fait avant d'être connue, et l'attente soulevée par le nom seul de l'auteur. Comment s'étonner de ce bruit, dès qu'il s'agit d'un personnage compliqué et imprévu comme pas un autre, du plus romanesque des hommes positifs, du plus fantastique des personnages réels, du plus mondain des prêtres (pour parler honnêtement), du plus remuant des factieux, du plus

---

1. Le *Temps* du 11 mars 1863.

déçu parmi les ambitieux les mieux faits pour réussir, de ce mélange inouï de finesse, d'audace et de rouerie, de sérieux et de frivole, qui s'appelle le cardinal de Retz, exemplaire hors ligne d'une espèce qu'on peut dire disparue, Français doublé d'Italien, Catilina doublé de Guzman d'Alfarache!

« Le principal objet de la correspondance est ce fameux chapeau de cardinal, la plus chimérique peut-être des ambitions du Coadjuteur, si l'on compare le caractère de l'homme à celui de la dignité, et la seule pourtant qui ne l'ait pas trompé. Le Coadjuteur a dépêché à Rome son fidèle agent, l'abbé Charrier, Scapin digne d'un tel Valère, et qu'il appelle quelque part, si nos souvenirs ne nous trompent, roi des fourbes, pour lui faire compliment. Ses lettres, chiffrées en partie, ont pour unique objet d'instruire, de piloter et de stimuler l'abbé Charrier; mais comme les négociations pour le chapeau de cardinal sont intimement liées aux vicissitudes de la Fronde et à la position du Coadjuteur en France, ces lettres acquièrent par là tout d'abord une valeur historique d'autant plus sérieuse, qu'elles correspondent précisément au moment le plus obscur et le plus embrouillé de la Fronde : elles sont des années 1651 et 1652.

« Ce qui, toutefois, captive encore plus notre intérêt, ce sont les détails que nous recueillons sur la cour de Rome à cette époque, et sur les moyens par lesquels on pouvait se flatter de devenir cardinal. Le Coadjuteur s'était fortement mis dans la tête que quelques grandes dames affolées de coffrets, de bijoux, de rubans et même de bas de soie, n'étaient pas sans avoir voix au chapitre, et c'est merveille de le voir expédier à Rome des chargements de marchandises, comme prix anticipé d'un chapeau qui se fait bien attendre. Mais si les dames se contentent de colifichets plus ou moins coûteux, le Pape est plus exigeant : et ce qu'il veut avant tout, c'est un engagement catégorique contre le jansénisme. Le Coadjuteur ne veut pas le donner : ce n'est pas qu'il soit janséniste; car, pour devenir hérétique, la première condition, il en convient lui-même, c'est d'être chrétien; mais il ne veut pas se brouiller avec les jansénistes de Paris, qui peuvent devenir des pions importants dans son échiquier politique. Il veut bien qu'on le tienne à Rome pour engagé contre le jansénisme, mais il ne veut pas l'être, il ne veut surtout pas qu'on puisse l'en croire capable; il veut enfin avoir constamment sous la main la ressource d'un désaveu. Son envoyé le tire d'embarras avec un aplomb merveilleux ; au nom du Cardinal, il fabrique une fausse déclaration ; la cour de Rome la tient pour bonne et valable, mais le futur cardinal pourra, le cas échéant, la désavouer sans mentir. En général, le jansénisme joue un grand rôle dans les pièces les plus importantes de la correspondance. Tantôt la cour de Rome l'oppose comme un obstacle aux vues du Coadjuteur ; tantôt celui-ci s'en sert comme d'une arme; après les coffrets et les bas de soie, son plus fort argument est la menace de se faire janséniste, de faire passer la France tout entière au jansénisme, et par là « d'allumer un incendie « qui ira jusqu'à Rome ».

« Le Coadjuteur arrive à la plus violente éloquence quand il menace, et il y a là, par endroits, des jets supérieurs aux plus beaux morceaux des *Mémoires*. D'autres passages nous montrent d'admirables rouéries de style, à côté d'inimaginables rouéries de conduite. Pour l'étude de l'homme même, la correspondance sera l'indispensable complément des *Mémoires*. On croyait bien le connaître, on le connaîtra mieux encore.

« Cette précieuse correspondance est en bonnes mains. C'est M. R. Chantelauze, déjà connu dans les lettres savantes par de beaux travaux historiques, qui l'a découverte à Lyon, où elle avait été rapportée par l'abbé Charrier, originaire de cette ville. C'est lui aussi qui l'a déchiffrée, et aujourd'hui il prépare l'introduction et les notes qui doivent nécessairement accompagner une publication de ce genre. On peut attendre de lui une édition digne de l'œuvre. Ajoutons qu'il a eu l'excellente idée d'y joindre la correspondance, inédite aussi, du cardinal Mazarin avec l'abbé Fouquet, que possède la Bibliothèque impériale, et dont M. Cousin avait été amené à signaler l'importance dans le cours de ses études sur le dix-septième siècle. Les deux correspondances, qui sont de la même époque, se touchent et se complètent par plus d'un endroit. Réunies, elles constituent certainement un des documents les plus importants pour l'étude de l'une des époques les plus curieuses de notre histoire, et d'une époque doublement intéressante, car tandis que la fin de la guerre de Trente ans prépare la grandeur de la France moderne, les misères de la Fronde et l'impuissance constatée de la noblesse font déjà prévoir la Révolution française.

A. NEFFTZER. »

Un départ précipité m'empêcha de donner suite à mon projet de communiquer sur-le-champ à Sainte-Beuve cette correspondance. Ce ne fut qu'au mois de juin de la même année qu'il me fut permis de le réaliser. J'écrivis au grand critique et voici quelle fut sa réponse :

« Ce 24 juin 1863.

« Oui, Monsieur, j'ai appris votre découverte par un article de M. Nefftzer, et je suis à l'affût depuis ce temps-là. Cette correspondance publiée sera un événement littéraire et historique. Vous aurez rendu un vrai service aux curieux, et aussi à la langue, car Retz en déshabillé doit être fort intéressant à surprendre. Je vous suis infiniment obligé et reconnaissant d'une offre si aimable. Croiriez-vous qu'avec la vie assujettie que je mène et la charge de ma corvée hebdomadaire, il m'est impossible de profiter d'une si parfaite obligeance avant lundi prochain? Si, ce jour-là, vous étiez libre vers deux heures et demie, je serais flatté et honoré de vous recevoir et de vous entendre. Dans tous les cas, Monsieur, veuillez me faire part du volume dès qu'il sera prêt, et je mettrai à votre disposition et à celle de votre héros ma petite trompette.

« Agréez, Monsieur, l'expression de ma gratitude et de mon respect.

SAINTE-BEUVE. »

L'impression du grand critique ne fut point au-dessous de ce que j'espérais. Il trouva dans cette correspondance des beautés de premier ordre, et, comme par anticipation, un merveilleux prologue aux *Mémoires*. Malgré son impatience de la voir paraître, des circonstances, dont il serait trop long d'entretenir le lecteur, m'obligèrent de ne la publier qu'après sa mort. Il me fut du moins permis de lui donner une autre satisfaction sur ce même sujet de Retz, qui l'intéressait si vivement. Depuis longtemps Sainte-Beuve préparait la troisième et dernière édition de son *Port-Royal* et se trouvait fort embarrassé pour déterminer d'une manière satisfaisante quelles avaient été les relations secrètes des jansénistes avec Retz pendant tout le temps que le Cardinal fut archevêque de Paris. La correspondance du chapeau, loin de satisfaire ma curiosité, n'avait fait que l'exciter. Le personnage, qui l'avait dictée, me parut si étrange, si original, que je résolus de l'étudier à fond, de me rendre compte si dans ses *Mémoires* il n'avait pas essayé de jouer la postérité, comme il joua ses contemporains. Pendant plusieurs années, je me livrai à d'actives recherches dans nos divers dépôts publics. Archives nationales, archives des Affaires étrangères, manuscrits de la Bibliothèque Richelieu, mémoires sans nombre, je ne laissai rien inexploré[1]. Une découverte me conduisait à une autre découverte, et je n'avais pas de plus grand plaisir que d'en faire part à Sainte-Beuve, qui s'y intéressait au delà de toute expression. Lorsqu'il me crut en état de tirer au clair l'histoire des relations secrètes de l'ancien chef de la Fronde avec les jansénistes, il me pria de rédiger un mémoire sur cette question, qui devait trouver place dans sa troisième édition de *Port-Royal*. Je m'empressai de céder à ce désir, et bien que je ne me sois jamais flatté d'avoir rempli convenablement une tâche si difficile, Sainte-Beuve inséra mon mémoire dans sa dernière édition[2]. Ce que je mis bien au-dessus de

---

1. Mes recherches n'ont pas duré moins de seize années consécutives. Grâce à ce travail persévérant, je suis parvenu à réunir de trente-cinq à quarante volumes in-folio de documents inédits sur le cardinal de Retz, dont plusieurs ont de mille à douze cents pages. Cette précieuse collection est destinée, après ma mort, à faire partie de la Bibliothèque de l'Institut.

2. *Port-Royal*, par Sainte-Beuve, 3ᵉ édition. Librairie Hachette, 1867-1870, sept volumes in-18. Mon Mémoire, d'une étendue de quatre-vingts pages, figure dans l'Appendice du tome V. Il est intitulé : *Le Cardinal de Retz et les Jansénistes*. On pourra voir dans

l'honneur d'une telle collaboration, ce fut la bienveillante et constante amitié qu'à la suite de ce petit service me voua l'illustre maître. Il en a laissé le souvenir dans sa Correspondance, et si mes travaux m'ont valu quelques hautes distinctions, il n'en est aucune dont je sois plus fier que de celle-là.

Disons, pour en finir, que la Correspondance du chapeau ne parut pour la première fois et par fragments qu'en 1877, dans la *Revue des Deux-Mondes*, nos des 15 juillet, 1er août, 15 août, 1er et 15 septembre, et que sa publication intégrale en volumes[1] fut accueillie comme elle devait l'être par la grande presse et les esprit d'élite qui ont conservé le culte des chefs-d'œuvre littéraires de la France.

I
(sans date[1].)

On me vient de dire que M. le Prince envoie à Rome pour dire que je suis accommodé avec le cardinal Ma- 1651?

le tome II de la Correspondance de Sainte-Beuve les lettres très-intéressantes et très-affectueuses qu'il m'adressa au sujet de ce Mémoire.

1. Dans l'ouvrage qui a pour titre : *Le Cardinal de Retz et l'affaire du chapeau*, étude historique suivie des correspondances inédites de Retz, de Mazarin, etc., par R. Chantelauze. Paris, librairie Didier, 2 volumes in-8°.

Qu'il me soit permis de rappeler que l'auteur de cet ouvrage obtint de l'Académie française le grand prix Gobert, et que, l'année suivante, la même récompense fut décernée à son livre : *Le Cardinal de Retz et ses missions à Rome*.

1. Lettre autographe signée. La lettre porte tout simplement pour suscription : *A Monsieur l'abbé Charrier*. Elle n'est pas datée, mais il résulte d'un passage qu'elle fut adressée à l'abbé lorsqu'il était en route pour se rendre à Rome. Elle lui fut sans doute remise par un exprès. Toutes les lettres suivantes portent cette simple suscription : *A Monsieur, Monsieur l'abbé Charrier, à Rome*. Le Coadjuteur les lui faisait parvenir dans les paquets de dépêches que le nonce Bagni adressait à la cour de Rome.

14   CORRESPONDANCE DIVERSE

1651? zarin, et que c'est pour cela que l'on m'a nommé cardinal. Je ne puis croire qu'il fasse une chose si étrange et qu'il prenne pour me nuire un prétexte si peu vraisemblable que celui-là. Je ne crois pas que ces Messieurs, qui sont très-habiles, se laissent aisément persuader d'une chose qui a été traitée de ridicule par les plus grossiers de ce pays. Je ne crois pas que vous ayez grand besoin de me défendre sur ce sujet. A tout hasard je vous en donne avis puisque vous êtes encore à Châtres[2].

LE COADJUTEUR DE PARIS.

P.-S. — Si vous entendiez parler de cela, vous savez mieux que personne que vous pouvez, sans craindre de reproche, assurer qu'il n'y aura jamais d'accommodement entre le Mazarin et moi.

II

De Paris, le 1ᵉʳ octobre 1651[1].

1651   JE vous envoie, par un courrier exprès.... lettre de crédit pour....

On vous envoie une lettre de change de dix-huit mille [écus] par un courrier exprès, et vous en aurez un de trois en trois jours, qui vous en portera d'autres

---

2. Il y a cinq communes en France qui portent le nom de Châtres et qui sont situées dans les départements de l'Aube, de la Dordogne, de Loir-et-Cher, de la Mayenne et de Seine-et-Marne. Il nous a paru impossible de préciser le lieu cité par le Coadjuteur.

1. Traduction par l'abbé Charrier des passages chiffrés d'une lettre du Coadjuteur dont l'original n'a pas été retrouvé dans sa correspondance avec cet abbé. Les parties non chiffrées de la lettre n'ont malheureusement pas été recopiées par Charrier.

jusques à la somme de quatre-vingt mille écus et plus, s'il est besoin, ayant cent cinquante mille écus à ma disposition², qu'il ne faut point à mon sens épargner, quand ce ne seroit que pour gagner un moment. On a jugé à propos de faire tenir ces sommes par des courriers différents, et encore nous ne laissons pas d'être bien en peine par la difficulté que l'on a à trouver des personnes qui veuillent faire tenir des sommes un peu considérables ; de sorte que, si vous pouviez trouver de l'argent à Rome et tirer gagne³, on fera partir mercredi prochain un autre courrier avec pareille somme, et ainsi de jour en jour.

.... On vous envoie aussi, par ce courrier, sept montres ; mandez si il vous en faut davantage et d'autres galanteries⁴, et renvoyez ce courrier en diligence afin que l'on puisse savoir des nouvelles plus promptement pour faciliter vos affaires....

Le Prince de Conti se plaint de ma nomination et en a écrit à M. le duc d'Orléans, qui est demeuré ferme pour mes intérêts.

On ne vous fait pas de compliments ; tenez-nous seulement avertis de tout par courrier exprès, et n'épargnez rien. Mandez aussi par ce courrier quels bijoux il faudra vous envoyer. On ne l'a pu savoir parce que.... est à Fontainebleau.

[On a le projet de publier] au Parlement une déclaration contre MM. les Princes⁵.

2. Quatre cent cinquante mille livres de l'époque.
3. *Gagne* s. f. gain. « *Gaigne*, profit. » (COTGRAVE, *Dictionnaire*, 1611.) « *Gaigne*, guadagno. » (ANT. OUDIN, *Recherches italiennes*, 1642.)
4. *Galanterie...* signifie tantôt coquetterie dans l'esprit... tantôt présent de petits bijoux.... » (VOLTAIRE, *Dictionnaire philosophique*, Galant.)
5. Le 28 septembre, le Parlement avait fait mine de s'assembler

Sur un billet chiffré accompagnant la lettre précédente :

On a donné avis à M. le Coadjuteur que M. le prince de Conti avoit envoyé Montreuil[6] à Rome ; mandez-en des nouvelles promptement.... d'opposition.... Cour de Rome....

III

Paris, le 5 octobre 1651[1].

Je vous envoie, par un courrier exprès, une lettre de crédit pour vingt-cinq mille écus, en attendant le reste que l'on vous envoira incessamment. Si vous n'en avez besoin, ne les recevez pas, parce que le marché est fait avec le banquier de nous rendre notre argent, ni avec fort peu de perte, au cas que l'on n'en aie pas affaire à Rome. La même chose se doit entendre pour la première lettre de change de six mille écus que l'on vous a envoyée et de toutes les autres à l'avenir. Surtout prenez garde de ne donner votre argent mal à propos et que

pour délibérer sur les affaires des Princes, mais le duc d'Orléans « envoya prier de différer, jusqu'à ce qu'un gentilhomme qu'il avoit envoyé à M. le Prince fût de retour ». (*Le Journal ou Histoire du temps présent, contenant toutes les déclarations du Roi vérifiées en Parlement, et tous les arrêts rendus, les chambres assemblées, pour les affaires publiques, depuis le mois d'avril 1651 jusques en juin 1652.*) On sait que Mazarin, à son retour, fit détruire tout ce qui restait d'exemplaires de ce Recueil, qui est aussi précieux qu'il est devenu rare. J'en possède un qui a appartenu à George Joly, chevalier, baron de Blaisy, second président au Parlement de Bourgogne. Ses noms et qualités sont dorés avec ses armes sur les plats de cet exemplaire.

6. Le poète Mathieu de Montreuil. Voyez les *Mémoires de Retz*, tome III, p. 131, note 3.

1. Fragments, déchiffrés par l'abbé Charrier, d'une lettre du Coadjuteur à lui adressée et dont l'original ne se trouve pas parmi les autres lettres de la correspondance de Retz.

vous ne soyez assuré de ce que l'on vous promettra, y ayant eu plusieurs attrapes de cette sorte. Mais aussi n'épargnez rien pour faire réussir les affaires, et quelque somme que l'on veuille, ne trouvez aucune difficulté à tout ce que l'on demandera de vous....

Le prince de Conti a écrit à M. le duc d'Orléans sur le sujet de ma nomination. Monsieur est demeuré ferme dans mes intérêts; puisqu'il a fait cela pour moi devant que les Princes eussent pris les armes, jugez ce qu'il fera à présent qu'ils sont déclarés contre le Roi. Si vous avez besoin, après la réponse du Pape, d'une réplique de Monsieur, vous n'en manquerez pas non plus que de la Cour....

Mme de Montbazon[2] a mis dans l'esprit de M. de Paris[3], par le moyen de sa sœur[4], dont il est amoureux, qu'il devoit écrire au Pape pour lui représenter qu'il n'est point à propos qu'un Coadjuteur soit Cardinal, l'Archevêque ne l'étant pas, et pour s'opposer à ma nomination.... La lettre n'est pas encore partie.... [J'ai fait insinuer] à M. le Nonce que M. de Paris est un esprit foible et que l'on traite comme un enfant.

On vous a déjà envoyé six montres; on vous envoira

---

2. Marie de Bretagne, mariée en 1628 à Hercule de Rohan, duc de Montbazon, née vers 1610, morte le 28 avril 1657. Pendant la Fronde, elle fut la maîtresse du duc de Beaufort. Elle était fille du comte de Vertus et de Mlle de la Varenne-Fouquet. Voyez son portrait par Retz, tome II des *Mémoires*, page 187, et même page note 3.

3. L'archevêque de Paris, François de Gondi, oncle du Coadjuteur.

4. Mme de Montbazon eut trois sœurs. Celle dont le Coadjuteur prétend que son oncle l'archevêque de Paris fut amoureux était sans doute Catherine-Françoise de Bretagne, Mlle de Vertus, ainsi qu'on la nommait dans le monde. Après Mme de Montbazon, c'était la plus belle des quatre sœurs. Elle mourut le 21 novembre 1692.

1651 — des rubans au premier jour. Nous avons reçu la vôtre pour M. l'abbé Tinti[5]....

IV

(SANS DATE[1].)

1651 ? — Je te prie, cher Patin[2], de lire la lettre de chiffre tout entière sans interruption, parce que toutes les parties se rapportent les unes aux autres et qu'il est important de les lire toutes ensemble. Je ne manquerai pas de m'enquérir soigneusement qu'est devenu M. de Beaufort. On parle ici encore un peu moins de lui qu'à Rome.

V

A Paris, le 5 octobre 1651[4].

1651 — L'on vous écrivit hier cinq octobre, par un courrier extraordinaire, que l'on vous envoyoit une lettre de crédit de vingt-cinq mille écus, quoique ladite lettre soit indéfinie et non limitée. C'est pourquoi, si vous en avez besoin, prenez, si vous pouvez, sur ladite lettre de crédit tout ce qui vous sera nécessaire et non pas seulement lesdits vingt et cinq mille écus.

On dit que les Princes ont pris un courrier sur le chemin de Lyon. Nous appréhendons que ce ne soit celui que l'on vous dépêcha dimanche dernier, premier

---

5. Chargé d'affaires du grand-duc de Toscane auprès de la cour de France.
1. Billet autographe.
2. Nom de guerre donné par le Coadjuteur à l'abbé Charrier.
1. Lettre chiffrée.

octobre. Nous attendons sur cela votre réponse, et l'on vous prie d'accuser la réception de toutes celles que l'on vous envoie et leur date, lorsque vous les aurez reçues et que vous écrirez. En tous cas, et pour obvier à toutes sortes d'inconvénients, l'on vous renvoie par l'ordinaire, et dans le paquet de M. le Nonce[2], le double de la lettre de crédit qui vous fut hier envoyée. Si vous n'avez reçu la première, vous vous servirez de celle-ci comme vous aviserez.

Par la lettre d'hier l'on vous donnoit un avis, que l'on réitère encore présentement, de ne pas donner votre argent si vous n'êtes tout à fait assuré de l'exécution des choses qui vous seront promises, attendu les inconvénients qui en sont déjà arrivés plusieurs fois et à personnes de connoissance.

Depuis cette lettre écrite, l'on a appris que M. le Prince a écrit à M. le duc d'Orléans tous les sujets de mécontentement qu'il a de la Cour, entre lesquels il ne compte pas la nomination de M. le Coadjuteur. Ce n'est pas, comme vous pouvez croire, par bonne volonté, mais seulement parce qu'il n'ose pas choquer Son Altesse Royale sur ce point.

2. Pour mettre ses lettres à l'abri d'un coup de main de la part des agents ou des soldats des Princes, le Coadjuteur avait la précaution de les faire passer à Rome dans les paquets du nonce en France. Le nonce était alors Nicolo Guido Bagni.

VI

A Paris, le 12 octobre 1651[1].

On vous renvoie par ce courrier extraordinaire une explication plus ample et plus particulière de la lettre de crédit qui vous a été envoyée, adressante[2] au sieur Bouvier[3], parce que l'on a eu peur que, sur les [sommes] de ladite lettre de crédit, il ne vous donnât pas tout ce dont vous auriez besoin. On a jugé que cette sorte de lettre de crédit étoit plus sûre et plus commode que celle de lettre de change, y ayant ici peu de banquiers à qui on puisse confier de si grandes sommes. Si pourtant vous étiez d'un autre avis, on suivroit ponctuellement vos ordres quand vous l'aurez mandé.

On vous envoie quantité de rubans pour la princesse de Rossano[4], suivant les avis de M. l'abbé Tinti, duquel vous trouverez une lettre dans ce paquet.

1. Toutes les lettres chiffrées de Retz à l'abbé Charrier sont de la main de Guy Joly, conseiller au Châtelet, alors son secrétaire. Elles sont écrites sous la dictée du Coadjuteur et plusieurs sont interlignées de sa propre main. Guy Joly, bien qu'il ne fût pas déchiffreur de profession, était habile à trouver la clef des chiffres. Voyez ce que dit Retz à ce sujet, dans ses *Mémoires*, tome IV, p. 517.

2. L'accord du participe présent avait toujours lieu à cette époque. C'est seulement sous la date du samedi 3 juin 1679 que l'Académie inscrivit dans ses registres : « La règle est faite qu'on ne déclinera point les participes actifs. » Voyez *Opuscules sur la langue françoise*, par divers académiciens. Paris, Brunet, 1754, in-12, p. 343.

3. Le sieur Bouvier, expéditionnaire à la cour de Rome, qui était tout dévoué aux intérêts du Coadjuteur.

4. Olympia Aldobrandini, princesse de Rossano, qui avait épousé en secondes noces don Camillo Maidalchini, fils de la cé-

Nous avons ici quatre-vingt mille écus, argent comptant, entre les mains, et [assurés aussi] d'encore autant. C'est pourquoi ne vous laissez manquer de rien et tirez hardiment ici sur le correspondant dudit sieur Bouvier ou autre, et l'on fera tout l'honneur à vos lettres. Je vous répète que, si vous jugez à propos que l'on vous fasse tenir l'argent par lettres de change, on hasardera tout pour le faire. Surtout n'épargnez rien pour faire réussir l'affaire, et en baillant baillant[5], car vous connoissez les fourbes[6] du pays.

Tirez promptement le contenu en la lettre de change sur le sieur Géricot, pour éviter le hasard de la banqueroute qui seroit à nos risques, passé les six jours. Cela s'entend quand même vous n'en auriez pas besoin, parce que l'on trouvera des occasions de remise pour Paris, qui feront qu'on ne perdra guère au change. Faites pourtant tout ce que vous jugerez à propos.

Pour nouvelles, je vous dirai que le Roi est dans Bourges, que le prince de Conti s'en est retiré avec Mme de Longueville. On croit que Mouron[7] sera assiégé

1651

---

lèbre dona Olympia Maidalchini, belle-sœur du pape Innocent X. Don Camillo avait renoncé au cardinalat pour cette union. La princesse de Rossano était un peu parente de Retz par des alliances entre les Gondi et les Aldobrandini.

5. « *En baillant baillant*. Donnez moy ce que je vous demande et je vous payeray en mesme temps. » (Ant. Oudin, *Curiositez françoises*, 1655.) Donnant, donnant.

6. Les *fourbes*, ou les *fourberies*, car *fourbe* s'employait alors au féminin dans ce dernier sens.

7. Le château de Montrond, où s'étaient réfugiés les Princes. Retz, dans ses *Mémoires*, tome IV, p. 168 et 169, lui donne aussi le nom de *Mouron*. Voyez *Mémoires de Retz*, tome III, p. 72, note 1. Ce château appartenait à la famille de Condé. Voici ce qu'en dit Mgr le duc d'Aumale dans sa belle histoire de ces Princes, tome III, p. 310, note 1 : « Bâti au confluent de la Marmande et du Cher, le château de Montrond s'élevait sur un énorme bloc de roche calcaire, isolé et escarpé sur tout son

bientôt. Il y a eu, dans ce même temps et dans ce même pays, trois compagnies de cavalerie qui étoient aux Princes, taillées en pièces. L'un des commandants, appelé de Guespeau[8], a été pris et blessé. D'un autre côté, vers Stenay[9], cinq cents chevaux du même parti ont été défaits par M. de Grandpré, et le commandant, nommé Chabert, fait prisonnier[10]. Le Roi s'en va droit à Tours tenir incessamment les États.

Les amis de M. le Prince avoient cabalé dans le Parlement pour faire donner plein pouvoir à Monsieur d'accommoder les affaires, mais ils n'ont pas réussi, seulement par cette considération que l'on a cru que cette proposition étoit souhaitée par les Princes pour temporiser. Ils commencent d'être ici fort décriés et l'on tient leurs affaires en mauvais état.

L'explication de la lettre de crédit, dont je vous ai parlé ci-dessus, est une lettre au sieur Bouvier de son correspondant, de vous donner jusques à soixante mille écus et plus.

Le marché fait avec le correspondant du sieur Bou-

---

pourtour. Il ne reste aujourd'hui qu'une partie de la grosse tour. La ville de Saint-Amand est au pied du monticule. De l'autre côté, un grand parc clos de murs était annexé au château. Le domaine échut au dix-huitième siècle à Mlle de Charolais; il est aujourd'hui dépecé. » C'est dans ce château qu'avait été élevé le grand Condé, dans sa première jeunesse. Au moment où parle Retz, les Princes, en quittant le château, en confièrent la défense au marquis de Persan, qui ne capitula qu'à la fin du mois d'août 1652. Voir les *Mémoires de Retz*, édition Adolphe Regnier, tome IV, p. 5 et suivantes, et ceux de Montglat, tome III, p. 225 et 226, édition d'Amsterdam, 1727.

8. *Guespean*, d'après les *Mémoires de Montglat*, tome III. Il levait des troupes pour le service des Princes dans le Berri. Ce fut le maréchal de camp de Bougi qui l'enleva.

9. Voyez, sur Stenay, les *Mémoires de Retz*, tome III, p. 25, note 2.

10. Voir les *Mémoires de Retz*, tome IV, p. 6.

vier, pour sa lettre de crédit, est fait en cette manière que vous réglerez le change de ce que vous prendrez, au prix qu'il voudra, lorsque vous toucherez les deniers, et que, pour n'être pas surpris dans votre crédit, ni ceux sur qui vous l'avez, vous les avertirez auparavant par billets de vous tenir prête telle somme dont vous aurez besoin, et de celle que vous aurez ainsi retenue et que vous ne prendrez pas, nous en payerons trois pour cent, et de celles que vous prendrez, après les avoir retenues, nous en payerons le change, ainsi que vous en serez convenu et que vous nous le ferez savoir.

Le Parlement a déjà donné arrêt, sans attendre la déclaration du Roi contre M. le Prince, par lequel il fait défenses à toutes personnes de lever des troupes sans permission de Sa Majesté[11].

VII

A Paris, le 15 octobre 1651[1].

CELLE-CI n'est qu'une répétition de ce que l'on vous écrivit hier par un courrier extraordinaire qui vous porte des rubans pour la princesse Pamphilia[2] et un ordre au sieur Bouvier de vous donner, sur la lettre de crédit qui vous a été envoyée, jusques à soixante mille écus et plus, si vous en avez besoin. Nous croyons que vous l'avez déjà reçue, parce que celle-ci ne va à vous que par l'ordinaire et dans le paquet de M. le Nonce,

11. L'arrêt est du 7 octobre 1651. Voir le *Journal des assemblées du Parlement*, année 1652, p. 113.
1. Lettre chiffrée.
2. La princesse de Rossano.

afin qu'elle vous soit plus sûrement rendue, et pour y avoir recours en cas de besoin.

Le correspondant du sieur Bouvier lui envoie aussi par cet ordinaire le *duplicata* de celle qu'il écrivit hier à même fin.

L'on a eu nouvelles que le sieur de Marsin[3] a quitté la Catalogne pour aller trouver M. le Prince. L'action est jugée très-mauvaise, attendu l'état du pays, et est même cause que plusieurs s'aigrissent contre M. le Prince. Il a passé dans sa marche par les terres d'Espagne en toute sûreté, avec trois régiments qu'il a débauchés de l'armée. Le Parlement de Toulouse a enjoint aux communes de son ressort de lui courir sus[4] comme à un traître.

3. Jean-Gaspard-Ferdinand, comte de Marsin ou mieux de *Marchin*, Liégeois, entré au service de la France sous Louis XIII. Partisan de M. le Prince, il avait été arrêté en même temps que lui. A sa sortie de prison, Condé lui fit rendre son commandement de Catalogne, et Marchin, par reconnaissance pour le Prince, auquel il était fort attaché, débaucha les troupes placées sous ses ordres pour les conduire à Bordeaux. Voir *Mémoires de Retz*, tome III, p. 287, note 4, et l'*Histoire de la guerre de Guyenne*, par le colonel Baltazar, édition de 1876, in-8°, publiée par M. Charles Barry, à Bordeaux, p. 2, note 2.

4. *Lui courir sus.* Vaugelas blâmait cette tournure. Après avoir fait observer dans ses *Remarques* (1647) que *courir sus* « commence à vieillir », il ajoute : « Ce qu'il y a à remarquer pour ceux qui voudroient s'en servir, est de ne mettre pas le datif, que *courir sus* régit, devant le verbe, mais après. Un exemple le va faire entendre : *Il ne faut pas courir sus aux affligez* est bien dit, mais si, après avoir parlé des affligez, je dis : *Il ne leur faut pas courir sus*, je parle mal. »

VIII

A Paris, le 26 octobre 1651[1].

Comme l'on n'a point encore reçu de vos nouvelles, ni même de celles du premier courrier, et que ci-devant on vous a fait savoir tout ce que l'on a jugé nécessaire pour le bien et l'avancement de l'affaire que vous poursuivez, celle-ci n'est qu'un abrégé des choses qui se passent en ces quartiers fort avantageusement pour le Roi, dans le service duquel tous les peuples demeurent fermes, nonobstant les continuelles sollicitations de M. le Prince, qui n'a pas pu même mettre dans son parti le Parlement de Provence, quoiqu'il se soit servi, pour le séduire, de l'aversion que vous savez qu'ils ont pour M. d'Angoulême[2]. Au contraire, ils ont donné arrêt par lequel ils ont chassé de la ville d'Aix le baron de Saint-Mars et tous ses adhérents, qui étoient dans les intérêts de M. le Prince. Les villes de Marseille et d'Arles en ont fait autant, et tout cela a été fait par les intelligences de M. le Coadjuteur de Paris avec les sieurs du Caus, qui a été établi capitaine dans la ville d'Aix, et de Valbel, qui est à Marseille.

Le Parlement de Toulouse et généralement toute la province de Languedoc sont aussi fort déclarés contre ce

1. Lettre chiffrée. La lettre portait d'abord la date du 19 octobre, qui a été biffée et remplacée par celle du 29, jour probable de son départ de Paris.
2. Louis-Emmanuel de Valois, comte d'Alais, puis duc d'Angoulême, petit-fils de Charles IX par son père, le duc Charles d'Angoulême, bâtard de ce prince et de Marie Touchet, mort à Paris le 24 septembre 1650. Le comte d'Alais était gouverneur de Provence et cousin germain de Condé par sa mère, Charlotte de Montmorency. Il prit parti pour les Princes pendant la seconde Fronde. Voyez *Mémoires de Retz*, tome III, p. 502, note 4.

parti. Je vous ai déjà fait savoir l'arrêt qu'ils avoient donné contre Marsin, à qui les communes du pays ont enlevé dans sa marche le peu de troupes qu'il avoit débauché de la Catalogne.

Les efforts de M. le Prince ont aussi été inutiles sur les huguenots, quelques propositions qu'il leur ait fait faire pour les obliger à remuer, ayant même souffert, depuis qu'il est en Guyenne, la réédification de deux temples.

L'abbé de Sillery[3], qui s'en alloit à Rome contre vous, passant par Lyon, et s'étant vanté du sujet de son voyage, fut arrêté à six lieues de la ville par les soins de M. l'abbé d'Ainay, et, depuis, il a été transféré, par ordre du Roi, au château de Pierre-Encise, où il est à présent[4].

Sa Majesté envoya, sur la fin de la semaine passée, un pouvoir à M. le duc d'Orléans de traiter l'accommodement avec M. le Prince, et faculté de lui assigner pour cet effet tel endroit du royaume qu'il aviseroit pour conférer. Auquel cas, le Roi entend que Son Altesse Royale soit accompagnée de M. le maréchal de l'Hospital, de MM. de la Marguerie et d'Aligre, conseillers d'État, et de MM. le président de Mesmes, de Champré[5] et de Cumont, conseillers en la Cour[6]. Suivant quoi, après que

---

3. Il appartenait à la famille de Louis-Roger Brûlart, marquis de Puisieux, beau-frère de la Rochefoucauld, l'auteur des *Mémoires*. Il était maître de chambre du prince de Conti.

4. Il resta en prison jusqu'à la fin de la Fronde et fut échangé avec l'abbé Fouquet, prisonnier des Princes.

5. Mesnardeau-Champré.

6. Le pouvoir ou la lettre du Roi envoyée de Bourges au duc d'Orléans portait la date du 11 octobre. On en trouve le texte dans le *Journal ou histoire du temps présent*, etc. Paris, Alliot, 1652, in-4°, p. 114 et 115. On voit dans cet acte les noms des délégués qui devaient accompagner le duc d'Orléans : ce sont les

la proposition en eut été faite au Parlement, samedi dernier[7], et agréée par toute la compagnie *communi voto*, M. d'Orléans a dépêché à M. le Prince pour savoir ses dernières résolutions. On ne croit pas qu'il accepte cette conférence, ayant l'esprit tout à fait à la brouillerie et à la révolte. Mais quand il l'accepteroit, la Cour a bien voulu faire cette démarche, parce que la seule apparence de l'accommodement empêchera tous ceux qui sont avec lui ou qui auroient envie de s'y jeter, de s'engager plus avant.

Quant aux intérêts de M. le Coadjuteur, cette affaire lui est très-avantageuse, parce que M. le duc d'Orléans étant le maître de la chose, il n'achèvera aucun traité qu'il ne lui ait fait trouver ses avantages, ainsi qu'il témoigne tous les jours et à toutes occasions aux serviteurs de M. le Prince, disant qu'il ne souhaite rien tant que le succès de votre négociation.

M. d'Arnauld[8] est mort dans le château de Dijon, et le chevalier de la Rochefoucauld[9] dans Mouron, d'où M. le prince de Conti, Mme de Longueville et M. de

mêmes que ceux dont parle le cardinal de Retz, sauf qu'on n'y voit pas figurer le président de Mesmes.

7. 14 octobre. Voir le *Journal ou Histoire du temps présent*, p. 114.

8. Isaac Arnauld de Corbeville, de l'illustre famille des Arnauld de Port-Royal. Il était mestre de camp des carabiniers et fort dévoué au parti des Princes. Ce fut lui qui entama les premières négociations avec le Coadjuteur pour leur délivrance. Il mourut au château de Dijon au mois d'octobre 1651. Voir son portrait dans le tome VII du *Grand Cyrus*, sous le nom de *Cléarque*; et ce qu'ont dit de lui Victor Cousin, dans le tome II de la *Société française au dix-septième siècle*, chapitre x, et Tallemant des Réaux, tome III. Voir aussi les *Mémoires de la Rochefoucauld*, édition Hachette, p. 218, note 2.

9. Charles-Hilaire de la Rochefoucauld, chevalier de Malte, frère de l'auteur des *Mémoires*. Voir ce que celui-ci dit du chevalier, p. 308, édition Hachette.

Nemours se sont retirés et vont en diligence en Guyenne. Palluau[10] les suit avec huit cents chevaux. Les dernières nouvelles que l'on en a disent que ledit prince de Conti n'avoit plus que quatre heures de marche devant lui : il pourroit bien se laisser attraper.

Tout le Poitou, l'Angoumois et les autres provinces ont député au Roi, qui est à Bourges, pour le prier d'avancer son voyage[11] jusques à eux, ce qu'il fera indubitablement. Le comte d'Harcourt[12] est parti et va droit à Poitiers et de là doit marcher en Guyenne en diligence, avec douze ou quatorze mille hommes de vieilles troupes.

Peut-être que le Mazarin fera, pour vous nuire, courir le bruit qu'il est d'accord avec le Coadjuteur; ménagez votre conduite sur cette affaire, en sorte que vous désabusiez les esprits de cette fausseté et que pourtant vous ne fassiez rien dont la Reine se puisse plaindre.

Faites donner avis adroitement, et sans qu'il paroisse que cela vient de vous, que les jansénistes appréhendent fort que le Coadjuteur ne soit Cardinal, parce

10. Philippe de Clérembauld, comte de Palluau, devint maréchal de France en 1653, et mourut à Paris le 24 juillet 1665.
11. Non pas le hâter, ce que cela voudrait dire aujourd'hui, mais le pousser plus loin, plus avant.
12. Henri de Lorraine, maréchal, comte d'Harcourt, nommé général en chef de l'armée royale contre Condé. C'est lui qui avait conduit au Havre les Princes prisonniers. Voyez les *Mémoires de Retz*, tome III, p. 158-159. Pendant le trajet, Condé avait rimé contre lui ce couplet :

> Cet homme gros et court,
> Si connu dans l'histoire ;
> Ce grand comte d'Harcourt,
> Tout couronné de gloire,
> Qui secourut Casal et qui reprit Turin,
> Est maintenant
> Est maintenant
> Recors de Jules Mazarin.

qu'ils savent bien que cette qualité l'attachera inséparablement aux intérêts de la Cour de Rome, et qu'ils attendent avec impatience la rupture de cette affaire, croyant que le Coadjuteur étant aigri du refus et obligé par la nécessité de s'élever d'une autre manière, se jettera tout à fait dans leur cabale, qui est très-puissante en France, et qui seroit merveilleusement fortifiée par l'intelligence qu'ils espèrent qu'il auroit en ce cas avec eux.

On ne fait point de lettre séparée pour M. Barclay[13] parce que celle-ci est aussi pour lui. Vous lui en ferez part, s'il vous plaît.

Au bas de la lettre se trouvent ces deux lignes de la main du Coadjuteur :

Il me semble que ceux qui m'accusoient de paresse et de négligence devroient crever de honte.

IX

A Paris, le 27 octobre 1651[1].

L'on a reçu, dès dimanche dernier, les nouvelles de l'arrivée du premier courrier par une lettre de M. l'Ambassadeur[2] et une autre de M. l'abbé Barclay. A ce

---

13. L'abbé de Barclay avait été envoyé à Rome, bien avant l'abbé Charrier, pour entamer les premières négociations du chapeau.

1. Lettre chiffrée.

2. Henri d'Étampes, bailli de Valançay, ambassadeur de France à Rome. Il était chevalier de Malte et bailli de son ordre : il fut plus tard grand prieur de France. Il était fils de Jacques, marquis de Valançay, et de Louise Blondel de Bellebrune. Il mourut à Malte en avril 1678. Retz, à propos de sa promotion au cardinalat, dit, ce qui n'est pas exact, que le bailli avait en poche sa

que l'on peut juger de leurs discours, on espère le succès tout entier de votre négociation. Si elle traînoit en longueur, vous ferez tout ce que vous aviserez pour la faire réussir, sans rien épargner, et de ce côté-ci l'on suivra ponctuellement vos ordres et les avis que vous donnerez.

Le courrier que M. le duc d'Orléans avoit envoyé à M. le Prince pour l'accommodement des affaires est de retour et n'a point apporté de réponse décisive ; il a seulement dit à Son Altesse que M. le Prince lui envoyeroit un gentilhomme dans peu de temps pour lui faire connoître ses dernières intentions. Cependant il continue de faire des levées, qui sont jusques à présent peu avancées. Le Roi, de sa part, tire vers Poitiers et doit passer plus avant. Le comte d'Harcourt entrera en Guyenne, le 10 du mois prochain, avec douze mille hommes, toutes vieilles troupes. Ainsi cette province sera le théâtre de la guerre, nonobstant les promesses de M. le Prince au contraire.

Tous les autres endroits du royaume sont fort paisibles. Mouron est tout a fait bloqué par la prise de Saint-Amand[3].

Le Parlement n'a point été assemblé depuis trois semaines.

X

A Paris, le 3 novembre 1651 [1].

JE ne fais point de doute que vous ne soyez présente-

---

révocation et qu'il fut joué par le Pape, qui hâta la promotion afin de le prévenir. Tome IV des *Mémoires*, p. 135.
3. Saint-Amand, département du Cher, près de Montrond.
1. Lettre chiffrée.

ment arrivé à Rome, et j'attends dimanche avec grande impatience pour en savoir des nouvelles assurées. Je n'ai rien à vous recommander de nouveau, sachant bien que vous ne perdrez pas un moment de temps, et que vous avez autant de passion pour ce qui me touche que moi-même.

Les nouvelles de cet ordinaire vous donneront assez de lieu de combattre les prétentions de MM. les Princes, puisque cette maison s'est présentement ouvertement jointe avec Espagne. Celui qui portoit le traité, qui a été signé en Flandre pour MM. les Princes, qui s'appelle Le Fay, que vous avez vu au prince de Conti, a été arrêté passant auprès de Paris et mené à la Bastille avec grandes acclamations du peuple. L'armée navale d'Espagne est entrée dans la rivière de Bourdeaux, et l'un de ses officiers a eu longue conférence avec M. le Prince, dont la ville de Bourdeaux est fort émue, et il a failli à y avoir sédition. On s'étonne fort comment M. le Prince s'est pu résoudre à se servir des étrangers aussi publiquement qu'il fait, ce qui lui a attiré l'aversion de tous les peuples du royaume, et ce qui, d'ailleurs, ne lui peut pas faire grand bien, cette armée n'étant composée que de quatorze vaisseaux qui ne sont point presque armés.

M. le Prince n'est pas plus heureux pour ses artifices que sur ses armes. Il avoit pris occasion de publier le retour du Mazarin sur ce qu'il s'est approché du Liége[2] plus près qu'il n'étoit, étant venu à Huy[3], qui est encore à plus de trente lieues de la frontière. La véritable

2. La ville de Liége. Au commencement du dix-septième siècle, on écrivait le Liége, du Liége, au Liége, etc.

3. Mazarin, après son expulsion par le Parlement, s'était d'abord réfugié à Brülh, ville des États prussiens, située à trois lieues de Cologne, puis à Huy. Plusieurs de ses lettres à la Reine et aux ministres sont datées de ce dernier lieu, au mois d'octobre 1651.

cause de ce voyage est que, comme il est assez mal voulu en Allemagne, il n'a osé demeurer près de Cologne, l'Électeur, avec qui il est fort bien, s'en éloignant, et il est beaucoup plus près de lui à Huy. M. le Prince s'étant donc servi de cela pour faire croire qu'il revenoit en France, ce bruit s'est enfin dissipé par l'événement et par les protestations publiques que la Reine a fait de n'avoir jamais cette pensée, et que M. le duc d'Orléans a réitéré, avec toute sorte de vigueur, de ne le souffrir jamais. Et dans la vérité il faut que le Mazarin ait été fou pour avoir cette pensée. Ce n'est pas que M. le Prince ne fasse tous ses efforts pour faire espérer à la Reine que, si elle veut prendre confiance en lui, il se raccommodera avec le Mazarin. Mais je ne crois pas que la Reine se puisse et se veuille jamais fier en ses paroles, et par le peu de fidélité qui est en lui, et parce que M. le Prince et le Mazarin, étant presque également noircis de la haine publique, leur union ne serviroit qu'à perdre le royaume par la jonction[4] de tous les gens de bien contre eux avec les Parlements et les peuples.

Le Parlement de Toulouse a déclaré par arrêt M. le Prince et tous ceux de son parti criminels de lèse-Majesté.

XI

De Paris, le 7 novembre 1651[1].

JE ne vous fais point de compliment de toutes les peines que vous prenez pour moi. Vous savez que notre

4. Action de se joindre. Littré n'en donne en ce sens que des exemples empruntés de l'art militaire.
1. Lettre autographe, signée.

amitié est au delà de toutes les paroles, et si je vous en disois beaucoup sur ce sujet, je suis assuré que vous vous moqueriez de moi. Il ne se peut rien ajouter à votre conduite, et je ne vous mande point les sentiments que j'ai sur celle que l'on doit tenir dans mon affaire de ma nomination, parce que je m'en remets absolument aux vôtres, parce que vous êtes sur les lieux et parce que j'ai toute et parfaite confiance en vous.

Son Altesse Royale est satisfaite au dernier point de vous, et il n'est pas imaginable avec quelle impatience il attend la nouvelle de la promotion. Je ne vous fais celle-ci que d'un mot, parce que tout le particulier de toutes choses est dans la lettre chiffrée. Je suis à vous de tout mon cœur et sans compliment,

Le Coadjuteur de Paris.

De Paris, ce 7 novembre.

P.-S. — Vous en userez, sur le sujet de l'abbé de Barclay, comme il vous plaira, et comme il le méritera par la conduite qu'il aura avec vous. Je remets cela à votre volonté[2].

---

2. A la suite de ce post-scriptum sont les lignes suivantes de la main de l'abbé Rousseau, l'un des secrétaires du Coadjuteur (voyez les *Mémoires de Retz*, tome IV, p. 506 et note 7; Tallemant des Réaux, tome V, p. 229-231; et *Mémoires de Guy Joly*, p. 99):

Monsieur,

Si le sieur de la Violette a besoin de quelque argent, vous lui ferez, s'il vous plaît, délivrer et me le manderez, etc.

Rousseau.

XII

A Paris, le 7 novembre 1651[1].

J'ai reçu avec beaucoup de joie les nouvelles de votre arrivée à Rome par le courrier extraordinaire qui m'a apporté votre lettre du 23ᵉ octobre dernier, et j'y ai vu votre démêlé avec l'abbé de Barclay, sur lequel, après une sérieuse délibération, j'ai jugé que l'abbé Patin[2] s'intriguoit de peu de chose et qu'un grand négociateur ne doit pas s'amuser aux mouches. Afin de vous soulager dans un chagrin qui pouvoit nuire à votre santé, j'envoie un ordre à M. Géricot pour vous mettre entre les mains la somme qu'il a dans les siennes. Son père, à qui nous avons fourni l'argent en cette ville, lui écrit pour cela. Quoiqu'il n'y ait rien de si ridicule que la conduite de l'abbé de Barclay en ce rencontre[3], je crois qu'il est toujours bon de le ménager. Vous vous assurerez, s'il vous plaît, de l'argent, et vous en disposerez en la manière qu'il vous plaira. Je crois que vous ne doutez pas que je ne balance nullement entre vous et lui, et vous pouvez bien penser que j'entrerai sans peine et avec joie dans les sentiments de la conduite que vous avez à cet égard et en tous autres. Mais il me semble que, s'il ne tient qu'à quelque somme, qui ne soit pas trop considérable, pour contenter cet esprit intéressé, il vaut mieux la lui donner que de lui laisser faire peut-être quelque sottise, qui seroit toujours fâcheuse, parce qu'il a paru à Rome que je l'avois employé en quelque chose dont je me repens

---

1. Lettre chiffrée.
2. Nom de guerre, comme nous l'avons vu, que le Coadjuteur donnait à l'abbé Charrier.
3. Voyez tome VI, p. 27, note 10, et *passim*.

fort; mais c'est une affaire faite. Je vous envoie donc une lettre que je lui écris, dans laquelle vous verrez que je lui témoigne mon sentiment, autant que je le puis, sans le désespérer. Vous la lirez, s'il vous plaît, et la lui ferez rendre, si vous le jugez à propos, après que vous l'aurez cachetée de mes armes, remettant tout cela à votre conduite, aussi bien que l'usage d'une lettre que je vous écris de ma main pour lui ôter la confiance de ceux à qui il auroit pu faire croire qu'il avoit mon secret à votre préjudice. Vous vous en servirez comme il vous plaira ; mais si la voie de la douceur est possible, je la crois la meilleure. En cas donc que vous ne soyez pas obligé de faire cet éclat contre lui, je vous envoie une autre lettre, encore écrite de ma main, qui ne parle pas contre lui, mais qui ne laisse pas de faire voir que vous avez ma véritable confiance. Vous vous servirez de tout cela comme vous le jugerez le plus à propos.

Je vous envoie des lettres de M. le duc d'Orléans, au même sens et aux mêmes personnes que vous les avez souhaité. Je vous puis assurer que ses intentions ne paroissent pas encore si expresses sur ce sujet qu'elles le sont dans son cœur. La passion qu'il a de cette affaire est au delà de l'imagination. Je n'ai point rendu à Monsieur la lettre du cardinal Orsino[4], parce que j'ai mieux aimé la réserver jusques à ce que j'aie reçu les réponses des autres à qui il a écrit.

J'écris par cette voie à M. Bouvier, à M. l'Ambassadeur, à M. le bailli de Gondi[5], à M. le Grand-

4. Virginio Orsini, né le 17 mai 1615, créé cardinal en 1641 par le pape Urbain VIII, mourut le 21 août 1676.
5. Jean-Baptiste de Gondi, fils d'Alexandre de Gondi et de Jeanne Bicci, né à Florence le 17 novembre 1589. Il fut conduit à Lyon à l'âge de sept ans, et naturalisé Français en 1607. Il fut secrétaire du grand-duc de Toscane, Ferdinand II de Médicis, et devint son premier ministre en 1636. Il épousa l'année suivante

Duc[6], au marquis d'Ugolini, et j'ai donné charge au porteur de laisser ces trois dernières, en passant à 96[7]. Je vous prie d'essayer, par la voie de M. le Grand-Duc, d'empêcher que les Espagnols ne secondent les intentions des Princes pour troubler mon affaire; le bailli de Gondi peut être très-utile à cela. Je lui ai mandé de prendre toute créance à ce qui viendra de votre part. Je n'ai encore aucune lumière que les Espagnols soient dans la pensée de me nuire. Il y faut pourtant veiller, et l'on peut aisément faire voir, par le moyen de 96, qu'il est de leur intérêt de voir dans une grande dignité un homme en France, qui soit aussi opposé que moi à M. le Prince, l'élévation de deux différentes puissances opposées ne leur pouvant être que très-utile.

Je crois M. le bailli de Gondi assez bien intentionné pour moi pour n'avoir point besoin de nouvelles considérations pour m'obliger; il est pourtant bon, à mon sens, que, sans faire semblant d'affecter de lui faire savoir, vous fassiez une espèce de confidence à M. l'Ambassadeur de Toscane[8] du dessein que j'ai de faire épouser ma nièce au fils dudit bailli de Gondi pour continuer ma maison en France[9]. Je crois que ce moyen peut engager la cour de Toscane à faire tous les efforts à la Cour de Rome et auprès des Espagnols, s'il est besoin.

Madeleine Buonacorsi, et mourut à Florence le 18 décembre 1664. Il était quelque peu parent du Coadjuteur, qui logea chez lui lorsque, simple abbé, il fit le voyage d'Italie. Le bailli de Gondi possédait dans son palais de Florence tous les portraits des Gondi français. (Tallemant des Réaux, *Historiettes*, édition Techener, tome IV, p. 168.)

6. Le grand-duc de Toscane, Ferdinand II de Médicis.

7. Nous n'avons pu découvrir la clef de ce chiffre. 96 signifie probablement *Florence*.

8. L'ambassadeur de Toscane à Rome.

9. Le duc de Retz, frère du Coadjuteur, n'eut que deux filles. En lui s'éteignit le nom de Gondi.

M. le Nonce écrit, par cette même voie, fort favorablement pour moi, et mande que je suis toujours inébranlable sur le sujet du Mazarin et que, comme on dit que cet homme a toujours quelque pensée de revenir, l'opposition la plus forte à son retour est ma promotion, qui me met en un point d'être beaucoup plus considéré pour lui résister.

Parlez, je vous supplie, en ces mêmes termes au Pape, mais prenez garde de ne faire pourtant paroître le retour du Mazarin que comme une chose qui est dans son intention, plutôt que dans la possibilité, et sur lequel la Reine forcera son inclination plutôt que de s'exposer aux troubles qui s'en ensuivroient. Vous avez su présentement que ledit Mazarin est venu à Huy[10], qui est auprès du Liége[11]. Les partisans de M. le Prince firent courre[12] le bruit qu'il s'approchoit de la frontière pour revenir en France. Cela a été bientôt dissipé par l'événement et parce qu'on a su qu'il ne s'étoit approché du Liége que pour être plus près de l'Électeur[13], qui y est venu, et sans lequel il n'oseroit demeurer auprès de Cologne, parce qu'il ne s'y tient pas trop assuré.

Je ne sais si le Mazarin n'auroit point assez d'artifice pour donner lui-même des soupçons de quelque accommodement avec moi, et pour en avoir peut-être inspiré quelque pensée à M. Guisi[14], qui étoit Nonce à Cologne

---

10. Huy, dans le pays de Liége.

11. Retz, comme nous l'avons dit plus haut, p. 31, note 2, écrit constamment *le Liége*, *du Liége*, pour désigner la ville de *Liége*.

12. Vaugelas indiquant un cas où il faut préférer *courir* à *courre* le trouve meilleur dans cette locution. Ce n'était pas l'avis de Descartes, qui a dit dans le *Discours de la méthode* : « Quelques-uns faisoient déjà *courre le bruit* que j'en étois venu à bout. »

13. Maximilien-Henri de Bavière-Leuchtenberg. Voyez *Mémoire de Retz*, tome III, p. 284, note 5.

14. Monsignor Fabio Chigi, secrétaire d'État d'Innocent X. Il

et qui présentement doit être à Rome. Ne vous endormez pas sur ce sujet et parlez toujours du Mazarin comme d'un homme qui se vante de revenir en France, même quand il en est le plus éloigné, pour se conserver par ce moyen quelque sorte de crédit dans les pays étrangers. Vous savez bien pourtant que, sur cet homme, il ne faut pas s'expliquer également avec tout le monde.

Quant à M. l'Ambassadeur de France[15], quoi que l'on m'en die, je ne vous en écris rien, parce que vous êtes sur les lieux et que vous y voyez plus clair que moi : prenez garde de donner soupçon au Pape sur ce sujet.

Je vous envoie des gants d'Angleterre garnis et des étuis pour présenter à qui vous voudrez, même à quelqu'unes de vos maîtresses.

J'attends de la Cour [des lettres] pour M. l'Ambassadeur de France, afin de l'obliger à faire de nouvelles instances.

Je vous renvoie tout ce que vous m'aviez envoyé de l'abbé de Barclay.

Quant à ce qui est dans votre postscrit[16], de la négociation d'entre M. Bouvier et M. Nerli, M. Quarteron[17] m'a dit qu'il a eu avis ce jourd'hui que l'on devoit tirer

était fils de Flavio et de Laure Marsigli et né à Sienne le 13 février 1599. Il fut sacré en 1635 évêque de Nardo, devint nonce à Cologne, plus tard nonce extraordinaire à Munster pour la paix de Westphalie, et fut créé cardinal dans la même promotion que Retz, le 19 février 1652. Il fut élu pape le 7 avril 1655 et prit le nom d'Alexandre VII. Il mourut le 22 mai 1667. Voyez les *Mémoires de Retz*, tome IV, p. 134, note 6; tome V, p. 30 et note 3; p. 31 et note 6; et sa relation du conclave où Chigi fut élu pape, tome V, à partir de la page 15 à la page 64. Le Coadjuteur, dans sa correspondance du chapeau, écrivait tantôt le nom de Chigi, *Guisi* ou *Ghisi*; nous avons maintenu ces variantes d'orthographe.

15. Voyez ci-dessus la note 2 de la lettre IX.

16. Littré ne cite que deux exemples de ce mot : l'un de d'Ossat, l'autre de Voltaire.

17. Banquier à Paris.

sur lui une lettre de change de cinquante-huit mille deux cents livres. Il a promis de l'acquitter aussitôt et a même écrit à Lyon à M. Mey, duquel vous m'avez parlé, que ladite somme étoit prête et telle autre qu'il pourroit, à l'avenir, tirer sur lui. C'est dont je vous assure et que, quand les lettres de change que vous tirerez seroient de cinquante mille écus, elles seront promptement et ponctuellement acquittées. C'est pourquoi n'épargnez rien, quand ce ne seroit que pour avancer l'affaire d'un quart d'heure.

Je crois qu'il n'y a point de danger de faire connoître doucement au Pape que M. le duc d'Orléans s'étonne qu'il y ait le moindre retardement à la promotion, après les instances que l'on m'a fait, il y a plus d'un an, de me nommer sur sa simple recommandation, sans la nomination du Roi. Vous voyez qu'il faut traiter cela fort délicatement. Peut-être ne seroit-il pas à propos de le faire; comme vous êtes sur les lieux, on laisse cela à votre disposition.

Dans une des lettres que je vous écris sur le sujet de l'abbé de Barclay, je coule insensiblement que l'argent qui est séquestré a été envoyé pour vous en servir pour vous-même. J'ai cru que cela étoit nécessaire pour ôter les pensées que l'on pourroit avoir qu'il ne fût destiné à d'autres usages que vous vous imaginez bien.

Je ne vous écris point de nouvelles. J'ai vu la lettre de M. Joly[18] qui vous mande toutes choses.

Les trois lignes suivantes de la main de Retz :

J'ai dicté toute cette lettre qui me donne un grand

---

18. Guy Joly, conseiller au Châtelet, l'auteur des *Mémoires* si connus sur la Fronde, alors secrétaire du Coadjuteur.

mal de tête. Je vous supplie d'assurer le Père Dom du Pui de mon service très-humble.

Je vous ai mandé ci-dessus que je vous envoyois une lettre à l'abbé de Barclay. Lisez-la, s'il vous plaît, et vous la lui ferez donner ou non, selon que vous le jugerez à propos, car, comme vous avez des blancs-signés[19] de moi, vous pouvez faire telle réponse qu'il vous plaira. Vous verrez aussi celle que Imbert[20] lui écrit, dont vous userez de la même manière. Elle est ouverte aussi bien que les miennes.

Souvenez-vous aussi, je vous prie, de faire bien croire à Rome que [l'argent], qui est entre les mains de M. Géricot, n'est que pour les dépenses des courriers et pour la vôtre. Prenez aussi garde que les négociations, que vous faites avec les banquiers de Rome, soient si cachées que cela ne fasse pas paroître que vous avez tant d'argent à donner. Vous savez que cela auroit plusieurs conséquences.

Si l'on tire quelque lettre de change fort considérable, tâchez d'en donner avis auparavant.

XIII

A Paris, le 10 novembre 1651[1].

J'AVOIS oublié, dans ma dernière lettre, de vous dire que, quoique vous deviez toujours parler du retour du cardinal Mazarin comme d'une chose impossible dans

19. Voyez tome III, p. 176, note 4, et tome V, p. 407, note 6.
20. Le valet de chambre du Coadjuteur, dont il est plus d'une fois question dans les *Mémoires de Guy Joly*, et qui aida si habilement son maître à s'échapper du château de Nantes. Voyez *Mémoires de Retz*, tome IV, p. 514, la note 6 qui s'étend de cette page à la p. 517; *Mémoires de Guy Joly*, collection Petitot, tome XLVII, p. 167-168; et les *Mémoires* du P. Rapin, tome II, p. 231.
1. Lettre chiffrée.

son exécution, il ne faut pas laisser d'ajouter que, s'il étoit assez fol pour le vouloir entreprendre, il seroit de grande conséquence que je fusse déjà cardinal pour m'y opposer avec plus de vigueur et de considération. Il est de plus à propos d'insinuer que, bien que je ne sois pas dans un poste si peu considérable que, selon les apparences, la Cour puisse ni doive changer de sentiment pour moi, si toutefois cela arrivoit par quelque accident inopiné et étrange, comme par quelque collusion de M. le Prince avec le cardinal Mazarin, il seroit, en quelque façon, honteux au Pape d'avoir été aucunement la cause de cela par la longueur qu'il apporte à faire la promotion; il lui seroit, pour ainsi dire, honteux, après les témoignages qu'il a donnés, depuis trois ans, de l'agrément[2] qu'il a pour ma personne. Vous voyez que toutes ces choses sont assez délicates; faites-les comme vous le jugerez le plus à propos sur les lieux.

Ne manquez pas, s'il vous plaît, de faire représenter, s'il se peut, par des personnes affidées, sans affectation, que l'on est sur le point de tenir les États Généraux pour lesquels les députés commencent à marcher à Tours[3]; qu'il se forme une grande cabale parmi les ecclésiastiques pour faire déclarer la Chambre ecclésiastique Concile national; que, dans la Chambre du Tiers État, on se prépare à remuer la question qui fut combattue par le cardinal du Perron[4], et qu'il est très-im-

2. Au sens d'approbation.
3. Il ne fut donné aucune suite à ce projet. La Cour redoutait encore plus les États Généraux que le Parlement de Paris. Retz brode sur ce thème pour effrayer la cour de Rome.
4. Le cardinal Jacques Davy du Perron, évêque d'Évreux, puis archevêque de Sens et grand aumônier de France, se montra toujours partisan dévoué des opinions ultramontaines, et c'est pour cela qu'il obtint le chapeau de cardinal. Aux États Généraux de 1614, il s'opposa à la signature du formulaire présenté par les

portant que je sois Cardinal en ce temps pour soutenir avec plus d'effort les intérêts de Rome.

Vineuil[5] est arrivé de la part de M. le Prince, qui a apporté une lettre à Monsieur qui porte des justifications de sa conduite, et qui n'ouvre aucun moyen d'accommodement, ce qui est trouvé d'autant plus étrange que l'on sait qu'en l'état où il est, qui est très-foible, cette obstination ne vient que de la parole qu'il a donnée aux Espagnols, qui ne s'y fient pourtant que médiocrement. Vineuil a fort pressé M. le duc d'Orléans d'écrire à Rome en faveur de M. le prince de Conti, pour un chapeau extraordinaire, ce que M. le duc d'Orléans a refusé avec aigreur et avec grand témoignage d'affection pour moi.

J'écris une lettre à M. le chevalier Altieri[6] sur beaucoup de civilités qu'il a fait à l'abbé de Barclay sur ma nomination, par une lettre que ledit abbé m'a envoyé. Faites-la rendre par lui, si vous êtes en état de cela ensemble, sinon usez-en comme il vous plaira.

Vous avez à Rome le frère de M. Chevalier, chanoine

---

députés du tiers, portant qu'il n'y a puissance en terre, quelle qu'elle soit, spirituelle ou temporelle, qui ait aucun droit sur le royaume de France et qui puisse dispenser ou absoudre les sujets de l'obéissance qu'ils doivent au souverain légitime. Les deux autres Ordres s'étant rangés à l'avis de du Perron, l'assemblée se trouva impuissante à rien décider sur ce point important. Voyez le discours de du Perron, prononcé sur ce sujet, le 2 janvier 1615, dans le *Recueil... de tout ce qui s'est... passé... en l'Assemblée générale des États tenus à Paris en l'année* 1614, etc., par messire Florimond Rapine, etc. Paris, au Palais, 1651. In-4°, p. 297 à 323. Sans aucun doute le Coadjuteur de Paris avait consulté ce *Recueil*, qui venait de paraître l'année même où il écrivait sa lettre à Charrier.

5. Louis Ardier, sieur de Vineuil, agent très-actif des Princes. Voir ce qui est dit de ce personnage pages 500 et suivantes des *Mémoires de la Rochefoucauld*, édition Hachette.

6. Martio Altieri, chevalier d'Alcantara, frère d'Emilio Bonaventure Altieri, qui devint cardinal le 29 novembre 1669, et pape sous le nom de Clément X, le 29 avril 1670.

de Notre-Dame⁷, qui est un jeune garçon fort vigoureux. Si vous ne voulez pas vous donner la peine d'apporter la première nouvelle de la promotion, si elle se fait, et que vous ne soyez pas en état avec Barclay, [je vous prie] de [la] lui laisser porter, s'il le souhaite; vous obligerez son frère et je serai bien aise, m'ayant servi en quelque rencontre, que vous le dépêchiez vers moi pour me l'apporter.

L'île de Ré est tout à fait déclarée pour le Roi et toute la haute Guyenne, qui a taillé en pièces une partie des troupes de M. Marsin. L'armée d'Espagne, qui étoit dans la rivière, n'a pas voulu obéir à M. du Daugnon⁸, qui prétendoit lui commander comme vice-amiral de France, et sur cette contestation, jointe à quelque manque de parole de M. le Prince, elle s'est retirée de la rivière, après avoir seulement donné quarante mille écus.

Les trois lignes suivantes de la main du Coadjuteur :

Vous ne me ferez pas dorénavant la guerre d'être paresseux. Si le papier ne me manquoit, ma lettre seroit encore plus longue.

XIV

A Paris, ce 24 novembre 1651¹.

J'AI reçu la vôtre du 30ᵉ du passé, à laquelle j'avois

---

7. Ce chanoine devint grand vicaire du cardinal de Retz, archevêque de Paris, sous la Fronde ecclésiastique. Il est souvent question de lui dans notre tome VI.

8. Louis de Foucault, comte Daugnon, comme l'écrit Retz dans ses *Mémoires*, ou mieux du Doignon, comme l'écrivent Montglat et Baltazar. Il était gouverneur de Brouage, petit port de la basse Saintonge (Charente-Inférieure). Ce port avait été fortifié par Charles IX, puis par Richelieu. Voir *Mémoires de Retz*, tome IV, p. 8, note 7, et l'*Histoire de la guerre de Guyenne*, par Baltazar, dernière édition, in-8°, Bordeaux, 1876, p. 14, note 3.

1. Lettre chiffrée.

déjà pleinement satisfait, tant pour ce qui regarde les lettres de Son Altesse Royale, que vous m'aviez demandé, que pour ce qui concerne Géricot et l'abbé de Barclay, duquel je vous prie de souffrir les impertinences, autant que vous le pourrez, pour l'amour de moi. S'il continue, après ce que je lui ai écrit par La Violette[2], il faudra le lier, je n'y sais pas d'autre remède.

J'ai fait aussi en sorte que vous ayez tout le crédit qui se pourra du sieur Nerli par le moyen de son correspondant à Lyon, M. Mey, duquel vous m'aviez parlé. Pour ce qui regarde l'indifférence des Espagnols dont vous m'écrivez, je l'avois toujours bien prévue et je la tiens fort assurée, même en quelque façon de concert avec M. le Prince, quoique l'abbé de Barclay m'ait écrit que leur ambassadeur presse[3] fort la promotion, avant son départ pour la Sicile. Il pourroit bien être qu'ils seroient bien aises de témoigner à ceux des partisans de M. le Prince, qui sont à Rome, quelque espèce de complaisance extérieure et publique, et que pourtant, dans le secret, ils ne me fussent pas tout à fait contraires, leurs véritables intérêts n'étant point d'empêcher ma nomination par les raisons que je vous ai déjà mandé. Je crois même que ceux qui leur ont parlé pour moi d'office et sans que je m'en sois voulu mêler, leur ont marqué la conduite que je vous dis, à laquelle ils se sont déterminés, non pas à dessein de me nuire, mais pour donner aux partisans de M. le Prince toutes les apparences nécessaires pour conserver l'étroite union qui est entre eux. Quoi qu'il en soit,

2. Le courrier extraordinaire.
3. Le Coadjuteur a peut-être dicté : *pressa;* mais il y a bien *presse* dans le chiffre. L'abbé de Barclay veut peut-être aussi dire par là que l'ambassadeur « presse fort la promotion », avant de partir pour la Sicile.

et quand même leur véritable dessein seroit de ruiner mes affaires, il n'y a pas d'autres mesures à prendre pour l'intelligence de M. le bailli de Gondi et de l'ambassadeur de Toscane, qui sont leurs amis et qui feront, à mon sens, tout leur pouvoir et peut-être assez pour détourner cet orage. Je ne doute pas que vous ne leur en ayez déjà communiqué, si vous l'avez jugé nécessaire. Cependant je continuerai de ma part à prévenir, autant que je pourrai, par mes amis, le mauvais effet que pourroit faire cette opposition.

Je suis aussi bien surpris que vous de la lenteur du Pape, après les bonnes paroles qu'il m'a fait donner depuis un si long temps par les lettres du cardinal Panzirole[4], dont vous ne parlerez point, si vous ne le jugez à propos, sans nécessité, et si ce n'est par forme de plainte, à lui-même, et en cas que la promotion passât Noël. Si vous le faites, il faut que cette plainte paroisse plus de M. le duc d'Orléans que de moi.

Je ne sais pas de moyen d'abréger ces longueurs que par les pressantes sollicitations de Son Altesse Royale, duquel je pourrai peut-être lui envoyer[5], par un courrier extraordinaire, encore une lettre de créance entière, à ce que vous lui direz, de sa part. Si je le fais, ce même courrier vous portera la créance de ce que vous aurez à lui dire et vous l'aurez reçue avant celle-ci. Comme je n'y suis pas tout à fait déterminé, n'en soyez

4. Premier secrétaire d'État du pape Innocent X, mort le 3 septembre 1651. Jean-Jacques Panciroli, fils d'un simple artisan, nommé Virgile, et de Prudence Alessia, né à Rome en janvier 1587. Il fut d'abord nommé patriarche de Constantinople, puis nonce en Espagne, et créé cardinal le 13 juillet 1643. Il fut pendant longtemps ministre secrétaire d'État d'Innocent X, et montra dans ses fonctions autant de prudence que d'habileté. Voyez les *Mémoires de Retz*, tome III, p. 142, note 7; même tome, p. 349, note 7.

5. Au Pape.

pourtant pas en peine. C'est le seul biais, à mon avis, pour pénétrer le fond des intentions du Pape, et le véritable principe de cette lenteur qu'il semble affecter.

J'écris à M. Guisi, ci-devant nonce à Cologne, et à M. le marquis del Buffalo, mais je n'ai pas jugé qu'il fallût prodiguer les lettres de Son Altesse Royale, attendu même ce que vous me mandez du peu d'affection que la Cour de Rome a pour ce marquis. Vous fermerez les lettres avant que de les donner.

Je ne m'étonne pas que l'on vous conte tant de fables des forces du parti des Princes, vu le peu d'affection que l'on a en cette Cour pour la France, mais je vous assure qu'il n'y a rien au monde qui soit plus fabuleux et plus contraire à la vérité. Vous verrez, par la lecture de l'imprimé ci-joint, l'état pitoyable de leurs affaires, après la levée du siége de Coignac, qui n'est pourtant qu'une méchante bicoque, et vous jugerez, aussi bien que nous, qu'avant qu'il soit peu ils seront renfermés dans les murailles de Bourdeaux et peut-être poussés hors la France, s'ils ne prennent le parti de la paix que M. d'Orléans tâche de leur procurer plutôt par pitié et par la connoissance qu'il a de leur foiblesse que par inclination pour eux[6]. Aussi est-ce en cela seul que Sadite Altesse s'est toujours employée et seulement pour

---

6. Voir les *Mémoires de Retz*, tome IV, p. 10, édition Adolphe Regnier. « Le plus grand capitaine du monde, sans exception, dit Retz, connut ou plutôt fit connoître dans toutes les occasions, que la valeur la plus héroïque et la capacité la plus extraordinaire ne soutiennent qu'avec difficulté les nouvelles troupes contre les vieilles. » (Tome IV, p. 10 et 11.) « Le prince de Condé, toujours invincible jusqu'ici, dit de son côté le marquis de Montglat dans ses *Mémoires*, se trouvoit bien empêché : il n'osoit tenir ferme devant le comte d'Harcourt, qui le battoit en toutes rencontres ; et par là il connut la différence qu'il y avoit entre combattre contre les ennemis de l'État, à la tête de troupes aguerries, ou de tirer l'épée contre son Roi, avec de nouvelles levées qui

l'accommodement des affaires, les courriers que l'on vous a dit aller des uns aux autres, n'étant que pour cet effet et non par aucun concert ou intelligence avec ce parti.

Depuis la nouvelle de Coignac, l'on a appris la réduction des tours de la Rochelle, et que plusieurs seigneurs dont on doutoit se déclarent pour le Roi ouvertement, entre autres le marquis de Bourdeilles[7], qui a pris les commissions de Sa Majesté, comme aussi M. d'Arpajou[8], duquel on n'étoit pas tout à fait assuré. D'Augnon[9] s'est retiré dans sa place et semble se vouloir dégager : il est assurément temps après la soumission de la Rochelle et les déclarations, en faveur du Roi, des îles d'Oléron et de Ré. Enfin, il n'y a pas un gentilhomme dans la campagne qui ne seconde les aversions mortelles que les peuples ont pour M. le Prince. Les huguenots ont même excommunié ceux d'entre eux qui prendroient ce parti, dont vous ne parlerez point, si vous ne le jugez à propos[10].

Il n'y a rien de plus faux que le retour des nièces du

s'enfuyoient tout d'abord. » (Édition d'Amsterdam, 1727, tome III, p. 230.)

7. François Sicaire, marquis de Bourdeilles et d'Archiac, sénéchal et gouverneur du Périgord. Il était frère de Claude de Bourdeilles, comte de Montrésor, l'auteur des *Mémoires*, et petit-neveu de Pierre de Bourdeilles, seigneur de Brantôme, le célèbre chroniqueur et conteur. Il se montra hésitant entre le parti des Princes et la cause royale, et Condé le remplaça comme gouverneur du Périgord par le marquis de Chanlot. Voir l'*Histoire de la guerre de Guyenne*, par Baltazar, édition de Bordeaux, p. 28.

8. Louis, marquis de Sévérac, duc d'Arpajon et non d'Arpajou, lieutenant général. Il mourut la même année que Retz, en 1679. La variante d'*Arpajou* est probablement une erreur de Guy Joly, qui, en composant la lettre chiffrée, aura mal lu la minute.

9. Retz écrit Daugnon sans apostrophe, dans ses *Mémoires*, et Montglat *D'Oignon*; la véritable orthographe est du Doignon, comme il a été dit plus haut, p. 43, note 8.

10. Cette partie de la correspondance de Retz, sur cette malheu-

Mancini; ce sont des artifices dont on se sert inutilement pour échauffer les esprits.

La déclaration contre M. le Prince fut portée lundi dernier au Parlement, et l'on y délibère présentement [11], quoiqu'elle ne soit plus de conséquence pour les affaires du Roi, tous les peuples étant fort avertis de leur devoir, et s'y mettant avec grande joie contre M. le Prince. Bourdeaux pourroit bien, dans peu, fermer les portes à son gouverneur [12].

M. le duc d'Orléans a, je crois, paru vouloir reculer la déclaration, parce qu'il veut que l'on croie qu'il veut faire la paix. Il a proposé au Parlement de surseoir la vérification pendant quinzaine, dans laquelle il promet d'accommoder les affaires, et vouloit qu'on délibérât sur sa proposition, séparément et avant toutes choses. Messieurs ne se sont pas tous trouvés de cet avis; il a passé de trente-six voix, au contraire, qu'il seroit délibéré à mardi conjointement sur la déclaration et sur sa proposition. C'est une marque de la grande aversion que l'on a pour M. le Prince, qui diminue même les complaisances que l'on a toujours eu, en telles occasions, et que l'on doit toujours avoir pour les volontés de Monsieur [13].

reuse campagne de M. le Prince est d'autant plus intéressante que, dans ses *Mémoires*, il glisse très-rapidement sur le même sujet.

11. Voir le *Journal ou Histoire du temps présent*, 1652, p. 115.

12. Retz entend par ce mot de *gouverneur*, le grand Condé, qui, au mois de mai précédent, revenu tout-puissant à la Cour, avait été autorisé à échanger son gouvernement de Bourgogne contre celui de Guyenne, à la tête duquel était le duc d'Épernon.

13. *Journal ou Histoire du temps présent*, p. 117.

XV

A Paris, le 25 novembre 1651[1].

Je vous dépêche ce courrier exprès sur les appréhensions, que l'on a ici, de quelque retour précipité du cardinal Mazarin. Si ces avis ne sont pas véritables, ce qui est mon opinion, ce courrier n'est pas inutile, puisque l'ordre de M. le duc d'Orléans, que vous recevrez par lui, peut être un puissant motif au Pape pour avancer la promotion, et, s'ils sont vrais, cet envoi est absolument nécessaire, et vous en voyez les raisons. De quelque manière que soient les choses, mon sentiment est, qu'aussitôt cette lettre reçue, vous portiez au Pape la lettre de créance de Son Altesse Royale, lui exposiez votre ordre et vous le pressiez de hâter la promotion. Il me semble que vous avez beau [champ[2]] en cet endroit de lui faire connoître adroitement que, ne m'étant particulièrement engagé à recevoir la nomination que sur l'honneur que Sa Sainteté m'a fait, depuis deux ans, de témoigner publiquement et à moi-même, par les lettres du Panzirole, qu'elle la désiroit, il me seroit assez rude d'être frustré de l'effet après une déclaration si publique, et que, quoique mon mérite soit fort commun, le poste où je suis me peut faire espérer d'être traité d'une autre manière que l'abbé de la Rivière[3].

1. Lettre chiffrée avec son déchiffrement.
2. Retz emploie la même expression plus loin, page 52. Par conséquent, le mot *champ* a été omis par le déchiffreur, qui avoue souvent avoir commis des erreurs et des omissions dans le chiffre.
3. L'abbé de la Rivière, ancien favori du duc d'Orléans. Pendant longtemps le cardinal Mazarin le berça de l'espoir du cardinalat, se joua de toutes les façons de sa crédulité et fit révoquer brusquement sa nomination lorsque fut décidée l'arrestation

Vous pouvez ensuite lui représenter, et de la part de Son Altesse Royale, et comme de vous-même pour moi, que les États Généraux approchent, dans lesquels on ne manquera pas d'occasions pour servir l'Église et le Saint-Siége, et de s'opposer à beaucoup de factions et de propositions qui se préparent sur ce sujet. Je crois que, sur ce point, vous devez représenter les services que j'y puis rendre, d'une manière qui marque, sans menace et avec respect, les moyens que j'aurois de faire le contraire et que l'obligation que le Pape acquerra sur moi ne sera pas perdue, ni en cette occasion, ni en plusieurs autres. Vous lui marquerez en même temps qu'il est difficile que, sans la dignité de Cardinal, je puisse juger à propos pour moi de me brouiller, en l'état où je suis et au personnage que je joue dans les affaires de France, avec la chambre du Tiers État qui, indubitablement, attaquera Rome par les propositions qui ont déjà été faites aux autres États. Je crois que, en présence du Pape, vous ne pourrez pas aller plus loin, mais il me semble qu'il ne seroit pas mal à propos de lui faire insinuer, par les intelligences que

---

des Princes, avec lesquels la Rivière avait une liaison secrète. L'abbé fut expulsé de Paris et sa révocation signifiée à la cour de Rome. Voir ce que nous avons dit de cet épisode dans notre ouvrage intitulé : *Le Cardinal de Retz et l'affaire du chapeau*, tome Ier. Dans une *Mazarinade* intitulée : *La Conférence du Cardinal avec le Gazetier*, et attribuée à Guy Patin, on lit ce qui suit sur le compte de l'abbé : « Vous devez savoir que ce nom de la Rivière n'est pas celui de son père ni de sa famille. Son père étoit un gagne-deniers ou chargeur de gros bois en Grève, qui s'appeloit Barbier, lequel, par raillerie ou mépris, fut nommé La Rivière par ses camarades, comme on appelle un laquais La Verdure ou La Rose. Sa naissance vile n'a pas été suivie d'une meilleure éducation. Il n'y a point de collége dans l'Université qui ne retentisse encore de ses friponneries, et toute la Cour sait par quels services il a mérité les bonnes grâces de son maître. »

vous avez à Rome, qu'en l'état où sont les affaires de France, et dans la considération que je m'y suis acquis jusque-là, je ne puis pas demeurer indifférent pour mon propre honneur, et, [afin de] ne pas déchoir, il est juste que je me soutienne en faisant du bien ou du mal, ce qui dépend du traitement que je recevrai. Sur ces dernières lignes, vous devez plutôt vous laisser entendre que vous expliquer. Comme vous avez été toujours un très-grand fourbe, je ne fais point de doute que vous ne vous démêliez fort bien de cette commission.

Vous vous souviendrez, sur ce même article, de montrer le jansénisme comme une chose à laquelle le ressentiment me peut engager, quoique je n'y aie pris encore aucune part.

Je pense que vous voyez l'importance qu'il y a de ne pas publier à Rome le sujet de l'envoi de ce courrier, parce que vous savez bien de quelle conséquence il est de ne rien faire qui puisse déplaire à la Reine. Vous apporterez là-dessus les tempéraments nécessaires au pays où vous êtes. J'ai pris ici mes précautions, autant qu'il a été besoin sur ce sujet, et je vous puis dire en vérité que je n'ai jamais été si bien à la Cour que j'y suis présentement. Pour Monsieur, vous en voyez les témoignages, qui seront plus fréquents et plus positifs, s'il en est de besoin. Expliquez-vous de l'ordre que vous avez de Son Altesse Royale au Pape seul et demandez-lui le secret en son nom, et pour la considération de son service et pour ne pas altérer l'union qui doit être entre lui et la Reine.

Si le Pape vous demande, après votre créance exposée, ce que vous croyez en votre particulier du retour du Mazarin, vous lui direz que vous ne le croyez pas encore si proche, mais qu'il se forme tous les jours des dispositions à cela, qui ne peuvent être véritablement empêchées que par moi, et en me donnant un caractère pour lui résister et qui retranche dans son esprit tous les desseins qu'il peut former sur ce sujet et qui commencent un peu trop à se réveiller.

A cet endroit de ma lettre, j'ai recu la vôtre du 6ᵉ du courant, qui me fait voir, encore plus particulièrement que les autres, l'incertitude du temps de la promotion, et qui me marque, par conséquent, la nécessité de la presser. Vous le pouvez faire par la lettre de Son Altesse Royale que je vous envoie, qui n'est qu'une créance pour vous au Pape, et de laquelle, par conséquent, vous vous pourrez servir à quel usage il vous plaira, si vous voyez qu'il y ait apparence de pouvoir faire faire la promotion devant Noël. Vous pouvez expliquer au Pape votre créance en la manière que Son Altesse Royale vous marque par la lettre qu'il vous écrit. Si vous voyez que le Pape soit absolument résolu à ne la pas faire devant Noël, vous ne devez vous servir, à mon sens, de ladite lettre de Son Altesse Royale au Pape que pour faire une instance pressante et pour lui demander, de la part de Son Altesse Royale, une explication claire et nette sur le temps de la promotion, les incertitudes de la Cour de Rome sur ce sujet étant si fort contraires à mes intérêts, dans l'état présent des affaires de la France, que Son Altesse Royale s'en trouve extrêmement embarrassée et pour le public et pour ce qui me regarde. Vous avez beau champ en cette matière, que vous étendrez selon que [vous] le jugerez à propos sur les lieux. Je vous répète encore que vous ne devez pas porter au Pape ce que Son Altesse Royale vous mande sur le cardinal Mazarin, que dans le temps où vous verrez le Pape irrésolu et balançant; de sorte que, s'il étoit absolument déterminé à ne pas faire la promotion devant Noël, il seroit plus à propos de ne lui parler de cela qu'après le premier jour de l'an, qui est le temps le plus proche de faire faire la promotion, en cas qu'il ne la fasse pas devant Noël. Enfin, servez-vous de ce moyen dans le temps que vous croirez qu'il pourra porter coup et ne l'employez pas devant ce moment-là, et surtout prenez votre résolution selon que vous voyez les choses sur les lieux; car, moi qui n'y suis pas, je ne sais s'il n'y a pas de péril de faire paroître au Pape que le cardinal Mazarin soit en état de revenir. Prenez votre parti sur cette matière, comme vous le jugerez plus à propos; c'est un moyen que j'ai cru vous devoir mettre en main pour vous en servir autant qu'il vous plaira. Vous voyez qu'il est délicat, mais vous êtes prudent, politique et sage. J'ai cru qu'il pouvoit être de si grande conséquence, en de certains moments, que c'est ce qui m'a obligé de vous dépêcher ce courrier exprès.

J'ai eu avis par un de mes amis que M. Ghizi a témoigné quelque bonne volonté pour moi. Je lui écris une lettre de compliment à laquelle vous mettrez la suscription comme il vous plaira. Par ce même avis, on m'a témoigné qu'il ne s'éloigneroit pas de quelque gratification pour me servir. Ouvrez les yeux là-dessus et fort délicatement, car c'est un homme fort estimé, et, par cette raison, ce que l'on me mande sur ce sujet m'a surpris. Vous avez vu par La Violette ce que j'ai fait pour de l'argent; sur quoi je ne puis m'empêcher de vous dire que vous ne soyez pas si fat[4] qu'à l'ordinaire et que, sans raillerie, vous me désobligerez sensiblement si vous ne vous servez de ce qui est à moi comme du vôtre propre.

J'écrivis hier par l'ordinaire à M. le marquis de l'

---

4. Dans le sens de *sot*.

Buffalo et à M. Ghizi. Vous n'aurez que faire de donner ces lettres parce que vous aurez celles-ci auparavant, qui sont la même chose. J'écris aussi à M. le cardinal Pamphilio[5] et à M. l'Ambassadeur. Vous fermerez les lettres et les rendrez, s'il vous plaît.

Je n'écris pas par cette voie au Pape, parce qu'il est trois heures du matin et que je n'écris tout à fait si bien en italien qu'en françois, et que, de plus, vous êtes un rêveur de me demander des lettres, puisque vous avez des blancs-signés de quoi en faire de plus éloquentes que moi, vous qui êtes frais émoulu et véritablement *Fiorentino*.

Pour Barclay, je crois que si, à l'arrivée de La Violette[6], il n'est pas devenu sage et vous content, vous êtes tous deux fols.

J'espère que cette lettre pourra, en quelque manière, contenter votre curiosité. Je suis bien fâché que, dans l'humeur où vous êtes de les trouver toutes trop courtes, elle ne soit écrite d'un chiffre encore plus long et plus difficile.

Je ne puis m'empêcher de vous prier encore de faire sentir à Rome, si vous le jugez à propos, et fort adroitement, que je ne suis pas homme à traiter comme l'abbé de la Rivière, et que si les longueurs de la Cour de Rome m'empêchoient d'être Cardinal, par quelque changement qui pourroit arriver en celle de France, je serois obligé de me relever aux dépens du cardinalat,

---

5. Camillo Astalli, ancien avocat consistorial et ancien clerc de chambre d'Innocent X, qui le nomma cardinal et l'adopta, lorsque son neveu le cardinal Camillo Panfili se démit de la pourpre pour épouser la princesse de Rossano. A partir de ce moment, Astalli fut créé cardinal-neveu, quoiqu'il ne fût point parent du Pape, et il prit le nom de *Panfilio* par suite de son adoption. Voyez les *Mémoires de Retz*, tome V, p. 16, note 5.

6. Le courrier extraordinaire.

ce qui n'est pas difficile à un archevêque de Paris de mon humeur.

Prenez du côté de Florence toutes les précautions qui vous seront nécessaires pour ce qui touche l'Espagne. M. le bailli Gondi peut adroitement faire connoître à leurs ministres que j'ai beaucoup de passion pour la paix et que, sans comparaison d'un pauvre gentilhomme à un grand prince, j'ai plus de foi, plus de fermeté et plus de mémoire des obligations que M. le Prince.

Outre les exprès, on n'a pas manqué un ordinaire de vous écrire depuis votre départ.

Afin que vous soyez moins en peine, je vous dis encore que j'ai lieu de croire que le cardinal Mazarin ne sera pas si fol que de revenir, au moins de quelque temps assez considérable; j'ai des lumières assez certaines de cela.

Malgré tous vos nouvellans[7] de Rome, les affaires de M. le Prince sont fort décousues; vous verrez, par l'imprimé ci-joint, qu'il n'a tantôt plus de ressource; depuis lequel on a reçu nouvelles de la reddition de toutes les tours de la Rochelle, de la déclaration pour le Roi du marquis de Bourdeilles et de M. d'Arpajou[8], que l'on avoit soupçonnés être de son parti. Vous avez su ci-devant que ses amis ont été heureusement chassés de la Provence, que l'on a donné arrêt contre lui au Parlement de Languedoc, et, quoi que l'on vous publie, il est généralement haï de tous les peuples, et aucune pro-

---

7. Ou *novellans*, comme Retz l'a dit ailleurs. Voyez tome VII, p. 312, note 7. C'est la transcription de l'italien, *novellante*, nouvelliste : « *Novellante* et *novellatore*, raconteur de contes; *novellare*, conter des contes ou *histoires fabuleuses*. » (Ant. Oudin, *Recherches italiennes*, 1643.)

8. Lisez d'Arpajon.

vince en France ne branle pour ses intérêts. Les Bourdelois pourroient bien même lui fermer les portes. Quoi que ses émissaires publient, leurs bruits sur le retour du Mazarin, de ses nièces et de son neveu, sont très-faux ; et, pour M. d'Orléans, vous voyez par ce qu'il fait pour moi, qu'il n'est pas dans les intérêts de M. le Prince. Il a déclaré, depuis deux jours, en plein Parlement, désapprouver sa conduite, en faisant renouveler l'arrêt rendu contre ceux qui prendroient les armes contre le Roi et pour lui. Il est vrai que Son Altesse souhaite la paix, qui est le vœu de tous les gens de bien, et, pour cet effet, dans la dernière assemblée du Parlement, où l'on apporta la déclaration contre M. le Prince, il demanda que, devant que d'y délibérer, on lui accordât quinze jours pour forcer M. le Prince à rentrer dans son devoir. Le Parlement refusa cette proposition et résolut de délibérer mardi sur la déclaration. Cet avis passa de plus de quarante voix[9]. Monsieur a envoyé à la Cour en diligence pour supplier le Roi de donner ces quinze jours et pour assurer en même temps Sa Majesté qu'il ne se sépareroit jamais de ses intérêts et qu'il seroit le plus mortel ennemi de M. le Prince s'il ne revenoit à son devoir dans ledit temps. Vous voyez par là les sentiments de Monsieur et la foiblesse du parti des Princes.

Il est cinq heures du matin et je travaille depuis six heures du soir ; excusez les fautes du chiffre et de l'écriture. L'ordinaire d'hier vous porte encore plus de nouvelles qu'il n'y en a ici.

Post-scriptum de Guy Joly :

Le secrétaire est votre très-humble serviteur. Il prie

---

9. Voir les procès-verbaux des séances du Parlement des 23 et 24 novembre dans le *Journal ou Histoire du temps présent*, p. 121 à 124.

Dieu que le Pape donne bientôt des indulgences plénières à votre épaule[10].

Depuis la lettre écrite, on a fait rayer ce que vous y voyez.

XVI

A Paris, le 27 novembre 1651[1].

M. LE NONCE[2] écrira par cet ordinaire sur les États Généraux et sur le bien ou le mal que je puis faire pour l'intérêt de Rome, et fera voir comme il est assez difficile que je me puisse résoudre, sans être cardinal, à me brouiller avec la Chambre de l'Église, ni même avec celle du Tiers État, les affaires de la France et celles de ma fortune étant présentement à tel point, qu'à moins que de vouloir déchoir, ce que je ne puis me conseiller à moi-même, il faut que je sois cardinal ou chef de parti, et vous pouvez croire que cette dernière qualité oblige ceux qui sont dans les États à ne se brouiller avec personne. Il faut traiter cela fort délicatement,

---

10. Il paraît que l'abbé Charrier était rhumatisant.

1. Lettre chiffrée. Il n'en existe malheureusement qu'une partie ; mais, grâce à un déchiffrement de l'abbé Charrier, nous avons pu combler en partie cette lacune.

2. Le nonce en France était alors Nicolas Bagni ; il était fils du marquis de Montebello et de Laure Colonna. Il avait été envoyé en France en qualité de nonce, en 1647, et y resta jusqu'en 1656. L'année suivante il fut nommé cardinal. Il avait été marié à Théodora de Gonzague et, après la mort de sa femme, il était entré dans les ordres. Il était né en 1584 près de Rimini ; par conséquent, il avait environ soixante-huit ans au moment où le Coadjuteur parle de lui. Il est souvent question de Bagni dans le tome IV des *Mémoires de Retz*. Voyez notamment la visite que lui fit le nonce lorsqu'il était prisonnier à Vincennes (tome IV, p. 479 et suivantes).

parce que si cela, d'un côté, peut faire peur à Rome, de l'autre, il peut faire espérer que je soutiendrai toujours, si je n'étois pas cardinal, une faction dans le royaume, qui peut-être ne déplairoit pas à beaucoup de gens au pays où vous êtes. Vous y mettrez le tempérament nécessaire; je m'en remets bien à vous.

Les affaires de M. le Prince sont en très-mauvais état. L'île de Ré s'est révoltée contre d'Augnon[3]; la Rochelle a reçu M. d'Estissac[4], que le Roi lui a envoyé; les tours sont sur le point de se rendre; M. le comte d'Harcourt marche droit à M. le Prince avec les meilleures troupes du monde; M. le Prince n'en a que de très-mauvaises et en petit nombre. Enfin il est en si mauvais état que l'on appréhende qu'il ne s'accommode avec le Mazarin. Ce n'est pas que mon sentiment soit tel, et je crois avoir des lumières contraires à cela, mais, si vous le jugez à propos, je m'imagine qu'il pourroit être bon d'en inspirer quelque pensée au Pape et de lui faire voir, si cela arrivoit, dans la résolution où je suis de ne pas consentir à son retour, [que] ce changement pourroit troubler ma nomination, ce que je ne doute point qui ne lui fût désagréable et par la bonté qu'il me témoigne et par la douleur qu'il auroit d'avoir contribué par sa longueur à la révocation d'une chose que je n'ai particulièrement acceptée que sur les paroles

3. Louis de Foucault, comte du Doignon, dont il a été question plus haut. « Le comte du Doignon, dit Baltazar, ne se croyant plus assuré dans Brouage et l'île d'Oléron (dont il était gouverneur), ni ailleurs, après qu'il eut reçu de grandes sommes d'argent d'Espagne, traita avec le Roi, qui le fit maréchal de France, en lui remettant ses places; ce qui porta grand préjudice au parti des Princes. » (*Histoire de la guerre de Guyenne*, édition de Bordeaux, publiée par Charles Barry, p. 102.)

4. Benjamin de la Rochefoucauld, marquis d'Estissac, oncle de l'auteur des *Maximes*. Voir ce que dit de lui son neveu dans ses *Mémoires*, p. 313 et 314 de l'édition Hachette.

que le Pape m'a donné, depuis deux ans, par Panzirole, de la souhaiter avec ardeur ; et il est vrai qu'il en a si hautement publié son désir et à tant de gens, que l'on commence à s'étonner fort ici comme la chose n'est pas déjà faite.

Je vous vas mander une chose qu'il est important que vous teniez secrète et que même vous désavouerez si vous en entendez parler. Ce n'est pas qu'elle ne soit véritable et même publique ici et avérée ; mais comme c'est un assassinat en ma personne, je crois qu'il ne faut pas l'avouer à Rome, de peur que le Pape n'appréhende de donner la pourpre à un homme qui courroit fortune de l'ensanglanter. En voici l'histoire pour vous seul. L'entreprise a été faite par Gourville[5], que vous connoissez pour valet et confident de M. de la Rochefou-

---

5. Il s'agit de la tentative d'enlèvement sur la personne du Coadjuteur, ordonnée par M. le Prince, et qui fut poursuivie sans succès par Gourville et autres hommes de main appartenant à Condé et au duc de la Rochefoucauld. Voir ce qu'en ont dit : Retz dans ses *Mémoires* (édition Adolphe Regnier), tome IV, p. 29 et suivantes ; Gourville, le principal acteur, qui en parle très-longuement dans ses *Mémoires*, édition de Paris, 1724, p. 47 et suivantes ; et aussi la Rochefoucauld. « Gourville, est-il dit dans une note de l'édition des *Mémoires de la Rochefoucauld*, publiée, dans la *Collection des grands écrivains*, Gourville ne parle pas de ce projet d'attenter à la liberté du Coadjuteur, mais raconte, au contraire (p. 250 et 251), celui qu'on avoit formé de l'arrêter lui-même. » (*Mémoires de la Rochefoucauld*, édition Hachette, p. 307, note 5.) Or, Gourville dit fort expressément dans ses *Mémoires*, édition de 1724, tome Ier, p. 47, que ce fut lui qui proposa à M. le Prince d'enlever le Coadjuteur et de le conduire à Damvillers ; que le Prince, ayant accepté sa proposition, lui confia le soin de l'exécuter avec des hommes de la compagnie de cavalerie de Damvillers ; puis il entre dans les détails les plus circonstanciés sur les deux tentatives qu'il fit lui-même pour s'emparer de la personne du Coadjuteur, et qui toutes deux furent infructueuses. Voir *Mémoires de Gourville*, première édition, 1724, tome Ier, de la p. 47 à la p. 63. Toutes les autres éditions reproduisent le même fait.

cauld, qui est venu ici sous prétexte d'apporter à M. le duc d'Orléans une lettre de M. le Prince, mais, dans la vérité, pour exécuter ce dessein. Il avoit associé avec lui le major de Damvillers, nommé La Roche, ancien[6] domestique de la Rochefoucauld, qui est présentement à la Bastille et confesse qu'il est venu en cette ville sur les lettres dudit Gourville, non pas, à la vérité, pour m'assassiner, mais pour m'enlever, ce que lui et ledit Gourville avoient essayé de faire avec plusieurs autres, tous domestiques de la Rochefoucauld, qu'il nomme, un jour de dimanche, étant montés à cheval à cet effet, sur les sept heures du soir, et y ayant demeuré jusques à onze envers, sous l'arcade qui est au bout de la rue de l'hôtel de Chevreuse[7], où ils savoient que j'étois, et les autres au bout de la rue de l'hôtel de Longueville[8], sur l'eau. Il avoue que, si je fusse passé, j'eusse été enlevé; mais, par bonheur, ayant rencontré Mme de Rhodes chez elle, je revins par le pont Notre-Dame, et ainsi je me sauvai comme par miracle. Mon carrosse a été suivi huit jours, et, le mardi, je pensai encore être attrapé dans le Marais. Enfin l'affaire s'est découverte et on a fait arrêter La Roque[9] et deux de ses valets,

6. La lettre originale chiffrée finit à ce mot « ancien »; la fin est perdue. La suite que nous donnons est prise sur une copie déchiffrée par l'abbé Charrier.

7. L'hôtel de Chevreuse, situé alors rue Saint-Dominique, entre les rues du Bac et Saint-Guillaume, n'a cessé d'appartenir à la famille de Chevreuse et de Luynes. Il avait été construit par Le Muet en 1650, pour la duchesse de Chevreuse. Aujourd'hui il a été coupé en partie par le boulevard Saint-Germain.

8. Il était situé rue Saint-Thomas du Louvre et sur la rue Saint-Nicaise. Il avait appartenu, avant d'être la propriété des Longueville, aux familles de la Vieuville, de Luynes, de Chevreuse et d'Épernon. Son emplacement est aujourd'hui occupé par le square du Carrousel.

9. *La Roche-Courbon*, d'après les *Mémoires de Guy Joly*. Retz, dans ses *Mémoires*, tome IV, p. 29, le nomme *la Roche-Cochon*.

qui parlent aussi bien que lui, excepté qu'ils ne me nomment pas et que lui me nomme formellement. J'aurai des preuves, non-seulement de l'enlèvement, mais même de l'assassinat.

Faites votre intelligence très-étroite avec M. le bailli de Gondi. Je lui ai écrit que c'étoit vous qui aviez ma confiance entière. Votre ami Longueil a fait lettre à lettre [10]....

XVII

A Paris, le 1er décembre 1651 [1].

Je n'ai pas grande chose à vous mander par cet ordinaire; la déclaration contre M. le Prince sera demain portée au Parlement, et sera vérifiée certainement sans contredit, tous ceux qui y avoient fait jusques ici quelque difficulté avouant qu'il abuse trop du temps qu'on lui a donné, et même Son Altesse Royale ayant dit aujourd'hui dans le Parlement qu'il abhorre sa conduite. Le parti de M. le Prince s'affoiblit tous les jours, mais toutes nos prospérités n'empêchent pas que les affaires de la Cour ne soient dans une incertitude étrange, et que je ne puisse craindre avec raison les révolutions qui ne sont que trop ordinaires. On appréhende même de temps en temps que M. le Prince ne se raccommode avec le Mazarin. Cela et mille autres choses qui peuvent arriver par la longueur du temps font que je suis d'avis qu'au nom de M. le duc d'Orléans, duquel vous vous pouvez servir par toutes les créances qu'il vous a envoyées, et au mien, vous fassiez expliquer le Pape le

10. L'abbé Charrier n'ayant traduit que la partie chiffrée, la fin de la lettre manque dans sa copie, de même que dans l'original.

1. Lettre chiffrée.

plus nettement qu'il se pourra, et que vous lui représentiez que, si par quelques raisons, dans lesquelles vous n'entrerez pas par respect, il est obligé de ne pas faire la promotion, au moins il ne me doit pas refuser la grâce de ne me pas amuser dans des temps où il m'est important de ne pas prendre de fausses mesures. Je ne vous marque que ce plan sur lequel vous voyez bien ce qui se peut dire. Il est important, à mon sens, de n'y rien omettre.

Je vous envoie une lettre de mon frère[2] que j'ai ouverte.

Je ne vous [dis] presque rien par cet ordinaire, parce que je vous écris toutes choses au long par le courrier extraordinaire, que je vous dépêchai samedi dernier, qui vous porte des lettres de M. le duc d'Orléans avec des instances tout à fait pressantes pour faire expliquer le Pape. J'ai répondu, par la même voie, à vos lettres du 6ᵉ du mois passé, qui sont les dernières que j'ai reçu de vous.

XVIII

Paris, le 8ᵉ décembre 1651 [1].

Vous êtes un viédase[2], Monsieur l'Abbé, c'est la plus fraîche nouvelle que je vous puisse mander de Paris.

2. Pierre de Gondi, duc de Retz.
1. Lettre chiffrée.
2. Ce mot, d'après Pierre Richelet, dans son *Nouveau Dictionnaire françois*, édition de Genève, 1680, était pris en deux sens au dix-septième siècle, l'un très-libre et signifiant *asini mentula*; et il cite à l'appui ces vers de Saint-Amant, qui ne peuvent laisser aucun doute :

.... Adorable Priape,
Qui plus majestueux qu'un empereur romain,
Portes, au lieu de sceptre, un viedaze à la main.

Dans l'autre sens, il voulait dire *fat*, et l'on s'en servait comme

La seconde est que la déclaration contre M. le Prince, que l'on vous envoie, a passé presque d'une voix[3].

Vous verrez aussi les nouvelles de la Rochelle; depuis lequel temps, M. le comte d'Harcourt, après avoir joint les troupes, s'est avancé droit à M. le Prince. Les deux armées ont été en présence un jour entier, séparées seulement d'un marais. Le lendemain, M. le Prince s'est retiré, a repassé la rivière[4], et l'on croit qu'il se soit mis sous les murailles de Xaintes. Le comte d'Harcourt ne lui donne point de relâche, et est allé passer à Cognac pour le suivre. L'armée d'Italie marche cependant droit à Bourdeaux par la haute Guyenne[5]. Elle étoit de trois mille hommes, au sortir du pays, et, depuis, a été jointe par Saint-Luc[6], qui a encore quelque milice, outre deux mille hommes de communes, qui ont été levés par un Président en la Cour des aides de Cahors. Ils sont déjà vers Agen, en sorte que voilà

---

d'une injure : « Le grand patron de M. de ... est un *viédaze* fieffé; quel *viédaze* est-ce là ? Allez, vous êtes un franc viédaze. » Dans ce dernier sens, il signifiait *vultus asini*, et, toujours d'après Richelet, il viendrait d'un vieux mot français : *vis* (visage) *asini*, dont on aurait fait par corruption : *viédaze*. Aujourd'hui encore, dans certaines parties du Midi, on donne ce nom aux aubergines à cause de leur forme, ce qui prouve que la première étymologie est la seule vraie.

3. La *Déclaration du Roi contre les princes de Condé, de Conti et duchesse de Longueville, ducs de Nemours et de la Rochefoucauld et autres, leurs adhérents*, porte la date de Bourges, 8 octobre 1651. Elle fut vérifiée et enregistrée par le Parlement le 4 décembre suivant. Le *Journal ou Histoire du temps présent* en donne le texte en entier, p. 138, 139 et 140.

4. La Charente; le 30 novembre 1651. Voyez l'*Histoire de la Guerre de Guyenne*, par Baltazar, p. 15.

5. Voir l'*Histoire de la guerre de Guyenne*, par Baltazar, dernière édition publiée à Bordeaux en 1876, p. 16 et suivantes.

6. François d'Espinay, marquis de Saint-Luc, lieutenant général des armées du Roi et son lieutenant en la province de Guyenne, gouverneur du Périgord, etc. Voir Baltazar, p. 8, note 1.

M. le Prince très-embarrassé et réduit à faire des prières de quarante heures à Bourdeaux[7].

M. de Beaufort voulant, mercredi dernier, renouveler l'anniversaire de la Boulaye[8], eut recours, à son ordinaire, au sieur L'Agneau[9] et autres, ses émissaires, qui furent vers le logis de M. le Premier Président avec quelque canaille, mais ils furent à l'instant repoussés par deux des laquais de M. de Sainte-Croix. Ledit sieur de Beaufort avoit fait dire à cette canaille qu'ils venoient de la part de Son Altesse. Le contraire a bien paru, Monsieur ayant envoyé des officiers de ses gardes chez ledit sieur Premier Président. Il[10] en a été remercié par Sadite Altesse, comme vous le pouvez croire.

Pour mes affaires, si elles ne sont pas encore faites quand vous recevrez cette lettre, je vous prie de parler avec vigueur et de faire connoître que, si ces longueurs continuent, je me pourrai lasser d'être prétendant. Vous savez comme vous devez traiter cette affaire. Mais par tous les avis que me donnent ceux qui connoissent en ce pays la Cour de Rome, je crois qu'il y faut prendre les choses avec quelque hauteur. Vous voyez les choses de plus près que nous. C'est pourquoi je vous les remets.

J'écris à M. le duc de Bracciane[11] et à M. l'Ambassa-

---

7. Tous les détails que donne Retz sur la guerre de Guyenne viennent compléter ses *Mémoires*, qui sont très-brefs sur ce chapitre.

8. Le marquis de la Boulaye, du parti des Frondeurs. Il avait envahi la salle du Palais à la tête de bourgeois et d'hommes du peuple, lors de l'affaire des rentiers. Voyez les *Mémoires de Retz*, tome II, p. 556 et suivantes.

9. Retz, dans ses *Mémoires*, nomme cet homme Maillart, et dit que ce fut le duc d'Orléans (et non Beaufort) qui l'envoya chez le Premier Président. (Tome IV, p. 56 et 57.)

10. Le duc de Beaufort.

11. Prince romain et du Saint-Empire, de la puissante famille des

deur, auquel vous ferez, de ma part, tous les remercîments que je dois aux bontés qu'il a pour moi.

L'on va demain au Parlement contre le cardinal Mazarin, à cause des commerces que l'on prétend qu'il a dans le Royaume. Quoique je ne me sois pas trouvé au Parlement dans les affaires de M. le Prince, pour ne pas être son juge, je ne laisse pas d'y aller demain, où je ferai paroître que je ne suis point changé sur ce sujet[12].

XIX

A Paris, le 15 décembre 1651[1].

Je crois que ce que je vous mande présentement pourra être inutile, par les apparences que vous me donnez, par la vôtre du vingtième du passé, du succès de mon affaire. Si pourtant elle n'étoit point encore faite quand vous recevrez celle-ci, ce que nous saurons dans peu de jours, je me résoudrai de prendre l'expédient que vous me mandez avoir concerté avec M. l'Ambassadeur, ou quelque autre duquel vous serez toujours assez promptement averti, parce que, si le Pape a passé les fêtes sans faire de promotion, il pourra encore la reculer jusques au carême. Si cela est, je puis croire qu'il y a eu quelque raison particulière dans son esprit qui lui aura fait tenir cette conduite, laquelle conci-

---

Orsini. Anne-Marie de la Trémouille, fille de Noirmoutier, l'ami de Retz, si célèbre sous le nom de princesse des Ursins, devait épouser un jour le chef de cette famille.

12. Voyez le *Journal ou Histoire du temps présent*, etc., à Paris, chez Gervais Alliot, etc.; in-4°, 1652, p. 142 (Séances du Parlement). Samedi, 9 décembre 1651. Le Coadjuteur assista en effet à cette séance.

1. Lettre chiffrée.

nuera encore jusques après les fêtes et que je ne puis apparemment[2] vaincre. Je crois aussi qu'en ce cas, les affaires et les changements de la Cour ne pourront pas me mener jusques-là et que vous serez obligé de baiser les mains à Sa Sainteté. Cependant, il est à propos que, sous le nom de Son Altesse, vous témoigniez au Pape et aux autres qui sont dans les affaires de ce pays, que Monsieur croit que l'on le maltraite et moi aussi.

Vous verrez par les imprimés que l'on vous envoie en quel état sont les affaires de M. le Prince. Ses partisans mêmes les tiennent désespérées. Tout se soulève en Guyenne contre lui. L'armée d'Italie, jointe aux communes, marche droit à Bourdeaux où les esprits sont si fort changés que l'on en attend au premier jour une révolution entièrement favorable aux affaires du Roi.

J'étois présent à l'arrêt du Parlement que je vous envoie[3]. Vous trouverez ici une copie de mon avis qui

2. Suivant toute apparence.

3. L'arrêt contre le cardinal Mazarin, du 13 décembre 1651, par lequel le Roi était supplié de faire respecter l'arrêt de bannissement contre le Cardinal et de le tenir éloigné de sa personne ainsi que ses adhérents, etc... Voici comment le *Journal ou Histoire du temps*, p. 146 et 147, rend compte de la fameuse séance du Parlement du 13 décembre, où le Coadjuteur et le conseiller de Machaut-Fleury s'interpellèrent si vivement : « ... M. le Coadjuteur, en son avis conforme aux conclusions, (dit) : « Que depuis quelque temps on ne faisoit qu'invectiver contre les absents et même contre ceux qui étoient présents; que ce n'étoit pas la manière dont il falloit agir dans une assemblée auguste, comme est celle du Parlement, où il ne se doit rien dire que de majestueux. Mais cela n'empêcha pas M. de Machaut de dire en opinant : que tout le trouble de l'État étoit causé par des gens qui jouoient toutes sortes de personnages, pour avoir le chapeau de cardinal. Sur quoi M. le Coadjuteur, l'interrompant, dit qu'il voyoit bien que ce discours s'adressoit à lui; que s'il avoit été nommé au cardinalat, le Roi lui avoit fait cet honneur par une pure grâce de Sa Majesté, et autrement, priant la compagnie de l'excuser s'il

fut fort bien reçu, duquel vous vous servirez si vous le jugez à propos et pourtant secrètement.

Le parti de M. le Prince voulut m'entreprendre, et dans la suite des opinions, M. de Machaut-Fleury, ayant fait un long discours contre les ecclésiastiques, qui tournoit directement à moi, ayant aussi été averti qu'il vouloit se déterminer plus particulièrement, je fus obligé de l'interrompre, ce qui fit d'abord quelque bruit, mais ledit Machaut ayant voulu reprendre et s'attacher personnellement à moi sur le sujet du

avoit interrompu M. de Machaut, qui s'en plaignoit, et plusieurs de Messieurs qui crioient que l'on ne devoit point interrompre un qui opine. Un de Messieurs opinant dit qu'il falloit faire ce qui étoit au premier chef de l'arrêt contre l'amiral de Coligny, ce qui donna occasion à M. Durand, quand ce fut à son rang d'opiner, de dire qu'il ne pouvoit pas le faire que les conseillers-clercs ne se fussent retirés, attendu qu'il y avoit un avis à la mort, ce qui causa grand murmure. Et M. le Premier Président dit : qu'ils pouvoient demeurer s'ils vouloient subir la peine portée par les canons et ordonnances, qui est de perdre leurs bénéfices. Messieurs dirent que M. Le Camus ne s'étoit pas expliqué, ce qu'il fit, disant que, dans l'histoire, on voyoit que la tête de l'amiral Coligny avoit été mise à prix, qu'il n'avoit allégué cela que par exemple, que l'on ne le pratiquoit pas en France, et qu'il n'en étoit pas d'avis à l'égard du cardinal Mazarin, ni de la mort. Sur quoi M. Durand dit : Je suis d'avis qu'il soit pendu. Ce qu'ayant entendu M. Durand (lisez Le Camus), il se retira, ensuite M. le Coadjuteur et les autres conseillers-clercs, M. le Prévôt ayant fait bruit de se voir obligé de se retirer comme les autres. Après quoi la délibération auroit été continuée et l'arrêt donné en cette forme, etc. » On ne donna pas suite ce jour-là à la proposition de mettre à prix la tête de Mazarin. Le Coadjuteur, qui était sorti de la salle au moment de la proposition, comme il y était obligé en sa qualité de conseiller-clerc, put donc assister à l'arrêt, comme il le dit dans sa lettre à Charrier, puisque la mort du Cardinal ne fut pas votée ce jour-là. L'arrêt du 13 décembre avait seulement pour but de supplier le Roi qu'il éloignât de sa personne et de son Conseil le cardinal Mazarin. Voyez dans les *Mémoires de Retz*, tome IV, p. 59 et suivantes, le récit de son altercation avec Machaut-Fleury.

chapeau, il se fit une huée épouvantable sur lui, qui fut reprise à trois diverses fois, parce qu'il vouloit toujours recommencer. M. d'Orléans ajouta à tout ce qui fut dit dans la Compagnie contre lui, qu'il poursuivoit le chapeau pour moi depuis dix-huit mois et qu'il s'étonnoit qu'il en voulût parler. En sorte que ledit sieur de Machaut fut obligé de se taire, et la délibération s'acheva aux termes de l'arrêt que vous lirez.

Post-scriptum de Guy Joly, secrétaire du Coadjuteur :

Excusez, s'il vous plaît, les fautes du chiffre et de l'écriture. M. le Coadjuteur m'a tellement pressé que je n'ai pas même eu le temps de faire réponse à celle que vous avez pris la peine de m'écrire; je vous en demande pardon et suis votre très-humble serviteur.

JOLY[4].

XX

Du 18 décembre 1651[1].

COMME je ne vous avois pas déterminé (par le dernier extraordinaire que je vous dépêchai et qui vous porta les lettres de Son Altesse, sur les bruits qui couroient dès lors du retour du cardinal Mazarin) la conduite que vous deviez précisément tenir sur ce sujet, et qu'ainsi vous n'avez peut-être pas encore hasardé ce dernier remède; à présent que l'on ne doute quasi plus des pensées qu'il a de revenir, que l'on ne dispute presque pas que du temps, et que l'on s'imagine,

---

4. Le post-scriptum et la signature sont en chiffres; c'est ce qui m'a permis de constater que toutes les lettres chiffrées sont de la main de Guy Joly, alors secrétaire du Coadjuteur.

1. Lettre chiffrée.

même avec beaucoup d'apparence, quelque raccommodement de sa part avec M. le Prince, j'ai cru qu'il étoit temps de faire auprès du Pape un dernier effort pour prévenir, s'il se peut, la révocation que je prévois. C'est pourquoi je vous dépêche cet exprès, qui vous rendra trois lettres de Son Altesse Royale, l'une au Pape, l'autre à M. le cardinal Panfili[2] et la troisième à vous, dans laquelle vous verrez à peu près ce que contiennent les deux autres. Quand bien même vous vous seriez déjà servi des premières que je vous ai envoyé sur ce sujet, ne laissez pas d'agir encore de la même manière, en vertu de celles-ci, par l'exposition que vous ferez au Pape, incontinent après les avoir reçu, des ordres que Monsieur vous donne, aux termes de celle qu'il vous écrit, que [vous] pourrez même lui faire voir et au cardinal Panfili, sans pourtant les en rendre les maîtres.

Vous ferez aussi insensiblement glisser dans le discours quelque espèce de ressentiment de la part de Son Altesse Royale sur les longueurs dont on a usé en une affaire qu'il passionnoit[3] si fort pour le bien général de la France, et dont les délais et les remises ont donné temps au cardinal Mazarin de songer au retour et peut-être les biais de traverser ma nomination, qu'il a toujours considérée comme un obstacle et un empêchement formel à tous ses desseins. Vous fortifierez cet endroit des avis que vous donnent ceux qui sont auprès de Monsieur, de la pensée en laquelle vous direz qu'il est de vous rappeler en France, en cas que le Pape ne fût pas en état de faire promptement la promotion, Son Altesse Royale ne voulant pas que les sollici-

---

2. Astalli, dont nous avons parlé dans une note précédente.
3. « *Passionner* actif est très-mauvais, comme quand on dit *passionner* quelque chose, pour dire *aimer* ou *désirer quelque chose avec passion*. » (VAUGELAS, *Remarques*, 1647.)

tations qu'il fait à Rome pour mes intérêts paroissent, dans le public, contredites par un ordre et une révocation de la Cour, qui pourroit faire croire que le cardinal Mazarin est ici plus puissant que lui. Voilà pour ce qui regarde M. le duc d'Orléans.

Quant à moi, vous direz que je [ne] me suis engagé dans la poursuite du chapeau qu'après les assurances que Sa Sainteté m'a fait donner, plusieurs fois, de considérer promptement mes intérêts quand j'aurois la nomination de la Cour; que je n'ai poursuivi ce dessein et n'en ai souhaité l'exécution que pour servir le Saint-Siége et me fortifier contre le cardinal Mazarin; que le temps ayant rallumé dans l'esprit dudit cardinal Mazarin l'espérance du retour et lui ayant donné le pouvoir de s'opposer à mes prétentions, je ne lairrai[4] pas de rechercher, en qualité d'archevêque de Paris, toutes les occasions de servir l'Église et le Pape, et particulièrement dans les États Généraux, comme un des principaux députés du clergé.

Essayez aussi de faire peur de la réunion de M. le Prince avec le cardinal Mazarin qui, tous deux ensemble, formeront avec les troupes du Roi un puissant parti contre lequel j'aurois eu plus de subsistance[5] avec le chapeau.

Enfin voyez, par la connoissance que vous avez de l'humeur de ceux avec qui vous avez à traiter et de l'intrigue du pays, ce que vous devez ajouter ou diminuer en tout ce que je vous dis, dont je me rapporte entièrement à vous, sachant bien que, sur le plan que

4. Laisserai. Voyez tome VI, p. 401, note 193.
5. Une meilleure situation. Sens assez rare. Richelet dit dans son *Dictionnaire* (1680) : « Ce mot se trouve dans Voiture, l. 25, pour dire état, mais il est un peu vieux : Je lui laisse à juger si je ne pourrai pas être en bonne *subsistance* aussi bien que lui. »

je vous trace, vous n'oublierez rien de ce qu'il faut pour mes intérêts. Soyez seulement averti que, pour des raisons que vous devinez assez, le secret de tout ceci doit demeurer entre le Pape, le cardinal Panfili[6] et vous.

Vous verrez les nouvelles par les imprimés que l'on vous envoie, depuis lesquels il ne se passe rien de nouveau qui soit considérable. Sans ce maudit retour du cardinal Mazarin, M. le Prince étoit confondu ; il ne le sera peut-être pas moins étant d'accord avec lui.

J'ai assisté à l'arrêt que vous verrez, qui a été rendu contre le cardinal Mazarin[7]. Je vous envoie mon avis, que vous ferez valoir, si vous le jugez à propos. J'eus, ce même jour, un différend avec M. de Machaut-Fleury, qui voulut m'entreprendre, mais il fut hué comme il faut[8]. Vous en verrez tout le détail dans la lettre de l'ordinaire que l'on vous écrivit vendredi, que vous recevrez bientôt après celle-ci ; elle vous apprendra plus particulièrement toutes choses ; on est maintenant trop pressé.

Ce que je vous ai dit de témoigner au Pape sur mon sujet vous marque assez que je ne suis pas content. Vous lui devez dire adroitement et lui faire voir que je puis avoir des occasions de m'en ressentir[9].

Quoique je vous mande de faire peur à Rome de votre retour, c'est seulement un moyen dont vous devez vous servir pour avancer vos affaires, sans pourtant en rien faire que je ne vous le mande.

6. Le Cardinal-neveu, par adoption. Voyez ci-dessus, p. 54, note 5.

7. Il s'agit de l'arrêt contre Mazarin du 13 décembre. Voyez le *Journal ou Histoire du temps*, etc., p. 147 et 148.

8. Le différend dont nous avons parlé plus haut dans une note p. 66-67.

9. D'en avoir du ressentiment.

XXI

A Paris, le 5ᵉ janvier 1652[1].

J'ai reçu la vôtre du onzième du passé qui a un peu diminué les mauvaises pensées que votre courrier du treizième m'avoit donné du succès de mon affaire. Je vois bien que vous n'aviez pas mis encore en jeu le retour du Mazarin, et je ne doute point que vous ne vous en soyez servi présentement que vous avez reçu mes derniers ordres là-dessus avec les lettres de Son Altesse Royale. Si cela, avec les avis que vous aurez eu à Rome de l'entrée du Mazarin en France, ne font leur effet, j'espère peu de chose à l'avenir, quoique vous paroissiez, par votre dernière, croire que la promotion se fera après les Rois.

Les affaires sont en France dans une incertitude et dans une confusion à laquelle on ne peut quasi rien connoître. A l'égard de M. le Prince, il étoit perdu sans réserve si ce maudit homme n'eût pas entrepris de revenir, et c'est ce qui fait croire à beaucoup qu'il faut nécessairement qu'il y ait quelque réunion entre les Princes et le Mazarin. Je n'en crois rien, parce que, si cela étoit, ma nomination auroit été indubitablement révoquée; ce que je ne puis croire, n'en ayant eu aucun avis de vous et ne jugeant pas aussi, par les lumières que je puis avoir à la Cour, que cela puisse arriver si promptement, quelques pas que je fasse contre le Mazarin, ayant assez bien pris mes mesures sur ce sujet. Je pourrois pourtant m'y tromper, et puis tout change en un moment. A l'égard de M. le duc d'Orléans, j'y suis autant bien que jamais; je ne m'y fie pas trop, vous connoissez l'homme.

1. Lettre chiffrée.

Pour Paris, je n'y remarque pas toute la chaleur qui y étoit autrefois en pareilles occasions; on y crie assez contre le Mazarin et la Reine, mais on n'y fait rien de plus. Vous verrez, par l'arrêt imprimé que je vous envoie, ce qui a été fait au Parlement contre le Cardinal[2]; depuis lequel temps on s'est encore assemblé une fois et l'on a ordonné que les autres Parlements seroient invités de donner pareil arrêt. M. d'Orléans fit entendre à la compagnie qu'il seroit à propos de prendre garde que ceux qui étoient saisis des deniers publics ne les emportassent à la Cour, mais ces Messieurs n'y voulurent pas mordre. Je n'opinai pas à cet arrêt plus qu'au premier.

Le Mazarin a déjà fait six journées de marche en France; il étoit avant-hier à Épernay. Il est entré avec quatre ou cinq mille hommes de cavalerie ou infanterie qui marchent avec quatre pièces de canon. M. le Prince a repassé la Charente avec ses troupes, et l'on croit, s'il n'est pas d'accord, qu'il y aura peut-être combat.

Je ne sais si je vous ai mandé ce qui s'est passé entre M. le Nonce et moi en la présence de M. l'Évêque de Châlons[3], il y a déjà quinze jours. Je lui dis, en parlant des longueurs du Pape, que, si je n'étois pas homme pour mériter d'être Cardinal sur une première nomination, j'étois peut-être trop glorieux pour y prétendre par une seconde. A quoi M. de Châlons ajouta qu'il étoit vrai et que, sans ma considération, le clergé de France auroit bien fait connoître au Pape qu'il est

2. L'arrêt du 29 décembre 1651, qui mettait à prix la tête de Mazarin.
3. Félix Vialart de Herse, évêque de Châlons depuis 1641. Bien que ce fût un homme de haute vertu, il fut toujours intimement lié avec le cardinal de Retz, qui, au milieu de ses désordres, eut une grande considération pour lui.

peu satisfait du mépris qu'il leur témoigne depuis un si long temps. Cela étonna fort ce bon homme. Je ne doute pas qu'il n'en ait écrit et pourtant j'estime que cela ne fera pas un mauvais effet. Tenez pourtant le secret à cet égard.

Témoignez toujours que vous appréhendez une révocation, tant parce que je me suis fort emporté contre le Mazarin qu'à cause que l'on soupçonne qu'il soit raccommodé avec M. le Prince. Vous pouvez aussi parler hautement sous le nom de M. le duc d'Orléans et au mien. Ce n'est pas, entre vous et moi, que je croie que ma nomination soit sitôt révoquée, mais il est pourtant bon que vous agissiez de la façon que je vous dis.

Caressez toujours bien M. Guisy et ne laissez pas aussi échapper les occasions que vous avez de profiter de votre négociation avec la Princesse de Rossano; n'y épargnez rien. Je vous ai déjà écrit la plupart de ce qui est ici et même que je ne suis plus en état de me servir à la Cour de l'expédient que vous aviez concerté avec M. l'Ambassadeur. Toutes vos lettres ont été rendues selon leurs adresses.

P.-S. de Guy Joly :

Je ne sais ce que vous direz de la paresse du secrétaire à votre égard; je vous assure qu'il est sensiblement touché des peines que vous continuez de prendre avec tant de soin d'une affaire en laquelle vous croyez assez qu'il doit prendre part, et des bontés que vous lui témoignez en son particulier.

XXII

RETZ A L'ABBÉ DE BARCLAY.
(PARIS, 12 JANVIER 1652[1].)

Monsieur,

Je vous avois témoigné mes sentiments assez franchement par mes lettres précédentes, pour n'avoir pas sujet de croire que vous eussiez besoin, pour les connoître, de ma réponse à votre lettre du vingt et trois. Je ne veux point douter de votre bonne volonté, mais je vous avoue que j'eusse fort souhaité que vous l'eussiez réglée d'une autre manière, et j'eusse eu peine à croire qu'après vous avoir témoigné mes sentiments, vous y eussiez eu aussi peu d'égard et fait aussi peu de considération que vous m'en avez fait paroître. J'avois souhaité que vous conférassiez avec M. l'abbé Charrier, et je suis assuré qu'il eût fort bien vécu avec vous. Je vous en avois prié. Vous ne l'avez pas voulu. Il ne me reste rien à vous dire sur ce sujet, si ce n'est de vous prier de ne pas continuer à vous opposer à ce qu'il souhaite de vous et à demeurer, en ce faisant,

Monsieur,

Votre très-humble et très-affectionné serviteur,

Ce 12ᵉ janvier 1652.

Le Coadjuteur de Paris.

1. Lettre autographe. Cette lettre avait été envoyée à l'abbé Charrier pour qu'il la remît à Barclay, ou la gardât, suivant qu'il le jugerait à propos. Comme elle s'est trouvée dans les papiers de Charrier, il est évident que ce fut le dernier parti qu'il adopta. La suscription est d'une autre main.

XXIII

RETZ A L'ABBÉ CHARRIER.

A Paris, le 19 janvier 1652[1].

Il me semble que je n'ai rien de particulier à répondre à votre dernière du 25 du passé, dans laquelle je ne vois rien de nouveau que les avis qui vous avoient été donnés d'une promotion après les Rois, ce qui, à mon avis, n'a pas encore été, au moins sitôt que vous le croyez, puisque je n'en ai pas eu de nouvelles.

Il court ici un bruit que le Pape fera une promotion pour ses créatures sans [en] faire pour les couronnes ; à quoi je ne vois point d'apparence. Je suis comme persuadé que ma nomination ne sera pas sitôt révoquée. Vous savez ce que je vous ai mandé sur cela par ma précédente et comme vous devez parler là-dessus. Surtout prenez garde de ne pas faire paroître que j'aie quelque intelligence avec le Mazarin, car en vérité cela n'est pas, tâchant seulement de me ménager tout doucement.

J'aurois peut-être assez de crédit pour faire valoir l'expédient que vous m'avez proposé, mais j'y trouve peu de sûreté, et quand j'oserois l'hasarder[2], je ne le tiens pas de la dernière importance ; pourtant, si je m'en puis servir avec sûreté, j'en prendrai ou le tout, ou une partie, selon ce que je pourrai.

Je vois bien que la négociation prétendue de M. le Nonce, que vous m'aviez annoncée par votre courrier exprès, est une malice du Pape pour vous amuser, le Nonce ne m'en ayant encore rien dit.

1. Lettre chiffrée.
2. Il y a bien *l'hasarder* dans le chiffre, ce qui est peut-être une erreur du copiste.

L'entrée du Mazarin en France a fait ici de nouvelles affaires. M. le duc l'Orléans semble tourner du côté de M. le Prince et se vouloir présentement unir avec lui; mais c'est avec tant de contrainte, que je crois que cette union durera peu, ou qu'elle ne produira pas grand'chose. Quant à moi, je périrai plutôt que de me raccommoder avec ce traître. Pour cela, je n'en suis pas moins bien avec Monsieur, au contraire, je vous assure que j'y suis toujours au meilleur état du monde et qu'il m'a considéré comme celui qui doit empêcher M. le Prince, duquel il se défie fort, de lui mettre le pied sur la gorge.

Le Mazarin a passé à Gien la rivière de Loire, où deux jours auparavant l'on avoit refusé l'entrée aux troupes de Monsieur, quoique le Gouverneur lui eût répondu de la ville.

Monsieur est prêt de former un Conseil chez lui sur les affaires présentes; il ne tient qu'à moi d'y entrer. Je ne sais si je le dois faire; ce n'est pas que je craigne de m'expliquer contre le Mazarin. Je le fais tous les jours dans le public, mais par d'autres raisons et particulièrement parce que je vois que les affaires ne peuvent pas aller assez loin par les biais que l'on y veut prendre; et ainsi je crains d'attirer sur moi les dégoûts des peuples, qui peut-être me donneroient le tort des mauvais événements. Je prendrai là-dessus mes résolutions dans peu. M. de Chavigny[3] sera de ce Conseil et

---

3. Partisan de M. le Prince. Le comte de Chavigny était entré dans le Conseil de la Régente le 30 mars 1651, après la délivrance des Princes. Il avait fait aussi partie du Conseil sous Richelieu, qui lui trouvait si peu de capacité, qu'il disait plaisamment qu'il ne lui confierait pas dix poules à gouverner. Cet homme n'en était pas moins très-infatué de son mérite. Voyez le pamphlet de Retz intitulé : *Les Contretemps du sieur de Chavigny*, etc. (Œuvres de Retz, tome V, p. 194 et suivantes).

ainsi obligé de paroître publiquement contre la Cour, ce qui ne lui est pas fort avantageux. Je lui ai fait donner cette botte⁴.

M. de Nemours⁵ arriva ici hier au soir; il a vu ce matin Monsieur, et doit partir après-demain pour aller commander quelques troupes des Princes, qui sont sur la frontière; il a pensé être pris en venant ici. M. de Sillery, qui étoit avec lui, a été plus malheureux, ayant été arrêté.

Bougy⁶, maréchal de camp dans l'armée de M. le comte d'Harcourt, a enlevé deux des quartiers de M. le Prince, où l'on dit qu'il y avoit bien six cents chevaux. Il y a près de trois cents prisonniers; les régiments qui ont été défaits sont Enghien, Conti, Favas, Duras et la Force.

Le Cardinal n'a pas voulu rendre M. Bitault⁷; sur quoi le Parlement a ordonné que l'on y renvoyeroit une seconde fois, et que l'on signifieroit à M. d'Hocquin-

---

4. Expression figurée empruntée de l'escrime.

5. Charles-Amédée de Savoie, duc de Nemours. Voyez les *Mémoires de Retz*, tome Ier, p. 236, note 1. Le duc de Nemours arriva à Paris le jour même de la date de la lettre de Retz. *Mémoires de Retz*, tome VI, p. 77 et 78.

6. Jean Révérend de Bougy, marquis de Bougy. Il devint plus tard lieutenant général. On publia sur l'affaire dont parle Retz la pièce suivante : *La Relation du succès emporté sur les troupes de M. le Prince, par M. de Bougy, sous les ordres de M. le comte d'Harcourt, avec la défaite de cinq cents chevaux.* Paris, 1652, in-4°.

7. François Bitault, conseiller en la troisième Chambre des enquêtes, avait été envoyé, avec Jacques du Coudray de Geniers, autre conseiller en la première Chambre des enquêtes, pour armer les communes, afin de s'opposer à la marche du Cardinal. Arrivés à Pont-sur-Yonne, ils avaient osé instrumenter contre le maréchal d'Hocquincourt qui, à la tête de sa cavalerie, était sur le point de passer le pont. Le maréchal, pour toute réponse, les fit charger. Du Coudray parvint à s'échapper, mais Bitault fut fait prisonnier. Voir les *Mémoires de Retz*, tome IV, p. 72, 73 et notes.

court qu'il en demeureroit responsable lui et toute sa postérité. Paris au surplus est autant paisible que jamais. Peu de gens y veulent la guerre, au moins j'y en vois peu d'apparences.

Quand l'Ambassadeur vous parlera de moi sur toutes ces affaires ici, témoignez-lui que, par tout ce que vous pouvez juger de mes dépêches, vous me voyez beaucoup d'aigreur contre M. le Prince, et faites-lui entendre, sans lui dire et sans qu'il puisse prendre aucun avantage dans le monde, que vous voyez bien que, par cette raison, ma conduite me tient en grande faveur à la Cour de France et dans le public.

Faites voir que je suis tout à fait emporté contre le Mazarin.

M. de Paris me fait proposer l'échange de son archevêché avec mon chapeau, c'est-à-dire ma nomination. Voyez adroitement les sentiments du Pape là-dessus, et si cela pouvoit faire peur au Pape, vous pouvez lui en faire dire quelque chose. Je m'en rapporte à vous, et vous remercie de tous vos soins.

Post-Scriptum de Guy Joly :

Le secrétaire vous salue très-humblement et vous souhaite un prompt retour.

XXIV

A Paris, le 26 janvier 1652[1].

Nous n'avons point eu de vos nouvelles par cet ordinaire, le courrier n'étant point encore arrivé, quoique nous soyons à la fin de la semaine. J'ai toujours impatience de vous faire savoir des miennes parce que je suis

1. Lettre chiffrée.

assuré que, dans le chagrin où vous êtes de mes intérêts, elles vous servent de consolation; je sais qu'ils vous touchent plus que moi-même. Si elles vont bien, elles vous donneront pour le moins autant de joie; si elles vont mal, je vous conjure de ne vous en inquiéter pas plus que moi qui ne suis pas, comme vous savez, fort touché de la fortune et à qui je vous proteste que les événements sont fort indifférents. Je crois, selon les apparences, que celui de mon affaire[2] ne sera pas mauvais, puisque je ne vois pas qu'il y ait de révocation par les raisons que je vous ai dit, au moins les nouvelles que vous allez voir dans cette lettre vous marqueront suffisamment que ce n'est pas par la considération de M. le Prince qu'elle peut être traversée.

Je crois vous avoir déjà mandé l'enlèvement de deux quartiers de l'armée de M. le Prince par Bougy, maréchal de camp dans l'armée de M. le comte d'Harcourt. Depuis lequel temps M. le Prince, s'étant voulu retirer et ayant mis dans Barbezieux[3] et dans Pons quelques-unes de ses troupes pour menacer M. le comte d'Harcourt, il a toujours continué dans le premier dessein de sa retraite dans laquelle M. le comte d'Harcourt lui étant tombé sur les bras, une partie de son armée a été taillée en pièces, ayant perdu dix-huit cents chevaux et plus de douze cents hommes de pied, même toutes les places dans lesquelles il avoit laissé des troupes. L'on l'a suivi jusques à Bourg, où l'on tient qu'il s'est embarqué pour Bourdeaux. On ne sait pas s'il y aura été reçu. En tout cas l'armée de M. le comte d'Harcourt, qui est à présent très-forte, ne manquera pas de l'y suivre, et ainsi

2. L'événement, c'est-à-dire l'issue, le succès de mon affaire.
3. Voir ce que dit Baltazar dans son *Histoire de la guerre de Guyenne*, p. 20 et 21, sur la prise de Barbezieux. La ville se rendit le 15 janvier 1652.

l'on croit qu'il y a peu de ressource, les troupes qui ont été amenées par le Cardinal ayant ordre d'aller joindre Saint-Luc, qui est dans la haute Guyenne, pour prendre toutes ensemble Bourdeaux par l'autre côté, en cas qu'ils s'obstinent à vouloir défendre M. le Prince.

Cependant le Cardinal avance fort à la Cour. On tient qu'il y doit arriver dans deux ou trois jours.

Les députés du Parlement de Paris en sont revenus cette semaine. L'on a opiné au Parlement sur la réponse qui leur a été faite par le Roi[4], qui leur a dit qu'il vouloit croire que, lorsque le Parlement avoit donné ses arrêts contre le Cardinal[5], il n'avoit pas su que ce fût sa volonté qu'il revînt avec les troupes levées par lui pour le service de Sa Majesté. Sur quoi la Compagnie ayant délibéré, on a arrêté que très-humbles remontrances seroient faites au Roi par écrit, et cependant que tous les arrêts contre le Cardinal seroient exécutés, de quoi il seroit donné avis aux autres Parlements[6]. Quant à l'argent et aux troupes, ces Messieurs s'en rapportent à Son Altesse, sans vouloir même donner d'arrêts pour cela.

M. de Nemours est en cette ville depuis cinq ou six jours; il s'en va commander un corps sur la frontière de Champagne, que l'on dit être composé du reste des troupes de Tavannes et d'autres que les Espagnols lui ont donné[7].

Le comte de Fiesque est aussi arrivé depuis trois

4. Réponse lue dans la séance du Parlement du 24 janvier 1652. *Journal ou Histoire du temps*, etc., p. 175-176.

5. Notamment l'arrêt rendu le 29 décembre 1651, qui mettait à prix la tête de Mazarin. On pourra en voir le texte dans le *Journal ou Histoire du temps*, etc., p. 158-159.

6. Voyez la séance du Parlement du 24 janvier 1652, dans le *Journal ou Histoire du temps présent*, etc., p. 172 et suivantes.

7. Voyez les *Mémoires de Jacques de Saulx, comte de Tavannes*,

jours[8], qui a apporté à Son Altesse un traité de la part de M. le Prince pour leur union. D'abord Monsieur y a fait grande résistance, les amis de M. le Prince voulant l'obliger d'entrer dans le traité d'Espagne, ce qu'il n'a point voulu faire, quoi qu'ils lui en aient pu dire, et ainsi il a fallu ôter cette clause, après quoi Son Altesse a signé ce traité portant seulement une union contre le Cardinal, renonçant au surplus à toutes sortes d'intérêts particuliers, et à toutes alliances avec les étrangers.

M. de Chavigny a eu ordre d'aller à la Cour tenir sa place de ministre[9]; on dit qu'il n'y obéira pas, non plus que M. de Longueil, auquel la Reine a commandé par une lettre de sa main d'aller faire sa charge de chancelier. L'un et l'autre accusent le Coadjuteur de leur avoir fait jouer cette pièce; il en est pourtant fort innocent.

Si la promotion n'étoit pas faite avant la seconde semaine de carême, faites toujours mine de vous en revenir, et pourtant n'en faites rien que vous ne voyiez encore un ordre plus précis de moi. Entre ci et ce temps-là je prendrai mes dernières résolutions.

Post-scriptum de Guy Joly :

Le secrétaire vous salue très-humblement; si vous trouvez des fautes, accusez-en MM. de Fosseuse et d'Argenteuil, qui vous baisent les mains[10].

lieutenant, général des armées du Roi, etc. Paris, 1691, un volume in-16, p. 173-174. Tavannes confirme les détails donnés par Retz.

8. Charles-Léon, comte de Fiesque. Il avait épousé Gillone d'Harcourt, fille du marquis de Beuvron, « fort jolie femme, spirituelle et remuante, qui devint, avec Mme de Frontenac, un des aides de camp de Mademoiselle dans la Fronde ». Le comte de Fiesque figure dans le *Grand Cyrus* sous le nom de *Pisistrate*, et la comtesse de Fiesque sous celui de *Cléocrite*. Voyez : *La Société française au dix-septième siècle*, par V. Cousin, tome II, p. 367.

9. Il était entré dans le Conseil après la sortie des Princes de prison.

10. C'étaient deux amis fort dévoués du Coadjuteur. Ils étaient

XXV

A Paris, le 2ᵉ février 1652[1].

J'ai reçu cette semaine deux de vos lettres des 1ᵉʳ et 8ᵐᵉ du passé, par lesquelles vous diminuez un peu les espérances que vous m'aviez donné d'une prompte promotion. Je m'attendois bien à ce que vous m'en mandez et pourtant je n'en conçois aucune inquiétude plus grande que celle que j'ai de la longueur de vos peines et de vos fatigues. Je suis résolu de les terminer bientôt et, quoi qu'il en arrive, de vous décharger d'une sollicitation si pénible et si importune. Tôt ou plus tard vous ne serez plus à Rome que jusques aux Quatre-Temps, et cependant je vous prie, pour l'amour de moi, de prendre patience et d'attendre de mes nouvelles sur votre retour, que vous devez toujours faire appréhender conformément à tout ce que je vous ai mandé ci-devant.

Pour ce qui est du Jansénisme, dont vous a parlé M. Guisi, je doute fort que ce soit là le fond [de la pensée] de la Cour de Rome. Vous savez comme il faut parler sur ce sujet dans le public, mais en particulier vous pourrez témoigner que le moyen de m'engager dans cette affaire seroit le refus que l'on me fait, et que ce m'est une occasion assez avantageuse pour témoigner mes ressentiments.

Du surplus, il me semble que je n'ai rien à ajouter à tout ce que je vous ai écrit pour la conduite de mon affaire, que je tiens plus mal en la Cour de Rome qu'en celle-ci, ne croyant pas que ma nomination soit sitôt

du nombre des gentilshommes en armes qui l'accompagnèrent au Parlement à la fameuse séance du 21 août 1651. M. de Fosseuse était un Montmorency (*Mémoires de Retz*, tome III, p. 489 à 501).

1. Lettre chiffrée.

1652 révoquée, au moins selon les apparences, et de la manière dont je me gouverne.

Je suis toujours fort bien auprès de M. le duc d'Orléans, lequel est présentement ami avec M. le Prince, mais à des conditions qui produiront peu de chose ou qui lui donneront bientôt sujet de s'en dégager. Il m'a fort pressé de me raccommoder avec M. le Prince sur les instances qui lui en ont été faites par ses gens qui sont ici; mais, après avoir témoigné quelque résistance, il m'a donné un peu de relâche. Quoi qu'il en puisse arriver, je ne puis jamais prendre ce parti et je veux faire voir à M. le duc d'Orléans qu'il est du bien de son service que j'en use de la sorte.

Nous sommes assez en repos à Paris; jusques à présent les affaires ne s'y disposent pas, à mon sens, à la guerre, si ce n'est que M. le Prince y voulût venir, encore lui pourroit-il bien arriver la même chose que cet été[2].

Le Parlement s'assemble quelquefois, mais il ne fait pas grand'chose.

M. de Rohan[3] s'est déclaré dans Angers, contre la Cour. Vous savez que c'est un homme de grand mérite et qui a beaucoup de crédit.

On traite d'un raccommodement entre 76[4] et moi; cela doit être fort secret, et, si je m'y résous, ce n'est que pour le détacher de M. le Prince et parce que cela peut faire impression sur M. le duc d'Orléans.

L'on m'a donné quelques avis que M. de Paris pourroit, si je voulois, prendre la nomination en échange de

2. Retz veut dire par là qu'il saurait bien forcer M. le Prince une seconde fois à fuir de Paris.

3. Henri de Chabot, duc de Rohan. Il avait été des amis du Coadjuteur.(*Mémoires de Retz*, tome I, p. 259, note 3).

4. Il s'agit fort probablement du comte de Chavigny, comme l'attestent des documents inédits de l'époque.

l'archevêché ; j'y ai quelque pensée et pourtant encore que je n'y suis pas tout à fait résolu. Vous pouvez, à mon sens, en faire courir secrètement le bruit, parce que je crois que cela peut avancer le temps de la promotion dans l'appréhension que peut avoir le Pape qu'étant en cette dignité, mon ressentiment ne me porte à des choses qui lui seroient désavantageuses. Voyez ce qui se peut faire là-dessus; je m'en rapporte tout à vous.

Je me déclare ouvertement dans Paris contre le Mazarin et contre M. le Prince.

Post-scriptum de Guy Joly :

Le déchiffreur vous fait mille excuses de toutes les peines qu'il vous donne et prend part encore à toutes les autres que vous avez d'ailleurs. Il vous conjure de croire qu'il est entièrement à vous.

Publiez tout haut à Rome que, si la promotion ne se fait pas avant le carême, vous vous en reviendrez incontinent après et que vous savez bien que vous aurez cet ordre.

Ne prenez pas garde, s'il vous plaît, à toutes les ratures; on a changé dix fois d'avis et je n'en suis pas cause.

[*Post-scriptum du Coadjuteur :*]

Si on vous presse encore sur le jansénisme, dites que vous croyez qu'il m'est si injurieux que l'on témoigne seulement le moindre doute sur mon sujet, que vous n'avez pas osé m'en écrire de peur de m'aigrir trop l'esprit en me faisant voir que l'on joint au mépris que l'on [a] pour moi à Rome des doutes ridicules.

XXVI

A Paris, ce 9 février 1652[1].

Lisez la lettre avant le billet.

J'ai reçu, cette semaine, de vos lettres, la première du 15ᵉ du passé, il y a quatre ou cinq jours, par la voie de l'ordinaire, et l'autre du 22ᵉ de ce même mois, qui me fut rendue par un exprès de Lyon, hier au soir seulement. Il faut que l'on aie fait petite diligence, car elle n'est arrivée que deux jours auparavant le temps de l'ordinaire, en sorte que, lorsque je l'ai vue, je savois déjà ce que vous aviez fait en votre dernière entrevue du Pape, et tout l'entretien que vous aviez eu avec M. Guisy sur le jansénisme, et comme quoi, pour l'amuser, vous aviez fait une fausse lettre que j'approuve fort. Ce n'est pas que je ne fusse dès lors bien surpris du caprice de ces Messieurs et de leur sotte conduite à mon égard. Vous pouvez croire que je le dois être encore bien davantage après ce que vous me mandez par votre dernière. Je ne suis pas résolu d'envoyer cette prétendue déclaration[2] que vous me demandez, et c'est la raison pour laquelle je ne vous ai pas dépêché d'exprès. Premièrement, je doute fort que cette pensée de M. Guisy soit véritablement celle du Pape, qui semble, comme vous m'en parlez, se soucier peu de ces sortes de choses. En second lieu, vous n'avez point de lumières de cette congrégation de cardinaux qui peut vous être adroitement supposée sous quelque autre dessein. Peut-être que ce M. Guisy cherche dans toutes ces difficultés de l'argent aussi bien que des bagues; prenez-y garde

---

1. Lettre chiffrée.
2. Contre le jansénisme.

adroitement. Mais, au fond, quand j'aurois donné cette déclaration, mon affaire ne seroit pas assurée pour cela, et ces fripons chercheroient encore quelque autre raison toute nouvelle pour me chicaner. Vous-même ne croyez pas que cela puisse empêcher la promotion. Quoi qu'il en soit, quand j'en devrois être assurément cardinal, je ne veux pas qu'il paroisse dans le monde que j'aie acheté cette dignité par la vente de ma liberté et de mon honneur, qui se trouveroit étrangement blessé par ce procédé. Je doute fort que vous pussiez, en cas que l'on me manquât de parole, retirer de M. de Guisy ce que vous lui auriez donné, et je ne veux point mettre sa bonne foi à cette épreuve. Tout ce que je puis faire sur ce sujet est de m'en tenir à la lettre que vous lui avez donné. Je vous en écris encore une de ma main, et vous verrez, dans les termes qu'elle est conçue, si vous vous en devez servir et quel effet elle pourra faire en la montrant dans le monde³.

Cependant, et quelque parti que vous preniez là-dessus, vous pouvez représenter à ces Messieurs, outre toutes les choses que je vous ai déjà dit là-dessus, qu'il est de la Cour de Rome⁴ de ne pas allumer en France un feu qui s'éteindroit difficilement et qui pourroit même à la fin embraser plus dangereusement la Cour de Rome; que ce seroit [le] moyen de réveiller les esprits qui dorment dans une paix chrétienne et fort soumise, et qui, se voyant si puissamment contredits par un acte de cette qualité, ne pourroient plus jamais se soumettre à la décision que je leur dois donner quelque jour, et qui, petit à petit, pourroient même se retirer de l'obéissance de l'Église. Je ne doute pas que vous

3. Retz n'écrivit point cette lettre, comme on le verra ci-après par un post-scriptum de Guy Joly.
4. Latinisme; il appartient, il convient à la cour de Rome.

n'enrichissiez fort cette affaire et que votre esprit et votre zèle ne vous fournissent mille autres belles raisons.

Quand je vous aurois dépêché, cela auroit été inutile parce que votre lettre n'étant arrivée que fort tard, avant que l'on eût été à vous, le temps que vous nous marquez pour la promotion auroit été déjà passé, et ainsi ç'auroit été inutilement ; car, si elle ne se fait pas dans ces premiers Quatre-Temps, il n'y a plus rien à espérer et faut songer à prendre d'autres mesures. Mon sens est que, sur cet article du jansénisme, que ces Messieurs n'en sont guère embarrassés dans le fond, mais que, se voyant si vivement pressés et n'ayant pas bonne raison à vous opposer, ils ont voulu se donner encore ce prétexte pour gagner du temps. C'est pourquoi, quand j'aurois voulu faire cette déclaration et que j'eusse pu vous l'envoyer assez tôt, ce n'auroit pas encore été besogne faite. Quoi qu'il en arrive, consolez-vous aussi bien que moi, car je vous assure que vous serez vengé de toutes vos peines.

Je n'ai pas encore eu le temps, depuis votre dépêche, de prendre des lettres de Son Altesse, et puis aussi bien elles seroient inutiles. J'ai seulement envoyé Fromont[5] à M. le Nonce, qui lui doit chanter sa gamme. Je le verrai aussi demain sur tout ce que vous m'avez dit.

L'on vous envoie les bagues que vous avez demandé pour M. Guisy.

Je suis toujours fort bien avec M. le duc d'Orléans.

5. Le secrétaire des commandements du duc d'Orléans. Dans quelques Mémoires ce nom est écrit Frémont, mais c'est une mauvaise orthographe ; il contre-signait *Fromont* tous les actes rédigés au nom du duc d'Orléans. Cette faute a été commise dans notre édition des *Mémoires de Retz*, tome III, p. 153, et note 9.

Les gens de M. le Prince l'ont fort pressé de faire mon accommodement avec M. le Prince; mais n'ayant pas voulu, il n'en vit pas plus mal avec moi, et leur a nettement déclaré que, nonobstant cela, il ne romproit jamais avec moi, quoiqu'ils l'en importunassent fort.

M. de Châteauneuf a quitté fort honorablement la Cour à l'arrivée du Cardinal[6], et vous pouvez, en ce rencontre, faire voir que tous ceux qui sont accusés d'être mazarins[7] ne le sont pourtant pas.

Au surplus, il ne se passe ici rien de nouveau, tout y est assez calme. L'on a détourné, par un arrêt du Conseil[8], les rentes de l'Hôtel de Ville, mais le Parlement[9] a fait des défenses de l'exécuter et a rendu tous les ordonnateurs responsables de ce divertissement[10].

On vous a envoyé, il y a longtemps, la troisième lettre de change pour Géricot. Vous pouvez la faire protester comme il vous plaira et nous renvoyer l'acte; après quoi ne vous en mettez pas en peine.

L'abbé de Barclay n'est point encore arrivé. Je ne crois pas qu'il ose me voir, du moins n'en sera[-t-]il pas fort satisfait.

Je ne crois vous [devoir] envoyer de lettres de M. le duc d'Orléans, mais si Fromont vous écrit, il y aura un mot comme vous le souhaitez pour le marquis del Buffalo. Cependant faites-lui fort, et à tous ces messieurs, mes très-humbles remerciements.

J'écrirai à M. le bailli de Gondi.

Je ne crois pas, comme je vous l'ai déjà dit, que la

---

6. Voyez les *Mémoires de Retz*, tome IV, p. 93-94.

7. Partisans de Mazarin.

8. Cet arrêt était en date du 8 janvier. On en voit le texte dans le *Journal ou Histoire du temps*, p. 185-186.

9. Par un arrêt en date du 8 février 1652, dont on peut voir le texte dans le *Journal ou Histoire du temps*, p. 183-185.

10. Dans son sens étymologique de détournement.

nomination soit sitôt révoquée, au moins tant que je ne serai pas d'accord avec M. le Prince.

On n'a point de nouvelles de l'armée de M. le Prince; les troupes de Monsieur sont ensemble auprès d'Orléans et, à la fin, M. de Beaufort est parti pour les aller commander. On dit que Tavannes [11] et M. de Nemours viennent avec quelques autres troupes et des Espagnols pour les joindre. J'ai peur qu'ils ne puissent pas aller jusques-là.

Je vous avois parlé d'un accommodement avec 76 [12], mais je n'en entends plus rien dire.

Post-scriptum de Guy Joly :

Le déchiffreur vous fait un million d'excuses des fautes, et de la mauvaise écriture, dont il sait qu'il y a une infinité, ayant été extraordinairement pressé par M. le Coadjuteur. Il vous prie de lui conserver toujours l'honneur de vos bonnes grâces et de croire qu'il est entièrement à vous.

Vous ne verrez point ici la lettre de la main de M. le Coadjuteur, parce qu'il a été trop paresseux. Pour l'excuser dans le monde, vous ferez voir le billet que vous trouverez ici et ne dites rien de tout ce qui est dans la lettre [13].

11. Jacques de Saulx, comte de Tavannes. Il était du parti des Princes. Les *Mémoires de Messire Jacques de Saulx Tavannes, lieutenant général des armées du Roi, contenant ce qui s'est passé de plus remarquable depuis 1649 jusqu'en 1653*, ont été publiés à Paris en un volume in-16, en 1691, chez Jean-Baptiste Langlois. Ils sont très-intéressants et les exemplaires en sont fort rares.

12. Il s'agit probablement de Chavigny ou du duc de Beaufort Nous n'avons pu découvrir d'une manière certaine le sens de ce chiffre.

13. Ce billet, dont il est question, ne s'est pas retrouvé dans les papiers de l'abbé Charrier.

XXVII

A Paris, le 16 février 1652[1].

Je vous envoie une lettre de M. le duc d'Orléans, par laquelle il vous commande de revenir en France aussitôt que vous l'aurez reçue[2]. J'ai cru qu'il étoit à propos de vous faire donner cet ordre, parce que je vous avoue que je ne puis plus souffrir la qualité de prétendant, qui me fait tort en ce pays, et qui, je crois, ne m'est pas fort utile à Rome. Je ne crois pas que ma nomination soit révoquée et je ne crois pas que la Cour l'ose faire, mais avec tout cela je vois si peu de certitude dans les résolutions de la Cour de Rome, que je ne crois pas qu'il soit à propos que vous y demeuriez plus long-temps. Votre retour fera, à mon sens, un grand éclat, qui m'est bon pour Paris et qui n'est pas dangereux pour la Cour de Rome, puisque je m'imagine que, si le Pape faisoit une promotion après votre départ, ma nomination n'étant pas révoquée, il ne laisseroit pas de me faire cardinal. Je vous prie donc de faire vos adieux quand vous aurez reçu cette dépêche, à moins que vous voyez certitude ou grande apparence de promotion dans le carême, devant lequel temps aussi bien vous auriez, à mon sens, peine à sortir de Rome, quand même vous seriez assuré qu'il n'y auroit pas de promotion. J'ai fait faire la lettre de M. le duc d'Orléans un peu sèche, et il écrit comme étant mal satisfait du peu d'égard que l'on a eu à ses prières. Vous parlerez, s'il vous plaît, dans les mêmes termes et vous direz en public que, ne voyant nulle certitude à la promotion, je n'ai pas voulu continuer à

1. Lettre chiffrée.
2. Cette lettre du prince n'a pas été retrouvée parmi les papiers de l'abbé Charrier.

exposer le nom de Son Altesse Royale et m'exposer moi-même à des refus continuels; que, bien que le cardinalat soit au-dessus de mon mérite, une prétention trop longue, trop basse et trop affectée est au-dessous de ma conduite ordinaire, de ma dignité et de la considération que la conjoncture des affaires m'a acquis dans le monde; que je ne me plains pas des longueurs de la Cour de Rome, mais que je ne suis pas obligé de m'en payer; que, si ma nomination n'est pas révoquée, faudra bien que le Pape, faisant une promotion, me fasse cardinal; que, si je ne le suis pas par les accidents qui peuvent arriver, au moins, vous ayant fait revenir, je n'aurai pas passé pour une dupe que l'on a amusé.

Vous parlerez comme cela en public, avec beaucoup de douceur, de respect et de modération pour le Pape, mais avec une manière de fierté que vous ferez plutôt entendre que vous ne l'expliquerez. Vous direz en particulier, et par manière de confidence affectée à ceux que vous traiterez d'amis particuliers, que je ne puis croire que l'on ne me joue et qu'après m'avoir prêché, trois ans durant, comme a fait le cardinal Panzirole, par plusieurs lettres que j'ai, écrites de sa main, de me faire nommer cardinal, il ne seroit pas possible que l'on n'eût fait la promotion et qu'on m'eût exposé, dans l'état où sont les affaires de France, à tous les changements qui y peuvent arriver, si l'on eût eu, le moins du monde, de bonté pour moi, et vous ferez connoître à quel point j'élève ma réputation en France en faisant ce que je fais présentement.

Vous direz aussi, je vous prie, à M. Guisy, qu'une des raisons qui m'a obligé est la déclaration que l'on m'a demandée sur le jansénisme, qui m'a étrangement blessé, non pas sur le fond de la chose à laquelle vous lui direz, comme de vous-même, que je ne suis nullement attaché, mais par la forme qui m'est injurieuse. Vous lui ferez voir la lettre que je vous écris sur ce sujet[3], et puis vous lui direz en confidence que vous voyez, par la dépêche que je vous ai fait, que je suis persuadé que la Cour de Rome n'a nulle intention de me faire cardinal, et que, comme elle appréhende mon ressentiment, pour lequel je me puis servir du jansénisme, l'on me veut désarmer de ce moyen qui me peut rendre considérable, et que je suis persuadé que c'est par cette seule raison que l'on m'a demandé la déclaration ; et vous marquerez toujours au M. Guisy que, dans le fond, je n'ai nul attachement à toutes ces matières auxquelles, en votre particulier, vous vous montrerez très-contraire et, par conséquent, très-affligé que, par l'affront que je reçois, l'on me jette tout à fait dans la nécessité, pour ne pas tomber dans le mépris, de ne me pas brouiller avec des gens qui n'ont pas les sentiments si soumis.

Mon sens est que vous parliez au Pape, en prenant congé de lui, avec tout le respect possible, mais avec autant de froideur que l'on en peut avoir avec un homme de cette sorte, c'est-à-dire avec autant qu'il en faut pour lui faire connoître que l'on voit de quelle manière on est traité, sans ajouter celle qui le pourroit aigrir tout à fait, ce qui ne seroit pas politique, puisqu'il ne faut jamais ôter le retour à personne. Vous lui direz donc, de la part de M. le duc d'Orléans, conformément à la lettre que vous en avez reçu, que vous ne croyez pas que ses instances lui soient agréables, puisqu'il ne lui a pas seulement fait encore réponse sur ce sujet par aucun bref, et vous lui direz, de la mienne, que je vous ai prié d'assurer Sa Sainteté que si, dans les affaires présentes

---

3. La lettre qui suit.

de la France, je jouais le personnage tout simple d'un particulier, j'aurois attendu avec beaucoup de patience les effets de la bonne volonté qu'il m'a témoigné, mais que la Fortune m'ayant mis en état que tous mes pas sont considérés dans les conjonctures présentes, et ma nomination sans effet ayant déjà porté préjudice à ma considération, je me sens obligé de laisser l'événement de la chose à la simple nomination du Roi, sans paroître plus longtemps solliciteur de cette affaire. S'il vous parle du jansénisme, vous lui répondrez dans les termes avec lesquels j'ai écrit la lettre que je vous envoie sur ce sujet[4], dont il n'est pas bon, à mon sens, que vous donniez des copies, mais que vous pouvez pourtant faire lire à beaucoup de gens.

Faites paroître surtout à M. Guisy, et faites-le entendre sous main au Pape, que vous voyez bien que je refuse cette déclaration, moins sur la matière que parce que je la considère comme un piége que l'on me veut tendre pour me désarmer.

Témoignez à M. l'Ambassadeur que vous voyez par ma dépêche que je ne crains pas de révocation, et que toutes les bontés qu'il m'a témoigné sont un des motifs qui m'obligent autant à vous rappeler parce que je suis persuadé qu'il me rendra tous les bons offices imaginables en votre absence comme en votre présence.

Je suis si pressé par cet ordinaire que je n'écris à personne qu'à vous et que je remets au prochain à vous envoyer des lettres que je veux écrire à M. l'Ambassadeur, au duc de Bracciano et à tous les autres qui m'ont rendu office à Rome, par lesquelles je leur veux rendre grâces des obligations que je leur ai. Vous leur direz, s'il vous plaît, en attendant, que vous les devez recevoir

---

4. La lettre suivante.

par un courrier extraordinaire que vous attendez de jour en jour.

Affectez de faire paroître que je suis mieux que jamais dans l'esprit de M. le duc d'Orléans, ce qui est vrai, en effet, et, par une adresse digne du pays où vous êtes, faites voir à Guisy et autres gens, comme je vous l'ai déjà dit, que le refus de la déclaration vient de ma politique, et aux autres qui n'ont pas de part aux affaires, faites-leur connoître que les raisons qui sont dans ma lettre sont les véritables causes de ma résolution.

Post-scriptum de Guy Joly:

Le déchiffreur[5] n'a du temps que pour vous assurer de la continuation de ses services. Il ne vous dit point de nouvelles; vous les verrez toutes dans celle que M. de Chevincourt vous écrit[6].

XXVIII

16 février 1652[1].

J'AI été surpris, Monsieur[2], à un point qui n'est pas imaginable, de la proposition que j'ai vue dans votre

---

5. C'est-à-dire Guy Joly. On donnait alors le nom de *déchiffreur* à celui qui chiffrait et déchiffrait les lettres.

6. L'intendant du cardinal de Retz; voir sa lettre, en date du 16 février, dans la 2ᵉ partie, p. 122.

1. D'après une copie du temps, faisant partie d'un Recueil de pièces imprimées et manuscrites, qui m'a été cédé par M. L. Potier, ancien libraire. Sainte-Beuve en avait trouvé une autre copie dans le Recueil du docteur Des Lyons, ami des solitaires de Port-Royal. L'original était écrit de la main du Coadjuteur, la lettre étant destinée à être montrée. Nous avons eu soin de collationner les deux copies l'une sur l'autre, et d'en indiquer les variantes. Voici ce qu'on lit en tête de la copie faisant partie de notre Recueil de pièces : « Il faut savoir, pour l'intelligence de cette lettre, que M. l'abbé Charrier avoit mandé à M. le Coadjuteur

lettre, et j'avoue que, si je ne l'avois apprise par une personne à qui je me fie autant qu'à moi-même, j'aurois douté que l'on eût été capable de la faire.

Je suis bien aise de vous faire savoir sur ce sujet mes sentiments; je vous prie de les faire connoître avec soin aux personnes qui vous ont entretenu sur cette matière, pour les moindres desquelles[3] j'ai trop de respect pour ne pas souhaiter avec passion qu'elles soient entièrement satisfaites[4] de ma conduite.

J'ai fait voir par toutes mes actions le respect que j'ai toujours eu pour le Saint-Siége; je n'ai jamais manqué d'occasions de le témoigner d'une manière qui ne pût laisser aucun doute[5] dans les esprits qui ne sont point passionnés. Il y a eu même des rencontres, dans le peu de temps que M. de Paris m'a laissé pour faire sa fonction, qui m'ont donné lieu de faire connoître à toute la France l'aversion que j'ai des brouilleries et des divisions que la chaleur des esprits, sur la matière de la Grâce, peut produire dans l'Église. J'ai fait des mandements publiés et imprimés sur ce sujet[6]; j'ai interdit des prédicateurs pour ne les avoir pas ob-

de Paris que le Pape, pour le faire cardinal, lui demandoit des assurances par écrit qu'il ne favoriseroit jamais le parti des jansénistes. » J'ai donné le texte entier de cette lettre dans mon mémoire intitulé : *Le Cardinal de Retz et les Jansénistes*, inséré dans l'Appendice du tome V du *Port-Royal* de Sainte-Beuve, 3e édition, publiée à la librairie Hachette en 1867. — 2. Seule la copie du Recueil Des Lyons porte à la première ligne de cette lettre le mot *Monsieur*.

3. Les deux copies portent : *pour le moindre desquels*, etc.

4. Pour ne pas souhaiter avec passion *qu'ils soient* entièrement *satisfaits* de ma conduite. (Copie Des Lyons et copie de ma collection.)

5. « Aucun lieu de douter » dans la copie du temps, citée par Sainte-Beuve, *Port-Royal*, tome V de la dernière édition, p. 546.

6. Si le Coadjuteur a fait des mandements sur ce sujet, il nous a été impossible de les découvrir.

servés assez ponctuellement, j'ai contenu les esprits dans une paix douce et chrétienne; je me suis porté avec ardeur à tous les moyens que j'ai crus capables de conserver la tranquillité dans l'Église; enfin, je n'ai oublié que le zèle ridicule et ignorant qui, sous prétexte de vouloir la paix, cause la guerre [7], qui est indigne des véritables lumières d'un véritable évêque, et qui auroit sans doute produit un effet bien contraire à la paix des concitoyens dans une ville aussi savante que Paris et dans une Faculté aussi éclairée que la Sorbonne.

Je me reproche à moi-même d'écrire tant de paroles sur cette matière, après tant d'actions qui doivent rendre ce discours fort superflu. Je ne suis ni de condition ni d'humeur à me justifier, lorsque je ne suis point accusé dans les formes, et mon caractère m'apprend à mépriser toutes les lâches impostures qui seroient capables de le déshonorer en ma personne, si elles étoient capables de m'obliger seulement d'y faire la moindre réflexion.

Il n'y a rien qui doive être si cher à un prélat et qu'il soit obligé de conserver avec plus de respect que l'obéissance qu'il doit au Saint-Siége; mais, par cette même raison, il n'y a rien de si injurieux que de le soupçonner de manquer au devoir, sur les calomnies qui n'ont pas seulement des apparences pour fondement.

J'ai sucé avec le lait la vénération que l'on doit avoir pour le Chef de l'Église. Mes oncle et grand-oncle [8] y ont été encore moins attachés par leur pourpre que par leurs services tout positifs et tout particuliers. J'ai marché sur leurs pas; j'en ai fait profession ouverte, et je puis dire, sans vanité, que, dans la plus docte école du

---

7. Notre copie porte la conjonction *et*.
8. Pierre, cardinal de Gondi, et Henri de Gondi, cardinal de Retz, tous deux évêques de Paris.

monde⁹, j'ai fait éclater, à vingt-trois ans, si clairement mes pensées sur ce sujet, que je ne conçois pas qu'il y ait encore des esprits capables de ces sortes d'ombrages, si mal fondés et si peu apparents. C'est dans cette source où j'ai puisé ce respect pour le Saint-Siége que j'ai protesté à mon sacre, et dans lequel je veux vivre et mourir. Je ne l'ai jamais, grâce à Dieu, blessé par aucun mouvement du plus intérieur de mon cœur, et il ne seroit pas juste que, par une complaisance basse et servile, je fisse voir une cicatrice où il n'y eut jamais de plaie, et que je reconnusse moi-même avec honte que l'on a eu raison de soupçonner, en reconnoissant pour raisonnable la proposition que l'on me fait de me justifier. Je l'ai consulté¹⁰ en moi-même ; je l'ai discuté avec des personnes remplies de doctrine et de piété ; je l'ai pesé au poids du sanctuaire, et je proteste devant Dieu, qu'après un examen profond et sérieux, exempt de toute sorte de préjugés, je trouve que je manquerois à toutes les règles du Christianisme, si je ne suivois, dans ce rencontre, les premiers mouvements¹¹ de mon âme, qui, à l'ouverture de cette proposition, s'est sentie troublée par ces nobles impatiences que les Pères ont appelé *de saintes indignations*¹². Elles ont quelquefois porté les grands hommes à défendre leur honneur et devant les Monarques et devant les Empereurs avec une hardiesse digne de leur profes-

---

9. Il s'agit ou du Collége de la Sapience, à Rome, ou de la Sorbonne ; l'abbé de Gondi avait fait ses études dans ces deux hautes écoles de théologie.

10. Notre copie porte *je l'ai consultée*, et ainsi de suite, tous les participes passés au féminin. Nous avons préféré, comme plus correcte, la version de la copie Des Lyons.

11. « Le premier mouvement de mon âme », dans la copie Des Lyons.

12. « Des saintes indignations », dans ma copie.

sion, et qui passoit même, aux yeux du monde, pour un mouvement de fierté et d'orgueil.

Mes défauts et les imperfections de ma personne me défendent assez de ces inconvénients, mais, par la grâce de Dieu, ils ne m'ont pas ôté de la mémoire que j'ai succédé à l'honneur de leur ministère; que je suis obligé d'être dans leurs maximes; que, si j'étois dans les sentiments de ceux que l'on appelle Jansénistes, je devrois plutôt mourir dans le martyre que de corrompre par des considérations temporelles le témoignage de ma conscience; que, si j'étois contraire à leur opinion, je ne devrois pas pour cela trahir l'honneur de mon caractère, qui m'apprend à ne le pas soumettre à des soupçons frivoles qui l'avilissent, et qu'en quelque manière que ce soit, je suis obligé, par toute sorte de devoirs, de me conserver en état de répondre à la vocation du Ciel, qui, apparemment[13], ne m'a[14] constitué dans la capitale de la France et la plus grande ville du monde, que pour y assoupir un jour les divisions que cette multitude de savants, préoccupés de tous les deux partis, peut y faire appréhender avec beaucoup de fondement.

Si j'avois été dans la plénitude de la fonction, il y a longtemps que, sous l'autorité du Saint-Siége, j'aurois décidé ces questions, et ce même esprit, qui est celui du repos et de la tranquillité de l'Église, qui m'y auroit porté, si j'eusse été en état, m'a obligé de ne point faire de pas en cette matière que ceux qui ont été absolument nécessaires pour empêcher la division; m'y a, dis-je, obligé dans ma condition présente, dans laquelle je me puis et je me dois considérer, et par le poids de mon ministère et par la qualité du lieu où je dois un

13. Manifestement. Voyez tome II, p. 441, note 1.
14. « Ne m'a pas constitué », dans la copie Des Lyons.

jour l'exercer, comme un de ceux qui doit, à l'avenir, entrer avec le plus d'autorité dans le fond de ces questions, et qui, par cette raison, ne doit pas aisément mêler sa voix, encore foible et presque impuissante, dans ces bruits tumultuaires et confus, qui diminuent toujours, par les préjugés qui y sont naturellement attachés, de la créance que l'on doit prendre en un juge, mais qui l'étoufferoient pour jamais en l'occasion qui se présente aujourd'hui, dans laquelle il y auroit beaucoup d'apparence que les sentiments que je déclarerois me seroient plutôt dictés ou par mon ressentiment ou par mon ambition que par ma conscience.

Voilà, mon cher abbé, la raison qui m'empêche de donner la déclaration qu'on me demande, et, à vous parler franchement, je ne puis croire que la proposition en vienne de Sa Sainteté. Elle m'a témoigné jusques ici trop de bonté pour me vouloir obliger à des choses qui blessent mon honneur, et toutes ces marques de bienveillance qu'elle m'a données depuis quatre ans, en souhaitant ma nomination, me persuadent qu'elle n'a jamais douté de la sincérité de mes sentiments.

Dites, je vous prie, à ceux qui ne me font pas la même justice, que j'ai beaucoup de respect pour le chapeau de cardinal, mais que j'ai assez de modération pour ne le pas souhaiter par toutes voies, pour m'en consoler avec beaucoup de facilité, et pour me résoudre aisément à vivre en Archevêque de Paris, qui est au moins une condition assez douce et dans laquelle je pourrai peut-être faire connoître, plus d'une fois l'année, le respect que j'ai pour le Saint-Siége, et que le cardinalat, en la personne d'un Archevêque de Paris, ne seroit pas contraire aux intérêts de Rome.

Je ne fais pas de doute que l'on ne soit surpris, dans le lieu où vous êtes, de la résolution que je prends dans[15] ce rencontre. Ils s'en étonneront moins assurément, quand vous leur ferez savoir que j'ai, une fois en ma vie, refusé la nomination dans une occasion où je la pouvois prendre avec honneur, mais où je n'étois pas persuadé[16] que je pusse tout à fait satisfaire à la bienséance, qui fut à la prison de MM. les Princes; quand vous ferez entendre que je n'ai jamais tiré aucun avantage des troubles et des mouvements de France, dans lesquels la Providence de Dieu m'a fait tenir une place assez considérable, pour avoir eu besoin de modération pour me défendre de recevoir[17] des biens et des grandeurs.

Je m'imagine que, quand l'on connoîtra à Rome mes inclinations et mes maximes, l'on ne prétendra pas de m'obliger à des bassesses indignes de mes premières actions.

Parlez, mon cher abbé, en ces termes, avec toute la force, toute la liberté et le désintéressement dont vous savez que je suis capable[18], mais avec toute la douceur et la modération que ma profession m'ordonne. Vous verrez que ce que je vous écris est encore plus véritable dans mon cœur que dans cette lettre; vous le verrez, dis-je, par l'ordre de Son Altesse Royale que je vous envoie pour votre retour, et que je n'ai obtenu qu'avec beaucoup de difficulté et après des instances très-pressantes.

Ne répondez aux indifférents, qui auront de la curiosité sur ce sujet, qu'en leur montrant l'ordre que vous avez de vous en revenir en diligence, et dites à mes amis que, bien que je sois très-persuadé que le cardi-

15. Copie du Recueil Des Lyons : « *en ce rencontre* ».
16. Copie Des Lyons : « *où je n'étois persuadé* ».
17. « *D'avoir* des biens et des grandeurs », dans la copie Des Lyons.
18. Copie de ma collection : « en ces termes, avec toute la liberté et le désintéressement dont je suis capable, etc. »

nalat est infiniment au-dessus de mon mérite, je ne le suis pas moins qu'une prétention, traversée par des doutes injurieux, est fort au-dessous de ma conduite et de ma dignité.

XXIX

A Paris, le 23 février 1652[1].

J'ai été si occupé toute la journée, et il est si tard, que je ne puis vous envoyer encore par cet ordinaire les lettres de compliments que je vous avois promis par ma dernière. Vous les aurez par le premier ordinaire, ce qui sera, je m'imagine, assez à temps, puisque, selon les apparences, vous serez encore à Rome. Je ne doute point que vous n'ayez approuvé la résolution que j'ai pris sur votre retour.

Il n'est pas possible que vous ne voyiez présentement clair à la promotion, et, si elle ne se fait pas ce carême, je crois qu'elle [n'est] pas à espérer de longtemps. C'est à vous, qui êtes sur les lieux, à juger de la chose. Si elle est tout à fait éloignée, votre séjour seroit, à mon sens, inutile et honteux; si elle est proche, vous saurez bien vous ménager et vous faire prier de demeurer, et faire toutes les coïonneries[2] nécessaires.

1. Lettre chiffrée.
2. Voici ce que dit de ce mot Pierre Richelet dans son *Nouveau Dictionnaire françois*, édition de Genève, 1680 : « Coïonnerie, s. f., ce mot se dit souvent, mais en burlesque et en conversation. Il signifie *bassesse*; action de peu de cœur; sottises qu'on dit aux gens; pauvretés. [Il lui a dit mille coïonneries. Faire des coïonneries. Souffrir des coïonneries.] » La phrase de Retz à Charrier signifie donc : « Vous saurez bien... faire toutes les *bassesses* possibles. »

J'ai vu par votre dernière lettre que l'on ne me demande plus à Rome de déclaration pour le jansénisme. Vous userez de la lettre que je vous ai envoyé sur ce sujet en la manière qui vous semblera le plus à propos. Il est bon, à mon sens, de ne la pas faire éclater tant que les remèdes forts et extraordinaires ne seront pas nécessaires. Surtout n'en donnez pas de copie; je n'en ai donné aucune à Paris, quoique je l'aie montrée à beaucoup de gens³.

Prenez garde que, comme on a vu ici la lettre, qu'il n'y ait des gens qui mandent que l'on vous a envoyé une déclaration expresse en faveur du jansénisme. Ayez, s'il vous plaît, les yeux ouverts là-dessus et voyez ce qu'il sera à propos de faire, car, plutôt que de laisser croire cela, il vaudroit mieux la montrer.

Enfin, sur toute cette affaire, mon sentiment est que vous disiez ouvertement que vous avez ordre de revenir en France, que vous ne partirez pourtant pas qu'à Pâques, et que vous le fassiez en effet, à moins que de voir une certitude à la promotion très-proche, et encore, si cela est, que vous prétextiez la prolongation de votre séjour de quelque chose fort solide⁴; que vous quittiez Rome, quand vous le ferez, avec fierté, mais pourtant d'une manière qui soit plus capable de hâter les affaires que de les rompre et qui fasse voir que vous ne doutez en façon du monde de l'effet de ma nomination, mais que vous appréhendez que la conjoncture des

---

3. Peut-être le Coadjuteur ne put-il résister à l'envie d'en laisser prendre copie, puisque Sainte-Beuve en a trouvé une dans le Recueil de Des Lyons, et que j'en ai trouvé une autre dans un Recueil de documents imprimés et manuscrits relatifs à Retz, qui m'a été cédé par le très-érudit bibliophile Potier. Peut-être aussi les copies furent-elles données subrepticement par les secrétaires, plus zélés qu'infidèles, du Coadjuteur.

4. Voyez tome VI, p. 34, note 18.

affaires ne me permette pas de prendre assez de patience en moi-même pour l'attendre et pour ne me pas porter à des choses qui y peuvent être contraires. Et, sur ce sujet, vous répéterez, s'il vous plaît, tout ce que je vous ai tant de fois mandé sur ce que je serois peut-être obligé de faire contre le cardinalat, et, en ce cas, je crois qu'il sera à propos de laisser voir ma lettre. Je [m'en] remets à vous.

Je vous mande par cet ordinaire, encore plus certainement que par tous les autres, que je suis assuré que ma nomination ne sera pas révoquée, et soyez tout à fait en repos de ce côté-là. C'est ce qui fait que je vous prie de laisser les affaires, au cas que vous quittiez Rome, au meilleur état que vous pourrez, afin que, s'il se peut, elles réussissent d'elles-mêmes, comme il sera difficile que cela ne soit pas, ma nomination subsistant toujours.

Établissez si bien vos intelligences en partant que vous puissiez être ponctuellement averti de ce qui se passera à la Cour de Rome. Si vous faites voir la lettre que je vous ai envoyé sur le jansénisme, ajoutez, je vous supplie, au lieu où il y a : « me seroient plutôt dictées par mon ambition », — *par mon ressentiment ou par mon ambition.*

Je me remets à vous entièrement d'ajouter ou diminuer ce que vous jugerez à propos à la conduite que je vous prie de tenir. Vous êtes sur les lieux et je suis assuré que mes intérêts vous sont plus chers qu'à moi-même. Je laisse tout à votre disposition et je tiendrai pour bon tout ce que vous résoudrez et tout ce que vous ferez[5].

Le déchiffreur est entièrement à vous.

5. Au moment où il écrivait cette lettre, le Coadjuteur était promu au cardinalat depuis cinq jours, sa promotion ayant eu lieu le 19 février.

II

LETTRES DES SERVITEURS DE RETZ A L'ABBÉ CHARRIER.

I

LETTRE DE M. ***.

Paris, ce jeudi 16 novembre 1651[1].

..... Je dînai dimanche chez vous et y passai trois heures de conversation fort douce avec M. de L. Je lui fis valoir votre souvenir et vos affections..... Il se défie, comme beaucoup d'autres, du succès de votre négociation. *Vederemmo a l'uscita.* Si les chandelles de Notre-Dame et du Saint-Esprit y valoient quelque chose, Dieu sait la dépense que j'en ferois[2]... Je vous dirai sans plus que le Père Vincent[3] me fit une visite naguère, m'assurant que la Reine avoit matière de me faire du bien et qu'il s'y emploiera de tout son cœur et me [donnera] quelque petite abbaye qui seroit bien mon fait. *No soy harto dichoso*[4]....

... J'omettois à vous dire qu'il y a cinq ou six jours, un nommé La Roche, qui a été nourri page de feu de M. de la Rochefoucauld, le sieur du Fay, lieutenant des gardes de M. le prince de Conti, et quatre ou cinq autres furent arrêtés et conduits à la Bastille. C'étoient gens venus de Stenay à dessein d'enlever M. le Coadjuteur, Mme de Chevreuse, M. le Surintendant ou ce qu'ils auroient pu rencontrer à propos. L'embuscade qu'ils firent fut contre M. le Coadjuteur, et parce qu'ils savoient qu'il

---

1. Lettre autographe non signée trouvée dans les papiers de l'abbé Charrier.
2. Nous n'avons pu découvrir le nom de celui qui a écrit cette lettre, mais, comme on le voit, il était aussi peu révérencieux que le Coadjuteur sur la question des miracles. Il résulte de la phrase suivante que c'était un abbé.
3. Vincent de Paul, directeur du Conseil de conscience.
4. *Je ne suis pas assez heureux pour cela.*

alloit les soirées chez madite dame de Chevreuse, ils se postèrent sur le quai du Louvre, derrière le cheval de bronze et en quelque autre lieu, et ce jour, par fortune, le cocher de mondit sieur prit le chemin de la rue Saint-Honoré. Quelqu'un de ces appostés a déjà parlé et avoue qu'ils vouloient faire représailles et avoir, en la personne de Monsieur votre patron, de quoi faire échange avec M. l'abbé de Sillery [5], mais assurément le complot passoit plus avant. Je vous en manderai les détails lorsqu'il sera plus connu.

II

LETTRE DU MÊME.

A Paris, ce 21 décembre 1651.

Mon très-cher, j'ai reçu cette après-dînée votre lettre du 27 du mois passé. Je ne vis jamais si peu de diligence que celle de vos courriers de Rome à Paris et tant d'infidélité et de larcins que ceux de Paris à Rome commettent. Je fonde cette juste accusation sur les soins exacts que j'ai eus depuis deux mois de vous écrire tous les vendredis. Je n'en veux de témoin que M. le lieutenant particulier votre frère [1], par les mains duquel toutes mes lettres passent. Je vous ai toujours rendu compte de tous les événements, soit de la Cour, soit de cette ville. Depuis huit jours j'ai très-peu de chose à vous dire de la première. M. Sainctot, le maître des cérémonies, qui a dîné aujourd'hui avec nous, assure qu'il n'est arrivé aucun courrier depuis celui qui nous apporta les lettres du 13, qui ne portoient autre chose sinon que M. le Prince s'est retranché dans les Bergeries à demie-lieue de la Charente et que M. le comte d'Harcourt a pris son poste à Tonnay-Charente. Le Prince n'est pas en volonté de se battre

---

5. L'abbé de Sillery, arrêté à Lyon au moment où il se rendait à Rome, de la part des Princes, pour s'opposer à la promotion du Coadjuteur. Voyez ci-dessus, p. 26.

1. « Gaspard Charrier, lieutenant particulier, assesseur criminel en la sénéchaussée au siége présidial de Lyon, prévôt des marchands de cette ville en 1664, conseiller du Roi en ses conseils d'État et privé en 1665. » (*Généalogie de la famille Charrier, en Lyonnais et en Beaujolais*, par Lainé.)

et de hasarder ses gens. On croit, au contraire, que sa pensée est d'attendre le printemps et de faire faire du côté de Flandres une grande diversion. Le Comte n'est pas assez puissant pour forcer les ennemis dans leurs retranchements, à présent que Marcin y a joint ses troupes. Ce n'est pas que les nôtres, pour être un peu moindres en nombre, ne battissent en campagne toutes les ennemies. On a fait ici ce que l'on a pu pour décréditer la dernière défaite, quoique très-véritable et conforme à la Relation que je vous en envoyai la semaine passée. La nécessité des affaires arrête toujours le Roi à Poitiers; peut-être que l'aversion que l'on a pour Paris y pourroit à l'avenir faire quelque chose. Il est constant que, si l'on n'eût fait le voyage, toutes les provinces de la Loire étoient révoltées. Le Parlement de Bordeaux est transféré à Limoges; il ne reste dans Bordeaux que dix-huit ou dix-neuf présidents ou conseillers. Il y a beaucoup de division dans la ville; les échevins et le corps des bourgeois faisant des assemblées contraires à celles du Parlement, l'on a proscrit pour le moins trois cents des bourgeois. Pour peu que le pays se ressente des gens de guerre, le désordre entier y arrivera.

Ces derniers jours, nos esprits de deçà ont été un peu émus. On a cru que le Cardinal entroit en France. Il est vrai qu'il écrivit, la semaine dernière, à M. d'Elbeuf, qui est à Amiens, lui témoignant le dessein qu'il avoit d'aller trouver le Roi avec quatre mille hommes, croyant rendre un service notable à l'État. Mondit sieur d'Elbeuf a envoyé sa lettre à M. le Garde des sceaux, avec une des siennes par laquelle il l'assuroit avoir mandé à l'Éminence que c'étoit le seul moyen de se perdre et de ruiner l'État. M. le Garde des sceaux a rendu compte aux Chambres assemblées de tout le particulier de cette affaire. Après quelque remise, il en fut enfin hier délibéré et l'arrêt que je vous envoie intervint. Il y eut plusieurs avis différents, un entre autres de promettre cinquante mille écus à qui représenteroit l'Éminence, ladite somme à prendre sur ses bénéfices [2]. Son Altesse Royale en étoit; Monsieur votre patron [3] y étoit présent. On fronda furieusement

---

2. Voir le *Journal ou Histoire du temps présent*, etc., p. 150. Il y eut vingt voix pour la mise à prix de la tête du Cardinal.
3. Le Coadjuteur.

contre lui, D. P.⁹ ayant été d'opinion de supplier le Roi de surseoir les diligences qui se font pour sa promotion, d'autres de renouveler l'arrêt contre les cardinaux. A tout M. le Coadjuteur crut ne devoir point répondre, n'étant pas nommé, bien qu'il fût assez désigné. Sa modération et sa constance furent approuvées. Les députés partent demain ou après-demain pour la Cour, comme je vous écrivis la semaine dernière. Je ne vous répète rien de cette députation ; M. de Caumartin est nommé de sa Chambre...... On a publié des billets et mis des affiches qui portoient avis que l'on en vouloit aux rentes et aux gages. Il y a assez de gens cachés ici qui mettroient volontiers le feu partout. La Providence nous garde. M. le duc d'Orléans envoie M. le maréchal d'Estampes à la Cour assurer Leurs Majestés que, hors le retour du Cardinal, il n'abandonnera jamais leurs intérêts ni leurs personnes, et qu'il envoie le même maréchal avertir M. le Prince de se remettre en devoir, sinon qu'absolument il se portera en tout contre lui. C'est chose étrange la rumeur que ce retour imaginaire peut causer ici. Voilà, mon cher, ce que vous aurez de Gazette de moi.....

Ces Quatre-Temps sont la crise de votre négociation, et s'ils passent sans promotion, vous en aurez encore pour longtemps à Rome, et nous beaucoup à souffrir de votre absence à Paris. Je ne doute point que les merveilles de delà ne vous plaisent pas tant que ce que vous avez laissé ici et que le Tibre ne vous soit moins considérable que la rivière des Gobelins, pour ne dire la Saône ou la Seine.....

III

LETTRE DE GUY JOLY[1].

A Paris, le 29 décembre 1651.

En l'absence de M. le Coadjuteur, duquel nous ne pouvons chevir[2], à cause des affaires qui s'échauffent fort ici sur le retour

9. Le nom du conseiller, à ces initiales, ne se trouve pas indiqué dans le *Journal du Parlement*. C'était Machault-Fleury.

1. Lettre chiffrée. En tête, ces mots de la main de Charrier : *Rien d'important.*

2. Venir à chef, à bout.

du cardinal Mazarin, qui est à Sedan et qui s'en va trouver la Cour; parce que l'heure de vous écrire se passe, sans que l'on aie espérance qu'il revienne sitôt de la ville, j'hasarde de vous dire de moi-même une partie des choses que j'ai remarqué dans son esprit sur l'état des affaires présentes, particulièrement en ce qui regarde votre négociation, laquelle il croit hors d'espérance de succès, si les longueurs du Pape vous ont traîné jusques au temps où vous verrez celle-ci. Il s'imagine que les P. S.[3], pas qu'il fait tous les jours et dans le public et auprès de M. le duc d'Orléans contre le Mazarin, attireront une révocation, après laquelle il n'y a pas d'apparence que ses prétentions puissent réussir. Il croit qu'il lui est même important de ne pas attendre ce dernier coup, et qu'il lui sera bien plus avantageux d'abandonner, comme de lui-même, une poursuite qu'il seroit aussi bien forcé de quitter avec quelque espèce de confusion, dans le cas de la révocation.

Il s'imagine que l'on pourra croire qu'il a négligé l'avantage du chapeau, au moins qu'il s'est peu soucié de ce qui en pouvoit arriver, pour ne pas perdre les occasions de soutenir les intérêts publics contre le Mazarin. Dans cette pensée, et pour tourner le beau de l'affaire de son côté, n'en pouvant tirer autre chose, je le vois comme résolu de vous prier de quitter la Cour de Rome, et je crois qu'au premier ordinaire vous recevrez les ordres pour cela. Je n'ose décider tout seul, ce que je vous en dis étant seulement pour vous y préparer. Auparavant pourtant que vous quittiez cette Cour, il sera à propos que vous fassiez personnellement vos plaintes au Pape du mauvais traitement qu'il fait à une personne qui s'en peut ressentir et qui ne perdra d'occasions de le reconnoître. Vous pouvez, à mon sens, prendre un peu par avance cette sorte de langage, en y ajoutant même que le Pape, par ce mauvais procédé et par ses longueurs, voudroit empêcher M. le Coadjuteur de faire tout ce qu'il peut contre le Mazarin, par l'espérance du chapeau, mais qu'il est résolu de demeurer toujours très-ferme contre lui, quand bien même il ne devroit jamais être cardinal.

L'on vous dépêcha, le 18 de ce mois, un exprès qui vous porta

---

3. Nous n'avons pu découvrir la clef de ces deux lettres majuscules du chiffre.

1651 nouvelles lettres de Son Altesse sur le retour du Mazarin. Je ne sais si le Pape en a été persuadé, n'y ayant point d'autres nouvelles qui aient accompagné ce courrier, et, par conséquent, je crois que l'effet que nous avons attendu de cette dépêche aura été suspendu jusques à ce que l'entrée du Cardinal ait été confirmée à Rome. Comme il est à Sedan, dès la veille de Noël, je crois que, du moins, les nouvelles en seront publiques par cet ordinaire, et ainsi, si le Pape en a doute sur vos lettres, les voyant justifiées par la suite, peut-être qu'il y fera quelque créance plus sérieuse. C'est pourquoi faites, dans ce temps, vos derniers efforts, conformément à ce que l'on vous écrivit par le dernier extraordinaire : commencez même de vous plaindre et de menacer de votre retour.

Quant à l'expédient que vous proposez par vos dernières pour faire peur au Pape, il n'est plus en notre pouvoir, la rencontre des affaires et l'entrée du Cardinal n'ayant pas laissé au Coadjuteur des mesures assez certaines à la Cour pour faire réussir la chose comme vous l'aviez projeté, et dans le sens que vous-même y jugez si nécessaire.

Pour ce que vous avez écrit par votre extraordinaire du 13, M. le Coadjuteur croit que c'est une fourbe pour vous amuser, M. le Nonce ne lui en ayant encore rien dit, à quoi il n'auroit pas manqué, si c'étoit vrai, étant toujours de ses amis; on y prendra garde.

Pour nouvelles, vous saurez que, dès la semaine passée, sur les bruits qui couroient dès lors du retour du cardinal Mazarin et des levées qu'il faisoit sur la frontière, le Parlement ordonna que le Roi en seroit informé par députés, ce qui ne fut pourtant pas exécuté, le Roi ayant contremandé les susdits députés, sur le point qu'ils étoient de partir; mais, depuis ce temps, le Cardinal étant arrivé à Sedan, l'on s'est assemblé, un matin, en l'absence du Premier Président, qui a été mandé à la Cour, aussi bien que le Surintendant, et qui y sont tous deux allés depuis deux jours. Monsieur étoit présent à la délibération; M. le Coadjuteur y étoit aussi, qui a ouvert le premier un avis très-fort contre le Cardinal, mais il a été obligé de se retirer et tous les autres conseillers d'Église, à cause de la proposition qui a commencé d'être faite par le président Molé de mettre la tête du Cardinal à prix, à quoi il a passé quasi tout d'une voix, le Parlement ayant déclaré ledit Cardinal criminel de lèse-majesté au premier chef, ordonné qu'il seroit pris au corps et adjugé cent cinquante mille livres à celui ou ceux, ou leurs veuves, enfants et héritiers qui le représenteroient à justice mort ou vif[4]; enjoint aux communes de prendre les armes pour s'opposer à son passage, suivant les ordres qui leur en seront donnés par des conseillers commis qui iront en tous les endroits où l'on croit qu'il pourra passer, que les députés ci-devant chargés d'aller trouver le Roi partiront incessamment, et que Monsieur sera supplié de faire tout ce qu'il jugera à propos pour empêcher que ledit Cardinal ne passe plus avant. Voilà à peu près ce que porte l'arrêt qui sera envoyé à tous les autres Parlements.

Vous pouvez, ce me semble, vous en servir, du moins de l'endroit qui met la tête d'un cardinal à prix, en faisant connoître au Pape que, désormais, la dignité de cardinal s'en va se détruire en France, s'il ne la met entre les mains de quelqu'un qui la relève.

Depuis ma lettre écrite et en achevant, M. le Coadjuteur est revenu, qui s'en retourne quoiqu'il soit près de minuit[5], qui, après avoir lu tout ce que dessus, m'a fait ajouter ce qui suit : que la Cour de France a tant d'intérêt à ne le pas pousser à bout, afin de ne pas l'obliger à se raccommoder avec M. le Prince, qu'il ne croit pas qu'elle ose sitôt révoquer sa nomination. Il ne faut pourtant pas laisser de le faire croire et même de dire que cela seroit déjà fait, sauf que M. le duc d'Orléans a déclaré que ce lui seroit une injure irréparable. Le sentiment donc de M. le Coadjuteur est que vous ne portiez pas vos plaintes jusques au point de rompre avec le Pape, mais que pourtant vous en fassiez assez pour lui faire croire que si, par sa longueur, il donne le temps à la révocation d'arriver, il sera obligé de prendre d'autres mesures. Enfin, agissez comme un homme qui craint à tout moment la révocation, quoique, dans la vérité, elle ne soit peut-être pas si proche.

Un million d'excuses sur le chiffre et sur tout ce que vous

---

4. C'est l'arrêt du 29 décembre 1651. En voir le texte dans le *Journal ou Histoire du temps présent*, etc., p. 158-159.

5. Le Coadjuteur, suivant son habitude, allait passer les nuits à l'hôtel de Chevreuse ou chez la princesse Palatine.

trouverez ici de mal; je suis si pressé que je ne sais ce que je fais. Je suis entièrement à vous.

IV

LETTRE DU MÊME [1].

A Paris, le 12 janvier 1652.

En attendant que le Coadjuteur se réveille, s'étant mis au lit cette après-dînée pour une légère indisposition pareille à celle que vous lui avez vu quelquefois, je vous entretiendrai de ce qui a été fait cette semaine. En l'acquit de la lettre de change tirée par M. Bouvier sur M. Carteron, de cinquante-huit mille écus cent livres, je vous assure qu'elle a été payée aussitôt que l'on l'a demandée et que vous serez toujours servi de la même manière. Depuis ce payement, M. Carteron a fait voir encore une lettre de M. Bouvier, par laquelle il lui écrit de prendre encore de M. Rousseau [2] une somme de dix-huit cents livres de laquelle il dit s'être abusé lorsqu'il a fait la lettre de change qui a été acquittée. Instruisez-vous, s'il vous plaît, ce que ce peut être, et par quelle raison ledit sieur Bouvier [3] a fait cette seconde demande. On dit ici qu'il est fort intéressé; son correspondant l'est extraordinairement. L'on vous envoie une troisième lettre de change de Géricot, aux termes que vous l'avez voulu. Je tâcherai aussi de faire écrire par M. le Coadjuteur une lettre de sa main à l'abbé de Barclay, pour le tenir dans le devoir et pour l'obliger à ne plus chicaner. Voilà, ce me semble, tout ce que nous avons à vous mander pour répondre à votre dernière du 18ᵉ passé, ayant déjà satisfait par nos précédentes au surplus de tout ce que vous avez écrit. Il semble que vous perdiez espérance par votre dernière; celle d'auparavant nous en donnoit un peu davantage et nous nous étions imaginé que la promotion se pour-

1. Lettre chiffrée.
2. Il s'agit probablement de l'abbé Rousseau, un des secrétaires du Coadjuteur.
3. Expéditionnaire en la cour de Rome et l'un des hommes de confiance du Coadjuteur. Voyez ci-dessus, p. 7, note 1.

roit faire après les Rois, c'est-à-dire dans le mois de janvier, conformément à ce que vous avez écrit. Quand cela ne seroit pas, vous pouvez vous consoler, étant quasi comme sûr que la nomination ne sera pas révoquée, à moins que M. le Prince s'accommodât, de quoi le Coadjuteur dit qu'il ne seroit pas fâché, cette réunion lui devant produire d'autres avantages aussi grands que celui du chapeau. Il est toujours parfaitement bien avec M. le duc d'Orléans et il dit qu'il a d'assez bonnes mesures du côté de la Cour.

Le Mazarin étant rentré, comme vous avez su, il continue son chemin avec quatre ou cinq mille hommes. Il passa hier la rivière d'Yonne à Pont. Il ne lui reste plus à passer que la Loire. MM. Bitaut et Gegné [4], qui étoient allés sur sa route pour exciter les communes, en exécution de l'arrêt rendu contre lui, furent attaqués par les coureurs de son armée. M. Gegné se sauva et M. Bitaut fut fait prisonnier. On dit ici que le Cardinal l'ayant su, il le fit dîner avec lui, et qu'ensuite il lui accorda la liberté. Cette nouvelle fut apportée fort chaudement au Parlement et l'on disoit d'abord que Gegné avoit été tué. Cela, Dieu merci, ne s'est pas trouvé véritable. Nous ne savons point encore ici si nous devons être en paix ou en guerre, quoique véritablement il y ait un peu plus de chaleur que les premiers jours. Ce matin l'on a donné arrêt sur une requête présentée par M. le Prince, par lequel on a ordonné qu'il seroit sursis à l'exécution de la déclaration donnée contre lui jusques à ce que le Cardinal fût hors du Royaume. On a parlé de prendre les deniers publics, mais le Parlement ne l'a pas voulu ordonner, sauf à Monsieur à en faire ce qu'il jugeroit à propos. Sur Bitaut et Gegné, on a ordonné qu'il seroit informé contre M. d'Hocquincourt. M. de Beaufort va commander les troupes de Son Altesse, qui sont autour de Paris, pillant et volant partout, dont il y a très-grand bruit. Son lieutenant général est le marquis de Sourdis. Voilà un second voyage de Corbeil, et assurément M. le duc d'Orléans l'envoie plutôt pour se défaire de lui qu'autrement.

A cet endroit de la lettre, le Coadjuteur vient de s'éveiller, et, lui ayant lu ce que dessus, il m'a dit que les mesures et les

4. Jacques du Coudray de Geniers ou Geniez, conseiller en a première Chambre des enquêtes.

assurances qu'il avoit de la Cour étoient l'appréhension qu'ils avoient qu'il ne fût capable de retour avec M. le Prince, et que, dans cette crainte, il étoit quasi comme assuré qu'ils n'oseroient lui donner ce dégoût pour ne le pas porter à cette réunion qui leur seroit très-désavantageuse. Ce n'est pas que vous deviez vous expliquer à Rome de cette manière; au contraire, il faut toujours faire voir que vous appréhendez fort la révocation à cause des grands pas que le Coadjuteur a fait contre le cardinal Mazarin, et que, si jusques à présent, la nomination n'a pas été révoquée, c'est que M. le duc d'Orléans est toujours si échauffé sur ce sujet que l'on appréhende à la Cour de le désespérer tout à fait et de rompre avec lui toutes mesures. Ne faites point de confidence à M. l'Ambassadeur de tout ceci; vous pouvez seulement lui faire voir que le Coadjuteur est véritablement dans le parti de Paris, mais que, n'étant pas dans les intérêts de M. le Prince, on pourra peut-être n'éclater pas tout à fait contre lui.

Faites aussi connoître au Pape qu'il semble vouloir obliger le Coadjuteur par ses longueurs à se raccommoder à la Cour, puisque, n'ayant point de dignité assez forte pour se soutenir contre M. le Prince, il sera, à la fin, nécessité de prendre toutes sortes de moyens pour se mettre à couvert contre lui. Et si l'on vouloit faire connoître à Sa Sainteté, de la part de M. le Prince, qu'en reculant la promotion, il obligera le Coadjuteur à se raccommoder avec M. le Prince, vous direz qu'outre qu'il ne peut prendre confiance à M. le Prince, cette réunion lui seroit fatale puisqu'elle attireroit incontinent la révocation, n'y ayant que la division qui est entre M. le Prince et lui, qui soit cause qu'elle n'a pas été déjà faite, la Cour n'ayant pas encore eu les dernières fureurs contre le Coadjuteur à cause de cela, quoiqu'il fasse beaucoup contre le Mazarin, et ainsi vous lui ferez comprendre que le moyen de réunir M. le Prince et le Coadjuteur seroit bien plus facile si le Coadjuteur étoit cardinal, ayant tout à craindre de M. le Prince jusques à ce que cela soit.

Mandez précisément ce que vous avez reçu sur la lettre de Géricot; le fils mande à son père vous avoir donné déjà cinq mille écus.

Vous trouverez ici une lettre de 241[5] que le Coadjuteur a

---

5. Nous n'avons pu trouver la clef de ce chiffre.

décachetée ; celle pour l'abbé de Barclay est aussi ouverte ; si vous voulez lui donner, vous la fermerez.

Mme de Chevreuse étant allée [chez] ses filles les religieuses au Pont-aux-Dames, on avoit fait courir le bruit qu'elle étoit sortie de Paris, comme étant du parti du Mazarin, ce qu'ayant su, elle est revenue en cette ville pour dissiper ce faux bruit.

Il est fort tard et le secrétaire n'a plus de temps que pour vous assurer de la continuation de ses très-humbles services. Vous excuserez, s'il vous plaît, toutes ses fautes.

V

LETTRE DE M. ***[1].

Du jeudi 8 février 1652.

Mon très-cher, je reçus lundi matin un paquet de M. le lieutenant votre frère[2], dans lequel je trouvai une de vos lettres adressante à votre patron[3]. Je lui rendis en main propre dans la créance que la date en seroit postérieure aux deux que je reçus de vous la semaine dernière, mais je reconnus qu'elle étoit du 1er de l'an, ainsi n'y appris-je rien de nouveau, et le Prélat me témoigna de bonne foi que le Saint-Père ne procédoit pas selon ses promesses et l'attente qu'il lui avoit données. Outre le dessein que j'avois d'apprendre le particulier de votre négociation, j'avois obligation de solliciter le Patron des sauvegardes des terres de M. le procureur du Roi, qu'il m'avoit promises faire venir de la Cour..... Nous voici tantôt arrivés au carême ; ce temps que vous avez préfini à l'éclaircissement des volontés du Souverain Pontife nous rendra peut-être votre présence. Si je vous disois

---

1. Lettre autographe. Ce personnage anonyme est le même qui a écrit les lettres I et II.

2 Gaspard Charrier, lieutenant particulier, assesseur criminel en la sénéchaussée et au siége présidial de Lyon. Voyez ci-dessus, p. 106, note 1.

3. Le Coadjuteur. L'abbé Charrier faisait passer ses réponses au Coadjuteur par les mains de son frère, qui les faisait ensuite remettre à ce dernier.

que je ne la souhaite, je feindrois. *O quante cose diremmo!* Ce chiffre dont vous parliez en vos dernières, m'étoit à la vérité très-nécessaire ; je ne vous ai rien reparti sur la résolution que vous avez prise de n'écrire point à votre G. Pour l'aversion qu'il témoigne au Patron, j'acquiesce à tout et j'avoue de bonne foi que mon sens est très-fautif.

J'ai peu de gazette à vous débiter pour cette semaine ; je vous mandois, la dernière, la manière dont en avoit usé M. de Châteauneuf au retour de l'Éminence à la Cour, et le congé qu'il a demandé [4]. J'apprends que l'on le presse de donner encore quelque temps aux Conseils du Roi et de surseoir cette détermination. Il y a six jours que je n'ai reçu lettres de ce pays, ainsi suis-je assez mal instruit, ne parlant qu'incertainement sur la foi d'autrui. La Cour devoit partir de Poitiers, samedi dernier, pour Anjou. Les soumissions que fait M. de Rohan, qui avoit levé quelques troupes, ont fait changer, à ce que j'apprends, cet ordre. Il est difficile que la suite du Roi subsiste encore longtemps à Poitiers, le bois, le fourrage et autres provisions étant extraordinairement chers. Le Parlement s'assembla mercredi ; on y lut cinq lettres des Parlements de Bordeaux, Toulouse, Aix, Rennes et Grenoble. Les deux premiers ont donné arrêt conforme à celui de Paris du 29 décembre dernier. Les autres écrivent un honnête galimatias. Ensuite on a lu le procès-verbal de M. Genier [5] présent, qui a été remercié par arrêt de la Cour de son procédé courageux. On a remis la délibération sur le fait de M. Bitaut à samedi et débouté la requête de M. le procureur général qui demandoit la surséance de la vente de la bibliothèque [6], attendu qu'elle étoit destinée pour le public et qu'il y a arrêt du Conseil qui porte cette surséance. Dimanche dernier furent appliqués, en quinze ou vingt endroits de Paris, des placards imprimés très-séditieux, exhortant le peuple à brûler les maisons des principaux du Conseil du Roi et de plusieurs officiers de deçà, entre autres de M. Doujat, conseiller, de M. Sainctot,

4. Le marquis de Châteauneuf, en apprenant que Mazarin rentrait en France, donna sa démission de secrétaire d'État. Voyez ci-dessus, p. 89, et les *Mémoires de Retz*, tome IV, p. 93-94.

5. Le conseiller qui avait accompagné Bitaut pour s'opposer à la marche du Cardinal.

6. Du cardinal Mazarin.

maître des cérémonies 7, etc. Le lieutenant civil, qui en eut avis, fut en personne les arracher tous sans qu'aucune rumeur s'en formât. Quelque gueux de loin cria bien : Mazarin! mais sans suite. Nous avons vu, ces jours-ci, un autre libelle diffamatoire et horrible contre M. le garde des sceaux et ses enfants. Jamais l ne fut tant d'injures et tant d'outrages. On n'y a pas épargné, en parlant de M. de Champlastreux, une demoiselle de votre connoissance et de la mienne. L'auteur a oublié d'y mettre son nom. Je souhaiterois pour la justice qu'il fût connu. Le Parlement donna lundi arrêt sur le sujet du placard dont je vous viens de parler, par lequel il permet à M. le lieutenant civil de faire fouetter ou mettre au carcan, sans autre figure de procès, tous imprimeurs et colporteurs qui seront surpris imprimant ou débitant quoi que ce soit des pièces qui ont de coutume de se crier licencieusement par les rues sans permission. Je donnerois volontiers une heure de mon temps à une douzaine de ces coquins.....

Mon très-cher, depuis ce matin que je me suis donné l'honneur de vous écrire, j'ai reçu votre lettre du 15 du mois passé par l'entremise ordinaire de Monsieur votre cher lieutenant 8. Je n'ai rien à y répondre, sinon par des remercîments de la continuation de vos soins. Toutes mes précédentes vous auront instruit de la marche et de l'arrivée du Cardinal et des événements de notre Cour. Mon humeur brusque et bilieuse est fort ennemie des procédés de celle où vous résidez. J'admire votre vertu et votre persévérance. Il importe que vous voyiez la fin de votre affaire....

7. C'était un placard incendiaire dont parle le Journal d'un Parisien. Le Coadjuteur y était menacé plus que tous les autres.

8. Le frère de l'abbé Charrier, qui était chargé, comme on l'a dit plus haut, page 106, note 1, de faire passer toutes les lettres de l'abbé au Coadjuteur.

VI[1]

LETTRE DE ROUSSEAU DE CHEVINCOURT[2].

(LE 9 FÉVRIER 1652.)

Monsieur,

J'ai bien du regret que toutes les choses que l'on vous a envoyées ne sont pas en l'état que vous auriez pu souhaiter. Je vous puis assurer qu'elles sont comme on me les a demandées, au moins celles dont je me suis chargé pour cette commission. Elle n'est pas tout à fait conforme à votre lettre, mais le marchand, qui vend tous les jours pareilles denrées pour des évêques, soutient que les bagues pour officier doivent être des quatre couleurs, et il m'a semblé, et à M. Joly[3], qui étoit présent à notre achat, qu'il avoit raison. Je crois que vous les trouverez belles; elles ont été choisies de main de maître. Si les anneaux ne sont pas bien de la grandeur, comme vous n'avez point envoyé de mesure, ils se peuvent croître ou étrécir par le milieu, qui n'est point émaillé. Je souhaite que ma commission ni ma lettre ne vous trouveront pas à Rome; je le souhaite, dis-je, de tout mon cœur, mais je ne l'ose espérer, vu la manière dont on agit au pays où vous êtes, où le plus court *adesso* dure des journées entières; mais quoi qu'il en arrive, je ne crois pas que vous soyez encore longtemps là, et vous pouvez vous consoler, car je vous assure que nous le sommes ici si fort que nous commençons à songer sérieusement à d'autres brisées, que, pour moi, j'aimerois autant, comme plus [éclatantes] et plus glorieuses, et, à mon sens, non moins avantageuses ni moins élevées. Et si la chose avoit lieu, comme je la tiens faisable, quoique difficile, peut-être auroit-on loisir, où vous êtes, d'en considérer l'importance, quoique, et de quelque façon que les choses se passent, je ne doute point qu'elles ne vous soient fort agréables, étant

---

1. Lettre autographe signée.
2. Intendant de Retz; il vécut de longues années auprès de lui; il le suivit dans sa retraite à Commercy. Il était frère de l'abbé Rousseau, l'un des secrétaires de Retz.
3. Guy Joly, conseiller au Châtelet, secrétaire du Coadjuteur.

avantageuses à qui vous savez[4]. Je ne laisse pourtant d'avoir grande pitié de vous. On juge d'ordinaire des sentiments des autres par les siens, et je vous avoue librement que le flegme italien allume une bile en moi qui me consume jusques aux entrailles, et quand je me représente que vous n'avez pas la consolation de pouvoir au moins décharger librement vos sentiments et vos déplaisirs entre les bras de quelqu'un, je vous avoue que je trouve votre douleur si grande, considérant de quelle qualité est l'amitié qui vous la fait naître, que je souhaiterois de tout mon cœur en porter une partie. Mais, comme je vous ai déjà dit, consolez-vous dans l'espérance que je vous donne que vous n'y serez plus guère, ou je suis trompé. Cependant je vous conjure de me conserver l'honneur de vos bonnes grâces et de croire que, quand toutes vos bonnes qualités ne m'obligeroient pas à vous honorer parfaitement, l'amitié que vous avez pour M. le Coadjuteur, dont nous voyons des marques si essentielles par toutes vos lettres, me forcera toujours d'être très-passionnément,

    Monsieur,

        Votre très-humble et très-obéissant serviteur,

                      DE CHEVINCOURT.

Le 9ᵉ février 1652.

VII

LETTRE DE GUY JOLY [1].

(SANS DATE.)

APRÈS notre lettre fermée et l'ordinaire prêt à partir, nous venons de recevoir enfin votre lettre du 22ᵉ du passé; nous ne savons comme elle a pu être si longtemps en chemin, puisque vous dites que vous avez dépêché exprès. A peine est-elle déchiffrée et tout ce que l'on vous peut dire sur ce sujet est que M. le Coadjuteur est fort surpris qu'après les marques qu'il a données en tant d'occasions du respect qu'il a pour le Saint-Siége, on puisse douter de lui sur ce sujet[2]. Il croit que c'est une pièce que l'on lui fait de gaieté de cœur. Voilà le premier sentiment que je lui ai vu. Au premier ordinaire vous aurez toutes nouvelles là-dessus.

4. C'est-à-dire au Coadjuteur.
1. Lettre autographe, non signée.
2. Sur la question du jansénisme.

VIII

LETTRE DE CHEVINCOURT[1].

Le 9e février 1652.

Monsieur,

Depuis ma lettre écrite, j'ai reçu la vôtre du 22° qui n'a avancé l'ordinaire que de trois jours, étant arrivé le jeudi au soir, au lieu du dimanche au soir au plus tard, qu'il arrive présentement. Je vous envoie les bagues que vous m'avez demandées, mais ces coquins, au lieu de faire un baguier de velours avec du passement d'or, comme j'avois dit par mon marché ici, l'ont fait comme vous le voyez. Mais l'ordinaire étant prêt à partir, et n'étant pas résolu de faire partir d'exprès, je vous les envoie avec de la cire d'Espagne. Je n'ai point envoyé les bas de soie, parce que n'envoyant point d'exprès, vous croyez vous-même qu'ils arriveroient trop tard pour vous trouver à Rome. Vous dites que vous les avez demandés; si vous avez des copies de vos lettres, vous trouverez que vous avez seulement dit une fois que si, au lieu des étuis, on vous avoit envoyé des bas de soie, qu'il seroit beaucoup mieux; voilà tout ce que vous en avez mandé. Je ne doute point qu'à l'heure que je vous écris vous n'ayez reçu la lettre de Géricot; s'il ne veut payer, vous ne manquerez pas de protester, et, après cela, nous ferons bien danser son père. Cependant consolez-vous, si vous pouvez, en la pensée que j'ai que ce que l'on vous demande[2] n'est qu'une feinte pour dilayer, mais comme je vous mande, je ne crois pas que l'on vous abuse longtemps. Cependant je vous dis encore une fois que je ne cesse pas de vous plaindre par l'affection que vous portez à cette personne, et que je serai toute ma vie, etc.

De Chevincourt.

1. Lettre autographe signée. La date ci-dessus est au bas de la lettre.

2. La déclaration écrite du Coadjuteur contre le jansénisme.

IX

LETTRE DE M. ***[1].

Paris, 16 février 1652.

..... Ante ayer una presidente á mexillas coloradas, otra vez amada de usted, jugo en casa vezina de la mia y perdio. Diria como el señor de Saverlas : que la fortuna puede hacerla perder, pero pagar, no. La misma, avra hocho dias, al bayle en casa de Madamoisela, dio un poco que reir : o tiempos, o mudanças.

Pleguiera á Dios usted me uviesse escrito las nuevas de la promocion del padron como la del General de los Padres de la Compañia[2].....

Un cavallero muy entremetido me dixo, poco avra, que los Príncipes proponian al señor Coadjutor, para concertarse con el, que renunciasse á la Corte, y para prueva de su fé. lo escriviesse al Cardinal, lo predicasse en la yglesia de San Pablo, y lo publicasse en la junta del Parlamento, y al cabo renunciasse al capelo, si no quisiera tenerlo del favor y intercession de los dichos príncipes. A tal pregunta no se dio respuesta.....

Carême-prenant[3] est passé, mon très-cher; nous reprendrons, s'il vous plaît, le françois, quoique, pour mauvais que soit l'espagnol que je vous écrivois, je pouvois bien, sans plus d'étude, le continuer comme je fais l'histoire du Parlement, lequel s'assembla hier.....

Monsieur votre patron m'a envoyé ce matin les expéditions pour la sauvegarde des terres de M. le Procureur du Roi, votre frère. Son valet de chambre[4], que j'ai trouvé à Notre-Dame, m'a dit qu'il vous écrivoit aujourd'hui une lettre très-importante sur votre négociation et vous convioit de retourner. Cette nouvelle

---

1. Cette lettre autographe, non signée, est du même personnage anonyme dont nous avons donné plusieurs lettres ci-dessus.
2. Allusion à l'élection du Père Alexandre Gottifredi, nommé général des Jésuites le 21 janvier 1652; mort le 12 mars suivant.
3. Le dernier jour du carnaval.
4. Imbert, valet de chambre de Retz. Ce simple détail nous donne la mesure de la confiance que le Coadjuteur accordait à ses domestiques et de leur dévouement pour lui.

me donne joie et chagrin en même temps. Je ne vous en explique point les causes; vous les jugez bien. Le temps ne me permet pas d'en dire plus. Adieu, mon très-cher; si vous partiez sans que nous fussions informés du temps, laissez ordre que l'on renvoie nos lettres de Rome.....

X

LETTRE DE CHEVINCOURT[1].

A Paris, le 16 février 1652.

MONSIEUR,

Je m'étois bien douté que l'on ne seroit pas longtemps à vous rappeler d'où vous êtes par les raisons qui vous sont dites par les lettres ci-jointes, et je vous avoue franchement qu'il y a longtemps que je suis persuadé que vous perdez votre temps et que vos sollicitations n'avanceront pas la promotion d'un quart d'heure. Quoi qu'il en soit, je vous assure que le Patron n'en a pas eu un moment de mauvaise humeur et je ne fais aucun doute que vous n'en soyez, sans comparaison, plus touché que lui par l'affection que vous lui portez. Les amis de M. le Prince ont fait les derniers efforts pour le perdre dans l'esprit de Son Altesse Royale, parce qu'il a constamment et vigoureusement refusé l'union avec lui; mais toutes leurs intrigues sur ce sujet non-seulement ont été vaines pour leur dessein, mais lui ont encore redoublé la créance que Monsieur avoit en lui, en sorte que l'on peut dire avec vérité que, quoiqu'il eût très-grande part en ses bonnes grâces, son procédé ferme et constant et les raisons dont il a satisfait l'esprit de Son Altesse lui ont donné un tel crédit dans son esprit qu'à peine lui donne-t-elle le loisir de manger le matin et le soir.

Il semble que le duc de Rohan[2] veuille se *déchabotiser*. Il fait

---

1. Lettre autographe signée.
2. Le duc de Rohan-Chabot, depuis deux ans gouverneur de l'Anjou, après quelques hésitations, avait embrassé le parti de Condé et s'était enfermé dans Angers pour y soutenir un siége contre les troupes royales commandées par le maréchal d'Hoc-

assez bonne mine dans Angers, mais le maréchal d'Hocquincourt, qui va droit à lui et qui lui a déjà pris un faubourg où son fils le second a été tué par malheur d'un coup de fauconneau, le feront, à mon avis, et de tous les plus sensés, bientôt reprendre la courante. Le grand duc de Beaufort est parti pour commander les troupes de Son Altesse Royale. Il avoit fait une belle entreprise par eau sur les faubourgs de Gien, qu'il eût sans doute exécutée, s'il n'eût oublié de faire provision de bateaux, mais, faute de cela, ses troupes furent contraintes de s'en retourner sans rien faire. Le Parlement s'assemble ici sur l'entrée qui se doit faire des troupes commandées par M. de Nemours, en conséquence d'une lettre de cachet envoyée sur ce sujet; les esprits sont fort partagés. On veut bien que Monsieur se fortifie contre M. le Cardinal, mais on ne veut point d'Espagnols, quoiqu'ils quittent leurs écharpes; et puis, pour dire la vérité, ces troupes auront assez de peine à entrer avant les maréchaux de Senneterre et d'Aumont en tête, qui assemblent des troupes pour s'opposer à leur marche, et puis, selon toutes les apparences, l'arrêt qui interviendra sera conforme aux volontés du Roi, qui fait défense aux villes d'ouvrir les portes aux Espagnols; ce qu'étant, on doit espérer peu de progrès de cette armée. Vous avez su sans doute qu'il y a eu combat entre M. de Sauvebeuf[3] et Baltazar. Les amis de M. le Prince disent que Baltazar a eu grand avantage sur les troupes de l'autre. On mande le contraire de la Cour; mais, à dire la vérité, il n'y a pas eu grand'chose ni de part, ni d'autre, non plus que de Marcin et de M. de Biron, qui ont eu rencontre, sans qu'il y ait eu grande défaite entre eux. J'avois oublié de vous dire que le fils de M. le maréchal de Grancé[4] a été aussi

quincourt. Au bout de trois semaines, il capitula, au lieu de soutenir un second siége dans le château, ainsi que l'exigeaient les usages de la guerre.

3. Il s'agit d'un combat qui dut être livré vers le 12 février, entre Charles-Antoine de Ferrières, marquis de Sauvebeuf, lieutenant général dans l'armée du comte d'Harcourt, et le colonel Baltazar, au service des Princes. Baltazar, dans son *Histoire de la guerre de Guyenne*, s'attribue l'avantage de cette journée. Voir la dernière édition publiée à Bordeaux, en 1876, par M. Charles Barry, p. 29 et 30.

4. Jacques Rouxel, maréchal de Grancey.

fort blessé auprès de celui de M. d'Hocquincourt. M. de Tavannes s'est battu en Flandres contre M. de Quintin, neveu de feu la Moussaye, qu'il a tué en duel. Les gentilshommes du Vexin et ceux de Picardie, et quelques autres villes et communautés, se sont mis contre les gens de guerre, de quelque parti qu'ils soient. La plupart des esprits sont ici dans une même disposition, et qui, sous ce prétexte, pourroit faire un tiers parti seroit bien assurément le plus fort [5]. Le maréchal de Grancé, en passant vers Angers avec les troupes du Roi, a voulu enlever pour son fils Mlle du Lude. Il n'y a pas réussi. Je me réjouis dans l'espérance que j'ai de vous voir bientôt ici, et vous dire de vive voix, comme je fais par cette lettre, que je suis de tout mon cœur, etc.

DE CHEVINCOURT.

XI
LETTRE D'IMBERT [1].

A Paris, ce 16 février 1652.

MONSIEUR,

Comme je vois bien que vous allez être sur votre départ de Rome, je prends la liberté de vous faire ressouvenir de la lanterne et des gants et éventails dont j'avois pris la hardiesse de vous en écrire, il y a quelque temps. Je vous demande un million d'excuses de mon incivilité, mais je ne sais à qui m'adresser qu'à vous à qui j'ai tant d'obligations qu'il ne se peut pas davantage et vous prie de me conserver l'honneur de vos bonnes grâces et de me croire, etc.

IMBERT.

5. C'était le dessein du Coadjuteur, qui le mit en effet plus tard à exécution, mais qui échoua.

1. Valet de chambre du Coadjuteur. Ce fut lui qui l'aida si habilement à s'évader du château de Nantes. Guy Joly parle souvent de lui dans ses *Mémoires*. Lettre autographe signée.

XII

LETTRE DE CAUMARTIN[1].
(FÉVRIER 1652.)

L'on avoit donné un arrêt du Conseil par lequel on avoit révoqué toutes les assignations des rentes et des gages, et avoit-on commis dans toutes les généralités et les recettes pour empêcher que les deniers ne fussent apportés à Paris. Le Parlement ayant délibéré sur ce sujet, on arrêta d'assembler les Compagnies dans la Chambre de Saint-Louis, comme il fut fait en 1648, et, sur ce que l'on apporta une ordonnance des trésoriers de France de Lyon portant défenses à Monnerot[2] de transporter son argent à Paris, on donna un ajournement personnel contre le Président[3]. Depuis, vos amis ont su que c'étoit monsieur votre frère[4]. On a eu beaucoup de regret de l'avoir frondé, mais, quand on l'auroit su, on n'auroit pas pu en empêcher. Il ne faut point que cela vous mette en nulle peine; il n'y a aucune aigreur contre lui et il n'y a nulle apparence que l'on en parle jamais. On a déjà songé aux moyens de le servir. M. le Coadjuteur s'y emploiera avec soin et en écrit à monsieur votre frère. Le plus court est de laisser l'affaire là.

Trois jours après, auparavant que les Compagnies fussent mandées, il vint deux arrêts du Conseil. Par l'un le Roi rétablit entièrement le fonds des rentes et par l'autre il rétablit les gages

1. Cette lettre, non signée et non datée, est écrite de la main de Louis-François Lefèvre de Caumartin, conseiller d'État ordinaire, et qui fut depuis intendant de Champagne. Il fut un des plus intimes amis et l'un des confidents du Coadjuteur pendant la Fronde, où il joua un rôle assez important. Il est souvent question de lui dans les *Mémoires de Retz* et dans ceux de Guy Joly.
2. Receveur des finances.
3. L'arrêt dont parle Caumartin est du 17 février 1652. Voir *Journal ou Histoire du temps présent*, p. 199, 200. Il cassait une ordonnance des trésoriers de France, à Lyon, par laquelle il était défendu « de faire voiturer, à Paris, les deniers destinés au payement des rentes » de l'hôtel de ville de Paris.
4. Gaspard Charrier, lieutenant particulier, etc., en la sénéchaussée de Lyon.

seulement pour les quatre Compagnies souveraines. Le Parlement n'a pas été satisfait de cela et est résolu d'exécuter l'arrêt si, dans huit jours, on ne rétablit aussi les fonds pour les autres officiers.

Demain on doit délibérer sur l'entrée de M. de Nemours en France avec des troupes que les uns disent être espagnoles et les autres maintiennent être françoises et allemandes. On ne vous peut dire encore où l'affaire pourra aller. Angers est toujours assiégé; M. de Rohan se conduit fort bien et, pourvu qu'il ne soit pas pressé davantage, il durera plus longtemps que l'on ne le peut assiéger. M. de Beaufort marche au secours avec les troupes de Monsieur qui sont de trois ou trois mille cinq cents hommes de pied et douze cents chevaux. Sirot[5] est son lieutenant général. Les troupes du Roi sont plus foibles d'infanterie et plus fortes de cavalerie. M. le Coadjuteur est mieux avec Son Altesse Royale qu'il n'a jamais été. Tous les gens des Princes obsèdent continuellement Monsieur pour le ruiner auprès de lui, mais l'on peut dire que tout ce qu'ils font lui profite au lieu de lui nuire, et la faveur, et la confiance de Monsieur va plus loin qu'elle n'a jamais été. Comme ils ont vu qu'ils ne lui pouvoient faire du mal, ils ont voulu en faire l'accommodement avec M. le Prince, mais M. le Coadjuteur n'a pas cru le devoir faire et l'a refusé nettement, après avoir fait connoître à Son Altesse Royale qu'il étoit du bien de son service qu'il en usât de la sorte.

5. Claude de Letouf, baron de Sirot. Nommé maréchal de camp en 1643, et lieutenant général en 1649, il mourut en 1652. Il avait fait ses premières armes dans les armées étrangères, à l'école de Gustave-Adolphe. Il a laissé des Mémoires du plus haut intérêt et qui sont fort rares. En voici le titre : *Mémoires et la vie de messire Claude de Letouf, baron de Sirot, lieutenant général des armées du Roi* sous les règnes des rois Henri IV, Louis XIII et Louis XIV. 2 vol. in-12. A Paris, chez Claude Barbin, 1683. On sait que Sirot s'y attribue, pour la plus grande partie, le gain de la bataille de Rocroy, où il joua en effet un assez grand rôle, en ralliant les fuyards et en reprenant l'offensive avec le corps de réserve. Mgr le duc d'Aumale, dans sa très-remarquable histoire de Condé, tout en rendant justice à Sirot, a su faire la part qui lui revient et a rétabli avec une critique lumineuse la vérité des faits.

III

LETTRES DIVERSES.

I

LE COMTE DE BRIENNE AU CARDINAL DE RETZ[1].

Monseigneur,   Le 6° mars 1652, à Saumur[2].

Vous auriez sujet de vous plaindre de moi si, ayant eu l'avis de votre promotion au cardinalat par l'extraordinaire que M. le Bailli de Valançay, ambassadeur de Sa Majesté, lui a dépêché, j'eusse remis de vous en dire ma joie, et comme ma plume y a contribué en faisant savoir au Pape et à l'Ambassadeur les intentions de Sa Majesté. La réponse m'est rendue aujourd'hui, puisque je ne me trouve pas en la même ville que vous. Cette joie que je sens extrêmement et que j'exprime, est d'autant mieux fondée que j'ai sujet de croire que, comme vous n'êtes redevable de cette dignité qu'à la seule bonté de Sa Majesté, elle vous sera plus chère alors; et les bienfaits, à l'égard de ceux qui les reçoivent, leur font cette douce nécessité de ne pouvoir plus disposer de leur liberté ni de leur affection, parce qu'elles se trouvent engagées à celui qui les a procurés et conférés. Je vous demande, et, ce me semble, avec quelque justice, que, devenu prince de l'Église, vous m'exprimiez, comme vous sentirez, tout ce que vous [pensez], et d'espérer sur l'assurance que je vous donne, que j'aurai pour vous les mêmes respects que j'ai su garder, et vous en [aurez] des preuves certaines toutes les fois qu'il vous

---

1. Bibl. nat., Gaignières, 513.
2. M. Léopold Delisle, membre de l'Institut et administrateur général de la Bibliothèque nationale, a eu l'extrême obligeance de nous prêter son savant concours pour déchiffrer cette lettre. Nous le prions d'agréer l'expression de notre profonde reconnaissance pour les bons offices si obligeants et si éclairés qu'il a bien voulu nous rendre dans le cours de nos recherches.

plaira m'honorer de vos commandements. Je les demande avec empressement et je puis les espérer, etc.³

II

LETTRE DU CARDINAL DE RETZ A UN ANONYME¹.

Monsieur,
                                             Paris, 13ᵉ mars 1652².

Vous me témoignez par votre lettre de prendre part à la joie que tous mes amis m'ont fait paroître sur ma promotion au cardinalat, d'une manière si obligeante, que je ne puis assez vous en faire paroître mon ressentiment. Je vous assure qu'il ne s'y peut rien ajouter, non plus qu'au désir que j'aurai toujours d'être véritablement,

Monsieur,
Votre très-affectionné à vous servir.
Le Cardinal de Retz³.

3. Le Roi, à la date du 11 mars, écrivit une lettre de félicitation au Coadjuteur sur sa promotion au cardinalat. La minute, de la main de Brienne, se trouve à la Bibliothèque nationale, Gaignières, 513. Avec l'aide de M. Léopold Delisle, j'ai essayé de la déchiffrer, il y a quelques années, mais comme l'écriture de Brienne présente des difficultés encore plus grandes, s'il est possible, que celle de Pascal, nous ne parvînmes à saisir le sens que d'un certain nombre de mots. Les autres restèrent pour nous lettre close. J'ai publié autrefois cette lettre dans le tome II de l'affaire du chapeau, p. 479-480, en plaçant entre crochets tous les mots douteux, et je l'ai reproduite dans l'Introduction en tête de ce volume, p. LVI et LVII.

1. La lettre ne porte aucune adresse.
2. Bibl. nat., Saint-Germain-Français, n° CCCII.
3. Signature autographe. Cette lettre nous a paru trop peu importante pour lui donner place après les lettres du Coadjuteur à l'abbé Charrier.

III

(FÉLICITATIONS DU CHAPITRE DE NOTRE-DAME AU CARDINAL DE RETZ POUR SA PROMOTION AU CARDINALAT[1].)

(19 MARS 1652.)

Salutatio per dominos facta domino Coadjutori, Cardinali de Retz.

Die Lunæ decima martii, domini, post concionem, ad sonum campanæ, in capitulo cum magna frequentia congregati ut illustrissimum ac reverendissimum dominum Joannem Paulum Franciscum de Gondy, Corinthiorum archiepiscopum ac Coadjutorem Parisiensem in corpore convenirent, eidemque domino gratularentur de ejus promotione per sanctissimum Dominum nostrum Papam facta ad dignitatem cardinalatus, egressi sunt in hanc finem e capitulo, bini incedentes, ac præfatum dominum Cardinalem de Retz nuncupatum, in domo quam vulgo parvum archiepiscopatum[2] vocant, commorantem in claustro adierunt : cui dominus Decanus ejusmodi gratulationis obsequium verbis exquisitissimis exhibuit. Quibus postquam præfatus dominus cardinalis perhumaniter respondit, domini, in eo quo processerant ordine in capitulum reversi sunt, ibique domino Decano de ejus eleganti oratione actæ fuerunt gratiæ.[3]

IV

(LETTRE CHIFFRÉE D'UN ANONYME, AMI DE MAZARIN, A L'ABBÉ FOUQUET[1].)

...Pour Paris, il est toujours dans la même disposition, et, si l'on nous envoie ce que l'on a demandé, je crois qu'il sera diffi-

---

1. Arch. nat., LL. 302, fr. 76.
2. Le Coadjuteur habitait le Petit Archevêché, depuis le moment où il avait reçu ses bulles pour la coadjutorerie.
3. Scarron adressa au Coadjuteur une lettre de félicitations très-spirituelle sur sa promotion au cardinalat. On peut la lire à l'Appendice du tome Ier des *Mémoires de Retz*, p. 345.
1. Lettre chiffrée sans date. Bibl. nat. Gaignières, 2799.

cile d'en troubler la tranquillité; c'est la pensée de mon père. Je vous puis assurer que, depuis votre départ, il n'a pas changé de sentiments, ni Mme de Chevreuse, soit à votre égard ou à celui de la Reine et de M. le Cardinal. Toute son étude et la mienne est de connoître les véritables sentiments du Coadjuteur depuis son cardinalat. Ce n'est pas une chose fort facile; ce qui nous en paroît n'est pas différent de ce que vous avez vu. Une chose me déplaît, [c'est] que ses amis, et entre autres Caumartin, publient hautement qu'il tient cette grâce de M. d'Orléans et l'ont même dit à Mme de Chevreuse. Il ne faut pas néanmoins faire un fondement assuré sur ses discours, et Mme de Chevreuse n'en est pas fort alarmée. On n'épargne rien pour connoître le fond de ses pensées et pour vous en avertir. Mme de Chevreuse ne croit pas qu'il les lui puisse déguiser. Je crois que cette affaire est le point le plus important de la présente, parce que j'espère par la première être plus instruit....

V

Relation de ce qui s'est passé à Rome en la promotion de Monseigneur le Coadjuteur de Paris au cardinalat, et en la confirmation faite par Sa Sainteté, de l'arrêt de la Cour du Parlement de Paris, donné contre le Cardinal Mazarin. In-4° d'une feuille. Paris, 1652.

Sous ce titre parut à cette époque une Mazarinade assez médiocre. Tout y est supposé, notamment, comme il va sans dire, une prétendue confirmation par le Pape de l'arrêt du Parlement de Paris qui mettait à prix la tête du cardinal Mazarin.

Citons encore :

1° *Lettre de conjouissance d'un bon Religieux à Monseigneur le Cardinal de Retz, Coadjuteur de Paris, sur sa promotion.* Paris, chez Jean Frimbaux, 1652, in-4° de 8 pages. Titre à part.

C'est une apologie à la fois hyperbolique et terre à terre du Coadjuteur et de la famille de Gondi. La lettre est datée de Véronne, 1652, et signée : Le C. de V.

2° *Congratulation très-humble à Monseigneur l'Éminentissime Cardinal de Retz, Archevêque de Corinthe, et Coadjuteur en l'archevêché de*

Paris, sur sa promotion au cardinalat. A Paris, chez M. Jacquet, rue de la Huchette. In-4ᵉ de 7 pages. La lettre ou épître est signée : L. G. Titre à part.

Cette pièce peut faire le pendant de la précédente par le ton d'emphase qui y règne depuis le commencement jusqu'à la fin. « Toutes les vertus, les sciences, les piétés et la politesse se rencontrent, avec un ordre magnifique, en votre très-illustre personne. » Par « la doctrine, l'éloquence, la générosité, la courtoisie affable, la conduite pieuse et les habitudes charitables », le nouveau Cardinal « enchérit sur les Baronius, les Bellarmins, les du Perrons et tous les autres flambeaux, etc., etc. »

3° *Compliment de MM. les Curés de Paris à Monseigneur l'Éminentissime cardinal de Retz, sur sa promotion, par le curé de Saint-Paul.* In-4° de 6 pages, sans lieu ni date.

4° *Compliment fait à Monseigneur l'Éminentissime cardinal de Retz par M. Hédelin, abbé d'Aubignac, portant la parole pour la congrégation de la propagation de la foi, le 18 mars 1652.* Sans lieu, Denis Langlois, in-4° de 4 pages.

Compliment sur la promotion du Coadjuteur au cardinalat.

DEUXIÈME PARTIE

CORRESPONDANCE (Suite).

(1662-1665.)

LETTRES DE M. LE CARDINAL DE RETZ A M. DE PARIS, ARCHIDIACRE DE ROUEN DEPUIS 1662 JUSQU'EN 1665

NOTICE.

Tel est le titre que porte cette correspondance en tête du Recueil des Archives du Ministère des Affaires étrangères (France, n° 90, ancien n° 91 *bis*). Les lettres commencent à la page 236 et finissent à la page 265.

Il est dit dans le catalogue imprimé des Affaires étrangères (Paris, 1883, un vol. in-8°), page 11, n° 90, que « l'inspection du volume (manuscrit) prouve que sept folios de la correspondance originale ont disparu postérieurement à la reliure ». Nous avons trouvé dans plusieurs catalogues d'autographes des lettres de Retz au même abbé, et il y a tout lieu de croire qu'elles ne sont autres que celles ayant appartenu au même recueil ci-dessus mentionné.

Plusieurs de ces lettres portent sur leur suscription : *Monsieur, Monsieur de Paris*, archidiacre *de Rouen*. Sur aucune l'adresse n'est indiquée. Quel était cet abbé Paris? Il n'était autre, sans aucun doute, que l'abbé du même nom qui assista à la fuite de Retz du château de Nantes, à laquelle il contribua par une rare présence d'esprit, suivant le Cardinal[1], et qu'il faillit compromettre par sa poltronnerie, s'il fallait en croire Guy Joly[2]. Croyons-en plutôt le récit de

1. Voyez les *Mémoires de Retz*, tome IV, p. 521.
2. *Mémoires de Retz*, tome IV, p. 514, note 6. Dans cette note

Retz, puisqu'il garda précieusement à son service un homme dont le dévouement non plus que l'habileté ne faisaient pas pour lui l'ombre d'un doute. L'abbé était Normand, et, qui plus est, docteur de Navarre et archidiacre de Rouen. Dès son arrivée à Commercy, le Cardinal, qui savait bien choisir son monde, lui mit en main la direction de ses affaires, ce qui, on peut s'en douter, n'était pas chose facile. Lorsque Retz fut nommé abbé de Saint-Denis, ce fut à l'abbé Nicolas Paris qu'il donna sa procuration pour prendre possession de l'abbaye, ce qui eut lieu le 22 juillet 1662. Le Cardinal était encore relégué à Commercy, et il se passa plus de deux ans avant que le nouvel abbé fît son entrée solennelle à Saint-Denis. En attendant, il confia à l'abbé Paris l'administration temporelle de ce riche bénéfice³. Retz vivait avec l'abbé sur le pied de la plus grande familiarité, au point de le tutoyer de temps à autre. Si l'abbé met trop de lenteur à mener une affaire, le Cardinal, tout en plaisantant, le presse, l'aiguillonne, le gourmande, lui envoie ses malédictions, le traite de chien de Normand, de patte de loup, de maligne bête, lui dit que c'est le diable qui se mêle dans tout ce qu'il fait. En homme qui veut s'amender, régler ses comptes avec ses créanciers et se mettre à flot, Retz épluche tous les comptes, surveille tout, entre dans tous les détails, tire au clair les affaires les plus embrouillées, avec la finesse et l'expérience d'un vieux procureur. Rien n'est plus intéressant que cette correspondance pour pénétrer dans son intérieur et, comme disait Sainte-Beuve en parlant de lui, pour le surprendre en déshabillé.

se trouve inséré en entier le récit de la fuite de Retz par Guy Joly. Rien de plus piquant que le rôle que Retz fait jouer à l'abbé au moment de l'évasion.

3. *Histoire de l'abbaye de Saint-Denys*, par dom Michel Félibien. Paris, 1706, un volume in-folio, p. 502.

I

A MONSIEUR, MONSIEUR DE PARIS, ARCHIDIACRE DE ROUEN, ETC.[1].
(16 JUILLET 1662.)

1662

Très-vénérable docteur, je désire, entre toi et moi, *in ogni modo*, que Péan ait la ferme de Ruel et de Trapes[2]. Je te l'écrivis déjà hier, et je te l'écris encore aujourd'hui, et si il arrive la moindre difficulté, je m'en prends dès à présent à toi. Il ne faut pas laisser de faire toutes les grimaces nécessaires pour les enchères. Mais sur le tout, il faut qu'il l'ait. Il en donnera autant qu'un autre en effet, et quelque chose de plus en apparence. Il te dira ce que nous avons dit ensemble sur ce sujet.

A Commerci, ce 16 juillet 1662.

Le Cardinal de RETS.

Je te donne ma malédiction si tu ne pars pas pour me venir trouver dès le lendemain que les baux seront faits. Raillerie cessante, cela est important et j'en ai encore de nouvelles raisons. Tu l'avoueras quand je t'aurai entretenu un quart d'heure.

M. de Paris[3].

A Monsieur, Monsieur de Paris, archidiacre de Rouen, etc.[4].

1. Cette suscription, qui n'est pas de l'écriture de Retz, se trouve sur le feuillet servant d'enveloppe à la lettre. Pas de sceau. La lettre (trois quarts de page petit in-4°) est écrite et signée de la main du Cardinal. Elle faisait partie de la collection d'autographes de M. Maume, vendue, le 15 février 1887, par le ministère d'Etienne Charavay, archiviste paléographe.

2. Ruel et Trappes, une des terres et seigneuries de l'abbaye de Saint-Denis.

3. Ces trois mots, d'une autre écriture que celle du Cardinal, sont au bas de la lettre, à gauche.

4. Suscription d'une autre main que celle de Retz. La date

II[1]

25 JUILLET 1662[2].

On n'a point porté de drap de deuil[3] à Brosseau[4]. Je ne veux pas faire semblant de le savoir. Mais comme c'est le Docteur[5] qui a porté le billet, c'est à lui de faire en sorte que la chose s'exécute devant que je sois obligé de le mander encore une fois. Je ne le sais pas de Brosseau. Chevincourt[6] croyoit qu'il s'en seroit plaint. Il faut réunir les gens le plus qu'il est possible. Tu es une vraie patte de loup, bonne à cela quand il te plaît. Je vois bien que tu t'es moqué de moi avec tes

(16 *juillet* 62) est répétée sur le feuillet servant d'enveloppe, et cette date est d'une autre écriture que le corps de la lettre.
 1. Archives des Affaires étrangères, France, 90 (ancien 91 *bis*). Cette lettre, la première du recueil, est entièrement autographe (non signée). Sur la suscription : *Monsieur, Monsieur de Paris, archidiacre de Rouen* (sans adresse). Deux sceaux en cire noire aux armes du Cardinal; les lacs de soie ont été enlevés, ce qui a brisé les cachets par le milieu. Au bas de la page, d'une autre main : *M. de Paris.*
 2. Date d'une autre main que le corps de la lettre.
 3. Le cardinal de Retz venait de perdre son père, Emmanuel de Gondi, mort à Joigny, le 29 juin précédent. Il s'agissait évidemment de faire porter son deuil par tous les domestiques du château de Commercy, et c'est à quoi le Cardinal fait allusion au commencement de sa lettre.
 4. L'un des secrétaires du Cardinal.
 5. L'abbé Paris.
 6. Intendant du cardinal de Retz. Il se nommait Rousseau de Chevincourt, et était frère de l'abbé Rousseau qui aida le Cardinal à se sauver du château de Nantes. D'après Dumont, *Histoire de Commercy*, tome II, p. 149, Chevincourt était conseiller, maître d'hôtel ordinaire du Roi, correcteur de la Chambre des comptes de Paris. Nous croyons qu'il y a confusion et que ce dernier était frère de l'intendant du cardinal de Retz. Il eût été difficile, en effet, qu'il eût pu cumuler les deux fonctions.

pièces d'or. Personne ne m'en mande rien. M. Joli[7] te montrera ce que je lui écris pour l'argent dont je t'ai parlé par le dernier ordinaire.

A Commerci, ce 25 juillet 1662.

III[1]

LE 29 JUILLET 1662[2].

JE ne prétends pas que tu reviennes que les cautions ne soient discutées. Je donnerai, en attendant, ordre au vin, que tu ne bévras[3] pourtant, à ton retour, que dans de la terre[4], si tu ne m'amènes[5] un verrier. Je suis très-aise de ce que Péan a la ferme qu'il a souhaitée. Il ne faut envoyer[6] pour le présent que ce que tu marques de vaisselle[7]; j'en userai pour le reste comme tu dis; je t'en écrirai en temps et lieu, ou plutôt je t'en entretien-

7. Guy Joly, l'ancien secrétaire de Retz, l'auteur des *Mémoires*.
1. Archives des Affaires étrangères, France, 90; p. 239. Lettre autographe non signée, publiée par MM. Champollion, dans leur édition des *Mémoires de Retz*, de 1836, p. 596-597. Suscription : *Monsieur, Monsieur de Paris, archidiacre de Rouen*. Deux cachets en cire noire enlevés.
2. MM. Champollion mettent en tête de cette lettre la date de Paris; mais c'est une inexactitude, attendu que Retz n'eut pas la permission de venir à Paris à cette époque et que d'ailleurs la lettre à la fin est datée de Commercy.
3. Pour que tu ne *boiras*. Texte Champollion : *ne recevras*. Retz s'amuse à imiter les locutions normandes de l'abbé : *bevras* pour *boiras*. Il y a dans le texte *béuras*, pour *bévras*, l'u ayant la valeur du v. *boiras*. » Et, plus loin (lettre VI), *buriez* pour *boiriez*.
4. C'est-à-dire dans un vase de terre, le Cardinal attendant pour se fournir de verres à boire le verrier dont il est question ici et dans les deux lettres suivantes.
5. Texte Champollion : *ne m'assures*.
6. Texte Champollion : *écurer*.
7. Il s'agissait, comme on le verra plus loin, de vaisselle d'argent.

drai, car je te verrai bientôt, c'est-à-dire aussitôt que les cautions seront discutées, ce qui ne peut pas durer longtemps. Tu as fait des merveilles pour les fermes. Mais comme c'est le diable qui se mêle dans tout ce que tu fais, j'appréhende que le bon Dieu ne bénisse pas la récolte d'un bien dont tu auras fait la semence. Pour moi, qui juge plus sainement de tes œuvres[8], j'en attribue[9] le succès à l'enthousiasme où t'a mis le vin blanc de Pierrefitte[10]. Contente-toi, pour cette année, d'un arpent pour le pot de vin. Je te répondrai mardi[11] sur l'aubaine[12] et sur la terre de Cretus[13]. Tu as une bourse d'argent; elle seroit d'or si tu avois fait cette Coutume[14]. Enquiers-toi, je te prie, de celle que l'on observe dans les conseils des gens de ma qualité, à l'égard de celui qui en est le secrétaire; si on lui en donne une, si on ne lui en donne qu'une demie, *et cætera*. Cela est important, et tu sais que je mets présente-

8 Texte Chompollion : de tes *causes*.
9. Texte Champollion : j'ai *attribué*.
10. Nous avions cru d'abord qu'il s'agissait de Pierre-Fitte, bourg du diocèse de Toul, à trois lieues de Saint-Mihiel, près de Commercy; mais nous avons renoncé à cette supposition. Comme l'abbé habitait Paris, pour y représenter les intérêts du Cardinal sur l'abbaye de Saint-Denis, et que cette abbaye possédait trente arpents de vigne dans un lieu du même nom, qui en est à peu de distance, il est évident qu'il s'agit de ce dernier Pierrefitte.
11. *Mardi*, omis dans le texte Champollion.
12. L'abbé de Saint-Denis possédait, dans sa mense abbatiale, le droit d'aubaines sur le parcours de la Seine compris entre le ru (ruisseau) de Sèvres et le Port-au-Pecq, et nommé *l'eau de Saint-Denis*.
13. Cette terre devait appartenir à l'abbaye de Saint-Denis, bien que son nom ne figure pas dans la mense abbatiale de Retz.
14. Il s'agit certainement d'une coutume locale, que Retz n'indique pas, telle, par exemple, que celle de Saint-Mihiel, octroyée en 1598 par le duc de Lorraine et renouvelée par un de ses successeurs en 1609.

ment ma réputation et ma satisfaction à mettre toutes choses dans la règle. Si on ne l'a pas suivie en ce rencontre, c'est-à-dire celle que l'on suit ailleurs, parles-en à M. de Chevincourt[15], au même sens du deuil[16]. Je suis bien aise que l'on ne m'oblige pas, si il se peut, à descendre moi-même dans ce particulier. En discutant les cautions, graisse tes bottes[17].

A Commerci, le 29 juillet 1662.

J'oubliois à mettre dans la vaisselle d'argent présente, deux aiguières couvertes[18]. Tu ne me mandes rien sur la proposition de Thérèse; examine-la bien, je te prie, et mande-m'en ton sentiment. N'oublie pas[19] ce que je t'ai dit, lorsque tu partis, sur les moyens qu'il est bon de se laisser ouverts, si l'on peut, à l'avenir, en cas que l'on eût besoin d'avances considérables. Quand vous aurez bien discuté la proposition de Thérèse, envoyez-moi les raisons de part et d'autre, avec vos réflexions sur le point que je vous viens de marquer[20]. Ce qui me plaît davantage est ce qui regarde la consignation de Commerci[21], qui, comme tu sais, est de très-grande conséquence, et il me semble que tu me mandas dernièrement que Thérèse l'offroit. D'un autre côté, il me fâche de fermer toutes les voies aux avances de

---

15. L'intendant du cardinal. Voyez ci-dessus, p. 178, note 1.

16. Mot omis par M. Champollion. Il s'agit, comme on l'a vu plus haut, du deuil de la maison de Retz à propos de la mort de son père.

17. Fais tes préparatifs de voyage.

18. La page se termine par le mot *couvertes*, puis de la main de Retz le mot : *tournez*. Deux lignes effacées avec le plus grand soin précèdent ce dernier mot.

19. Un mot effacé après « n'oublie pas ».

20. Texte Champollion : *mander*. Après ce mot, trois lignes effacées avec le plus grand soin.

21. Texte Champollion : *conservation du commerce*.

l'avenir. Examine bien tout cela de part et d'autre, afin que je puisse prendre bien mûrement ma résolution.

IV[1]
(19 août 1662.)

Quoique vous soyez Normand et Paris de plus, vous ne vous êtes pas gardé de méprendre dans votre lettre du 16. Je l'envoie au P. dom Laumer[2], qui ne manquera pas, sur ce titre, de faire porter le calice dans le Trésor[3], à la condition que vous demandez, qui est d'en dire la messe le jour de Pâques[4], de dix ans en dix ans. C'est assez pour vous. Vous aurez vu par beaucoup de mes précédentes mon sentiment sur la châtel-

---

1. Archives des Affaires étrangères, France, 90, p. 241. De la main d'un secrétaire, signature autographe du Cardinal. Suscription sur le verso du même feuillet simple: *M. M. de Paris.* Un cachet noir aux armes du Cardinal sur lacs de soie noire. Cette lettre a été publiée dans l'édition des *Mémoires de Retz*, donnée par M. Champollion chez Heuguet, Paris, 1842, 2 vol. in-18, tome II, p. 406-407. M. A. Champollion a fait précéder la publication de ces lettres jusque-là inédites de cette note : « On retrouve, dit-il, dans ces documents tout l'esprit et toute la verve que l'on remarque dans les *Mémoires du cardinal de Retz*. Il nous y a conservé de curieux détails sur ses arrangements avec ses créanciers, l'acquisition de son mobilier, de ses tapisseries, de ses tableaux. Enfin, le Cardinal trouve moyen de ne pas être ennuyeux dans ses lettres, tout en parlant des choses les moins intéressantes. »

2. Bénédictin de l'abbaye de Saint-Denis, chargé de la direction des affaires temporelles du monastère.

3. Dans le trésor de l'abbaye de Saint-Denis.

4. De dire la messe avec ce calice, etc. On verra dans plusieurs passages que le Cardinal reproche, en plaisantant, à l'abbé Paris son peu de religion et son genre de vie fort peu ecclésiastique.

lenie, et après ce que j'ai mandé, vous serez de misérables gens, si vous n'éclaircissez bien les cautions. Amenez le verrier ou faites-le suivre bientôt après vous. Je me ressouviendrai en temps et lieu de Chastelet⁵. Vous aurez une bourse de jetons de cuivre tous les quatre ans, etc.

A Commercy, le 19ᵉ août 1662.

Le Cardinal de Retz.

V¹
(22 août 1662.)

Je ne sais pourquoi je vous écris par cet ordinaire, car je suis persuadé que vous ne serez plus à Paris, les affaires de Saint-Denis étant apparemment finies. Le moyen d'attendre le bon mot du Normand ! J'avois l'avis du prieuré de Saint-Clair², par un exprès, plus de quatre heures avant le précédent ordinaire, et je le donnai

---

5. On trouve dans l'état de maison du Cardinal à Commercy plusieurs musiciens parmi lesquels figure une Mme Chastellet, cantatrice. (*Histoire de Commercy*, de C.-E. Dumont, tome II, p. 151.)

1. Affaires étrangères, France, 90, p. 242. De la main d'un secrétaire. Signature autographe. Au bas de la page, d'une autre main : *M. Paris.* Suscription : *Monsieur, Monsieur de Paris, archidiacre de Rouen.* Deux cachets en cire noire aux armes du Cardinal sur lacs de soie rouge. *Mémoires de Retz*, édition Heuguet, 1842, tome II, p. 407.

2. Bien que l'on ne trouve pas le nom de ce prieuré dans l'énumération des terres et seigneuries qui appartenaient à l'abbaye de Saint-Denis, il ne saurait être douteux qu'il en dépendait, puisque Retz ne pouvait en nommer les titulaires qu'en sa qualité d'abbé.

aussitôt à l'abbé Rousseau[3]. Je ne suis nullement aise d'avoir perdu les deux mille livres de rente, et je me récompenserai sur la grande prébende, à moins que vous ne m'en fassiez trouver autant par[4] le verrier. S'il ne m'amène des verres, vous n'aurez point de vin, ou du vin de Péan[5].

A Commercy, le 22 août 1662.

Le Cardinal de RETS.

Le P. dom Laumer me mande que Gaumont[6] pense à la ferme générale[7]. A mon opinion, ce n'est pas notre fait. Le Normand m'entend bien. C'est assez de s'accommoder avec cet homme pour 62[8].

3. L'abbé Rousseau de Chevincourt, qui aida le cardinal de Retz à se sauver du château de Nantes (*Mémoires de Retz*, tome IV, p. 506).

4. Texte Champollion : *pour* au lieu de *par*.

5. Jean-Jacques Péan, maître d'hôtel de Retz, son ancien contrôleur. Voyez *Mémoires de Retz*, tome IV, p. 443, et note 5.

6. L'ancien contrôleur et depuis l'un des maîtres d'hôtel de Retz, dont il parle dans son tome IV, p. 443. Voyez la note 5 de la même page.

7. La ferme générale des terres de l'abbaye de Saint-Denis fut concédée plus tard à un nommé Forcadel, dont le nom paraîtra souvent dans la correspondance de la troisième partie.

8. C'est-à-dire pour le fermage des terres de l'abbaye de Saint-Denis pour la seule année 1662.

VI[1]

(2 septembre 1662.)

J'ai donné charge à Brosseau[2] de vous porter une lettre que je lui écris sur la ferme générale, et de la faire voir ensuite avec vous à M. de la Houssaye[3]. Elle mérite, à mon sens, considération. Je me remets de la décision à M. de la Houssaye[4]. Mais examinez bien avec lui le parti qu'il faut prendre, si le bail toutefois n'est pas déjà conclu, ce que je crois, de la manière qu'on m'écrit. Le P. dom Laumer[5] me mande, au nom du Conseil, qu'il faut envoyer une procuration à Chevincourt[6] pour les baux et pour l'accommodement avec Gaumont[7], et ledit sieur de Chevincourt m'en a envoyé

---

1. Archives des Affaires étrangères, France, 90, p. 244-245. De la main d'un secrétaire. Signature autographe du Cardinal. Suscription : *Monsieur, Monsieur de Paris*. Deux cachets de cire noire aux armes du Cardinal, plaqués sur lacs de soie rouge. Publiée par MM. Champollion dans l'édition des *Mémoires de Retz*, de 1836, p. 597-598.

2. Son nom ne figure pas dans la liste des personnes dont était composée la maison du cardinal de Retz (Dumont, *Histoire de Commercy*, tome II, p. 149, 151), mais, comme nous l'avons dit précédemment, il était l'un des secrétaires du Cardinal.

3. L'un des plus fidèles amis de Retz dont nous avons parlé dans notre Mémoire intitulé : *Le Cardinal de Retz et les Jansénistes* (*Port-Royal*, par Sainte-Beuve, 3ᵉ édition, tome V, à l'appendice).

4. Phrase omise par M. A. Champollion.

5. Voyez ci-dessus, p. 140, note 2.

6. Cette fois, nous croyons qu'il ne s'agit plus de l'intendant du Cardinal, qui portait le même nom, mais de son frère, Hippolyte, le correcteur de la Chambre des comptes de Paris, qui remplissait cette fonction depuis 1642. On voit, en effet, dans la même phrase, que le Chevincourt dont il est question n'habite pas Commercy.

7. L'accommodement avec Gaumont, c'est-à-dire pour la ferme générale des domaines de l'abbaye de Saint-Denis.

1662 un modèle, dans lequel il comprend même les abbayes de Bretagne. Comme il marque que cette procuration est celle que l'on donne ordinairement aux intendants des maisons, je l'ai fait dresser comme il l'a souhaité. Mais afin qu'elle n'invalide[8] pas celle que j'ai donnée au docteur[9], j'y ai fait mettre l'apostille qu'il y verra, par le conseil des notaires de cette ville, auquel ne me fiant que médiocrement, je vous envoie la procuration pour voir si elle est en bonne forme, quant à ce point et même quant à tous les autres. J'ai mandé à M. de Chevincourt que je vous l'envoyois pour en conférer avec lui[10]. A l'égard de celle que je vous donnai, il y a quelques jours, ne lui témoignez pas que je vous aie écrit de l'examiner sur les autres points, etc. Vous m'entendez bien. Si l'on vous interroge sur M. de Montmorency, *mutus*[11], hors pour M. de la Houssaye. Dites au P. dom Laumer que je vous ai assuré que vous ne buriez[12] jamais du vin de Pierrefitte, si vous ne me rapportiez à votre retour attestation de lui que vous aurez mis à votre voyage la réforme à Quimperlay[13]. Je reviens encore à la consignation de Commerci. Elle est si importante que toute affaire qui l'avance me paroît avantageuse, et que, par conséquent, il me semble qu'il

8. Littré ne donne que deux exemples de cette expression, l'un de d'Aubigné, l'autre de J.-J. Rousseau.

9. Texte Champollion : *recteur*. Le *docteur*, le Cardinal désigne toujours ainsi l'abbé Paris, docteur de Navarre.

10. Il y a une simple virgule après le pronom *lui*, ce qui est évidemment une faute de ponctuation.

1. Pas de virgule après *mutus* dans le texte de 1836. Littré, qui dit que *motus* paraît être *mot*, affublé par plaisanterie d'une terminaison latine, ajoute que Scheler est disposé à y voir une altération du mot *mutus*, muet. L'emploi, omis dans tous les dictionnaires, que Retz fait ici de *mutus*, semble confirmer cette conjecture.

12. Voyez ci-dessus, p. 137, note 3.

13. Quimperlé, une des abbayes du cardinal de Retz en Bretagne.

seroit bon de ne pas mépriser l'avance des cent mille francs. Examinez bien cela avec M. de la Houssaye. Bonsoir, chien de Normand.

A Commercy, le 2ᵉ septembre 1662.

Si vous trouvez quelque chose dans la procuration de Chevincourt qui ne soit pas dans l'ordre, et qui porte conséquence considérable, faites incidenter[14], sans affectation, le Conseil. Un *Diablotensis*[15] ne manque jamais d'invention.

Le Cardinal de Retz.

Souvenez-vous de la chapelle et de la vaisselle de vermeil de Lyon[16].

VII[1]

(7 décembre 1662.)

Venez ici, Normand, sans perdre un moment; je voudrois que vous y fussiez déjà. Et à quoi pensez-vous de ne pas faire état de partir[2] avec les autres? Il n'est plus possible de faire attendre davantage M. de Rets[3]. La Nuse[4] vous parlera, de ma part, d'une affaire pour

14. Voyez tome VII, p. 251, note 9.
15. Ceci paraît un terme plaisant de géographie imaginaire formé du radical *Diable* ou *Diablot*, et de la terminaison *ensis* des noms de provinces ou de diocèses : *Lugdunensis, Parisiensis*, etc.
16. En attendant que le Cardinal payât ses dettes, il acheta de l'argenterie pour une somme considérable. C'est ce que l'on apprendra plus tard dans la suite de la correspondance.
1. Archives des Affaires étrangères, France, 90, p. 246. De la main d'un secrétaire. Signature autographe du Cardinal. Suscription : *A Monsieur, Monsieur Paris*, sans sceau. *Mémoires de Retz*, édition Heuguet, tome II, p. 407-408.
2. Compter partir, se disposer à partir. *Lexique de Corneille*.
3. Le frère du Cardinal, Pierre de Gondi, duc de Retz.
4. M. Champollion a lu *Laroisi*.

laquelle il faut que vous fassiez, devant que de partir, tous les efforts possibles, pour empêcher la ruine du pauvre abbé Bouvier[5], que j'aime fort et à qui je suis fort obligé. J'en ai écrit à la Nuse amplement[6]. Prenez créance à tout ce qu'il vous dira de ma part sur ce sujet. Venez donc, si vous voulez, le plus tôt qu'il vous sera possible. Je vous renvoie ces deux provisions signées[7]. Pour ce qui est de la transaction, j'en expédierai la ratification[8] quand vous serez ici[9]. M. Joly dit qu'il l'auroit bien fait, mais cela ne se peut[10] ce soir, à cause du départ du courrier, et si on la faisoit demain, on ne pourroit encore l'envoyer que samedi, dans lequel temps je crois que vous serez parti.

Le Cardinal de RETZ.

Au-dessous de la signature de Retz, on lit :

Je suis de...[11], Monsieur le Docteur, etc.

VIII[1]

A Châlons, ce mardi matin, 20 décembre 1662.

JE vous envoie le transport fait au nom de M. de Châ-

---

5. L'abbé Bouvier, expéditionnaire en cour de Rome et l'homme d'affaires à Rome du cardinal de Retz. C'était un personnage considérable, qui faillit, comme nous l'avons dit, arriver au cardinalat. M. Champollion a lu *Bruviers.* Voyez ci-dessus, p. 7, note 1.

6. Phrase omise par M. Champollion.

7. M. Champollion a lu : *Il me manque mes deux permissions* signées.

8. Texte Champollion : *la justification.*

9. Après cette phrase une ligne effacée.

10. Après *peut* un mot effacé. — 11. Un mot illisible.

1. Archives des Affaires étrangères, France, 90, p. 250. De la main d'un secrétaire : signature autographe du Cardinal. *Mémoires de Retz*, édition Heuguet, tome II, p. 408-411.

lons², qui est, ce me semble, moins affecté, plus vraisemblable et plus naturel que de la manière dont vous me le demandez. Ç'a été le sentiment de M. de Châlons, qui envoie en même temps sa procuration pour cet effet. L'expédient que vous avez pris pour le seigneur Carlo est digne du Normand; je ne le désapprouve pourtant pas, pourvu que ledit Carlo en tire en effet son argent, comme je le crois. Mais il faut que de ces mille francs-là, que vous avez épargnés de ce côté-là, vous en fassiez toucher quatre cents à Péan³, lesquels il faut joindre à mille autres que je mande à dom Laumer⁴ de lui bailler, pour me faire encore quelque vaisselle, dont je lui envoie le billet.

J'ai vu avec mes officiers qu'elle m'est de toute nécessité⁵, et il vaut mieux sortir pour une bonne fois de cet embarras, que de revenir tous les jours à faire travailler⁶. Cette dépense faite, j'ai ce qu'il me faut pour longtemps et peut-être pour toute ma vie. Faites, je vous prie, que l'on m'envoie cette vaisselle toute ensemble, le plus tôt qu'il vous sera possible, et surtout que l'on ne l'envoie pas sans un bon passeport et en bonne forme, visé par M. Colbert. Que l'on n'oublie pas aussi d'y mettre tous les couteaux qui sont venus d'Angleterre, et que M. de Chevincourt mettra entre

2. Vialart de Herse, évêque de Châlons, l'ami intime et confident du cardinal de Retz. Voyez les *Mémoires de Retz*, tome IV, p. 439 et note 1.

3. Il s'agit de Péan, l'ancien argentier ou orfèvre du Cardinal, et non de son frère, Jean-Jacques Péan, le maître d'hôtel de Retz. C'est ce que prouve la fin de la phrase.

4. Texte Champollion de 1842 : que je mande à *de* Laumer.

5. Cette phrase se rapporte évidemment à la vaisselle, comme le montre la phrase suivante commençant ainsi : Cette dépense faite, etc., et le mot *vaisselle* qui se trouve répété plus loin. M. Champollion a mis qu'*il* m'est, au lieu de qu'*elle* m'est.

6. Texte Champollion : *et* faire travailler.

les mains de Péan, pour y mettre mes armes. Envoyez-moi aussi, par la même voie, la toilette qui étoit entre les mains d'Imbert[7]. Mais, comme je vous viens de marquer, n'oubliez pas de prendre vos sûretés pour la douane, afin qu'on ne m'arrête pas cela à Châlons, comme on a accoutumé. Je vous dégraderai de votre chien de pays, si vous ne faites ce qu'il faut pour la vaisselle de Lyon[8]. Je me suis aperçu, depuis que je ne vous ai vu, qu'une des enclouures de notre grande affaire est la défiance[9] où l'on est du dessein que l'on prétend que mes amis ont de contester les transports. Travaillez, au nom de Dieu, à faire lever ces obstacles, qui ne sont en effet que des imaginations, et sans lesquelles pourtant, si je ne me trompe, on n'auroit pas fait difficulté de s'engager comme on le souhaite. Vous voyez la peine où nous mettent ces délais ; prenez garde, je vous conjure, que la conduite soit réglée juste de ce côté-là, et que la défiance ne s'augmente point, ou plutôt ne dure pas, et sur vos comptes[10] que l'on retient très-inutilement, et sans que cela puisse servir de quoi que ce soit, et sur toutes les autres choses que vous savez. Je vous avoue que tout cela me met très en peine. J'ai su encore, depuis que je ne vous ai vu, une

7. Ancien valet de chambre de Retz, qui avait contribué à la fuite de son maître du château de Nantes, et que le Cardinal, sur quelques soupçons, peut-être mal fondés, fit emprisonner depuis. Voyez sur Imbert les *Mémoires de Guy Joly*, p. 310 et 417 et suivantes. Imbert, malgré les grands services qu'il avait rendus au Cardinal, au moment de son évasion, ne rentra jamais en grâce auprès de lui.

8. Outre la vaisselle d'argent que Retz avait commandée à Péan, l'orfévre, qui habitait à Paris, il en avait fait acheter aussi à Lyon.

9. Texte Champollion : *confiance*.

10. Il y a dans le manuscrit et sur *sos* comptes, ce qui est évidemment une faute du copiste.

circonstance touchant les créanciers de la succession, qui me donne de très-justes appréhensions sur ce sujet. *Apri l'occhio*[11], Monsieur le Normand, et réparez au nom de Dieu, avec soin, ce que vous avez en partie gâté. Je sais bien que vous le ferez de votre côté, mais ce n'est pas assez: il faut que vous le fassiez faire encore aux autres, et que vous veilliez[12] soigneusement à prévenir les indispositions. Je vous répète encore que vous fassiez travailler incessamment à la vaisselle et au mémoire que l'on envoie par cet ordinaire, comme à l'autre, afin que tout cela puisse venir ensemble.

Le Cardinal de Rets.

Je vous envoie ci-joint le billet pour D. Laumer pour remettre entre les mains de Péan, en cas qu'il travaille au dernier billet, comme je n'en doute pas; si on juge qu'il soit à propos de rendre les comptes à Chevincourt, comme je le crois, on les peut et doit transcrire, cela est facile, etc.[13].

Allez, je vous en conjure, au-devant, avec soin, des indispositions et défiances que les finesses normandes, sur le fait de Bretagne, pourroient faire naître, si on s'en apercevoit, et considérez qu'il sera bien difficile qu'on ne s'en aperçoive pas, à moins que vous ne preniez de bons devants. L'affaire que vous savez est d'une telle conséquence que tout me fait peur.

Voyez M. d'Hacqueville[14], qui m'a promis de faire

11. Ouvrez l'œil.
12. Il y a dans le texte : que vous *vueilliez*.
13. Quatre lignes effacées au commencement de l'alinéa suivant.
14. C'est le même abbé, conseiller du Roi, dont il est si souvent question dans les lettres de Mme de Sévigné. Voyez à la table des lettres de Sévigné de notre collection, tome XII, p. 307 à 309. L'abbé était un des plus fidèles amis de Retz, qui parle

parler à M. Tillier, receveur des consignations[15], pour faciliter l'affaire, etc.

Je vous envoie la procuration de M. de Châlons en blanc ; mais prenez bien garde de ne pas faire de cette pièce ce que vous fîtes de la procuration générale, c'est-à-dire de vous conduire d'une telle manière qu'elle ne donne point lieu à Chevincourt de se plaindre. Si vous n'avez quelque moyen certain de remplir cette procuration d'une manière qui lui en ôte le sujet, il vaut mieux faire toucher en argent par lui, en l'obligeant néanmoins de le mettre en même temps entre les mains de ceux qui me le doivent faire tenir.

Après[16] ce qui fut dit devant tout le monde à Joigny[17], en sa présence, je crois qu'il n'y manqueroit pas ; mais je m'aperçois que tout ce que je vous mande est inutile et qu'il est bien aisé d'éviter cet inconvénient, en faisant remplir dès ici la procuration de M. de Châlons du nom de M. Morillon, qui est l'homme d'affaires de M. de la Houssaye, entre les mains duquel vous la remettrez.

Je vous envoie une adresse qui a été donnée par Sommaivillers[18], pour Saint-Dizier ; et, au premier ordinaire, on vous fera savoir quels sont les correspondants. La voie de Morel ne vaut rien, et je crois celle du sieur Le Moine beaucoup meilleure. Au reste, la procuration étant traitée en cette manière[19], ne peut cho-

plusieurs fois de lui dans ses Mémoires, notamment à propos du dévouement que lui montra l'abbé peu avant son arrestation. Voyez tome IV, p. 448, et tome III, p. 125 et note 6.

15. *Consinations* dans le manuscrit.

16. Cette fin de lettre, qui forme un feuillet à part, a été placée par erreur à la page 248 du manuscrit des Affaires étrangères.

17. Une des terres les plus considérables des Gondi était Joigny.

18. Lisez : *Sommervillers*. C'était le fils de Malclerc, l'écuyer du Cardinal, qui mourut l'année suivante. Malclerc de Sommervillers devint gouverneur de Commercy à la place de son père.

19. Texte Champollion : en cette *matière*.

quer Chevincourt, à qui vous pouvez même faire voir, sans affectation, que la chose est ainsi plus couverte et moins suspecte à l'égard des créanciers, passant par les mains de M. de Châlons et de M. de la Houssaye. J'ai cru être obligé d'en user ainsi pour déférer aux sentiments de M. de Châlons, par les mains duquel ces deniers doivent passer, etc. J'ai une indemnité de lui que Brosseau gardera, etc.

Dites à Chevincourt[20], en forme de discours, que je ne vous ai point écrit de Châlons et que vous n'avez reçu qu'un billet de Brosseau, qui vous mande que M. de Châlons, voyant que M. de la Houssaye ne s'étoit pas voulu charger du transport, s'en est chargé lui-même; et il est même mieux que ce ne ne soit pas vous qui donniez la procuration au sieur Morillon, [mais] que M. de la Houssaye la lui donne, ou fasse donner par M. de Châlons; cela est d'importance, et plus que vous ne pensez peut-être, etc.[21].

LETTRE DE BROSSEAU, L'UN DES SECRÉTAIRES DU CARDINAL DE RETZ, A L'ABBÉ PARIS[1].

3 février 1663.

MONSIEUR,

Son Éminence s'est trouvée indisposée depuis deux jours; elle se fit hier saigner et a pris aujourd'hui médecine; mais il n'y a aucun péril à son mal, grâces à Dieu. Vous jugez bien que dans l'état où Elle est, il est impossible qu'Elle vous fasse réponse. Elle ne manquera pas de le faire par le premier ordi-

20. En tête de cette page, on lit d'une autre main la date du 26 décembre 1662, qui n'est pas exacte, c'est le 20 qu'il faut lire.

21. Ce paragraphe est écrit à l'envers sur le verso du feuillet précédent.

1. Affaires étrangères, France, 90, p. 249. Lettre autographe, signée. Edition des *Mémoires de Retz*, de Heuguet, 1842, tome II, p. 410-411.

naire. Je vous dirai, en l'attendant, que votre lettre lui a été très-agréable, et que ce que vous lui mandez sur la consignation lui a donné beaucoup de joie. Travaillez toujours, s'il vous plaît, à cette affaire avec le même soin que vous avez fait jusques ici, et soyez assuré que, si elle réussit, comme il y a lieu de l'espérer, que vous aurez le tombereau qu'on vous a promis avec l'attelage des deux plus beaux ânes qui se pourront trouver dans Aubervilliers[2]. Son Éminence a donné ordre à M. Joly, par le dernier ordinaire, de solliciter M. Le Tellier de permettre qu'on tire de l'épargne les deniers qui y sont[3], pour être employés à la consignation ; Elle lui en avoit même écrit, il y a plus de dix jours et mon dit sieur Joly en a parlé à M. Le Tellier. Je vous ai envoyé par le même...[4] .... sans doute persuadé si vous considérez qu'il ne peut pas tomber dans l'esprit d'une personne qui se tient votre obligée, et qui vous honore au point que je fais de vous dire si librement vos vérités[5]. Je vous supplie donc de ne vous pas fâcher de ce que je vous mande, ou plutôt de ce que Son Éminence me commande de vous mander, et de me faire la justice de croire que je suis, etc.

Vous ne trouverez pas avec celle-ci l'acte de M. Vacherot[6], parce que ledit sieur Vacherot a trouvé à propos de l'envoyer à

2. Aubervilliers, dans la plaine de Saint-Denis, qui était peut-être alors renommé pour ses ânes. L'abbaye de Saint-Denis possédait d'ailleurs le fief du Vivier, sis à Aubert-Villiers (sic), et la promesse de Retz pouvait bien ne pas être une simple plaisanterie.

3. Deniers qui provenaient certainement de la saisie des revenus de l'archevêché de Paris, pendant la disgrâce du cardinal de Retz.

4. Ainsi finit la première page de la lettre : ce qui est écrit au verso ne correspond pas pour le sens. Le secrétaire de Retz aura omis quelques mots.

5. M. Champollion n'a pas cru devoir publier ces fragments tronqués, à partir du nom de Le Tellier.

6. Le médecin du cardinal de Retz, qui entra à son service pendant sa captivité à Vincennes et à Nantes, qui le suivit pendant tout son exil et qui l'accompagna à Commercy où il mourut peu après, comme on le verra dans une des lettres suivantes. Voyez les *Mémoires de Retz*, tome IV, p. 459 et note 3 ; et l'*Histoire de Commercy*, par Dumont, tome II, p. 149.

Monsieur son frère, à cause que c'est lui qu'il constitue son procureur.
[Je suis,]
Monsieur[7],
Votre très-humble et très-obéissant serviteur,
BROSSEAU.

Ce samedi, 3° février 1663.

IX[1]
(15 JANVIER 1664.)

Voici ce qu'on lit, à propos de la lettre qui suit, dans le catalogue d'autographes Van Sloppen :

« Lettre d'affaires, mais entremêlée de choses amusantes et spirituelles. Elle commence ainsi :

« Si vous avez le cœur percé, il faut que ce soit des traits de Mlle Estienne ; car je vous réponds sur mon honneur que ce ne peut être de la lettre prétendue renvoyée.... Je ne vois pas mieux ce que vous voulez dire par ce déguisement, et vous êtes une maligne bête, qui entendez à tout ce galimatias quelque finesse que je ne puis deviner. »

Puis, plus loin :

« La femme du procureur fiscal n'a que quarante ans : est-ce trop pour vous[2]? Vous êtes, sur ma foi, tous plus fols les uns que les autres de vous amuser à ces bagatelles, et vous feriez bien mieux, chien de Normand, de veiller aux surprises qu'on me fait, etc.... »

7. Rien dans le manuscrit ne précède le mot *Monsieur*.
1. Collection d'autographes de M. Van Sloppen, vendue le 13 juin 1843. Lettre autographe, deux pages in-4°. Il est fort probable que cette lettre a été soustraite au recueil du Ministère des Affaires étrangères où se trouvent les lettres de Retz adressées au même personnage, lettres qui précèdent et qui suivent.
2. Le Cardinal avait probablement été mis au courant de quel-

X[1]

Ce 22 mars 1664.

On me vient de mander de votre part une très-méchante nouvelle, et qui me met en peine. Je crois pourtant que l'accommodement fait avec l'homme que vous savez, diminue une partie de l'inconvénient, et je suis aussi persuadé que, quand même on seroit obligé de recommencer, les grands avantages que j'ai sur la chose feroient que peu de gens s'y empresseroient. Il ne faut pourtant rien oublier pour s'en défendre et il faut s'appliquer très-soigneusement aux remèdes, et il faut pour cela être continuellement sur les talons d'avocat, procureur, clerc, etc. A quoi donc songez-vous d'aller à Rouen, Monsieur le Docteur? A quoi pensez-vous de penser seulement à cette incartade? Ne quittez, je vous prie, de ce carême, non plus Paris que si vous y étiez un des piliers du Palais. Chevincourt m'écrit aujourd'hui comme doutant encore qu'il faille demander l'évocation[2] pour le procès des intérêts[3]. Je lui fais réponse que mon sentiment est qu'il n'y faut pas balancer; examinez bien cela tous ensemble. Mais, quant à moi, je suis persuadé que c'est et le plus court et le plus sûr, et qu'il

que aventure galante de l'abbé de Paris, et il lui adressait une semonce, moitié en grondant, moitié en plaisantant.

1. Archives des Affaires étrangères, France, 90, p. 103. De la main d'un secrétaire. Signature autographe. *Mémoires de Retz*, édition de 1842, p. 411-412.

2. C'est-à-dire l'évocation de l'affaire par-devant le Conseil d'État du Roi, en en retirant au Parlement la connaissance.

3. Il s'agit très-probablement d'un procès que le Cardinal se proposait d'intenter au gouvernement pour revendiquer la somme totale des intérêts des revenus de l'archevêché de Paris, qui avaient été mis sous le séquestre, pendant les dix années de sa captivité et de son exil, et dont on ne lui avait remboursé, à sa rentrée en France, qu'une très-faible partie.

y a trop d'inconvénient à laisser juger l'affaire au Parlement. Si l'on pouvoit s'accommoder avec les créanciers, ce seroit en vérité une chose bien avantageuse et qui nous tireroit bien de peine, tant à l'égard de ce procès des intérêts qu'à cause de l'autre circonstance que je vous ai touchée ci-dessus. La pensée de M. de la Houssaye est qu'on ne peut trouver de sûreté à cet accommodement ; mais cette nouvelle circonstance que l'on a découverte mérite bien que l'on en examine encore plus à fond la possibilité ou l'impossibilité. Étudiez tout ce détail à fond au lieu d'aller à Rouen, pour me pouvoir mander ce qui en est. Il n'y a rien de plus important ni de plus pressé dans mes affaires. La signification aux débiteurs des rentes choqueroit Chevincourt autant que la clause ; c'est la pensée de M. de la Houssaye, à ce que je vois par sa lettre d'aujourd'hui ; c'est la mienne pareillement, et mon sentiment est qu'il faut attendre sur[4] cela la vue[5] du Roi qui nous donnera peut-être plus d'ouverture sur toutes choses.

Vous aurez vu ce que j'écrivis dernièrement à Chevincourt[6] sur les meubles de Villepreux[7]. Il se faut bien garder d'y toucher jusques à ce que j'aie su si on est en humeur de me tenir la parole que l'on m'a donnée, pour les plus beaux que l'on a portés à Paris. Il n'y a pas un des tableaux de la galerie qui ne soit trop vieux et trop effacé pour être transféré[8]; je les laisse de

---

4. Texte Champollion : pour cela.
5. Il y a bien dans le manuscrit : « la veuë du Roy. »
6. Chevincourt : en abrégé dans le texte : Chev^{rt}.
7. Une des propriétés des Gondi, près de Versailles (aujourd'hui faisant partie du canton de Marly-le-Roi, Seine-et-Oise). Après la mort de son père, Emmanuel de Gondi, ancien général des galères, qui mourut dans sa terre de Joigny, le 29 juin 1662, le cardinal de Retz eut à partager avec son frère aîné, Pierre de Gondi, duc de Retz, les meubles du château de Villepreux.
8. Il s'agissait sans doute d'une galerie de portraits de famille,

bon cœur à Madame⁹ Couturier, et j'en ferai faire en temps et lieu des copies pour Commercy. Vous vous passerez donc pour cette fois des guenilles que vous m'auriez volées, selon votre projet ; car je vous assure que, si on ne me rend quatre tapisseries que l'on a ôtées de Villepreux, je renverrai¹⁰ en cérémonie à l'Hôtel de Retz les haillons que l'on y a laissés.¹¹ Raillerie cessante, gardez-vous bien de quitter Paris dans ces moments ; ils sont précieux pour mes affaires domestiques ; et outre cette considération, je suis bien aise d'aller au-devant¹² des sacriléges que vous feriez à Rouen. Ne donnez aucune défiance nouvelle à Chevincourt¹³ sur ses comptes, etc. Il n'est déjà que trop effarouché, et laissez dormir toutes ces difficultés, dont vous me parlez¹⁴, jusques à mon voyage, qui pourra remédier à beaucoup de choses.

Le Cardinal de Retz.

Ayez l'œil, monsieur le Normand, à ce que l'on ne s'endorme pas sur l'évocation, en cas qu'elle soit nécessaire, comme j'en suis très-persuadé en mon particulier¹⁵, etc.

puisque le Cardinal, dans la même phrase, dit qu'il en fera faire des copies pour son château de Commercy.

9. Il y a dans le texte M⁰, que M. Champollion a interprété par *Madame*, avec raison, car on voit plus loin, Madame Couturier écrit en toutes lettres.

10. Texte Champollion : je *vous* renverrai.

11. Comme on le voit, le Cardinal n'était pas content que le duc son frère eût fait main basse sur la meilleure partie du mobilier de Villepreux.

12. Edition de 1842 : au *deuvant*. Retz voulait dire par là qu'il craignait que l'archidiacre de Rouen ne fût obligé de dire la messe dans la cathédrale de sa ville natale.

13. Chev^{rt}. : ainsi en abrégé dans le texte.

14. Texte Champollion : dont vous me parlez *plus*.

15. Suscription : *Monsieur, Monsieur Paris, Archidiacre et Chanoine*

XI[1]

A Commercy, ce 1er avril 1664.

Je reçois tout présentement votre lettre du 29. Je commence[2] un peu à me radoucir sur les meubles de Villepreux, puisque l'on commence à parler plus raisonnablement[3]. Je ne saurois pourtant vous envoyer encore aujourd'hui le mémoire dont je vous ai parlé; mais vous l'aurez certainement samedi, avec la manière dont il se faut conduire touchant ces meubles. Il est à propos d'essayer d'en tirer le plus que l'on pourra. M. d'Hacqueville nous y sera utile ; je vous entretiendrai de tout cela samedi. Vous êtes un brave homme d'avoir achevé l'affaire du boulanger. Brosseau dit que vous y avez grappillé quelque chose, quand ce ne seroit que les crottes que vous gagnâtes en revenant chez vous, la nuit. Dites, je vous prie, à l'abbé Rousseau que je lui envoyerai samedi un ordre pour le verrier du Liége[4]. Je ne pourvoirai point à ce que vous savez, que je ne sois sur les lieux ; rien ne presse et rien ne se fera que

de l'Église de Rouen. Deux cachets en cire rouge, aux armes du Cardinal, plaqués sur lacs de soie.

1. Archives des Affaires étrangères, France, 90, p 104. *Mémoires de Retz.* Edition de 1842, tome II, p. 213.

2. Texte Champollion : *je recommence*, etc.

3. Le père du cardinal de Retz étant mort, comme nous l'avons dit plus haut, il y eut, comme on le voit, quelques dissentiments entre le duc de Retz, Pierre de Gondi, et son frère le Cardinal, au sujet du partage des meubles de Villepreux.

4. Edition de 1842 : *de liége*, sans majuscule. Il y a bien du Liége. Au XVIIe siècle, on déclinait le nom de cette ville, ainsi que nous l'avons dit précédemment, p. 31, note 2. Tout ce qui précède est de la main d'un secrétaire du Cardinal ; tout ce qui suit à partir des mots : *Je ne pourvoirai point*, jusqu'à la fin, est de la main de Retz. La lettre n'est pas signée, ainsi que le laisseroit supposer le texte de M. Champollion.

consideratis à fonds *considerandis*⁵. Vous êtes une bête de vous imaginer que j'aille si vite. On vous entendra⁶ devant que de rien résoudre là-dessus, qui ne presse pas encore⁷.

XII¹

Commercy, ce 5 avril 1664.

Je suis très en peine de la santé de M. de Chevincourt et parce que je n'ai point eu aujourd'hui de ses lettres, et parce que j'ai vu, dans une qui est écrite à Gaultray², qu'il continue à se mal porter. Je ne lui écris pas de peur de l'incommoder, mais cette lettre sera pour vous et pour lui. Portez-la-lui donc, s'il vous plaît, monsieur le Normand. J'ai envoyé le double du mémoire des meubles ci-joint à M. d'Hacqueville, et je le prie de savoir de M. le duc de Retz si il me veut bien tenir la parole qu'il m'a donnée à Joigny, touchant ces meubles. Si il le fait, dont je doute fort, à la bonne heure, j'en serai très-aise, car ils m'accommoderoient fort. Mais si il ne veut rendre que ce que vous me marquez, qui ne me seroit nullement utile, je suis résolu de lui renvoyer ces guenilles. Voyez donc M. d'Hacqueville puisque Chevincourt n'est pas en état de cela, et si il vous témoigne qu'il n'y a rien à espérer que ce que

5. Texte Champollion : *consideratis*.
6. Texte Champollion : *je* vous *entendrai*, etc.
7. Pas de suscription. Le feuillet qui la contenait a été enlevé.
1. Archives des Affaires étrangères, France, 90, p. 105. De la main d'un secrétaire. Signature autographe du Cardinal. Édition des *Mémoires de Retz*, de 1842, p. 413-414. M. Champollion avait déjà publié cette lettre dans son édition de 1836, mais incomplète d'une partie du premier paragraphe.
2. L'un des secrétaires du cardinal de Retz. Il signait Gaultray ; l'autre secrétaire de Retz, Brosseau, a écrit *Gautray*.

Celon vous a dit, dites audit Celon que vous avez ordre de moi de laisser à mon frère tous les meubles qui restent à Villepreux. Il est certain qu'il vaut beaucoup mieux n'en rien prendre que d'en recevoir si peu de chose, et je vous prie que l'on leur rende par compte jusqu'au moindre châlit³. J'ai des raisons très-fortes d'en user ainsi. Si Madame de Rets ne retenoit que les trois lits dont elle a parlé autrefois à M. de Chevincourt, à la bonne heure, mais vous verrez par ce mémoire qu'elle retient bien d'autres choses. Ne manquez pas donc, s'il vous plaît, d'en user ponctuellement comme je vous le dis; la chose est d'importance et j'ai mes raisons. Matharel⁴ m'a mandé, par le dernier ordinaire, que le désistement de M. le Chancelier est signé; mais il me semble que, comme une des principales raisons que nous avons de nous défendre de la condamnation des intérêts est tirée de la difficulté que faisoit M. le Chancelier, il est important de le tenir secret jusques à ce que ce procès soit jugé⁵. C'est M. de Saint-Avaux⁶ qui vient de me faire faire cette remarque, à laquelle je suis persuadé que M. de Chevincourt aura déjà pensé; et même M. de Saint-Avaux est fort édifié de ce que

3. « Bois de lit. Il est vieux. » (FURETIÈRE, *Dictionnaire*, 1690.)
4. M. Champollion a omis tout ce qui précède jusqu'au mot *Matharel*. Matharel était un des partisans de Retz. Il fut mis à la Bastille, en 1657, pendant l'exil du Cardinal, pour avoir tenu quelques propos imprudents (*Mémoires de Guy Joly*, p. 413).
5. Il s'agissait très-probablement, comme nous l'avons dit, d'un procès intenté par Retz au chancelier Séguier à propos des intérêts des sommes perçues par le gouvernement sur les revenus de l'archevêché de Paris, qui avaient été mis sous le séquestre. De ces revenus, il ne fut rendu à Retz qu'une partie, et, de plus, on lui contesta les intérêts de ces revenus.
6. Lisez : Saint-Avold. Dom Hennezon, le directeur de conscience du cardinal de Retz qui l'assista à ses derniers moments, et dont nous aurons l'occasion de parler souvent dans la correspondance suivante.

vous n'allez pas à Rouen ces fêtes, parce qu'il est fort persuadé que vous ne direz pas la messe à Paris, ce qui est un très-grand bien pour le salut de votre âme. Dieu nous garde de vos funestes prophéties, chien de Normand. Je serois terriblement incommodé si le quartier de la Saint-Jean manquoit[7]. Et comment ferois-je pour subsister ?

Le Cardinal de RETS[8].

Masselin se plaint que M. le bailli[9] le tourmente à Saint-Denis. Il faut empêcher cela, car il est vrai qu'il y a eu des temps desquels je me dois ressouvenir à l'égard de cet homme.

Malclerc[10] me vient de dire que, par les lettres d'aujourd'hui, M. de Chevincourt se porte beaucoup mieux. J'en ai bien de la joie. S'il est en état de parler lui-même à M. d'Hacqueville, je le prie d'en user comme il est marqué ci-dessus.

---

7. Sans doute le payement par quartiers des revenus de l'abbaye de Saint-Denis.

8. Signature autographe du Cardinal. M. Champollion, qui a deux fois reproduit des fragments de cette lettre dans son édition de 1836 et dans celle de 1842, n'a pas jugé à propos de publier le post-scriptum.

9. Le bailli de la ville de Saint-Denis.

10. Ce Malclerc, comme nous l'avons dit plus haut dans une note, p. 150, était le fils de M. de Malclerc, l'écuyer de Retz, mort en 1663, dont il est si souvent question dans les *Mémoires* du Cardinal. Le fils portait le prénom de Dominique et à son nom patronymique avait ajouté celui de *Sommervillers*. Le père et le fils furent successivement gouverneurs de Commercy.

XIII[1]

« Cette lettre, très-curieuse par l'originalité du style, commence ainsi :

« J'ai reçu votre paperasse, chien de Normand. Vous vous êtes guéri de la goutte en voyant seulement l'argent du boulanger. »

XIV[1]

Ce 26 avril 1664.

Vous n'aurez qu'un mot de moi, car je suis si accablé de douleur que je n'ai pas la force de vous écrire plus au long : nous avons perdu le pauvre M. Vacherot[2]. Mon sentiment est qu'il faut laisser les meubles de Villepreux à l'Hôtel de Retz[3], en tirant pourtant un

---

1. *Catalogue d'une collection d'autographes* dont la vente a eu lieu en février 1839 (Charon, expert), n° 437. Vendue 21 francs. Cette lettre devait provenir de la collection des lettres de Retz à l'abbé Paris qui se trouve dans le recueil 90 des Affaires étrangères. La note en tête du fragment ci-dessus figure dans le catalogue.

1. Archives des Affaires étrangères, France, 90. p. 106. De la main d'un secrétaire. Signature autographe de Retz. La suscription a été enlevée. *Mémoires de Retz*, édition de 1842, t. II, p. 414.

2. Le médecin du cardinal de Retz, qui était entré à son service pendant sa captivité à Vincennes et qui, depuis, n'avait cessé de rester attaché à sa personne. Voyez la note ci-dessus, p. 152, et *Mémoires de Retz*, tome IV, p. 459 et note 3. Vacherot mourut à l'âge de soixante-deux ans, d'une inflammation de poumon, pour avoir trop aimé le vin, dit Guy Patin. Il est dit dans les *Mémoires du P. Rapin*, tome II, p. 225, note 1, qu'il mourut au mois de mai. Mais c'est une erreur, ainsi que le prouve la date de la lettre de Retz. La mort devait remonter à peu de jours avant cette date.

3. L'hôtel de Retz, qui appartint ensuite à la famille de Sour-

bon récépissé du concierge, *ne varietur*, etc. Vous aurez par la voie de l'abbé Rousseau la réponse au mémoire qu'il a envoyé; sur le tout allez au plus sûr. Je chercherai les mémoires que vous demandez[4], quoique je sois persuadé qu'ils contiennent plus de faribolles que d'autres choses.

Le Cardinal de RETS.

Pourquoi vendre les meubles de bois qui sont à Villepreux! n'en ai-je pas affaire[5] ici? Et ne pourront-ils pas venir par eau[6], à peu de frais, quand on apportera les autres hardes plus considérables?

XV[1]

Ce 3 mai 1664.

J'AI été malade, et le pauvre M. Vacherot est mort; voilà la raison de mon silence. Vous devez avoir ma réponse touchant les meubles, mais demandez à La Forge quelle tapisserie il y avoit dans la chambre du bout[2] de la galerie, du côté de la chapelle. Je vous assure qu'il me souvient très-nettement que c'étoit celle

---

dis, était situé rue Charlot (actuellement rue d'Orléans, 5); c'est aujourd'hui l'hôtel de Cambis.

4. M. Champollion a publié en italique cette dernière phrase, croyant peut-être y voir une allusion aux *Mémoires de Retz*. Nous ferons remarquer que la phrase n'est pas soulignée dans le manuscrit.

5. Texte Champollion : *à faire* ici. Le mot *afaire* est ainsi orthographié dans le manuscrit

6. C'est-à-dire par la Marne et la Meuse.

1. Affaires étrangères, France, 90, p. 107. De la main d'un secrétaire. Signature autographe du Cardinal; publiée par MM. Champollion dans leur édition des *Mémoires de Retz*, de 1836, p. 598.

2. Texte Champollion : *du haut*.

des fontaines à fond³ blanc. Vous croyez bien que la pièce qui est ici ne remplissoit pas toute cette chambre. Il est juste de donner les cinquante pistoles à M. Demodave⁴, mais il est bon de les prendre ailleurs que de ma subsistance, dans un temps où le voyage de la Cour, qui approche⁵, me la rend encore plus nécessaire qu'à l'ordinaire dans son tout et toutes ses parties. Je suis très-aise du désistement des Châtelains. J'écris au P. D. Laumer au sens que M. de la Houssaye vous a marqué. Je suis encore si affligé de la perte du pauvre M. Vacherot que je ne m'en puis remettre.

Le Cardinal de Rets.

XVI¹

Ce 6ᵉ mai 1664.

Je suis très-aise de ce que vous me mandez touchant les économies, et je ne manquerai pas d'écrire par le premier ordinaire à M. de la Houssaye que le premier trait de votre panégyrique a été² de vous vanter de

---

3. Il y a *fonds* dans le manuscrit.

4. Le procureur du Cardinal, à Paris. On trouvera plus loin ce nom écrit : de Modave.

5. On sait que le Cardinal dut rester à Commercy jusqu'à l'envoi des bulles du nouvel archevêque de Paris, Hardouin de Péréfixe, qui avait succédé à M. de Marca, et qui ne monta sur son siége que le 20 avril 1664. Retz ne fut admis à voir le Roi à (Fontainebleau) que le 6 juin suivant. (*Gazette* du 14 juin; *Mémoires de Guy Joly*, p. 469. Voyez aussi mon ouvrage intitulé : *Le Cardinal de Retz et ses missions à Rome*, p. 59 et suivantes.)

1. Archives des Affaires étrangères. France, 90, p. 108. De la main d'un secrétaire. Signature autographe de Retz. Suscription enlevée. Publiée par MM. Champollion dans leur édition des *Mémoires de Retz*, de 1836, p. 598.

2. Texte Champollion : *est* de vous.

l'avoir fait danser³. Il est certain, raillerie cessante, que c'est une grande affaire d'avoir de quoi payer tous les petits créanciers ; mais vous seriez un brave homme si vous pouviez, sans nuire pourtant⁴ au gros des affaires, mettre quelque chose à part de cette somme⁵ pour mon bâtiment⁶, ou pour mon voyage⁷, qui est une dépense extraordinaire. Je vous honore, messire Nicolas, et pour vous le témoigner je fais travailler Brosseau au re-

3. « *Faire danser une personne*, la traitter avec rigueur. » (ANTOINE OUDIN, *Curiositez françoises*, 1656.)
4. Texte Champollion : sans nuire au gros des affaires.
5. Texte Champollion : de cette somme à part.
6. Le Cardinal, dès son arrivée à Commercy, en fit réparer de fond en comble le vieux château, qui lui appartenait et qui était fort délabré par le temps et les différents siéges qu'il avait soutenus, depuis Charles-Quint. Le prince de Condé, ennemi de Retz, s'en était emparé par surprise le 22 novembre 1652. C'était plutôt une place de guerre qu'une résidence seigneuriale. Le Cardinal en fit raser les tours à la hauteur du bâtiment principal, et convertit ce qui en restait en appartements. Il fit reconstruire la façade telle qu'on la voit encore aujourd'hui. Des salons remplacèrent les salles d'armes et les corps de garde. En attendant que le château fût en état de le recevoir, Retz s'installa chez le prévôt du lieu, M. de Tailfumyr, dont la maison était située au haut de la rue des Chanoines, à l'angle de la poterne. En 1843, cette maison, qui subsiste encore, était occupée par MM. Blaise et Denis. Voyez l'*Histoire de la ville et des seigneurs de Commercy*, par C.-E. Dumont, avocat à Commercy, 3 volumes in-8°, Bar-le-Duc, 1843, tome II, p. 139 et suivantes. Voyez aussi la *Notice des duchés de Lorraine, de Bar et de Luxembourg*, par Aug. dom Calmet, 2ᵉ édition publiée à Lunéville, en 1840, 2 vol. in-8°, tome Iᵉʳ, p. 214 à 251. Le cardinal de Retz tenait la seigneurie du château haut de Commercy du chef de sa mère, Françoise-Marguerite de Silly. Nous dirons plus loin dans les notes de la correspondance de Retz avec son homme d'affaires, M. de la Fons, comment et à quelle époque il céda ses droits de propriété sur cette seigneurie au prince et à la princesse de Lislebonne, mais en s'en réservant l'usufruit sa vie durant.
7. MM. Champollion ont lu « pour mon voyage *à la Cour* ». Ces trois derniers mots ne sont pas dans le manuscrit.

cueil des louanges que vous vous êtes données depuis deux ans. O vaillant Hercule, destructeur des cruels monstres, les Châtelains[8]!

Le Cardinal de RETS,

XVII[1]

Commercy, ce 17 mai [1664][2].

NE vous moquez pas une autre fois du bon Dieu, monsieur le Docteur, en citant la Sainte Écriture. A Joigny, à Joigny! toutes choses [cessantes][3], ne manquez pas de vous y rendre, je vous prie. Je pars le lendemain de l'Ascension, et vous pouvez juger delà le temps auquel j'y serai, parce que je ne demeurerai qu'un jour à Châlons[4]. Si Madame de Guiméné[5] est si pressée, il vaut mieux, à mon sens, que vous lui don-

8. Retz avait un procès avec des sieurs Châtelain qui étaient sans doute de ses créanciers.

1. Affaires étrangères, France, 90, p. 109. De la main de dom Hennezon. Signature autographe de Retz. Suscription enlevée. Publiée par MM. Champollion dans leur édition des *Mémoires de Retz*, de 1836, p. 598-599.

2. Le millésime n'est pas dans le manuscrit.

3. Le mot *cessantes*, nécessaire au sens de la phrase, ne se trouve pas dans le manuscrit. Il a été ajouté par MM. Champollion. On pourrait lire aussi : avant toutes choses.

4. Sans doute pour aller rendre visite à son ami M. Vialart de Herse, évêque de Châlons.

5. Saint-Simon a dit du cardinal de Retz (*Écrits inédits*, tome VI, p. 74), qu'il était « d'une galanterie toujours fine et utile ». Et le mot de Saint-Simon trouve ici son application toute naturelle, lorsque l'on se rappelle les relations qui existaient entre la princesse et le Cardinal. Il profitait du faible qu'elle avait pour lui, afin d'avoir recours à sa bourse, mais seulement, il va sans dire, à titre de prêt. Voyez les *Mémoires de Retz*, notamment tome Ier, p. 104, et note 6; tome III, p. 169-170, etc.

niez les six mille livres et j'aime mieux prendre ici de l'argent de M. Le Moine, que vous aurez soin de lui rendre ponctuellement à la Saint-Jean. Je vous manderai pourtant[6] mardi, plus positivement, ce que vous aurez[7] à faire là-dessus. C'est assez pour cette fois. Tout le reste à Joigny, où M. de Saint Avold[8], qui écrit ce billet, s'attend avec respect de vous voir prononcer votre panégyrique, commenté[9] par le Père dom Laumer. Je ne fais pas réponse à Monnier[10]; nous parlerons de tout cela à Joigny[11]. Ce que j'en puis dire présentement, est que je ne le blâmerai jamais quand il aura suivi les ordres de M. de la Houssaye.

Le Cardinal de Rets.

P.-S. — Si nous sommes condamnés aux intérêts, pour l'amour de Dieu[12], veillez au moins à remédier aux mauvaises suites, et si votre présence est nécessaire pour cela, ne venez pas même à Joigny, mais, hors cette considération, n'y manquez pas.

6. Texte Champollion : *plustôt.*
7. Texte Champollion : ce que nous aurons.
8. M. Champollion a mis : M. de Saint-Amand. Il s'agit de M. de Saint-Avold, dom Hennezon, l'ami et le conseiller de Retz.
9. Texte Champollion : *Commencez.*
10. Texte Champollion : pas de réponse, Monsieur....
11. Les Gondi possédaient à Joigny le château de ce nom et de grandes terres. Le père du cardinal de Retz y avait souvent fait sa résidence, pendant ses dernières années.
12. Texte Champollion : pour l'amour de *vous.* La lettre dans l'édition de 1836 s'arrête au mot : *suites.*

XVIII[1]
(23 août 1664.)

Vous trouverez ci-joint l'acquit à dom Laumer[2]. Je ne lui écris point aujourd'hui; mais il ne fera pas de difficulté de vous donner[3] les trois cents livres restants, sur ce que je vous mande ici, que vous lui montrerez. Êtes-vous fol de parler encore de l'affaire de Jouy-le-Chastel? Quand il n'y auroit ni conscience ni honneur[4] au monde, la seule bonne conduite ne permettroit pas de faire de ces tours indirects, où il y a bien plus de réputation à perdre que d'argent à gagner. Il faut aussi montrer cette dernière période[5] à dom Laumer, qui ne manquera pas de la commenter à votre honneur et louange. Mais tout de bon et sérieusement, l'affaire est faite, et je serois très-fâché que l'on pût prendre seulement le moindre soupçon que je connivasse[6] à ces sortes d'enchères, auxquelles même je me crois obligé de m'opposer de toute ma force. Mais quand rendrez-vous à M. Prestic les mille livres qui restent à lui payer? Mandez-le-moi, s'il vous plaît, Monsieur le Docteur. Pour l'amour de Dieu, ne vous brouillez pas avec

---

1. Archives des Affaires étrangères, France, 90, p. 110. De la main d'un secrétaire. Signature autographe de Retz. Suscription enlevée; publiée dans les *Mémoires de Retz*, édition de 1842, tome II, p. 414-415.
2. Nous avons dit plus haut dans une note que c'était un des bénédictins de l'abbaye de Saint-Denis, chargé des affaires temporelles de la communauté.
3. Texte Champollion : de *lui* donner.
4. Texte Champollion : ni honneur ni conscience, etc.
5. Texte Champollion : Il faut bien montrer cette période, etc.
6. M. Champollion a lu : *commuasse*, qui n'a pas de sens. Édition de 1842, p. 414. Il y a bien dans le manuscrit lu très-attentivement *conniuasse*.

M. Forcadel[7], et songez, deux fois le jour, qu'il faut aller au solide et ne point s'arrêter à toute pierre. En un mot, je ne veux pas que l'on se brouille avec lui, et j'ai raison.

A Commercy, ce 23ᵉ d'août 1664.

Le Cardinal de RETS.

Marigny[8] m'a écrit et me mande qu'il a reçu sa pension de l'année passée. Cela vaut, à mon opinion, un acquit. Je vous envoie La Plaine[9], qui est, ce me semble, sur l'état de mes pensions pour cent écus. Mais, outre cela, il le faut loger en lui donnant ce petit emploi[10] dont nous avons parlé avec dom Laumer. Parlez-lui-en encore de ma part, et faites exécuter la chose sans délai. Elle est importante et à cause des services que cet homme a rendus, et par la considération de M. de Châlons. Que voulez-vous aller faire à Rouen? Vous damner à faire l'hypocrite[11]? Mais surtout ne partez pas sans me mander le temps de votre départ, et sans avoir eu ma réponse à la lettre par laquelle vous me le manderez.

7. Ce Forcadel devint plus tard fermier général de toutes les terres de l'abbaye de Saint-Denis.

8. Il s'agit sans doute du fameux pamphlétaire du temps de la Fronde, Jacques Carpentier de Marigny. On sait qu'il était un des familiers du Cardinal, puis du prince de Condé, qu'il accompagna à Bruxelles pendant son exil. Il mourut en 1670.

9. Nous avons fait de vaines recherches pour savoir quel était ce La Plaine, qui avait rendu des services au Cardinal. Quoi qu'il en soit, la pension que lui payait Retz est une preuve de plus de sa reconnaissance pour quiconque lui avait donné des preuves de dévouement.

10. Un petit emploi dans l'abbaye de Saint-Denis.

11. Rouen était le pays de l'abbé Paris, et, en y allant, il ne pouvait se dispenser, comme archidiacre et chanoine de la cathédrale, d'y dire la messe. Voilà à quoi fait allusion le cardinal de Retz.

XIX[1]
(30 août 1664.)

Si le receveur de Buzey[2] vient, j'en userai comme vous le marquez. C'est M. Crochet[3] qui avoit écrit à l'argentier pour la chapelle. Je vous l'ai renvoyé et pour savoir ce que c'est et à cause de la parole donnée aux Nicolas. Minot me la demande, qui aura la même réponse, et vous la lui pouvez faire vous-même, en lui ajoutant que je ne l'oublierai pas dans les occasions. Laissez les 70 livres au Chapitre de Saint-Paul[4]. Pour la première prébende, il est juste que vous l'ayez, puisque vous n'avez pas eu l'autre. Je ne tiens pas l'achat de Maisoncelles[5] possible, de la manière que M. de Jouy le prétend. Laissez dormir cela sans en parler davantage. L'accommodement avec la Serment[6] est une très-

1. Archives des Affaires étrangères. France, 90, p. 112. *Mémoires de Retz*. Édition de 1842, tome II, p. 415-416.

2. Buzay, en Bretagne, près de Nantes, une des anciennes abbayes du cardinal de Retz, qu'il possédait déjà n'étant que simple abbé, et dont il porta d'abord le nom. Ce nom lui ayant déplu, parce qu'il semblait un dérivé du mot *buse*, il prit le nom d'abbé de Retz. Voyez Tallemant des Réaux, *Historiettes*, édition Téchener, tome IV, p. 161; et *Mémoires de Retz*, tome I, p. 94, note 2.

3. Texte Champollion : Trochet.

4. Il n'y a pas de point dans le manuscrit après le mot Saint-Paul; le point se trouve après le mot prébende. M. Champollion a saisi le vrai sens de la phrase en plaçant le point dans son texte, après le mot Saint-Paul.

5. La châtellenie, terre et seigneurie de Maisoncelles, appartint plus tard à l'abbaye de Saint-Denis. Ce fut Retz, comme on le verra plus loin, qui en fit l'acquisition en tant qu'abbé de Saint-Denis.

6. La Serment, comme on le verra plus loin dans la correspondance adressée à M. de la Fons, était créancière du cardinal de Retz. MM. Champollion ont mis : *le serment*.

bonne chose et très-nécessaire, et contribuez-y tout ce que vous pourrez[7]. N'entrez jamais, Monsieur le Docteur, en aucun détail avec les créanciers des pensionnaires. C'est de quoi il ne faut jamais prendre connoissance, parce qu'il ne faut jamais donner l'argent qu'aux pensionnaires mêmes, mais à terme préfix et sans avances, y ayant inconvénient d'en faire pour plus d'une raison. Vous allez à Rouen, chien de Normand. Mais si vous y allez sans attendre ma réponse, après que vous m'aurez mandé le jour que vous partirez, vous serez fustigé, ou plutôt vous n'aurez point de réponse à ce que vous demandez pour la récompense du sel et autres telles parties d'apothicaire[8]. Mais je crois que vous trouverez par avance cette réponse dans quelque repli de vos mains crochues.

A Commercy, ce 30ᵉ d'août 1664.

Le Cardinal de RETS.

Si pour faire taire Madame Daurat[9], ou du moins pour lui faire attendre avec quelque patience le payement de Madame Couturier, il ne tenoit qu'à lui donner quelque petite somme pour le payement de quelque année d'intérêts qu'elle prétend, je crois qu'il ne seroit pas mal à propos que vous avançassiez pour cela quelque chose. Mais c'est pourtant ce qu'il ne faut faire

---

7. Pour l'emploi de *contribuer* activement, voyez tome II, p. 430, note 1; tome V, p. 464, note 1; tome VI, p. 39, note 25; tome VII, p. 7, note 8.

8. « *Des parties d'apothicaires* sont des mémoires de frais, ou de fournitures, dont il faut retrancher la moitié pour les payer raisonnablement. » (FURETIÈRE, *Dictionnaire*, 1690.)

9. Mme Daurat était sans doute une parente de l'abbé Jean-Jacques Daurat ou Dorat, un des fidèles partisans de Retz, qui faillit être jeté à la Bastille pour avoir remis une lettre du Cardinal exilé à l'Assemblée du clergé. Voyez le tome VI des œuvres de Retz, p. 182, note 2.

qu'à l'extrémité. Vous pouvez, sans vous ouvrir, savoir de l'état où l'on sera avec elle par Chevincourt, qui est celui qui lui parle touchant les contrats de Madame Couturier.

XX[1]
(8 novembre 1664.)

Je serai le 22 ou le 23e de ce mois à Joigny. Ne manquez pas, s'il vous plaît, Monsieur le Docteur, de vous y trouver avec un état bien exact de mes dettes, qu'il est important que j'examine de nouveau à fond devant[2] mon voyage de Paris[3]. Êtes-vous fol de vous imaginer que je puisse faire avec M. Joly l'affaire dont vous me parlez? et si il se trompoit dans ses espérances, serois-je capable, à votre avis, de me tenir quitte de la somme dont il s'agit[4]? Si nos prétentions sont bonnes, je perdrois à ce marché, et si elles ne réussissent pas, je n'y gagnerai rien. Je veux espérer que Madame de Guimené[5] se sera contentée

1. Archives des Affaires étrangères. France, 90. De la main d'un secrétaire. Signature autographe de Retz. Manque la suscription. Publiée par M. Champollion dans son édition de 1842.
2. Avant « *Apprens deuant ou premier que c'est de viure.* » (Nicot, *Thresor*, 1606.)
3. Le cardinal de Retz fut mandé à Paris vers les premiers jours de mars 1665, par le Roi, qui lui donna l'ordre de se rendre à Rome, avec mission d'y traiter plusieurs affaires litigieuses entre la cour de France et le Vatican. On pourra en voir le détail dans notre ouvrage intitulé : *Le Cardinal de Retz et ses missions à Rome*, p. 175 à 446. Retz ne fut de retour à Commercy que le 5 novembre 1666. Il était arrivé à Rome le 16 juin 1665, et y avait passé par conséquent seize mois.
4. Tout ce dernier membre de phrase, depuis « et si il se trompoit », a été omis dans le texte Champollion.
5. Mme de Guémené, avec laquelle Retz eut tant d'aventures galantes. Voyez les *Mémoires de Retz*, tome I, p. 104, note 6 et *passim*.

d'un transport. Si cela n'est pas, dites-lui de ma part que je ferai bientôt un petit tour de Joigny à Paris, et que je lui donnerai satisfaction entière et parfaite[6]. Voyez avec Brettin[7] ce qui se doit faire dans la justice et dans l'équité. Que puis-je dire là-dessus de si loin et sans connoissance de cause? Vous m'en direz plus à Joigny en un quart d'heure, que je n'en puis entendre ici par cinquante lettres. A Joigny, Monsieur le Docteur, à jour nommé.

A Commercy, le 8e novembre 1664.

Le Cardinal de Rets.

Mandez au plus tôt au fermier de la Chaume[8] qu'il donne au prieur deux cents livres, que je dois aux Religieux pour menues charges, et faites toucher à ce même prieur cent cinquante livres que je vous ai mandé, il y a longtemps, de lui donner pour des cloches. Faites cela incessamment et dites à l'abbé Charrier[9] que je vous en ai donné l'ordre.

6. Texte Champollion : et *complète*.
7. Texte Champollion : *Bertin*.
8 Petite abbaye dans le diocèse de Sens, que possédait anciennement le Cardinal et qui lui fut rendue après sa réconciliation avec le Roi.
9. L'abbé Guillaume Charrier, un des confidents et conclavistes du cardinal de Retz. Retz l'avait envoyé à Rome pour solliciter sa promotion au cardinalat. Voyez notre ouvrage intitulé : *Le Cardinal de Retz et l'Affaire du chapeau*, et ci-dessus, la correspondance de Retz avec l'abbé Charrier.

XXI[1]

(12 NOVEMBRE 1664.)

Ne manquez pas, Monsieur le Docteur, d'être le 22 ou le 23 à Joigny. Vous aurez là vos acquits et *ogni cosa*[2]. Rendez les deux cents pistoles à M. Prestyc[3]. Nous verrons à Joigny comme l'on fera pour Madame de Guimené et si on la peut payer par M. de la Houssaye, dont je serois très-aise. Le reste à Joigny, où je vous prie, raillerie cessante, de ne pas manquer d'être aussitôt que moi, avec l'état exact de mes dettes. Je serai bien aise que M. de Chevincourt s'y rende en même temps. Pressez-l'en. Je le lui ai mandé. Pourquoi ne payer M. Joly qu'après tous ces autres gens? Je voudrois de tout mon cœur que Daurat[4] le fût déjà.

A Commercy, ce 12e novembre 1664.

Le Cardinal de Rets.

1. Archives des Affaires étrangères. France, 90. De la main d'un secrétaire. Signature autographe du Cardinal. Suscription enlevée. Publiée dans l'édition des *Mémoires de Retz*, de 1842, p. 417.
2. Et toute chose. Ces deux mots italiens ne sont pas soulignés dans le texte manuscrit.
3. Ce nom, plus haut, est écrit Prestic.
4. M. Daurat était depuis longtemps un des créanciers de Retz pour lui avoir avancé des sommes considérables lors de la négociation de l'affaire du chapeau. Voyez à l'Appendice du tome V de la dernière édition de *Port-Royal*, par Sainte-Beuve, mon Mémoire intitulé : *Le Cardinal de Retz et les jansénistes*. Ce personnage était Étienne Daurat, conseiller au Parlement de Paris, de la troisième chambre des Enquêtes depuis 1641.

XXII[1]
(26 NOVEMBRE 1664.)

Vous me faites enrager du meilleur de mon cœur par votre retardement. Je suis ici pour des affaires très-pressées, dans lesquelles je ne puis rien faire sans vous. Si votre acte se fait samedi, partez, au nom de Dieu, dimanche. Si il ne se fait pas, mettez quelqu'un en votre place. Cela se fait tous les jours, et vous n'y perdrez qu'un gobelet d'argent. Voyez, devant que de partir, Madame de Guimené, et dites-lui que je vous ai donné charge expresse de l'assurer que je la payerai entièrement devant que je parte pour l'Italie[2]. Elle vous demandera quand je partirai, et vous lui direz que ce sera assurément au mois de mars[3], et que j'aurai l'honneur de la voir devant cela. Ajoutez-lui que vous savez que je fais un fonds, en mon particulier, pour la satisfaire.

A Joigny, ce 26e novembre 1664.

Le Cardinal de Retz.

1. Affaires étrangères. France, 90. De la main d'un secrétaire. Signature autographe du Cardinal. Suscription enlevée. Publiée par MM. Champollion dans leur édition des *Mémoires de Retz*, de 1836, p. 599.

2. Retz, comme on l'a vu dans une note ci-dessus, ne partit pour Rome en mission, qu'au mois de mai 1665, et n'y arriva que le 16 juin. Mais il était déjà averti, ainsi que le prouve ce passage, qu'on devait l'envoyer à Rome.

3. Guy Patin, le dernier mars 1665, écrivait à Falconet : « Le cardinal de Retz part d'ici (de Paris), dans trois jours, pour s'en aller à Commerci, et de là il prend le chemin de Rome, etc. »

XXIII[1]
Ce 12 février 1665.

Je travaillois, à ce matin[2], à votre compte avec M. de Saint-Avaux[3], quand il a reçu la nouvelle de l'extrémité de la maladie de son père[4], qui l'a obligé d'aller en diligence à Saint-Mihiel. Aussitôt qu'il sera de retour, je vous l'enverrai, aussi bien que votre acquit, que vous auriez déjà si vous m'en aviez envoyé le modèle, comme je vous l'ai déjà dit cent fois. Mais ne vous impatientez pas ; vous aurez tout cela devant votre mort, car vous ne mourrez pas sitôt, nonobstant votre rhumatisme. Un bon chien de berger mourroit bien plus tôt[5]. Le chanoine

1. Archives des Affaires étrangères, 90. De la main d'un secrétaire. Signature autographe de Retz. Manque la suscription. Publiée dans l'édition des *Mémoires de Retz*, de 1842, tome II, p. 417.
2. Les expressions de ce genre commençaient à vieillir au moment où Retz écrivait cette lettre. Corneille, qui avait employé *à ce soir* dans *la Place Royale*, a pris soin, en 1660, d'y substituer *dès ce soir*. Voyez le *Lexique de la langue de Corneille*, p. 12.
3. Lisez de Saint-Avold, dom Hennezon, l'ami et, plus tard, le directeur de conscience du Cardinal. Voyez sur cet abbé *l'Histoire de l'abbaye de Saint-Mihiel*, par dom de Lisle, abbé de Saint-Léopold, prieur de l'abbaye de Saint-Mihiel. Un volume in-4°. Nancy, 1757, p. 313 à 321. Voyez aussi dom Calmet, *Bibliothèque de Lorraine*, p. 485 et suivantes. Il avait été élu abbé de Saint-Avold le 21 février 1660 ; plus tard, en 1666, il devint abbé de Saint-Mihiel. Dans la correspondance suivante, nous parlerons plus en détail de dom Hennezon, qui entra fort avant dans la confiance du Cardinal et dans son intimité pendant les dernières années de sa vie. C'est par erreur que les secrétaires de Retz le nomment M. de *Saint-Avaux*; son vrai nom était *Saint-Avold*, qu'il empruntait à celui de son abbaye.
4. « *Extrémité*. Ce mot se dit de gens malades, et signifie être dangereusement malade ; il signifie aussi *agonie*. » (Richelet, *Dictionnaire*, 1680.) Littré n'en donne des exemples qu'avec la préposition *à* et sans complément : *à l'extrémité, à toute extrémité*.
5. « *Il mourroit plustost un bon chien de berger;* un honneste

de Commercy se porte bien, mais je ne sais si vous savez que l'ecclésiastique, que vous me recommandez, a une chapelle dans la même église, qui est incompatible avec le canonicat, ce qu'il ne sait peut-être pas lui-même. Qu'en dites-vous, Monsieur le Docteur? N'est-il pas vrai que vous accorderiez bien tout cela ensemble?

Le Cardinal de RETS.⁶

homme mourroit plustost, qu'un coquin ou meschant, cela se dit, lors que l'on a peur qu'une personne meure dont il ne faut pas faire grand estat. » (ANTOINE OUDIN, *Curiositez françoises*, 1656.)

6. La correspondance de Retz avec l'abbé Paris fut interrompue par son voyage à Rome, à partir de mai 1665, jusqu'en novembre 1666. A son retour, on ne voit pas que le Cardinal l'ait reprise, et nous en ignorons la cause. Lui laissa-t-il, dans cet intervalle, l'administration des biens de l'abbaye de Saint-Denis? C'est ce que nous n'avons pu découvrir. Ce qu'il y a de certain, c'est qu'il lui donna plus tard pour successeur M. de la Fons, contrôleur général des restes à la Chambre des comptes. La première lettre du Cardinal qui est adressée à M. de la Fons, du moins la première que nous ayons trouvée, est datée de Rome, le 19 janvier 1666. Voyez dans la troisième partie de ce volume.

TROISIEME PARTIE

CORRESPONDANCE (Suite).

(1665-1678.)

LETTRES INÉDITES DU CARDINAL DE RETZ A M. DE LA FONS[1], CONTROLEUR DES RESTES A LA CHAMBRE DES COMPTES.

NOTICE.

Ce M. de la Fons, homme d'affaires d'une grande capacité, avait été choisi par le cardinal de Retz, vers 1665, en qualité d'intendant. Le Cardinal lui avait donné une procuration générale pour la gestion de tous ses biens patrimoniaux et pour l'administration temporelle de tous ses bénéfices, y compris l'abbaye de Saint-Denis. M. de la Fons fut, de plus, nommé syndic des innombrables créanciers du Cardinal.

C'est aux Archives nationales que nous avons eu la bonne fortune de trouver cette volumineuse correspondance, qui, à défaut de grandes qualités littéraires, est du moins fort intéressante pour compléter la biographie de Retz pendant les dix ou douze dernières années de sa vie.

Nous croyons indispensable de mettre sous les yeux des lecteurs, afin qu'ils puissent se rendre compte de certaines lacunes existant dans cette correspondance, une description ancienne et sommaire qui est jointe à ces lettres.

« ARCHIVES NATIONALES, L. 842. — *Inventaire des lettres et documents contenus au carton L. 1007 sur l'abbaye de Saint-Denis en France. — Correspondance du Cardinal de Retz, abbé commendataire de Saint-Denis en France.*

« Dates mêlées de 1651 à 1675[1]. La plupart de ces lettres

---

1. Nous n'avons trouvé dans toute cette correspondance aucune lettre du Cardinal, depuis l'année 1651 jusqu'à celle du

sont écrites à M. de la Fons, intendant de Son Éminence, et sont d'un médiocre intérêt. Quelques-unes seulement sont écrites par Son Éminence et pour ses affaires.

« Première cote ou liasse de la correspondance du cardinal de Retz en sa qualité d'abbé commendataire de Saint-Denis. La plupart des lettres recueillies en cette liasse (qui est la plus grosse) sont sous dates diverses et adressées par plusieurs particuliers au sieur de la Fons, intendant de Son Éminence. Elles ne concernent que des affaires d'intérêt, de créances, de réclamations, de détails en procédures pour recouvrements, etc. Une douzaine de lettres seulement, dont deux paroissent originales, sont signées tantôt le Cardinal de *Rais*, et tantôt le *Cardinal de Rets*[1]. La même bigarrure à cet égard se trouve dans les autres liasses.

« De 1666 à 1669, 1670. Lettres à Son Éminence et à son intendant de la Fons.

« Deuxième cote. Des lettres écrites (aux époques citées en marge) par A. de Bellevue, par le duc de Luynes, par les Religieux de Saint-Denis et par d'autres particuliers, au cardinal de Retz, et d'autres lettres adressées au sieur de

13 octobre 1665, la première de celles que nous publions. Y a-t-il eu erreur du rédacteur de l'Inventaire, ou soustraction des lettres écrites pendant cette période? Nous croyons plutôt qu'il y a eu une erreur, quant aux lettres qui auraient été datées de 1651 à 1662, car ce ne fut que le 22 juillet 1662 que Retz entra en possession de l'abbaye de Saint-Denis. Il n'en est pas de même pour les lettres que dut écrire le Cardinal de 1662 jusqu'au 13 octobre 1665, exclusivement. Toutes celles qui précèdent cette dernière date ont disparu, ou se trouvent encore ignorées dans quelque carton des Archives nationales. On pourrait supposer de plus que la procuration donnée par le Cardinal à M. de la Fons pour administrer tous ses biens, et dont on ne connaît pas la date, ne précéda que de peu de temps la lettre du 13 octobre 1665.

1. Dans notre *Introduction*, nous avons fixé la date de la substitution de l'orthographe *Rais* à celle de *Rets*. La date précise de ce changement de signature nous a permis de fixer celle de la dernière rédaction des Mémoires autographes du Cardinal, que possède la Bibliothèque nationale.

la Fons, intendant de Son Éminence. Une seule de ces dernières est datée de 1670[1].

« Troisième cote. De 1666 à 1669. Lettres écrites par Son Éminence à M. de la Fons. Troisième cote, de laquelle on avoit retiré, en 1698, vingt-sept lettres. Celles qui restent sont adressées par le cardinal de Retz à son intendant, sieur de la Fons, toutes signées par le Cardinal et deux ou trois seulement écrites de sa main, pour affaires d'intérêt.

« Quatrième cote. De 1669 et 1670. Lettres du cardinal de Retz à son intendant de la Fons. Quatrième cote, de laquelle ont été retirées, en 1698, onze lettres. Celles qui restent sont adressées de Commercy, en 1669 et 1670, par ledit Cardinal à son intendant de la Fons, toutes signées de sa main, une seule écrite en entier de sa main et plusieurs autres en partie seulement, pour objets d'intérêts.

« 1671. Autres lettres du Cardinal à son intendant de la Fons.

« Cinquième cote de lettres écrites par le cardinal de Retz à son intendant, la plupart datées de Commercy du 1er janvier au 27 décembre 1671, toutes signées, et trois au moins, dont une de Castelnaudary[2], datée du 30 septembre, écrites en entier de sa main. Toutes sont adressées par lui au sieur de la Fons, son intendant, et munies de sceau rouge, deux seulement en noir. Affaires de santé, d'intérêts, de visite.

« Sixième cote. De 1672 et 1673. Autres lettres du même au même. Sixième cote de lettres du même au même, avec sceau ou cachet rouge, toutes signées et parfois écrites en partie ou en leur entier de la main du Cardinal, en 1672. Les autres, en petit nombre, portent la date de 1673.

« Cote septième et dernière. 1673-1674. Lettres du même au même. Lettres écrites par le Cardinal de Retz à M. de la

1. Le cardinal de Retz envoyait presque toutes les lettres d'affaires qu'il recevait à son intendant. C'est ce qui explique leur présence dans les dossiers du fonds de l'abbaye de Saint-Denis.

2. Erreur de lecture. Il faut lire *Commercy*. Il existe, en effet, à la date du 30 septembre 1671, une lettre du Cardinal, datée de Commercy.

Fons, son intendant, depuis le 20 mars 1673 jusqu'au 17 juin 1674. Une seule de ces lettres est autographe; les autres écrites en tout ou en partie par une autre main, mais signées par le Cardinal. Peu de ces lettres sont datées de Commercy. Son Éminence avoit voyagé en Lorraine et jusqu'à Bar d'où il écrit à son intendant que la goutte l'avoit pris. Ces lettres n'ont pour objet que des intérêts particuliers. Mais il s'y trouve le nom de beaucoup de personnages avec qui il étoit en relations, d'autres contre qui il plaidoit. Ces détails peuvent être recueillis par les curieux tant dans cette cote que dans les précédentes.

« 1675 (en latin). Démission du cardinalat demandée et non acceptée. Feuille 7ᵉ isolée. Copie de la lettre en latin par laquelle le cardinal de Retz, sous la date de Paris, 28 mai (111° *calendas julii* 1675) demande au Sacré Collége la permission de se démettre de la dignité de cardinal. « *Ei oneri me substraham quod nec olim subire debuerim nec ferre jam possim*[1]. Copie de la réponse du Sacré Collége, sous la date: Rome, 9 octobre, année du Jubilé 1675, refusant cette démission[2]. (Fin de l'inventaire.) »

Comme on a pu s'en apercevoir, cet inventaire ne fut pas dressé avec grand soin. Les lettres ne furent pas toutes classées par ordre de dates. Il est dit dans cet acte que des lettres du Cardinal furent adressées à son intendant en 1674 jusqu'au 17 juin. La dernière que l'on possède aux Archives pour cette année est du 20 avril.

L'inventaire ne parle pas de lettres de Retz à M. de la Fons depuis celle du 17 juin 1674. Comment s'expliquer cette longue lacune de cinq années jusqu'à la mort du Cardinal? La seule lettre après la date ci-dessus que nous ayons trouvée dans les Archives nationales et dans le fonds de

---

1. Voyez dans notre tome VII, p. 429, à la fin du premier paragraphe, ce passage de la lettre latine de Retz.

2. Nous avons publié la lettre de Retz aux cardinaux dans notre tome VII, p. 428-430; mais sans date. Dans la copie du fonds Saint-Denis, comme on vient de le voir, elle était datée du 3 des calendes de juin 1675. La réponse des cardinaux à Retz, dont il est question à la fin de l'inventaire, a été publiée aussi dans notre tome VII, *Pièces justificatives*, n° 90.

l'abbaye de Saint-Denis, lettre adressée à M. de la Fons, porte la date du 13 juillet 1678. Ce qu'il y a de certain, c'est que cette lacune existait déjà au moment où fut dressé l'inventaire.

Dans notre *Introduction* nous avons fait connaître la cause de certaines lacunes de cette correspondance, depuis la lettre du 13 octobre 1665, la première que possèdent les Archives, jusqu'au commencement de 1674. Ces lacunes avaient pour causes : les missions à Rome du Cardinal et sa présence dans les conclaves; ses voyages à Paris où il avait l'occasion de traiter ses affaires de vive voix avec M. de la Fons. Nous ne pouvons expliquer la cause de la grande lacune qui existe depuis avril 1674 jusqu'à la mort du Cardinal, au mois d'août 1679, que pour une seule année, celle de 1678. Cette année-là, en effet, d'après le témoignage de Félibien, l'historien de l'abbaye de Saint-Denis, Retz fit presque constamment sa résidence, soit dans son hôtel voisin de l'abbaye, soit à Paris, à l'hôtel de Lesdiguières. Ayant à sa portée son intendant, il traitait avec lui ses affaires de vive voix, puisqu'il est certain, d'après la seule lettre que nous possédions de cette année, que M. de la Fons était encore vivant à cette époque[1]. Quoi qu'il en soit, cette lacune dans la correspondance de Retz, surtout à la fin de sa vie, est extrêmement regrettable. On eût aimé à le suivre jusqu'à la fin, à lui entendre raconter à lui-même, en quelque sorte sous sa dictée, l'histoire de ses dernières années, jour par jour, heure par heure. Le personnage était si singulier, si étrange, si original, que tout de lui est intéressant, même les moindres détails de sa vie.

1. Nous avons sous les yeux l'*État de la France* de 1674. Au tome II, p. 321, on voit figurer parmi les membres de la Chambre des comptes de Paris un nommé Abraham de la Framboisière, en qualité de contrôleur général des Restes. Mais comme M. de la Fons n'occupait peut-être que le second rang après lui, c'est pour cette raison, sans doute, que son nom ne se trouve pas dans l'*État de la France*.

Nota. — A cause de la grande quantité de noms propres et de noms de lieux qui se trouvent dans cette correspondance, nous avons jugé à propos, afin d'épargner aux lecteurs des recherches sans nombre à l'aide de renvois, de répéter dans les notes, à propos du même personnage ou du même nom de lieu, des explications sommaires.

Toutes les lettres de Retz à M. de la Fons[1] ont été copiées sur les originaux par M. Tuetey, ancien élève de l'École des Chartes, aujourd'hui employé supérieur des Archives nationales. Elles ont été collationnées sur ces mêmes originaux par le commentateur de ce volume.

I

A Rome, ce 13 octobre [1665][1].

J'ai reçu votre lettre du 18 du passé; je serois très-fâché que le paquet que M. de Caumartin a oublié de vous rendre fût perdu, car je suis fort trompé si il n'y avoit pas dedans des choses assez considérables. Je me souviens fort bien qu'il y avoit une lettre à M. Modave[2] par laquelle je lui donnois avis d'un bénéfice que j'avois obtenu ici, en cas de mort, pour son beau-frère. Dites-le-lui, je vous prie. Je vous écrivis par le dernier ordinaire qu'il ne falloit point faire de difficulté de tenir

1. M. de la Fons, à qui sont adressées presque toutes les lettres de cette volumineuse correspondance, était conseiller du Roi et contrôleur des Restes de la Chambre des comptes. Retz lui avait donné une procuration générale pour administrer toutes ses affaires, y compris celles de son abbaye de Saint-Denis. M. de la Fons devint de plus syndic des innombrables créanciers du Cardinal.

1. Cette lettre est datée de Rome sans millésime, mais il est facile de découvrir l'année, puisque Retz ne passa qu'un mois d'octobre à Rome, depuis sa rentrée en France, celui de 1665. Retz, arrivé à Rome en juin 1665, n'en était parti qu'en septembre 1666.

2. Le procureur du cardinal de Retz, à Paris.

au p^r [3] fiscal³ de Saint-Denis ce que Chevincourt lui
a promis et je vous en ai mandé la raison. Je vous
mandai aussi, il y a quelque temps, qu'une certaine
promesse de deux mille écus, qu'un curé de village
prétend avoir de moi, est assurément fausse ou du
moins un blanc signé, et tant plus j'y pense, tant
plus j'en suis persuadé; mais pour ce qui est d'un autre
billet de mille écus dont Dom Laumer⁴ m'a écrit cet
ordinaire, je vous dirai qu'il est véritable et que je
croyois même l'avoir mis sous un autre nom dans le
billet des dettes, au dernier voyage que je fis à Paris⁵.
Il fut fait dans le bois de Vincennes, mais antidaté pour
les raisons que vous pouvez juger. Le garde du corps à
qui il est véritablement, sous d'autre nom, me vint trouver aux Jacobins et me le voulut même remettre entre
les mains et d'assez bonne grâce parce que, à vous dire
le vrai, il sait bien que la somme est un peu forte pour
ce qu'il a fait. Je ne le voulus pas recevoir en lui disant
que je n'avois garde de le faire sans lui en témoigner en
même temps ma reconnoissance, et qu'il me revînt
trouver quand il n'y auroit pas tant de foule qu'il y en
avoit à ce moment chez moi. Je partis dans ce temps-là
et j'ai, comme vous voyez, sujet de croire que cet
homme sera de facile composition dont je serai bien
aise, parce que, dans la vérité, ce qu'il a fait pour moi
est si peu de chose, que je n'ai aucun scrupule de le
faire contenter, si il le veut, d'une somme beaucoup
moindre que celle de mille écus. Je réponds à Dom
Laumer que je vous écris au long sur cela. Voyez donc,

3. Procuteur fiscal.
4. Religieux bénédictin, chargé des affaires temporelles de
l'abbaye de Saint-Denis; en d'autres termes, c'était le Père Procureur.
5. Au mois de mars 1665, avant de partir pour Rome.

1665 — je vous prie, avec lui le moyen qu'il y a pour vous faire parler [à] cet homme et sans lui faire voir que vous savez tant de ses nouvelles; dites-lui-en pourtant assez pour essayer de tirer composition de lui, cela est important et pressé, car si il mouroit, il faudroit assurément payer les mille écus entiers. Vous n'aurez pas grand[6] lettres de moi de quinze jours ou trois semaines, parce que je m'en vais à Tivoli prendre l'air, qui est nécessaire à mes yeux qui ne se porte[nt] pas trop bien. Malclerc[7] ira bientôt en vos quartiers qui vous portera de mes nouvelles des plus particulières; je dis à vous, parce que j'y ai une entière confiance; vous le verrez[8] encore davantage par ce que Malclerc vous dira. M. de Saint-Avolt[9] vient[10] d'arriver comme le courrier va partir. Je n'ai pas le temps de vous en dire davantage.

Le Cardinal de Rets.

Toutes nouvelles au premier ordinaire.

A Monsieur de la Fons[11].

6. Expression elliptique. Cela ne signifie pas : vous n'aurez pas de grandes lettres, mais : vous n'aurez pas un grand nombre de lettres, beaucoup de lettres.

7. Dominique de Malclerc, fils de Malclerc, l'écuyer de Retz, mort en 1663.

8. Manuscrit : *voirés*.

9. L'abbé de Saint-Avold, dom Hennezon, bénédictin, ami et conclaviste du cardinal de Retz. Il sera souvent question de lui dans la suite de cette correspondance.

10. Manuscrit : *vint*.

11. De la main de Dominique de Malclerc. Signature autographe du Cardinal. Pas de sceau. La ligne après la signature est aussi de sa main.

II

A Rome, ce 24 d'octobre [1665][1].

J'AI reçu votre lettre du 25 du passé, mais je n'en ai point eu cet ordinaire, quoique le courrier soit arrivé. Je ne vous dirai que deux mots par cette lettre, réservant à vous mander toutes choses par Malclerc qui vous dira l'état des affaires de Commercy, afin que vous ayez la bonté d'en prendre soin pour l'année qui vient, comme de tout le reste de mon bien. Vous verrez par le détail de ce qu'il vous dira, qu'il faudra faire le fonds pour M. de Lislebonne[2] sur Saint-Denis, non pas que celui de Commercy n'y puisse suffire ou à peu près, mais parce que le revenu de cette terre ne se reçoit pas assez à point nommé pour un payement de cette nature, qui ne sauroit [être] assez ponctuel. Je ne crois pas que Chevincourt présente ses comptes à M. de la Houssaye devant que Malclerc soit à Paris, mais si par hasard il le faisoit, il seroit bon que M. de la Houssaye, sans le refuser directement, fît en sorte d'attendre son arrivée pour les raisons qu'il vous dira. Je ne puis m'empêcher de vous dire encore que la seule pensée que mes affaires sont entre vos mains me donne plus de repos que je n'en ai eu de ma vie[3]. M. l'abbé de Saint-Avolt m'auroit confirmé dans ce sentiment par tout ce qu'il m'a dit, si celui que j'en avois déjà pou-

---

1. Voyez la seconde note de la lettre précédente.
2. M. de Lislebonne, à qui Retz avait vendu, en s'en réservant l'usufruit, sa terre de Commercy pour 550 000 livres, qui furent payées intégralement. Voyez ci-après, p. 277, note 3.
3. Ce passage prouve que ces lettres à la date d'octobre 1665 sont bien les premières que Retz ait adressées à M. de la Fons, et qu'il n'y a pas de lacunes antérieurement.

voit recevoir de l'augmentation. Je vous prie de rendre à M. Fourcault³, chanoine de Paris, le paquet ci-joint.

Le Cardinal de Rets.

A Monsieur, Monsieur de la Fons⁴.

III

Rome, le 15 décembre [1665]¹.

J'ai reçu votre lettre du 20 de novembre. J'ai mandé à Chevincourt de remettre ès mains de M. de Lorraine les titres qu'il a, mais pour vous dire vrai, je ne crois pas qu'il en ait beaucoup, car il me semble qu'il donna, il y a dix-huit mois, à Tailfumir, en un voyage qu'il fit à Paris, le peu qui lui en restoit entre les mains. M. de la Houssaye, en vous parlant du Docteur², vous a dit la raison pour laquelle il faut ménager avec soin le procureur fiscal. Il n'y a rien à mon opinion de plus ridicule que ce qu'on a fait pour lui; mais il faut à mon sens passer par-dessus ces bagatelles plutôt que de courre³ le moindre risque d'embarrasser les grandes affaires; et si D. Laumer en fait du bruit, vous lui direz, s'il vous plaît, que j'ai eu des raisons particulières pour ne pas désa-

---

3. C'était le chanoine qui contresignait les actes du Chapitre pendant l'exil du cardinal de Retz.

4. Lettre de la main de Malclerc. Signature autographe du Cardinal. Une seule empreinte en cire rouge du sceau de dom Hennezon, à ses initiales.

1. Voyez la note 1 de la lettre ci-dessus, en date du 13 octobre 1665.

2. L'abbé Paris.

3. « *Courir, courre*. Tous deux sont bons, mais on ne s'en sert pas tousjours indifféremment. » (Vaugelas, *Remarques*.)

vouer en ce rencontre ce qui s'y est passé. Il faut avouer
que⁴.... ont été libéraux à mes dépens en cette occasion ; mais n'importe, il faut ménager cet homme quand il [y] iroit de plus que cela. Je suis tout à fait de votre sentiment touchant Brusley, à qui je suis d'ailleurs si obligé à faire du bien, que c'est même un double bonheur qu'il veuille bien s'occuper au petit emploi que vous me proposez, en attendant que je sois en état de lui en donner un plus grand. Si le bailliage de Saint-Denis vient à vaquer, comme vous me mandez qu'il y en a quelque apparence, je crois que cela peut être bientôt, et je lui donne de très-bon cœur. Pour ce qui est de la station de Saint-Denis, je la donnerai aussi très-volontiers à celui que vous me recommandez, mais je suis fort trompé si elle n'est déjà donnée pour 66 et 67⁵. J'en fais chercher ici dans mes papiers l'éclaircissement, et en cas que je n'en trouve rien, je vous en enverrai l'expédition pour celui que vous m'avez nommé par le premier ordinaire, en vous priant toutefois que vous en éclaircissiez encore de delà vous-même, ce que vous pouvez faire par M. l'abbé de Lamet⁶, parce qu'il me semble que ce fut à la recommandation du confesseur de la Reine qui m'en fit parler par Penacors⁷, ce que l'abbé de Lamet saura assurément. Mais quoi, nos dix mille écus seront-ils perdus par l'arrêt qui a été donné contre les hypothèques des particuliers ? Je ne le crois pas, puisque le mien est sur la maison même

---

4. Après ces mots : *il faut avouer que*, deux chiffres, 285 et 523, le premier surmonté du déchiffrement *Ca*, le second du mot *pans*, dont nous n'avons pu découvrir le sens. Ces deux chiffres paraissent désigner deux noms de personnes.

5. C'est-à-dire pour les années 1666 et 1667.

6. Le maître de chambre du cardinal de Retz.

7. Parent et ami de Retz, qui travailla à sa réconciliation avec la Cour.

et non pas sur les agencements⁸. Je suis tout à vous et je vous assure que c'est du meilleur et du plus intérieur de mon cœur.

Le Cardinal de RETZ.

A Monsieur, Monsieur de la Fons, à Paris⁹.

IV

Rome, le 19 de l'an 1666¹.

M. DE SAINT-AVAUX² vous mande ce que nous faisons ici pour la subsistance³, dont on vous écrira le succès par le premier ordinaire. J'ai assez de peine à me résoudre à prendre de l'argent d'ici, mais si je l'y trouve pourtant dans des conditions raisonnables, je le ferai, afin de ne pas risquer de me trouver pressé. Vous voyez par ce que M. de Saint-Avaux vous écrit qu'il faut que ces marchands qui ont parlé à Chevincourt⁴

---

8. Littré ne donne de ce mot qu'un seul exemple tiré de Montaigne.

9. De la main de dom Hennezon. Signature autographe du Cardinal. Double empreinte en cire rouge du sceau de l'abbé de Saint-Avold, plaquée sur lacs de soie rouge.

1. C'est-à-dire le 19 janvier 1666. Retz, à cette date, se trouvait en effet à Rome. Voyez notre tome VII, p. 139 et suivantes.

2. Le véritable nom était *Saint-Avold*, d'après dom de Lisle, l'historien de l'abbaye de Saint-Mihiel; mais dom Hennezon, qui portait le nom de son abbaye de Saint-Avold, signait lui-même *Saint-Avaux*.

3. C'est-à-dire pour les revenus que s'était réservés le Cardinal, tout en s'acquittant au fur et à mesure de ses dettes envers ses créanciers.

4. Voyez ci-dessus sur Chevincourt, conseiller correcteur à la Chambre des comptes, les notes des lettres adressées à l'abbé Paris, p. 136 et 143.

soient de grands fripons; le meilleur que j'y vois est
qu'il n'y a rien de gâté, et que nous vous manderons
mardi prochain la voie que nous aurons prise. Je suis
très-aise de la justice que vous avez faite du procureur
de Maisoncelles[5], et usez-en, je vous prie, de même à
l'égard de tous ceux qui ne seront pas gens de bien;
je m'en rapporte à vous de tout mon cœur et j'en suis
fort en repos sur vos soins. J'attends avec impatience
la réponse que je vous ai demandée touchant Commercy, car pourvu que le gros de mes affaires ne soit
pas entamé, je me résous aisément au plus et au moins
d'années pour le retranchement. Je suis tout à vous et
de tout mon cœur.

Le Cardinal de Rets.

A Monsieur, Monsieur de la Fons, à Paris[6].

V

Rome, le 26 janvier 1666.

J'AI reçu votre lettre du premier janvier et elle m'a
donné bien de la joie en m'apprenant que vous aviez
pris connoissance des procédures du Palais et des démarches des procureurs. Vous ne pouvez vous imaginer à
quel point cela me met l'esprit en repos, car je vous
avoue que les lenteurs et négligences passées me faisoient appréhender, avec bien de la raison, qu'on ne fît
tous les jours de pareilles fautes à celles que vous avez

---

5. Une des terres et seigneuries de l'abbaye de Saint-Denis.
6. De la main de dom Hennezon, abbé de Saint-Avold. Il
signait *Henezon*, mais l'orthographe adoptée par dom Calmet et
par dom de Lisle, l'historien de l'abbaye de Saint-Mihiel, est celle
de *Hennezon*.

vues dans mes affaires[1]. Il me semble que je vous écrivis, il y a quelque temps, touchant les fiefs de Saint-Denis, et j'en touche un mot aujourd'hui à M. d'Hacqueville[2] à propos d'une affaire sur laquelle il m'écrivoit et je le prie d'en conférer avec vous. D. Laumer[3] écrit à M. de Saint-Avaux par cet ordinaire que Le Tellier demande un sauf-conduit; si cette nouvelle est véritable, il me semble que c'est un bon signe. Je suis tout à vous et du meilleur de mon cœur.

Le Cardinal de Rets.

A Monsieur, Monsieur de la Fons, à Paris[4].

VI.

ADRESSÉE A UNE PERSONNE INCONNUE[1].
(8 OCTOBRE 1667.)

Je vous rends un million de grâces de votre beau

[1]. Il semble résulter de ce passage que Retz n'avait été nullement satisfait de la gestion de l'abbé Paris.

[2]. L'abbé de Hacqueville, ami dévoué de Retz, dont il est si souvent question dans les lettres de Mme de Sévigné. Voyez à la table des lettres de la marquise, tome XII, de notre collection, le mot *Hacqueville*.

[3]. Bénédictin de Saint-Denis (comme nous l'avons dit précédemment dans les notes des lettres de Retz à Paris) qui était chargé des affaires temporelles de l'abbaye.

[4]. La lettre est de la main de dom Hennezon. Signature autographe du Cardinal.

[1]. Pour toute cette année 1667, il n'existe que cette lettre de Retz. Il était parti pour Rome cette année-là, afin d'assister au conclave où fut élu Clément IX. Arrivé à Rome le 8 mai, il était rentré à Commercy le 13 août suivant. Billet autographe signé. Le feuillet double où se trouvait la suscription ainsi que le cachet du Cardinal a été arraché. — Étienne Charavay, marchand d'autographes. Vente de janvier 1875. Catalogue Dumont.

présent que je reçois avec bien de la joie et parce qu'il est fort beau et parce qu'il me vient de vous. Soyez persuadé, je vous conjure, que rien jamais ne peut m'être plus cher et plus sensible que ce qui vous touche et que je suis absolument à vous et de tout mon cœur.

Le Cardinal de Rets.

Ce 8 octobre 1667.

VII

Commercy, ce 27 de septembre 1668.

J'ai reçu vos deux lettres du 19e et du 22e de ce mois.

Vous avez fort bien fait de répondre comme vous avez fait sur le sujet de M. de Gondi[1]. Il en faut demeurer là.

Si le P. Verjus[2] vous demande si vous m'avez fait tenir le paquet que j'ai reçu de lui par le dernier ordinaire, qui, ce me semble, étoit dans le vôtre, répondez-lui, s'il vous plaît, que oui[3]; mais que les lettres de ce même ordinaire ayant été toutes retardées, vous n'en attendez la réponse que par le prochain, en effet je

---

1. Il s'agit d'un cousin du Cardinal, qui était un fort mauvais sujet, entièrement ruiné et auquel Retz fit une pension prélevée sur son abbaye de Buzay, dans laquelle il l'interna, pour se débarrasser de lui.

2. Le P. Antoine Verjus, de la Société de Jésus, premier directeur des missions françaises dans les Indes orientales. Né à Paris, le 24 janvier 1632, mort le 16 mai 1706. Il appartenait à une famille entièrement dévouée au Cardinal et était frère de l'abbé Verjus, ancien secrétaire de Retz, mort en 1663. Voyez les *Mémoires du P. Rapin*, tome II, p. 220, notes 2 et 3.

3. Manuscrit : *qu'oüy*.

vous l'enverrai⁴. Je suis tout à vous et de tout mon cœur.

Le Cardinal de RETS.

A Monsieur, Monsieur de la Fons⁵.

VIII

A Commercy, ce 30ᵉ de septembre 1668.

JE ne sais que vous dire sur ce que vous me demandez de la manière dont il se faut conduire avec ceux que l'on devoit assigner sur la pension, parce que Malclerc¹ qui a mes papiers, étant allé à Nancy, je n'ai pu voir ce que nous avions réglé là-dessus; mais je me souviens fort bien, et M. de Hacqueville aussi, que nous fîmes deux états différents dans ma chambre, à Paris, vous présent, dont l'un supposoit le payement de la pension, et l'autre étoit en cas qu'elle ne fût pas payée. Vous devez, ce me semble, avoir cet état ou plutôt ce petit mémoire qui en fut écrit. Je le chercherai à ce soir, quand Malclerc sera revenu de Nancy. Ce qu'il y a à faire en attendant, comme vous le remarquez fort bien, est de maintenir le crédit, et d'emprunter plutôt pour cela. Ce dont je me ressouviens en gros est que c'étoit MM. de Caumartin² et de la Hous-

4. Manuscrit : *envoyerai*.
5. Corps de la lettre de la main de Gaultray, l'un des secrétaires du cardinal de Retz. Deux sceaux en cire rouge très-bien conservés, aux armes du Cardinal et plaqués sur lacs de soie rouge.
1. Dominique de Malclerc de Sommervilliers, écuyer de Retz et gouverneur de Commercy.
2. Louis Le Fèvre de Caumartin, conseiller au Parlement de Paris, puis maître des requêtes en 1653, né le 16 juillet 1624,

saye³ qui étoient assignés sur la pension. On n'aura pas grande peine à contenter ceux-là. Pour ce qui est des billets donnés par Péan⁴, il les faut nécessairement acquitter, et si vous ne trouvez pas de fonds pour cela, mandez-le-moi, j'en prendrai de quelqu'un de mes amis.

Voyez, s'il vous plaît, M. Perraut le plus tôt que vous pourrez, et dites-lui que vous avez charge expresse de moi d'assigner sur Saint-Jean prochain les six mille livres, et sur les deux termes suivants les dix mille livres restant, et que comme il n'y a personne à Paris qui ne prenne volontiers ma parole et mes assignations pour argent comptant, je vous ai prié de voir avec lui les créanciers qui pressent le plus Mme de Rets⁵ et de leur donner des assignations sur ces termes dès à présent. Pressez-le, je vous prie, en lui disant que je vous en ai écrit si expressément que vous n'y oseriez manquer, et si il s'obstine à ne vous pas faire aboucher avec ces créanciers, donnez-lui, s'il vous plaît, à lui-même ces assignations dès à présent, en les lui traitant⁶ d'argent comptant et en lui marquant qu'il n'y a personne en France qui jusques ici ne les ait reçues pour

mort le 3 mars 1687. Il est si souvent parlé de lui dans les *Mémoires de Retz*, qu'il serait trop long de citer les nombreux passages qui lui sont consacrés. Voyez aussi *passim* les *Mémoires de Guy Joly*. Caumartin était l'ami le plus intime et le plus dévoué du Cardinal.

3. Voyez dans les lettres à l'abbé Paris, p. 149, la note 14.
4. Voyez sur Péan, orfèvre à Paris, à qui Retz avait commandé un riche service de vaisselle en argent, les lettres à Paris, p. 147, note 3.
5. La belle-sœur du Cardinal, femme de son frère aîné, Pierre de Gondi, duc de Retz.
6. Cette locution très-particulière : *Traiter à quelqu'un quelqu'un ou quelque chose de....* n'est pas indiquée dans les dictionnaires. Molière l'avait employée deux ans auparavant dans *le Misanthrope* (I, 1) :

.... Vous *me le traitez* à moi *d*'indifférent.

telles. Je vous dis à vous seul et pour vous seul que si vous aviez vu une lettre que j'ai reçue de Mme de Rets, vous ne vous étonneriez plus que j'agisse ainsi....[7]. Je suis tout à vous et de tout mon cœur.

Je vous envoie la réponse de M. Joly. Vous voyez que vous n'avez qu'à lui envoyer les modèles par le P. Verjus à qui vous donnerez, s'il vous plaît, le paquet ci-joint.

Le Cardinal de RETS.

A Monsieur, Monsieur de la Fons [8].

7. Ces points sont dans la lettre originale.
8. Lettre de la main de Gaultray, signée par le Cardinal. Deux sceaux en cire rouge très-bien conservés, aux armes de Retz. Le Cardinal, dans toute cette correspondance, se servait alternativement de deux sceaux à ses armes. Tous deux sont surmontés d'une couronne de duc, bien qu'il n'en portât pas le titre, et du chapeau de cardinal. Ces sceaux sont peu différents l'un de l'autre : dans l'un les glands pendants sont plus écartés, dans l'autre plus rapprochés. Dans l'*Histoire généalogique de la maison de Gondi*, par Corbinelli, les écussons de la plupart des Gondi sont surmontés de couronnes ducales. Voyez dans les *Écrits inédits de Saint-Simon*, tome VI, page 74 et suivantes, les très-curieuses explications qu'il donne sur l'origine et la constitution dans la famille des Gondi de plusieurs titres de duc, en faveur des aînés de toutes les branches. En effet, pour ne parler que du temps où vivait le cardinal de Retz, son frère aîné, qui était le chef d'une branche cadette, portait le titre de duc, en même temps que son beau-père Henri de Gondi, qui était le chef de la branche aînée.

IX
(4 octobre 1668.)

Je vous envoie une lettre que j'ai reçue de Nedelet et la réponse que je lui fais à cachet volant[1], afin que vous la voyiez ; si vous croyez qu'elle ne suffise pas, j'écrirai ce que vous me manderez.

Vous verrez que je ne me suis pas trompé quand je vous ai mandé que nous avions fait un état de distribution, en cas que la pension ne fût pas payée. Je vous envoie cet état, dont vous me dites, en ce temps-là, avoir retenu la copie. Pour ce qui est des onze cents livres de la Serre, et de deux mille deux cents livres sur Noël[2], je n'y vois plus rien de nouveau, parce que nous en avions fait aussi état, comme je le vois par un mémoire de votre main qui est ici, et que je ne vous envoie pas, parce qu'il y a beaucoup d'autres chefs avec celui-là, dont je suis bien aise d'avoir la copie. Vous savez les raisons qui nous obligèrent à faire la destination que nous fîmes pour M. le Chancelier[3], et MM. de Luines[4], de Liancourt[5], et à remettre à MM. de Caumartin et de la Houssaye[6] sur la pension, chacun pour sept mille

---

1. Voyez tome I, p. 240, note 23.
2. Noël, ancien cuisinier du cardinal de Retz.
3. Le chancelier Séguier.
4. M. de Luynes avait prêté au cardinal de Retz, pendant qu'il était à Rome, en 1655, six mille livres (*Mémoires de Retz*, tome V, p. 104).
5. M. et Mme de Liancourt envoyèrent à Rome deux mille écus au Cardinal (*Mémoires de Retz*, tome V, p. 104).
6. Retz, dans le tome V de ses *Mémoires*, p. 105, ne dit pas la somme que lui prêtèrent Caumartin et M. de la Houssaye. Sur ce dernier, voir au tome II des *Mémoires de Retz*, p. 312, les notes 4 et 5.

livres, et je vous avoue que ces raisons font que je souhaiterois fort que la chose demeurât ainsi. Si néanmoins ils désirent d'être payés préférablement à MM. de Luines et de Liancourt, il le faut faire sans balancer; mais en ce cas, payez au moins à M. le Chancelier[7] les sept mille cinq cents livres dont vous trouverez toujours les fonds dans le mémoire que je vous envoie, et que vous avez écrit vous-même. Ce qui me fait le plus de peine en tout cela est que, comme nous faisions fond, M. de Hacqueville[8] et moi, sur cet état, et que nous ne prévoyions pas qu'il y pût arriver de changement, M. de Hacqueville avoit dit à M. de Luines qu'il alloit être payé, et je vous avoue que par différentes raisons j'ai bien de l'impatience que lui et M. de Liancourt soient payés ; mais comme je vous viens de dire, si MM. de Caumartin et de la Houssaye vous ont témoigné la moindre chose qui vous ait donné lieu de douter sur la destination que nous avions faite, il n'y a pas à marchander, et il les faut payer préférablement aux autres. Si au contraire ce que vous m'avez mandé ne vient que de ce que vous n'ayez peut-être pas eu présent dans la mémoire l'état que nous avions dressé ensemble, vous n'avez qu'à le suivre, puisque je ne vois rien dans la supputation que nous avons faite ici fort exactement qui le doive changer.

Je vous envoie la copie de la réponse que j'ai reçue de M. Joly, dont je vous parlai au dernier ordinaire. C'est donc à vous, s'il vous plaît, à lui envoyer les modèles des actes qui sont nécessaires pour ma décharge.

---

7. Le chancelier Séguier. Voyez les *Mémoires de Retz*, tome I, p. 228, note 4.

8. De Hacqueville avait prêté cinq mille livres au Cardinal en 1655. Voyez *Mémoires de Retz*, tome V, p. 105. Voyez aussi sur de Hacqueville, au tome III des mêmes *Mémoires*, p. 125, la note 6.

Nous n'avons pas encore eu le temps de chercher dans ma cassette les papiers qui concernent M. de Châlons⁹ ; vous en aurez des nouvelles par le premier ordinaire. Je suis tout à vous et de tout mon cœur.

A Commercy, ce 4 d'octobre 1668.

Le Cardinal de RETS.

A Monsieur, Monsieur de la Fons¹⁰.

X

A Commercy, ce 7ᵉ d'octobre 1668.

J'AI reçu votre lettre du 3ᵉ de ce mois. Je vous enverrai jeudi l'acquit que vous me demandez à l'égard des héritiers des Houx[1] ; on n'a pas eu encore le temps de le chercher.

Vous devez avoir présentement reçu le mémoire de M. Joly.

Je vous ferai réponse jeudi touchant la ménagerie[2] :

9. M. Vialart de Herse, évêque de Châlons, avait pourvu, de concert avec Caumartin, Bagnols et la Houssaye, à la subsistance du Cardinal exilé. Le comte de Mannevillette, marquis de Crèvecœur, leur avança pour les y aider vingt-quatre mille livres. Voyez *Mémoires de Retz*, tome V, p. 105, et note 3.

10. De la main de Gaultray. Signature autographe du Cardinal. Deux sceaux en cire rouge à ses armes, surmontées du chapeau de cardinal, et sur lacs de soie.

1. Il s'agit très-certainement de la famille du boucher Le Houx, qui fut sur le point de faire prendre les armes *à toute la boucherie de la place aux Veaux*, lorsque le cardinal de Retz fut arrêté. Voyez plus loin Lettre XIII et les *Mémoires de Retz*, tome II, p. 561, note 3, et tome IV, p. 453.

2. Le cardinal de Retz avait l'intention de faire construire, dans sa terre de Ville-Issey, près de Commercy, une ménagerie

si on vous parle en attendant, dites, s'il vous plaît, que vous en devez recevoir la réponse dimanche prochain.

Quentin de Bretagne demande que le fermier de Buzay³ lui paye tous les trois mois sa pension ; comme elle est pour aliments, cela me paroît juste. Cette pension étoit, comme vous savez, réduite à trois cents livres ; je vous prie de la mettre à quatre, c'est-à-dire cent livres par quartier. Je suis tout à vous et de tout mon cœur.

Je vous prie de faire tenir sûrement à M. de Lesdiguières⁴ la lettre que vous trouverez ici pour lui ; vous la pourrez donner à l'homme qui vous parla de sa part ou à l'intendant. Je ne saurois concevoir pourquoi il y a deux ordinaires que je n'ai point de lettres de Rome

Le Cardinal de RETS.

Je vous envoie la copie d'une contre-lettre de M. de Caumartin que nous avons trouvée ici ; vous verrez à quel usage elle peut être bonne.

A Monsieur, Monsieur de la Fons⁵.

d'animaux, tels que cerfs, sangliers, etc. Comme nous le verrons plus tard, il mit ce projet à exécution.

3. Petite abbaye en Bretagne, près de Nantes, que possédait déjà le Cardinal, alors qu'il n'était que simple abbé. Voyez ci-dessus, au bas d'une lettre de Retz à l'abbé Paris, p. 169, note 2, et tome I des *Mémoires de Retz*, p. 94, note 2.

4. Il s'agit probablement de François-Emmanuel de Blanchefort de Bonne de Créqui, duc de Lesdiguières, qui devait, plus tard, en 1675, épouser la nièce du Cardinal, Paule-Françoise-Marguerite de Gondi, fille de Pierre de Gondi, duc de Retz.

5. De la main de Gaultray, secrétaire de Retz. Signature autographe du Cardinal, deux sceaux en cire rouge à ses armes.

XI

A Commercy, ce 11ᵉ d'octobre 1668.

Je ne vous fais ce mot que pour vous prier de voir M. de Guitaut[1] de ma part et de lui dire que j'ai trouvé ici une ménagerie telle que je la demandois: qu'ainsi je ne me servirai pas de celle de Dom Lopin, mais que j'enverrai au premier jour un homme querir les bêtes qu'il m'a promises. Je vous adresserai cet homme que vous enverrez après à Dom Lopin avec une lettre de M. de Guitaut. Je vous rends un million de grâces de tous vos soins, et je vous avoue que j'ai une sensible joie des billets que vous avez acquittés aux marchands; cela étoit très-important. Je suis tout à vous et de tout mon cœur.

Le Cardinal de Retz.

A Monsieur, Monsieur de la Fons[2].

XII

(14 octobre 1668.)

J'ai reçu votre lettre du 10ᵉ d'octobre; je me ressouviens fort bien de ce que vous me marquez touchant M. le Chancelier[1], mais il est certain que l'écrit que je

---

1. Guillaume de Pechpeyrou Comminges, comte de Guitaut, ami de Retz, plus intime ami de Mme de Sévigné, qui en parle fréquemment dans ses lettres. Voyez la table de Mme de Sévigné, dans notre collection, au mot *Guitaut*.

2. Lettre de la main de Gaultray. Signature autographe du Cardinal. Deux sceaux en cire rouge à ses armes.

1. Le chancelier Séguier, mort le 28 janvier 1672. Voyez les *Mémoires de Retz*, tome Iᵉʳ, p. 228, note 4.

vous ai envoyé fut fait depuis, et sur ce que vous me dites que l'homme à qui vous aviez parlé vous avoit témoigné quelque défiance. Il me semble que l'honnêteté demande que l'on le paye au moins pour la moitié, car pour l'autre moitié, il le faut remettre sur la pension qui enfin viendra ou une année ou l'autre.

On me fait des propositions pour rebâtir la cense de Launoy[2] au lieu d'une forge. Voilà encore une nouvelle dépense à laquelle nous n'avions pas pensé dans nos derniers projets; mais comme on ne peut commencer à travailler à rien qu'au mois d'avril prochain, nous avons du temps pour prendre nos mesures. J'espère que nous en sortirons à bon compte. Je suis tout à vous et de tout mon cœur.

A Commercy, ce 14 d'octobre 1668.

Le Cardinal de RETZ.

A Monsieur de la Fons[3].

XIII
(18 OCTOBRE 1668.)

J'AI reçu votre lettre du 13ᵉ de ce mois. J'ai oublié de faire chercher le récépissé pour les héritiers du sieur Le Houx; je vous l'enverrai par le premier ordinaire. Faites donner, je vous supplie, la lettre que vous trou-

---

2. La *cense* ou ferme de Launoy faisait partie des fiefs de la seigneurie de Commercy. Elle était située dans une vallée au-dessous du village de Lérouville, autre fief de la seigneurie. Voyez *Histoire des fiefs.... de Commercy*, par Dumont, juge à Saint-Mihiel, Nancy, 1856, 2 vol. in-8°, tome Iᵉʳ, p. 120 et suivantes.

3. De la main de Gaultray. Signature de Retz. Sceaux.

verez ci-jointe pour M. de Sévigné au Port-Royal du faubourg Saint-Jacques; il y demeure tout devant le portail de l'église¹. C'est celui que l'on appeloit autrefois le Chevalier de Sévigné. J'ai reçu les mémoires de MM. de Caumartin et de la Houssaye, vous n'aviez qu'à les garder. Je suis tout à vous et de tout mon cœur.

A Commercy, ce 18ᵉ d'octobre 1668.

Le Cardinal de Retz.

A Monsieur, Monsieur de la Fons².

XIV
(21 octobre 1668.)

J'ai reçu vos lettres du 17ᵉ de ce mois. On me dit ici qu'il est trop tard pour faire venir les bêtes de M. le Prince¹, et qu'il faut attendre le printemps; les autres

1. Il s'agit du chevalier René-Bernard-Renaud de Sévigné, fils puîné de Joachim de Sévigné, seigneur d'Olivet, et de Marie de Sévigné, dame des Rochers. Il était né en 1610. Ce fut lui qui, pendant la Fronde, commanda le régiment d'infanterie, levé par le Coadjuteur, régiment dit de *Corinthe*. En 1650, il épousa Marie de Pena, veuve d'Aymar Pioche de la Vergne, dont elle avait eu une fille, la célèbre Mme de la Fayette, auteur de la *Princesse de Clèves*. Renaud de Sévigné, après la mort de sa femme, se retira à Port-Royal, et mourut le 16 mars 1676. Voyez les *Mémoires de Retz*, tome II, p. 135 et note 1; et tome IV, p. 497 et note 2. Voyez aussi la table des Lettres de Mme de Sévigné, tome XII, p. 513.

2. Corps de la lettre de la main de *Gaultray*. Signature autographe du Cardinal. Deux sceaux à ses armes, en cire rouge, plaqués sur lacs de soie.

1. Retz, même avant son retour en France, s'était réconcilié avec le grand Condé, qui lui envoya de Chantilly des cerfs et des sangliers pour peupler la ménagerie qu'il avait organisée dans son domaine de Ville-Issey, près de Commercy.

prétendent qu'il est encore temps. Sachez-le, je vous prie, de Dom Lopin, et quelle voiture il faut que j'envoie, ou chevaux, ou charrette, pour les aller quérir. Mandez-le-moi, s'il vous plaît, le plus tôt qu'il vous sera possible. Je vous avoue que je serois bien aise que la saison de les faire venir ne fût pas encore passée; car je trouve bien du divertissement dans la ménagerie que j'ai commencée ici[2].

La précaution dont vous me parlez touchant le grand prieuré se trouve, comme vous dites, bien nécessaire; si vous ne l'aviez eue, nous nous trouverions assez embarrassés. Je suis tout à vous et de tout mon cœur.

A Commercy, ce 21° d'octobre 1668.

Le Cardinal de Rets.

A Monsieur de la Fons[3].

XV

A Commercy, ce 25 d'octobre 1668.

J'AI reçu votre lettre du 20° de ce mois. Vous avez raison de dire qu'il est à propos de prendre les précautions nécessaires pour l'affaire de la forge, et je n'y manquerai pas. Le préalable est d'examiner ce qui sera le plus utile ou la forge, ou la *cense*[1]. Je trouve les avis assez partagés sur cela.

---

2. Le cardinal de Retz avait toujours aimé les animaux. Dans sa prison de Vincennes, il essayait de se distraire en élevant des pigeons. Dans sa retraite de Commercy, il faisait creuser des viviers qu'il peuplait de truites et s'amusait à leur jeter du pain.
3. De la main de Gaultray. Signature autographe de Retz. Deux sceaux en cire rouge.
1. A Launoy, un de ses fiefs, comme on l'a vu plus haut, p. 200.

Pour ce qui étoit dû à Paris² de ma dépense, vous trouverez, par le mémoire écrit de votre main, que je vous ai envoyé, que l'on a toujours fait état de sept mille cinq cents livres. J'en ai ici le double que je viens de voir, et ainsi Péan³, n'ayant donné de rescription que ce que vous me mandez, n'a pas passé ni son ordre, ni notre projet. Ce n'est pas que ce que vous dites à propos de cela ne soit très-vrai, et qu'il ne soit même nécessaire de se garder, quand on le peut, des fonds pour les dépenses imprévues.

M. de Hacqueville me dit hier que Benoist pense à la ferme de Maisoncelles; j'y trouve bien de l'inconvénient et j'écris aujourd'hui sur cela à M. de Chevincourt.

Je suis très-fâché que l'on ne trouve point l'acquit des trente mille livres; je vous conjure de ne pas perdre un moment à tirer les quittances dont vous me parlez; mais surtout n'oubliez pas, s'il vous plaît, d'éclaircir tout à fait la chose du côté des religieux⁴, afin que s'il arrive faute de Dom Laumer⁵, ils soient informés de la vérité. Vous savez que le Sieur des Chiens étoit Procureur général de la Chambre du Domaine. Mandez-moi, je vous prie, qui fait présentement cette charge. Il m'est important de le savoir. Je suis tout à vous et de tout mon cœur.

Je vous envoie une lettre que le bailli de Saint-Denis m'a écrite; dites-lui, s'il vous plaît, que je vous ai mandé de lui parler de cette affaire, de vous en enqué-

---

2. Pour les frais de son dernier voyage.
3. Péan, l'orfèvre de Paris, à qui il était dû des sommes assez élevées pour l'argenterie qu'il avait fournie au Cardinal.
4. Des Religieux Bénédictins de Saint-Denis.
5. Dans la lettre originale *dom Lomer*, ce qui est une erreur. Dom Laumer, comme nous l'avons dit plusieurs fois déjà, était le Père procureur de l'abbaye de Saint-Denis, chargé de la direction des affaires temporelles du monastère.

rir à fond et de m'en mander le détail, mais de n'y rien faire devant que j'aie fait savoir ce que je désire que l'on y fasse. Il m'est très-important de ménager au dernier point M. le Procureur général de la Chambre des Comptes[6]. Il a toujours été de mes amis, mais de plus j'ai présentement besoin de lui pour une affaire qui me touche fort au cœur et qui m'est, sans comparaison, plus chère que le droit dont parle le bailli. Sur le tout, mandez-moi ce que c'est, et empêchez en attendant que ni lui ni mes autres officiers n'agissent...[7].

Je mande à M. de Chevincourt de prier MM. Cherrière d'agir le plus honnêtement qu'il leur sera possible avec M. le Procureur général de la Chambre des Comptes, en cas que l'on leur parle de cette entreprise dont la poursuite les regarde plus que moi. Je vous envoie une lettre pour Madame la Présidente de Pommereu.

Le Cardinal de RETS.

A Monsieur, Monsieur de la Fons[8].

XVI
(28 OCTOBRE 1668.)

J'AI reçu votre lettre du 24 de ce mois. Vous avez très-bien fait, ce me semble, de vous rapporter à M. d'Ormesson[1] sur la vente du Temple et je ne crois pas que

---

6. Antoine Girard, sieur de Villetaneuse, nommé en cette qualité en 1651.
7. Deux lignes effacées à l'encre.
8. De la main de Gaultray. Signature autographe du Cardinal. Double sceau en cire rouge à ses armes surmontées, comme toujours, du chapeau de cardinal.
1. Olivier Lefèvre d'Ormesson, ancien rapporteur dans le

M. le Grand Prieur[2] ne veuille bien s'y rapporter aussi. Je ne sais que vous dire sur l'affaire de M. de Tresmes[3], mais ce qui m'en paroît est que nous la devons gagner au Parlement. Consultez-la bien, s'il vous plaît, et si elle se trouve bonne, il la faut soutenir après lui avoir toutefois offert de ma part d'en passer à l'amiable par toutes les voies honnêtes. Je suis tout à vous et de tout mon cœur. Je vous envoie une lettre pour Mme de Pommereu[4].

A Commercy, ce 28e d'octobre 1668.

Le Cardinal de Rets.

A Monsieur, Monsieur de la Fons[5].

procès du surintendant Fouquet, auteur des ordonnances sur le droit français, publiées en 1666, mort, conseiller d'Etat, en 1686. Il est l'auteur d'un *Journal*, publié par le Ministère de l'instruction publique, 2 vol. in-4°. Il y raconte (tome II, p. 425), que dès le mois de décembre 1665, il entra en négociations avec dom Laumer, religieux de l'abbaye de Saint-Denis, chargé des affaires temporelles du monastère, pour acquérir l'hôtel de Saint-Denis. D'Ormesson en offrit quatre-vingt mille livres. L'affaire fut conclue le 24 avril de l'année suivante. D'Ormesson se rendit à Saint-Denis. « Je fis signer, dit-il (*Journal*, tome II, p. 456), par le supérieur et le secrétaire tous les actes capitulaires que j'avois corrigés et j'achevai tout avec dom Laumer, le premier mobile de toute cette affaire. » — Dans la même ligne où se trouve le nom d'Ormesson, le mot *temple* est écrit sans majuscule dans l'original; mais c'est une erreur, comme le prouve la fin de la phrase.

2. Le grand prieur de France, qui habitait le Temple, était à cette époque Philippe de Vendôme, né le 23 août 1655, mort, à Paris, le 24 janvier 1727. Il était le second fils de Louis, duc de Vendôme et de Mercœur, et de Laure Mancini, nièce de Mazarin. Philippe n'avait donc que treize ans au moment où Retz écrivait sa lettre du 28 octobre 1668.

3. René Potier, duc de Tresmes, mort à Paris en 1670.

4. Voyez, sur Mme de Pommereu, les *Mémoires de Retz*, tome Ier, p. 179 note 4, et tome IV, p. 464 note 7 et p. 465.

5. De la main de Gaultray. Signature autographe du Cardinal. Double sceau en cire rouge à ses armes.

XVII

A Commercy, ce 1ᵉʳ de novembre 1668.

J'ai reçu votre lettre du 27ᵉ de l'autre mois.

Mon sentiment est que nous ne rebutions pas les offres touchant le forfait, mais que nous ne les recevions pas aussi pour encore[1], afin d'en tirer davantage, s'il se peut. Rien ne presse, et je crois que l'on pourra toujours revenir, en cas de besoin, à ce que l'on offre.

J'ai toujours oublié de vous prier jusques ici de retirer le brevet de M. de Lhommeau[2] en lui donnant les rescriptions que nous avons réglées. Il faut ménager cela à mon sens par M. de la Houssaye qui le trouva bon ainsi, lorsque je lui en parlai. Envoyez-moi le modèle de celui qu'il faudra lui expédier pour les mille livres. Je suis tout à vous et de tout mon cœur.

Le Cardinal de Rets.

A Monsieur, Monsieur de la Fons[3].

XVIII

A Commercy, ce 11 de novembre 1668.

Celle-ci est la réponse à trois de vos lettres, à celles du dernier d'octobre et du 3ᵉ de ce mois, que je n'ai

---

1. Pour maintenant, pour dès à présent.
2. Avocat, à Paris, du Cardinal, ainsi qu'il résulte d'une autre lettre de Retz.
3. De la main de Gaultray. Signature autographe du Cardinal. Double sceau en cire rouge à ses armes.

reçues que par un même ordinaire, et à celle du 7ᵉ que j'ai trouvée ici à mon retour de Châlons.

Faites, s'il vous plaît, toutes les honnêtetés possibles à M. le Procureur général de la Chambre des Comptes. Il est dans la vérité tout à fait de mes amis.

Il a été très-judicieux à vous de ne vous point enquérir de la quittance des trente mille livres, que vous n'ayez toutes les autres. Vous trouverez ici une lettre pour Mme de Pommereu[1], et un paquet pour M. de Hacqueville; il est à Paris ou à Livry chez M. l'abbé de Coulanges[2], à l'abbaye. Je vous prie de lui faire rendre en main propre. Il est logé d'auprès Saint-Thomas. Il doit loger à l'hôtel de Retz. Je suis tout à vous et de tout mon cœur.

Le Cardinal de Retz.

A Monsieur, Monsieur de la Fons[3].

XIX
(15 novembre 1668.)

J'ai reçu votre lettre du 10ᵉ et, par le même ordinaire, une de Mme de Montmartre qui demande que l'on achève l'affaire de Chevincourt. Donnez-lui, s'il vous plaît, ma réponse, par laquelle je lui écris que je vous mande de faire tout ce qu'elle voudra et qu'elle peut décider comme il lui plaira sur ce que vous lui représenterez

---

1. Voyez ci-dessus, p. 205, la note 4.
2. Christophe de Coulanges, abbé de Livry, oncle de Mme de Sévigné et d'Emmanuel de Coulanges. Voyez à la table des Lettres de Sévigné de notre collection, tome XII, p. 122 à 124.
3. De la main de Gaultray. Signature autographe du cardinal de Retz. Deux sceaux en cire rouge.

touchant ses propres intérêts et les miens. Et je crois en effet qu'il en faut user ainsi, car, après la confiance qu'elle a eu en moi, il faut la satisfaire, si elle continue à vouloir la chose après que vous lui aurez représenté vos raisons. Vous trouverez ici un paquet pour M. de Hacqueville et une lettre pour M. de Chenedé, et une autre encore pour M. du Hamel[1], chanoine de Notre-Dame ; faites-la-lui rendre, s'il vous plaît, en main propre.

(Autographe) : Je suis tout à vous et de tout mon cœur.

Le Cardinal de Rets.

A Commercy, ce 15 de novembre 1668.

A Monsieur, Monsieur de la Fons[2].

XX

A Commerci[1], le 18ᵉ novembre 1668.

J'ai reçu votre lettre du 14 qui m'a donné de la joie en m'apprenant ce que vous faites pour les quittances qui sont assurément importantes. Je vous en remercie de tout mon cœur et je suis tout à vous.

Le Cardinal de Rets.

---

1. Du Hamel (Henri), ancien curé de Saint-Merry, chassé de sa cure pour avoir refusé de signer le formulaire. Il y rentra en 1664, après avoir rempli cette formalité. Deux ans après, il permuta sa cure pour un canonicat à Notre-Dame de Paris. Pendant la Fronde ecclésiastique, il s'était montré un des plus ardents partisans de Retz. Il mourut le 13 novembre 1682.
2. De la main de Gaultray. Signature autographe de Retz. Sceaux.

1. Retz, comme on le sait, ne faisait jamais usage de l'*y*, qu'il remplaçait toujours par un *i*.

Je ferai réponse à M. d'Estouville par le premier ordinaire. Je suis accablé de monde aujourd'hui.

A Monsieur, Monsieur de la Fons[2].

XXI

A Commercy, ce 3⁰ de décembre 1668.

JE vous écrirai dorénavant ponctuellement et Gaultray vous aura mandé la raison pour laquelle je ne l'ai pas fait les derniers ordinaires. Je me porte mieux, mais j'ai toujours une manière d'émotion qui approche de la fièvre lente. M. Bardin[1] croit que cela n'aura aucune suite. Je suis très-aise de la réformation des quittances, et je vous prie aussi de ne point perdre de temps à retirer celle de Dom Laumer, sa santé pouvant tous les jours tomber, et tout d'un coup.

Je veux bien et même je serai bien aise que l'on traite en chair[2] M. le Baron de Gondi[3], mais à condition, s'il vous plaît, que l'on ne mette pas l'argent entre ses mains, et entre celles de son valet; il n'auroit pas du pain au bout de la semaine. Il ne doit pas coûter davantage en le traitant en chair qu'en poisson, ou si peu que cela n'est pas considérable.

2. Lettre autographe. Deux sceaux en cire rouge aux armes du Cardinal.
1. Médecin du cardinal de Retz et uniquement attaché à sa personne. Il résidait dans le château de Commercy. On voit figurer son nom dans la liste des personnes composant la maison du Cardinal, liste donnée par Dumont dans le tome II de son *Histoire de Commercy*, p. 149.
2. Littré cite cette locution, mais n'en donne point d'exemple.
3. Il s'agit de ce Gondi que le Cardinal avait envoyé à son abbaye de Buzay pour y vivre sur ce bénéfice.

Le Docteur[4] me mande qu'il ne peut rien tirer de Calac, et qu'il a besoin de cinquante pistoles pour passer son hiver ; voyez-le, s'il vous plaît, de ma part, en lui rendant le billet ci-joint, et dites-lui que, pour ce qui est de l'assignation de Calac, il n'y a rien de plus juste que de la lui donner en payement de ses gages, puisqu'il l'a lui-même trouvée si bonne qu'il l'a prise pour moi, quand il a vendu les charges ; que la bonne conduite et l'exemple m'obligent à ne me point relâcher sur ce point sur lequel il a été condamné lui-même en sa présence par M. de Lhommeau. Il ne faut donc point prétendre d'autre argent de moi sur ce fondement, qu'il faudroit établir par bonne conduite, quand je n'y serois pas obligé par l'état où je suis réduit ; que s'il m'en demande parce qu'il en ait besoin, mon intention est, sans avoir aucun égard à ses appointements que je tiens payés, de l'assister[5] en tout ce qui me sera possible, mais que, comme je n'ai que dix-huit mille livres de rente pour vivre[6], il est aussi raisonnable qu'il ait égard à ne se pas laisser tromper par ceux qui sont auprès de lui, et qui lui peuvent peut-être faire voir la nécessité où elle n'est pas ; que c'est pour cela que je vous ai prié de le voir, pour en conférer vous-même avec lui, parce que sa lettre ne me paroît pas conforme à ce qu'il dit lui-même à Malclerc, un peu devant que de partir pour Paris. Pour ce qui est de ses comptes, qu'il demande

4. L'abbé Paris, archidiacre de Rouen.
5. Il s'agit, à n'en pas douter, de l'abbé Paris, malgré l'ambiguïté des passages qui précèdent. C'est ce que prouve la lettre ci-après du 13 décembre.
6. Le cardinal de Retz, afin de pouvoir désintéresser ses créanciers, s'était réduit à dix-huit mille livres de rentes. Avec cette somme, qui de nos jours paraîtrait fort exiguë, il trouvait moyen de tenir sur pied plus de cinquante domestiques. (*Histoire de Commercy*, par Dumont, tome II, p. 149-151.)

que l'on lui rende, il est juste de le faire; mais prenez garde, s'il vous plaît, de bien fixer le reliquat sur Calac, d'une telle manière que les héritiers ne puissent revenir sur moi. Vous me manderez ce qu'il vous aura dit. Je lui fis donner trente-cinq pistoles devant que de partir de Paris, et il avoua lui-même à Malclerc qu'il ne savoit ce que tout cela devenoit. Je crois que ses parents le pillent, car il a du bien et ne peut être en nécessité; s'il y est, il faut vendre de la vaisselle d'argent pour le secourir. Je vous dis encore une fois qu'à mon opinion il n'y peut être.

1668

Voyez aussi, s'il vous plaît, M. Couret[7], et dites-lui que, quoique je ne me réserve que dix-huit mille livres de rente pour moi, donnant tout le reste de ma subsistance aux miens, je n'ai pas balancé à le servir tant que je l'ai cru dans la nécessité, mais qu'ayant appris par ses parents mêmes qu'il a plus que suffisamment de quoi vivre, et que le surplus n'est que pour ceux qui veulent gagner auprès de lui, que je le prie d'agréer que je ne continue pas à lui payer sa pension, qui m'est très-nécessaire ailleurs dans le besoin où je suis[8].

Pour ce qui est de l'abbé Bouvier[9], écrivez-lui, s'il vous plaît, que je vous ai mandé que je lui ferois réponse par le premier ordinaire, et que la fièvre que j'ai eue m'a empêché de le faire par celui-ci; que je vous ai même prié de faire tous vos efforts pour acquitter sa lettre de change, en ajoutant même que vous la prissiez

7. Un des créanciers de Retz.
8. Le cardinal de Retz s'était obligé à payer des pensions à certains de ses créanciers qu'il ne pouvait désintéresser complètement.
9. Sur l'abbé Bouvier, expéditionnaire en cour de Rome, et l'agent du Cardinal dans cette ville, voyez ci-dessus, p. 7, la note 1.

sur ma subsistance, parce que vous saviez bien que je n'avois d'autre fonds[10] que celui-là, tout le reste étant dans les mains de mes créanciers, et que je m'étois engagé solennellement à ne jamais emprunter un double que toutes mes dettes fussent payées; que vous ne sauriez obéir à cet ordre parce qu'il renverseroit celui de mes affaires et que la moindre altération que vous y apporteriez obscurciroit la beauté de ma conduite, de laquelle vous êtes responsable, puisque vous êtes syndic des créanciers[11], qui m'étant aussi obligés qu'ils sont, vous ont donné charge d'avoir plus de soin de ma subsistance que de leurs propres dettes; que vous m'écrirez nettement que vous ne pourrez rien distraire ni avancer sur cela. Voilà comme il faut répondre pour une bonne fois. Vous croyez que ce n'est pas sans peine, de l'humeur dont vous me connoissez, mais enfin nul n'est tenu à l'impossible, et vous savez si je suis en état d'acquitter ces sortes de lettres de change, qui sur le tout ne serviroient, à mon opinion, de rien à ce pauvre homme, que je crois ruiné de fond en comble. Je lui en acquittai une à Joigny de cinq mille livres, il y a quatre ans. Il se plaint dans la lettre qu'il m'écrit de ce que vous ne les acquittez pas sur le fonds que vous avez entre vos mains à lui. Je crois qu'il est à propos que vous lui expliquiez vos raisons là-dessus, qui ne sont que trop bonnes pour son malheur; car je m'imagine qu'il faut bien du temps pour acquitter les dettes de M. de Masparault. Je suis tout à vous et de tout mon cœur. Je remercierai au premier ordinaire M. l'abbé d'Estouilly de toutes les bontés qu'il a pour moi. Je vous envoie à cachet volant ce billet pour

---

10. *Foin*, dans le manuscrit.
11. Comme on le voit par ce passage, M. de la Fons était syndic des créanciers du Cardinal.

M. Paris[12], mais ne lui montrez pas, s'il vous plaît, cette lettre ni à personne.

Le Cardinal de RETS.

A Monsieur, Monsieur de la Fons[13].

XXII

A Commercy, ce 6 de décembre 1668.

J'AI reçu votre lettre du premier de ce mois. Voyez, s'il vous plaît, M. de Hacqueville, et consultez avec lui sur l'abbaye des Bernardins dont vous me parlez; mais je n'y vois guère de jour parce que nous n'avons pas de quoi récompenser.

Je vous ai écrit par le dernier ordinaire touchant M. le baron de Gondi. Il est juste de le nourrir de chair, mais, en vérité, il y a conscience de lui mettre l'argent entre les mains, parce qu'il mourroit de faim dès le troisième jour de la semaine.

Ne faites point encore de réponse à D. Lopin sur la ménagère[1], car je pourrai bien avoir affaire de la sienne, quoique je n'en sois pas encore assuré; je vous le manderai dans sept ou huit jours. Je n'enverrai[2] querir les bêtes qu'à la fin de février[3].

Voyez, je vous prie, ce qu'il se pourra faire sur le

12. L'abbé Paris, archidiacre de Rouen, à qui est adressée la correspondance précédente.

13. De la main de Gaultray. Signature autographe du Cardinal. Deux sceaux en cire rouge à ses armes plaqués sur lacs de soie.

1. *Ménagère* dans le manuscrit. Retz entend par là une femme habituée à donner des soins aux animaux d'une ménagerie.

2. Sur l'original : *envoyerai*.

3. Il s'agit des cerfs et des sangliers que le prince de Condé avait offerts au cardinal de Retz.

mémoire que vous a envoyé Gaultray de ma part. M. l'abbé de Lestrade m'a recommandé cette affaire; il est de mes amis et je souhaiterois de l'obliger en tout ce qui ne sera pas contre le bien de l'abbaye. Je suis tout à vous et de tout mon cœur.

Le Cardinal de Rets.

Je tirerai le reste de ma subsistance payable au quinzième de janvier, comme nous en convînmes à Paris. Je vous envoie une lettre pour Mme de Pommereu,

(Autographe) : et une autre pour Marigni[4].

Le Cardinal de Rets.

A Monsieur, Monsieur de la Fons[5].

XXIII
(9 décembre 1668.)

Je ne me porte pas encore trop bien, mais ce ne sera rien, et cette émotion ne mérite pas le nom de fièvre.

Je n'ai point douté de ce que vous me dites sur la subsistance, et vous avez eu raison de croire que mon intention a toujours été que les quatre mille livres fussent prises du fonds de ma subsistance.

Vous savez mieux que moi ce qu'il faut pour nourrir raisonnablement à Buzay M. de Gondi et son valet. Il est bon de régler cela dans l'honnêteté, à la vérité,

---

4. Voyez sur Marigni notre tome VIII, p. 168, note 8, et le tome II des *Mémoires de Retz*, p. 127, note 4.

5. De la main de Gaultray. Deux signatures autographes. Deux sceaux en cire rouge aux armes de Retz.

mais aussi selon le bon marché du pays. Je suis tout à vous et de tout mon cœur.

A Commercy, le 9 de décembre 1668.

Le Cardinal de Retz.

A Monsieur, Monsieur de la Fons[1].

XXIV
(13 décembre 1668.)

J'AI reçu votre lettre du 8ᵉ de décembre. Je n'ai point eu de fièvre depuis lundi, et je m'en tiens quitte.

Le compte de M. Paris[1] est brouillé entre les papiers du coffre, mais certainement il y est; on le cherche et je vous l'enverrai lundi; dites-le, s'il vous plaît, à M. Paris, et que je vous ai prié de l'assister sur ma subsistance, de ce qu'il aura besoin. Sortez-en, je vous prie, au meilleur marché que vous pourrez, et faites filer le cordeau[2] le mieux qu'il vous sera possible jusques à Pâques, puisqu'il dit qu'en ce temps-là il ne sera plus incommodé. Il demandoit cinquante pistoles. Nous en sortirons peut-être à moins, en faisant filer les choses peu à peu; car aussi bien je suis persuadé qu'il n'est pas même bon pour lui de lui donner tout à la fois, et vous voyez bien qu'il n'est pas possible en l'état où il est qu'il ne soit pillé. Vous reprendrez, s'il vous plaît, ce que vous lui donnerez sur les deux quartiers

---

1. De la main de Gaultray. Signature autographe du Cardinal. Deux sceaux en cire rouge à ses armes, plaqués sur lacs de soie.

1. L'abbé Paris, archidiacre de Rouen.

2. Expression empruntée des bateliers; lâcher de la corde, laisser aller doucement le bateau.

d'avril et de juillet, tant parce que je suis trop en avance de celui de janvier, que parce que je serai moins incommodé d'une diminution en deux quartiers qu'en un. Je vous assure que voilà le dernier passe-droit que je me ferai, et que je suis résolu de ne plus écouter seulement les demandeurs, qui, entre vous et moi, devroient mourir de honte, sachant l'état où je suis. Celui-ci est plus excusable, car, comme je vous viens de dire, je suis persuadé qu'il est pillé et mangé, et qu'il peut être par cette raison dans le besoin. Je suis tout à vous et du meilleur de mon cœur.

A Commercy, ce 13 de décembre 1668.

Le Cardinal de Rets.

A Monsieur, Monsieur de la Fons[3].

XXV

A Commercy, le 27 de décembre 1668.

J'ai reçu votre lettre du 22e. Vous aurez vu par celle que j'ai écrite du 23e à M. de Hacqueville que je suis bien éloigné d'approuver le procédé de MM. Cherrière, tant à l'égard du prétendu résultat du Conseil, que des transactions, et vous verrez par celle que je lui écris aujourd'hui que j'approuve aussi peu leur manière d'agir touchant les réparations. À quelque chose malheur est bon, et il se faut servir de cette occasion pour régler mieux les autres.

Voyez, je vous supplie, M. de Béchamel de ma part

---

3. De la main de Gaultray. Signature autographe du Cardinal. Deux sceaux en cire rouge à ses armes, plaqués sur lacs de soie.

pour les îles et îlots[1] ; il est assurément de mes amis et je suis persuadé qu'il nous servira de bon cœur et efficacement.

Je n'ai aucune réponse de ce que j'avois écrit à MM. Cherriers touchant le pavé[2], et je m'étonne que Chevincourt[3] ne m'en mande rien parce que j'avois mandé à ces Messieurs de vous en parler et à vous et à lui. Je vois par ce que vous m'écrivez qu'ils ne vous en ont rien dit, mais ils ne seront pas apparemment demeurés dans la même réserve avec lui. Il est bon, à mon avis, que vous leur disiez à la première vue que je vous ai prié de savoir d'eux ce qu'ils me vouloient dire par ce qu'ils me mandoient sur le sujet de ce pavé, et que je vous ai écrit que je leur avois même mandé de conférer sur ce sujet avec vous. Ce à quoi il ne faut pas manquer, à mon sens, est de prendre ses précautions auprès des trésoriers de France, car vous jugez bien que l'on nous pourroit faire quelque malice de ce côté-là. On trouveroit bien les moyens de s'en défendre, mais il n'est que mieux de s'en épargner la peine.

Vous trouverez ci-joint le compte du Docteur[4], mais

---

1. Les îles et îlots sur la Seine appartenant à l'abbaye de Saint-Denis. M. Louis Béchameil fut nommé conseiller clerc au Parlement à la deuxième Chambre des requêtes, le 10 décembre 1670. C'est fort probablement le même personnage dont parle Retz, et qui occupait, en 1668, de moindres fonctions.

2. Autant que nous avons pu le comprendre par certains passages de la correspondance du Cardinal, ces MM. Cherrier ou Cherrière, qui étaient les économes de l'abbaye de Saint-Denis, avaient pris à forfait le pavage de la ville de Saint-Denis, qui, dans certaines parties, était à la charge de l'abbaye.

3. Hippolyte Rousseau, seigneur de Chevincourt, conseiller, maître d'hôtel ordinaire du Roi, correcteur de la Chambre des comptes de Paris. Il avait été nommé à cette fonction en 1642. Nous avons parlé plus haut de lui, p. 143, note 6.

4. L'abbé Paris.

218   CORRESPONDANCE DIVERSE

prenez bien garde, je vous prie, à ne le délivrer qu'avec toutes les précautions nécessaires. Ce pauvre homme ne peut vivre après l'accident qui lui est arrivé, et nous aurions affaire à des Nicolas, qui ignoreroient ou qui voudroient ignorer le plus facilement du monde et ce que vous donnez présentement à leur oncle et les trente-cinq pistoles que Malclerc lui porta de ma part à Paris en deux fois. Ce n'est pas que je prétende lui tenir compte de ces sommes, et vous pouvez lui dire que je les lui donne de bon cœur, pourvu toutefois que ses héritiers ne me puissent jamais rien demander de ce qui lui peut rester dû, et qu'ils s'en tiennent payés comme il a été réglé par M. de Lhommeau par les assignations qui ont été données à leur oncle en Bretagne sur les fonds que lui-même y avoit faits pour moi. Je suis tout à vous et de tout mon cœur.

Le Cardinal de Rets.

Comme le compte de M. Paris est fort gros, je vous l'envoie par un paquet séparé.

Ce qui me donne quelque soupçon de quelque dessein des Cherrière sur le pavé est l'affectation de Chevincourt à ne me rien répondre, quoique je les eusse renvoyés à vous et à lui tout exprès pour le faire parler sur leurs prétentions[5].

XXVI

A Commercy, ce 3ᵉ de janvier 1669.

J'ai reçu votre lettre du 29 de l'autre mois, et M. de Hacqueville me mande de la même date que vous vous

5. De la main de Gaultray. Signature autographe du Cardi-

deviez assembler dimanche pour régler les choses avec MM. Cherriers. Il me paroît qu'ils ont si mal pris leurs mesures par leurs dates et autres telles fautes, qu'ils seront obligés de ne faire que ce que l'on jugera raisonnable, quand ils ne s'y porteroient pas d'eux-mêmes : ce que je veux espérer.

Je vous envoie une lettre de D. Laumer, qui vous fera voir l'acharnement qu'il a contre le Procureur général de la Chambre des comptes[1]; je vous le renvoie, et prenez garde, je vous supplie, autant que vous pourrez, à ce que l'on ne le désoblige point. Vous connoissez D. Laumer : si le Procureur général s'étoit adressé à lui, il seroit le premier à me parler pour ses intérêts. Il y a dix ou douze jours qu'il m'avoit déjà écrit sur cette matière, et je lui avois répondu en général que j'avois prié M. de Hacqueville de régler en mon nom les difficultés qui se pourroient trouver avec MM. Cherriers : car il se plaint terriblement d'eux sur ce qu'il prétend qu'ils favorisent le Procureur général contre le bailli de Saint-Denis ; mais pour ce chef, je crois, entre vous et moi, que c'est à ma considération, parce que j'ai écrit à Chevincourt de leur dire de ma part que je serois bien aise que l'on l'obligeât en ce que l'on pourroit. Il me semble aussi que D. Laumer est bien passionné pour ce bailli, qui a été autrefois si mal avec lui.

La lettre de change des six mille livres n'échoit qu'au quinzième de ce mois comme je vous le mandois au commencement du passé.

Vous trouverez ici une lettre pour Mme la Prési-

---

nal. Pas de sceaux. Le dernier paragraphe du post-scriptum est tout entier de la main de Retz.

1. Antoine Girard, sieur de Villetaneuse, qui occupait cette fonction depuis 1651.

dente de Pommereu². Je suis tout à vous et de tout mon cœur. Je vous prie de dire à Mme de Pommereu que je vous ai prié, comme en effet je vous en prie, de solliciter en mon nom, pour M. de Vassé³, ceux de mes amis qu'elle vous indiquera, pour un procès qu'il a contre sa femme.

Le Cardinal de Rets.

A Monsieur, Monsieur de la Fons⁴.

XXVII

A Commercy, ce 17ᵉ de janvier 1669.

J'ai reçu votre lettre du 12ᵉ qui me confirme dans l'opinion que j'ai toujours eue qu'il est important de prendre des précautions touchant le pavé. Vous aurez vu ce que j'ai écrit au long à M. de Hacqueville.

Je suis très-aise que vous ayez parlé à M. de Vassé, comme vous me le mandez.

Envoyez, je vous prie, à Mlle de Northumberland¹ ce qu'elle vous a demandé. Je suis tout à vous et de tout mon cœur.

Je vous envoie une lettre que m'ont écrite les Récollets de Saint-Denis. Je ne sais si leur demande est juste.

---

2. Voyez les *Mémoires de Retz*, tome Iᵉʳ, p. 179, note 4.
3. Voyez sur la maison de Vassé, alliée aux Sévigné, les lettres de la marquise de Sévigné, tome Iᵉʳ de l'édition de notre collection, p. 531, 532, 533.
4. De la main de Gaultray. Signature autographe du cardinal de Retz. Double sceau en cire rouge plaqué sur lacs de soie rouge.

1. Il y a dans l'original : Northumbeland. On verra plus loin dans les notes ce que demandait au Cardinal cette demoiselle et ce qu'il fit pour elle.

Faites-leur, s'il vous plaît, la réponse telle que vous croyez que je la leur doive faire.

Le Cardinal de RETS.

A Monsieur, Monsieur de la Fons[2].

XXVIII

Du 24 janvier 1669.

J'AI reçu votre lettre du 19 de ce mois. Elle m'a donné de la joie en me rassurant un peu sur le pavé qui me donnoit de l'inquiétude, parce que la partie est grosse, et qu'elle nous mettroit bientôt en arrière.

J'ai bien de la joie de ce que nous avons la paix en ce pays[1]. Je suis absolument à vous et du meilleur de mon cœur. Vous trouverez ici une lettre pour Mme de Pommereu, et un paquet pour M. l'abbé Charrier[2]; faites-lui tenir[3], je vous supplie, en main propre, car je lui écris pour une affaire qui m'est recommandée par M. le cardinal Ottoboni[4] : jugez si je l'ai à cœur.

Si j'eusse décidé sur le lieu du conseil, ce n'auroit

2. Sceaux en cire rouge plaqués sur lacs de soie rouge. Lettre de la main de Gaultray, signée par le Cardinal.

1. Allusion sans doute à la paix d'Aix-la-Chapelle, signée le 2 mai 1668, et dont les bienfaits ne se firent sentir que plus tard.

2. Il s'agit, non de l'abbé Guillaume Charrier à qui est adressée la correspondance du chapeau : il était mort en 1667, mais de son neveu, Guillaume Charrier, abbé de Quimperlé, que Retz attacha à sa personne et qui fut plusieurs fois son conclaviste.

3. L'ellipse du pronom *le* était très-fréquente à cette époque. Voyez *Lexique de la langue de Mme de Sévigné*, tome I, p. XLIX.

4. Le cardinal Ottoboni, né à Venise le 19 avril 1620, évêque de Brescia en 1654, devint pape sous le nom d'Alexandre VIII le 6 octobre 1689, et mourut le 1er février 1691.

pas été mon avis qu'il se fût tenu chez M. de Chevincourt. Je ne laisse pas de vous être très-obligé de la facilité que vous y avez apportée, parce que je suis assuré que vous ne l'avez fait que pour celle de mes affaires, et je ressens cela comme je dois.

J'ai oublié de prier M. de Hacqueville de faire mes compliments à M. et à Mme Duplessis sur la saisie que l'on a faite chez eux ; priez-l'en, s'il vous plaît, de ma part.

Le Cardinal de Retz.

A Monsieur, Monsieur de la Fons[5].

XXIX

A Commercy, ce 28ᵉ de janvier 1669.

J'ai reçu votre lettre du 23ᵉ de ce mois. Je suis très-aise de ce que vous me mandez touchant le pavé[1], et il y a bien de la différence entre quatorze mille toises et trois mille.

Il n'est nullement nécessaire de faire aux Récollets la gratification qu'ils demandent, et il suffit de leur faire espérer que l'on leur continuera leur pension ordinaire quand on aura un peu répit.

J'ai bien de la joie de l'accommodement avec Mme Couturier, c'est-à-dire de ce qu'elle donne de l'argent pour la consignation.

Vous faites très-bien de presser les Religieux pour

---

5. De la main de Gaultray. Signature autographe du cardinal de Retz. Deux sceaux en cire rouge plaqués sur lacs de soie.

1. La partie du pavé de la ville de Saint-Denis qui devait être entretenue aux frais de l'abbaye.

les sept mille livres retenues. Dom Laumer peut mourir, et il est bon de finir affaire².

L'accommodement de Forcadel³ et de Grosseteste est une fort bonne chose pour plus d'une raison.

La conduite que vous avez à l'égard du Docteur⁴ est bonne. Ce pauvre homme est pillé de tous côtés.

Nous avons ici la paix qui me donne bien de la joie. M. de Lorraine achève aujourd'hui son désarmement⁵. Je suis tout à vous et de tout mon cœur. Vous trouverez ici un paquet pour M. de Châlons.

Le Cardinal de Retz.

A Monsieur, Monsieur de la Fons⁶.

XXX

A Commercy, ce 31ᵉ de janvier 1669.

J'ai reçu votre lettre du 26 de ce mois.

Ce que vous m'avez mandé touchant le bailli de Co-

---

2. Locution proverbiale : d'achever, de terminer.
3. Forcadel était le fermier général de l'abbaye de Saint-Denis. Après avoir pris à bail le revenu temporel de l'abbaye, il demanda à en être déchargé, à résilier son bail. Mais l'abbé de Saint-Denis refusa d'y consentir. (Lettre de Forcadel en date du 14 janvier 1668.)
4. L'abbé Paris, docteur de Navarre.
5. Charles IV, duc de Lorraine, né le 5 avril 1604, succéda au duc Henri, dit *le Bon*, en 1624, et mourut le 13 septembre 1675. La paix avait été publiée à Paris au mois de mai 1668, mais le duc de Lorraine, qui tenait le parti de l'Empereur, n'avait désarmé que plus tard. (*Histoire de Saint-Mihiel*, par Dumont, tome II, p. 107 et suivantes.)
6. De la main de Gaultray. Signature autographe du Cardinal. Sceaux en cire rouge, aux armes de Retz, plaqués sur lacs de soie rouge.

lombes[1] ne s'est trouvé que trop véritable, et il est constant que MM. Cherrière n'ont pas vu les suites de cette affaire, dont l'issue me paroît fort douteuse pour eux dans le Parlement.

Écrivez-moi, je vous prie, le détail de ce qui s'est passé à l'égard de la lettre de change de six mille livres. Il est très-nécessaire que je le sache, afin que, si la chose est comme Cherrière me l'écrit, je la puisse tourner à M. Lemoine d'une manière qui conserve mon crédit avec lui. Cherrière me mande que M. Prestic l'avoit protestée, parce que M. Forcadel[2] vous avoit refusé de la payer, et que lui, Cherrière, a été obligé de donner l'argent, par cette raison, et qu'il l'a emprunté. Il m'est important de conserver mon crédit avec M. Lemoine, et il y a quelques circonstances en cette occasion, qui font que je suis encore plus fâché d'une protestation en celle-ci que dans une autre. Il n'y avoit que quatre jours que je lui avois envoyé faire des reproches de ce qu'il ne vous présentoit pas ma lettre de change, et je vous avoue que si j'eusse cru que vous n'en eussiez fondé le payement que sur la parole de M. Forcadel, qui, comme vous savez, n'est pas la chose du monde la plus fixe, j'aurois accepté les offres de MM. Cherriers, qui ont écrit deux ou trois fois de suite à Malclerc qu'ils avoient les dix mille livres tous prêts pour ma subsistance, et que je n'avois qu'à tirer; mais je n'ai pas voulu seulement faire semblant de savoir leurs offres, parce que j'ai cru qu'il y avoit du dessein de leur part

1. Colombes, domaine appartenant à l'abbaye de Saint-Denis et faisant partie de la *mense distraite*, pour l'entretien des bâtiments de l'abbaye et de la basilique. (*Histoire de l'abbaye de Saint-Denis*, par Mme Félicie d'Ayzac, Imprimerie impériale, 2 vol. in-8°. Tome Ier, p. 459.)

2. Le fermier général des domaines de l'abbaye de Saint-Denis, comme on l'a dit plus haut, p. 223, note 3.

en me la faisant. Ce qui me fait le plus de peine en cela, est que, quand je pris l'argent de M. Lemoine, je lui mandai positivement que je vous avertirois plus de six semaines devant que la lettre échût. Je vous conjure que, lorsque vous pourrez prévoir que tels accidents pourront arriver, vous m'en avertissiez un peu devant. Je n'aime pas à emprunter, comme vous savez, mais je m'y résoudrois encore plus volontiers qu'à voir protester une lettre de change signée de moi. Voilà la seconde de cette nature depuis six mois. Je prendrai le parti de me retrancher de tout mon cœur, s'il le faut faire, et j'y aurai moins de peine que l'on ne se le peut imaginer, et que je n'ai assurément de ces sortes d'accidents qui sont considérables à un homme comme moi et dans un pays comme celui-ci. M. Cherrière[3] me demande une décharge et je lui réponds qu'il me semble que vous la lui pouvez donner entière, puisque vous avez ma procuration générale, que j'en écrirai, et que s'il y a quelque chose à faire de ma part, je le ferai incessamment. Mandez-moi, s'il vous plaît, s'il faut que je donne quelque décharge, et en ce cas envoyez-m'en le modèle. Il n'est que bon à mon sens que vous ménagiez les Cherrière sur ces offres qu'ils font de payer ma subsistance, car enfin vous voyez qu'il n'y a aucune sûreté avec M. Forcadel, et particulièrement si il est vrai, ce qu'ils ajoutent dans leur lettre, qui est, qu'il est résolu de ne se point dessaisir des vingt mille livres qui sont saisis entre ses mains par les Chastelains[4] : auquel propos je crois qu'il seroit nécessaire de presser le jugement de

3. Il y a tantôt *Cherrier*, tantôt *Cherrière*, dans les originaux, et il est bien difficile de savoir quel était le vrai nom. C'est pourquoi nous suivrons toujours les variantes. Nous ferons remarquer pourtant que la forme *Cherriers* est celle qui est répétée le plus souvent.

4. Les Châtelains étaient des créanciers de Retz.

ce procès, dont l'événement me paroît indubitable pour moi. Vous connoissez la paresse de M. de Modave. Cette affaire est importante et il sera à propos de la faire solliciter par mes amis.

Je vous prie de donner à la ménagère, à qui M. de Hacqueville vous fera parler, ce qui lui sera nécessaire pour la faire venir à Commercy par le coche de Bar. Si elle désire même que l'on lui avance une partie de ses gages, vous le pouvez faire et reprendre cela avec ce que vous avez donné au Docteur sur mes quartiers, en la manière dont je vous l'expliquai dernièrement.

M. de Hacqueville me mande qu'il est bon d'écrire à M. Benard Résé[5]. Vous trouverez ici une lettre pour lui et une pour Madame de Pommereu. Je suis tout à vous et de tout mon cœur.

Le Cardinal de Retz.

A Monsieur, Monsieur de la Fons[6].

XXXI

A Commercy, ce 4e de février 1669.

J'AI reçu votre lettre du 30 de janvier. Je suis très-aise de ce que vous avez écrit à M. Le Moine[1], et vous m'avez tiré d'une grande peine. La précipitation de M. Prestic[2] a été terrible, et même contre toutes les formes usitées en pareille rencontre. J'en écrirai en

5. M. Bénard de Rezé, conseiller clerc de la Grand'Chambre du Parlement, nommé le 6 mai 1636.
6. De la main de Gaultray. Signature autographe du Cardinal. Sceaux en cire rouge aux armes des Gondi, plaqués sur lacs de soie.
1. Ce nom est écrit tantôt Le Moine, tantôt Lemoine.
2. Sans doute un des créanciers de Retz.

conformité à M. Le Moine. Cette précipitation n'auroit-elle point été suscitée ? Je ne le puis pourtant croire.

Je vous recommande toujours l'affaire du pavé, en laquelle il faut craindre toutes les malices par les raisons que vous voyez comme moi.

Il faut renvoyer le sieur Cornuot[3] à la Saint-Jean. Pour le procureur fiscal, nous verrons en ce temps ce qu'il y aura à faire. Vous savez comme j'en parlai en présence de tout le monde à l'hôtel de Retz.

Vous aurez reçu une lettre que je vous envoyai par le dernier ordinaire pour M. Bénard de Rézé. Je suis très-aise de ce qu'il est dans le bureau de M. le président de Novion[4], et faites savoir à ce président que je l'ai ainsi souhaité. L'abbé de Pontcarré pourra faire cela très-naturellement et vous l'en pouvez prier de ma part[5].

---

3. Un autre des créanciers du Cardinal.
4. Nicolas Potier de Novion, né en 1618, conseiller du Parlement en 1637 et président en 1645. Au commencement de la Fronde, il fut arrêté avec Broussel. Il fit depuis sa paix avec Mazarin, et devint premier président du Parlement en 1678. Il mourut le 1ᵉʳ septembre 1697. Voici en quels termes s'exprime sur son compte l'auteur anonyme du *Portrait du Parlement de Paris* (Bibl. nat. mss. Baluze, 113) : « Potier de Novion est homme de grande présomption et de peu de sûreté, intéressé, timide, lorsqu'il est poussé ; assez habile dans le Palais, y ayant sa cabale composée de ses parents et amis, MM. Le Féron et Mandat Tubeuf, son gendre et son fils, et s'appliquant tous les jours à y faire de nouvelles habitudes. Son principal crédit est dans la nouvelle Chambre, est souvent brouillé dans son domestique, a de grands biens et particulièrement sur le Roi. S'est allié à M. de Bercy par le moyen de son fils, qui en a épousé la fille ; possède les aides de Sommoy, de Montivilliers, anciens droits et nouveaux, 47 000 livres, et du dernier 1000 livres. »
5. Pierre Camus de Pontcarré, prieur de Saint-Trojan, aumônier du Roi. Il est souvent question de lui dans les lettres de Mme de Sévigné. Voyez en quels termes s'exprimait sur son compte le cardinal de Retz dans les lettres de Mme de Sévigné, tome II de notre collection, p. 298.

Je vous prie de faire compliment pour moi à M. de Maisons le fils[6] sur la mort de M. son frère[7] et de lui dire que je lui aurois écrit si je n'avois, depuis quelques jours, une grande fluxion sur les yeux. Je m'en trouve effectivement beaucoup plus mal qu'à l'ordinaire. Je suis tout à vous et de tout mon cœur.

Le Cardinal de RETZ.

A Monsieur, Monsieur de la Fons[8].

XXXII

A Commercy, ce 7 de février 1669.

J'AI reçu votre lettre du 2ᵉ de ce mois. Je suis très-aise de l'éclaircissement que vous donnez à ce qui s'est passé touchant les réparations de Saint-Denis, entre le duc de Mazarin[1] et moi. Il y a toujours plaisir de s'as-

---

6. Il s'agit de Jean de Longueil, marquis de Maisons, devenu plus tard président à mortier au Parlement de Paris le 1ᵉʳ décembre 1672, où il avait été d'abord conseiller, maître des requêtes, etc., au moment où Retz écrivait sa lettre du 4 février 1669. Il mourut le 10 avril 1705, âgé de quatre-vingts ans. Voici ce que dit de Longueil *le Portrait du Parlement de Paris* (Bibl. nat., mss. Baluze, 115) : « Est intéressé et de peu de confiance, habile en sa charge; homme pour et contre la Cour suivant ses intérêts ; a des grands biens et particulièrement au domaine du Roi, pourquoi on a de grandes prises sur lui.... Est homme de jeu, de plaisir, pour raison de quoi il n'a pas toujours paix en son domestique.... »

7. Guillaume de Longueil, frère puîné de Jean de Longueil et mort en effet en janvier 1669. Il était abbé de Conches et de Saint-Chéron et conseiller clerc au Parlement.

8. De la main de Gaultray. Signature autographe du Cardinal. Deux sceaux en cire rouge à ses armes, plaqués sur lacs de soie rouge.

1. Armand-Charles de la Porte de la Meilleraye, duc de Ma-

surer contre des recherches qui tombent quelquefois dans des conjonctures où elles sont très-incommodes, et je vous prie par cette raison de presser les Religieux de vous rendre les acquits de l'emploi des sept mille livres retenus par le P. D. Laumer. Je vois par ce que vous m'écrivez que le reste est à couvert, mais que nous n'avons pourtant pas satisfait à tout, puisque nous sommes obligés à deux mille livres pour le portail de l'église. Il y faudra travailler quand on pourra.

Quelle fantaisie nouvelle a-t-il pris à M. Forcadel de ne pas vouloir payer les vingt mille livres? Cet arrêt qu'il allègue n'étoit-il pas donné, quand il a fourni les autres termes, et ne sait-il pas comme nous que la prétention des Châtelains n'a dans le fond aucun fondement valable? Sur le tout je conviens qu'il est beaucoup mieux de donner à la femme dont vous me parlez, mille livres, que de demeurer plus longtemps dans cet embarras.

Vous aurez vu par ce que je vous mandai dernièrement de la décharge que l'on m'a demandée que je ne puis être surpris de ce que vous m'écrivez sur ce sujet. M. de Hacqueville aura de nouveau expliqué mes sentiments à ces Messieurs, qui, dans la vérité, n'ont aucun intérêt à la chose : et que leur importe pourvu qu'ils soient valablement déchargés?

M. Paris m'écrit pour se plaindre en quelque façon

---

zarin, fils de Charles, duc de la Meilleraye, et de Marie Ruzé d'Effiat, né en 1631, marié à Hortense Mancini. Après la mort de son père, il fut grand maître de l'artillerie. Il est question de lui dans les *Mémoires de Retz*, tome IV, p. 500, note 9 et p. 519, note 9. Le cardinal Mazarin ayant été abbé commendataire de Saint-Denis avant le cardinal de Retz, et M. de la Meilleraye étant son légataire universel, il y a tout lieu de croire que c'est à ce titre qu'il eut des intérêts à débattre avec Retz à propos de l'abbaye et des réparations que Mazarin n'y fit pas et qui restèrent à la charge de sa succession.

de l'addition que vous avez faite à son compte : je lui réponds que vous n'y avez rien ajouté que ce que M. de Lhommeau² jugea y devoir être mis en sa présence et en la mienne aux Blancs-Manteaux.

Je vous suis très-obligé de ce que vous faites pour avancer le jugement de l'Ordre de Commercy³ ; je n'en puis être surpris après les marques que vous m'avez déjà données de votre amitié, mais je n'en suis pas moins touché. Je suis tout à vous et de tout mon cœur.

J'ai fait réflexion, depuis ma lettre écrite, sur la saisie des Châtelains, et il me semble qu'il n'y avoit point d'arrêt donné en leur faveur du temps que j'étois à Paris. L'affaire étoit entre les mains de M. de Creil⁴. M. de Modave⁵ me dit vingt fois de suite qu'il n'y avoit aucune difficulté de faire joindre cette instance au procès. Je n'ai point ouï parler depuis qu'il se soit rien passé de nouveau : ce qui me fait juger qu'il faut qu'il y ait eu quelque surprise. Je les appréhende toujours de l'accablement de M. de Modave.

Je vous envoie la lettre de M. Paris, parce qu'il me semble qu'il est bon de remarquer ce qu'il dit que l'addition n'est ni signée ni de la même écriture.

Le Cardinal de Rets.

A Monsieur, Monsieur de la Fons⁶.

2. L'avocat de Retz à Paris.
3. M. de la Fons avait été nommé syndic des créanciers du cardinal de Retz, et c'était lui qui avait, en cette qualité, poursuivi, devant le Parlement, l'ordre dans lequel chacun des créanciers devait prendre part à la distribution des sommes mises à leur disposition par le Cardinal. Voilà ce que Retz appelait l'ordre de Commercy.
4. François de Creil, conseiller laïc du Parlement de Paris, à la Grand'Chambre, nommé le 15 février 1636.
5. Le procureur, à Paris, du cardinal de Retz.
6. Lettre de la main de Gaultray. Signature autographe du

XXXIII

A Commercy, ce 11ᵉ de février 1669.

J'avoue que j'aurois eu peine à croire qu'il y eût eu dans le protêt autre mouvement que celui de la précipitation de M. Prestic[1], mais vous me marquez de certaines circonstances qui y peuvent faire juger de l'affectation et de la suscitation. C'est une chose pitoyable, si cela est.

Vous aurez vu par ce que j'ai écrit à M. de Hacqueville que je me suis suffisamment expliqué sur la procuration que je vous ai donnée pour éteindre les prétentions que l'on a témoigné avoir sur ce sujet. Je ne crois pas que l'on ose m'en parler davantage. Si l'on revient à la charge, je m'en expliquerai encore plus fortement.

Vous aurez vu par ma précédente que j'approuve l'expédient auquel vous avez pensé touchant la saisie des Chastelains, et je vous prie même, en des cas pareils, de décider de vous-même ; je m'en rapporterai toujours de très-bon cœur à vous, à qui je suis du meilleur de mon cœur.

Vous trouverez ici la lettre pour M. le cardinal dataire que vous avez souhaitée. Je ne connois point le sous-dataire, mais je ne laisserois pas de lui écrire, si je ne savois que ce n'est pas le style de Rome de parler au sous-dataire d'une affaire que l'on a recommandée au dataire ; je ne sais pas même si cela ne pourroit pas nuire à votre ami.

J'ai encore mal aux yeux, et je me vais faire saigner et purger pour cela.

cardinal de Retz. Deux sceaux en cire rouge à ses armes, plaqués sur lacs de soie rouge.

1. Un des créanciers de Retz.

L'affaire des Chastelains est importante, mais l'événement n'en est-il pas sûr? et seroit-il nécessaire que je fisse un voyage à Paris pour cela, ou pour l'ordre de Commercy²? Je vous avoue que je suis paresseux. Je conviens sur le tout qu'il faut assurer ses affaires.

Le Cardinal de Rets.

A Monsieur, Monsieur de la Fons³.

XXXIV

A Commercy, ce 21ᵉ de février 1669.

J'ai reçu vos deux lettres du 13 et du 16 de ce mois. Je suis très-aise de ce que vous me mandez que tout est en sûreté du côté des réparations en ce qui regarde M. Mazarin¹.

Je n'ai pas moins de joie de ce que les procès de l'ordre et des Chastelains ne m'obligent pas d'aller à Paris. J'ai fort mal aux yeux, et j'aurois eu peine à les exposer en cette saison.

Pour ce qui est du pavé, je suis de l'avis de M. de Hacqueville, qui penche au meilleur marché², par une raison qui me paroît très-bonne. On sera obligé de l'en-

---

2. Nous avons vu dans la note 3 de la précédente lettre ce que le Cardinal entendait par l'ordre de Commercy.

3. De la main de Gaultray. Signature autographe du Cardinal. Sceaux à ses armes en cire rouge plaqués sur lacs de soie de même couleur.

1. Voyez la note 1 de la page 228 ci-dessus. Comme on le voit par ce passage, le duc de Mazarin était tenu, comme héritier de son oncle par alliance, le cardinal Mazarin, à certaines réparations dans l'église de Saint-Denis, que le Cardinal avait négligé de faire de son vivant.

2. Le pavé de Saint-Denis pour la part afférente à l'abbaye.

tretenir à longues années; quand elles expireront, nous ne serons plus, ou nous serons mieux. Sur le tout consultez-en, s'il vous plaît, avec M. de Hacqueville. Vous êtes tous deux sur les lieux, et je n'entends rien à tout cela.

Je vous remercie de tout mon cœur de ce que vous avez fait pour la consignation, et j'en suis touché comme je dois, quoique je n'en sois pas surpris, parce que je suis accoutumé à vous être obligé.

Est-il possible que MM. Cherrière parlent encore de l'argent de la subsistance, après que je m'en suis si ouvertement expliqué? Je vous envoyai par le dernier ordinaire la ratification pour l'affaire de Garges³. Je suis tout à vous et de tout mon cœur.

J'écrirai aux juges de l'ordre⁴, quand vous m'en aurez envoyé la liste. Le P. de Gondi, Augustin⁵, me prie de le recommander à M. Fieubet pour la chaire de Saint-Paul et je lui réponds que je vous prie de le faire en mon nom. Vous le direz, s'il vous plaît, à ce bon Père, quand il vous ira trouver pour vous expliquer sa prétention, et en effet vous me ferez plaisir de le faire; mais d'une manière toutefois qui fasse voir à M. Fieubet que je ne veux pas abuser des honnêtetés que j'ai reçues de lui en toutes occasions, et même⁶ à l'égard de ce Père.

Le Cardinal de Retz.

A Monsieur, Monsieur de la Fons⁷.

3. Le fief de Garges, à Ermenonville, appartenant à l'abbaye de Saint-Denis.
4. Les juges qui devaient fixer l'ordre des créanciers de Retz.
5. Ce Père de Gondi, Augustin, ne figure ni dans la généalogie des Gondi par Corbinelli, ni dans celle donnée par Moréri. Il était, selon toute probabilité, de la branche des Gondi de Florence.
6. Surtout. Voyez tome VI, p. 119, note 9.
7. Lettre de la main de Gaultray. — Signature autographe du

XXXV

A Commercy, ce 25 de février 1669.

J'ai reçu votre lettre du 20ᵉ de ce mois. Je vous envoie une ratification que MM. le Boultz[1] et le Secq, son beau-père, m'ont demandée, mais vous recevrez en même temps les deux lettres que je leur écris ouvertes afin que vous les puissiez voir et leur parler selon ce que vous jugerez à propos. Pour ce qui est du fond de l'affaire, je vous prie de leur donner toute satisfaction. Ce n'est qu'une bagatelle que je ne veux pas refuser à M. Le Boultz, qui est de mes amis; mais si MM. Cherrière ont fait, de leur tête et sans vous, l'acte dont on me demande la ratification, et que cet acte regarde le moins du monde, comme il me le semble, le fonds de l'abbaye, refaites-le, s'il vous plaît, en votre nom, et avertissez-en M. de Hacqueville, que je prie par ce que je lui en écris de dire à M. Cherrière et à M. de Chevincourt que la première fois qu'ils feront une pareille chose, je la désavouerai par un acte authentique; il faut couper broche[2] à cette conduite et la régler pour une bonne fois. Je suis tout à vous et de tout mon cœur.

Le Cardinal de Rets.

Cardinal. Deux sceaux à ses armes en cire rouge, plaqués sur lacs de soie de la même couleur.

1. Dans le *Portrait du Parlement de Paris* (Bibl. nat., mss. Baluze, 113), on trouve un *Le Boultz*, conseiller au Parlement à la cinquième Chambre des enquêtes, et dans l'*État de la France* de 1674, un Noël de Boultz, conseiller du Parlement en la Grand'Chambre, nommé le 4 juin 1633, et un François Le Boultz, nommé le 26 mars 1658 à la troisième Chambre des enquêtes.

2. « Broche se dit.... de la cheville ou de la fontaine qu'on met à un muid qui est en perce, pour en tirer le vin. Du vin

Quoique je sois persuadé par la raison que la ratification ci-jointe ne serve de rien, je n'ai pas laissé de la signer pour ne pas laisser le moindre doute à MM. le Boultz et le Secq à leur accorder la grâce dans le fonds.

Monsieur, Monsieur de la Fons³.

XXXVI

A Commercy, ce 4ᵉ de mars 1669.

J'ai reçu vos deux lettres du 23ᵉ et du 27ᵉ de février.

Je suis très-aise de ce que vous vous êtes garanti de l'incommodité qui vous menaçoit, et je vous assure que votre santé m'est et me sera toute ma vie très-précieuse. Je crois que vous n'en doutez pas.

Je ne suis nullement surpris de ce que vous me mandez sur le pavé, et vous savez que je vous en ai écrit par avance.

Je suis bien aise d'être tombé dans votre sentiment sur le forfait de Bretagne, et il est certain que ce que vous dites là-dessus n'est pas sans raison.

Je ne crois pas qu'il soit à propos que j'écrive aux Commissaires de l'ordre¹. Il y auroit, ce me semble, de l'affectation, et il sera mieux, à mon avis, que vous leur parliez de ma part; ils vous connoissent, vous avez

---

vendu à la *broche* ou en détail.... En ce sens on dit proverbialement couper *broche* à quelque chose, pour dire, empêcher qu'elle ne continuë, comme on interrompt le cours du vin, quand on a coupé la *broche* du tonneau. » (Richelet, *Dictionnaire*.)

3. De la main de Gaultray. Signature autographe du Cardinal. Deux sceaux en cire rouge à ses armes, plaqués sur lacs de soie de même couleur.

1. Aux commissaires nommés par le Parlement pour régler l'ordre de Commercy.

caractère. Cela suffit; faites, je vous prie, dans le rencontre et en passant dans ce quartier-là, civilité de ma part à l'abbé de la Malmaison sur la mort de son neveu : j'avois oublié d'ajouter l'oncle dans la lettre que je vous avois écrite pour le compliment au père.

M. de Sommiévie, qui est gentilhomme de mes voisins et de mes amis, m'a prié de recommander son frère qui est capucin pour quelques chaires de Paris. Il s'appelle le P. de Juilly. Il prêche bien et vous ira trouver. Parlez-en, s'il vous plaît, de ma part, à MM. de Seré, de Novion² et de Charny. Je vous prie de lui dire que vous n'en parlerez pas à M. Freubet, pour raison particulière que vous m'avez écrite, quoique je l'eusse mis dans mon mémoire avec les trois autres. La vérité est qu'il ne seroit pas de la bienséance de lui recommander le Capucin après l'Augustin³. Je suis revenu de Bourlemont⁴ avec un renouvellement de fluxion sur les yeux très-fâcheux.

Je vous prie de faire rendre en main propre à M. du Hamel, chanoine de Notre-Dame, la lettre que vous trouverez ici pour lui; pour ce qui est de celle de M. le marquis de Comesnil, si vous ne savez pas où il loge, je crois que M. de Hacqueville vous le pourra dire.

Le Cardinal de Retz.

Monsieur de la Fons⁵.

---

2. Le président de Novion. Voyez la note ci-dessus, p. 227, note 4.

3. L'augustin, comme on l'a vu plus haut dans une note, était le P. de Gondi.

4. Château situé entre la ville de Neuf-Château et l'abbaye de Muraut, dans la paroisse de Frébécourt (Lorraine). Le château appartenait à M. de Bourlemont, auditeur de Rote, agent de Louis XIV à Rome, où Retz l'avait connu. (*Notice de la Lorraine*, par dom Calmet.)

5. De la main de Gaultray. Signature autographe du Cardinal. Deux sceaux en cire rouge.

XXXVII

A Commercy, ce même jour, 4 de mars 1669.

Votre lettre du 2ᵉ arrive assez à temps pour me laisser celui de vous dire qu'il me semble que vous n'avez pas compris mon intention sur la ratification que je vous ai envoyée pour M. le Boultz[1]. La lettre ouverte que je vous envoyois pour lui vous donnoit lieu de faire un autre acte en votre nom, si vous jugiez que MM. Cherrière eussent passé leur pouvoir, et je vous l'écrivois en propres termes. Je vois par votre dernière qu'ils l'ont passé, et que vous ne laissez pas de faire état de leur donner la ratification de leur acte. Il me semble que cela ne se doit pas; parce que ce seroit reconnoître en quelque façon qu'ils eussent le pouvoir qu'ils se veulent arroger injustement. Si vous l'avez donnée, retirez-la, je vous en conjure, en montrant ce que je vous écris à M. le Boultz. Faites l'acte en votre nom et je le ratifierai aussitôt que vous me l'aurez envoyé. Si je me ressouviens bien, je vous écrivois en propres termes que je n'avois signé la ratification qu'afin que vous fissiez voir à M. le Boultz que la difficulté que je lui marquois dans ma lettre ne consistoit qu'en la forme et non pas au fond de l'affaire. Quoi qu'elle ne soit pas importante en soi, il s'en faut servir pour faire connoître aux Cherrière que je les désavouerai publiquement toutes les fois qu'ils feront quelque chose de cette nature.

J'en écrirai par le premier ordinaire à Chevincourt, comme je dois.

Le Cardinal de Retz[2].

1. Voyez ci-dessus, p. 234, note 1.
2. De la main de Gaultray. Signature autographe du Cardinal. Pas de sceaux, le double feuillet de la lettre ayant été enlevé.

XXXVIII

A Commercy, ce 11ᵉ de mars 1669.

J'ai reçu votre lettre du 6ᵉ de ce mois. Je croyois vous avoir écrit que mon sentiment étoit, touchant le pavé de Saint-Denis, pareil à celui de M. de Hacqueville, qui est de se servir du paveur de Saint-Denis. Je suis persuadé que c'est le meilleur parti.

Je vous écrivis, il y a quelque temps, que vous reprendriez sur mes quartiers l'argent que vous donneriez à M. Paris, casaques de gardes, et une autre petite partie, si je ne me trompe, dont je ne me ressouviens pas précisément. Mandez-moi, s'il vous plaît, à quoi tout cela peut monter, afin que je ne tire qu'au prorata.

Vous trouverez ici un paquet pour l'abbé de Pontcarré[1]. Faites-le-lui tenir, je vous prie, par quelqu'un qui ait mine de porteur ordinaire de lettres, qui en fasse payer le port, et prenez le temps, pour le faire porter chez lui, qu'il ne soit pas au logis. J'ai toujours fort mal aux yeux. Je suis tout à vous et de tout mon cœur.

Le Cardinal de Retz.

A Monsieur, Monsieur de la Fons[2].

XXXIX

A Commercy, ce 14ᵉ de mars 1669.

J'ai reçu votre lettre du 9ᵉ de ce mois. Je suis très-aise de ce que vous avez fait à l'égard de M. le Secq.

---

1. Voyez ci-dessus à la page 227 la note 5.
2. De la main de Gaultray. Signature autographe de Retz, etc.

Vous voyez, comme moi, qu'il est important de ne pas accoutumer MM. Cherrière à faire des actes de leur autorité. Si ils y retournent, après la dernière lettre que j'ai écrite sur ce sujet à M. de Chevincourt, il n'y a plus de remède qu'à les désavouer par un acte en forme.

Vous aurez vu par mes précédentes que mon intention est que l'on travaille au pavé de Saint-Denis, et que l'on y travaille par le paveur de Saint-Denis, selon ce que vous m'en avez mandé, et ce qui me semble très à propos, parce que vous aurez moyen de vous éclaircir dans l'année du détail, pour pouvoir prendre plus sûrement vos mesures pour les autres. Je suis tout à vous et de tout mon cœur.

Je vous ai écrit ce matin par le beau-fils de Fromentin[1] pour vous prier de le recommander à M. Jacques pour quelque emploi. Vous me ferez en effet plaisir de le servir, mais, entre vous et moi, je ne lui tiens pas assez de conduite pour lui confier de l'argent. C'est pourquoi il est bon de lui procurer, s'il se peut, quelque autre emploi dont on ne puisse pas avoir de reproche. Il écrit fort bien, et je crois qu'il peut servir, pourvu, comme je vous viens de dire, qu'il ne lui passe pas de l'argent par les mains, car il le garde si mal pour lui-même que je doute qu'il le fît mieux pour les autres.

Le Cardinal de Rets.

A Monsieur, Monsieur de la Fons[2].

1. Le chirurgien du Cardinal ; autrefois son valet de chambre.
2. De la main de Gaultray. Signature autographe du Cardinal. Deux sceaux en cire rouge plaqués sur lacs de soie de même couleur.

XL

(14 mars 1669.)

Le beau-fils de Fromentin part aujourd'hui pour Paris. Il vous rendra ce billet. Je vous prie de le recommander de ma part à M. Jacques, et de lui procurer en votre particulier quelque petit emploi par son moyen. C'est assurément une charité, et je serai bien aise si vous en pouvez venir à bout. Je suis tout à vous et de tout mon cœur.

A Commercy, ce 14 mars 1669.

Le Cardinal de Retz.

A Monsieur, Monsieur de la Fons, Conseiller du Roi, Contrôleur général des Restes de la Chambre des Comptes, rue Geoffroy-l'Asnier, proche celle de Saint-Antoine, à Paris[1].

XLI

A Commercy, ce 18 de mars 1669.

J'ai reçu votre lettre du 13ᵉ de ce mois. Je vous envoie une lettre pour M. Forcadel; car de la manière que Cherrière l'aîné m'écrit, je ne crois pas qu'il fournisse le quartier. Il a grand tort, si, étant dans cette disposition, il a prié M. Forcadel de ne plus acquitter de mandements. Il n'y a rien de plus ridicule que de tenir ce langage à moins que l'on les veuille acquitter

---

1. De la main de Gaultray. Signature autographe du cardinal de Retz. Le feuillet où sont appliqués les deux sceaux en cire rouge est détaché du texte de la lettre.

i-même. Je m'en explique à Chevincourt autant pour-
nt que l'on le peut faire sans faire connoître aux
herrière que l'on est à cela près. Je crois qu'il n'est
is bon de leur faire connoître tant de dépendance.

L'aîné Cherrière, qui m'écrit une grande lettre sur la
ıbsistance, ne me dit pas un mot des bois du Trem-
lay¹. Faites là-dessus, s'il vous plaît, en mon nom, tout
e que vous jugerez à propos. Si ils m'en écrivent, je
ous les renverrai² sur cela, comme sur tout autre chose.
près ce que M. de Hacqueville leur a signifié de ma
art, et ce que je leur écris encore aujourd'hui en ré-
onse de leur lettre, ils sont bien incorrigibles, s'ils
'adressent encore à moi pour tout ce qui regarde la
estion de l'abbaye de Saint-Denis. Je suis tout à vous.

Le Cardinal de Retz.

Depuis ma lettre écrite, j'ai fait réflexion que je ferois
nieux de ne point faire de réponse à Cherrière sur la
ubsistance pour cet ordinaire, et je me contente de
nander à Chevincourt que je m'en remets à tout ce
ju'en fera M. de Hacqueville. Dites-lui, s'il vous plaît,
e que je vous mande, parce que je lui ai écrit comme à
ous que je faisois réponse aux Cherrière, j'ai eu peur
le ne pas parler juste, et je ne lui manderai même autre
hose par le premier ordinaire, si ce n'est que je mande
elui-ci à Chevincourt.

A Monsieur de la Fons³.

1. Terre et seigneurie du Tremblay, appartenant à l'abbaye de
Saint-Denis. Elle faisait partie de la mense conventuelle, c'est-à-
dire assignée à l'entretien des religieux. (*Histoire de l'abbaye de
Saint-Denis*, par Mme d'Ayzac, tome Ier, p. 469 et suivantes.)
2. *Renvoyerai* dans l'original.
3. De la main de Gaultray. Signature autographe du Cardinal.
Simple feuillet ; celui qui porte les sceaux a été détaché.

XLII

A Commercy, ce 21ᵉ de mars 1669.

J'ai reçu votre lettre du 16ᵉ de ce mois avec les dix sols. Dites, je vous prie, à l'abbé de Pontcarré que la pièce de cinq étoit rognée et que vous ne prétendez pas dorénavant vous charger de méchante monnoie. M. Horiot, lieutenant général de Saint-Mihiel, vous ira peut-être trouver pour vous prier de le recommander en mon nom à M. Nevelet[1]. Faites-le, s'il vous plaît, le plus efficacement qu'il vous sera possible.

M. de Chevincourt m'a envoyé le modèle d'un acte par lequel il vous prie de donner pouvoir à quelqu'un de signer pour moi au contrat de mariage de sa fille; je l'ai rempli de votre nom, et il m'avoit lui-même écrit qu'il me prioit de le remplir du vôtre ou de celui de M. Cherrière. J'ai encore bien mal aux yeux mais j'y sens toutefois un peu de soulagement. Je suis tout à vous et de tout mon cœur.

Le Cardinal de Rets.

A Monsieur, Monsieur de la Fons[2].

XLIII

A Commercy, ce 25 de mars 1669.

J'ai reçu votre lettre du 20ᵉ de ce mois. Je suis très-aise de ce que vous me mandez des sentiments de

---

1. Vincent Nevelet, conseiller clerc du parlement de Paris, en la Grand'Chambre, nommé le 9 mars 1629.

2. De la main de Gaultray. Signature autographe du Cardinal. Sceaux en cire rouge.

M. Béchamel[1] sur les îles et les îlots[2]. Cette affaire est importante et pouvoit avoir de grandes suites.

Ce n'est pas une moins bonne nouvelle que celle des consignations; si les gens que vous me marquez y entrent, l'affaire est infaillible.

Il n'y a pas de temps à perdre pour celle de la Flamangherie[3], et puisque les pièces sont arrivées, il en faut presser, à mon opinion, le jugement. M. Le Maistre[4] y sera assurément bien disposé, et M. le président Pelletier[5] me témoigna, un peu devant que je partisse de Paris, qu'il n'y apporteroit aucun retardement. Vous aurez reçu présentement la lettre que j'ai écrite à M. Forcadel, et je vois par votre dernière qu'il n'y aura pas de difficulté pour ma subsistance. Je tirai, il y a quelques jours, une lettre de change de six mille livres payables par vous à M. Lemoine ou à son ordre, au vingtième d'avril prochain, et j'en tire aujourd'hui une de trois mille sept cents livres, payable au vingt-cinquième en la même manière. Je ne la fais que de trois mille sept cents, afin que vous vous remboursiez

1. Voyez plus haut, p. 217, note 1.
2. Il s'agit des îles et îlots sur la Seine, qui appartenaient dans certaines parties à l'abbaye de Saint-Denis.
3. Terre et seigneurie de la Flamangrie, une des plus importantes possessions de l'abbaye de Saint-Denis. (Mme d'Ayzac, tome Ier, p. 458 et suivantes.)
4. Il s'agit probablement de Pierre Le Maistre, avocat au parlement de Paris, où il fut reçu le 26 novembre 1668. Né dans cette ville vers 1638, il mourut le 17 octobre 1728. Il est l'auteur d'un excellent commentaire de la *Coutume de Paris*.
5. Claude Le Peletier, né en 1631, conseiller au Parlement en 1652; choisi en 1660 pour tuteur des enfants de Gaston d'Orléans; nommé, en 1662, président de la quatrième Chambre des Enquêtes; en 1668, prévôt des marchands; en 1673, au conseil d'État. Il fut l'un des membres les plus distingués de l'ancienne magistrature. Il mourut à Paris, le 10 août 1711, à l'âge de quatre-vingts ans.

sur le reste des trois cents livres que vous avez fournies pour les casaques des gardes-bois. Vous vous rembourserez, s'il vous plaît, sur le premier quartier suivant, de ce que vous avez avancé pour le docteur Paris, Mademoiselle de Nortombeland[6] et les cordes du luth[7]. Voilà ce dont je me ressouviens. Mandez-moi, je vous prie, s'il y a quelque autre chose et en quel temps tombe le payement de la cassette afin que je me règle sur cela, et que je le déduise sur ma subsistance, comme je vous l'ai dit à Paris et écrit d'ici. Informez-moi aussi, s'il vous plaît, précisément de ce que vous avez donné au docteur. Je sais bien que ce sont trois cent et tant de livres, mais comme j'ai perdu votre lettre, je ne me ressouviens pas précisément de ce tant. Je suis tout à vous et de tout mon cœur.

Le Cardinal de Rets.

A Monsieur, Monsieur de la Fons[8].

XLIV
(28 mars 1669.)

Je suis incommodé depuis quatre ou cinq jours et cette nuit j'ai eu de la fièvre qui a fait diminuer une fluxion que j'ai sur les pieds que j'apprends ce être

---

6. On verra plus loin dans les notes ce que fit Retz pour cette Mlle de Northumberland, dont ses secrétaires estropient toujours le nom.

7. Le Cardinal avait, dans son château de Commercy, plusieurs musiciens, un maître violon, deux chanteurs et même une cantatrice, Mme Chastellet. (Dumont. *Histoire de Commercy*, tome II, p. 151.)

8. De la main de Gaultray. Signature autographe du Cardinal. Deux sceaux en cire rouge à ses armes.

goutte[1]. Cela est cause, Monsieur, que je ne vous dirai rien davantage, et lundi je vous écrirai tout au long. J'espère d'être en cet état. Je vous prie de faire tenir ma lettre à Monsieur de Hacqueville et de me croire toujours votre très-obéissant serviteur.

M.[2]

Ce 28 mars.

Je vous répondrai amplement lundi sur le mémoire et sur l'état de mes affaires. Si vous ne m'aviez assuré que M. Forcadel assuroit de payer, moyennant une lettre de moi, je n'aurois pas tiré la première lettre de change, et si j'avois reçu la vôtre du 23 de ce mois deux heures plus tôt, je n'aurois pas tiré la seconde. J'attends de vos nouvelles lundi pour savoir ce qu'aura fait M. Forcadel et pour vous mander au long toutes mes pensées sur l'état de mes affaires. Je ne vous avois pas donné avis de la lettre de change, parce que je croyois qu'elle ne vous seroit présentée que le 6 d'avril. J'ai encore si mal aux yeux qu'à peine je vous puis écrire ce peu de mots[3].

XLV

A Commercy, ce 28e de mars 1669.

J'ai reçu votre lettre du 23e de ce mois. Puisque M. de Comesnil[1] s'est adressé à vous, vous me ferez plaisir de solliciter pour lui; mais, pour vous dire le vrai, comme je le connois et que je sais qu'il ne vous

1. Tel est bien le texte dans l'original. Cet emploi curieux de *ce* n'a pas été indiqué par Littré dans son article *ce* explétif (9°).
2. Le paragraphe ci-dessus est de la main de Malclerc; ce qui suit de la main du cardinal de Retz.
3. Non signée. Pas de sceaux.
1. Un des amis de Retz.

laissera pas un instant de repos, je l'avois adressé à M. de Chevincourt qui n'est pas si occupé de mes affaires que vous l'êtes. Vous avez, ce me semble, très-bien répondu à M. de la Viéville² et je ne sais s'il ne seroit pas même à propos que M. de Hacqueville, qui a habitude avec lui³, lui parlât encore pour lui témoigner mes désirs et mes bonnes intentions. Je veux tout, mais M. le Syndic⁴ ne peut vouloir que le possible. Je suis tout à vous et de tout mon cœur.

Le Cardinal de RETS.

A Monsieur de la Fons⁵.

XLVI

A Commercy, ce 1ᵉʳ avril 1669.

J'AI reçu votre lettre du 27ᵉ de ce mois. Je vous avoue que j'ai bien de la joie de la bonne disposition de M. Forcadel. C'est une bonne affaire, si l'on se peut tirer de la juridiction des eaux et forêts; elle est très-pointilleuse, de la manière dont j'en ai toujours ouï parler.

---

2. Retz n'indique pas quel était le membre de cette famille qui joua un rôle assez considérable. Peut-être s'agit-il de Charles, duc de la Vieuville, fils du surintendant des finances, qui était né en 1615, qui fut gouverneur de Philippe, duc d'Orléans, et qui mourut le 2 février 1689. Il résulte du passage qui suit son nom, qu'il était un des créanciers de Retz.

3. *Avoir habitude avec une personne*, être lié avec elle, la voir habituellement.

Vous avez habitude avec ce cavalier?
(CORNEILLE, *la Suite du Menteur*, IV, 6.)

4. Le syndic, comme on l'a vu plus haut, c'est M. de la Fons.
5. De la main de Hacqueville. Signature autographe du Cardinal. Simple feuillet.

Voyez, je vous supplie, les moyens qui sont possibles touchant le pavé, la chose est de conséquence par plus d'une circonstance.

M. de Hacqueville vous entretiendra à fond sur le mémoire que vous m'envoyâtes, il y a quelques jours. Il sait toutes mes pensées sur cela et il en conférera avec vous. Je suis tout à vous et de tout mon cœur.

Le Cardinal de RETZ.

Il y a un parent de Montet qui me demande je ne sais quoi pour un de ses amis ; je vous envoie sa lettre. Si il vous parle, voyez, s'il vous plaît, ce qui se pourra faire pour lui. Si je trouve par où lui faire réponse, je lui manderai de s'adresser à vous.

A Monsieur, Monsieur de la Fons[6].

XLVII

A Commercy, ce 4 d'avril 1669.

J'AI reçu votre lettre du 30ᵉ de mars. Témoignez, je vous supplie, à M. Forcadel[1] que je me sens très-obligé de sa manière d'agir, et en effet il fait ce que MM. Cherrière[2] ne devroient pas, ce me semble, faire difficulté de faire.

De la manière que vous me parlez des îles et îlots,

---

6. De la main de Gaultray. Signature autographe de Retz. Le feuillet portant les sceaux en cire rouge est détaché.

1. Forcadel, fermier général de l'abbaye de Saint-Denis, avait fait sans doute quelques avances d'argent au Cardinal.

2. Il résulte de plusieurs passages des lettres de Retz et de ses domestiques (comme on disait alors), que ces MM. Cherriers ou Cherrière étaient les économes laïques de l'abbaye de Saint-Denis.

j'appréhende bien que l'on ne nous y donne à la fin quelque atteinte[3]. J'en serois bien fâché, car l'affaire est importante et par elle-même et par ses suites.

M. de Myon, qui est mon voisin et mon ami, s'en va à Paris ; faites voir, je vous prie, pour lui, par quelqu'un en mon nom, après qu'il vous aura parlé de son affaire qui est à la seconde des Enquêtes, M. le président de Bragelonne[4] et MM. Genoux[5], Brissonnet[6] Poncet[7] et Gourreau[8]. Ne prenez pas cette peine vous-même. Ces

---

3. On a vu dans la lettre précédente que Retz craignait d'avoir quelques démêlés avec la juridiction des eaux et forêts. Les îles et îlots de la Seine dont il parle appartenaient à son abbaye.

4. Dans le *Discours généalogique de la maison de Bragelongne*, imprimé à Paris en 1689, non plus que dans la généalogie très-détaillée que donne Moréri de cette famille, on ne trouve aucun président du Parlement de Paris de ce nom ; cependant, il est certain, d'après le *Portrait du Parlement de Paris*, etc. (Bibl. nat., mss. Baluze, 115), qu'il était déjà, de 1648 à 1650, président de la deuxième Chambre des enquêtes. Voici son crayon par l'auteur anonyme : « De médiocre suffisance et de bonne opinion de lui-même ; grand parleur, cherchant toujours des mouvements, amateur de louanges ; sans pouvoir, sans suite ;.... donne tout à fait à la faveur et aux ministres, déférant à M. Colbert, n'est point sûr et en quelque manière intéressé. » On trouve un autre Bragelongne, en 1674, à la deuxième Chambre des enquêtes où il avait été nommé le 8 janvier de la même année.

5. Philippe Genoud, conseiller de la deuxième Chambre des enquêtes. Il en faisait partie depuis le 21 décembre 1641.

6. Jean Briçonnet, sieur de Magnanville, conseiller de la première Chambre des enquêtes, dont il faisait partie depuis le 22 août 1650. « Homme d'esprit, d'étude et de sagesse qui aspire à l'honneur, penche à la Fronde ; est capable de suivre de bons avis ; fort assidu au Palais. Fils de M. Briçonnet, président au grand conseil. » (*Portrait du Parlement de Paris*, 1648-1650. Bibliothèque nationale, mss. Baluze, 113.)

7. Poncet, conseiller du Parlement à la deuxième Chambre des enquêtes.

8. Gourreau de la Proustière, conseiller à la deuxième Chambre des enquêtes. Il avait été nommé le 18 mai 1663.

sortes de sollicitations vous feroient perdre trop de temps, et il suffit, comme je vous viens de dire, que vous le fassiez faire par quelqu'un comme de ma part. Dites aussi, s'il vous plaît, à M. de Myon que je ferai solliciter M. Doujat[9] par Madame de Pommereu, et M. Feydeau[10] par Chevincourt; priez-en, s'il vous plaît, la première. J'en ferai écrire dès aujourd'hui au second. Je suis à vous et de tout mon cœur.

Le Cardinal de RETZ.

A Monsieur, Monsieur de la Fons[11].

XLVIII

A Commercy, ce 11e d'avril 1669.

J'AI reçu votre lettre du 6e de ce mois. Je ne doute point que l'on ne nous fasse justice touchant le pavé[1]. Ce seroit une étrange chose que je ne me pusse servir d'une carrière qui est à moi, pour un pavé que l'on m'oblige de faire.

Je n'ai pas si bonne opinion du vingtième, et nous n'en tirerons rien à mon opinion. Vous avez pourtant très-bien fait de dire ce que vous avez dit touchant

---

9. Jean Doujat, conseiller du Parlement à la deuxième Chambre des enquêtes. Il avait été nommé le 30 août 1647.

10. Peut-être s'agit-il de François Feydeau de Calende, nommé conseiller à la Cour des aides en 1672, mais qui devait y occuper un poste inférieur avant cette époque.

11. De la main de Gaultray. Signature autographe du Cardinal. Le feuillet portant les sceaux en cire rouge est détaché.

1. Il s'agit, comme on l'a dit plus haut, du pavé d'une partie de la ville de Saint-Denis, dont l'entretien était à la charge de l'abbaye.

M. le Cardinal de Vendôme², et je suis persuadé que dans les occasions, il ne sera pas mauvais de le répéter.

J'ai encore assez mal aux yeux et je n'attends plus de soulagement que par le beau temps. Il commence à revenir depuis un jour ou deux. Je suis tout à vous et de tout mon cœur.

Le Cardinal de Rets.

Dites, s'il vous plaît, à Bruslé, quand vous le verrez ou quand vous lui écrirez, que je vous ai prié de faire, sur ce qui regardera sa pension, même au préjudice de ma propre subsistance, tout ce que vous dira M. de Caumartin ou, en son absence, M. de Hacqueville, et je vous en prie en effet. J'ai écrit à Bruslé³ ce que je vous mande et qu'il ne devoit plus s'adresser à moi sur ce détail⁴.

2. Louis de Vendôme, duc de Mercœur, né en 1612 ; duc de Vendôme après la mort de son père César de Vendôme. Il épousa Laure Mancini, nièce de Mazarin, en 1651, et après la mort de sa femme (6 février 1657) il entra dans les ordres, fut créé cardinal le 7 mars 1667 et mourut à Aix le 6 août 1668. Le cardinal de Retz, en parlant du *vingtième*, c'est-à-dire de son droit de lever le vingtième denier sur les marchandises, en sa qualité d'abbé de Saint-Denis, fait allusion, sans doute, à propos du cardinal de Vendôme, à un précédent concernant ce droit de *vingtième*.

3. Bruslé était sans doute un des créanciers de Retz. Nous avons dit déjà que le Cardinal ne pouvant désintéresser en une seule fois tous ses créanciers, ne les remboursait qu'à mesure qu'il touchait ses revenus, ou bien leur faisait des pensions dont le chiffre devait représenter au moins les intérêts de la somme due.

4. De la main de Gaultray. Signature autographe du Cardinal. Sceaux en cire rouge à ses armes sur feuillet détaché.

XLIX

(25 avril 1669.)

J'ai reçu votre lettre du 20 de ce mois. Je ne sais qui est ce frère de M. l'évêque de Lombès[1], qui a parlé à dom Laumer[2] et je ne crois pas même l'avoir jamais vu. La vérité est que ce bon Père est chagrin de son mal et qu'il s'en prend à qui n'en peut mais. Je ne me ressouviens point d'avoir envoyé aucunes de ses lettres ni à Chevincourt ni aux Cherrière, et je suis même assuré que, si je l'ai fait, il faut que la lettre ait été d'une nature à être montrée sans lui faire peine. J'ai été toute ma vie l'homme du monde le plus religieux sur ces matières. Je suis très-aise de ce que vous me mandez, et cela me met en repos.

Vous trouverez ici une lettre pour M. l'Évêque de Lodève[3] : c'est M. de Biscaras qui étoit ci-devant évêque de Digne[4]. Je me porte bien présentement à la réserve de mes yeux qui ne sont pas encore tout à fait rétablis. Je suis tout à vous et de tout mon cœur.

A Commercy, ce 25 d'avril 1669.

Après y avoir pensé, je crois qu'il vaut mieux que vous fassiez vous-même ma réponse au baron de Gondi en lui écrivant que le séjour de Paris lui est si peu convenable par toutes les raisons qu'il sait comme moi, que je croirois que je ferois une fort mauvaise action si j'y

1. Jean-Jacques Séguier de la Verrière, évêque de Lombez, du 6 août 1662 à janvier 1671.
2. Il y a dans le manuscrit dom *Lomer*.
3. Jean-Armand de Rotundis de Biscaras, évêque de Lodève, du commencement de 1669 au 5 janvier 1671.
4. Il avait été évêque de Digne depuis avril 1668 jusqu'en 1669.

contribuois jamais ni directement ni indirectement; qu'il n'a rien à espérer de moi, si il sort de Buzay⁵; que comme, toutefois, je ne dois ni ne puis le forcer à y demeurer, je vous ai prié de lui payer, quand il voudra, son voyage de Buzay à Paris en la même manière que vous lui payâtes celui de Paris à Buzay. Entre nous, c'est un misérable, qui est abandonné de Dieu. Je suis fâché qu'il se veuille perdre ainsi malheureusement, mais puisqu'il y est résolu, il s'y faut résoudre aussi; c'est autant de bon pour mes créanciers, plusieurs petites parties en font une grosse. Ayez soin sur le tout que l'on ne lui donne point d'argent pour son voyage qu'en la manière que je vous ai marquée; car je vous assure qu'il prendroit l'argent et qu'il lui faudroit encore payer son voyage.

Le Cardinal de Rets.

A Monsieur, Monsieur de la Fons [6].

L

A Commercy, ce 29 d'avril 1669.

J'ai reçu votre lettre du 24 de ce mois. C'est beaucoup à mon sens pour ce temps ici que M. Béchamel arrête les poursuites pour la réunion des îles et des îlots.

Vous aurez vu présentement ce que je vous ai mandé touchant l'état de MM. Cherrière et vous verrez aujour-

---

5. Les moines de Buzay, d'après les ordres du Cardinal, l'avaient installé dans un logement de leur abbaye. Voyez ci-dessus, p. 191, note 1.

6. De la main de Gaultray. Signature autographe. Sceaux en cire rouge aux armes de Retz.

d'hui une lettre de D'Antoine touchant les charges du port de Neuilly¹. Mandez-moi, s'il vous plaît, comme il est à propos que je leur réponde.

Je suis très-aise de ce que vous me mandez touchant l'ordre de Commercy. Je suis tout à vous et de tout mon cœur.

Le Cardinal de Retz.

A Monsieur, Monsieur de la Fons².

LI

A Commercy, ce 2ᵉ de mai 1669.

J'ai reçu votre lettre du 27ᵉ d'avril et je ne vous fais ce mot que pour l'accuser¹, car je suis aujourd'hui si accablé de compagnie que je n'ai qu'un moment pour vous dire que je suis tout à vous et de tout mon cœur.

Le P. de Juilly, capucin, me prie de demander un carême pour Saint-Merry à M. le président de Novion. Parlez-lui-en, je vous supplie, de ma part, d'une manière qui lui fasse voir que je lui serai très-obligé de le lui accorder, parce que le P. de Juilly est frère de M. le comte de Sommiévie, qui est de mes amis, mais qui lui laisse pourtant toute la liberté que l'honnêteté demande.

1. L'abbaye de Saint-Denis possédait des maisons situées à Neuilly.
2. De la main de Gaultray. Signature autographe du Cardinal. Deux sceaux en cire rouge à ses armes, plaqués sur lacs de soie de même couleur.

1. *Accuser une lettre* n'a pas été recueilli dans les dictionnaires. On n'y trouve que la locution ordinaire *accuser réception d'une lettre*, que Retz du reste emploie lui-même plus habituellement. Voyez ci-après lettre LIV.

Faites, je vous prie, savoir au P. de Juilly que je fais pour lui l'office qu'il a souhaité.

Le Cardinal de Rets.

A Monsieur, Monsieur de la Fons[2].

LII

A Commercy, ce 6e de mai 1669.

J'ai reçu votre lettre du premier de mai. Je suis très-aise de ce que vous me mandez, et de ce que vous faites pour l'ordre de Commercy et de ce que l'affaire des Chastelains s'avance. Il est nécessaire d'en sortir au plus tôt pour ôter tout prétexte aux gens.

Madame de Gondi[1] m'a écrit, et je lui mande que je vous prie de faire solliciter pour elle en mon nom; je n'y vois en effet aucun inconvénient.

Le P. de Gondi[2] me mande qu'il fait état[3] de se retirer en Provence. Je crois, entre vous et moi, que c'est le mieux pour lui par bien des raisons. Ne laissez pas de lui dire, s'il vous plaît, que je vous ai prié d'agir auprès de M. Bénard[4] pour lui; mais, entre nous, ne faites d'instance qu'autant que la bienséance oblige. Il sera

---

2. De la main de Gaultray. Signature autographe du Cardinal. Deux sceaux à ses armes en cire rouge, plaqués sur lacs de soie de même couleur.

1. Il s'agit probablement de la fille aînée de Pierre de Gondi, duc de Retz, et de Catherine de Gondi. Elle se nommait Marie-Catherine; entrée dans le couvent des filles de la congrégation de l'ordre de Saint-Benoît, elle devint générale de son Ordre.

2. Voyez ci-dessus, p. 233, note 5.

3. Voyez ci-dessus, p. 145, note 2.

4. Guillaume Bénard de Rézé, conseiller clerc du Parlement, nommé le 6 mai 1636.

mieux en Provence pour toutes choses et pour lui-même qu'à Paris. Je vous dis cela pour vous seul. J'en userai pour la signature de l'état des Cherrière comme vous le jugerez le plus à propos avec M. de Hacqueville ; conférez-en ensemble. Je suis tout à vous et de tout mon cœur.

Je vous prie de savoir de M. de Hacqueville ce qui se peut faire en mon nom dans le Parlement pour le service de M. de Guitaut⁵, et de vous employer de toute votre force.

Le Cardinal de Retz.

A Monsieur, Monsieur de la Fons⁶.

LIII

A Commercy, ce 13ᵉ de mai 1669.

J'ai reçu vos deux lettres du quatrième et du huitième de mai. Vous aurez vu par la précédente de Gaultray¹ la raison pour laquelle je ne pus répondre à la première jeudi passé. Je suis très-aise du bon état où est l'ordre de Commercy et de l'espérance que vous avez que le procès des Châtelains sera jugé devant la Saint-Jean. Cela est important pour obvier aux difficultés, que les fermiers feront toujours sur cet obstacle jusques à ce qu'il soit levé.

Usez-en, s'il vous plaît, comme vous le jugerez le plus à propos pour l'abbaye de la Chaume².

---

5. Voyez ci-dessus, p. 199, note 1.
6. De la main de Gaultray. Signature autographe de Retz, deux sceaux en cire rouge à ses armes, plaqués sur lacs de soie rouge.

1. Secrétaire du cardinal de Retz, qui contre-signait ses lettres pastorales pendant son exil. Voyez notre tome VI. *passim*.
2. Abbaye appartenant au cardinal de Retz. Elle faisait partie du diocèse de Nantes.

1659

Je vous recommande de tout mon cœur l'usufruit de Commercy[3], et si vous y voyez quelque délai, avertissez-m'en, je vous prie, de bonne heure, car plutôt que de manquer à le payer ponctuellement, je le chercherai dans la bourse de mes amis.

Faites-moi, je vous prie, le mémoire dont M. de Hacqueville vous a parlé, en marquant les noms de ceux à qui les sommes ont été payées, et en distinguant les capitaux et les intérêts, et joignez-y aussi, s'il vous plaît, le mémoire des dettes qui restent à acquitter.

J'attends de vos nouvelles pour envoyer les provisions que les Cherrière me demandent. C'est le vrai moyen de les empêcher de m'en demander dorénavant sans concert. Je suis tout à vous et de tout mon cœur. Je vous envoie une lettre des Religieux de Buzay avec la réponse que je leur fais, par laquelle je me remets entièrement à ce que vous leur manderez.

Le Cardinal de RETZ.

A Monsieur, Monsieur de la Fons[4].

3. Le comte de la Rochepot, parent du Coadjuteur, lui avait légué Commercy; mais les dettes du testateur mirent obstacle à l'exécution de ce legs. Ce ne fut que le 3 mai 1650, que Retz, par adjudication publique, devint héritier bénéficiaire et damoiseau de cette seigneurie, moyennant trois cent mille livres qu'il emprunta. Cette somme n'ayant pas été par lui remboursée, il payait annuellement des à-comptes à ses créanciers sur l'usufruit de Commercy. Voyez Dumont, *Histoire de Commercy*, tome II, p. 113-114.

4. De la main de Gaultray. Signature autographe du Cardinal. deux sceaux en cire rouge à ses armes, plaqués sur lacs de soie de même couleur.

LIV

A Commercy, ce 16ᵉ de mai 1669.

Si Brosseau[1] vous demande si vous avez eu réponse de ce que vous m'avez écrit sur les trois mémoires qu'il vous a donnés, dites-lui, je vous prie, que vous n'en avez ni sur cela, ni sur aucune autre que vous m'ayez envoyée du 11ᵉ de ce mois, mais que vous ne vous en étonnez pas, parce qu'il arrive assez souvent que les lettres sont retardées d'un ordinaire à l'autre. Il n'y a aucune difficulté dans le fond, et il lui faudra payer ces sommes comme il les demande; mais comme je n'ai pas le temps aujourd'hui de faire réponse à d'autres lettres, je suis bien aise que vous ne lui disiez pas encore que vous ayez eu réponse sur celle-là. Je vous en écrirai lundi et je vous renverrai en même temps les actes de Joly. Vous trouverez ci-joint l'état des Cherrières, signé de moi, mais je vous avoue que, de la même manière dont ils en ont usé, je serois bien aise de ne leur avoir nulle obligation, et de leur tenir compte des intérêts qu'ils ont prétendu et demandé pour leur très-petite avance. Il me semble que cela n'est pas dans l'état. Je suis tout à vous et de tout mon cœur. Ces intérêts vont à peu de chose, et il est bon à mon avis de les leur payer pour plus de deux raisons.

Le Cardinal de Retz.

A Monsieur, Monsieur de la Fons[2].

1. Un des secrétaires du Cardinal.
2. De la main de Gaultray. Signature autographe du Cardinal. Deux sceaux en cire rouge à ses armes, plaqués sur lacs de scie rouge.

LV

A Commercy, ce 20ᵉ de mai 1669.

J'ai reçu votre lettre du 15ᵉ de ce mois. Je ne suis nullement surpris de l'arrêt donné contre le bailli de Saint-Denis; vous l'aurez assez vu par quelques-unes de mes précédentes. Je vous envoie les deux actes de M. Joly, et je lui mande par ma réponse que vous m'écrivez qu'il y a quelque chose à changer, et que vous verrez à ajuster ce détail avec lui quand il sera à Paris. Je suis persuadé que ce qu'il n'a pas donné la décharge générale, ne vient que de la pensée qu'il a eue qu'on la lui demandoit par défiance, que l'on avoit qu'il eût gardé quelques papiers par devers lui. Car il est constant dans le fond qu'il n'a jamais prêté seize mille livres [1], et cela est si vrai que, si l'on n'avoit pas perdu la promesse qu'il dit avoir rendue, on n'auroit pas seulement pensé à lui demander aucune décharge, et comme c'est un esprit naturellement ombrageux, voilà, à mon avis, ce qui l'a choqué. Quant à moi, il me semble qu'il n'y auroit pas grand inconvénient à se contenter de cette décharge; mais comme vous savez mieux que moi ce qui est nécessaire et que je n'entends rien en ces matières, vous en userez, s'il vous plaît, comme vous le jugerez le plus à propos.

Pour ce qui est des cent quatre-vingt treize livres du

---

1. Guy Joly dit dans ses *Mémoires*, p. 473 : « La seule chose que le cardinal de Retz fit un peu honnêtement et consciencieusement dans cette séparation (c'est-à-dire en donnant congé à plusieurs de ses domestiques) fut de faire payer dix mille écus à Joly qui lui étoient dus dès le temps de la prison de Son Éminence... » Voyez, sur la brouille de Retz avec Joly, les *Mémoires* de ce dernier.

port de lettres, payez-les, je vous supplie, le plus tôt qu'il vous sera possible au P. Verjus[2], et si vous lui pourriez[3] donner même en lui rendant le paquet que je vous adresse pour lui, j'en serois très-aise.

Nous ne sommes pas mal, ce me semble, entre les mains de M. le président le Bailleul[4] pour notre ordre. Je suis tout à vous et de tout mon cœur.

Le Cardinal de R<small>ETS</small>.

A Monsieur, Monsieur de la Fons[5].

LVI

A Commercy, ce 27ᵉ de mai 1667.

C<small>ELLE-CI</small>[1] répondra tout à la fois à vos deux lettres du 18ᵉ et du 22ᵉ de ce mois. Je suis très-aise de ce que

---

2. Le Père Verjus, jésuite, frère de Jean Verjus, docteur de Navarre, ancien secrétaire du Cardinal, qui était mort à Paris le 5 mars 1663.

3. Dans le manuscrit : *pourriez*. Logiquement le conditionnel est employé fort à propos dans cette phrase.

4. Louis de Bailleul, marquis de Château-Gontier, président du Parlement depuis le 20 août 1652. Voici ce qui est dit de lui dans le *Portrait du Parlement de Paris* (Bibl. nat., mss. Baluze, 115) : « Doux et d'humeur facile, s'acquérant par sa civilité beaucoup d'amis dans le Palais et à la Cour où il est recherché volontiers. Voit souvent M. de Montbazon, le comte de Béthune, d'Antragues, et a épousé Mlle Le Ragois, sœur de M. le président de Bretonvilliers, dont il a eu de grands biens..... »

5. De la main de Gaultray. Signature autographe du Cardinal. Deux sceaux en cire rouge à ses armes, plaqués sur lacs de soie de même couleur.

1. « *Celle-cy* pour *lettre* est bas. Neantmoins plusieurs ont accoustumé d'en vser... par *celle-cy*, de sous-entendre *lettre*, qu'on n'a point encore dit, il n'y a point d'apparence, en nostre langue,

vous me mandez que vous travaillez au mémoire des dettes payées, aussi bien que de l'arrêt de jonction qui est, ce me semble, un grand acheminement au décisif.

Je croyois vous avoir mandé que mon avis est que vous envoyiez au plus tôt et sans délai en Bretagne pour faire payer le fermier de Buzay ; vous voyez comme moi de quelle conséquence cela m'est, il ne faut pas seulement songer à épargner des frais en ce rencontre ; parce qu'ils sont plus que nécessaires. Rien au monde, pour trois ou quatre raisons, ne me pourroit venir plus à contre-temps que cet embarras sur l'usufruit.

M. le baron de Gondi m'épargne par son retour ce que sa nourriture me coûtoit, je ne lui donnerai jamais un sol.

MM. Cherrière n'auront de leur vie provision de moi, sur laquelle ils n'aient convenu avec vous. Ils ne savent, en vérité, ce qu'ils font.

Je suis-très fâché de la mort de Grosseteste. Témoignez, s'il vous plaît, à M. Forcadel que je me sens très-obligé de ses bonnes dispositions, et je vous avoue que je le sens doublement en ce rencontre pour avoir la satisfaction de me pouvoir passer des Cherrière pour le premier quartier.

Faites, je vous prie, à l'égard des bois que MM. Cherrière demandent, ce que vous jugerez à propos.

Je vous envoie une lettre et un mémoire de M. Labeur[2], et je lui mande qu'il s'adresse à vous pour le

---

qui n'aime pas ces suppressions. Les Latins ne sont pas si scrupuleux en plusieurs façons de parler, mesme en celle-cy, tesmoin Ovide :

Hanc tuæ Penelope lento tibi mittit Vlisso. »
(VAUGELAS, *Remarques*, 1647.)

2. Ce Labeur était le prêtre, porteur de la procuration de Retz, qui, pendant la prison du Cardinal, prit en son nom pos-

temporel, et à mes Grands Vicaires[3] pour le spirituel. Ce qu'il demande à l'égard du sol me paroit très-juste, c'est-à-dire pour l'avenir; car pour le passé, quoique le P. D. Laumer ait tort de ne le lui avoir pas donné, il a tort lui-même d'en avoir acheté sans ordre, ou du moins de ne pas mettre ce qu'il en a acheté sur les comptes de l'hôpital, au lieu de me le demander. Quarante-huit livres ne sont pas considérables: mais il est important de ne pas traiter la chose ainsi, parce qu'il sembleroit que je fusse obligé de donner ce sel à l'hôpital, ce qui n'est pas vrai, comme vous savez. Je lui veux bien faire cette gratification pour l'avenir, mais il n'est pas juste que l'on me la demande comme si je la devois.

Pour sa proposition touchant la chapelle des Gondi[4], elle est sans fondement. L'entretien de cette chapelle regarde M. de Rets et non pas moi; je l'ai déjà dit dix fois à M. Labeur et je le lui mande encore aujourd'hui.

Voici encore une lettre du gardien des Recollets de Saint-Denis. Usez-en comme il vous plaira, et répondez-lui comme vous voudrez.

J'ai eu ces jours passés un mal assez bizarre qui est une manière de migraine qui a eu ses accès, depuis neuf jours, aussi réglés qu'une fièvre. Celui d'hier n'a fait que marquer, de sorte que m'en voilà quitte, mais je ne le suis pas de la goutte qui me tient au lit par le pied.

session de l'archevêché de Paris. Le Cardinal, en récompense de son zèle, lui donna l'aumônerie de l'Hôtel-Dieu de Saint-Denis.

3. Il s'agit, ainsi qu'il résulte d'un autre passage de la correspondance de Retz, de ses anciens grands vicaires, lorsqu'il était archevêque de Paris. Ce titre de grand vicaire n'existe pas d'ailleurs dans la liste des hauts dignitaires de l'abbaye de Saint-Denis.

4. La chapelle des Gondi dans l'église Notre-Dame. Voyez la description qu'en ont donnée Corbinelli, dans l'*Histoire généalogique de la Maison de Gondi*, *passim*, et l'auteur anonyme de la *Description historique des curiosités de l'église de Paris*, Paris, chez Gueffier, 1763, un volume in-12, p. 179 à 212.

Voici une lettre pour M. de Lionne[5].

Vous voulez bien que je vous fasse des reproches de ce que vous pouvez seulement vous imaginer que les mauvais offices que l'on voudroit rendre peuvent venir jusques à moi. Je vous proteste que je témoignerois, dès la première fois, qu'ils me seroient si désagréables et que je les tiendrois si injustes et si mal fondés, que l'on n'y reviendroit pas la seconde. C'est une justice que je vous dois pour toute sorte de raisons.

Le Cardinal de RETZ[6].

A Monsieur, Monsieur de la Fons[7].

LVII

A Commercy, ce 30e de mai 1669.

J'AI reçu votre lettre du 25 de ce mois. J'ai mis la lettre de M. Joly dans le coffre aux papiers.

Je tiens M. de Novion très-bon pour nos commissaires. Je ne connois que fort peu M. Canaye[1], mais je l'ai vu autrefois extrêmement des amis de Mme de Chevreuse. M. de Hacqueville peut avoir aisément une recommandation d'elle, si vous la jugez à propos.

5. Hugues de Lionne, ministre des affaires étrangères après Mazarin, né en 1611, mort le 1er septembre 1671. Il avait été envoyé en mission à Rome en 1655, pour y poursuivre contre Retz un procès pour crime de lèse-majesté. Voyez *Mémoires de Retz*, tome V, p. 41, note 9; tome VI, *passim*, et tome VII, *passim*.

6. Le dernier paragraphe est de la main de Retz, ainsi que la signature.

7. Deux sceaux en cire rouge aux armes du Cardinal, plaqués sur lacs de soie de même couleur.

1. Jacques Canaye était conseiller du Parlement à la Grand'-Chambre depuis le 30 décembre 1633.

Le procédé du feu président de l'élection m'a paru très-violent, et je ne serai pas surpris qu'il se trouve qu'il ait tort. Je vous envoie une lettre que j'ai reçue de M. de Chevincourt, afin que vous voyez ce qu'il me mande sur la banqueroute de Mme Couturier. Je fais copier les actes qu'il me marque; mais ils ne sauroient être achevés que pour lundi; vous trouverez aussi ici une lettre qui m'a été écrite sur le sujet de M. Paris, envoyez-la-lui, s'il vous plaît, afin qu'il me fasse savoir ce qu'il désire que je réponde. Je suis tout à vous et de tout mon cœur.

Le Cardinal de RETS.

A Monsieur, Monsieur de la Fons².

LVIII

A Commercy, ce 3ᵉ de juin 1669.

J'AI reçu votre lettre du 29ᵉ de mai. M. de Hacqueville me mande par le dernier ordinaire la pensée de Mme de Brissac¹, sur laquelle je n'ai rien à vous répondre, si ce n'est qu'elle est la personne de mes proches que j'honore et que j'estime le plus, et que j'aime le mieux. Je ne sais comme je me puis empêcher de vous gronder très-fort de ce que vous me demandez mon agrément pour la servir, puisque vous ne pouvez douter que je ne vous en aie plus d'obligation que de tout ce que vous pouvez faire pour moi-même. C'est beaucoup dire, car je vous assure que je sens beaucoup tout ce que vous faites pour moi.

2. De la main de Gaultray. Signature autographe; sans sceaux.
1. Elle était la seconde fille de Henri de Gondi, duc de Retz, cousin du Cardinal. Elle épousa Louis de Cossé, duc de Brissac et de Beaupréau, etc.

Vous aurez vu par mes précédentes que mon avis est qu'il ne faut pas perdre un moment pour envoyer en Bretagne.

Je ne sais que vous dire sur le quartier de M. Forcadel et sur le pavé de Saint-Denis; vous savez de quelle conséquence cela m'est. Je vous le recommande de tout mon cœur, et sur le tout faites-moi savoir le possible de bonne heure afin que je ne sois point surpris. Il n'y a point de moyen qu'il ne faille chercher pour empêcher la saisie de Saint-Denis par les trésoriers de France. Dressez, je vous supplie, le mémoire des dettes que j'ai payées depuis mon retour en France, c'est-à-dire de celles qui étoient dues devant ce retour[2]. Je suis tout à vous et de tout mon cœur.

Le Cardinal de RETZ.

A Monsieur, Monsieur de la Fons[3].

LIX

A Commercy, ce 6e de juin 1669.

J'AI reçu votre lettre du premier de ce mois. Je suis en tout et partout de votre avis touchant le sol de Saint-Denis, la chapelle de Gondi, et l'augmentation de la pension. Le seul péril que j'y trouve est que nous en serons excommuniés vous et moi par M. Labeur[1].

Je crois que vous ne doutez pas que je ne vous don-

2. C'est-à-dire dues par le cardinal Mazarin, en tant qu'abbé de Saint-Denis.
3. De la main de Gaultray. Signature autographe de Retz. Deux sceaux en cire rouge aux armes du Cardinal, plaqués sur lacs de soie de même couleur.
1. Voyez ci-dessus, p. 260, note 6.

nasse même avec joie la cure d'Ully-Saint-Georges[2] et vous verrez la vérité de ce que je vous dis, quand j'aurai satisfait à mes engagements; mais j'en ai deux dont il faut que je me tire, le premier est avec le Docteur[3] et le second avec Mme de Chevincourt, qui me demande cette cure, sur ce que je lui en ai promis une, il y a cinq ans, mais il faut tenir sa parole et la donner au Docteur, en cas qu'il n'en ait pas eu une autre de moi depuis mon retour d'Italie. Je ne le crois pas. Enquérez-vous-en, s'il vous plaît. Après que j'aurai satisfait à ces deux engagements, je vous déclare que vous aurez le choix, et qu'il y a longtemps que je vous aurois écrit la même chose si j'avois su que vous y eussiez eu quelque pensée.

Vous avez très-grande raison d'avoir l'œil à ce que l'on continue de travailler aux réparations[4]. Je suis l'homme du monde qui craint le plus de faire de faux jugements, mais Dieu veuille qu'il n'y ait pas d'affectation à faire cesser les payements de cette nature.

Je vous envoie deux lettres que j'ai reçues, l'une de M. Cherrière et l'autre écrite à Gaultray par le fils de M. de Chevincourt. Ne faites pas, s'il vous plaît, semblant que je vous les aie envoyées; mais dites simplement que vous avez reçu les provisions que le premier me demande avec un mot de ma main, par lequel je vous prie d'examiner avec MM. Cherriers si ces offices sont vacants ou si ceux qui les ont méritent d'être dépossédés. Cela fera voir à Chevincourt et aux Cherrière que l'on veut bien, d'un côté, faire les choses raisonnables

---

2. C'était la cure d'une terre et seigneurie de ce nom, qui appartenait à l'abbaye de Saint-Denis. (*Histoire de l'abbaye*, etc., par Mme d'Ayzac, tome Ier, p. 457-458.)

3. L'abbé Paris, docteur de Navarre.

4. Aux réparations de l'abbaye de Saint-Denis.

qu'ils demanderont, mais que de l'autre ils ne les doivent pas demander sans concert préalable avec vous. Voici les propres mots que j'écris à Chevincourt sur ce sujet :

« J'ai envoyé les provisions des deux offices à M. de la Fons ainsi que M. Cherrière m'en a prié. Le préalable est de bien examiner tous ensemble s'ils sont vacants, ou si ceux qui les possèdent méritent d'être dépossédés, et si ceux que l'on veut mettre à leurs places en sont capables. C'est par où il faut commencer, et MM. Cherrière auroient les provisions dès le premier jour, si la chose s'étoit faite ainsi. Vous vous assemblez une fois la semaine. Il n'y a rien de plus aisé que de concerter sur ces matières avec M. de la Fons, quand l'occasion s'en présente, et d'envoyer ensuite les noms de ceux dont on sera convenu. Il est certain qu'il n'y a pas même de bienséance de faire un ordinaire d'envoyer[5] tous les jours des provisions en blanc pour des offices qui, pour petits qu'ils soient, sont considérables, puisqu'ils sont de judicature. »

Voici la liste des papiers que M. de Chevincourt m'a demandés et dont je lui ai envoyé par le dernier ordinaire des copies collationnées.

La quittance de MM. les administrateurs de l'Hôtel-Dieu pour la somme de 5000 ₶ du 4 janvier 1665.

Celle de M. de Lalanne pour la somme de 14 153 ₶ 14ˢ 2ᵈ, du 5 septembre 1665.

Le compte fait par M. de Chevincourt avec Mme la présidente de Barillon du 20 de janvier 1665.

La quittance de ladite dame pour la somme de 36 508 ₶ 18ˢ 8ᵈ du même jour et an.

---

5. Littré, qui définit *l'ordinaire* (7°) : ce qui a coutume d'être, ce qu'on a coutume d'être, ce qu'on a coutume de faire, n'indique pas cette locution : *faire un ordinaire de...* au sens de *faire habitude de...*

La quittance de ladite dame pour la somme de 9092 ₶ 11ˢ de la même date.

Ne lâchez pas, je vous prie, les provisions, que vous n'ayez bien examiné si les offices sont vacants, ou, en cas qu'ils ne le soient pas, s'il y a raison de déposséder ceux qui les tiennent. Je suis absolument à vous.

Je vous envoie la lettre que j'écris au Docteur, toute ouverte. Cachetez-la, s'il vous plaît, pour la lui rendre après l'avoir lue.

Le Cardinal de Rets.

A Monsieur, Monsieur de la Fons[6].

LX

A Commercy, ce 10ᵉ de juin 1669.

J'ai reçu votre lettre du 5ᵉ de ce mois. D. Laumer se vante d'avoir rompu une fois en sa vie le trou[1] provandier[2]. Seroit-ce bien lui pour une seconde fois : je le voudrois pour la beauté de l'histoire.

Je vous envoie une lettre que Chevincourt m'écrit touchant le procès de la Flamangherie[3], et je lui mande

---

6. De la main de Gaultray. Signature autographe du cardinal. Deux sceaux en cire rouge, plaqués sur lacs de soie de même couleur.

1. Il y a bien *trou*, plusieurs fois écrit de la même manière dans d'autres lettres ci-après.

2. *Provendier* figure dans le *Glossaire* de du Cange, mais seulement avec le sens de pourvoyeur, maître d'hôtel. On ne le trouve pas dans le *Dictionnaire* de Furetière ; mais il contient le mot *provende* qui signifie la provision de vivres dans une maison, dans une communauté. On verra plus loin, dans une lettre de Retz, qu'il ne pouvait comprendre ce que signifiait cette expression : *le trou provendier*.

3. Terre appartenant à l'abbaye de Saint-Denis, comme on l'a dit ci-dessus.

de vous en parler afin que vous voyiez comme il en faut user dans la suite avec ce M. de Roquepine, qui est, comme vous savez, un étrange cavalier.

J'ai une fluxion sur l'œil droit qui m'incommode un peu depuis deux jours; ce ne sera rien. Je suis tout à vous et de tout mon cœur.

Le Cardinal de RETS[4].

LXI

A Commercy, ce 13ᵉ de juin 1669.

J'AI reçu votre lettre du 8ᵉ de ce mois. Je n'ai point reçu la lettre de Mme de Montmartre dont vous me parlez, peut-être l'aurai-je par le premier ordinaire.

Il y a huit ou dix jours que je vous en avois envoyé une pour M. de Lionne, et vous ne m'avez pas mandé que vous l'ayez reçue.

Dites, s'il vous plaît, à M. de Gondi, que je croirois manquer à toutes les règles de ma conscience et de mon honneur de lui donner la moindre assistance tant qu'il sera sur le pavé de Paris. Il n'a pas voulu demeurer à Florence où il eût vécu avec honneur, quand il n'eût eu qu'un laquais; il ne veut pas demeurer à Buzay, où il eût au moins épargné de la honte. C'est tout ce qui me reste à dire sur ce sujet.

Je suis de votre avis touchant M. de Roquepine, et je suis persuadé que le principal fruit de la restitution sera de le tenir en bride. Conférez-en, s'il vous plaît, avec M. de Hacqueville.

Je vous envoie l'ordre pour les bois signé, mais je

4. De la main de Gaultray. Signature autographe du Cardinal. Le troisième feuillet portant les sceaux a disparu.

crois que M. de Lestrée a raison de dire qu'il ne faut pas s'en servir sans un bon arrêt; parlez-en, s'il vous plaît, de ma part à M. Colbert, comme vous le jugerez à propos[1].

Vous trouverez ci-jointe une lettre que M. Léger m'a écrite avec la réponse que je lui fais. Il est bon à mon opinion de ménager cet homme, qui, enfin, a une promesse pure et simple. Ce n'est pas que Mme d'Assérac[2] ne m'ait assuré qu'il ne me peut forcer au remboursement du principal, et je crois qu'elle le croit ainsi, mais je crois aussi qu'elle se trompe.

Je suis tout à vous et du meilleur de mon cœur.

Le Cardinal de RETS.

A Monsieur, Monsieur de la Fons[3].

1. Rets était en relation avec Colbert. Voyez la lettre qu'il lui adressa de Commercy, le 18 février 1661 (*Lettres, instructions et mémoires de Colbert*, etc. Paris, Imprimerie nationale, 1870, tome VII, p. 339); et à la fin de notre tome VIII.

2. Jeanne Pélagie de Rieux, comtesse de Châteauneuf, fille unique de Guy et de Catherine de Rosmadec, mariée à son cousin Jean-Emmanuel de Rieux, marquis d'Assérac. Elle était du nombre des créanciers de Retz et un peu sa parente. Il parle d'elle dans ses *Mémoires*, tome V, p. 105, et dit qu'elle lui prêta la somme de dix-huit mille livres. Voyez aussi dans notre tome V, p. 105, la note 5. L'abbé Antoine Blache, une espèce de fou, qui fut enfermé à la Bastille, accuse cette Mme d'Assérac d'avoir, de concert avec le cardinal de Retz, empoisonné Mazarin. Voyez les *Anecdotes* manuscrites de l'abbé Blache, qui font partie de la Bibliothèque Mazarine, et qui sont citées par Brunet dans son *Manuel du libraire*, tome I, au mot BLACHE. Voici le titre de ces étranges Mémoires : *Anecdotes ou histoire secrète qui découvre les menées sourdes du cardinal de Retz et de ses adhérents pour ôter la vie au Roi et à Mgr le Dauphin par les mêmes moyens dont le Cardinal s'étoit servi pour la faire ôter au cardinal Mazarin*. Ce manuscrit in-4°, daté de 1702, n'a pas moins de 1019 pages.

3. De la main de Gaultray. Signature autographe du cardinal de Retz. Deux sceaux en cire rouge à ses armes, plaqués sur lacs de soie de même couleur.

LXII

A Commercy, ce 17ᵉ de juin 1669.

J'ai reçu votre lettre du 12ᵉ de ce mois. Il me semble que je vous écrivis dernièrement que l'aîné Cherrier[1] m'avoit mandé qu'il falloit bien prendre garde à qui on donneroit la cure d'Ully-Saint-Georges[2], parce qu'on avoit eu beaucoup de difficulté avec le défunt. Il n'est pas aisé, comme vous savez, de prendre des précautions là-dessus parce qu'il n'est ni de la conscience, ni de la bienséance. Je ne laisse pas de mander au Docteur que j'espère que Jean Paris son neveu[3] ne sera pas si chicaneur que son oncle et que son prédécesseur. Parlez-lui-en, s'il vous plaît, en mêmes termes et voyez ce qui se pourra faire pour obvier aux difficultés que le prédécesseur a fait naître.

Chevincourt me mandoit, il y a quelque temps, que je ne courois aucune fortune par le désordre des affaires de Mme Couturier, non pas même quand Villepreux[4] se mévendroit[5] de beaucoup. Ayez-y l'œil, je vous supplie. Je suis tout à vous et de tout mon cœur.

J'écris à un certain Italien appelé Tonti qui est à la Bastille, et qui me demande effrontément de l'argent, parce que l'abbé Charrier, qui le connoissoit, l'a amené

---

1. Nous avons dit plus haut, dans une note, que ce nom propre est tantôt écrit *Cherrier*, tantôt *Cherrière*.

2. Voyez la note 2 de la lettre de Retz du 6 juin 1669.

3. Il s'agissait de donner la cure au neveu de l'abbé Paris, ancien homme d'affaires de Retz.

4. Terre de la famille de Gondi (département de Seine-et-Oise), près de Versailles.

5. Littré, qui donne ce mot comme un terme de commerce, signifiant vendre à perte, n'en rapporte qu'un seul exemple tiré de Beaumanoir.

autrefois chez moi. Vous pouvez bien juger que je ne lui en donnerai pas. Il me mande que tout le monde a liberté de le voir à la Bastille, mais je ne sais si c'est à la grille ou dans sa chambre. Vous n'avez qu'à lui faire rendre ma lettre par le premier que vous envoyerez à la Bastille, la lui porter. Je n'avois point fait de réponse à sa première ; mais si si je ne le refuse pour une bonne fois, je vois bien qu'il continueroit à m'accabler de ses lettres.

Si M. de Hacqueville est parti, ouvrez, je vous supplie, la lettre que vous trouverez ici pour lui. Prenez un extrait de ce que je lui écris touchant la production des titres de notre maison, et donnez cet extrait à M. Perraut en lui disant que je le prie de l'envoyer à M. le duc de Retz[6].

Cachetez, je vous prie, de mon cachet, trois lettres que M. de Constart vous portera toutes ouvertes pour MM. Daurat[7], Scarron de Vaujour[8], de Boismenillet.

Le Cardinal de Rets.

Je vous envoie une lettre que j'écris au Docteur avec

6. Le duc de Retz, Henri de Gondi, étant mort le 12 août 1659, il s'agit par conséquent de son gendre, Pierre de Gondi, duc de Retz, le frère aîné du Cardinal.

7. Étienne Daurat, conseiller du Parlement à la troisième Chambre des enquêtes, nommé le 29 août 1641. Il était un des partisans et des créanciers de Retz. Voici ce qui est dit de lui dans le *Portrait du Parlement de Paris* (Bibl. nat., mss. Baluze, 115) : *Daurat*. « Se pique d'éloquence, harangueur, peu judicieux, emporté, incapable de raison dans ses passions, peu sûr, quoiqu'il se pique d'amis, grand frondeur, a été dans les affaires et dans le recouvrement des taxes ; déclame néanmoins contre le métier ; brouillé avec sa famille et parent avec Mme du Tillet, femme du conseiller de la Grand'Chambre. Nullement attaché à ses intérêts ; ferme en ses opinions,..... a épousé la fille de M. de Bosle, auditeur des comptes, etc..... »

8. Jacques Scarron, conseiller du Parlement à la troisième Chambre des enquêtes, nommé le 28 juin 1641. « Homme du monde, non scrupuleux..., aimant assez ses intérêts ; par besoin,

1669

un autre billet à mes grands vicaires pour lui donner les provisions de la cure pour son neveu. Donnez-lui ces deux lettres, s'il vous plaît, afin d'avoir lieu de prendre les précautions que la conscience peut permettre en cette conjoncture, et il est bon, à mon avis, que vous en confériez un peu devant avec Cherrière qui m'écrivoit qu'il avoit un grand procès avec le défunt.

A Monsieur, Monsieur de la Fons[9].

LXIII
(20 juin 1669.)

J'ai reçu votre lettre du 15ᵉ de ce mois. J'en userai pour la Flamangherie[1] ainsi que vous le jugerez à propos. Je suis de votre sentiment qu'il n'y a pas beaucoup de reconnoissance à espérer de M. de Roquepine, et qu'il est mieux de le tenir dépendant par le pouvoir de le faire payer quand on voudra[2]. Ce n'est pas que dans le fond je ne m'en tienne bien payé, pourvu

ayant épousé une femme de laquelle il s'est fait des biens et peu de subsistance et de crédit; son père étoit intéressé aux Gabelles. M. le maréchal d'Aumont, son beau-frère, a grand pouvoir sur lui..... » Et plus bas, d'une autre écriture : « Ami très-particulier de M. de Boussicaut, qui l'est de Pélisson. » (*Portrait du Parlement de Paris*. Bibl. nat., mss. de Baluze, 115.) — M. de Boismenillet, cité après M. Scarron de Vaujour, était Jean du Bois, sieur du Menillet, de la troisième Chambre des Enquêtes, depuis le 28 mai 1641.

9. De la main de Gaultray. Signature autographe du cardinal de Retz. Deux sceaux en cire rouge à ses armes, plaqués sur lacs de soie de même couleur.

1. Voyez ci-dessus, p. 268, note 3.

2. Le cardinal de Retz, comme on le voit, n'avait pas seulement des créanciers, il avait aussi des débiteurs, mais en bien plus petit nombre.

qu'il ne trouble point la jouissance. Je ne sais, de l'humeur dont il est, s'il s'en pourra empêcher, mais je sais que si quelque chose l'en empêche, ce sera la crainte de payer; sur le tout usez-en comme il vous plaira. Vous voyez mieux que moi ce qui est le plus à propos sur cela.

Je ne suis point surpris de ce qu'on ne vous parle plus de l'état, parce que dans le fond on n'en avoit pas, à mon avis, l'impatience que l'on vouloit faire paroître, mais pour[3] les offices, je vous avoue que je ne le conçois, parce qu'on me les a demandés plus de dix fois. Je suis tout à vous et de tout mon cœur.

A Commercy, ce 20ᵉ de juin 1669.

Le Cardinal de Retz.

A Monsieur, Monsieur de la Fons[4].

LXIV
(24 juin 1669.)

Je n'ai point reçu de vos lettres par le précédent ordinaire; mais le courrier d'aujourd'hui, qui a apporté de très-bonne heure celles du 22ᵉ, a apporté aussi le paquet du 19ᵉ très-bien conditionné, et qui assurément n'avoit point été ouvert. Comme le temps presse, le courrier étant sur le point de partir, je n'ai qu'un moment pour vous en accuser la réception, et pour vous dire que l'on

3. Il y a *par* dans l'original, ce qui est évidemment une faute du copiste.
4. De la main de Gaultray; signature autographe; deux sceaux en cire rouge aux armes du Cardinal, plaqués sur lacs de soie de même couleur.

1669 vous présentera le six ou le sept de juillet deux lettres de change l'une de six mille livres et l'autre de trois mille sept cents. Je suis tout à vous et de tout mon cœur. Je vous ferai réponse jeudi.

A Commercy, ce 24 de juin 1669.

Le Cardinal de Rets.

J'ai eu plusieurs fois la pensée de vous prier de donner quelque chose à M. Ferrand, commis de la poste, qui prend la peine de faire un paquet particulier pour Saint-Aubin[1], depuis six ou sept mois, quoi qu'il n'y soit pas obligé. Donnez-lui, je vous prie, deux pistoles en mon nom.

A Monsieur, Monsieur de la Fons[2].

LXV

A Commercy, ce 27ᵉ de juin 1669.

Je vous ai donné avis par ma dernière des deux lettres de change qui vous doivent être présentées le six ou le sept de juillet, payables au quinze; la seconde n'est que de trois mille sept cents livres parce que je laisse les trois cents restants pour le reste du payement des casaques de gardes de chasse[1]. Il me semble que ce reste ne va qu'à trois cents livres. S'il y a quelque chose de plus, marquez-le, s'il vous plaît, dans le mémoire avec ce qu'ont coûté les dernières hardes que vous m'avez

1. Saint-Aubin-aux-Auges, village du diocèse de Toul, sur le chemin de Bar à Commercy et à Toul. C'était là que l'ordinaire de Paris déposait les lettres et paquets pour Commercy.
2. De la main de Gaultray. Signature autographe. Pas de sceaux.
1. Il s'agit probablement des gardes-chasse pour les terres et seigneuries du Cardinal en Lorraine ou pour les terres et seigneuries de Saint-Denis.

envoyé et ce que vous aurez donné au commis de la poste. Je vous en tiendrai compte sur le quartier d'octobre. Voyez, s'il vous plaît, si je n'oublie point encore quelque chose de cette nature. Vous vous moquerez de mon exactitude, mais je vous assure que je sens par expérience qu'elle a son utilité, parce que je m'oblige par ce moyen moi-même à être plus circonspect que je ne le serois peut-être sans cet ordre.

J'ai bien de l'impatience que vous ayez des nouvelles de Buzay pour l'usufruit. Vous savez combien cela me tient au cœur.

M. le baron de Gondi m'a fait plaisir. Si cela avoit continué, nous aurions bien eu des parties d'apothicaire[2], de l'humeur dont il est, et il auroit été même très-difficile de l'en empêcher. Il a fait avec moi pour le reste de sa vie[3], et quand même mes affaires seroient en meilleur état qu'elles ne sont, j'assisterois ses enfants et non pas lui.

Je vous envoie la ratification pour l'affaire de Clignancourt[4]. Il ne se peut rien de mieux que ce que vous me marquez de la destination des deniers.

Je conçois bien qu'il n'y a point de péril à l'affaire de Mme Couturier, et je ne vous en avois même écrit que pour vous donner avis des copies que Chevincourt m'avoit demandées.

Donnez ordre, s'il vous plaît, à Buzay et à Nidelet

2. Voyez ci-dessus, p. 170, note 8.
3. C'est-à-dire, il en a fini avec moi pour le reste de sa vie ; c'est ce que prouve la fin de la phrase.
4. La terre et seigneurie de Clignancourt, appartenant à l'abbaye de Saint-Denis, avait été vendue aux religieuses de Montmartre. Elles devaient encore à l'abbaye 6000 livres sur le prix d'achat. Dans plusieurs des lettres de Retz, il est question plusieurs fois, comme on l'a vu déjà, de *Madame de Montmartre*; Retz désignait ainsi l'abbesse de ce couvent de filles.

que l'on n'y donne rien à M. de Gondi s'il lui prenoit fantaisie d'y retourner.

Mes remercîments, je vous prie, à M. de Broussel[5]. Vous trouverez ci-jointe une lettre pour Mme de Pommereu[6], une pour l'abbé de Gondi[7], qui est à Florence, et une pour Mme de Brissac. Je suis tout à vous et du meilleur de mon cœur.

Je doute que les quatre mille livres dont vous me parlez suffisent et pour le pavé et pour les dépenses casuelles : si cela est, nous en serons quitte à meilleur marché que je ne l'espérois.

Voici une réponse à une lettre que m'a écrite M. de Vienne d'Argentenay; il me mande qu'il est en prison pour dettes, sans me dire où. Vous le trouverez en quelqu'une de celles de Paris.

Le Cardinal de RETZ.

A Monsieur, Monsieur de la Fons[8].

5. Il s'agit très-probablement de Pierre de Broussel, conseiller du Parlement à la première Chambre des enquêtes depuis le 5 septembre 1654. Voici ce qui est dit de lui dans le *Portrait du Parlement de Paris :* « Assez facile d'esprit, bourru, assidu au Palais et néanmoins peu expéditif; de conduite foible, de peu de sûreté, de peu de secret, fort retiré et gouverné absolument par son clerc et par sa femme; de peu de biens, aimant ses intérêts. »

6. Voyez les *Mémoires de Retz*, tome I, p. 179, note 4.

7. Cet abbé appartenait sans doute à la branche des Gondi de Florence, car on ne voit pas figurer son nom dans la *Généalogie de la maison de Gondi*, par Corbinelli.

8. De la main de Gaultray. Signature autographe du cardinal de Retz. Deux sceaux à ses armes en cire rouge sur lacs de soie de même couleur.

LXVI

A Commercy, ce 1ᵉʳ de juillet 1669.

J'ai reçu votre lettre du 26 du mois passé. Je suis tout à fait de votre avis touchant la Flamangherie, et il n'y a pas à balancer, M. le président Le Maître[1] en ayant donné parole. Mais il est important que l'acte de remise demeure entre ses mains pour s'assurer de la conduite de M. de Roquepine qui, comme vous savez, est un étrange seigneur.

Quelque règlement que vous ayez mis entre le lieutenant et le procureur fiscal de Saint-Denis, je serai trompé s'ils s'accordent longtemps et je crois que vous êtes de mon avis.

J'écrirai au prieur de Saint-Denis[2] par le premier ordinaire. Je n'ai pas le loisir par celui-ci.

Mandez-moi, s'il vous plaît, ce que vous avez dit à Paris sur l'usufruit aux gens de M. de Lislebonne[3], afin que je lui fasse dire de mon côté la même chose.

1. On trouve deux Le Maistre dans le *Portrait du Parlement de Paris* (1648-1650), l'un qui était conseiller à la quatrième Chambre des enquêtes, l'autre à la cinquième des enquêtes. Le second, qui se nommait François Le Maistre, sieur de Persac, avait été nommé à cette fonction le 11 juillet 1653, et vivait encore en 1674. Un troisième Le Maistre (Claude), sieur de Montsabert, avait été nommé membre de la deuxième Chambre des Requêtes le 14 mars 1653, et vivait aussi en 1674.
2. Le grand prieur de l'abbaye était, après l'abbé, le plus haut dignitaire. En l'absence de l'abbé, il occupait le siége de ce prélat et exerçait la présidence. Le grand prieur, à la date de la lettre de Retz, était dom Guillaume Momole Geoffroy, qui remplissait cette fonction depuis 1668 et qui mourut en 1672.
3. Le Cardinal, afin de pouvoir payer une partie de ses dettes, vendit sa seigneurie de Commercy à la princesse de Lislebonne, fille illégitime de Charles IV, duc de Lorraine, et de la princesse

Dom Laumer est comme ces Empereurs qui voudroient mourir *stantes*⁴, mais par malheur, il n'est pas empereur.

Je suis tout à vous et de tout mon cœur.

Le Cardinal de Retz⁵.

A Monsieur, Monsieur de la Fons.

LXVII

A Commercy, ce 4ᵉ de juillet 1669.

J'ai reçu votre lettre du 29ᵉ du passé. J'écrirai à M. Le Maître selon le projet que vous m'envoyerez.

Vous trouverez ici une lettre de La Serre¹ et vous remarquerez que La Serre est un des hommes du monde et qui s'est le plus exposé pour moi, lui et toute sa famille, pendant mon malheur, et qui en a usé depuis le plus honnêtement du monde. Empruntez, je vous conjure, les deux cents pistoles dont il s'agit dans

de Cantecroix, et mariée au prince de Lislebonne, fils de Charles II de Lorraine, duc d'Elbeuf, et de Catherine Henriette, légitimée de France, fille de Henri IV et de Gabrielle d'Estrées. Le contrat de vente fut passé le 29 juillet 1665, mais le Cardinal se réserva l'usufruit de Commercy avec tous les droits honorifiques de la seigneurie. La vente eut lieu au prix de cinq cent cinquante mille livres tournois que le Cardinal abandonna en partie à ses créanciers. Voir cet acte de vente dans l'*Histoire de Commercy*, de Dumont, tome II, p. 211 et suivantes.

4. Debout.

5. De la main de Gaultray. Signature autographe de Retz. Deux sceaux en cire rouge aux armes du Cardinal.

1. Nous n'avons pu trouver nulle part quel était ce La Serre, non plus que la mention des services qu'il avait pu rendre au Cardinal, mais à en juger par l'extrême envie de Retz de témoigner à cet homme sa reconnaissance en lui venant en aide, on peut supposer que les services rendus avaient été considérables.

la bourse de tous mes amis sans exception, plutôt que de laisser cet homme dans l'embarras. M. de la Houssaye, qui a vu le détail de ce qu'il a fait pour moi, me fera assurément ce plaisir de bon cœur, et quelque exactitude que j'aie sur ces matières, je n'ai pas peine à rompre ma règle en cette occasion, parce que j'espère que, devant que l'année se passe, je trouverai dans ma propre conduite² quelque fonds, pour pouvoir satisfaire à ces petites parties, et, de plus, comme je vous viens de dire, il y a des circonstances si particulières pour La Serre, qu'en vérité je mettrois plutôt ma vaisselle d'argent en gage que de le laisser dans la peine³.

Je n'envoyerai aucune provision pour le lieutenant du pont de Neuilly que vous ne me l'ayez mandé et je suis même résolu de ne plus faire de réponse, quand on me demandera de ces sortes de choses sans les avoir concertées avec vous⁴. Je suis tout à vous et de tout mon cœur.

Chevincourt m'écrit qu'il peut y avoir quelque difficulté entre les Cherrière et moi touchant le trou provandier⁵, et je lui fais réponse, que je me remets de cette difficulté à ce que M. de Hacqueville en dira.

Vous trouverez ici un paquet pour M. Fourcaut; faites-le lui tenir, je vous supplie, en main propre, et même, s'il n'est pas à Paris, envoyez-le lui par homme exprès. Il devoit aller faire un voyage de douze ou de

2. C'est-à-dire parmi les sommes dont j'ai la conduite, la direction personnelle.
3. Ces nobles sentiments de Retz confirment le mot qu'a dit de lui Bossuet : « Cet homme si fidèle aux particuliers. »
4. L'abbaye de Saint-Denis, comme on l'a dit plus haut, avait des terres à Neuilly et probablement des droits de péage à prélever sur le pont de Neuilly.
5. On a vu plus haut les deux mêmes mots, écrits de la même manière : *le trou provandier*.

quinze jours dans les terres du Chapitre, mais comme ces terres sont dans les portes de Paris, vous n'aurez pas à envoyer loin. Vous saurez précisément où il sera, ou chez lui, si quelqu'un y est demeuré, ou encore mieux par M. le doyen de Notre-Dame.

Le Cardinal de Rets,

A Monsieur, Monsieur de la Fons [6].

LXVIII

A Commercy, ce 8ᵉ de juillet 1669.

J'ai reçu votre lettre du 3ᵉ de ce mois. Je vous assure que je ne suis guère touché de celle de M. d'Evreux [1]. Vous trouverez ici la réponse que je lui fais, honnête, mais décisive.

Je suis très-aise de l'espérance que vous avez d'acquitter l'usufruit de Commercy [2] dans ce mois, et je suis persuadé comme vous que M. de Lislebonne [3] s'en tiendra très-satisfait. Le délai est de si peu de temps que je ne crois pas lui en devoir faire faire des excuses. Si la chose va plus loin, donnez-m'en, s'il vous plaît, avis de bonne heure, afin que je lui fasse parler ici, de mon côté, de la même manière, dont vous parlerez à Paris à M. le Royer [4].

---

6. De la main de Gaultray. Signature autographe du Cardinal. Sceaux à ses armes.

1. Henri Cauchon de Maupas du Tour, évêque d'Évreux, du 1ᵉʳ juillet 1661 à février 1680.

2. Voyez la lettre du 1ᵉʳ juillet 1669 et la note 3.

3. Voyez la note 3 de la lettre précédente, p. 277.

4. Probablement le fondé de pouvoir du prince de Lislebonne.

J'écris à M. le Président le Maître[5] comme vous me le marquez; ce sera une grande merveille, si M. de Roquepine se peut contenir.

Vous trouverez ici un billet pour M. Ferrand. C'est un petit remercîment que je lui fais de son soin et de son exactitude.

Faites tout ce que vous jugerez à propos à l'égard de Cyr les Mélos[6]. Il faut garder avec Mme de Meckelbourg[7] toutes les mesures que requiert la civilité; mais il faut toutefois accorder cette civilité avec la conservation des droits de l'abbaye. Mais je ne sais si les nouvelles ordonnances faites touchant la chasse ne donneront pas de la force aux prétentions de Mme de Meckelbourg. Sur le tout, je m'en rapporte à ce que vous en jugerez raisonnable.

J'ai trouvé dans votre paquet les preuves de notre maison[8].

Je vous prie de faire voir par quelqu'un, en mon nom,

---

5. Voyez à la page 277 ci-dessus, la note 1.

6. Il s'agit très-certainement de la terre et de la seigneurie de Cires-lès-Melottes, appartenant à l'abbaye de Saint-Denis.

7. Élisabeth-Angélique de Montmorenci, veuve de Gaspard de Coligni, duc de Châtillon, remariée en février 1664 à Christian Louis, duc de Meckelbourg. Voyez la lettre que Retz adressa à Mme de Sévigné de Commercy, le 20 décembre 1668, pour lui recommander les intérêts de la duchesse, probablement à propos de l'affaire dont il est question dans la lettre ci-dessus. (*Recueil de Lettres choisies pour servir de suite aux Lettres de Mme de Sévigné à Mme de Grignan, sa fille.* Paris, Rollin, 1751, un volume in-12, p. 1 à 3. On trouvera cette lettre de Retz dans sa Correspondance diverse à la fin de notre tome VIII.)

8. Il est probable qu'à cette date, le cardinal de Retz s'occupait déjà avec Corbinelli de *l'Histoire généalogique de la maison de Gondi*, qui fut publiée longtemps après sa mort aux frais de sa nièce, la duchesse de Lesdiguières, en deux volumes grand in-4°, en 1705. Dom Calmet, dans sa *Bibliothèque lorraine* publiée en 1751 à Nancy, en un volume in-folio, dit, colonne 430, que cette généalogie est restée manuscrite. Comme il ne pouvait ignorer la pu-

MM. Daurat[9] Boucherat[10], Nau et Lejay[11] pour un procès que M. de Ballibaut a en leur chambre. Ne vous donnez pas la peine, je vous conjure, de le faire vous-même. Vous en prenez assez d'autres pour moi ; il n'est pas juste de vous divertir[12] tous les jours de vos affaires et des miennes pour ces sortes de sollicitations. Je suis résolu de ne m'y pas rendre si facile dorénavant.

Je vous envoie une lettre que M. Leger m'a écrite avec la réponse que je lui fais. Cachetez-la, s'il vous plaît, après l'avoir lue, et rendez-la-lui. Il me semble qu'il doit être satisfait de ma réponse.

Voici encore une lettre de Chevincourt à Malclerc qui parle de Mosnier. Mandez-moi ce qu'il faut que je réponde sur cela. Il me semble que c'est une belle détrappe[13] de se défaire de cet homme, mais il faut bien prendre garde qui on mettra en sa place. Au reste ne

blication de 1705, il faudrait supposer alors, ce qui nous paraît difficile à croire, que la généalogie composée par Retz était différente de celle parue sous le nom de Corbinelli.

9. Étienne Daurat, conseiller à la troisième Chambre des enquêtes du Parlement de Paris, nommé le 29 août 1641. Voyez ci-dessus, p. 271, note 7.

10. Guillaume Boucherat, autre conseiller clerc à la Grand'-Chambre, nommé le 11 août 1646.

11. Nau et Lejay, dont nous ne trouvons pas les noms dans le *Portrait du Parlement de Paris*, étaient, le premier, membre de la troisième Chambre des enquêtes, depuis le 4 août 1661 ; et le second, Nicolas Le Jay, sieur de la Maisonrouge, membre de la même Chambre depuis le 15 mars 1669.

12. « Détourner quelqu'un, l'empêcher de continuer son dessein, son entreprise, son travail. » (FURETIÈRE, *Dictionnaire*.)

13. Débarras. Ce substantif ne figure pas dans les dictionnaires, mais on trouve en ancien français de nombreux exemples du verbe *destrapper*, opposé *d'attrapper*. Voyez GODEFROY, *Dictionnaire historique*. M. Regnier a rétabli ce mot fort à propos d'après le manuscrit, dans une lettre de Bussy : « La fortune me *détrapera* de bien des gens. » (Mme DE SÉVIGNÉ, *Lettres*, tome III,

trouvez-vous pas que je sois bien obligé aux Cherrière du payement du dernier quartier de ma subsistance, et ne diriez-vous pas que ce n'est pas M. Forcadel qui l'a payé. J'ai dit à Malclerc de répondre simplement à Chevincourt que je trouve très-bon que Mosnier se défasse de sa charge, mais sans finance et après que l'on aura examiné avec vous les qualités de celui que je mettrai en sa place. Si les Cherrière m'en écrivent, comme Chevincourt le marque, je ne leur ferai point de réponse, jusques à ce que j'aie la vôtre.

Vous trouverez ici une lettre de moi pour M. de Hacqueville; renvoyez-la-moi, s'il vous plaît, si il étoit parti pour son voyage devant qu'elle arrive à Paris.

Enquérez-vous, je vous supplie, au Calvaire du faubourg Saint-Germain, si Mme d'Assérac[14] est encore en Bretagne, et d'une manière où il ne paroisse pas que la curiosité vienne de moi.

Je vous envoie une lettre que j'ai reçue du P. D. Laumer, qui me paroît bien chagrin, et qui l'est à mon sens beaucoup moins de tout ce qu'il dit, que de se voir hors d'état de se mêler d'affaires. Ne faites pas semblant, s'il vous plaît, que vous ayez vu sa lettre, mais j'ai jugé à propos de vous l'envoyer, afin que vous voyiez la raison pour laquelle je lui écris comme je fais. Vous me faites bien la justice d'être persuadé que je le suis trop de votre amitié pour croire que vous ayez la pensée qu'il vous donne, et je me crois si assuré de vous que ne considérant ce qu'il en dit que comme une vision du chagrin qu'il a lui-même, je ne vous en aurois pas seulement parlé, si je ne croyois que comme ce bon Père

p. 81.) On y avait substitué, dans l'édition de 1818, *me détrompera.*

14. Voyez à la page 269 ci-dessus, la note 2.

parle confidemment de toutes choses à qui le veut entendre, il est nécessaire que vous lui parliez au même sens que je lui écris. Rendez-lui, s'il vous plaît, ma réponse après l'avoir lue et cachetée. Je ne sais, dans la vérité, ce qu'il veut dire du trou provandier[15]; personne du monde ne m'en avoit rien écrit de lui[16], et ce que je vous en avois mandé n'étoit qu'à cause de l'oiseau nocturne du temps passé que j'avois appris de lui-même.

Je suis si cruellement enrhumé que c'est avec toutes les peines du monde que je satisfais à cet ordinaire.

Je suis très-aise de ce que vous avez payé la pension de Mlle Anne[17] et je vous conjure même de faire toute sorte d'efforts pour payer les autres dont vous m'avez envoyé la liste. Il m'est de la dernière conséquence pour plusieurs raisons très-importantes, de ne pas donner encore pour cette année aucune apparence ni aucun soupçon de changement dans mes destinations et dans mes projets et je suis persuadé que plutôt que de le faire, il faut emprunter dans la bourse de tous mes amis. Je vous verrai cet automne[18] : je vous en dirai la raison et je vous donnerai certainement moyen de soutenir les années suivantes avec facilité et même avec aisance. Je suis tout à vous et je crois que vous ne doutez pas que ce ne soit du meilleur de mon cœur.

Le Cardinal de Rets.

15. Nous devons avouer que nous le savons encore moins que ne le savait l'abbé de Saint-Denis.

16. Le copiste a commis une erreur. Il faudrai très-probablement : « Ne m'en avoit rien écrit que lui. »

17. Nous n'avons pu découvrir quelle était cette Mlle Anne. Peut-être s'agit-il tout simplement d'une créancière de Retz, comme le laisserait supposer la fin de la phrase.

18. « S. m. et f., mais le plus souvent féminin. » (Richelet, Dictionnaire, 1680.)

Faites, je vous supplie, tous vos efforts pour empêcher M. Leger[19] de venir aux saisies.

A Monsieur, Monsieur de la Fons[20].

LXIX
(8 juillet 1669.)

Depuis ma lettre écrite, j'ai reçu la vôtre du 6e de ce mois assez à temps pour en accuser la réception et même pour vous y faire réponse parce qu'elle ne va qu'à un moment.

Faites tout ce que vous jugerez à propos touchant les bois d'Ully-Saint-Georges[1]; je ne vous envoie point de lettre pour M. de Hacqueville parce que je vois qu'il est parti. Je suis tout à vous et de tout mon cœur.

A Commercy, ce 8e de juillet 1669.

Le Cardinal de Retz.

A Monsieur, Monsieur de la Fons[2].

19. Un des créanciers de Retz.
20. Le dernier paragraphe à partir des mots : *Je suis très-aise* est entièrement de la main du Cardinal, ainsi que la signature et le post-scriptum. Pas de sceaux.
1. La terre et la seigneurie de ce nom appartenaient, comme nous l'avons dit plus haut dans une note, à l'abbaye de Saint-Denis.
2. De la main de Gaubray. Signature autographe. Pas de sceau.

LXX

A Commercy, ce 11ᵉ de juillet 1669.

Je ne vous écris aujourd'hui que pour entretenir la bonne coutume, et pour vous adresser ce paquet. J'ai fait réponse par le dernier courrier à votre lettre du 6ᵉ de ce mois. Je suis toujours assez enrhumé, mais beaucoup moins que je ne l'ai été. Je suis tout à vous et de tout mon cœur.

Le Cardinal de Retz.

A Monsieur, Monsieur de la Fons[1].

LXXI

A Commercy, ce 15 de juillet 1669.

J'ai reçu par le dernier ordinaire le paquet de Paris bien fermé et bien conditionné, mais je n'y ai rien trouvé de vous et de M. de Hacqueville. Peut-être que les lettres auront été portées trop tard à la poste, et qu'elles arriveront par le courrier d'aujourd'hui. Si il vient, comme il se fait quelquefois, devant que celui qui va à Paris parte, je vous en manderai des nouvelles. Je suis tout à vous et de tout mon cœur.

J'ai reçu, depuis ma lettre écrite, vos deux paquets du 10 et du 14 de ce mois très-bien conditionnés, de sorte qu'il n'y a rien de perdu. Je vous répondrai à l'une et à l'autre au long, jeudi. Le courrier me presse tellement

---

1. De la main de Gaultray. Signature autographe du Cardinal. Deux sceaux en cire rouge à ses armes, plaqués sur lacs de soie de même couleur.

aujourd'hui que tout ce que je vous puis dire est que, si MM. Cherrière se veulent servir de l'absence de M. de Hacqueville, et de celle de mes autres amis pour faire les choses à leur fantaisie, vous n'avez qu'à vous servir comme il vous plaira, et comme vous le jugerez à propos, de mon nom, de ma voix et de ma main; mais si vous avez besoin de quelqu'un pour leur faire dire en mon nom des choses sur lesquelles on n'a pas quelquefois le temps d'attendre ma réponse, n'avez-vous pas M. de la Houssaye qui me fera assurément ce plaisir de bon cœur? Remerciez-le, je vous prie, pour moi de toutes ses bontés. J'y dois être accoutumé, mais ce sont de ces sortes de choses où l'habitude ne fait qu'augmenter le sentiment.

Le Cardinal de Rets.

A Monsieur, Monsieur de la Fons[1].

LXXII

A Commercy, ce 18e de juillet 1669.

Vous aurez vu par ma précédente que j'ai reçu ce même jour vos deux lettres du 10 et du 14 de ce mois.

Faites, s'il vous plaît, à l'égard du trou provandier ce que vous jugerez à propos. Vous savez mieux que moi ce à quoi les Cherrière sont tenus, ou ne sont pas tenus. Je ne me ressouviens en aucune façon de ce détail.

Pour ce qui est du lieutenant, mon sentiment seroit que vous vissiez de ma part M. le Procureur général

---

1. De la main de Gaultray. Signature autographe du Cardinal. Deux sceaux en cire rouge à ses armes plaqués sur lacs de soie de même couleur.

pour lui faire connoître que les gens qui lui parlent peut-être en mon nom ne lui parlent pas selon mes intentions. Je suis persuadé qu'il ne chicanera pas là-dessus, pourvu qu'il sache bien mes sentiments. Je ne me puis imaginer qu'il me voulût faire un tour de cette nature sans m'avoir fait parler préalablement, mais comme il pourroit croire lui-même m'avoir fait parler en parlant à Chevincourt, il est nécessaire, à mon sens, que vous le voyiez afin que l'on s'entende. Il ne faut pas laisser de conférer avec le père, mais pour vous dire le vrai, je tiens le fils beaucoup plus raisonnable. Je vois, par un mot que Chevincourt a écrit à Malclerc, que Mosnier n'est pas si résolu de quitter sa charge qu'il en a fait la mine. Il lui fait un galimatias sur les moines[1], qu'il prétend avoir traversé par malice le dessein qu'il en avoit. Je vous avoue que je voudrois de tout mon cœur qu'il fût déjà dehors de cet emploi.

Vous avez très-bien fait de refuser le Docteur[2]. Il n'y a ni rime ni raison. Il ne m'en a rien écrit, et il a bien fait, car, assurément, je lui aurois lavé la tête[3]. Il m'a envoyé un mémoire de feu Soli, libraire, avec une lettre signée de sa veuve et de deux de ses filles, qui me demandent quatre cent deux livres six sols. Je lui réponds qu'elles s'adressent à vous, et que je le prierai, comme je le fais en effet, d'agir pour moi sur cela, non pas seulement avec toute la justice, mais même avec toute l'équité. Je ne sais que vous dire sur le fond, car je ne m'en ressouviens en façon du monde. Mais ce détail ne se peut-il pas vérifier par le journal du père[4]? Enfin si la

---

1. Les moines de Saint-Denis. — 2. L'abbé Paris.
3. « *Laver la teste à quelqu'un*, luy faire une représentation, le reprendre de sa faute. » (Ant. Oudin, *Curiositez françoises*, 1656.)
4. Le Cardinal avait acheté, sans doute, des livres chez ce libraire.

chose est due, je vous supplie de contenter, en attendant que l'on puisse payer.

J'ai examiné comme vous les discours de MM. Cherrière sur leurs avances, et je suis tombé de moi-même dans vos mêmes sentiments. Ils sont si peu en avance qu'ils devroient seulement avoir honte d'en parler. Vous diriez par leurs lettres qu'il donnent à Malclerc ce qu'ils lui payent pour moi.

Quand je revins des pays étrangers, je donnai à Fromentin[5] le petit profit que l'on pourroit tirer du droit que j'avois d'établir des maîtres de métiers à Saint-Denis. Il me vient de dire que l'on lui offre de l'argent d'un office de sergent, mais il me semble que ces offices de sergents ne sont pas compris dans les métiers. Mandez-moi, s'il vous plaît, ce qui en est. Je suis tout à vous et de tout mon cœur.

Je viens de relire la lettre de M. Paris qui me mande qu'il se ressouvient fort bien que l'on doit cette somme à la veuve Soly. Je ne dis pas que l'on ne la lui doive point, car cela peut être; mais j'admire la grande et prodigieuse mémoire du Docteur, que je n'ai jamais vu en aucune autre occasion du monde s'être ressouvenu seulement de quinze jours.

Chevincourt m'écrit qu'un certain Legay, notaire, misérable et ruiné, dont on a besoin pour une expédition qui regarde le procès qui est entre les mains de M. Fraguier[6], demande à être payé d'un acte qu'il a passé dans le temps de l'expédition de ma coadjutorerie. C'est à mon avis une friponnerie; car quelle

---

5. L'ancien valet de chambre, depuis chirurgien du cardinal de Retz. Il l'avait aidé à se sauver du château de Nantes en amusant les gardes. Voyez notre tome IV, p. 513.

6. François Fraguier, sieur de Longperier, de la 1re Chambre des enquêtes depuis le 15 mars 1641.

apparence qu'il n'ait pas été payé dans une occasion de cette nature, et où je me ressouviens fort bien que je jetois l'argent. Je mande à Chevincourt de voir avec vous ce qu'il faut qu'il lui réponde.

Le Cardinal de Rets.

A Monsieur, Monsieur de la Fons[7].

LXXIII
COPIE DE LA LETTRE DE SON ÉMINENCE A M. CHERRIÈRE L'AINÉ.

Commercy, ce 22ᵉ de juillet 1669.

J'ai reçu votre lettre du 17ᵉ de ce mois et je vous dirai, pour commencer à y répondre, que M. de Chevincourt m'ayant écrit, il y a quelques trois semaines, et même plus, ce me semble, qu'il pourroit y avoir quelque difficulté touchant la réfection du trou provandier, entre vous et moi, je lui répondis que, si elle étoit telle que vous n'en pussiez convenir avec M. de la Fons, je m'en remettois absolument à ce que M. de Hacqueville en diroit pour moi. Il me semble qu'il auroit été à souhaiter que vous eussiez pris la peine de m'écrire de l'embarras que vous y voyez présentement, dès le temps qu'il étoit encore à Paris. Je ne doute point que M. de la Houssaye ne me fasse la même grâce, que j'avois espérée de M. de Hacqueville. Je le prie par cet ordinaire de terminer sur ce sujet, de mon côté, les différentes prétentions dont vous ne vous pouvez accorder avec M. de la Fons. Je ne suis pas sur les lieux; on ne con-

---

7. De la main de Gaultray. Signature autographe du Cardinal. Deux sceaux en cire rouge à ses armes, plaqués sur lacs de soie de même couleur.

noit jamais assez, de soixantes lieues, le détail des choses pour y pouvoir agir de soi-même. La direction de mes affaires est entre les mains de M. de la Fons, qui m'a toujours paru fort juste et fort raisonnable. Je serois très-aise que vous pussiez convenir ensemble sans avoir besoin de tiers, quand cela ne se peut. Je m'en remets à quelqu'un de ceux auxquels je dois prendre toute confiance, par tant d'expériences que j'ai faites de leur mérite et de leur amitié, dans les temps les plus malheureux, et auxquels vous ne pouvez, à mon sens, la refuser vous-même, par la justice que tout le monde rend à leurs lumières et à leur probité. C'est ce que je puis faire pour votre satisfaction dans l'occasion dont il s'agit.

Pour ce qui est de la lenteur que vous attribuez à M. de la Fons, je vous dirai ingénuement que je ne me suis jamais aperçu qu'il en ait eu aucune en ce qui touche mes intérêts. Je l'ai vu agir d'une manière fort opposée, lorsque j'ai été sur les lieux et quand je n'y ai pas été. M. de Hacqueville, qui a été témoin oculaire de sa conduite et qui est l'homme du royaume le plus véritable et le plus exact, a toujours rendu des témoignages de sa probité, de son activité et de son affection, desquels je ne puis douter. Je suis trop persuadé de votre bonne foi pour ne pas croire que ce que vous m'en mandez de contraire est conforme à ce que vous en croyez ; mais vous voulez bien que je vous dise que j'appréhende que la différente manière dont les choses tombent assez souvent dans les esprits, qui sont même les mieux intentionnés, ne vous donne un peu de préoccupation sur ce sujet, aussi bien que sur ce qui regarde à son égard le bailli de Saint-Denis et la Flamangherie. Si vous aviez vu ce que j'ai vu sur ces deux chefs, vous avoueriez que vos soupçons n'y sont pas bien fondés, et je vous en ferai convenir à la première vue.

Pour ce qui est de votre procuration, M. de la Fons a si peu d'intérêt à la ruiner, que je ne puis concevoir comme il en pourroit seulement avoir la moindre pensée. Il est trop persuadé du soin que j'ai de ma réputation pour croire que j'eusse été capable de donner la moindre atteinte ni au corps ni à l'apparence du syndicat, que je puis dire, sans vanité, m'avoir donné quelque honneur dans le monde[1]. M. de Hacqueville m'a écrit positivement qu'il avoit tellement réglé, à la satisfaction des uns et des autres, tout ce qui peut toucher les assignations dont vous vous plaignez, que je ne vois rien qui vous y doive faire peine pour l'avenir, et il m'a même assez soulagé l'esprit pour le passé en me faisant voir, comme il a fait, que vous n'en aviez pas encore beaucoup souffert, que les avances n'étoient pas fort grandes, que vous aviez touché en papier, valant argent, ce que vous n'avez pas touché en espèces, et que nous pourrions bientôt être à l'uni[2]. Vous devez croire, par la retenue que j'ai eue de ne me pas servir de l'offre qu'il vous a plu de me faire pour le dernier quartier, que je ne prends pas plaisir à incommoder mes amis, et vous connoitrez par la suite que ce que je cherche surtout à éviter est d'être redevable à ceux qui sont dans mes affaires. M. de Hacqueville m'avoit écrit qu'il vous avoit si nettement expliqué mes intentions sur ce détail que j'étois persuadé que vous en aviez l'esprit en repos. Comme vous me témoignez encore en être en peine, je suis bien aise de vous en donner encore de nouvelles assurances.

1. M. de la Fons, comme nous l'avons dit, avait été nommé syndic des créanciers du cardinal de Retz.
2. De niveau. L'Académie, qui indique cette locution adverbiale dans son édition de 1694, en donne les exemples suivants : « *Il y avoit du haut et du bas dans ce jardin, on a mis tout à l'uni. Il faudroit relever cette allée à l'uni du parterre.* »

J'ai bien de la joie que vous preniez le parti d'aller vous-même à la Flamangherie³; je crois que ce voyage-ci pourra être très-utile. M. de la Fons m'a écrit par le dernier ordinaire touchant les provisions et je les lui envoie toutes trois pour vous les faire tenir. Vous me parlez de la peine que j'ai à en donner des nouvelles et je vous l'avoue, parce que ma maxime a toujours été de ne rien faire sur ces matières qu'après une mûre délibération. Vous ne vous plaindrez pas sur ce sujet quand vous aurez examiné l'article de notre traité sur ce chef. Je me suis réservé expressément le jugement sur les propositions que vous m'en feriez. Je vous crois trop raisonnable pour souhaiter vous-même qu'un homme de mon âge et de ma dignité se dépouille d'un droit que je maintiens n'avoir jamais été laissé à aucun homme du monde de la moindre qualité. Je n'en ai jamais eu la moindre pensée, mais bien d'avoir beaucoup d'égard aux considérations que vous m'en pourriez représenter. Voilà mes sentiments que M. de Hacqueville vous a déjà expliqués et que je ne vous répète ici que parce que vous m'en parlez.

Vous savez que l'on ne stipule pas des conditions, quand on donne un Bénéfice. J'ai toutefois pris, touchant la cure d'Ully Saint-Georges⁴, toutes les précautions auxquelles ma conscience m'a permis de songer. M. Paris m'a mandé positivement que son neveu croiroit tout ce qu'en diroit M. de Lhommeau⁵. Je lui écris aujourd'hui pour l'en faire ressouvenir.

Je vous suis très-obligé des nouvelles assurances qu'il

---

3. La Flamangrie, terre appartenant à l'abbaye de Saint-Denis, comme on l'a vu plus haut.

4. Cure située dans un des domaines de l'abbaye de Saint-Denis.

5. L'avocat de Retz à Paris, comme on l'a vu plus haut.

vous plaît de me donner de votre bonne volonté; je vous en remercie et je vous prie de croire que j'aurois bien de la joie de vous en pouvoir témoigner ma reconnoissance[6].

LXXIV

A Commercy, ce 22ᵉ de juillet 1669.

J'AI reçu votre lettre du 17ᵉ. J'en ai reçu une très-longue et très-impertinente de l'aîné Cherrière; je suis bien aise d'en garder l'original, et je n'ai pas le temps de la faire transcrire aujourd'hui, joint que vous en jugerez assez par la copie de la réponse que je lui fais et que je vous envoie. J'en ai adressé l'original à M. de Chevincourt pour la donner à Cherrière, sans dire mot à Chevincourt de ce qu'elle contient. Je vous avoue que je n'ai pu me contenir, ou plutôt que je me suis tout à fait contenu, car, en vérité, quoique ma réponse soit forte et décisive, elle auroit été bien plus rude, si je ne me fusse retenu; mais vous savez ce que je vous écrivis, il y a quelques jours. J'ai raison particulière pour ne laisser apercevoir aucune innovation ni aucun bruit de cette année dans mes affaires. Ne témoignez pas, je vous supplie, que je vous aie envoyé cette copie, ni même que vous sachiez ce que Cherrière m'a écrit sur votre sujet. Je suis persuadé que ces gens ne reviendront pas de longtemps s'y jouer; j'en ai été deux jours en colère; mais je ne suis pas trop fâché dans le fond qu'ils m'aient donné lieu de m'expliquer avec eux pour une bonne fois sur ce qui vous regarde et je vous avoue, sur le tout, qu'ils sont plus dignes de pitié que de colère. Le corps de cette belle dépêche est une protestation de

6. Copie de la main de Gaultray, secrétaire du Cardinal.

tous dépens, dommages et intérêts, si je ne fais refaire en diligence le trou provandier. Faites sur tout cela ce que vous jugerez à propos. Si vous croyez qu'il soit bon de faire parler M. de la Houssaye, vous voyez que je vous en donne lieu par ma lettre, je ne lui en écris rien ; il vous en croira bien, et il me pardonnera facilement la liberté que je prends avec lui. Que ces extravagances de Cherrière ne vous chagrinent point, je vous en conjure ; elles ne sont dignes que de mépris. Je vous verrai cet automne et je vous donnerai le plaisir de leur faire toute la honte qui leur est due sur votre sujet, et si vous le désirez même, je la leur ferai dès à présent toute publique, quelque raison que j'aie de couler encore pour quelque temps. J'ai été sur le point de ne vous pas parler seulement de cette lettre et de me contenter d'y répondre comme j'ai fait ; mais la parfaite confiance que j'ai en vous fait que je ne vous saurois rien celer, et d'ailleurs il est important que nous nous entendions ponctuellement vous et moi contre des gens, qui, certainement, ne songent qu'à leurs intérêts. Je fis avouer hier à M. de Saint-Mihiel[1] que si j'eusse cru mon inclination et l'avis de Malclerc plutôt que le sien, j'aurois mieux fait.

Je vous envoie ma réponse à M. le Président Le Maistre[2] avec l'état qu'il demande ; je ne sais si vous le trouverez en bonne forme, mais je l'ai fait dresser ici par Tailfumyr[3].

1. Dom Hennezon, ancien abbé de Saint-Avold. Il avait accompagné à Rome le Cardinal et avait été son auditeur et son théologien. A son retour de Rome, le Cardinal, qui se plaisait dans sa société, obtint du cardinal Piccolomini, moyennant 750 écus romains, la cession de l'abbaye de Saint-Mihiel, dont il était titulaire, en faveur de dom Hennezon (1667).
2. Voyez ci-dessus, p. 277, la note 1.
3. Jean-Baptiste de Tailfumyr, procureur général de la justice

Le Docteur m'écrit un galimatias que je n'entends point, et que je vous envoie, en lui écrivant en même temps ce que vous verrez dans la lettre que vous trouverez ici pour lui et que je vous prie de lui rendre après l'avoir lue. Il y en a aussi une pour M. de Hacqueville; je m'imagine que vous aurez quelque adresse pour la lui faire tenir. Je suis plus à vous qu'à moi-même.

Le Cardinal de RETS.

M. de la Fons[4].

LXXV
(22 JUILLET 1669.)

J'AI encore reçu aujourd'hui assez à temps le paquet du 20ᵉ de ce mois pour y apprendre la continuation du mal de Monsieur le Dauphin[1]. Si le départ du courrier me permettoit d'écrire à M. de Montausier[2], je le fe-

de Commercy. On trouve son nom écrit tantôt Tailfumyr, tantôt Tailfumyer.

4. De la main de Gaultray. Signature autographe. Sceaux en cire rouge.

1. Louis Dauphin, dit *Monseigneur*, fils aîné de Louis XIV et de Marie-Thérèse, né à Fontainebleau le 1ᵉʳ novembre 1661; mort à Meudon le 14 avril 1711. Voyez sur ce prince les *Mémoires de Saint-Simon*, édition Hachette, 1881, par Adolphe Régnier fils, à la table, p. 189; et les *Mémoires* de Duclos, de la Fare, de Berwick, etc. Voyez aussi les *Mémoires de M. le duc de Montausier, pair de France, gouverneur de Mgr Louis Dauphin, ayeul du Roi à present régnant*, écrits sur les *Mémoires* de Mme la duchesse d'Uzès, sa fille, par N.... (Rotterdam, chez Jean Hofhout, 1731, 2 vol. in-16). L'auteur anonyme de ces mémoires, qui avaient déjà paru en 2 volumes in-12 à Paris, est le jésuite Nicolas Petit. C'est à la suite de ces *Mémoires* qu'a été publiée pou⁻ la première fois la *Guirlande de Julie*.

2. Charles de Sainte-Maure, duc de Montausier, fils de Léon et de Marguerite de Châteaubriant des Roches-Baritault, né en 1610,

rois. Suppléez-y, je vous conjure, et envoyez-lui quelqu'un de ma part qui ait mine de gentilhomme et qui lui dise qu'il est envoyé exprès de Commercy par moi[3], pour le supplier de me mander des nouvelles de la santé de Monsieur le Dauphin. Il ne faut faire cela qu'en cas que sa maladie soit ou ait été considérable. L'abbé de Pontcarré me mande qu'elle l'est.

A Commercy, ce 22[3] de juillet 1669.

Le Cardinal de RETS.

M. de la Fons[4].

LXXVI
(25 JUILLET 1669.)

Vous aurez vu par ma précédente que j'ai reçu votre lettre du 20e de ce mois. Je ne suis pas surpris des accidents qui arrivent au pauvre Père dom Laumer, et je crains même qu'il ne dure pas autant qu'il le croit peut-être lui-même.

Je suis très-aise des honnêtetés que vous avez faites à M. de Boisfranc, qu'il est bon d'obliger en ce qui sera possible.

Comme la Serre[1] ne m'a point écrit depuis que vous l'avez mené chez M. Forcadel, je m'imagine qu'il est satisfait de ce que vous lui avez promis.

gouverneur du Dauphin à partir du 18 septembre 1668; il avait épousé en juillet 1645 Julie d'Angennes de Rambouillet. Il mourut le 17 mai 1690.

3. Le cardinal de Retz, qui était né acteur et qui aimait les mises en scène, usa d'une supercherie semblable, comme on le verra plus loin, lorsque Mme de Longueville perdit son fils unique.

4. Billet de la main de Gaultray. Signature autographe du Cardinal. Pas de sceaux.

1. Voyez ci-dessus, p. 278, note 1.

Je ne me ressouviens en façon du monde d'avoir promis la station² de Saint-Denis à celui qui a soin de l'ornement. Je l'en veux toutefois bien croire sur sa parole, mais comme cela étoit échappé de ma mémoire, j'en ai laissé la disposition pour cette année à mes Grands Vicaires³, et ce que je puis faire pour sa satisfaction est de la lui promettre pour l'année qui vient. Je l'ai mis sur mon mémoire et je ne l'oublierai pas ; dites-le-lui, s'il vous plaît.

Enquérez-vous, je vous supplie, au Calvaire du faubourg Saint-Germain, si Mme d'Assérac⁴ est encore en Bretagne, ou si elle est déjà partie pour Dijon ; mais qu'il ne paroisse pas, s'il vous plaît, que cette enquête vienne de moi. Je suis tout à vous et de tout mon cœur.

A Commercy, ce 25 de juillet 1669.

Le Cardinal de RETZ.

A Monsieur, Monsieur de la Fons⁵.

LXXVII

A Commercy, ce 9ᵉ d'août 1669.

JE répondis dès lundi à votre lettre du 3ᵉ et je ne vous fais aujourd'hui ce billet que pour vous adresser

---

2. « *Station*, se dit,... des chaises (*sic*) que les Prélats accordent à des Prédicateurs pour y aller prescher pendant un certain temps. » (FURETIÈRE, *Dictionnaire*.)
3. C'étaient, à n'en pas douter, les anciens grands vicaires du cardinal de Retz pendant la Fronde ecclésiastique.
4. Voyez ci-dessus, p. 269, note 2.
5. De la main de Gaultray. Signature autographe du Cardinal. Deux sceaux en cire rouge à ses armes, plaqués sur lacs de soie de même couleur.

le paquet ci-joint. Je suis tout à vous et de tout mon cœur.
Le Cardinal de Rets.

A Monsieur, Monsieur de la Fons[1].

LXXVIII

A Commercy, ce 15 d'août 1669.

J'ai répondu par ma dernière à la vôtre du 10e de ce mois, et je ne vous fais ce mot que pour vous envoyer celle que j'ai reçue du P. D. Laumer, et pour vous dire que, si ce qu'il dit touchant un solliciteur a le moindre fondement du monde, vous ne devez faire aucune difficulté d'en choisir un tel qu'il vous plaira; mais comme il me semble que MM. Cherrière ne s'endorment pas dans leurs intérêts, et qu'ils ont présentement intérêt à tous nos procès à cause du forfait, je ne sais si ce qu'en dit D. Laumer n'est pas plutôt fondé sur son caprice que sur la raison. Vous en jugerez mieux que moi et vous en ferez comme vous trouverez pour le mieux. Je suis tout à vous et de tout mon cœur.
Le Cardinal de Rets.

A Monsieur, Monsieur de la Fons[1].

1. Billet de la main de Gaultray. Signé par le Cardinal. Deux sceaux en cire rouge à ses armes, plaqués sur lacs de soie de même couleur.

1. De la main de Gaultray. Signature autographe du Cardinal. Deux sceaux en cire rouge à ses armes, sur lacs de soie rouge.

LXXIX
A M. DE VIENNE D'ARGENTENAY.

A Commercy, ce 19ᵉ d'août 1669.

Si j'avois cru que la recommandation que vous souhaitez de moi vous pût être utile, je vous l'aurois envoyée devant même que vous me l'eussiez spécifiée, mais je vous assure qu'elle ne serviroit de quoi que ce soit, parce que je sais qu'il y a longtemps que tous les devants sont pris, et que cette maison étoit complète devant même que vous ayez eu la pensée d'y entrer. Je suis obligé d'ailleurs de vous avertir que, de la manière que j'en ai ouï parler, les conditions pour la plupart y sont très-mauvaises et je suis persuadé que vous ne voudriez pas que je me commisse à être refusé dans une occasion qui ne réussiroit pas à mon avis, et qui ne vous seroit pas avantageuse, quand même on ne me refuseroit pas. Je prends toute la part que je dois au malheur de vos affaires et je vous supplie de croire que je souhaiterois avec passion de vous y pouvoir soulager. Je serois très-aise d'en pouvoir trouver les occasions.

Le Cardinal de RETS.

M. de Vienne d'Argentenay.

Et sur le dos :

A Monsieur, Monsieur de Vienne d'Argentenay[1].

1. De la main de Gaultray. Signature autographe du Cardinal. Deux sceaux en cire rouge à ses armes, plaqués sur lacs de soie de même couleur.

LXXX

A M. DE LA FONS.

A Commercy, ce 20 d'août 1669.

J'ai reçu votre lettre du 21ᵉ de ce mois, sur laquelle il n'y a rien à répondre, si ce n'est que vous n'avez qu'à faire, à l'égard d'un solliciteur, ce que vous jugerez le plus à propos.

Je ne vous écrirai point de toute la semaine qui vient parce que je m'en vais faire un tour de cinq ou six jours à Remiremont[1]. Je fais état d'aller, aussitôt après mon retour, à Châlons en passer deux ou trois avec MM. de Châlons et de Caumartin[2], après quoi je me viendrai renfermer dans ma coquille. Je suis tout à vous et de tout mon cœur. Vous trouverez ici un paquet pour mon frère[3]; je vous prie de le bien recommander [à] M. Perraut[4] afin qu'il le lui fasse tenir promptement et sûrement.

Chevincourt me mande qu'il vous a parlé d'une affaire dont M. le Premier Président lui a donné charge de

---

1. Le 12 mai 1665, le cardinal de Retz s'était rendu au Chapitre noble de Remiremont, dont l'abbesse était alors Mme Dorothée, née *Rhingraff*, princesse de Salm. Il y séjourna pendant plusieurs jours et y officia pontificalement le jour de l'Ascension. Je possède dans ma collection le procès-verbal original des honneurs qui lui furent rendus et des cérémonies religieuses auxquelles il assista (manuscrit petit in-folio de 4 pages et demie). Le voyage que Retz fit à Remiremont, vers la fin du mois d'août 1669, et dont il parle dans sa lettre, avait probablement pour objet une visite semblable au Chapitre de l'église collégiale et séculière de Saint-Pierre.

2. Chez ses amis, Vialart de Herse, évêque de Châlons, et Louis Le Fèvre de Caumartin, alors maître des requêtes au parlement de Paris.

3. Pierre de Gondi, duc de Retz, frère aîné du Cardinal.

4. Employé des postes à Paris.

m'écrire. Il me semble qu'il n'y a pas à balancer dans le fond et je mande à Chevincourt de répondre à M. le Premier Président que j'accorderois la grâce qu'il souhaite[5] à son parent, quand même il n'en auroit pas été jusques ici en possession, mais j'écris à même temps audit Chevincourt pour qu'il en confère préalablement avec vous pour voir s'il n'y a point quelque précaution à prendre pour empêcher que la grâce que je fais à ce parent ne lui donne pas lieu dans les suites[6] ou à lui ou à ses successeurs de se dire seigneur du lieu.

Le Cardinal de Rets.

A Monsieur, Monsieur de la Fons[7].

LXXXI

COPIE DE LA RÉPONSE DE SON ÉMINENCE, DU 5 SEPTEMBRE [1669] A D. LAUMER[1].

Comme j'ai fait un petit voyage de sept ou huit jours en cette province, je n'ai reçu, mon cher Père, votre lettre du 24ᵉ d'août, qu'avant hier au matin. Vous voyez bien, mon cher Père, que si j'entreprenois de juger, de soixante lieues, de toutes les circonstances qui arrivent

---

5. Le premier président du Parlement était alors, depuis le 4 octobre 1658, Guillaume de Lamoignon, né en 1617, mort le 10 décembre 1677.
6. On n'emploierait plus le pluriel dans ce cas.
7. De la main de Gaultray. Signature autographe du Cardinal. Deux sceaux en cire rouge à ses armes, plaqués sur lacs de soie rouge.
1. Dom Laumer, bénédictin de l'abbaye de Saint-Denis, dont la fonction, qui n'est jamais indiquée d'une manière précise dans les lettres du Cardinal, consistait à administrer les affaires temporelles et contentieuses de l'abbaye.

tous les jours dans mes affaires, j'entreprendrois l'impossible et me donnerois beaucoup de peines inutiles. M. de la Fons a l'administration pleine et entière de mon bien²; il a ma procuration, il a ma parole et ma main³. Quand il arrive quelque chose qui mérite d'être mandée, il m'en donne avis : je lui en mande mes pensées plutôt par manière de conseil que de décision; parce que je ne crois pas qu'il fût judicieux de décider de si loin, et je ne vous dis pas ceci, mon cher Père, pour vous empêcher de me donner vos bons avis, que je recevrai toujours avec reconnoissance et avec joie, et pour vous marquer seulement que je ne crois pas devoir entrer moi-même dans la discussion particulière que vous me proposez, et pour vous assurer que, quand il vous plaira de donner à M. de la Fons les lumières que vous avez la bonté de me donner, et qu'il s'en servira avec joie par la connoissance qu'il a de votre capacité, et qu'il a tout pouvoir de moi de s'en servir ainsi qu'il jugera pour le mieux, puisqu'il vous dira lui-même que je fais assez de justice à la sienne pour n'avoir jamais préféré à ses sentiments ceux qui y ont été contraires. Je crois que vous savez qu'aussitôt que l'on m'écrivit des bois de Trappes⁴, je lui renvoyai la chose, et qu'ainsi il n'y a aucune surprise à appréhender. J'ai bien de la joie, mon cher Père, de voir par l'affermissement de votre caractère, celui de votre santé, et je vous prie de croire que j'en souhaite de tout mon cœur la continua-

2. Comme on le voit par ce passage, M. de la Fons, le syndic des créanciers du Cardinal, avait aussi de lui une procuration générale pour l'administration de tous ses biens et de ses affaires temporelles de Saint-Denis.

3. Il parle et il écrit pour moi.

4. Ces bois faisaient partie de la terre et seigneurie de Trappes, qui appartenaient à l'abbaye de Saint-Denis. (Mme d'Ayzac, *Histoire de l'abbaye de Saint-Denis*, tome Iᵉʳ, chap. VI, p. 460.)

tion, et que je suis tout à vous. Assurez, s'il vous plaît, le P. Général⁵ de mes services très-passionnés⁶.

LXXXII

A M. DE LA FONS.
(5 septembre 1669.)

J'ai reçu votre lettre du dernier d'août. Si on ne m'avoit pas écrit pour constant que l'on avoit toujours recommandé aux prières M. d'Arbouville, je n'aurois pas été si vite sur le compliment. Je ferai faire mes réponses une autre fois par vous-même. Pour celle-ci, il se faut contenter de tirer toutes les assurances nécessaires pour empêcher que l'on se puisse prévaloir de la grâce contre mes droits. C'est une chose pitoyable que d'avoir affaire à des gens qui ne regardent que leurs intérêts, et qui même les entendent mal : car je suis persuadé qu'en faisant bien, on les trouve plus sûrement qu'en biaisant. Et n'est-ce pas biaiser et prévariquer que de me supposer un fait[1] qui n'est pas? On me mandoit positivement et en propres termes que M. d'Arbouville étoit en possession depuis soixante ans, sans me dire un mot de tout ce qui s'étoit passé entre vous autres sur ce sujet.

Je vous envoie une lettre que m'écrit D. Laumer sur laquelle je vous prie de faire tout ce que vous jugerez le plus à propos : je mande à D. Laumer que je m'en remets absolument à vous.

5. Le général des Bénédictins de la congrégation de Saint-Maur, dont les moines desservaient l'abbaye de Saint-Denis.
6. Copie de la main de Gaultray.
1. *Supposer quelque chose à quelqu'un*, lui faire un faux rapport, un récit mensonger. Voyez le *Lexique de la langue de Corneille*.

Je ne puis encore vous rien dire de positif sur la cure d'Ableiges², parce que j'attends la réponse du curé de la Flamangherie³. Pour celle de Chars⁴, M. de Luines étant mon ami aussi ancien qu'il est, et la terre étant à M. son fils, la bienséance m'oblige de la lui offrir. Voyez donc, s'il vous plaît, sur cela M. le duc de Luines⁵ tout le plus tôt qu'il vous sera possible, parce qu'il m'en écrira assurément, et il est bien mieux de la lui porter par avance; mais on me mande qu'il y a une chapelle vacante avec cette cure; je vous prie de vous en enquérir. Je trouve aussi que M. de Maupeou d'Ableiges est fils d'un de mes amis très-particuliers.

Chevincourt m'écrit que M. le Procureur général de la Chambre⁶ qui a toujours été de mes amis, et de qui j'ai affaire effectivement, me demande permission de tirer du sable de la rivière. Vous jugez bien qu'il ne lui faut pas refuser cette grâce. Je mande pourtant à Chevincourt de ne lui faire aucune réponse que de concert avec vous. Je suis tout à vous et de tout mon cœur.

Vous trouverez ici la copie de la réponse que je fais à D. Laumer, et je crois qu'il est à propos de lui écrire ainsi pour une bonne fois. Ce bon homme enrage de n'être pas maître de tout.

L'abbé de Pontcarré me mande qu'il vous a donné des cordes et des papiers de musique⁷ pour m'envoyer;

---

2. Cure à la nomination de l'abbaye de Saint-Denis. Nous ne l'avons pas trouvée dans l'état des biens de l'abbaye, mais il est probable qu'il s'agit d'Ableiges, dans Seine-et-Oise.
3. Terre et seigneurie de l'abbaye de Saint-Denis.
4. Chars, fief dépendant pour certaines redevances de l'abbaye de Saint-Denis.
5. M. de Luynes était un des créanciers de Retz. Voyez notre tome V, p. 104, et tome II, p. 195 et note 2.
6. Achille de Harlay, nommé le 4 juin 1667.
7. Nous avons dit plus haut, p. 244, note 7, que le Cardinal avait

si le paquet est gros, il ne faut pas me le faire tenir par la poste, à moins que M. Ferrand dise que cela se peut. Rendez, s'il vous plaît, à l'abbé de Pontcarré ce que lui ont coûté les cordes.

Le Cardinal de Rets.

Depuis ma lettre écrite, j'ai reçu le paquet de l'abbé de Pontcarré; j'ai donné congé à Beauchesne[8] ne pouvant plus souffrir ses impertinences. C'est un bon homme, mais il a si peu de sens et il est si présomptueux qu'il est toujours dans les plaintes, et ce mal seroit contagieux si on le souffroit dans une maison. Il n'y a personne dans la mienne que j'aie si bien traité que lui, lui ayant assuré du bien pour toute sa vie ou plutôt pour toute la mienne par son contrat de mariage, comme vous le savez, et depuis cela il n'en a été que plus suffisant. La dernière occasion a été que lui ayant dit de sortir de ma chambre pour une parole assez insolente qu'il me répondit à propos d'une simple raillerie que je lui faisois, il dit ces propres paroles en présence de deux ou trois personnes de qualité de la province : « Je n'y rentrerai jamais; c'est avec joie que j'en sors et sans aucun regret par ma foi. » Vous pouvez croire que l'on ne souffre pas un homme après ces paroles, et je ne le recevrai plus assurément quoiqu'il ne manque pas d'envie d'y revenir. Dites, je vous prie, sans affectation et comme de vous-même, le détail de ce dernier rencontre à M. Ferrant, afin qu'il l'écrive en Bretagne. Ce pauvre homme craint terriblement que je ne lui paie plus sa pension quand il ne sera plus ici; mais cela ne m'en empêchera pas. Je le traiterai même civilement à son

dans sa domesticité, au château de Commercy, plusieurs musiciens. Voyez Dumont, *Histoire de Commercy*, tome II, p. 151.

8. Beauchesne était un des gentilshommes du Cardinal. Voyez *Mémoires de Retz*, tome IV, p. 514, note 2.]

départ, mais je ne le tiendrai jamais pour mon domestique, après les paroles que je vous viens de marquer.

A Commercy, ce 5 de septembre 1669.

A Monsieur, Monsieur de la Fons⁹.

LXXXIII

A Commercy, ce 9 de septembre 1669.

J'ai reçu votre lettre du 4 de ce mois. Faites ce que vous jugerez le plus à propos touchant la coupe des bois de Tremblay[1]. Cherrière ne m'en a rien écrit; s'il le fait, je vous le renvoyerai. Il n'y a rien de plus raisonnable que ce que vous avez résolu touchant M. de Bellevue.

Je reçois à ce moment la vôtre du 7 qui m'apprend le succès du procès contre les Chastelains, que je tiens perdu, puisqu'il leur faut donner dix mille livres; que je tiens gagné, puisque l'on ne leur en donne pas trente.

Je n'irai à Châlons qu'à la fin du mois, où je me réjouis par avance d'y trouver MM. de la Houssaye et de Pontcarré. Je ne laisse pas d'écrire à celui-ci parce que jusques à ce qu'il soit parti je doute toujours qu'il parte.

Vous trouverez ici une lettre pour Mme de Jouarre[2] par laquelle je lui donne avis des belles pensées de Mme de Northombeland, afin qu'elle puisse prendre ses devants.

---

9. De la main de Gaultray. Signature autographe. Deux sceaux en cire rouge.
1. Une des terres de l'abbaye de Saint-Denis.
2. L'abbesse de Jouarre Voyez ci-après, p. 318, la note 7.

Je vous envoie aussi une lettre que j'ai reçue de M. le duc de Luines avec la réponse que je lui fais. Je vous prie de la lui rendre vous-même après l'avoir fermée, en lui faisant toutes les honnêtetés nécessaires, et en lui disant tout ce qui vous sera possible pour le satisfaire. Je souhaiterois en effet de tout mon cœur que l'on eût pensé à ce détail en faisant le forfait. C'eût été une chose très-commode. Enfin, voyez, je vous prie, tout ce qui se peut faire ou dire pour la satisfaction de M. de Luines. Vous savez à quel point elle me tient au cœur. Je suis tout à vous. Voilà une lettre pour Madame d'Assérac qui est au Calvaire, et une autre pour M. d'Argentenay qui est à la Conciergerie[3]. Il y a quelque temps que je lui écrivis, mais si vous ne lui avez pas fait rendre cette première lettre, il ne sera que mieux de ne la lui pas donner et de se contenter de celle que vous trouverez ci-jointe.

Le Cardinal de Rets.

Je ne donnai point de lettre à Beauregard, parce que s'en allant par le coche, je crois qu'il valoit mieux envoyer toutes les miennes par la poste.

A Monsieur, Monsieur de la Fons[4].

LXXXIV
(12 septembre 1669.)

Ne témoignez, s'il vous plaît, à personne, que je vous écris aujourd'hui, parce que MM. les ducs de

---

3. C'est le même gentilhomme dont il est question dans une lettre précédente du Cardinal, p. 300.
4. De la main de Gaultray. Signature autographe. Deux sceaux en cire rouge.

Luxembourg[1] et de Vitry[2] étant ici avec beaucoup d'autres gens de la province, je n'ai le temps de faire aucune réponse par cet ordinaire, et je fais état de supposer par le premier à ceux qui m'ont écrit que leurs lettres auront été retardées[3].

Je ne vous fais ce mot aujourd'hui que pour vous dire que j'ai été obligé par une affaire, que je vous dirai à la première vue, de prendre de M. Le Moine une somme de huit mille deux cent quatre-vingt-dix livres pour laquelle j'ai tiré sur vous une lettre de change payable le 5 février prochain de l'année mil six cent septante.

On ne vous la présentera pourtant point que je n'aie réponse de vous à la présente, et que vous ne m'ayez mandé que vous la pouvez accepter. Je vous donne ma parole que je vous fournirai au plus tôt, dans la fin de décembre, un fonds de quoi la payer. Mandez-moi donc, je vous prie, librement et franchement, si vous la pouvez accepter, et n'en parlez, s'il vous plaît, à qui que ce soit au monde et pour raison. Mais j'ai en vous

---

1. François-Henri de Montmorency, duc de Luxembourg, maréchal de France, fils posthume du comte de Bouteville qui fut décapité sous Louis XIII pour s'être battu en duel. François-Henri naquit au commencement de janvier 1628 et mourut le 4 janvier 1695.

2. François-Marie de l'Hospital, duc de Châteauvillain et de Vitry, fils de Vitry qui tua le maréchal d'Ancre de trois coups de pistolet. François-Marie, né vers 1620, mourut le 9 mai 1679, quelques mois avant Retz. Il avait été dans sa jeunesse un des compagnons de débauche de Paul de Gondi et un de ses complices pendant la Fronde. Retz parle souvent de lui dans ses *Mémoires* (voyez *passim*, tome II, et surtout p. 490-491). Vitry était un homme de la plus haute capacité, un lettré, un très-agréable causeur, et l'on peut se rendre compte facilement de tout l'esprit que le Cardinal et lui devaient dépenser dans leurs entretiens. Vitry, en 1675, fut nommé plénipotentiaire au congrès de Nimègue.

3. Ce qui précède de la main de Gaultray.

une confiance entière, parfaite et absolue, et je vous assure que je l'ai même avec joie.

Le Cardinal de RETS.

Du 12 septembre 1669.

A Monsieur, Monsieur de la Fons [4].

LXXXV

A Commercy, ce 16ᵉ de septembre 1669.

J'AI reçu votre lettre du 11ᵉ de ce mois. Faites tout ce que vous jugerez à propos touchant les bois de Trappes [1]. Je m'en remets absolument à vous, et je l'ai écrit en ces mêmes termes à D. Laumer et à Chevincourt. Le dernier ne m'en a rien mandé, mais j'ai prévenu ce qu'il m'en eût peut-être écrit, en lui mandant ce que je vous viens de dire.

Je ne connois point M. d'Ableiges, mais ce qui m'a obligé à lui faire faire compliment est que Madame sa mère étoit femme d'un de mes plus anciens et de mes plus particuliers amis. J'attends sur cela la réponse du curé de la Flamangherie [2], mais la cure dont il s'agit n'a aucun rapport avec celle de Chars [3], que je vous ai prié d'offrir de ma part à M. de Luines.

Je vous envoie [4] une lettre de Chevincourt qu'il est bon que vous voyiez. Il dit que c'est Bruslé qui a con-

---

4. Lettre en partie de la main du Cardinal à partir du paragraphe commençant ainsi : « Je ne vous fais ce mot, etc. » Signature autographe. Deux sceaux en cire rouge.
1. Appartenant à l'abbaye de Saint-Denis.
2. Cure à la nomination de l'abbé de Saint-Denis.
3. Autre cure à la nomination de l'abbé de Saint-Denis.
4. A partir de ce paragraphe, la lettre est de la main de Retz jusqu'à la fin.

damné les gens de M. le Procureur général⁵ de la Chambre, et je crois qu'il ne dit pas vrai. Je vous plains et me plains d'avoir affaire à ces gens-là. Assurez-vous que, devant que la fin de l'année se passe, je mettrai les choses en autre état et que nous serons, vous et moi, en liberté d'agir. Il faut nécessairement faire expliquer et régler leur procuration. Il n'y a rien de plus aisé par un moyen que je vous donnerai et vous l'avouerez. Je suis si las de leur procédé que je n'en saurois plus souffrir. Je suis tout à vous et de tout mon cœur.

Envoyez-moi, s'il vous plaît, par le premier courrier du grand crêpe pour un cordon⁶....

Le Cardinal de Retz.

Je vous recommande les lettres de naturalité du seigneur Carlo.

A Monsieur, Monsieur de la Fons⁷.

LXXXVI

A Commercy, ce 20ᵉ de septembre 1669.

J'ai reçu votre lettre du 18ᵉ de ce mois, dont je ressens, comme je dois, le premier article. Soyez-en persuadé, je vous conjure, et que ce sentiment est au delà de ce que je vous le puis exprimer.

---

5. Voyez ci-dessus, p. 305, la note 6.
6. « On appelle un *crespe* plus spécifiquement celuy qui sert de cordon au chapeau. » (Furetière, *Dictionnaire*, 1690.) — Deux ou trois mots illisibles dans l'original.
7. Signature autographe du Cardinal. Deux sceaux cire rouge.

1669.

M. d'Hacqueville est ici d'hier à midi et nous partons demain, lui et moi, pour Châlons, où nous faisons état d'être dimanche au soir pour y pouvoir encore trouver M. de Caumartin, qui nous a mandé aujourd'hui, qu'il s'en alloit à Paris, et c'est ce qui m'a fait avancer ce voyage que je ne prétendois faire qu'à la fin du mois. Je n'y serai pour cette fois que deux ou trois jours au plus ; mais j'y retournerai quand M. de Caumartin y sera de retour, pour prendre avec plus de loisir toutes nos mesures touchant nos affaires domestiques, dont je suis bien aise de conférer à fond avec lui. Vous voyez par là que l'état dont vous me parlez ne presse point, et vous avez du temps de le dresser, sans vous incommoder, car M. de Caumartin ne sera de retour à Châlons qu'à la fin d'octobre. Je suis persuadé que vous approuverez mon projet. Il fera connoître à tout le monde la parfaite et entière confiance que j'ai en vous.

Je suis très-aise de ce que M. Forcadel vous a dit, parce qu'il en a usé si honnêtement que j'ai autant de joie de lui être obligé que j'aurois de chagrin de l'être aux autres.

Je vous avoue que les saisies faites sur les Chastelains entre mes mains me plaisent fort[1], et parce que ce sont des fripons qui le méritent, et parce que nous serons ainsi moins pressés du payement.

Je viens d'apprendre par M. de Hacqueville le déplaisir que vous a donné votre neveu. Je vous assure que je me trouve sensible à tout ce qui vous regarde plus qu'à tout ce qui me touche moi-même. Je suis tout à vous et de tout mon cœur.

1 Les Chastelains étaient des créanciers de Retz et leurs propres créanciers avaient mis des saisies-arrêts sur les sommes que pouvait devoir le Cardinal à ces MM. Châtelains.

Envoyez, s'il vous plaît, par la poste, les deux petits pots d'opiat que je vous ai demandés par ma dernière.

Le Cardinal de Rets.

Dites, je vous prie, à M. de Guitaud, que je n'ai point reçu la lettre dont il vous a parlé.

A Monsieur, Monsieur de la Fons[2].

LXXXVII

A Commercy, ce 3e d'octobre 1669.

J'AI reçu votre lettre du 28e de septembre. Je n'ai pas si bonne opinion que vous de l'abbé de Pontcarré, et je suis persuadé qu'il est très-difficile de le tirer de Paris, à moins que l'on emballe avec lui le cloître de Saint-Mery[1].

J'ai en vérité une extrême joie du mariage de Mademoiselle de Vertamont. Je l'honore très-parfaitement et j'aime chèrement M. de Guitaud[2].

Je vous envoie une lettre pour M. le Président de Novion[3]. Je suis tout à vous et du meilleur de mon

---

2. De la main de Gaultray. Signature autographe. Deux sceaux en cire rouge.

1. Où résidait sans doute cet abbé.

2. Guillaume de Peschpeyrou Comminges, comte de Guitaut, veuf de sa première femme, épousa en secondes noces Elisabeth-Antoinette de Verthamont, sœur de la femme de Caumartin.

3. Nicolas Potier de Novion, président du Parlement depuis le 11 octobre 1645. Il avait été précédemment conseiller au Parlement et greffier des Ordres du Roi. Il était fils d'André Potier de Novion, président au mortier.

cœur. Mettez-le dessus à cette lettre parce que nous ne savons pas comme il faut mettre.

Le Cardinal de RETS.

A Monsieur, Monsieur de la Fons[4].

LXXXVIII
(10 OCTOBRE 1669.)

J'AI reçu votre lettre du 5ᵉ de ce mois. Je ressens comme je dois ce que vous me mandez, touchant ma subsistance, et quoi que je n'en sois pas surpris, je n'en suis pas moins touché. Vous savez que je refusai pour le précédent quartier l'offre des Cherrière, et ce que vous me mandâtes dernièrement de la bonne volonté de M. Forcadel a fait que je n'ai pas songé à m'en attirer une de leur part pour celui-ci. Il n'y a en vérité rien qu'il ne faille faire pour ne plus dépendre du caprice de tous ces gens-là. Je suis tout à vous et de tout mon cœur.

Depuis ma lettre écrite, je viens de relire la vôtre, qui me fait voir que je puis tirer sur les six mille livres, je le ferai lundi pour le vingtième du mois. Si celle que je recevrai demain de vous ne me donne lieu de tirer la somme entière, dont j'aurois effectivement bien besoin par une raison qui aura même beaucoup d'utilité, c'est-à-dire par une raison de ménage, et comme j'ai fait fonds sur le payement entier du quartier, je serois très-incommodé s'il ne venoit pas, et

---

4. De la main de Gaultray. Signature autographe du Cardinal. Deux sceaux à ses armes en cire rouge, plaqués sur lacs de soie rouge.

plus que vous pouvez croire par une circonstance particulière.

      Le Cardinal de Rets.

A Commercy, ce 10ᵉ d'octobre 1669.

A Monsieur, Monsieur de la Fons[1].

LXXXIX
(14 octobre 1669.)

J'ai reçu votre lettre du 9 de ce mois. Je vous remercie encore de tout mon cœur de l'acceptation que vous savez et des six mille livres. Malclerc les alla quérir avant-hier à Bar, et y porta en même temps à M. Le Moine, qui s'y trouve, une lettre de change payable au vingtième de ce mois.

Je ne crois point ce que l'on dit du tiers des Bénéfices, et le Roi même s'est expliqué publiquement qu'il n'y pensoit point[1].

Ne vous pressez point trop pour l'état que vous dressez : vous avez du loisir, parce que je m'en vais dans dix ou douze jours à Chasteauvillain[2] faire la Saint-Hubert avec M. de Vitry[3]. Il sera assez à temps que je l'aie à mon retour, pour voir le possible et vos sentiments, et prendre ensuite ma résolution.

 1. De la main de Gaultray. Signature autographe du Cardinal. Deux sceaux cire rouge, sur un feuillet détaché.

 1. Cette tournure elliptique : *s'expliquer que...*, ne se trouve pas dans les dictionnaires.

 2. Ancien château du quatorzième siècle, près de Chaumont (Haute-Marne), dont il ne reste plus que des ruines.

 3. Le duc de Vitry, dont on a parlé plus haut dans une note, p. 309 ; c'était un homme de beaucoup d'esprit, ami de Boileau, et le Cardinal devait fort se complaire dans sa société.

Je vous envoie une lettre que j'ai reçue cet ordinaire du procureur fiscal de Colombes[4], avec la réponse que je lui fais. Faites-la-lui rendre, s'il vous plaît, après l'avoir lue, cachetée et mis le dessus, ainsi que de celle pour le curé dont vous trouverez aussi la lettre ici[5].

Qui que ce puisse être au monde n'y sait la lettre de change de vingt mille [et] tant de livres, non pas même M. de Hacqueville, et je vous prie de n'en parler à personne du monde sans exception.

Le Cardinal de RETZ.

A Commercy, ce 14 d'octobre 1669.

A Monsieur, Monsieur de la Fons[6].

XC

A Commercy, ce 21ᵉ d'octobre 1669.

J'AI reçu votre lettre du 16ᵉ de ce mois qui m'oblige à vous faire des reproches des assurances que vous me donnez du soin que vous avez de ce qui me touche. J'en dois être aussi persuadé que vous-même, je le suis, et je crois que vous me faites bien la justice de n'en pas douter.

L'édit touchant les bois est très-fâcheux[1], et ce que j'y vois de pis est que l'on aura peine à en tirer quel-

---

4. Un des fiefs de l'abbaye de Saint-Denis sur lequel elle possédait certains droits féodaux.

5. Tout ce qui précède de la main de Gaultray.

6. Dernier paragraphe de la main du cardinal de Retz, ainsi que sa signature. Deux sceaux en cire rouge sur feuillet détaché.

1. L'*Ordonnance de Louis XIV*, etc., *sur le fait des eaux et forêts*, vérifiée en Parlement et Chambre des comptes, le 13 août 1669.

que exception. Si cette affaire toutefois est par l'événement aussi préjudiciable qu'elle le doit être, selon ce qui m'en paroît, je suis résolu de demander à la Cour cette exception. Sur le tout il faut faire la guerre à l'œil², et voir auparavant quelle suite aura cet édit.

M. de Hacqueville m'a envoyé l'état, qui me paroît très-net et très-clair, et que les compagnies que j'ai eues ici tous ces jours passés m'ont empêché de considérer à fond : je n'ai fait qu'y jeter les yeux, et j'y ai trouvé M. de Chevincourt pour onze mille quatre cent dix-sept livres. Il me semble qu'elles ne lui doivent être payées qu'après ma mort; mandez-moi, je vous prie, ce qui en est. Je m'en vas à la fin de la semaine faire un tour à Chasteauvillain³, et je vous écrirai au retour mes pensées sur toutes mes affaires, et peut-être même je vous prierai de me venir voir pour deux ou trois jours à Sarry⁴.

J'écris à Madame de Nortombelland, et je lui mande que vous lui direz mes sentiments touchant Mademoiselle sa fille. Les voici : Il est vrai que je lui promis, en sortant de Rome, de la mettre à Remiremont⁵, c'étoit ma pensée, et je m'étois³ même assuré d'une prébende pour elle; mais j'ai eu, depuis, des raisons qui ne se peuvent écrire, et que je ferai dire de bouche, dans peu

2. Voyez tome VII, p. 253, note 11.
3. Chez le duc de Vitry, comme on l'a vu dans la lettre du 14 octobre précédent.
4. Les évêques de Châlons possédaient alors un château de ce nom, à une lieue de la ville. Il ne reste plus de cette résidence que des débris du jardin dessiné par Le Nôtre. Il n'est point douteux qu'il ne s'agisse de ce Sarry; Retz était l'intime ami de M. Vialart de Herse, évêque de Châlons.
5. Au chapitre noble de Remiremont, dont Retz connaissait l'abbesse, la princesse de Salm.
6. Il y a dans le texte manuscrit : « et je n'étois même assuré », ce qui probablement est une faute du secrétaire.

de temps, à Madame de Nortombelland par la première personne de confiance qui ira à Paris, pour lesquelles j'ai changé de sentiment, et pour lesquelles j'en ai tellement dû changer, que je suis assuré que Mme de Nortombelland approuvera ce que j'ai fait. Au reste, si Mademoiselle sa fille veut être Religieuse, il n'est ni de la bonne conscience selon Dieu, ni de la bonne conduite selon le monde, en l'état où sont les affaires de sa maison, de contrarier sa vocation; et si elle veut être du monde, elle est dans un lieu où la nourriture n'est pas moins bonne qu'à Remiremont, et auprès d'une personne qui en a certainement tout le soin imaginable, et il y a tant d'autres personnes de qualité à Jouarre[7], de celles même qui ne songent pas à être Religieuses, qu'il me semble que Madame de Nortombelland ne se doit pas plaindre de ce que l'on y a mis sa fille. Dites-lui, s'il vous plaît, tout ceci, et ajoutez-y que, si elle voit à Paris quelque dame de Remiremont, comme il est assez aisé, y en ayant présentement sept ou huit, je la supplie de leur dire que ce qui a empêché Mademoiselle de Nortombelland d'y aller est la pensée qu'elle a de se faire Religieuse. Quand elle saura le sujet pour lequel il est nécessaire de parler ainsi, elle avouera que j'ai raison de lui faire cette prière.

Je vous envoie une lettre que j'ai reçue de Nidelet avec la réponse que je lui fais. Vous trouverez aussi ici deux lettres de frère Jean l'Évangéliste et de frère Sébastien Pirard[8]. Renvoyez-les-moi, s'il vous plaît,

---

7. Abbaye de Bénédictines en Brie, située dans le diocèse de Meaux, fondée en 660 par saint Adon, frère de saint Ouen et disciple de saint Colomban. Aujourd'hui il n'en reste plus que des ruines.

8. C'étaient probablement deux frères servants de l'abbaye de Saint-Denis.

afin que je leur fasse réponse, après que vous m'aurez mandé ce que je vous écrivis sur leur sujet; je ne m'en ressouviens pas.

Le Cardinal de Retz.

A Monsieur, Monsieur de la Fons[9].

XCI
(28 octobre 1669.)

J'ai reçu votre lettre du 23e de ce mois. Je suis de votre sentiment touchant la visite de Colombes[1], car bien qu'elle puisse ne servir de rien à l'égard des esprits auxquels on a affaire, elle ne peut pas être inutile au moins pour la connoissance de ce qui s'y passe.

Chevincourt m'écrit par le dernier ordinaire que M. de Harlay[2] se plaint encore de quelque chose touchant le trou provandier. Je m'imagine que ce sera peut-être pour cela que D. Laumer aura demandé à vous parler.

Je tire, selon ce que vous me mandez, la lettre de quatre mille livres payable au douzième du mois qui vient. Je ne vous puis exprimer la joie que j'ai de ce qu'elle sera acquittée par M. Forcadel; vous en jugez bien la raison; remerciez-l'en, s'il vous plaît,

---

9. De la main de Gaultray. Signature autographe. Deux sceaux en cire rouge aux armes du Cardinal, plaqués sur lacs de soie rouge.

1. Voyez ci-dessus, p. 316, note 4.

2. Achille de Harlay, né le 1er août 1639, qui, depuis le 4 juin 1667, était procureur général, et qui, en 1689, devint premier président du Parlement.

en mon nom. Je suis tout à vous et de tout mon cœur.

Je vous envoie une lettre pour M. le comte des Aunois; je crois que vous trouverez à l'hôtel de Sens[3] quelque adresse pour la lui faire tenir car il est voisin de M. de Sens à la campagne.

A Commercy, ce 28e d'octobre 1669.

Le Cardinal de Retz.

Quand M. de Hacqueville partit d'ici l'année passée, je donnai à Langlois une grosse montre d'argent pour faire raccommoder à Paris; si elle l'est, je vous prie de me la renvoyer bien emballée par la voie de M. de Châlons[4], et de lui mander qu'il me la garde jusques à ce que je la lui envoie quérir, car comme elle est d'argent, il ne faut l'exposer à la douane.

M. de la Fons[5].

XCII
(28 octobre 1669.)

Je reçois encore assez à temps votre lettre du 26e de ce mois pour y répondre aujourd'hui au moins sur ce qui regarde D. Laumer. Comme il me mande qu'il vous a entretenu d'une affaire qui m'est très-importante, j'ai impatience d'en savoir le détail; écrivez-le moi, je vous supplie, par l'adresse que je vous ai donnée à Chaumont[1]. Je répondrai jeudi aux autres articles de votre

---

3. Situé au coin des rues du Figuier et de la Mortellerie.
4. L'évêque de Châlons, Vialart de Herse.
5. De la main de Gaultray. Signature autographe du Cardinal. Pas de sceaux.
1. Il s'agit très-probablement de Chaumont en Bassigny (Haute-Marne).

lettre, car je n'ai aujourd'hui que ce moment, le courrier pressant.

A Commercy, ce 28ᵉ d'octobre 1669.

Le Cardinal de Rets.

M. de la Fons².

XCIII

A Commerci, le 28 d'octobre 1669.

Mandez-moi, je vous supplie, quelles peuvent être les suites du transport de M. de Lesdiguières¹ qui me paroît très-fâcheux, et, sur le tout, n'oubliez rien, je vous conjure, de ce qui peut empêcher les saisies. Il m'est d'une si grande conséquence qu'il n'y en ait point, au moins pour le reste de cette année, qu'il n'y a rien qu'il ne faille faire pour cela. Je suis résolu qu'avant de souffrir l'éclat du désordre dans mes affaires cette année, de tout faire², et je n'excepte pas même la vente, dès à présent, de ma vaisselle d'argent. Mandez-moi donc, je vous supplie, ce que vous prévoyez des suites de ce transport et jusques à quel point vous les voyez pressantes. Je suis absolument à vous et de tout mon cœur.

Le Cardinal de Rets.

Voyez, je vous prie, avec M. de Hacqueville, si il n'y

2. Billet de la main de Gaultray. Signature autographe du cardinal de Retz. Pas de sceaux, le billet est un simple feuillet.
1. François-Emmanuel de Blanchefort, de Bonne, de Créquy, duc de Lesdiguières, comte de Sault, gouverneur et lieutenant pour le Roi dans la province de Dauphiné. C'est celui qui devait épouser plus tard, le 12 mars 1675, la nièce du cardinal de Retz, Paule-Françoise-Marguerite de Gondi, fille de Pierre de Gondi, duc de Retz, le frère aîné du Cardinal.
2. Deux lignes effacées.

auroit point quelque moyen d'empêcher ce transport. M. Frédoc est ici, auquel j'ai dit de ne prendre, dans les occasions, pour mes affaires, aucune confiance qu'en vous seul et nulle en Chevincourt[3].

XCIV

A Commercy, ce 29ᵉ d'octobre 1669.

J'anticipe l'ordinaire de jeudi parce que je pars dès aujourd'hui pour Chasteauvillain[1] d'où je ne serai de retour ici, pour le plus tard, que la veille de la Saint-Martin.

J'écris à M. Forcadel, et je lui accorde de très-bon cœur ce qu'il me demande.

Vous trouverez aussi ci-jointe une lettre pour M. Chevalier pour le regard de frère Jean.

Je conçois fort bien la conséquence de l'Édit des eaux et forêts[2], et le peu de soin que les fermiers prennent toujours de ce qui n'est pas de leur intérêt présent, mais, si vous avez besoin, pour les faire tenir pied à boute, de ma parole ou de ma main, vous n'avez qu'à dire.

Usez-en comme il vous plaira à l'égard de l'incendie d'Auvers[3]. Vous voyez de plus près que moi ce qui s'y peut et doit faire.

Je vous envoie deux lettres touchant les affaires de

3. Lettre autographe. Pas de sceaux.
1. Voyez ci-dessus, p. 315, note 2.
2. L'ordonnance dont nous avons parlé plus haut, p. 316, note 1.
3. Terre et seigneurie appartenant à l'abbaye de Saint-Denis. (*Histoire de l'abbaye....*, par Mme d'Ayzac, tome Iᵉʳ, p. 456.)

Colombes⁴ et de Ruel⁵ ; l'une est des habitants de Ruel, et l'autre du syndic de Colombes, auxquelles je joins les deux réponses que je leur fais que vous leur rendrez, s'il vous plaît, après avoir communiqué les unes et les autres à M. de Hacqueville, à qui vous savez que je me suis remis de cette affaire.

Vous n'avez qu'à adresser à Commercy la réponse à celle-ci, car par la supputation que je viens de faire, j'y serai un jour ou deux tout au plus tard après elle. Je suis tout à vous et de tout mon cœur.

J'oubliois à vous dire que je fais réponse à D. Laumer et que je lui mande que vous m'écrivez que vous me ferez savoir ce qu'il vous a dit par le premier ordinaire. Il me témoigne par sa lettre inquiétude de savoir si vous me l'avez mandé. Je vous envoie la lettre pour M. Chevalier toute ouverte. J'avois oublié, entre nous, et frère Jean et le Cordelier, et je ne sais si les grands vicaires n'auront pas pourvu. Si cela étoit, ce que je ne crois pourtant pas, il faut s'assurer du carême suivant comme je le mande à M. Chevalier⁶.

Le Cardinal de Rets.

M. de la Fons⁷.

4. Voyez-ci-dessus, p. 316, note 4.
5. Terre et seigneurie de Ruel-en-Parisis, appartenant à l'abbaye de Saint-Denis. (*Histoire de l'abbaye....*, par Mme d'Ayzac, tome Ier, p. 459.)
6. Il s'agissait, probablement, d'obtenir pour les deux moines ci-dessus désignés l'autorisation de prêcher dans quelque église ou quelque couvent de Paris. Chevalier était un des anciens vicaires du cardinal de Retz pendant la Fronde ecclésiastique.
7. De la main de Gaultray. Signature autographe du Cardinal. Pas de sceaux.

XCV

A Chasteauvilain, le 3 de novembre 1669.

J'ai reçu votre lettre du 30 du mois passé par la voie de Chaumont.

Feu M. de Laumen[1] étoit fort de mes amis et le fils le sait bien. Si vous jugez à propos que je lui écrive, je le ferai.

Je suis persuadé que vous avez très-bien fait de ne pas recevoir les Chastelains à compter. On n'auroit jamais fait avec ces sortes de gens.

Je donne de très-bon cœur à M. d'Hautecourt la chapelle vacante à Pontoise[2] et je prie Messieurs mes grands vicaires de lui en expédier les provisions. Vous n'avez qu'à leur faire voir ce que je vous en écris ici.

Je serai d'aujourd'hui en huit jours de retour à Commerci. Je suis tout à vous et de tout mon cœur.

Le Cardinal |de Rets.

A Monsieur, Monsieur de la Fons[3].

XCVI

A Chasteauvilain, le 6 de novembre 1669.

Je ne vous fais ce mot que pour accuser la réception de la vôtre du 2 de ce mois. Je partirai demain d'ici pour retourner à Commerci où je serai vendredi ou sa-

1. Peut-être faut-il *Lomont :* voyez dans notre tome VII, p. 419, la note 2.

2. Le chapelain était, comme on le voit, à la nomination de l'abbé de Saint-Denis, bien qu'il ne soit pas question de cette chapelle dans l'état des possessions de l'abbaye en 1668.

3. Lettre autographe signée. Deux sceaux en cire rouge aux armes du Cardinal, sur lacs de soie rouge.

medi au plus tard. Ma sévérité sur Dom Laumer[4] vient de ce qu'il n'a écrit que c'est la chose du monde qui est de la plus grande conséquence. Je ne vous presse point de m'en mander le détail puisque vous ne le jugez pas à propos. Mais écrivez-moi seulement si c'est chose qui regarde mes affaires domestiques. Il y a apparence, car que pourroit-ce être autre chose?

Je suis plus à vous qu'à moi-même.

Le Cardinal de RETS.

A Monsieur, Monsieur de la Fons[5].

XCVII

A Commercy, ce 10ᵉ de novembre 1669.

JE suis d'hier au soir ici où j'ai reçu votre lettre du 6ᵉ de ce mois, et je ne fais que l'accuser, parce que j'en pars dans une heure pour aller coucher à Ligny[1]. Je ne ferai même réponse à personne cet ordinaire parce que je n'en ai pas le loisir.

Je suis tout à vous et de tout mon cœur.

Le Cardinal de RETS.

M. de la Fons[2].

4. Cet emploi de *sur* dans le sens de *au sujet de* suivi d'un nom de personne est assez rare; on trouve cependant dans les lettres de Mme de Sévigné : « Je veux voir M. de Louvois *sur* votre frère. » (*Lexique de la langue de Mme de Sévigné*, tome II, p. 422.)

5. Autographe. Suscription de la main de Retz. Deux sceaux en cire rouge à ses armes sur lacs de soie rouge.

1. Ligni en Barrois, alors ville chef-lieu d'un comté considérable, située sur la rivière d'Orney, ayant Bar-le-Duc à l'orient et Commercy au couchant. Voyez *Notice de la Lorraine*, etc., par Dom Aug. Calmet, édition de 1840, tome Iᵉʳ, p. 283 et suivantes.

2. De la main de Gaultray. Signature autographe du Cardinal.

XCVIII

A Commercy, ce 18ᵉ de novembre 1669.

J'ai reçu votre lettre du 13ᵉ de ce mois. Je suis persuadé qu'il se faut tirer entièrement et pour une bonne fois des mains des gens dont vous me parlez au premier article de la vôtre. Nous traiterons l'affaire à fond à Sarry[1].

Vous trouverez ci-jointes les deux provisions et la procuration que vous me marquez; mes compliments s'il vous plaît à M. d'Avaux[2].

La montre ne vaut pas ce qu'elle coûteroit à raccommoder. Je vous prie d'en tirer ce que vous pourrez, pour m'en avoir, en y mettant encore quelque peu d'argent, une petite montre d'or à la mode, c'est-à-dire toute plate. Il me semble que l'on les appelle des montres à l'angloise. Comme elles pèsent très-peu, vous me la pouvez envoyer dans le paquet, mais bien emballée, s'il vous plaît, de peur qu'elle ne se rompe.

Je ne vous puis exprimer la surprise où je suis de l'insolvabilité du sieur Chrestien; je le croyois très à son aise et même très-riche.

Il ne faut point de réponse à M. le duc d'York[3];

Deux sceaux en cire rouge à ses armes plaqués sur lacs de soie de même couleur. Feuillet détaché.

1. Voyez ci-dessus, p. 317, note 4.
2. Peut-être s'agit-il de Jean-Jacques de Mesmes, comte d'Avaux, président au mortier du parlement de Paris, depuis le 22 avril 1672.
3. Jacques II, second fils de Charles Iᵉʳ, roi d'Angleterre, et d'Henriette de France, né le 30 octobre 1633, devenu roi d'Angleterre à la mort de son frère Charles II (16 février 1685). Détrôné par son gendre et sa fille, il se réfugia en France et mourut à Saint-Germain le 16 septembre 1701. Jacques et Charles II, son frère, ne cessèrent de protéger le cardinal de Retz et de l'admettre dans leur intimité.

celle que vous m'avez envoyée de lui étant une réponse qu'il me fait lui-même à la lettre que je lui avois écrite sur la mort de la Reine d'Angleterre sa mère[4].

Je vous envoie une lettre pour le prieur de Buzay[5], si vous ne la trouvez pas comme il faut, mandez-le moi avec la manière dont il lui faut écrire. Je suis tout à vous et de tout mon cœur.

Voici une lettre pour M. le comte des Aunoys qui n'a pas reçu la première que je lui ai écrite. Il est à Paris et M. de Hacqueville saura apparemment où il loge, parce que M. des Aunoys l'aura été assurément voir.

Prenez bien garde, s'il vous plaît, en m'envoyant une montre, de la mettre au milieu du paquet, afin que l'on ne sente pas à la poste, qu'il y en ait une. Ces montres à l'angloise ne sont guère plus épaisses qu'un écu blanc. Mandez-moi, s'il vous plaît, préalablement, ce qu'elle coûtera, parce que si le prix étoit de quelque somme considérable au-dessus de celui de la grosse montre d'argent, je vous en envoyerois une sonnante que j'ai ici pour l'échanger. Vous direz que je suis bien ménager, mais il est vrai que, dans le temps même de mes profusions, je l'ai toujours été en matière de bijoux, parce que je suis persuadé que c'est l'argent du monde le plus mal employé.

Le Cardinal de RETS[6].

4. Henriette-Marie de France, fille de Henri IV et de Marie de Médicis, née à Paris en 1609, mariée en 1625 à Charles Stuart, alors prince de Galles, depuis Charles Ier, roi d'Angleterre. Réfugiée en France avant la mort tragique du Roi, son mari, elle mourut presque subitement dans une maison de campagne à Colombes, près Paris, le 10 septembre 1669, à l'âge de près de soixante ans. Bossuet prononça son oraison funèbre le 16 novembre de la même année.

5. Voyez ci-dessus, p. 169, note 2.

6. De la main de Gaultray. Signature autographe. Pas de sceaux.

XCIX

A Commercy, ce 21ᵉ de novembre 1669.

J'ai reçu votre lettre du 16ᵉ de ce mois. Je suis très-aise que vous ayez eu occasion de faire remarquer à M. Le Moine la précipitation de M. Presticq, et je ressens, comme je dois, les soins si ponctuels et même si tendres que vous prenez de ce qui me touche. Je n'en puis être surpris, et même j'y dois être accoutumé, mais je ne laisse pas d'en être également touché.

C'est une très-bonne affaire que celle que vous avez faite avec le clerc des fiefs[1] et je vous envoie une lettre pour lui.

Vous trouverez ici la ratification que vous demandez. Je suis absolument à vous et de tout mon cœur.

Le Cardinal de Retz.

A Monsieur, Monsieur de la Fons[2].

C

A Commercy, ce 25 de novembre 1669.

J'ai reçu votre lettre du 20 de ce mois. La maladie du Pape[1] m'a donné une terrible suée[2]; mais je suis per-

---

1. Le clerc des fiefs de l'abbaye de Saint-Denis.
2. De la main de Gaultray. Signature autographe du Cardinal. Simple feuillet. Pas de sceaux.

1. Le pape Clément IX, Jules Rospigliosi, qui avait été élu à la papauté le 20 juin 1667 et qui mourut le 9 décembre 1669.
2. Littré, qui explique ce mot au figuré par « Inquiétude subite et mêlée de crainte, moment difficile où il a fallu de grands efforts », n'en cite aucun exemple. — Ce que le cardinal de Retz

suadé que nous en sommes quittes pour cette fois, puisqu'il n'y a point eu de second courrier.

Je suis persuadé que le vrai moyen de faire taire ces criailleries de Colombes est de leur faire voir que l'on les peut pousser sur leurs comptes.

Voici la lettre pour M. de Saumery, je l'avois oubliée. Il est impossible, à mon opinion, que MM. des Eaux et Forêts réussissent dans une prétention aussi insoutenable que celle qu'ils ont, particulièrement à la veille d'une assemblée³, qui ne se peut taire sur un sujet de cette conséquence.

Je ne sais⁴ que vous dire sur le détail de la prétention de Chevincourt, parce que je ne m'en ressouviens aucunement. Je m'en tiendrai purement à ce que vous trouverez juste, et si il m'en écrit, voilà ce que je lui répondrai. Ce que j'en puis dire en général est qu'il me paroît qu'il a grand tort, si il a quelque prétention nouvelle, après lui avoir dit vingt fois aux Blancs-Manteaux, comme je le lui dis en votre présence et en celle de M. l'abbé de Saint-Mihiel⁵, qu'il s'expliquât de toutes⁶, et que l'on les termineroit toutes sur-le-champ.

Je n'ai point encore de réponse de M. de Caumartin; mais on m'assure qu'il sera devant Noël à Châlons; aussitôt que je le saurai plus précisément, je vous écrirai déterminément le jour où nous nous pourrons trouver à Sarry⁷. Je suis tout à vous et de tout mon cœur.

---

redoutait le plus, à cause de ses infirmités, c'était les voyages à Rome et la vie sédentaire et cellulaire des conclaves.

3. L'assemblée quinquennale du clergé de France qui devait s'ouvrir en 1670.

4. Il y a *puis* dans le manuscrit.

5. Dom Hennezon, le bénédictin, ami et confident du Cardinal.

6. Telle est bien la rédaction de la lettre originale.

7. Dans la maison de campagne de l'évêque de Châlons. Voyez ci-dessus, p. 317, note 4.

Ne m'envoyez point, s'il vous plaît, de montre. J'en ai déjà perdu la fantaisie, mais faites-moi tenir, au lieu de cela, deux paires de besicles vertes, mais si vertes qu'elles fassent paroitre de la même couleur tout ce que l'on voit à travers. Voici l'hiver et la neige me tue les yeux pour peu que je sorte.

Le Cardinal de Rets.

Depuis ma lettre écrite, j'ai reçu le paquet de Paris du 23 de ce mois. Il n'y a point de lettre de vous. Je n'ai eu que le temps d'ouvrir le paquet.

M. de la Fons[8].

CI

A Commercy, ce 28ᵉ de novembre 1669.

Je vous ai déjà mandé par le dernier ordinaire que je n'ai trouvé aucune lettre de vous dans le paquet du 23ᵉ et je ne vous fais ce mot par conséquent que pour vous adresser celui-ci, et pour vous dire que je suis tout à vous et de tout mon cœur.

Le Cardinal de Rets.

M. de la Fons[1].

CII

(2 décembre 1669.)

J'ai reçu votre lettre du 27ᵉ du mois passé. Les Cherrière ne m'ont rien écrit touchant leur diminution

---

8. De la main de Gaultray. Signature autographe du Cardinal. Simple feuillet. Pas de sceaux.

1. De la main de Gaultray. Signature autographe du cardinal de Retz. Simple feuillet. Pas de sceaux.

prétendue. S'ils le font, je vous les renvoyerai. Voici une des religieux de Buzay auxquels je ferai réponse selon ce que vous le jugerez à propos : vous n'avez qu'à m'envoyer la lettre toute dressée : je la ferai copier à Gaultray et la signerai. Si ces gens-là continuent à faire les mauvais, il ne sera pas difficile de les mettre à la raison par la peur de la réforme.

J'écris à D. Laumer et je lui mande que nous confèrerons bientôt vous et moi sur le sujet de sa lettre qui, pour vous dire le vrai, m'agrée fort. Je vous envoyerai pas le premier ordinaire celle qu'il juge à propos que j'écrive au P. Général.

J'oubliois à vous dire[1] que votre lettre du 23 de novembre étoit dans le paquet du 27°. Je la viens de relire, et je vois que les religieux de Buzay ont refusé l'accommodement. Il les faut pousser et je crois qu'il est bon de leur marquer même dans ma lettre que je trouve fort étrange qu'ils n'aient pas voulu accepter celui que l'on leur a offert de ma part. Sur le tout envoyez-moi, comme je viens de dire, la lettre toute faite.

En voici une de la Serre[2]; payez-le, je vous conjure, et empruntez plutôt pour cela de l'argent dans la bourse de tous mes amis. Je vous ai, ce me semble, mandé une autre fois les raisons pour lesquelles je souhaite avec une impatience terrible qu'il soit satisfait. Je suis l'homme du monde le plus trompé, si vous ne m'avez écrit qu'il s'étoit contenté de la parole que vous lui aviez donnée de le faire payer à Noël. Si cela est, je ne sais pourquoi il crie par avance.

1. Cette expression : *j'oubliois à vous dire*, est fréquente dans les correspondances du dix-huitième siècle. Voyez les *Lexiques de Malherbe et de Corneille*.
2. C'est ce La Serre qui avait rendu, paraît-il, de très-grands services au Cardinal, services que nous ignorons, et à qui Retz vouloit donner des témoignages effectifs de sa reconnaissance.

J'écris au clerc des fiefs ; je l'avois oublié.

Je vois par une lettre de M. Chevalier[3] que j'ai promis la chaise[4] de Saint-Denis pour cette année au P. Cauqui, cordelier, à la recommandation même de M. Chevalier, et à un Augustin, pour la suivante, à la prière du P. de Gondi, de sorte que le recommandé par le Religieux du parement[5] n'y sauroit prêcher que dans deux ans. Voilà la dernière fois que je me mêlerai de cette chaire, pour laquelle il faudroit tenir des registres, comme si c'étoit pour quelque chose de considération. Je renvoyerai dorénavant à mes Grands Vicaires tous ceux qui me la demanderont. Quoique j'aie assez perdu la fantaisie d'une montre à l'angloise, ne laissez pas, s'il vous plaît, de me mander ce que coûteroit une de cette sorte qui seroit à la mode et ouvragée, et ne me renvoyez point la grosse que vous ne m'ayez répondu sur cela. Je suis tout à vous et de tout mon cœur.

A Commercy, ce 2 de décembre 1669.

Le Cardinal de RETS.

M. de la Fons[6].

3. L'ancien grand-vicaire du cardinal de Retz.
4. L'emploi de ce mot en ce sens, bien que blâmé par Vaugelas, était très-habituel à cette époque. En 1690, Furetière n'en reconnaît pas d'autre : « *Chaise...* le lieu éminent d'où un prédicateur annonce la parole de Dieu au peuple... ; un prédicateur est dans la *chaise* de vérité » ; et, en 1694, l'Académie s'exprime encore ainsi dans la première édition de son *Dictionnaire :* « On appelle *chaire* et *chaise*, mais plus ordinairement *chaire*, ce siege d'où les prédicateurs preschent. »
5. Il y a bien dans le manuscrit « du parement » avec un petit *p.* — Le religieux qui pare l'autel, « celui qui a soin de l'ornement », comme l'a dit plus haut Retz, p. 298.
6. De la main de Gaultray. Signature autographe du Cardinal. Simple feuillet. Pas de sceaux.

CIII

A Commercy, le 5 décembre 1669.

J'ai reçu votre lettre du 30ᵉ du mois passé. La santé du Pape, qui, comme vous savez, est fort chancelante, m'oblige à ne pas attendre le retour de M. de Caumartin pour vous prier de me venir voir le plus tôt qu'il vous sera possible, ou à Sarry, si mes yeux, qui sont assez mal, me permettent d'y aller, ou ici, si je ne puis faire le voyage de Châlons. J'ai une très-grande impatience de vous embrasser et de vous entretenir, et vous jugez bien de quelle importance il est que j'en aie le moyen devant que je sois obligé d'aller au Conclave, qui peut n'être pas éloigné en l'état où l'on dit qu'est le Pape. Vous trouverez ici une lettre de créance au P. Général de Saint-Maur, dont je vous laisse l'explication, afin qu'après avoir conféré avec le P. D. Laumer, vous puissiez demander au P. Général ceux de ses Religieux que vous jugerez le plus à propos, pour me venir trouver. D. Laumer m'écrit qu'il faut que ce soit le P. prieur de Saint-Denis et le P. François Thomas[1]. Il me semble qu'il seroit plus à propos que ce fût le P. D. Brachet, s'il étoit possible. Faites comme vous le jugerez pour le mieux avec M. de Hacqueville; mais D. Brachet paroît un homme solide et fort net, et avec lequel il y a plaisir de traiter. Ce n'est pas que je ne croie que l'on puisse ni que l'on doive rien conclure ici, et que la nature de l'affaire ne requière d'être terminée à Paris; mais il est toujours mieux pour l'avancer, d'en concerter préalablement avec un homme comme le P. Bra-

---

1. Les Bénédictins de Saint-Denis étaient, comme nous l'avons dit, de la congrégation de Saint-Maur.

chet qu'avec d'autres religieux que l'on ne connoît pas si bien. Sur le tout, je vous attends avec une extrême impatience.

Envoyez-moi, je vous prie, les besicles par la poste. S'il falloit partir pour Rome, j'en aurois bon besoin.

Je crois qu'il est à propos de faire expliquer Chevincourt sur sa prétention. Mandez-moi ce que vous croyez le mieux, ou que je lui écrive ou que vous le lui demandiez vous-même.

On m'a fait parler chez M. le marquis du Chastelet[2], et vous savez comme je me hâte de m'expliquer sur ces matières. Je suis absolument à vous et de tout mon cœur.

Le Cardinal de RETS.

Je doute que Dom Laumer ait inclination à faire venir le Père Dom Brachet. Mais n'importe, il est constant que c'est le plus propre et, entre nous, le plus honnête homme de toute la congrégation.

Je ne crois pas qu'il soit à propos que vous partiez ensemble de Paris pour ne pas donner trop de blâme[3].

CIV

A Commercy, ce 9 de décembre 1669.

J'AI reçu votre lettre du 4 de ce mois. Vous aurez vu par mes précédentes que votre paquet n'a point été perdu, et qu'il a été seulement retardé d'un ordinaire.

Répondez, je vous prie, à l'abbé Daurat[1], que vous

2. Voyez notre tome VII, p. 419, note 2.
3. La lettre de la main de Gaultray. Signature autographe du Cardinal. Post-scriptum de la main de Retz. Simple feuillet. Pas de sceaux.
1. C'était l'abbé Daurat ou Dorat qui, sous le nom d'abbé de

m'avez écrit ce qu'il vous a mandé, et que je vous ai
fait réponse qu'il seroit payé comme les autres pensionnaires, c'est-à-dire conformément à l'usage de toutes les maisons, après l'année révolue; qu'il regarde sa dernière quittance, et qu'il la trouvera donnée pour mille livres qui devoient échoir au sixième mai 1669; qu'il voit par son propre exemple l'inconvenient qu'il y a à payer les pensions par avance, puisqu'il ne se souvient de la grâce que l'on lui a faite, en la lui avançant, que pour se plaindre que l'on ne la lui veut plus avancer; que je ne le ferai jamais ni à lui ni à autre, et que je vous prie même de ne plus seulement faire de réponse à ceux qui seront assez déraisonnables pour vous faire de ces sortes de propositions. Ajoutez-y, s'il vous plaît, comme de vous-même, que vous voyez par le style de ma réponse qu'il faut que l'on m'ait rapporté quelque discours de plaintes qu'il ait fait, et que vous vous croyez obligé de l'avertir, que n'y ayant plus aucune maison dans le royaume où l'on paye de pensions, il est assez rude que l'on se plaigne de moi quand je paye très-réglément et à jour nommé.

Voici une lettre de l'abbé Bouvier[2] que je vous envoie; ce qu'il vous dit de l'abbé Charrier est très-constant, car il m'en a donné parole à moi-même et il est certain que c'est argent comptant, mais ce n'est que deux mille livres, et non pas trois, comme l'abbé le mande dans sa lettre. Je serois effectivement ravi, si

Saint-Jean, avait remis une lettre du cardinal de Retz à l'Assemblée du clergé de France en 1656. Voyez dans notre tome VI, p. 182 et note 2.

2. L'expéditionnaire en cour de Rome et l'un des agents et correspondants du Cardinal. Voyez ci-dessus p. 7, note 1. Je possède dans ma collection un volume de lettres adressées par Bouvier à l'abbé Charrier, l'oncle de l'abbé du même nom dont parle plus loin le Cardinal dans la lettre du 9 décembre 1669.

vous le pouviez servir en ce rencontre, parce qu'il est vrai qu'il y va de sa ruine. Faites-lui, je vous supplie, ce que vous pourrez et écrivez-lui sur ce que vous ne pourrez pas, d'une manière qui lui fasse voir que je vous ia recommandé au dernier point de faire de mes propres deniers tout ce qui sera en vous. L'abbé Charrier a bien promis de faire ce qu'il pourra dans la suite pour acquitter les quatre autres mille livres, mais il n'y en a que deux mille comptant et que l'on puisse tirer présentement.

Je vous attends avec toute l'impatience du monde. Vous trouverez ici une lettre toute ouverte pour l'abbé Charrier, et, en cas que vous puissiez faire quelque chose pour l'abbé Bouvier, vous vous en pouvez servir et l'envoyer afin qu'il paye à votre ordre les deux mille livres. Si cela est, il sera bon de lui envoyer aussi la lettre que vous trouverez ici de l'abbé Bouvier. Je suis tout à vous et de tout mon cœur.

J'ai si mal au yeux que je vous attendrai ici sans aller à Sarry. Mandez-moi, je vous prie, précisément le jour que vous arriverez à Châlons, afin que je vous y envoie une voiture pour vous amener ici. Je vous y attends avec bien de l'impatience.

Apportez-moi, je vous supplie, une montre à l'angloise, si toutes fois ces montres à l'angloise sont faites d'une manière que la couverture en puisse être ouvragée et jolie, car si cela n'étoit pas, j'en aimerois mieux une à la françoise, qui fût belle. Quand je vous dirai pourquoi j'en ai besoin, vous conviendrez qu'il faut qu'elle soit honnête. La chose presse. Vous en payerez une partie de la grosse montre, et j'en ai ici une d'or émaillé, qui achèvera le reste. Je crois que vous en pourrez avoir une très-raisonnable pour vingt-cinq ou trente pistoles. N'oubliez pas, je vous supplie, de lui faire faire un étui de chagrin, bien propre, à la mode. Apportez, s'il vous plaît, cela avec vous.

Le Cardinal de Retz[1].

CV

A Commercy, ce 12ᵉ de décembre 1669.

J'ai reçu votre lettre du 7ᵉ de ce mois. J'avois bien deviné ce qui étoit de la Serre, comme vous l'aurez vu par mes précédentes.

J'ai reçu les besicles. Il suffit de cette paire. Je vous recommande la montre, et qu'elle soit jolie, je vous supplie. Il me semble que je vous ai mandé que j'en ai une d'or émaillé à la vieille mode que je vous donnerai à reporter à Paris et dont on pourra avoir quelque argent.

Je vous écris à tout hasard aujourd'hui parce que je n'imagine que vous pouvez être parti. Je vous attends avec impatience et suis plus à vous qu'à moi-même.

Le Cardinal de Retz.

M. de la Fons[1].

CVI

A Commercy, ce 13ᵉ de décembre 1669.

J'ai reçu votre lettre du 11ᵉ de ce mois qui me marque la continuation de vos soins pour moi, qui ne me sur-

---

1. De la main de Gaultray. Signature autographe de Retz. Simple feuillet. Pas de sceaux.
1. De la main de Gaultray. Signature autographe du cardinal de Retz. Simple feuillet. Pas de sceaux.

prend nullement, mais qui ne m'en touche pas moins, et je vous puis protester avec vérité que la confiance entière que j'ai en vous est la consolation la plus sensible que j'aie dans tous les obstacles et tous les embarras de mes affaires.

Je tire une lettre de change de quatre mille neuf cent soixante et dix livres, payable à M. Le Moine à douze jours de vue.

Servez-vous, s'il vous plaît, du quartier de janvier pour l'acquit de la lettre de change des vingt mille cent livres. Je serai si bon ménager que je n'en aurai que faire et je prendrai sur la pension le surplus dont j'aurai besoin; je ne mène avec moi que six personnes[1]. Je suis plus à vous qu'à moi-même.

Le Cardinal de RETS[2].

CVII

A Commercy, ce 7 juin 1670[1].

Je crois que vous ne doutez pas que si j'eusse reçu à Rome la lettre par laquelle vous me parlez de la chapelle, vous en auriez trouvé la réponse dans celle que

1. Le Cardinal était à la veille de son départ pour Rome, où il se rendit après la mort du Pape Clément IX pour assister au conclave où fut élu son successeur Clément X.
2. De la main de Gaultray, sauf le dernier paragraphe qui est de celle du Cardinal, ainsi que la signature.
1. C'est la première lettre du Cardinal que l'on trouve depuis son départ pour Rome, qui avait eu lieu à la fin de décembre de l'année précédente. Clément IX était mort le 7 décembre 1669, et Retz partit sur-le-champ pour Rome, afin d'assister au conclave où fut élu Clément X. Il arriva à Rome le 16 janvier 1670, en partit le 10 mai, et le 7 juin, comme on le voit par la lettre ci-dessus, il était de retour à Commercy.

je vous écrivis de Rome en partant. Envoyez-moi, je vous supplie, le modèle de l'expédition, et je vous l'enverrai aussitôt. Mon regret est que ce ne soit quelque chose de bon. Je suis si fatigué et si incommodé d'un commencement de sciatique que je remets toutes mes lettres à jeudi. Je vous écrirai amplement ce jour-là et des choses qui vous feront voir la parfaite confiance que j'ai en vous et la reconnoissance que j'aurai toute ma vie de tous vos soins. Dites, je vous supplie, à l'abbé Daurat que vous le payerez à Paris de sa pension à la Saint-Jean. Le reste à jeudi.

A Monsieur, Monsieur de la Fons[2].

CVIII
(16 juin 1670.)

Je vous avois fait une grande dépêche, mais tout bien considéré, je n'ai pas jugé à propos de l'achever, parce que je vous en dirai plus en un quart d'heure que je ne vous en pourrois écrire par des volumes. Je remets donc toute chose à notre entrevue dont j'ai une extrême impatience, et je vous conjure de venir ici dans les premiers jours du mois qui vient. Je vous envoirrai un carrosse à Châlons. Je suis si accablé de visites que je vois bien qu'il y faut encore donner ce qui reste du mois. J'ai donné charge l'autre jour à Malclerc de vous prier de payer mille livres à la Saint-Jean à l'abbé Daurat pour sa pension, et [de] donner aussi à Gaultré[1] huit cents

---

2. Autographe, non signé. Deux sceaux aux armes du Cardinal en cire noire sur lacs de soie violette. Adresse de la main de Gaultray.

1. Lisez : Gaultray.

livres sur mon quartier de juillet. Je ne vous dis rien ici de mon amitié ni de ma reconnoissance pour vous. Vous connoîtrez l'un et l'autre par ce que vous en verrez à Commercy. Je suis plus à vous qu'à moi-même.

Ce 16e juin 1670.

Le Cardinal de Rets.

M. de la Fons².

CIX
(6 juillet 1670.)

J'ai reçu votre lettre du 2 juillet et je ne puis vous dire la joie que j'ai de l'espérance que vous me donnez de me venir voir bientôt, mais retardez toutefois, je vous supplie, plutôt votre voyage de quelques jours que de laisser les choses de l'Ordre¹ à la disposition des gens que vous savez. Voici un nouvel incident qui mérite bien de la réflexion; vous savez les transports que m'a fait Malclerc en 1665. Chevincourt stipula en mon nom et les transports demeurent en ses mains; il nous les demande p[résentem]ent. Je vous avoue que cette conduite me surprend. Ne faites point p[ourta]nt semblant de rien², mais examinez avec M. de Hacqueville si l'on n'y peut remédier et si il ne seroit pas à propos que Malclerc fît de nouveaux transports³. Vous ferez

2. De la main de Malclerc. Signature autographe de Retz. Pas de sceaux.
1. L'ordre des créanciers de Commercy.
2. Cette locution, dans laquelle *rien* conserve le sens étymologique de « quelque chose », est d'un très-fréquent usage à cette époque. On la trouve textuellement dans *Georges Dandin* et dans le *Bourgeois gentilhomme*. Voyez Molière, tome VI, p. 561, note 1, et tome VIII, p. 208, note 1.
3. Dans le manuscrit : de nouveau transport.

très-bien de presser les Cherriers touchant ces charges. Je suis tout à vous et de tout mon cœur.

M. de Chevincourt sait bien que tous les titres de ces transports sont chez Modave[4], et Malclerc leur y a vu[5] et lui Modave a touché de l'argent de leur part pour occuper.

Le Cardinal de Retz.

M. de la Fons[6].

CX

(10 juillet 1670.)

J'ai reçu votre lettre du 5 de ce mois, sur laquelle je me contenterai de vous dire que je ne vous puis exprimer la joie que j'aurai de vous voir et de vous embrasser. Voici les provisions que vous m'avez demandé; remettez, s'il vous plaît, Beauchesne[1] au quartier prochain en lui disant que le voyage de Rome rompt ou plutôt diffère l'Ordre. Un quart d'heure après que je vous eus écrit la dernière, Malclerc retrouva un papier dont je vous parlois et il m'a dit qu'il l'avoit envoyé à M. de Hacqueville. M. le cardinal de Bouillon[2] est ici; si vous pouvez rendre quelque office à M. de Baillibault, vous

---

4. Le procureur, à Paris, du Cardinal.
5. Il faudrait : les y a vu.....; cette faute vient certainement de Malclerc, de la main de qui est le corps de la lettre.
6. De la main de Malclerc. Signature autographe du Cardinal. Pas de sceaux.
1. Un des anciens serviteurs de Retz, qu'il congédia, comme on l'a vu plus haut, p. 306, note 8, pour avoir, en sa présence, tenu quelques propos assez malséants.
2. Emmanuel-Théodose de la Tour, cardinal de Bouillon, fils de Frédéric-Maurice de la Tour d'Auvergne, duc de Bouillon, et neveu de Turenne, né le 24 août 1644, nommé cardinal en 1669, mort en mars 1715. Voyez notre tome VII, p. 418, note 2.

me ferez plaisir. J'ai tiré une lettre de change de huit mille deux cents livres, lesquelles jointes avec les mille de l'abbé Daurat et les huit cents de Gaultré³, feront⁴ dix mille livres; cette lettre est payable au 25 juillet; je ne doute pas que vous n'eussiez avancé et par delà. Quand vous serez ici, nous parlerons de toutes choses.

A Commercy, ce 10 juillet 1670.

Le Cardinal de Retz⁵.

CXI
(17 juillet 1670.)

J'ai reçu votre lettre du 12 de ce mois. Chevincourt mande à Malclerc qu'il a retrouvé une partie des papiers qu'il lui demandoit. Ouvrez les yeux sur ce détail et examinez bien le fond de tout cela. Si j'avois su plus tôt qu'il ne fût resté que 3900 livres entre vos mains, je n'aurois pas tiré la lettre de change si forte; mais, pour vous dire le vrai, j'ai toujours différé, à votre arrivée, à voir les papiers que vous m'avez envoyés parce que nous réglerons plus de choses en un quart d'heure, vous et moi, que je ne le ferois par des volumes.

J'ai très-grande impatience de vous voir; mais non pas seulement, j'approuve¹, je vous conjure même de ne point quitter Paris que vous n'ayez consommé

---

3. Lisez : Gaultray.
4. Il y a *fera* dans le manuscrit.
5. De la main de Malclerc. Signature autographe du Cardinal. Pas de sceaux.
1. Retz dictait toutes ses lettres, et ses secrétaires omettaient parfois quelques mots, comme par exemple dans cette phrase.

Ordre de Commercy. Cela est de la dernière conséquence. Je suis plus à vous qu'à moi-même.

A Commercy, ce 17 juillet 1670.

Le Cardinal de Rets.

A Monsieur, Monsieur de la Fons[2].

CXII
(21 juillet 1670.)

J'ai reçu votre lettre du 16 de ce mois. Aussitôt que j'eus celle du précédent ordinaire, j'écrivis à M. Le Moyne pour lui donner avis que vous n'aviez de fonds entre les mains que 5600 livres. Il me répondit très-honnêtement qu'il donneroit ordre incessamment à son frère de ne recevoir précisément que cette somme; vous pouvez donc ne lui en pas payer davantage.

J'avois toujours différé à voir les états que vous m'avez envoyé dans la pensée de concerter toutes choses de bouche avec vous-même; mais après avoir fait toutes réflexions nécessaires à l'état des choses, j'ai pris ma résolution dernière qui est de laisser tout mon bien à mes créanciers, à la réserve de la terre de Commercy et dix mille livres sur le surplus, bien entendu que mes créanciers payent l'usufruit de la terre à M. de Lislebonne[1]. Je suis persuadé que ainsi il se pourra trouver quelque jour à mes affaires et que au moins mes créanciers connoîtront que je n'oublie rien pour les satisfaire. Je prétends commencer cette manière de vie le premier

2. De la main de Malclerc. Signature autographe du Cardinal. Deux sceaux en cire noire aux armes de Retz, plaqués sur lacs de soie violette.

1. Voyez ci-dessus, p. 277, la note 3.

jour d'octobre et vous pouvez faire état sur cela², ma résolution étant prise et tellement formée que rien sur la terre ne la peut faire changer. Comme il est juste que je trouve au moins quelque aisance dans un aussi grand retranchement que celui-là, je serai bien aise de pouvoir avoir une année ou du moins une demie année des dix mille livres d'avance, car vous savez que, sans cela, on est toujours incommodé. Examinez, s'il vous plaît, avec M. de Hacqueville le détail de ce que je dois faire dans ce moment pour assurer au moins mon repos dans cette manière de vie. J'en écris à fond à M. de Hacqueville et je le prie d'en communiquer avec vous. Je mets ici, de mon côté, tous les préalables nécessaires au licenciement³ que je veux faire; le secret en attendant, s'il vous plaît, et n'en parlez⁴, je vous supplie, à qui que ce soit, qu'à M. de Hacqueville. Quelque impatience que j'aie de vous embrasser, je vous conjure de différer votre voyage jusques à ce que vous ayez réglé toutes les choses qu'il faut faire sur le plan que je vous viens de marquer, pour lesquelles⁵ vous voyez comme moi que vous êtes absolument nécessaire à Paris. Je suis tout à vous et de tout mon cœur.

A Commercy, ce 21 juillet 1670.

Le Cardinal de RETZ.

Je ne vous réponds point sur le détail des états, parce que je suis persuadé que la résolution que je prends et que j'exécuterai dès le premier jour d'octobre, vous facilite les moyens de suppléer à toutes choses; mes

2. Compter sur cela.
3. Probablement le renvoi d'un grand nombre de domestiques.
4. Ces mots : *je vous supplie*, sont répétés deux fois dans la phrase, la seconde fois après : « qui que ce soit ». Nous avons supprimé la répétition.
5. Dans l'original : pour *lesquels*.

créanciers à qui je laisse tout mon bien, à la réserve de 23 000 livres de rente, étant assez obligés par leur propre intérêt à les faciliter eux-mêmes. Mandez-moi, s'il vous plaît, si j'ai quelque chose de plus à faire de mon côté; je trouverai dans ma vaisselle d'argent de quoi faire quelque chose pour mes pensionnaires.

M. de la Fons[6].

CXIII

A Commerci, le 24 de juillet 1670.

J'AI reçu votre lettre du 16. Vous aurez vu, par ma précédente, que j'ai donné ordre au malentendu de la lettre de change et que M. Le Moine a écrit à son frère de se satisfaire de ce que vous lui en pourrez donner.

Je ferai réponse par le prochain ordinaire, au sens que vous me le marquez, au prieur de la Chaulme[1]. M. de Châlons est ici d'hier au soir.

J'ai envoyé Malclerc à Nancy savoir des nouvelles de Mme de Vaudemont[2], et je n'ai personne pour écrire. Je suis tout à vous et de tout mon cœur.

Le Cardinal de Retz.

A Monsieur, Monsieur de la Fons[3].

6. De la main de Malclerc. Signature autographe du Cardinal. Double feuillet. Pas de sceaux.

1. Nous avons parlé plus haut de cette abbaye, p. 172, note 8.
2. Anne-Élisabeth d'Elbeuf, nièce du prince de Lislebonne, qui avait acquis la terre et seigneurie de Commercy, en lui en laissant l'usufruit sa vie durant. Anne-Élisabeth avait épousé, le 24 avril 1669, le prince de Vaudemont, fils illégitime de Charles IV, duc de Lorraine, et de la princesse de Cantecroix. Le prince de Vaudemont était, par conséquent, frère de la princesse de Lislebonne.
3. Lettre autographe. Deux sceaux en cire noire, aux armes du Cardinal, plaqués sur lacs de soie violette.

CXIV

Ce 28 juillet 1670.

J'ai reçu votre lettre du 23 à laquelle j'ai répondu par avance par la résolution que j'ai prise d'un retranchement aussi grand et aussi absolu, qui, apparemment, nous doit donner lieu de fournir plus aisément aux dépenses nécessaires.

Voici une lettre pour le prieur de la Chaulme, que je vous envoie en cachet volant; faites là-dessus ce que vous jugerez à propos. J'ai ici M. de Châlons[1] depuis quatre jours, qui va monter en carrosse pour s'en retourner. Je suis tout à vous et de tout mon cœur.

Le Cardinal de Retz.

M. de la Fons[2].

CXV

(31 juillet 1670.)

J'ai reçu votre lettre du 26ᵉ de ce mois, sur laquelle je vous ferai amplement réponse lundi. Je ne saurais m'empêcher de vous dire, en attendant, que la résolution dont je vous ai écrit, n'a point été prise sur les papiers que vous m'avez envoyé. Il y a longtemps que je l'ai dans l'esprit, et j'en ai même une terrible impatience[3]. Je suis si accablé de monde aujourd'hui que c'est

---

1. L'Évêque de Châlons, Vialart de Herse.
2. De la main de Malclerc. Signature autographe du Cardinal. Pas de sceaux.
3. Il est fort probable que ce fut d'après les conseils de l'Évêque de Châlons et de dom Hennezon, que Retz se condamna aux plus dures privations, afin de désintéresser entièrement ses créanciers. Malheureusement, il ne vécut pas assez pour réaliser ce louable dessein.

[seulement] ce que j'ai le loisir de vous mander. Je suis tout à vous et de tout mon cœur.

A Commercy, ce dernier de juillet 1670.

Le Cardinal de RETS.

M. de la Fons[1].

CXVI

A Commercy, ce 7 d'août 1670.

J'AI reçu vos deux lettres du 30e juillet et du 2e de ce mois. J'ai donné charge à Malclerc de vous dire la raison qui m'empêcha, ce dernier ordinaire, de répondre à la première.

Vous avez très-grande raison de ne point quitter que l'ordre ne soit achevé, et, comme vous le dites très-bien, la lenteur des productions marque la nécessité de votre séjour; cette lenteur ne me surprend pas, mais elle ne laisse pas de me fâcher beaucoup et en vérité M. de Modave[1] est assez bien payé pour bien servir.

Je ne suis pas fâché de ce que je vois dans le dernier article de votre lettre du 2, parce que cela peut embarrasser les gens, et leur donner plus de disposition à faire ce que je voudrois bien qu'ils fissent.

Vous trouverez ci-jointe une lettre d'un vigneron de Colombes[2]. Je n'ai jamais vu de fols pareils à tous ces gens-là; ils m'accablent d'écritures auxquelles je ne fais nulle réponse.

Je suis plus résolu que jamais à ce que je vous man-

1. De la main de Gaultray. Signature autographe du Cardinal. Simple feuillet. Pas de sceaux.

1. Le procureur, à Paris, du cardinal de Retz.
2. Une des terres de l'abbaye de Saint-Denis, comme on l'a dit plus haut, p. 224, note 1.

dai, il y a quelques jours, et je prie encore aujourd'hui M. de Hacqueville de conférer du détail des préalables avec vous, afin que, lorsque vous viendrez ici, nous n'ayons qu'à régler l'exécution. Je suis absolument à vous et du meilleur de mon cœur.

Le Cardinal de RETS.

M. de la Fons[3].

CXVII

(14 AOUT 1670.)

J'AI reçu votre lettre du 9ᵉ de ce mois. Je ne puis concevoir la prétention de Mme de Lingendes tant elle me paroît ridicule[1]. J'attends avec une extrême impatience le jugement de l'Ordre, et pour la chose même et pour avoir la satisfaction de vous embrasser. Je suis tout à vous et de tout mon cœur.

Le Cardinal de RETS.

A Commercy, ce 14 d'août 1670.

A Monsieur, Monsieur de la Fons[2].

CXVIII

A Commercy, le 8 septembre 1670.

J'AI reçu votre lettre du 3ᵉ de ce mois. Les troupes[1] ne vous doivent point empêcher de me venir voir. Man-

---

3. De la main de Gaultray. Signature autographe. Feuillet simple. Pas de sceaux.

1. Une des créancières de Retz depuis l'année 1650.

2. De la main de Gaultray. Signature autographe du Cardinal. Deux sceaux en cire noire à ses armes, plaqués sur lacs de soie violette.

1. Les troupes de Louis XIV, commandées par le maréchal de

dez-moi seulement le jour que vous serez à Châlons, et je vous ferai passer en toute sûreté. Je ne vous puis exprimer l'impatience que j'ai de vous embrasser.

Vous trouverez ci-jointe la procuration que vous souhaitez.

Voici aussi deux lettres pour MM. Charton[2] et Martineau[3]. Je suis absolument à vous et de tout mon cœur.

Le Cardinal de RETZ.

M. de la Fons[4].

CXIX

A Commercy, ce 11 de septembre 1670.

J'AI reçu votre lettre du 6e qui ne me surprend nullement en m'apprenant la conduite dont vous me parlez

Créqui. Le duc de Lorraine, Charles IV, qui ne cessait de nouer de nouvelles intrigues contre le roi de France, fut chassé de ses États par le maréchal, qui ne lui laissa qu'un pays ouvert et sans défense. Le 24 septembre, on lui prit Épinal; Chatté et Longwi, le 6 octobre suivant. Le duc fut obligé de se retirer à Cologne.

2. Il y a *Chareton* dans l'original, la véritable orthographe est Charreton. Il était président de la première Chambre aux requêtes du Palais. Voici en quels termes s'exprime sur son compte le *Portrait du Parlement* : « Esprit brusque, turbulent, qui se pique d'intelligence, de capacité, de justice, veut de grandes affaires et de grands honneurs, et qui se rend facilement. Songe néanmoins à ses intérêts; s'étoit embarrassé au canal de Briare. A été grand Frondeur. A sa brigue dans sa Chambre, en laquelle il trouve de l'estime; s'y comporte bien pour l'expédition des affaires. M. Martineau est son opposé. Sa femme a pouvoir sur lui; a donné sa fille du premier lit à M. Le Boutz, ci-devant maître des requêtes, etc..... » Louis Charreton avait été nommé président de la première Chambre des requêtes du Palais le 17 janvier 1626.

3. Pierre Martineau, conseiller à la première Chambre des requêtes du Palais, nommé en cette qualité le 31 janvier 1642.

4. De la main de Gaultray. Signature autographe du Cardinal. Simple feuillet. Pas de sceaux.

touchant l'Ordre, et vous aurez aussi vu par mes précédentes l'impatience que j'ai qu'il soit consommé par ces mêmes raisons. Je ne vous puis exprimer celle que j'ai de vous embrasser; ne craignez point la guerre[1]. Je vois bien que nous ne vous pourrons guère avoir ici qu'à la fin du mois, et je vous assure que dans ce temps-là toute la guerre sera dans les montagnes de Lorraine, et que nous vous ferons passer, vous et M. de Hacqueville, en toute sûreté. Je suis tout à vous et de tout mon cœur.

Le Cardinal de Retz.

M. de la Fons[2].

CXX
(15 septembre 1670.)

J'ai reçu votre lettre du 10ᵉ de ce mois. Je serois très-aise que vous eussiez vu, comme vous l'espérez, les arrêts touchant l'Ordre, parce que nous verrions ainsi nous-mêmes bien plus clair à nos affaires. Je suis très-fâché de ce qu'il n'a pu s'achever, ce parlement[1], et il est constant que cela est de conséquence par plus d'une raison; vous les voyez toutes comme moi; la plus forte est celle que je vous écrivis de ma main, il y a quelques mois. Je vous mandai, par le dernier ordinaire, que vous trouveriez les passages libres dans la fin du mois et je vous puis dire aujourd'hui que vous les trouverez tels dès cette heure, toutes les troupes étant passées depuis hier et les Lorrains ne devant faire

1. Voyez la note 1 de la lettre précédente.
2. De la main de Gaultray. Signature autographe du Cardinal. Simple feuillet. Pas de sceaux.

1. C'est-à-dire de ce que l'ordre de Commercy n'a pu s'achever pendant la session de ce parlement.

de courses apparemment que quand on se sera attaché à un siége. Venez donc, je vous supplie, le plus tôt qu'il vous sera possible. Je ne vous puis exprimer l'impatience que j'ai de vous embrasser. Je confirme de bon cœur ce que vous avez promis à Mlle Serment. Je suis tout à vous et du meilleur de mon cœur.

MM. les marquis de la Trousse[2] et de Sévigné[3] dont l'un est mon parent et l'autre mon ami très-particulier, m'ont prié en faveur d'un nommé Louis Broyard, lieutenant de la gruerie de Chaours[4], de lui accorder quelques chesneaux[5] pour le rétablissement de sa maison qui a été brûlée.

Je vous prie d'apporter toutes les facilités possibles

2. Philippe-Auguste le Hardi, marquis de la Trousse, fils d'Henriette de Coulanges, marquise de la Trousse, tante de Mme de Sévigné. Le marquis était donc cousin germain de Mme de Sévigné. Voyez les nombreux détails qu'elle donne sur lui dans sa correspondance, édition de notre collection (tome XII, à la table, p. 582 à 586).

3. Charles de Sévigné, fils de Henri et de Marie de Rabutin Chantal, marquise de Sévigné. C'était le coadjuteur de Paris qui avait, pendant la Fronde, fait le mariage du père et de la mère de Charles de Sévigné. Le cardinal de Retz était le cousin-germain de Charles de Sévigné, père de Henri de Sévigné, mari de la marquise. Par conséquent, il n'était parent qu'au sixième degré avec le fils de Mme de Sévigné, celui dont il est question dans cette lettre. Voyez la Notice biographique sur Mme de Sévigné, par M. P. Mesnard, tome Ier, p. 32 et 33. Corbinelli, dans son *Histoire généalogique de la maison de Gondi*, tome Ier, p. 39, a omis un degré dans la filiation des Sévigné; il n'a dit mot de Henri de Sévigné, non plus que de la marquise sa femme (Marie de Rabutin Chantal).

4. Chaourse, en Tiérache, terre et seigneurie de l'abbaye de Saint-Denis. Suivant Furetière, la *gruerie* était une juridiction du Roi sur les bois des particuliers, dans lesquels il établissait des juges et des gardes pour leur conservation. Les officiers du Roi chargés de cette fonction se nommaient des *gruyers*.

5. Jeunes chênes. Littré ne donne pour ce mot que des exemples du seizième siècle.

en cette affaire, laquelle m'est recommandée par des gens que je voudrois bien obliger.

Faites-moi savoir le jour que vous arriverez à Châlons afin que vous y trouviez de mes nouvelles pour votre passage.

Voici la réponse que j'ai eue de M. de Valbelle.

A Commercy, ce 15ᵉ de septembre 1670.

M. de la Fons [6].

CXXI
(18 SEPTEMBRE 1670.)

J'AI reçu votre lettre du 13 de ce mois et vous aurez pu juger par mes précédentes de la joie qu'elle m'a donné en m'apprenant que vous êtes sur le point de venir ici. C'est assurément la plus grande que je puisse recevoir, et je ne vous puis exprimer l'impatience que j'en ai. Je l'ai aussi très-grande d'exécuter ce que vous savez. Je suis tout à vous et de tout mon cœur.

A Commercy, ce 18ᵉ de septembre 1670.

Le Cardinal de RETS.

M. de la Fons [1].

CXXII
(22 SEPTEMBRE 1670.)

J'AI reçu votre lettre du 17ᵉ de ce mois, et j'y fais réponse à tout hasard parce que je vous crois en chemin.

---

6. De la main de Gaultray. Signature autographe du Cardinal. Simple feuillet, pas de sceaux.

1. Billet de la main de Gaultray. Signature autographe du Cardinal. Simple feuillet. Pas de sceaux.

e vous attends avec autant d'impatience que de joie. Je
uis tout à vous et du meilleur de mon cœur.

A Commercy, ce 22ᵉ de septembre 1670.

Le Cardinal de Retz.

M. de la Fons².

CXXIII

A Commercy, ce 27 d'octobre 1670.

Voici une lettre que j'ai reçue de l'abbé Charrier que
e vous envoie. Faites-lui réponse, je vous supplie, et
lonnez les ordres nécessaires en Bretagne pour ce qu'il
lemande. Je vous envoie aussi une lettre pour M. du
Iamel, chanoine de Notre-Dame¹; je vous prie de la
ui faire rendre en main propre. J'attends de vos nouvelles avec impatience et je suis tout à vous et de tout
non cœur.

M. de Lhommeau² se plaint au dernier point de Bernard, et le Cuntier m'a écrit de nouveau une très-grande
ettre. Faites dire, s'il vous plaît, à ce dernier, que
M. de Hacqueville qui part demain pour Paris lui fera
ma réponse.

Le Cardinal de Retz.

M. de la Fons³.

2. Billet de la main de Gaultray. Signature autographe du
Cardinal. Simple feuillet. Pas de sceaux.
1. Voyez ci-dessus, p. 208, note 1.
2. L'avocat de Retz. Voyez *Lettres de Sévigné*, tome IV, p. 67.
3. De la main de Gaultray. Signature autographe du Cardinal.
Simple feuillet. Pas de sceaux.

CXXIV

A Commercy, ce 10ᵉ de novembre 1670.

J'ai reçu votre lettre du cinq de ce mois à mon retour de Grandpré¹; j'attends avec une grande impatience des nouvelles de l'affaire que vous savez, qui, apparemment, à l'heure qu'il est, est bien avancée de façon ou d'autre.

Je prie M. de Hacqueville de savoir de M. le maréchal de Villeroy² le fond de ce que vous m'écrivez touchant la pension.

Voici une lettre que Mme de Guénégaud, prieure de Pontoise, m'a écrite; je lui fais réponse et lui mande que je vous prie de faire tout ce qui sera possible pour sa satisfaction. Je suis tout à vous et de tout mon cœur.

Le Cardinal de Retz.

M. de la Fons³.

CXXV
(13 novembre 1670.)

J'ai reçu votre lettre du 8 de ce mois qui m'a donné bien de la joie en m'apprenant le succès de l'affaire dont vous me parliez. Je ne sais encore rien du détail parce que je n'ai reçu cet ordinaire aucune lettre de M. de Saint-Mihiel¹; j'en suis en peine, y ayant apparence

1. Sans doute Grandpré, dans les Ardennes.
2. Nicolas de Neufville, duc de Villeroy, pair et maréchal de France, fils de Charles, marquis d'Alincourt, gouverneur du Lyonnois, et de Jacqueline du Harlay, né en 1597, marié en 1617 à Madeleine de Créquy, mourut le 28 novembre 1685.
3. De la main de Gaultray. Signature autographe du Cardinal. Simple feuillet. Pas de sceaux.

1. Dom Hennezon, l'ami et le confident du Cardinal.

qu'il m'aura écrit. Sur le tout il n'y a pas grand mal, parce que j'en saurai bientôt des nouvelles par lui-même, puisqu'il a dû partir de Paris lundi passé. Je suis tout à vous et de tout mon cœur.

Mandez-moi, je vous prie, ce que D. Laumer dit de l'affaire. Je m'imagine que l'entremise de M. de Saint-Mihiel lui aura bien déplu.

A Commercy, ce 13 de novembre 1670.

      Le Cardinal de Retz.

M. de la Fons[2].

CXXVI

A Commercy, ce 17 novembre 1670.

J'ai reçu votre lettre du 12 de ce mois avec le mémoire qui y étoit joint, et j'ai vu aussi par le même ordinaire les propositions que l'on a fait à M. l'abbé de Saint-Mihiel ; mais ce qu'il en mande est si succinct et si peu expliqué qu'il est impossible que je me détermine sur cela, et j'attendrai qu'il soit ici et qu'il m'ait entretenu à fond pour prendre ma résolution sur laquelle je vous écrirai après amplement et décisivement[1]. Ce que je vous en puis dire, en attendant, mais pour vous seul, s'il vous plaît, est que les personnes qui lui ont fait les propositions ne sont nullement à mon gré. Je ne vous les nomme point pour demeurer religieusement dans le secret qu'il a promis, mais je vous puis bien dire par avance que j'aimerois sans comparaison mieux

2. De la main de Gaultray. Signature autographe du cardinal de Retz. Simple feuillet. Pas de sceaux.

1. Littré ne donne pour ce mot que des exemples tirés de Bossuet et de Fénelon.

traiter avec les Religieux, et parce que mon inclination y est, étant comme ils sont les enfants de la maison[2], et parce que je suis bien aise de n'avoir point d'affaire avec les autres qui ont parlé à l'abbé de Saint-Mihiel. Mais aussi faut-il que les Religieux facilitent les choses de leur côté, y trouvant leur avantage au point qu'ils le trouvent; il est juste qu'ils en aplanissent le chemin[3]; si ils ne le font, je ne serai pas pour cela réduit à prendre ceux qui ont parlé à l'abbé de Saint-Mihiel. Il y en a d'autres qui s'offrent et auxquels je n'ai d'autre peine à donner que l'envie que j'ai de conclure plutôt avec les Religieux qu'avec d'autres gens. Un homme très-riche m'a fait parler depuis peu et il doit même venir ici au premier jour, parce qu'il n'en est pas présentement éloigné; sur le tout il ne tiendra qu'aux Religieux de faire affaire avec moi. L'affaire du don gratuit[4] est aisée à accommoder et je veux que l'on le fixe à six mille livres; pour celui des bois, il est plus considérable et je ne l'entends pas même trop bien, et je n'en veux rien dire que je n'aie vu l'abbé de Saint-Mihiel qui sera ici aux premiers jours.

Faites-moi faire, je vous prie, le petit meuble de la ménagerie semblable à celui que Mme la marquise de Sévigny[5] fit faire pour M. son fils, c'est-à-dire de toile d'Inde; faites faire aussi les matelas et traversin. Vous savez la quantité de siéges qu'il faut. Envoyez-moi, s'il vous plaît, tout cela le plus tôt qu'il sera possible avec le petit service façon de porcelaine. Mme la Mar-

2. De l'abbaye de Saint-Denis.
3. La phrase est au singulier dans le manuscrit, ce qui n'offre pas un sens satisfaisant.
4. La part de Retz, abbé de Saint-Denis, pour le don gratuit du clergé.
5. La marquise de Sévigné, cousine par alliance du cardinal de Retz.

quise vous dira celui qui a fait le lit de M. son fils; il faut que le mien soit de largeur de trois pieds et demi. Je suis tout à vous et de tout mon cœur.

      Le Cardinal de Retz.

A Monsieur, Monsieur de la Fons[6].

CXXVII

A Commercy, ce 17⁰ de novembre 1670.

Comme M. de Saint-Mihiel sera apparemment demain ou après-demain ici, je remets à son retour à vous écrire amplement sur toutes choses. Celle-ci n'est donc que pour accuser la vôtre du 12⁰ et pour vous dire que je suis absolument à vous.

      Le Cardinal de Retz.

M. de la Fons[1].

CXXVIII
(20 novembre 1670.)

M. de Saint-Mihiel n'arriva hier qu'à huit heures du soir, et je lui parle à ce moment, de sorte que je ne vous écris qu'un mot aujourd'hui. Je le ferai amplement par le premier ordinaire, et pour vous et pour le prieur de Saint-Denis[1], à qui je vous prie de dire la rai-

---

6. De la main de Malclerc. Signature autographe du cardinal de Retz. Un sceau en cire rouge aux armes, probablement de Malclerc : fascé de...., et de..... l'écusson est surmonté d'un casque de face, ayant pour cimier des plumes.

1. De la main de Gaultray. Signature autographe du Cardinal. Simple feuillet. Pas de sceaux.

1. Voyez ci-dessus, p. 277, note 2.

son pour laquelle je ne lui fais pas réponse aujourd'hui.

A Commercy, ce 20 de novembre 1670.

Le Cardinal de RETS.

M. de la Fons².

CXXIX
(25 novembre 1670.)

Je ne vous mande rien de mes affaires que nous avons ici discutées à fond avec M. de Caumartin. M. de Saint-Mihiel, qui part demain pour vous aller trouver, vous dira toutes nos pensées. Dites, s'il vous plaît, au prieur de Saint-Denis que je le remercie de tout mon cœur, lui et toute la communauté, de ce qu'ils ont fait à ma prière, touchant le prieuré de Varennes¹, et des bonnes dispositions qu'ils me témoignent sur tout le reste; et dites-leur aussi que M. l'abbé de Saint-Mihiel part demain pour leur porter mes pensées et ma résolution sur toutes choses. Envoyez-moi, je vous prie, le plus tôt qu'il vous sera possible, mes petits meubles. Je suis tout à vous et du meilleur de mon cœur.

Le Cardinal de RETS.

A Commercy, ce 25 de novembre 1670.

M. de la Fons².

2. De la main de Gaultray. Signature autographe du cardinal de Retz. Simple feuillet. Pas de sceaux.

1. Le prieuré de Varennes dépendait certainement de l'abbaye de Saint-Denis, bien qu'il ne figure pas dans les états des biens de l'abbaye, dressés à différentes époques pendant l'administration du cardinal de Retz. Toutes les nominations aux cures, aux chapelles, aux offices de baillis, gruyers, voiriers et autres officiers appartenaient à l'abbé, et Retz, plus tard, se les réserva, dans l'acte de partage qu'il fit en 1672 avec les moines de l'abbaye.

2. De la main de Gaultray. Signature autographe du cardinal de Retz. Simple feuillet. Pas de sceaux.

CXXX[1]

LE CARDINAL DE RETZ A MESDAMES DE REMIREMONT[2].

(26 NOVEMBRE 1670.)

Mesdames,

Quoique le respect très-particulier, que vous savez que j'ai pour votre compagnie, me pût donner lieu d'espérer que vous ne désagréeriez[3] pas que je prisse la liberté de vous dire mes pensées sur une difficulté que j'avois déjà apprise par la voix publique, je ne m'en serois pas servi dans cette rencontre, si je n'avois eu un commandement exprès de Madame[4] par M. l'abbé de Saint-Miel[5], de vous représenter les raisons qui l'obli-

---

1. Lettre autographe signée, faisant partie de la collection de M. Bernard Puton, à Nancy, qui a eu l'obligeance de nous en envoyer une copie. Elle avait appartenu précédemment à la collection Friry.

2. La ville de Remiremont, sur la Moselle, à cinq lieues d'Épinal, possédait un chapitre noble de chanoinesses, remontant à la plus haute antiquité, et qui était soumis à la règle de saint Benoît. Voyez la *Notice de la Lorraine*, par dom Calmet, Lunéville, 1840, 2 vol. in-8°. Seconde édition, tome II, p. 257 et suivantes. Les abbesses de Remiremont appartenaient à la plus haute noblesse; plusieurs d'entre elles étaient de la maison de Lorraine.

3. *Désagréer*, ne pas agréer. Vieux verbe dont Littré donne de nombreux exemples du treizième au seizième siècle; pour le dix-septième siècle il n'en a relevé qu'un seul dans Bossuet.

4. Par ce titre de *Madame*, Retz désigne la duchesse d'Orléans. Il ne peut être question d'Henriette-Marie de France, femme de Philippe d'Orléans, frère de Louis XIV, puisqu'elle était morte le 30 juin de cette même année 1670, ni de la seconde femme de Philippe, Élisabeth-Charlotte de Bavière, puisqu'il ne l'épousa que le 21 novembre 1671. Il s'agit de Marguerite de Lorraine-Vaudemont, seconde femme de Gaston d'Orléans, qui mourut le 3 avril 1672.

5. Dom Hennezon, abbé de Saint-Mihiel, l'ami et le directeur de conscience du cardinal de Retz.

gent d'être persuadée que vous ne devez avoir aucun scrupule sur ce qui regarde les preuves de Mademoiselle de Rohan[6]. Chaque pays a ses coutumes, pour la justification de la noblesse, et je me sens obligé de vous dire pour la vérité, qu'il n'y en a pourtant aucuns qui, à l'égard des étrangers, ne se contentent des formes qui sont observées dans le pays d'où elles viennent. Il y a beaucoup de lieux en Italie où l'on ne prouve les descentes[7] que par les registres publics, mais dans ces mêmes lieux, on ne refuse pas, lorsqu'il s'agit des étrangers, les contrats de mariage, qui sont dans d'autres provinces la règle des généalogies. Il est constant que l'Angleterre prouve par les attestations des héraults, et je ne vois pas par la même raison que, bien qu'elles ne soient pas suffisantes en ce pays, vous les puissiez refuser à l'égard d'une personne qui est née en Angleterre. Voilà, Mesdames, ce que Son Altesse Royale me commande de vous dire, voilà ce que je vous dirois pour la pure vérité, quand même je n'en aurois pas l'ordre, si j'avois été obligé de vous dire mon avis. A quoi j'ajouterois que ces attestations des héraults sont d'autant plus fortes qu'elles sont soutenues d'un témoignage très-auguste, qui est celui de la feue Reine d'Angleterre[8], et d'une prière qui ne l'est pas moins,

---

6. Nous n'avons pas trouvé dans la généalogie de cette famille cette demoiselle de Rohan (née en Angleterre, comme le dit Retz un peu plus loin).

7. La descendance, la filiation. Littré, qui, dans son Dictionnaire, n'a pas indiqué cette acception, en donne cependant à l'historique cet exemple tiré de la *Satire Ménippée* : « Cette race bourbonnoise, qui fait meilleure preuve que moi de sa *descente* de saint Louis.... »

8. Voir ci-dessus la note 4 de la lettre du 18 novembre 1669, p. 326.

qui est celle de Madame. Je suis avec beaucoup de passion et de respect,

 Mesdames,

  Votre très-humble et très-obéissant serviteur.

   Le Cardinal de Rets.

A Commercy, ce 26ᵉ de novembre 1670.

A Mesdames de Remiremont.

CXXXI

  A Commercy, ce 27 de novembre 1670.

Je ne vous écris aujourd'hui qu'un mot parce que je suis accablé. Vous aurez M. de Saint-Mihiel au premier jour. Il partit hier de Saint-Mihiel[1] pour vous aller trouver. Je suis absolument à vous et de tout mon cœur.

   Le Cardinal de Rets.

Faites, s'il vous plaît, sur l'affaire de Mademoiselle Serment[2] ce que vous jugerez à propos, je lui ferai réponse par le premier ordinaire. Je n'en ai pas le temps aujourd'hui.

M. de la Fons[3].

---

1. Saint-Mihiel, ville et abbaye, diocèse de Verdun, ancienne capitale du Barrois, située sur la Meuse, à trois lieues de Commercy. Voyez l'intéressante Notice de la Lorraine, par dom Calmet. Édition de 1840, tome Iᵉʳ, p. 98 à 103.
2. Créancière du Cardinal.
3. De la main de Gaultray. Signature autographe du cardinal de Retz. Simple feuillet. Pas de sceaux.

CXXXII

(NOVEMBRE 1670.)

J'AI reçu votre lettre du 26 de ce mois. J'oubliai jeudi de vous envoyer la lettre que j'ai reçue de Mademoiselle Serment, et je lui écris aujourd'hui que je m'en remets absolument à vous et à M. de Chevincourt, en vous priant pourtant de faire pour sa satisfaction ce qui sera de justice et d'équité.

Je ferai effectivement en cela ce que vous me manderez être raisonnable, mais en vérité il me semble que cette créature est bien âpre. Sur le tout, il faut s'en servir, si elle est nécessaire, et écrivez-moi, s'il vous plaît, sur cela ce que vous jugez qu'il faille faire, afin que j'écrive en ce sens à Chevincourt qui la dit fort nécessaire, et qui me mande pourtant en même temps que ce qu'elle prétend n'est pas juste, et je vous avoue que j'ai peine à me laisser ainsi tirer les chausses[1] par une espèce de force. Vous aurez assurément mardi M. de Saint-Mihiel, c'est-à-dire que vous l'aurez apparemment devant que de recevoir cette lettre.

Je vous rends un million de grâces de tous vos soins pour mes petits meubles.

Il est venu ici un garde du corps appelé Beaulieu qui dit que l'on lui doit une année et demie ou deux ans de sa pension d'Oblat[2] sur la Chaume. Il prétend

---

1. À me laisser dépouiller.
2. « OBLAT, dit Furetière dans son *Dictionnaire universel*, a signifié ..... un Moine lay que le Roy mettoit ci-devant en chaque Abbaye ou Prieuré dépendant de sa nomination, auquel les Religieux estoient obligez de donner une portion monachale, à la charge qu'il sonneroit les cloches, qu'il balayeroit l'Église et la cour. Ces places estoient destinées à des soldats estropiez et

qu'elle lui est due jusques au jour que le Roi a révoqué les Oblats. Je lui ai promis de vous en écrire. Je suis tout à vous et de tout mon cœur.

Le Cardinal de RETS.

(De Commercy, vers 1670³.)

CXXXIII

A Commercy, ce 4 de décembre 1670.

J'AI reçu votre lettre du 29ᵉ de novembre que je ne fais qu'accuser pour vous remercier de tous vos soins pour tous mes petits meubles. J'attends avec bien de l'impatience de vos nouvelles, sur tout ce que vous a porté M. l'abbé de Saint-Mihiel, et je suis tout à vous et de tout mon cœur.

Le Cardinal de RETS.

M. de la Fons¹.

CXXXIV
(8 DÉCEMBRE 1670.)

J'AI reçu votre lettre du 3 sur laquelle je me contente de vous remercier du soin que vous avez eu de la lettre

---

invalides. Cette prestation s'est convertie en argent, qui estoit taxée d'abord à vingt escus, puis à cent livres, et enfin on l'a augmentée jusqu'à cent cinquante livres. Depuis on a transféré tous ces *oblats* avec leurs pensions à l'Hostel des Invalides à Paris..... » —Le mot après *oblat* est *sous* la Chaume dans le manuscrit, ce qui n'a pas de sens; la Chaume était une des abbayes de Retz.

3. Lettre de la main de Gaultray. Signature autographe du Cardinal. Feuillet détaché. Pas de sceaux.

1. De la main de Gaultray. Signature autographe de Retz. Simple feuillet. Pas de sceaux.

de change. Je vous écrirai aujourd'hui plus amplement, parce que je fais état de faire encore réponse aujourd'hui aux lettres que je dois recevoir de Paris sur le midi, et d'envoyer pour cela rattrapper le courrier à Saint-Dizier.

A Commercy, ce 8ᵉ de décembre 1670.

Le Cardinal de RETS.

M. de la Fons[1].

CXXXV
(8 décembre 1670.)

Je vous ai écrit à ce matin, mais comme je renvoie après le courrier pour faire réponse à M. de Hacqueville touchant l'affaire du clergé[1], j'ajoute encore ce mot-ci, pour vous dire que je suis très-affligé des difficultés que M. Forcadel trouve aux propositions, et est-il possible que les Religieux laissent échapper une affaire de cette nature? J'en aurois en vérité bien du regret, mais que puis-je faire de plus que je fais pour eux? Je suis tout à vous et de tout mon cœur.

Le Cardinal de RETS.

Ce 8 décembre 1670.

M. de la Fons[2].

1. De la main de Gaultray. Signature autographe du Cardinal. Simple feuillet. Pas de sceaux.

1. Probablement à propos de la discussion du don gratuit dans l'Assemblée du clergé.

2. De la main de Malclerc. Signature autographe du Cardinal. Double feuillet. Pas de sceaux.

CXXXVI
(15 décembre 1670.)

Je suis très-fâché de ce que les Religieux de Saint-Denis sont si peu raisonnables, mais en vérité y auroit-il de la justice à demeurer encore embarrassé dans des réparations, à n'être pas tout à fait déchargé du dédommagement des Cherriers? Enfin c'est une étrange chose qu'une communauté. Celle de Saint-Denis a déjà refusé plus d'une fois son bien et son avantage; ce n'est pas au moins ma faute.

Il est plus que juste que vous soyez payé le premier et préférablement à tous les créanciers, et il ne l'est pas moins que je demeure maître de la distribution des deniers aux créanciers; vous avez eu jusqu'ici la main bonne et honnête; ce point est important. Je suis tout à vous et de tout mon cœur.

Pressez, je vous prie, mon petit lit de la ménagerie[1].

Le Cardinal de Retz.

Ce 15 décembre.

M. de la Fons[2].

CXXXVII
(15 décembre 1670.)

J'ai reçu votre lettre du 10 de ce mois, que je ne fais qu'accuser, ayant ici tant de gens que je n'ai qu'un mo-

---

1. Retz entendait sans doute par là le lit destiné à la femme chargée de l'entretien de la ménagerie.
2. De la main de Malclerc. Signature autographe du cardinal de Retz. Pas de sceaux.

ment pour vous écrire. Je suis tout à vous et de tout mon cœur.

A Commercy, ce 15 de décembre 1670.

Le Cardinal de RETS.

M. de la Fons[1].

CXXXVIII
(18 décembre 1670.)

J'AI reçu cinq ballots dont je vous remercie, mais je n'ai point trouvé les chaises de damas vert pour ma chambre, et il faut ou que vous ne les ayez pas envoyées, ou qu'elles se soient égarées à Vitry, où l'on a ouvert les paquets. Cela m'embarrasse, parce que je n'attends plus que ce petit meuble pour me loger au château[1]. Je suis tout à vous et de tout mon cœur. Vous devez avoir vu présentement Gobet.

A Commercy, ce 18 de décembre 1670.

Le Cardinal de RETS.

Depuis ma lettre écrite, j'ai vu le prêtre qui m'est venu trouver avec une de vous pour la cure d'Ully-Saint-Georges[2], mais je l'ai donnée, dès l'ordinaire passé, à la recommandation de M. de Chevincourt, à un

1. Billet de la main de Gaultray. Signature autographe du Cardinal. Pas de sceaux. Simple feuillet.
1. Depuis son arrivée à Commercy et tant que durèrent les réparations qu'il fit faire au château haut pour pouvoir s'y installer, le Cardinal logea chez M. de Tailfumyer, procureur général de la Justice du lieu, dont la maison était située au haut de la rue des Chanoines, à l'angle de la poterne. Cette maison est actuellement occupée par MM. Blaise et Denis. (*Histoire de Commercy* par Dumont, tome II, p. 139.)
2. Terre et seigneurie de l'abbaye de Saint-Denis.

homme à qui j'en avois promis une il y a plus de six ou sept ans.

M. de la Fons[3].

CXXXIX
(22 décembre 1670.)

J'ai reçu votre lettre du 17e de ce mois. Vous aurez assez vu par mes précédentes que ce n'est pas le plus et le moins qui m'a empêché de faire affaire avec les Religieux; mais la résolution à laquelle ils se sont fixés de faire un bail plutôt qu'un forfait; car est-ce un forfait qu'un traité par lequel on seroit retombé tous les jours dans les inconvénients que nous voulons éviter?

Voici la ratification que vous avez souhaitée. L'acquisition de Maisoncelles[1] me paroît bonne et avantageuse.

Je reçus hier les chaises de damas vert; il n'y a rien de mieux. Mais M. des Armoises, qui se connoît assez en meubles, soutient que la plus grande partie du molet d'or, qui est aux siéges de velours vert, est fausse. Les ouvriers sont assez souvent de grands trompeurs.

Prenez, je vous supplie, la peine de mener le Père de Gondi chez M. de Bénard Rezé[2], mon rapporteur, et

---

3. De la main de Gaultray. Signature autographe du Cardinal. Simple feuillet. Pas de sceaux.

1. La Châtellenie, terre et seigneurie de Maisoncelles, qui fut achetée depuis par le cardinal de Retz pour le compte de l'abbaye de Saint-Denis. (*Histoire de l'abbaye de Saint-Denis*, par Mme d'Ayzac, tome Ier, p. 472.)

2. Guillaume Bénard de Rezé, nommé, le 6 mai 1636, conseiller clerc à la grand'chambre du Parlement.

de le lui recommander de ma part. Le P. de Gondi vous dira pourquoi.

Je suis tout à vous et de tout mon cœur.

Le Cardinal de RETZ.

A Commercy, ce 22 décembre 1670.

M. de la Fons[3].

CXL
(25 décembre 1670.)

J'AI reçu votre lettre du 20e de ce mois.

Voici la procuration pour la Chaume[1], mais faites réflexion, s'il vous plaît, que je n'en suis plus abbé, et considérez, devant que de la rendre, si celui qui l'est présentement, n'aura pas lieu de se plaindre de cet acte. Je suis tout à vous et de tout mon cœur.

Le Cardinal de RETZ.

A Commercy, ce 25 de décembre 1670.

A Monsieur, Monsieur de la Fons[2].

CXLI
(29 décembre 1670.)

J'AI reçu votre lettre du 24 de ce mois, et comme Malclerc n'est pas revenu de Nancy où il est allé depuis

---

3. De la main de Gaultray. Signature autographe du Cardinal. Simple feuillet. Pas de sceaux.

1. Abbaye de Retz. Voyez ci-dessus, p. 362, note 2. Retz l'avait cédée à l'abbé Guillaume Charrier, second du nom et neveu de celui à qui est adressée la correspondance du chapeau.

2. De la main de Gaultray. Signature autographe du Cardinal. Simple feuillet. Pas de sceaux.

trois ou quatre jours, j'ai aussi ouvert la lettre que vous lui écriviez.

Je crois vous avoir déjà mandé que j'ai reçu tous les ballots et même celui des siéges de Damas, aussi bien que la porcelaine dont il n'y a pas une seule pièce de cassée. Je vous remercie de tout mon cœur de tous vos soins et de toutes vos avances et je vous assure que je sens, comme je dois, les marques si effectives que vous me donnez de votre amitié; mais je ne laisse pas d'être en colère de ce que vous me remerciez de ce que je vous ai promis, que vous seriez remboursé dès la première année; la chose est tellement de justice, que je ne prétends pas que vous m'en ayez la moindre obligation.

Vous ne pouvez concevoir le plaisir que vous m'avez fait de promettre de payer Mme de Lislebonne, quand elle le voudroit[1]. Je suis ravi de cette occasion, parti-

1. Comme on l'a vu plus haut, p. 277, note 3, le cardinal de Retz avait vendu sa terre et seigneurie de Commercy à la princesse de Lislebonne (29 juillet 1665), mais en s'en réservant l'usufruit, ainsi que tous les droits honorifiques. Le sieur de la Fons avait touché une grande partie du prix de cette vente, qui s'élevait à 550000 livres, et il en avait fait une première répartition aux principaux créanciers de Retz. Voyez dans l'*Histoire de Commercy*, de Dumont, cet acte de vente, tome II, p. 211 à 217. Retz avait gardé une partie de la somme. La seigneurie de Commercy avait appartenu avant le cardinal de Retz à sa tante maternelle, Madeleine de Silly, dame du Fargis, comtesse de la Rochepot. Le comte de la Rochepot, fils de cette dame, tué devant les lignes d'Arras le 16 août 1640, avait, par testament, institué pour son légataire universel son cousin Paul de Gondi; mais les nombreuses dettes qu'il avait laissées empêchèrent que la seigneurie de Commercy passât aux mains de l'abbé. Dix ans plus tard, le 3 mai 1650, par adjudication publique, le Coadjuteur, héritier bénéficiaire, en devint propriétaire, moyennant trois cent un mille cinq cents livres qu'il emprunta. (DUMONT, *Histoire de Commercy*, tome II, p. 79 à 114.)

culièrement dans la conjoncture présente, et je vous en remercie de tout mon cœur.

Je suis très-aise de ce que vous avez conclu avec Mademoiselle Serment. Je vous recommande l'Ordre de Commercy. Je suis absolument à vous et de tout mon cœur[2].

Le Cardinal de RETS.

A Commercy, ce 29ᵉ de décembre 1670.

M. de la Fons[3].

CXLII
(1ᵉʳ JANVIER 1671.)

J'AI reçu votre lettre du 27 du passé. Vous trouverez ci-joint le billet pour le Sʳ Roger. Faites mes compliments, s'il vous plaît, à M. le président de Novion[1], et à Mᵉ Bénard de Rezé[2]. Je suis tout à vous et de tout mon cœur, et si accablé de lettres et de compagnie aujourd'hui que je n'ai presque pas le temps de me tourner.

A Commercy, ce 1ᵉʳ de janvier 1671.

Le Cardinal de RETS.

M. de La Fons[3].

---

2. Il y a dans le manuscrit, ce qui est évidemment une erreur : « Je vous recommande l'Ordre de Commercy de tout mon cœur. » La formule dont se sert habituellement le Cardinal pour terminer presque toutes ses lettres ne permet pas de maintenir la rédaction du secrétaire.

3. De la main de Gaultray. Signature autographe du Cardinal. Simple feuillet. Sur un feuillet blanc détaché, deux sceaux en cire noire, aux armes du Cardinal, et plaqués sur lacs de soie violette.

1. Voyez ci-dessus p. 313, note 3.

2. Conseiller clerc de la Grand'Chambre, nommé le 2 avril 1652.

3. Billet de la main de Gaultray. Signature autographe du Cardinal. Simple feuillet détaché. Pas de sceaux.

CXLIII
(5 janvier 1671.)

J'ai reçu votre lettre du dernier du mois passé. Je n'ai point demandé de volants ni de palettes[1], et je ne sais ce que Langlois veut dire; je vous assure pourtant, au nom des créanciers, que cette partie sera allouée au syndic. Aussitôt que M. l'abbé de Saint-Mihiel sera de retour, je verrai tout ce qui se pourra faire pour les pensions[2], et dans la disposition où je me vois pour bien des retranchements, j'espère que je les pourrai payer exactement. Dites, s'il vous plaît, en attendant, à ceux qui vous parleront, de se donner un peu de patience, parce que le changement qui vient d'arriver dans mes affaires demande quelques jours pour régler les choses; *mais payez, je vous supplie, la Fontaine, il y a raison particulière pour cela*[3].

Je suis très-fâché de ce que vous ne pouvez pas être remboursé sur le premier terme, mais assurez-vous que vous êtes en toutes manières le premier créancier et que personne ne sera payé devant vous. Je suis absolument à vous et de tout mon cœur.

A Commercy, ce 5 de janvier 1671.

Le Cardinal de Retz.

A M. de La Fons[4].

1. « Petit battoir ou instrument de bois, qui est plat et en ovale, et qui a un manche. Il sert aux enfants à jouer au volant. » (Furetière.)
2. Pour les pensions que Retz faisait à ceux de ses créanciers qu'il n'avait pu entièrement désintéresser.
3. Ce dernier membre de phrase est souligné dans l'original.
4. De la main de Gaultray. Signature autographe du Cardinal. Deux sceaux en cire noire à ses armes.

CXLIV
(8 janvier 1671.)

J'ai reçu votre lettre du 3 janvier ; vous trouverez ci-joint la ratification.

Je suis ravi de ce que vous me mandez touchant l'Ordre de Commercy ; il n'y a rien de plus important à mon opinion dans toutes mes affaires et je brûle d'impatience d'en voir la fin.

J'envoyai par le dernier ordinaire à M. de Saint-Mihiel une lettre que j'avois reçue de M. le curé de Saint-Jean, touchant le bailliage de La Sery[1], en lui mandant qu'il vous en parlât et à MM. Cherriers. J'étois d'un côté fort porté à en gratifier ledit curé, parce qu'il est de mes anciens amis, mais comme, d'autre part, je ne veux rien faire en ces sortes de choses sans votre participation, et que, dans la conjoncture qui couroit, je crus qu'il n'étoit que bon d'en parler aussi aux Cherriers, à cause de l'article qui est couché pour les offices dans le contrat, j'envoyai la lettre à l'abbé de Saint-Mihiel. Conférez-en donc, s'il vous plaît, avec lui et voyez ce qui se peut faire pour le Sr Boschet ; vous ne doutez pas ni l'un ni l'autre que mon inclination n'aille à celui que vous me recommanderez.

Je donne de tout mon cœur la charge du nommé Lecœur à son fils ; voyez seulement, s'il vous plaît, si ce qui est dans le contrat touchant les offices, oblige ou n'oblige pas à en dire un mot aux Cherriers ; si on y est obligé, il leur en faut parler, si on n'y est pas, il ne le faut pas faire.

1. La terre et seigneurie de Serry-lez-Mézières, près de Ribemont (Aisne), consistant en haute, moyenne et basse justice, etc. Cette seigneurie appartenait à l'abbaye de Saint-Denis.

Gaultray est malade et c'est ce qui fait que je n'écris à personne qu'à M. de Hacqueville et à M. Joly, chanoine de Notre-Dame².

Je vous écrivis par le dernier ordinaire touchant les pensions, mais j'ai fait depuis réflexion que celle de Beauchesne est échue dès la Saint-Jean, de sorte que je vous prie de la payer, quand il vous sera possible.

J'ai tiré en deux fois le quartier de janvier, les premiers cinq mille livres au 25 de ce mois, les seconds au dixième février 1671. Je n'en ai point fait de difficulté parce que M. de Saint-Mihiel manda, il y a quelque temps, que le fonds de ces quartiers étoit assuré. Je fais état de me régler si bien dorénavant que je me mettrai à mon aise par mon retranchement. M. Bardin³ m'a quitté le plus brutalement du monde; j'y perds un fol, et j'y gagne cinq cents écus. Dites-le, je vous prie, à M. de Saint-Mihiel, à qui je n'écris point aujourd'hui n'ayant rien à lui dire. Je suis tout à vous et de tout mon cœur.

A Commercy, ce 8 janvier 1671.

Le Cardinal de Rets.

Faites rendre, je vous prie, en mains propres, la lettre à M. Joly.

A M. de la Fons⁴.

2. Claude Joly, l'auteur de *Mémoires inédits* sur le cardinal de Retz, qui font partie de notre bibliothèque, et qui ont été fréquemment cités dans notre tome VI.
3. Jacques Bardin, le médecin du cardinal de Retz, qui avait succédé à Vacherot. État de la maison du cardinal de Retz, dans l'*Histoire de Commercy*, de Dumont, tome II, p. 149.
4. Lettre de la main de Malclerc. Signature autographe du Cardinal. Pas de sceaux.

CXLV

A Commercy, ce 12ᵉ de janvier 1671.

J'ai reçu votre lettre du 7ᵉ de ce mois. J'envoie à M. de Saint-Mihiel toutes les ratifications qu'il m'a demandées pour l'affaire de Saint-Denis. Ce seroit un beau coup, s'il pouvoit accommoder les Cherriers et les Religieux, ou par partage ou autrement, et ce seroit, à mon avis, un grand repos pour l'avenir. Voici des bulles du prieuré de Mortagne[1], que j'ai obtenu en Cour de Rome et quoiqu'un nommé M. de Rochefort, que je ne connois point, en ait pris possession, l'abbé Bouvier m'assure que ma cause est infaillible. Conférez-en, s'il vous plaît, avec M. de Hacqueville. Consultez bien l'affaire, et si vous la trouvez bonne, faites-en prendre possession en mon nom. Vous trouverez ci-jointe une procuration pour cet effet. Je ne conçois pas pourquoi cette bulle qui regarde un prieuré situé en Poitou, est adressée, pour me mettre en possession, aux évêques de la Rochelle, de Meaux et de Châlons.

1. Ce bénéfice, de neuf mille livres de rente, fut donné par le Roi au Cardinal, pour le récompenser du zèle éclairé dont il avait fait preuve dans le dernier conclave. Voici ce que je disais, à propos de ce bénéfice, dans mon ouvrage intitulé : *Le Cardinal de Retz et ses missions à Rome; conclave de Clément X*, p. 512-513 : « La belle-sœur du Cardinal, la duchesse de Retz, ayant appris que le prieuré de Saint-Pierre de Mortagne, au diocèse de la Rochelle, était vacant, envoya une dépêche à Bouvier, ami de Retz et expéditionnaire à la cour de Rome, pour l'en avertir (lettre de Bouvier à M. de la Fons, Rome, 14 octobre 1670). Bouvier fit toutes les démarches, réussit, envoya les bulles de la nouvelle commende du prieuré au Cardinal (le même au même, 22 septembre 1671); et l'on voit par une dernière lettre de lui que Retz, en 1672, n'était pas encore en possession de ce Bénéfice.... Nous n'avons trouvé nulle part la preuve que Retz ait été abbé de Saint-Pierre de Mortagne. »

Enfin consultez bien tout, je vous supplie, jusques aux moindres circonstances. Le prieuré est considérable et il vaut neuf mille livres de rente.

L'aîné Cherrière m'a écrit par le dernier ordinaire touchant Sery[2]; la lieutenance d'Auvers[3] et la charge de procureur fiscal à Maisoncelles[4], et pour cette dernière en faveur du même que vous m'avez recommandé, qui est le fils, appelé Cœur[5]. Je lui fais réponse que pour les deux dernières, je les ferai expédier comme il souhaite, mais que pour la première je ne lui puis encore rien dire, parce que j'attends la réponse de ce que j'ai écrit sur ce sujet à M. l'abbé de Saint-Mihiel. Je suis absolument à vous et de tout mon cœur.

Le Cardinal de Rets.

Faites voir, je vous supplie, les bulles du prieuré à M. de Saint-Mihiel, qui est entendu en matières bénéficiales.

A Monsieur, Monsieur de la Fons[6].

CXLVI
(15 janvier 1671.)

J'ai reçu votre lettre du 10 de ce mois; il seroit bien

---

2. Terre et seigneurie de l'abbaye de Saint-Denis, comme on l'a vu dans la lettre précédente p. 372, note 1.
3. Autre terre de l'abbaye.
4. Terre et seigneurie de l'abbaye. Voyez ci-dessus, p. 367, note 1.
5. Retz, dans une lettre précédente, le nomme *Lecœur*.
6. De la main de Gaultray. Signature autographe du Cardinal. Deux sceaux en cire noire aux armes de Retz, plaqués sur lacs de soie violette et sur un feuillet détaché.

que vous payez la Plaine[1]. Je ne vous puis exprimer la joie que j'ai de ce que vous m'écrivez touchant l'Ordre de Commercy. J'ai appréhendé, aussi bien que vous, les chicanes sur l'article des réparations, mais après les précautions que l'on a prises, il sera bien difficile d'en faire, ou plutôt il ne sera pas à mon opinion trop difficile de s'en défendre. On m'assure qu'il y a sur cela abondamment de la précaution et de la sûreté.

Je suis en colère de ce que vous me dites de vous-même et pouvez-vous douter que je n'y aie autant de confiance qu'à moi-même? C'est[2], à ma conscience, ce qui me donne le plus de repos pour mes affaires. Je suis tout à vous et de tout mon cœur.

Ce 15 janvier 1671.

Le Cardinal de RETZ.

M. de la Fons[3].

CXLVII
(19 JANVIER 1671.)

J'AI reçu votre lettre du 14 qui me donne bien de la joie en m'apprenant que les bureaux[1] sont réglés pour achever l'Ordre de Commercy, qui me fait croire que l'Ordre sera bientôt consommé. Vous trouverez ici les provisions pour Baillet, et pour ce Cœur, aussi bien qu'un billet de ma main pour M. du Hausset.

Je suis très-fâché de ce que M. de Saint-Mihiel ne vienne pas si tôt qu'il croyoit parce que j'ai impatience

---

1. Un des créanciers de Retz.
2. Selon ma conscience, en conscience.
3. De la main de Malclerc. Signature autographe du Cardinal. Pas de sceaux.

1. Les bureaux du parlement de Paris.

de voir le détail de tout ce qui s'est réglé afin de me régler moi-même au possible et au commode. Assurez-vous sur le tout que tout ce qui vous est dû sera payé préférablement à tous les créanciers et mandez ce qu'il faut que je fasse pour cela.

Voici une lettre de Levemont; il est bon, à mon avis, de conférer sur le détail de cette charge de bailli de Saint-Denis[2] avec M. l'abbé de Saint-Mihiel, afin qu'il en consulte avec les Cherriers, auxquels il est bon, ce me semble, en l'état que sont les choses, d'en parler. C'est la première affaire considérable qui se rencontre depuis leur traité et c'est pourquoi il est encore plus nécessaire de la traiter honnêtement avec eux; je réponds en général à Levemont que je lui ferai une réponse positive quand je me serai informé du détail. Je suis à vous et de tout mon cœur.

Ce 19 janvier 1671.   Le Cardinal de Rets.

Je vous prie de faire rendre en main propre la lettre ci-jointe à M. Joly, chanoine de Notre-Dame.

M. de la Fons[3].

CXLVIII
(21 janvier 1671.)

J'ai reçu votre lettre du 16ᵉ de ce mois qui me confirme l'espérance de voir l'Ordre fini dans ce mois, dont

---

2. Le bailli de Saint-Denis était à la nomination de l'abbé de Saint-Denis.
3. De la main de Malclerc. Signature autographe du Cardinal. Pas de sceaux.

j'ai une joie sensible. Si l'on croyoit la Serment[1], il n'y auroit point de terme à ces chicanes.

J'écris à M. de Hacqueville mes raisonnements touchant le prieuré de l'Estrée[2] et c'est à vous à examiner ensemble s'ils sont ou bien ou mal fondés, car, pour vous dire le vrai, je n'entends rien en ces matières.

Je vous verrai bientôt et vous en saurez plus tôt que moi le temps par M. de Hacqueville. Je suis absolument à vous et de tout mon cœur.

A Commercy, ce 21 de janvier 1671.

Le Cardinal de RETS.

M. de la Fons[3].

CXLIX
(22 JANVIER 1671.)

J'AI reçu votre lettre du 17 de ce mois. M. de Rochefort s'est fait pourvoir aussi en Cour de Rome, mais ma date est première; la question donc sera de la validité de la provision[1] de M. de la Rochelle[2].

1. Une des créancières de Retz, comme on l'a dit précédemment.
2. La terre et seigneurie de Moinvilliers et Estrée-Saint-Denis, etc., appartenaient à l'abbaye de Saint-Denis.
3. De la main de Gaultray. Signature autographe du Cardinal. Pas de sceaux.

1. *Provisition*, dans l'original. Il faut lire provision, qui, dans l'espèce, signifie le titre en vertu duquel on jouissait d'un bénéfice. « On obtient, en cour de Rome, dit Furetière, dans son *Dictionnaire*, la *provision* d'un Bénéfice par résignation, par dévolut, etc. »
2. Il s'agissait, comme on l'a vu plus haut, du prieuré de Saint-Pierre de Mortagne, qui dépendait du diocèse de la Rochelle. L'évêque de la Rochelle était alors Henri-Marie de Laval de Bois-Dauphin, nommé le 1ᵉʳ juillet 1661, mort le 22 novembre 1693.

Je pense comme vous qu'il n'est pas à propos de refuser dans cette conjoncture la lieutenance d'Anvers³ aux Cherriers ; donnez-leur donc, s'il vous plaît, vos provisions et dites-en de ma part un mot de civilité à M. de Lhommeau. Je vous remercie de tout mon cœur de ce que vous avez fait pour M. le baron de Rosté. M. de Hacqueville m'écrit qu'il ne croit pas qu'il y ait d'inconvénient à accorder à M. Boyer ce que j'accordai, il y a quelque temps, à M. de Cery.

Voyez donc, s'il vous plaît, comme la chose se doit faire pour la satisfaction de ce gentilhomme.

Je suis à vous et de tout mon cœur.

Ce 22 janvier 1671.
     Le Cardinal de Retz.

M. Boyer, premier maître d'hôtel de Monsieur⁴, m'a écrit par M. de Hacqueville, mais je ne lui ferai point de réponse que vous ne m'ayez mandé si la chose se peut faire sans MM. Cherriers et s'il n'est point de besoin que je leur en écrive.

M. de la Fons⁵.

CL
Ce 26 janvier 1671.

J'AI reçu votre lettre du 21. De la manière que l'abbé de Saint-Mihiel m'écrit sur le prieuré de Mortagne, je crois mon droit bon contre M. de Rochefort

---

3. Terre et seigneurie de l'abbaye de Saint-Denis. Voyez ci-dessus, p. 322, note 3.
4. On le voit figurer dans l'*État de la France*. Il avait 2000 livres d'appointements.
5. De la main de Malclerc. Signature autographe du Cardinal. Pas de sceaux.

parce que l'ordinaire[1] ne peut pas l'avoir pourvu en commende[2], au moins à ce qui me semble, mais s'il y a un indultaire, c'est autre chose.

Je suis très-aise de ce que l'affaire avec M. le duc de Tresmes est accommodée[3].

Saint-Amour a réputation d'un fort grand fripon et de la manière dont il en a usé, il ne lui faut faire aucune grâce.

Je ne puis vous exprimer la joie que j'ai de ce que vous avez acquitté l'usufruit de Commercy, et je souhaiterois aussi très-fort que vous payassiez la pension de Beauchesne, si vous le pouviez. Aussitôt que M. l'abbé de Saint-Mihiel sera de retour, je me réglerai tellement que nous ne serons plus en peine pour toutes les dépenses courantes.

J'ai toujours appréhendé comme l'article des réparations[4], M. de Hacqueville et[5].... m'assurent fort que les précautions sont si bien prises qu'il n'y a rien à craindre; Dieu le veuille; ayez-y l'œil, je vous supplie, très-particulièrement.

Vous recevrez aux premiers jours une lettre de moi pour les intérêts de M. de la Grange qui vous sera rendue par son fils, page de la petite écurie. Je vous recommande cela avec toute l'insistance imaginable,

---

1. « L'ordinaire, en jurisprudence canonique, signifie l'archevêque, l'évêque, ou autre prélat ecclésiastique dans un territoire, ou celuy qui a la collation d'un bénéfice. » (Furetière.)

2. *Commende*, en France, dit Furetière, est un vrai titre de bénéfice que le Pape donne à un séculier avec permission de disposer des fruits pendant sa vie.

.... « Un collateur ordinaire ne peut pas donner en *commende* un *Bénéfice*. »

3. Voyez, ci-dessus, p. 205, note 3. Le duc était mort l'année précédente.

4. Il s'agit des réparations de l'abbaye de Saint-Denis pour la part qui retombait à la charge de l'abbé. — 5. Nom en blanc.

car je souhaite avec passion pouvoir servir ce gentilhomme. Je suis absolument à vous et de tout mon cœur.

Le Cardinal de Retz.

M. de la Fons[6].

CLI

A Commercy, ce 29 janvier 1671.

J'ai reçu votre lettre du 24. En voici une pour le sieur de Levemont que je vous envoie à cachet volant, qui est en réponse d'une seconde qu'il m'a écrit. Je ne suis pas fâché et même je suis bien aise que vous ayez fait, sur le sujet de cette charge, à MM. Cherriers l'honnêteté que vous me marquez parce que j'avoue qu'elle est de quelque bienséance et même en quelque façon de la bonne conduite dans la conjoncture présente, mais je suis pourtant plus convaincu que jamais qu'il faut être attentif à ne leur laisser [rien] prendre de tout ce qui ne leur est pas accordé par leur traité, et je vous conjure d'y avoir l'œil.

Je suis tout à vous et de tout mon cœur.

Le Cardinal de Retz.

Vous trouverez ci-jointe la lettre que m'a écrite Levemont. Je vous prie de donner ou faire donner en main propre ma lettre à M. Joly, chanoine de Paris.

M. de la Fons[1].

6. De la main de Malclerc. Signature autographe du Cardinal. Pas de sceaux.

1. De la main de Malclerc. Signature autographe du Cardinal. Pas de sceaux.

CLII

(2 février 1671.)

J'ai reçu votre lettre du 28 de janvier. Il est constant que je n'ai point été prévenu à Rome pour le prieuré de Mortagne; mais je crains les indultaires[1] plus que le nommé[2] par l'ordinaire. J'écris à M. de Boyer que je lui accorde l'érection de son fief et que je vous prie de m'en envoyer le modèle afin de lui en renvoyer aussitôt l'expédition.

Mandez-moi, je vous supplie, si les deux mille écus que le Roi m'a accordé viennent dans ma bourse ou s'ils servent seulement de quittance pour les décimes[3].

Je vous rends un million de grâces de votre ponctualité; j'y suis si accoutumé [que][4] je n'en dois pas être surpris, mais je n'en suis pas moins touché. Je suis absolument à vous et de tout mon cœur.

Le Cardinal de Rets.

J'écris aujourd'hui au Cardinal dataire pour une cure de Bretagne que le signore Carlo me mande que vous lui avez recommandé.

Ce 2 février 1671.

A Monsieur, Monsieur de la Fons[5].

1. « *Indultaire*, celuy qui est pourvu d'un Bénéfice en vertu d'un indult, d'un conseiller du Parlement de Paris, ou d'un maître des requêtes. » « *Indult*, grâce accordée par bulles du Pape à quelque corps ou communauté, ou à quelque personne par un privilége particulier, pour faire ou obtenir quelque chose contre la disposition du droit commun, etc. » (Furetière, *Dictionnaire*.)
2. M. de Rochefort, le candidat nommé par le clergé séculier.
3. Taxes payées au Roi par le clergé depuis François Ier (1516).
4. Il y a *et* dans le manuscrit, erreur évidente du secrétaire.
5. De la main de Malclerc. Signature de Retz. Deux sceaux.

CLIII
(5 février 1671.)

J'ai reçu votre lettre du 31 janvier. Voici un billet de ma main en remerciement pour le Père Brachet[1]. Je crois vous avoir déjà mandé que je n'ai pas été prévenu en Cour de Rome, mais ce qu'il y a plus à craindre, à mon sens, sont les indultaires. Ne pourriez-vous point trouver quelque fonds pour payer M. Labeur[2]; je vous assure que nous ne demeurerons pas court à l'avenir, car aussitôt que M. l'abbé de Saint-Mihiel sera ici, je vais si bien me régler que tout sera dorénavant payé à jour nommé.

La pension de Beauchesne est échue de la Saint-Jean passée; j'écris à Chevincourt de dire à Desnots qu'il vous mette les papiers dont vous vous plaignez, entre les mains; si il ne le fait, faites-vous les rendre par la justice, mais pressez-le encore un peu devant, parce que je crois que ce que j'en écris à Chevincourt fera effet. Je crois vous avoir envoyé les provisions pour le lieutenant d'Auvers, rempli du nom de celui pour qui M. Cherrier me l'a demandé. Si je ne les ai pas envoyé, envoyez-moi, s'il vous plaît, le nom et le modèle. Je suis tout à vous et de tout mon cœur. M. de Labeur demande que l'on voie ces comptes, je vous le renvoie.

Ce 5 février 1671.

Le Cardinal de Rets.

M. de la Fons[3].

1. Religieux de Saint-Denis.
2. Voyez ci-dessus, p. 260, note 2.
3. De la main de Malclerc. Signature autographe du Cardinal. Deux sceaux en cire rouge à ses armes, plaqués sur lacs de soie rouge.

CLIV
(5 février 1671.)

Voici une lettre que je viens de recevoir de M. de Jouy. Je ne me souviens en façon du monde de ces quints et requints[1] dont il parle, et de ce brevet par-devant notaires; et tout ce dont je me puis souvenir dans cette affaire est que je ne pus convenir de prix avec lui sur la terre de Maisoncelles[2] dont il étoit à cette heure-là seigneur. Sur le tout, je ne puis pas m'imaginer qu'il puisse mentir dans un sujet de cette nature. Mandez-moi, je vous prie, ce que vous croyez qu'il faille que je lui réponde et par justice et par honnêteté, et concertez-en même, s'il vous plaît, avec M. de Hacqueville.

A Commercy, ce 5 de février 1671.

Le Cardinal de Retz.

M. de la Fons[3].

CLV
(9 février 1671.)

J'ai reçu votre lettre du 4 de ce mois, voici celle de Levemont à qui je ne ferai point de réponse; dites-lui de ma part ce que vous jugerez à propos.

1. « *Quint* et *requint*, en termes de jurisprudence féodale, est un droit qu'on paye au seigneur dominant à chaque vente qu'on fait d'un fief servant..... C'est la cinquième partie du prix, et le cinquième du cinquième. » (Furetière, *Dictionnaire*.)
2. Terre appartenant à l'abbaye de Saint-Denis. Voyez, p. 367, note 1. Elle fut acquise plus tard par le cardinal de Retz pour l'abbaye.
3. De la main de Gaultray. Signature autographe. Pas de sceaux.

Je crois qu'il faut payer et le sieur Mendet et le sieur Bitoult pour le passé, mais régler pour l'avenir à l'un ou à l'autre une unique voie pour les lettres. Je croyois aller à Châlons cette semaine, mais les eaux sont si grandes que je ne crois pas pouvoir passer. Je suis tout à vous et de tout mon cœur.

Ce 9 février 1671.

Le Cardinal de Rets.

A Monsieur, Monsieur de la Fons[1].

CLVI
(12 février 1671.)

Je n'ai point reçu de lettre de vous cet ordinaire, quoique j'aie reçu mon paquet bien conditionné[1]; je m'imagine que vos lettres auront été portées à la poste trop tard.

Je n'ai pu aller à Châlons à cause des grandes eaux. Je suis tout à vous et de tout mon cœur.

Ce 12 février 1671.

Le Cardinal de Rets.

M. de la Fons[2].

1. De la main de Malclerc. Signature autographe du Cardinal. Deux sceaux en cire rouge à ses armes, plaqués sur lacs de soie de même couleur.

1. « *Conditionné* se dit des choses qui ont toutes les qualitez requises pour estre bonnes. Ce marchand m'a vendu du vin bien conditionné. » (Furetière, *Dictionnaire*.)

2. De la main de Malclerc. Signature autographe du cardinal de Rets. Pas de sceaux.

CLVII
(16 février 1671.)

J'ai reçu par le dernier ordinaire vos deux lettres du 7 et du 11 de ce mois; je répondrai à M. de Jouy, selon que vous me le marquerez, si il est vrai, comme je n'en doute, puisqu'il le dit positivement, que je lui aie donné les lods[1] et ventes[2]. Il y a apparence que ce fut après que son traité de Maisoncelles avec moi fut rompu. Voici la procuration pour prendre possession de la chapelle. Je suis tout à vous et de tout mon cœur.

A Commercy, ce 16 février 1671.

Nous avons ici une demoiselle Durand, veuve d'un receveur de cette terre, qui est créancière par le finito[3] de son compte sur Commercy. Elle demande le double de son compte qui est environ de l'année quarante et un, le sien ayant été perdu par les guerres. Comme il fut rendu à MM. de Chevincourt et Lingendes[4], appa-

---

1. Voyes la note 1 de la lettre suivante.
2. Terme de jurisprudence féodale. C'était un droit en argent que devait un héritage roturier au seigneur dont il relevait immédiatement, quand on en faisait la vente, « en considération de la permission qu'il (était) présumé donner au vassal pour aliéner son héritage ». On devait aussi les *ventes*, ce qui était la même chose. (Furetière, *Dictionnaire*.)
3. « Terme de pratique. C'est l'arresté ou l'estat final du compte. Il est redevable de tant par le *finito* de son compte. » (Furetière, *Dictionnaire*.)
4. Il s'agit d'un M. Nicolas de Lingendes, qui était créancier du Coadjuteur avant la Fronde. Comme les prêtres n'admettaient pas le prêt à intérêt, Paul de Gondi, en échange de la somme qu'il avait reçue de lui, lui fit une donation de 6500 livres, plus 1500 livres de rente, par-devant notaires, en date du 13 dé-

remment il sera entre les mains de M. de Chevincourt. Le gendre de cette demoiselle, qui est maître d'hôtel de M. le Tellier⁵, vous ira trouver pour cela; aidez-le, je vous prie, en ce qui vous sera possible et témoignez-lui que je vous ai recommandé cette affaire; la chose me semble juste en elle-même, mais de plus il est même de la bonne conduite de bien traiter ces gens-là sur ce point parce que une sollicitation de M. le Tellier, en [leur] faveur, pourroit peut-être retarder l'Ordre.

Le Cardinal de RETS.

A Monsieur, Monsieur de la Fons⁶.

CLVIII

19 février 1671.

J'AI reçu votre lettre du 14 de ce mois. Je ne ferai aucune réponse au bailli de Saint-Denis. J'ai une extrême joie de ce que vous me mandez touchant l'Ordre de Commercy. Mandez-moi, je vous prie, ce qu'il faut que je réponde à M. de Jouy. Il y a apparence, si je lui ai donné les droits de lodz et ventes de Maisoncelles¹, comme je le crois, puisqu'il le dit, qu'il faut que je l'aie fait après que le traité que nous voulions faire ensemble fut rompu. Je ne me ressouviens en façon du monde de tout ce détail.

J'irai dans quelque temps à Châlons, mais je pourrai

cembre 1650. On trouvera l'acte dans l'Appendice de notre tome IX.

5. Il s'agit sans doute de Michel Le Tellier.

6. De la main de Malclerc. Signature autographe du cardinal de Retz. Double sceau à ses armes, en cire rouge, plaqué sur lacs de soie de même couleur.

1. Terre de l'abbaye de Saint-Denis, comme on l'a dit plus haut, p. 367, note 1.

bien faire un petit tour à Nancy pour y voir M. le maréchal de Créquy².

Le Gruyer de Chaours³ est ici avec M. le marquis de Sévigné⁴, qui me demande de nouvelles provisions, parce que les siennes lui ont été volées à l'armée. Je les lui ai fait expédier, mais je n'y ai pas voulu insérer la clause du logement dans le château, quoiqu'il dise que son père l'y a toujours eu. Mandez-moi, s'il vous plaît, ce qui en est, et si c'est une chose qu'on puisse lui accorder. Il m'est fort recommandé par MM. de la Trousse et de Sévigné⁵. Il demande aussi des casaques pour des gardes-bois, et je lui ai dit que je vous en écrirois. Je suis tout à vous et de tout mon cœur.

Le Cardinal de Retz.

M. de la Fons⁶.

CLIX

A Commercy, ce 20 de février 1671.

J'AI reçu votre lettre du 18 de ce mois, et je n'attends pas à lundi à vous faire réponse parce que je pars demain au matin pour Nancy où je vais voir M. le maréchal de Créquy¹.

2. Voyez la note 1 de la lettre CLX.
3. Chaours, terre de l'abbaye. Le *gruyer* était un officier subalterne qui jugeait en première instance des délits et malversations qui se commettaient dans les forêts. (FURETIÈRE, *Dictionnaire*.)
4. Voyez ci-dessus, p. 351, note 3.
5. Voyez ci-dessus, p. 351, note 2.
6. De la main de Gaultray. Signature autographe du Cardinal. Pas d'empreintes de sceau.
1. François de Bonne de Créqui, duc de Lesdiguières. En 1667, il avait battu le comte de Marsin et le prince de Ligne, qui

J'ai bien de l'impatience de savoir si ce que vous me mandez de M. de Caumartin se trouve bien fondé.

Acquittez, je vous supplie, la lettre de change du sieur Gilbert Chanelière et tenez-m'en compte sur le prochain quartier.

Je ne vous puis exprimer la joie que j'ai de ce que les productions de l'Ordre de Commercy sont en état. Je suis tout à vous et du meilleur de mon cœur.

Le Cardinal de RETS.

A Monsieur, Monsieur de la Fons[2].

CLX
(26 février 1671.)

J'AI reçu votre lettre du 21 de ce mois. Le maître d'hôtel de M. Le Tellier ne vous parlera pas parce que sa belle-mère a retrouvé le compte qu'elle cherchoit.

Je vous envoyai, il y a quelque temps, une lettre pour M. le vicomte de Lamet[1] de laquelle je n'ai point de réponse; sachez, je vous prie, si elle a été tenue.

Je fais état d'aller bientôt à Châlons, mais je me veux saigner et purger auparavant.

Je crois qu'il est assez à propos que vous avertissiez

---

marchaient au secours de Lille, assiégée par Louis XIV. L'année suivante il fut fait maréchal. En 1670, il avait pris Épinal et Longwy et enlevé ses États au duc de Lorraine. Il mourut le 4 février 1687.

2. De la main de Gaultray. Signature autographe du Cardinal. Deux empreintes de son sceau en cire rouge, plaquées sur lacs de soie de même couleur, sur feuillet volant.

1. Ami de Retz. Voyez les *Mémoires* du Cardinal. Tome IV, p. 468, note 1 et p. 471.

M. de la Houssaye que j'ai quelque soupçon que Mme d'Aulnoy, qui est à Paris avec peu d'argent, a dessein de lui tirer quelque estocade²; ce seroit autant de perdu, et il est bon de l'en avertir; cela soit pour vous et pour lui seul.

Je suis bien aise que M. de Bonneval ait entendu raison touchant les droits seigneuriaux de Maisoncelle; témoignez-lui, je vous prie, que je vous ai prié plusieurs fois de l'aider en tout ce qui vous seroit possible. Je suis tout à vous et de tout mon cœur.

Le Cardinal de RETS.

Ce 26 février 1671.

A Monsieur, Monsieur de la Fons³.

CLXI
(2 MARS 1671.)

J'AI reçu votre lettre du 25 du passé. Je n'ai point eu de nouvelle de M. de Jouy depuis ce que vous avez dit à M. de Bonneval et je suppose que vous leur avez fait la réponse pour moi. Si il vous parle de ce que je ne leur en ai pas écrit, dites-leur, s'il vous plaît, que vous m'avez mandé que M. de Bonneval avoit connu qu'il n'y avoit aucun lieu de prétendre ce droit par M. son père et qu'ainsi apparemment je n'y aurai pas fait plus de réflexion, dans la croyance que M. de Bonneval

---

2. « *Estocade*, s. f. Longue épée ou brette. On dit proverbialement, allonger, porter l'*estocade* à quelqu'un, pour dire, luy emprunter quelque petite somme d'argent qu'on n'est pas en volonté ou en pouvoir de rendre. » (FURETIÈRE, *Dictionnaire*.)
3. De la main de Malclerc. Signature autographe du Cardinal. Deux empreintes de son sceau en cire rouge, plaquées sur lacs de soie rouge.

même aura fait la réponse pour moi; que si néanmoins il le désire, vous m'en écrirez encore et que vous ne doutez pas que je ne leur fasse aussitôt moi-même réponse.

J'ai impatience de savoir ce qui aura été jugé touchant Saint-Amour. Il est absolument nécessaire que vous assistiez à ce compte de M. Forcadel, et je vous prie d'avoir toujours les yeux ouverts à ce qui se passe parmi tous ces gens-là; cela est très-important. Voici une lettre pour M. Boucherat[1] sur la mort de son père. Je suis tout à vous et de tout mon cœur.

Le Cardinal de RETS.

M. de Beaulieu, qui est mon ami et mon voisin, a un neveu à Paris qui s'appelle La Motte; il m'a fait prier par son oncle de l'aider en ce qui me sera possible dans le dessein qu'il a de rechercher la fille de M. de Lhommeau[2]; s'il vous en parle, dites-lui, je vous prie, que je vous ai écrit de le servir, comme, en effet, je vous en prie. Je ne vous puis [rien] dire ni de la personne ni du bien, mais j'en connois la naissance qui est bonne assurément.

2 mars 1671.

A Monsieur, Monsieur de la Fons[3].

1. Guillaume Boucherat, conseiller du parlement de Paris, à la Grand'Chambre, nommé le 11 août 1646.
2. De Lhommeau, comme nous l'avons dit plus haut, était l'avocat, à Paris, du cardinal de Retz.
3. De la main de Malclerc. Signature autographe du Cardinal. Deux sceaux en cire rouge à ses armes, plaqués sur lacs de soie rouge.

CLXII

A Commerci, le 2 de mars (1671).

J'AJOUTE ce mot à ma lettre pour vous prier de vous enquérir quel est le bien de Mlle de Bron qui demeure cheux[1] Mme de Balincour; elle est la fille du feu marquis[2] de Fournaux de Bretagne. Je suis absolument à vous.

Le Cardinal de RETS.

A Monsieur, Monsieur de la Fons[3].

CLXIII

A Commercy, 5 mars 1671.

J'AI reçu votre lettre du 28 février. Vous avez fait un miracle d'avoir achevé l'affaire de Maisoncelle, au contentement des intéressés, car j'ai toujours éprouvé que la chose du monde la plus difficile est de contenter M. de Jouy.

J'ai toujours ouï parler de Saint-Amour[1] comme d'un signalé fripon.

---

1. Retz écrivait toujours de la sorte. Voyez tome I, p. 179, note 3. Il ne faisait du reste que reproduire dans l'écriture une prononciation fort ordinaire alors : « *Deux mauvaises prononciations, qui sont très-communes, mesme à la Cour. L'une de ces mauvaises prononciations est de dire cheuz vous, cheuz moy, cheuz luy, au lieu de dire chez vous, chez moy, chez luy....* » (VAUGELAS, *Remarques.*)

2. Il y a dans l'autographe du feu *de* marquis.

3. Billet autographe. Deux empreintes de sceau en cire rouge, aux armes du Cardinal, plaquées sur lacs de soie rouge.

1. Il est bien difficile de savoir quel était ce Saint-Amour. On

Voici un billet pour Chevincourt que je vous envoie à cachet volant; faites-lui rendre, s'il vous plaît, après l'avoir fermé, et si dans deux jours après vous n'avez satisfaction de Desnots, poussez-le à toute rigueur; cette insolence ne se peut souffrir.

Je vous remercie du soin que vous avez pris de la lettre de change du sieur Gilbert. Je suis tout à vous et de tout mon cœur.

Le Cardinal de Rets.

Le 5 mars.

Si Desnots ne vous satisfait, mon sentiment est que vous ne vous serviez plus de lui pour mes affaires.

A Monsieur, Monsieur de la Fons[2].

CLXIV
(9 mars 1671.)

Je n'ai point eu de vos lettres cet ordinaire, et je m'imagine qu'elles auront été portées trop tard à la poste.

J'envoie à M. de Hacqueville une lettre de Levemont avec la réponse que je lui fais; voyez je vous prie, ensemble, ce qu'il y a à faire sur tout cela.

---

en trouve plusieurs à cette époque. Il ne peut s'agir de Louis Gorin, dit de Saint-Amour, docteur de la maison de Sorbonne. Il y avait un autre Saint-Amour, exempt; un troisième qui était comte et qui cabalait pendant la Fronde. On le trouve dans les *Instructions* de Mazarin à Le Tellier. (*Mémoires de Retz*. Édition Champollion, de 1859, tome III, p. 397.)

2. De la main de Malclerc. Signature autographe du Cardinal. Deux sceaux en cire rouge à ses armes, plaqués sur lacs de soie de même couleur.

Je vous prie de prendre la peine d'aller voir M. le baron d'Articoli et de lui dire que je vous ai prié de solliciter pour lui de tout votre pouvoir et de tout le mien pour un procès qu'il a à la cinquième des enquêtes[1]; je vous en serai effectivement très-obligé parce que les intérêts de ce gentilhomme me sont très-chers. Vous trouverez ci-joint une lettre pour M. de Lavaur[2] sur ce sujet, qui, comme vous savez, vient de sortir de la cinquième et qui y est très-bien et très-puissant. Présentez-lui, je vous prie, en mon nom, le baron d'Articoli avec ma lettre. Vous prenez tant de peine pour mes affaires que j'ai en vérité scrupule de vous en donner encore pour celles des autres, mais je sais que vous le faites de bon cœur.

Le Cardinal de RETS.

J'écrirois à ceux que je connois à la cinquième si j'avois la liste, mais la personne à qui M. d'Articoli l'avoit donnée, l'a égarée. Témoignez-lui que cela n'importe aucunement, parce qu'il est même plus tôt que vous leur parliez à mon nom, et marquez-lui, s'il vous

---

1. La cinquième Chambre des enquêtes (parlement de Paris).
2. C'est-à-dire l'évêque de Lavaur. Après Jean Vincent de Tulles, dernier titulaire de l'évêché, mort le 4 décembre 1668, le Roi nomma pour son successeur, le 16 avril 1669, Louis d'Anglure de Bourlemont, qui refusa d'accepter. Le siége ne fut occupé que le 23 juin 1671, par Michel Amelot de Gournay, qui, en effet, était précédemment conseiller à la cinquième Chambre des enquêtes. Voici le curieux passage que l'on trouve sur lui dans le *Portrait du Parlement de Paris* (Bibl. nat., Baluze, 115) : « AMELOT. Homme d'esprit, du monde plutôt que du Palais où il ne s'applique presque point ; est dans les intrigues, et voit beaucoup de gens de la Cour ; est fort ami de Montrésor ; a toujours été dans les intérêts de M. de Retz ; est capable de servir, sans néanmoins qu'on attende de lui de l'injustice ; est considéré dans le monde comme un homme sûr ; a de grandes abbayes ; est de la maison des Amelot, assez nommés dans les charges, etc. »

plaît, le crédit de la recommandation de M. l'évêque de Lavaur, qui effectivement y est très-puissant.

Ce 9 mars 1671.

Le baron d'Articoli loge chez M. l'abbé de Saint-Mandé à la rue du Roi-de-Sicile. Dites à M. le baron d'Articoli qu'il est mieux que je n'écrive qu'à M. l'évêque de Lavaur pour lui témoigner plus de confiance et il fera certainement la chose comme pour soi-même.

A Monsieur, Monsieur de la Fons[3].

CLXV
(12 MARS 1671.)

J'ai reçu votre lettre du 7; je vous remercie de tout mon cœur de votre ponctualité pour l'acquit des lettres de change, et je sais que vous l'avez égale pour l'Ordre de Commercy, qui me tient aussi terriblement au cœur. Je n'ai point reçu votre lettre du 4, et on ne me l'a point renvoyé de Châlons; mai j'y serai lundi au plus tard et assurément je la retrouverai si on ne me la renvoie demain. Je suis absolument à vous et de tout mon cœur.

Je n'ai point encore vu M. de Saint-Mihiel qui sera ici ce soir; il est à Saint-Mihiel d'avant-hier.

Ce 12 mars 1671.
      Le Cardinal de RETS.

A Monsieur, Monsieur de la Fons[1].

3. De la main de Malclerc. Signature autographe de Retz. Deux empreintes de sceau à ses armes en cire rouge, sur lacs de soie rouge.

1. De la main de Malclerc. Signature autographe du Cardi-

CLXVI

(17 mars 1671.)

J'ai reçu en cette ville vos deux lettres du 4 et du 11 de ce mois et il faut que celle du 14 soit passée à Commercy où je fais état de retourner jeudi ou vendredi.

Voici la ratification de Maisoncelle. J'ai reçu la réponse de M. et de Mme la Vicomtesse de Lamet; voici une lettre pour elle, elle est à Paris et vous pouvez le savoir de M. l'abbé de Lamet[1] où elle loge.

Voici une lettre de Chevincourt touchant Desnots; il l'excuse autant qu'il peut, mais cette excuse n'est pas bonne.

M. de Bonneval m'a écrit pour me remercier de ce que vous avez fait pour lui; voici ma réponse ci-jointe.

Voici aussi une lettre de l'abbé Bouvier avec ma date pour le prieuré de Mortagne antérieure à celle de M. Rochefort.

Il me semble qu'il est bon de faire voir à MM. de la Viéville et de Pompadour[2] qu'ils seront certainement payés l'année qui vient, afin de leur adoucir un peu le délai de celle-ci. J'ai donné samedi rendez-vous[3] à Commercy à M. l'abbé de Saint-Mihiel pour y régler sur le nouveau plan la conduite de ma subsistance. Assurez-vous qu'elle ne passera jamais d'un sol la destination, et je vous écrirai sur cela le détail de ce que je me propose après que j'en aurai conféré avec M. l'abbé

---

nal. Deux empreintes de sceau en cire rouge à ses armes, sur lacs de soie rouge.

1. L'abbé de Lamet, ancien maître de chambre du cardinal de Retz.
2. Deux des innombrables créanciers de Retz.
3. *Samedi* est répété dans le manuscrit après *rendez-vous*.

de Saint-Mihiel. Je suis tout à vous et de tout mon cœur.
     Le Cardinal de Rets.

A Châlons, ce 17 mars 1671.

A Monsieur, Monsieur de la Fons[4].

CLXVII
(18 mars 1671.)

Votre lettre du 14 mars ne revint que hier au soir de Commercy.

J'envoie à M. de Hacqueville une lettre de Levemont qui me mande qu'il m'a fait assigner au Parlement; voyez, s'il vous plaît, ce qu'il faut faire sur cela; je ne lui fais aucune réponse.

Je suis très-aise de ce que Saint-Amour est renvoyé à la Chambre des Comptes; cet homme ne mérite aucun quartier et il le faut pousser à bout.

Je ne vous puis aussi exprimer la joie que j'ai de ce que vous me mandez que l'Ordre de Commercy se va terminer.

Vous n'avez qu'à m'envoyer le modèle des procurations, pour la prise de possession des deux Bénéfices.

Vous devez avoir reçu par le dernier ordinaire une réponse de moi à M. de Bonneval; en voici [une] à la dernière lettre que j'ai reçu de M. son père; il me paroit être satisfait.

Je tiens aujourd'hui sur les fonts le petit chevalier de

4. De la main de Malclerc. Signature autographe du Cardinal. Deux empreintes en cire rouge du sceau de Retz, plaquées sur lacs de soie rouge.

Caumartin[1] et je fais état de m'en retourner demain à Commercy. Je suis absolument à vous et de tout mon cœur.

Le Cardinal de RETS.

A Châlons, ce 18 mars 1671.

Depuis ma lettre écrite, j'ai encore reçu la vôtre du 18 en cette ville, d'où je ne partirai que demain pour m'en retourner à Commercy. Voici la ratification du traité fait avec M. le marquis d'O; il ne faut laisser la jouissance à Brulé[2]. J'appréhende aussi bien que nous n'ayons souvent des plaintes pareilles à celles de M. l'évêque de Césarée[3]; je vous envoie un mot pour lui

1. Louis Le Fèvre de Caumartin, l'ami intime de Retz, dont il est si souvent question dans les *Mémoires* du Cardinal, ayant perdu sa première femme, Marie-Urbaine de Sainte-Marthe, le 15 janvier 1654, avait épousé en secondes noces, le 22 février 1664, Catherine-Madeleine de Verthamont. De ce dernier mariage naquirent plusieurs enfants. Celui que le cardinal de Retz tint sur les fonts baptismaux et dont, par conséquent, il fut le parrain, ne peut être que Jean-François-Paul, né le 16 décembre 1668 à Châlons-sur-Marne. On avait, comme il était d'usage à l'époque, retardé la cérémonie du baptême. Ce Jean-François de Caumartin fut nommé membre de l'Académie française en 1694, n'ayant pas vingt-six ans; en 1717, il devint évêque de Vannes, puis de Blois, où il mourut le 30 août 1733. C'était un homme d'esprit à en juger par les discours académiques qui restent de lui. Il avait été en quelque sorte élevé sur les genoux du cardinal de Retz, son parrain, qui, de son vivant, se dessaisit en sa faveur de l'abbaye de Buzay (en Bretagne). Elle donnait au jeune abbé le droit de présider une commission aux états de Bretagne, où son père avait été nommé commissaire du Roi.

2. Ailleurs *Bruslé*.

3. Charles de Bourlon, fils de Mathieu, maître des requêtes, et de Christine Bailly, né à Paris en 1613, nommé coadjuteur de Soissons et sacré évêque de Césarée le 2 février 1653, devint évêque de Soissons le 28 ou le 31 octobre 1656, et mourut le 26 octobre 1685. Nous n'avons trouvé aucun autre personnage qui, du vivant de Charles de Bourlon, ait porté le titre d'évêque

tout ouvert afin que vous voyez, s'il n'y a pas d'inconvénient à lui rendre. Je suis à vous et de tout mon cœur.

Ce 19 mars 1671.

Vous voyez mieux que moi ce qu'il est à propos de dire de ma part à M. de Cæsarée.

A Monsieur, Monsieur de la Fons[4].

CLXVIII

A Commerci, le 23 de mars 1671.

J'AI répondu de Châlons à votre lettre du 17 de ce mois. J'ai vu ici à mon retour M. de Saint-Mihiel avec qui je vais travailler à ce matin pour régler ma dépense. Je suis absolument à vous.

Le Cardinal de RAIS.

A Monsieur, Monsieur de la Fons[1].

de Césarée, mais comment se fait-il que Retz le lui donne encore en 1671, alors qu'il était évêque de Soissons depuis 1656?

4 De la main de Malclerc. Signature autographe du Cardinal. Deux empreintes de son sceau en cire rouge, plaquées sur lacs de soie.

1. Billet autographe y compris la suscription. Deux empreintes du sceau du Cardinal en cire rouge plaquées sur lacs de soie de même couleur. C'est la première signature du Cardinal avec cette forme : *Rais*. Elle permet de fixer un point très-important. Jusqu'à présent on avait ignoré à quelle époque précise fut rédigé le manuscrit autographe des *Mémoires de Retz*, que possède la Bibliothèque nationale. En tête de ce manuscrit le Cardinal change l'orthographe de son nom et l'écrit *Rais*, ainsi que dans tout le cours des *Mémoires* écrits de sa propre main. Or comme il n'a fait usage pour la première fois de cette nouvelle manière d'écrire son nom que dans la lettre ci-dessus en date du

CLXIX

26 mars 1671.

J'ai reçu votre lettre du 21 de ce mois. Je suis de votre avis touchant Desnots; il est inexcusable.

Voici trois billets de ma main pour le Père Général[1], le Père Brachet et le Père Prieur de Saint-Denis[2], qui sont des remerciements que je leur fais sur les dispositions que vous me mandez qu'ils sont touchant le prieuré de Mortagne.

La raison pour laquelle je vous ai prié d'adoucir un peu la réponse à l'égard de M. de Pompadour, est que je suis persuadé que, par les circonstances que vous savez de M. le Chancelier, il sera bon de le payer préférablement à beaucoup d'autres, c'est-à-dire toutefois après vous, M. de Châlons, de Caumartin, et de la Houssaye[3].

J'écris à M. de Hacqueville que je le prie de demander aux Cherriers, l'état du paiement des charges depuis le premier juillet 1668 jusqu'au dernier décembre 1670, comme vous me le marquez; je crois qu'il est mieux que la proposition leur en vienne de lui, afin qu'ils ne s'aillent pas imaginer que vous la leur fassiez vous-même; vous savez comme ils sont ombrageux.

23 mars 1671, il est évident que le manuscrit autographe de ses *Mémoires* n'a été remanié en entier, pour la dernière fois, qu'à partir de cette date.

1. Le Père général de la congrégation de Saint-Maur, de qui dépendait l'abbaye de Saint-Denis.

2. Le Père prieur de Saint-Denis était alors, comme nous l'avons dit plus haut, Dom Guillaume Momole Geofroy, qui avait succédé à Dom Vincent Marsolles en 1666, et qui mourut en 1672. Il eut pour successeur Dom Claude Martin, qui mourut en 1675.

3. Qui étaient depuis fort longtemps parmi les principaux créanciers de Retz et qui avaient déjà reçu de forts acomptes sur le prix de vente de la seigneurie de Commercy.

L'affaire de Mlle Serment a-t-elle été jugée? J'ai travaillé tout avant-hier avec M. l'abbé de Saint-Mihiel, et vous voirez par ce qu'il vous mande que nous avons réglé toutes choses, ce qui sera inviolablement observé.

Vous vous payerez de ce qui vous est dû préférablement à tout le monde sans exception. Je vous laisserai toujours entre les mains les deux mille écus du clergé pour les dépenses imprévues; je ne m'étends pas davantage sur ce détail, parce que M. de (Saint-) Mihiel m'a dit qu'il vous l'expliquoit à fond et je me contenterai de vous dire en général que j'ai suivi en tout et partout ce que M. de Saint-Mihiel m'a dit être de vos sentiments et ceux de M. de Hacqueville. Je suis tout à vous et de tout mon cœur.

Le Cardinal de Rais.

Mandez-moi, je vous prie, quel est précisément le revenu de chacun des Bénéfices que j'ai en permutation de l'abbaye de la Chaulme[4].

A Monsieur, Monsieur de la Fons[5].

4. L'abbaye de la Chaulme, en latin *Sancta-Maria de Calma*, située dans le bourg du même nom, dans le duché de Retz, à un quart de lieu de Machecoul et à douze lieues de Nantes. Elle avait été fondée en 1055 par Harwid, baron de Retz. Elle était de la réforme des Bénédictins de Saint-Maur depuis 1636 et ses revenus étaient de 2500 livres. (*Recueil historique*, etc., de dom Beaunier, tome II, p. 939.) Nous ignorons le nom des bénéfices qui furent donnés à Retz en échange de la Chaulme.

5. De la main de Malclerc. Signature autographe du Cardinal. Deux empreintes en cire rouge du sceau à ses armes, plaquées sur lacs de soie rouge.

CLXX

A Commerci, le 29 de mars 1671.

M. de La Vaux de Luc, qui est de mes plus anciens amis, vous rendra ce billet. Je vous prie de le présenter de ma part à M. le Premier Président[1], et de lui témoigner la sensible obligation que je lui aurai si il a la bonté de lui vouloir bien donner une audience. Je suis tout à vous et de tout mon cœur.

Le Cardinal de Rais.

A Monsieur, Monsieur de la Fons[2].

CLXXI

(30 mars 1671.)

J'ai reçu votre lettre du 25 de ce mois; je prends trop de part à votre santé pour n'être pas très-aise que vous alliez un peu vous divertir à la campagne. La lettre de M. de Saint-Mihiel, de l'ordinaire dernier, arriva trop tard pour vous être envoyée jeudi. La voici, elle vous fera voir le parti que j'ai pris; nous ferons mieux l'année qui vient; mais le préalable de tout mieux est de se mettre à l'uni[1]. Je suis tout à vous et de tout mon cœur.

Ce 30 mars.

Le Cardinal de Rais.

1. Guillaume de Lamoignon, etc., premier président depuis le 16 novembre 1658.
2. Billet autographe. Deux empreintes en cire rouge du sceau aux armes du Cardinal, plaquées sur lacs de soie rouge.
1. Voyez ci-dessus, p. 292, note 2.

Voici une lettre pour M. l'évêque de Sisteron[2], frère de M. Poncet.

A Monsieur, Monsieur de la Fons[3].

CLXXII
(2 avril 1671.)

Je vous envoie les deux procurations dont M. votre fils m'a envoyé le modèle.

Vous devez avoir présentement reçu ce que M. l'abbé de Saint-Mihiel vous mande de ce que nous avons fait ici ensemble; cela sera exécuté ponctuellement; nous ferons encore mieux l'année qui vient; mais il se faut mettre à l'uni.

Voici une réponse que je fais aux Carmélites de Saint-Denis qui m'ont écrit pour me demander le payement des anciens appointements[1] de Gaultray à qui je ne dois rien, comme vous verrez par ce que j'en écris moi-même à Gaultray, et je vous envoie la lettre à cachet volant afin que vous la voyiez avant que de la lui rendre. Je suis tout à vous et de tout mon cœur.

Depuis ma lettre écrite, je me suis ravisé, et je crois qu'il est mieux que je fasse dire à Gaultray par Chevincourt ce que je lui voulois écrire. Voici donc la lettre que j'écris à Chevincourt, que vous lui ferez rendre après

2. *Cisteron* dans l'original. L'évêque de Sisteron était alors Michel Poncet, qui occupait ce siége depuis 1667, et qui mourut en 1674. Son frère était conseiller à la deuxième Chambre des Enquêtes.
3. De la main de Malclere. Signature autographe du Cardinal. Deux empreintes en cire rouge du sceau de Retz, plaquées sur lacs de soie rouge.
1. *Apoitement* dans l'original.

l'avoir lue et fermée. Retenez-en, s'il vous plaît, la substance pour la dire aux Carmélites. Vous voirez [que] ce que je leur écris n'est proprement qu'une créance pour vous. Si Gaultray vous en parle, dites-lui qu'il se peut ressouvenir de ce qu'il a touché de M. Mallard, de M. de Chevincourt et de M. Bouvier, et si à Liége il a vécu[2] à ses dépens.

Ce 2 avril 1671.

A Monsieur, Monsieur de la Fons[3].

CLXXIII

A Commerci, le 2 avril 1671.

Je vous remercie, Monsieur, de tout mon cœur des soins que vous prenez pour moi, et je ne vous en saurois mieux témoigner ma reconnoissance qu'en vous disant que je suis à vous comme à M. votre père. Je ne vous saurois mieux expliquer ce que je vous suis.

Le Cardinal de Rais.

Monsieur, Monsieur de la Fons le fils[1].

2. Le mot *Liége* est répété après les mots : *il a vécu.*
3. De la main de Malclerc. Signature autographe du Cardinal. Deux empreintes de son sceau en cire rouge, sur lacs de soie rouge.
1. Billet autographe. Deux sceaux en cire rouge aux armes de Retz.

CLXXIV
(15 avril 1671.)

Vous ne pouviez me faire savoir une meilleure nouvelle que celle que vous me mandez de l'Ordre de Commercy parce que la conclusion est assurément la plus importante de mes affaires.

Saint-Amour passe dans le monde pour un fort grand fripon et il en a usé si malhonnêtement avec moi qu'il ne mérite pas d'être épargné et je vous suis très-obligé de tous vos soins et je suis absolument à vous.

Ce 15 avril 1671.

Le Cardinal de Rais.

A Monsieur, Monsieur de la Fons le fils[1].

CLXXV
(16 avril 1671.)

J'ai reçu votre lettre du 8 de ce mois qui me fait croire que vous pouvez être présentement à Paris. Je serois pourtant très-fâché que vous n'eussiez pas pris tout le temps de bien remettre votre santé à la campagne, et je vous assure qu'elle m'est si chère que j'aimerois mieux que mes affaires en pâtissent pour quelques jours.

J'ai reçu quelques lettres, pendant votre absence, de M. votre fils qui me fait voir qu'il a été en bonne école.

---

1. De la main de Malclerc. Signature autographe du Cardinal. Deux empreintes de son sceau en cire rouge, plaquées sur lacs de soie de même couleur.

J'ai tiré sur vous une lettre de change de six mille livres payable au trentième de ce mois; j'attendrai pour tirer le reste que vous me mandiez ce que je puis tirer de plus.

Je me ressouviens, par exemple, de trente mille pistoles que vous avez fourni pour Rome. Je suis plus à vous qu'à moi-même.

Ce 16 avril 1671.

Le Cardinal de Rais.

A Monsieur, Monsieur de la Fons[1].

CLXXVI
(23 avril 1671.)

23 avril 1671.

Je vous crois présentement à Paris; c'est pourquoi je vous y adresse cette lettre pour vous prier de me mander si vous ne savez point ce que est devenu un cabinet[1] et une table qui étoi[en]t à moi en la chambre du docteur Paris. J'avois toujours cru jusqu'ici qu'elle étoit chez le chanoine Péan[2], et je n'ai appris que depuis deux jours qu'il les avoit rendu au docteur[3].

---

1. De la main de Malclerc. Signature autographe du Cardinal. Deux empreintes de son sceau en cire rouge, plaquées sur lacs de soie de même couleur.

1. « *Cabinet....* buffet où il y a plusieurs volets et tiroirs pour y enfermer les choses les plus pretieuses, ou pour servir simplement d'ornement dans une chambre, dans une galerie. » (Furetière, *Dictionnaire.*) Quant aux *tables d'Italie*, dont il est question dans cette lettre, ce sont probablement des tables en mosaïque.

2. François Péan de la Croullardière, chanoine de Saint-Germain-l'Auxerrois et aumônier de Mademoiselle, auteur de plusieurs opuscules de controverse contre les protestants et les jansénistes. Il mourut le 10 juillet 1683, à l'âge de quatre-vingts ans.

3. Toutes ces incorrections sont dans l'original.

Pour ce qui est de l'autre table d'Italie, je crois qu'elle est encore chez M. Joly; mais il ne la faut pas demander tant qu'on ne lui aura pas rendu son billet de Saint-Amour. Je suis tout à vous et de tout mon cœur.

Le Cardinal de RAIS.

A Monsieur, Monsieur de la Fons³.

CLXXVII
(27 AVRIL 1671.)

J'AI reçu votre lettre datée à Saint-Quentin le 20 de ce mois, et celle de M. votre fils du 22; je vois par celle-ci que Saint-Amour a fait encore une nouvelle chicane; je vous conjure de pousser cet homme avec vigueur.

M. de Bonneval me demande par deux lettres que je vous envoie, que je lui fasse toucher mille écus sur les sept mille huit cents livres saisies, et il m'assure qu'il n'y a aucune risque[1] pour moi, et que sans ce secours son père et lui sont en très-méchant état. Je lui fais réponse que je ne puis rien faire sur cela sans savoir vos sentiments, particulièrement s'agissant de l'abbaye de Saint-Denis que j'ai abandonnée à mes créanciers[2]. Mandez-moi, je vous supplie, ce que je dois lui répondre. Il me prie aussi de prier M. de Caumartin d'ache-

---

3. De la main de Malclerc. Signature autographe du Cardinal. Deux sceaux en cire rouge, brisés, les lacs de soie ayant été arrachés.

1. Retz fait ce mot féminin. Voyez tome IV, p. 271, note 2.

2. C'est-à-dire les cent vingt mille livres de revenu qu'il touchait chaque année comme abbé commendataire de Saint-Denis.

ter la terre de Gloise, et j'en ai écrit aujourd'hui à M. de Caumartin. Vous trouverez ci-jointe une lettre de l'abbé Bouvier touchant le prieuré de Mortagne. Je suis absolument à vous et de tout mon cœur.

Ce 27 avril.

Le Cardinal de RAIS.

M. de Hacqueville m'écrit touchant un avis qu'il a d'Anjou d'un fonds appartenant à la succession de la Rochepot[3]; il ne faut pas, à mon avis, le négliger parce que, de la manière dont j'ai ouï parler autrefois, ce peut être quelque chose d'effectif.

A Monsieur, Monsieur de la Fons[4].

CLXXVIII
(30 AVRIL 1671.)

J'AI reçu votre lettre du 25 qui m'apprend votre retour à Paris en bonne santé, dont j'ai une sensible joie, car je vous avoue que je suis en repos de mes affaires, lorsqu'elles sont en vos mains.

Mandez-moi, je vous prie, le prix et la valeur de chacun des Bénéfices que l'on m'a donné pour l'abbaye de la Chaulme.

Je vous prie aussi de donner à Gaultray trente pistoles que vous prendrez sur ce qui reste du quartier

---

3. La mère du cardinal de Retz, Françoise-Marguerite de Silly, était la fille d'Antoine de Silly, comte de la Rochepot. Par conséquent le Cardinal était ou pouvait être intéressé dans la succession en question.

4. De la main de Malclerc. Signature autographe du Cardinal. Deux empreintes en cire rouge aux armes du cardinal, plaquées sur lacs de soie rouge.

d'avril, et prenez, s'il vous plaît, un billet de Gaultray que ces trente pistoles [sont] sur la pension de la Saint-Jean prochaine. Je suis tout à vous et de tout mon cœur.

Ce 30 avril.

Je vous recommande toujours M. de la Vandelus. M. le cardinal de Bouillon me demande des provisions de capitaine des chasses de Sergi[1] et de ses dépendances ; vous pouvez croire que je lui accorde de bon cœur. Portez-lui, je vous prie, le plus tôt que vous pourrez la lettre ci-jointe que je vous envoie pour lui par laquelle je lui mande que vous l'irez trouver ; les terres qu'il désire qui soient comprises dans les dépendances de Sergi[2], et que si le capitaine des chasses d'Auvers[3] n'a point Sergi, ce qui pourroit être à cause du voisinage, vous lui ferez expédier par Gaultray les provisions pour qui il lui plaira, et que si le capitaine d'Auvers a Sergi, vous ferez à mon nom tout ce qu'il faudra pour l'obliger à le quitter à celui que M. le Cardinal de Bouillon vous nommera. Je vous prie en effet d'en user ainsi et de faire la chose le plus promptement et de la meilleure grâce qu'il vous sera possible. Si M. le Cardinal de Bouillon est à Pontoise, comme il me paroît par sa lettre qu'il y est, je prie M. votre fils de l'y aller trouver pour recevoir ses ordres ; je mande à Gaultray d'expédier des lettres de capitaine des chasses

---

1. *Cergy*, maison seigneuriale, avec des terres considérables dépendant de la châtellenie de Cergy, et appartenant à l'abbaye de Saint-Denis. Il y a *Sergi* dans l'original.

2. Le secrétaire a dû omettre quelques mots dans cette phrase, qui est peu compréhensible.

3. Terre et seigneurie de l'abbaye de Saint-Denis, avec un « château contenant plusieurs corps de logis, granges, étables, bergeries, autres bâtiments, et deux cent trente arpens de prés et terres labourables, etc. »

de Sergi en blanc, telles que vous le jugerez à propos et que vous le lui direz.

Le Cardinal de Rais.

A Monsieur, Monsieur de la Fons[4].

CLXXIX
(5 mai 1671.)

J'ai reçu votre lettre du 24; j'avois toujours cru la table et le cabinet chez le chanoine Péan, et c'est ce qui m'avoit empêché de vous en parler à la mort du docteur[1]. Dieu nous garde de plus grande perte; il n'y a encore rien qui presse pour l'autre table qui est chez M. Joly. Je vous manderai quand il la faudra demander.

Il faut voir ce que M. Le Tellier fera après avoir vu l'arrêt de M. Pussort[2]. Si nous avons bon droit pour le prieuré de Mortagne[3], il le faut maintenir avec vigueur et j'irai même, s'il est nécessaire, solliciter mon procès en personne.

4. De la main de Malclerc. Signature autographe du Cardinal. Deux sceaux en cire rouge aux armes de Retz, plaqués sur lacs de soie rouge.

1. L'abbé Paris, ancien docteur de Navarre, mort à une époque que nous n'avons pu préciser.

2. Henri Pussort, conseiller d'État ordinaire, ancien conseiller au Grand Conseil, oncle de Colbert, fit partie de la commission qui jugea le surintendant Fouquet et se montra l'un des plus acharnés à sa perte. Pussort fut chargé par Louis XIV de travailler à la rédaction des *Ordonnances* de 1667 et 1670 pour la réformation de la justice et pour l'abréviation des procès. Il mourut doyen du Conseil d'État, le 18 février 1697.

3. Le prieuré de Mortagne avait été donné par Louis XIV au cardinal de Retz, mais ce prieuré était disputé au Cardinal par un compétiteur, comme on l'a vu p. 382, note 2. De là un procès devant le Conseil d'État.

J'ai eu ici, il y a quatre jours, Mme de Laminois, qui est votre parente, avec laquelle j'ai bien dit du mal de vous.

Voici une lettre que je vous envoie du commandeur de Conigi avec la réponse que je lui fais par laquelle je vous le renvoie. Je suis plus à vous qu'à moi-même.

Ce 5 mai 1671.

MM. de Conigi ont été toujours amis de notre maison et je vous prie de voir ce qui se peut faire en ce rencontre.

Le Cardinal de Rais.

A Monsieur, Monsieur de la Fons[4].

CLXXX
(7 mai 1671.)

J'ai reçu votre lettre du 2 de mai ; je réponds à M. de Bonneval suivant ce que vous me marquez ; il n'y a rien effectivement de plus juste et de plus convaincant.

Chevincourt m'écrit avec un grand empressement pour la Serment, pour me persuader qu'il faut que je fasse les frais de la requête civile qu'elle prétend présenter ; mais comme je vois par ce que M. de Hacqueville m'en mande qu'il y auroit trop d'inconvénient à ce parti et même trop de longueur, je lui réponds dès aujourd'hui que je n'en veux rien faire et que je m'en veux tenir à l'arrêt ; je crois en effet que c'est le meilleur et que je gagnerai toujours à tout ce qui finit l'affaire de l'Ordre.

---

4. De la main de Malclerc. Signature autographe du Cardinal de Retz. Deux empreintes de son sceau en cire rouge, plaquées sur lacs de soie de même couleur.

CORRESPONDANCE DIVERSE

Voici une lettre du curé de Bourneuf; faites, s'il vous plaît, à l'égard du sel qu'il[1] parle, ce que vous jugerez à propos, et mandez-moi ce qu'il faut que je lui réponde. Je suis absolument à vous et de tout mon cœur.

Ce 7 mai 1671.

Le Cardinal de RAIS.

Je vous recommande encore de finir l'Ordre de Commercy *in ogni modo*, et n'avoir aucun égard à toutes les consultations d'avocats. Je vous prie de payer la Fontaine, s'il vous est possible.

Je suis honteux de toutes les peines que je vous donne pour les sollicitations, et je vous assure que j'y serai plus réservé à l'avenir; mais en voici encore dont on ne se peut défendre; c'est pour Mme la vicomtesse de Lamet[2]. Sollicitez, je vous prie, en mon nom, pour elle lorsqu'il en sera temps, et particulièrement M. le Premier Président; elle avoit souhaité que je lui écrivisse, mais je lui ai mandé que vous lui diriez la raison pour laquelle je ne le fais pas et la voici : les Premiers Présidents ont toujours prétendu d'être traités par lettres, comme les Chanceliers, et les Cardinaux ont toujours prétendu le contraire. Dites cela, je vous prie, le plus tôt qu'il vous sera possible à Mme de Lamet, mais en la priant de [ne] s'en expliquer à personne pour n'en pas faire une nouvelle affaire.

A Monsieur, Monsieur de la Fons[3].

1. *Que* s'employait alors fréquemment au sens de *dont*. Voyez les *Lexiques* des œuvres de Malherbe, de Corneille et de Racine.
2. Femme de François de Lamet, vicomte de Laon. Voyez notre tome II, p. 335, note 2. Les Lamet étaient les alliés et les anciens partisans du cardinal de Retz. Voyez aussi notre tome II, p. 286, note 4; et tome IV, p. 539.
3. De la main de Malclerc. Signature autographe de Retz. Deux sceaux en cire rouge plaqués sur lacs de soie de même couleur.

CLXXXI
(11 mai 1671.)

J'ai reçu votre lettre du 6 de ce mois. Je me confirme bien dans le sentiment que je vous marquai par ma dernière touchant l'arrêt de M. Bénard[1] par ce que j'en vois dans la vôtre ; il faut avouer que la proposition de Chevincourt est incomparable.

J'admire comme Dom Laumer peut être contraire au partage[2] ; il m'a dit vingt fois en sa vie qu'il me donneroit douze mille livres de rente, si j'y voulois consentir.

Je ne connois personne au parlement de Bretagne ; mais Mme de Rais y est très-puissante, et voici une lettre pour elle par laquelle je lui recommande Nidelette[3].

En voici aussi une que j'écris à M. de Genie[4] en faveur de M. de Vienne d'Argenteuil. Je suis absolument à vous et de tout mon cœur.

Le Cardinal de Rais.

Ce 11 mai 1671.

A Monsieur, Monsieur de la Fons[5].

1. Guillaume Bénard de Rezé, conseiller clerc à la Grand'-Chambre depuis le 6 mai 1636.
2. Il s'agit du partage des biens et possessions de l'abbaye de Saint-Denis entre les Religieux et l'abbé, dont nous aurons à parler bientôt avec détails. Ce partage eut lieu en 1672.
3. Ailleurs *Nidelet*.
4. Après *Genie*, les deux mots, *que j'écris* sont répétés. Ce nom propre de *Genie* a été certainement défiguré par le copiste. Il s'agit de Jacques de Geniers, conseiller laïc à la Grand'Chambre depuis le 7 août 1639.
5. De la main de Malclerc. Signature autographe du Cardinal. Deux sceaux en cire rouge à ses armes, plaqués sur lacs de soie rouge.

CLXXXII
(14 mai 1671.)

J'ai reçu votre lettre du 9 de ce mois; elle porte qu'il faut accuser Chevincourt sur l'affaire de la Serment, et comme je n'ai pas fait moi-même, parce que je lui ai écrit nettement que je ne voulois rien faire de ce qu'il me proposoit sur cela, il faut que vous y suppléiez, s'il vous plaît, ou par vous ou par M. de Hacqueville.

Je vous prie de donner neuf cents livres à Beauchesne sur le quartier d'avril, sur lequel j'ai déjà touché deux mille écus, et mandez-moi, je vous prie, ce qui est à tirer.

Je vous prie de prendre la peine de voir de ma part Mlle de Tailfumyr[1] qui est à Paris et de faire ce que vous pourrez à mon nom pour son affaire. Je suis de tout mon cœur tout à vous.

Ce 14 mai.

Le Cardinal de Rais.

Je crois comme vous que l'abbé de Saint-Mihiel aura bien de la peine à accorder les religieux et les Cherriers; ce seroit pourtant un grand bien à mon avis si cela pouvoit être.

A Monsieur, Monsieur de la Fons[2].

---

1. Mlle de *Tailfumyr* ou *Tailfumyer* était parente de Jean-Baptiste Tailfumyer, procureur général de la Justice de Commercy.
2. De la main de Malclerc. Signature autographe du cardinal de Retz. Deux empreintes en cire rouge à ses armes, plaquées sur lacs de soie rouge.

CLXXXIII
(18 mai 1671.)

J'ai reçu votre lettre du 13 de ce mois; j'écris au curé de Bourneuf au sens que vous me le marquez.

Messieurs Cherriers commencent de bonne heure à faire des difficultés et l'article des trois mille livres pour les décimes extraordinaires[1] me paroît si clairement expliqué[2] dans le traité, que je ne conçois pas comme ils prétendent s'en[3] pouvoir défendre; vous en aurez sans doute conféré avec M. l'abbé de Saint-Mihiel qui m'en a toujours parlé comme d'une chose sûre et incontestable.

L'abbé de Grandmont, agent général[4], est de mes amis et je ne crois pas qu'il vous fasse grand obstacle.

J'en appréhende des chicaneries de la Serment pour la conclusion de l'Ordre, et je suis très-aise particulièrement par cette raison que vous n'épargniez rien pour le consommer. Je signerai les provisions de capitaine des chasses de Cergi[5] aussitôt que vous me les aurez envoyé.

Je suis tout à vous et de tout mon cœur.

Ce 18 mai.

Le Cardinal de RAIS.

A Monsieur, Monsieur de la Fons[6]

1. Les décimes extraordinaires payés par le clergé.
2. A cette époque *article* était ordinairement masculin, mais on l'avait employé aux deux genres : « *Article*, subst. masc. et fém. », dit Sainte-Palaye.
3. Il y a *sans* dans l'original.
4. Agent général de l'Assemblée du clergé.
5. Châtellenie et seigneurie en Vexin, un des fiefs de l'abbaye de Saint-Denis. Voyez ci-dessus, p. 409, note I.
6. De la main de Malclerc. Signature autographe du cardi-

CLXXXIV
(25 mai 1671.)

Je réponds aux vôtres du 16 et du 20 de ce mois parce que je me porte mieux que je ne faisois ces jours passés.

J'ai bien de la joie du traité que M. l'abbé de Saint-Mihiel a moyenné[1] et vous m'avez fait un très-grand plaisir de le presser d'achever cette affaire avant que partir; ce n'est pas que je ne pense comme vous que nous ne sommes pas hors de tout embarras, mais je suis persuadé que ce partage[2] nous en sauve au moins les plus considérables.

Suivant ce que vous m'écrivez, déduction faite de ce que vous avez donné de ma part à Beauchesne, à Gaultray et pour Rome, il reste encore pour le quartier d'avril deux mille deux cent soixante livres dont j'ai tiré lettre de change sur vous payable à M. le Moyne ou à son ordre au 6 du mois prochain.

Je ne puis concevoir les difficultés que font les Cherriers après ce qu'ils ont écrit au sieur de Malclerc, il y a plus de trois semaines, que le quartier[3] étoit tout prêt et qu'ils s'étonnoient de ce que je ne tirois pas.

Informez-vous, je vous supplie, du temps auquel les partages de Mlle de Brou pourront être réglés.

---

nal de Retz. Deux empreintes en cire rouge du sceau du Cardinal, plaquées sur lacs de soie rouge.

1. Voyez tome V, p. 290, note 2.
2. Le partage des terres et possessions de l'abbaye de Saint-Denis entre l'abbé et les moines.
3. Le quartier des revenus de l'abbaye de Saint-Denis dont les Cherriers étaient économes.

Voici la ratification du contrat de constitution. Je suis tout à vous et de tout mon cœur.

A Ville Issey[4], ce 25 mai.
Le Cardinal de Rais.

A Monsieur, Monsieur de la Fons[5].

CLXXXV
(28 mai 1671.)

J'ai reçu votre lettre du 23 de ce mois. Achevez, je vous supplie, l'Ordre le plus tôt que vous pourrez et parez-vous avec application des chicanes de la Serment que Chevincourt portera en tout et partout.

Je n'ai presque pas vu encore M. l'abbé de Saint-Mihiel, qui a été si pressé par la fête de s'en retourner qu'il n'a été qu'une heure avec moi ; il m'a dit que les Cherriers ne se peuvent dispenser de payer les trois mille livres des décimes, mais que, pour ce qui est des termes, leur difficulté n'est pas sans fondement. J'ai été un peu mal ces jours passés, mais je me porte à présent

---

4. *Ville-Issey*, double village, le premier du côté de Commercy, appelé *Ville*, le second du côté de Sorcy, appelé *Issey*. Il est situé en deçà de la Meuse et voisin de Commercy, à cinq kilomètres. Ce fief dépendait de la seigneurie de Commercy et appartenait au cardinal de Retz. Il en avait fait réparer le château, en avait embelli les jardins et y avait installé une ménagerie d'animaux féroces. Ville-Issey était une de ses résidences de prédilection, et il est fort probable que ce fut dans cette retraite, où il était plus à l'abri des visiteurs que dans le château de Commercy, qu'il rédigea une grande partie de ses *Mémoires*.

5. De la main de Malclerc. Signature autographe du Cardinal. Deux sceaux en cire rouge à ses armes, plaqués sur lacs de soie rouge.

beaucoup mieux. Je suis tout à vous et de tout mon cœur.

Ce 28 mai.

Le Cardinal de RAIS.

A Monsieur, Monsieur de la Fons[1].

CLXXXVI
(1er JUIN 1671.)

J'AI reçu votre lettre du 27 du passé. Je suis très-aise de vos conférences avec le commis au greffe, mais veillez, je vous prie, sur Modave[1], qui est, comme vous savez, très-ami de Chevincourt. Je crains toujours Chevincourt pour les longueurs, à cause de la Serment; il a même écrit ici qu'il se trouve très-lésé en son particulier par l'arrêt de M. Bénard[2], lui et Vacherot[3]. Voici un billet de ma main pour M. Bénard, qui est un remerciement que je lui fais pour la conclusion de cette affaire, que vous lui donnerez toutefois si vous le jugez à propos.

Je serai très-aise que vous continuiez à envoyer la *Gazette de Hollande*. Je suis tout à vous et de tout mon cœur.

Ce 1er juin 1671.

Le Cardinal de RAIS.

A Monsieur, Monsieur de la Fons[4].

1. De la main de Malclerc. Signature autographe du cardinal de Retz. Deux empreintes en cire rouge, plaquées sur lacs de soie rouge, à ses armes.
1. Le procureur de Retz à Paris.
2. Voyez ci-dessus, p. 413, note 1.
3. Probablement le fils de Vacherot, l'ancien médecin du Cardinal, qui, en effet, avait un fils.
4. De la main de Malclerc. Signature autographe du Cardi-

CLXXXVII
(4 juin 1671.)

J'ai reçu votre lettre du 30 du passé; je ne sais point le détail de ce qui s'est passé à Rome; mais je sais bien par ce que l'abbé Bouvier m'a mandé que ma dette étoit la première et la seule bonne.

Je voudrois bien que M. de Caumartin ne vous menât pas en Touraine, car je suis persuadé que vous m'êtes très-nécessaire à Paris.

Je suis tout à fait de votre sentiment touchant M. le Cardinal Grimaldi[1], mais qu'y faire pourtant, s'il le veut? Je lui en écris ma pensée et j'en écris pareillement à M. le Cardinal de Bouillon[2]. Je suis tout à vous et de tout mon cœur.

Ce 4 juin.
                                    Le Cardinal de Rais.

Voici une lettre que je vous envoie de M. Perrot. Je crois qu'il est bon de satisfaire ce M. Cassard.

A Monsieur, Monsieur de la Fons[3].

nal. Deux empreintes en cire rouge, aux armes de Rez, plaquées sur lacs de soie rouge.

1. Le cardinal Jérôme Grimaldi, né à Gênes le 20 août 1597, et qui obtint la pourpre le 13 juillet 1643. Nommé archevêque d'Aix en 1648, Grimaldi devint un des membres les plus fidèles de la faction française dans les conclaves. Il mourut à Aix le 4 novembre 1685. Voyez notre tome VI, p. 19 et note 2.

2. Voyez ci-dessus, p. 341, note 2.

3. De la main de Malclerc. Signature autographe du Cardinal. Deux empreintes en cire rouge à ses armes, plaquées sur lacs de soie rouge.

CLXXXVIII
(8 juin 1671.)

J'ai reçu votre lettre du 3 de ce mois, qui me met en quelque peine parce que, si les papiers qui vous manque[nt] pour l'arrêt d'Ordre sont entre les mains de Chevincourt, nous aurons bien de la peine à les retirer, à cause de ses intérêts avec la Serment. Je vous assure que votre voyage m'embarrasse terriblement, particulièrement dans cette conjoncture de Chevincourt, mais que[1] les intérêts de M. de Caumartin, comme vous savez, ne me sont pas moins chers que les miens propres, et je vous prie sur le tout de faire ce qu'il voudra.

Voici la ratification du contrat pour le remboursement du sieur de Leris[2] dont je suis très-aise ; je suis tout à vous et de tout mon cœur.

Ce 8 juin.

Il faut avouer que MM. Cherriers sont bien tenants de ne vouloir rien avancer pour les décimes ; voyez si vous ne jugez pas à propos que je leur en écrive.

Je ne fais que d'ouvrir votre lettre du 6 sur laquelle je n'ai que le loisir de vous dire que je serois bien aise que vous empêchassiez M. de Lomeni[3] de venir ici, en lui mandant que vous avez appris que je dois aller au

---

1. *Quoi* au lieu de *que* dans l'original.
2. Un des créanciers de Retz.
3. M. de *Lomeni* dans l'original. Il faut lire, sans doute, de *Loménie* et ce pourrait bien être Louis-Henri de Loménie, comte de Brienne, auteur de *Mémoires* et fils de Henri-Auguste de Loménie, secrétaire d'État des Affaires étrangères. On connaît les étranges aventures et les malheurs de Louis-Henri de Loménie. Après avoir succédé, en 1661, à la charge de son père et de son vivant, il était entré brsuquement et malgré lui à l'Oratoire, par ordre secret de Louis XIV, à la suite de quelque tricherie au jeu. Les

remier jour voir Messieurs de Metz⁴, de Verdun⁵ et
I. le duc de Vitry⁶ et que je fais état d'être presque un
mois hors de Commercy. Vous lui pouvez mander cela
ort naturellement, puisque M. de Lomeni s'est adressé
vous pour savoir si j'étois ici.

Le Cardinal de Rais.

A Monsieur, Monsieur de la Fons⁷.

CLXXXIX
(11 juin 1671.)

J'ai reçu votre lettre du 6 de ce mois qui me donne
bien de la joie en m'apprenant que vous ne croyez pas
que la Serment puisse retarder l'Ordre.

Je crois vous avoir déjà demandé par le dernier ordinaire, si vous jugiez à propos que je priasse MM. Cherriers
d'avancer pour le terme de février du don gratuit, car je
doute fort que le Receveur Général du Clergé¹ le veuille

Oratoriens l'avaient expulsé pour quelque nouveau méfait, justement en 1670, et à partir de ce moment il s'était mis à voyager. Peut-être à cette époque, et avant d'être enfermé à Saint-Lazare, avait-il témoigné au cardinal de Retz le désir d'obtenir de lui une entrevue. Le soin que prend le Cardinal de recommander à son correspondant d'empêcher M. de Loménie de se rendre à Commercy, prouverait suffisamment qu'il s'agit de ce personnage.

4. Georges II d'Aubusson de la Feuillade, évêque de Metz, du 4 septembre 1668 au 12 mai 1697.

5. Armand de Mouchy d'Hocquincourt, évêque de Verdun, du 6 mai 1668 au 29 octobre 1679.

6. Voyez ci-dessus, p. 309, note 2.

7. De la main de Malclerc. Signature autographe du cardinal de Retz. Deux empreintes en cire rouge à ses armes, plaquées sur lacs de soie de même couleur qui ont été arrachés.

1. Pierre de Hanyvel, sieur de Saint-Laurens, qui mourut en 1676.

faire. Il ne coûte pourtant rien de l'essayer par la voie de M. de Hacqueville, qui trouvera quelque habitude avec lui². Voici une requête de la Plaine à qui je serois très-aise que vous payassiez, s'il étoit possible, à l'ordinaire.

Je ne crois pas que cette lettre vous trouve à Paris, mais comme je sais que M. votre fils y demeure, j'écris de même que si vous y étiez. Je suis tout à vous et du meilleur de mon cœur.

Ce 11 juin.

Le Cardinal de RAIS.

A Monsieur, Monsieur de la Fons³.

CXC
(15 juin 1671.)

Je vous écris, Monsieur, parce que je sais que cette lettre ne trouveroit plus M. votre père à Paris. Voici plusieurs lettres que je vous adresse, mais comme je doute que vous sachiez où loge M. de Querrieu¹, je suis bien aise de vous avertir que vous en pourrez savoir des nouvelles chez M. de Modave². Je suis tout à vous et de tout mon cœur.

Ce 15 juin.

Le Cardinal de RAIS.

A Monsieur, Monsieur de la Fons le fils³.

2. Au sens d'*accès*. Voyez tome IV, p. 464, note 5.
3. De la main de Malclerc. Signature autographe. Deux sceaux en cire rouge sur lacs de soie de même couleur.
1. François de Gaudechard, marquis de Querrieux, ancien partisan de Retz. Voyez notre tome III, p. 487 et note 2.
2. Le procureur du Cardinal à Paris, comme nous l'avons dit plus haut.
3. De la main de Malclerc. Signature autographe du cardi-

CXCI
(18 juin 1671.)

Je crois, Monsieur, que vous connoissez la Motte Charvau; il m'a écrit sur la pension que je lui donne. Dites-lui, s'il vous plaît, qu'il faut qu'il attende pour cela le retour de M. votre père et que son voyage ne sera pas si long qu'il ne puisse bien avoir cette patience. Je suis absolument à vous et de tout mon cœur.

Ce 18 juin.

Le Cardinal de Rais

A Monsieur, Monsieur de la Fons le fils[1].

CXCII
21 juin 1671.

J'ai reçu votre lettre du 17 de juin, et je vous remercie de tout mon cœur des nouvelles marques que vous m'y donnez de votre affection; je n'en suis pas surpris, mais je ne vous en suis pas moins obligé, je vous prie de croire que je les ressens comme je dois.

On n'a pas trouvé dans le paquet la lettre que vous marquez y être pour M. Loményi[1], qui vient de partir pour retourner en Picardie.

M. de Hacqueville m'écrit que M. le président Bri-

---

nal de Retz. Deux empreintes en cire rouge à ses armes, plaquées sur lacs de soie de même couleur.

1. De la main de Malclerc. Signature autographe du cardinal de Retz. Deux empreintes en cire rouge à ses armes plaquées sur lacs de soie rouge.

1. Voyez ci-dessus, p. 420, note 3.

çonnet [2] presse l'affaire de Mortagne au Grand Conseil [3]; mais comme elle est d'une nature à ne pouvoir manquer d'être apointée, je ne crois pas que tout ce qu'il y peut faire présentement soit de grande conséquence. Je vous prie toutefois de voir M. de Lhommeau pour voir ce qu'il y a à faire. Ce qui me surprend c'est que M. de Briçonnet avoit promis à M. de Caumartin que l'on ne feroit rien pendant son absence. Je suis tout à vous et de tout mon cœur.

Le Cardinal de RAIS.

M. de la Fons de Gilbercour [4].

CXCIII

A Commercy, le 25 de juin 1671.

J'AI reçu votre lettre du 20 de ce mois. Je ne vous puis exprimer la joie que j'ai de ce que l'arrêt d'Ordre s'avance; il n'y a rien de plus important dans mes af-

2. C'était le père du conseiller, depuis président du Parlement à la deuxième Chambre des enquêtes. « BRIÇONNET : Homme d'esprit, d'étude et de sagesse, qui aspire à l'honneur, penche à la Fronde; est capable de suivre les bons avis; fort assidu au Palais. Fils de M. Briçonnet, *président au Grand Conseil.* » (*Portrait du Parlement de Paris.*) Celui dont parle le Cardinal avait pour prénom Guillaume, seigneur de Leveville, Auteuil, etc. Il fut reçu conseiller au Parlement en 1635, maître des requêtes en 1641, président du Grand Conseil. Il mourut le 3 février 1674. (*État de la France* de 1674.)

3. Le Grand Conseil, cour suprême qui jugeait en dernier ressort, et, à la différence des autres cours du Parlement, suivait le Roi partout où il lui plaisait de l'appeler.

4. Ce titre ou ce deuxième nom de *Gilbercour* était porté par le fils de M. de la Fons. Lettre de la main de Malclerc. Signature autographe du Cardinal. Deux empreintes de cire rouge à ses armes, plaquées sur lacs de soie rouge.

faires, et je vous conjure de bien prendre garde aux démarches de la Serment qui n'oubliera rien pour le retarder.

Mandez-moi, je vous supplie, en quel temps le nouveau semestre du Grand Conseil doit entrer.

Voici un paquet pour M. d'Anneri[1]. Je vous prie de lui faire rendre en main propre. Il est chez[2] lui à Anneri proche de Pontoise. Si toutefois vous pouviez trouver son fils qui est à Paris, il n'y auroit pas de mal que vous lui missiez la lettre entre les mains. Je suis tout à vous et de tout mon cœur.

Le Cardinal de RAIS.

Monsieur, Monsieur de la Fons de Gilbercour[3].

CXCIV
(29 juin 1671.)

Voici une lettre pour M. du Hamel, chanoine de Notre-Dame[1], je vous prie de la lui faire donner en main propre, et de la lui garder, si il n'étoit pas à

---

1. Charles d'Aily, sieur d'Anneri, gentilhomme du Vexin, était, comme on l'a vu dans les *Mémoires de Retz*, tome III, p. 303, un de ses plus zélés partisans. Lors de la révolte des sabotiers en Sologne, il avait fait partie de la conspiration avec M. de Bonnesons, qui fut saisi et eut la tête tranchée. D'Anneri en fut quitte pour être exécuté en effigie, mais on rasa ses maisons et on confisqua ses biens. Voyez les *Lettres* de Colbert, publiées par le Ministère des finances, tome I, p. 364 à 385, et 401 à 417. Le cardinal de Retz, lors de sa rentrée en France, obtint des lettres d'abolition pour son ancien complice d'Anneri.
2. *Cheux* dans l'autographe, suivant l'usage de Retz.
3. Lettre autographe. Deux empreintes du sceau de Retz en cire rouge, plaquées sur lacs de soie de même couleur.
1. Voyez ci-dessus, p. 208, note 1.

Paris, pour la lui rendre à lui-même lorsqu'il y sera revenu.

Chevincourt m'a écrit une grande lettre pour me persuader de rentrer en procès touchant l'Ordre de Commercy, et je lui ai fait faire réponse par M. de Hacqueville que je n'y consentirois jamais que sous trois conditions, dont la première est que l'on connoisse le succès du procès pour infaillible. La seconde que l'on connût clairement qu'il ne retarderoit pas d'un moment la conclusion de l'Ordre et la troisième que l'on le pût entreprendre sans désobliger M. Bénard de Resé[2]. Vous jugez assez que ces trois conditions sont impossibles, et que, par conséquent, il n'y a rien à faire qu'à presser la conclusion de toute notre force et à donner le mot à M. de Lhommeau[3], afin qu'il combatte fortement les raisons de Chevincourt.

Je suis tout à vous et de tout mon cœur.

Ce 29 juin.

Le Cardinal de RAIS.

A Monsieur, Monsieur de la Fons de Gilbercour[4].

CXCV
(2 JUILLET 1671.)

J'AI reçu votre lettre du 27 du passé. Je n'écris point à Messieurs du Grand Conseil, parce que M. de Hacqueville, me mandant qu'il croit que ma présence à Paris pourra être nécessaire pour la conclusion de ce

2. Voyez ci-dessus, p. 413, note 1.
3. L'avocat de Retz à Paris.
4. De la main de Malclerc. Signature autographe du Cardinal. Deux empreintes en cire rouge aux armes de Retz, plaquées sur lacs de soie rouge.

procès¹, je crois que des lettres par avance y seroient inutiles. Il me semble sur le tout que le temps de ce voyage est encore fort incertain parce que cela dépend de la manière que prendra ce procès qui l'est beaucoup d'elle-même, car si il ne se peut juger à l'audience, il seroit fâcheux et même inutile de l'aller solliciter de si bonne heure. Je suis absolument à vous et de tout mon cœur.

Le Cardinal de Rais.

Ce 2 juillet.

A Monsieur, Monsieur de la Fons de Gilbercour².

CXCVI
(6 juillet 1671.)

J'ai reçu votre lettre du 1ᵉʳ de ce mois qui renouvelle la joie que j'ai de ce que les chicanes nées de la Serment¹ se trouvent inutiles. J'en ai une très-grande de ce que vous me mandez du retour de M. votre père que je n'attendois pas sitôt. Je suis absolument à vous et de tout mon cœur.

A Commercy, le 6 juillet 1671.

Le Cardinal de Rais.

A Monsieur, Monsieur de la Fons de Gilbercour².

---

1. Ce procès, on s'en souvient, avait été entamé pour l'abbaye de Mortagne, que Retz avait obtenue de Louis XIV, mais dont la possession lui était disputée par un autre titulaire. Voyez ci-dessus, p. 382, note 2.

2. De la main de Malclerc. Signature autographe du Cardinal. Deux empreintes en cire rouge à ses armes, plaquées sur lacs de soie rouge.

1. De *Lassermant* dans l'original.

2. Le corps de la lettre écrit d'une main inconnue. Signature

CXCVII
(9 JUILLET 1671.)

J'ai reçu votre lettre du 4 de ce mois. Confirmez, s'il vous plaît, M. de Lhommeau dans la pensée où il est touchant l'Ordre de Commercy, afin qu'il arrête les visions de Chevincourt qui augmentent tous les jours sur ce sujet ; il m'en a encore écrit et je lui réponds toujours la même chose. Je suis absolument à vous et de tout mon cœur.

Ce 9 juillet.

Le Cardinal de RAIS.

A Monsieur, Monsieur de Gilbercour[1].

CXCVIII
(13 JUILLET 1671.)

J'ai reçu votre lettre du 8 qui m'apprend votre retour à Paris où je pourrai bien faire un tour de douze ou quinze jours ; mais je ne me suis pas encore déterminé et je vous en parlerai plus positivement jeudi. Je suis à vous de tout mon cœur.

Le Cardinal de RAIS.

Ce 13 juillet.

A Monsieur, Monsieur de la Fons[1].

autographe du cardinal de Retz. Deux empreintes en cire rouge, sur lacs de soie de même couleur.

1. De la main de Malclerc. Signature autographe du Cardinal. Deux empreintes de son sceau en cire rouge, plaquées sur lacs de soie rouge.

1. De la main de Malclerc. Signature autographe du cardinal

CXCIX

(13 juillet 1671.)

J'ai reçu votre lettre du 8 de ce mois, qui me marque que mon voyage ne seroit pas inutile à Paris pour la sollicitation de mon procès. Je prendrai ma résolution entre ci et jeudi, et si je prends le parti d'y aller, j'aurai bien de la joie de vous y embrasser et de vous remercier moi-même de tous les soins que vous prenez pour moi. Je suis tout à vous et de tout mon cœur.

Ce 13 juillet.

Le Cardinal de Rais.

A Monsieur, Monsieur de Gilbercour[1].

CC

(16 juillet 1671.)

J'ai reçu votre lettre de l'onzième[1] juillet. Messieurs les Évêques de Châlons[2] et de Meaux[3] sont ici d'hier au soir et ils n'en partiront que lundi pour être mardi à Châlons, où je fais état d'aller avec eux pour y attendre

---

de Retz. Deux empreintes en cire rouge à ses armes, plaquées sur lacs de soie rouge.

1. Fils de M. de la Fons. comme nous l'avons dit plus haut. — Lettre de la main de Malclerc. Signature autographe du Cardinal. Deux empreintes de son sceau en cire rouge, plaquées sur lacs de soie de même couleur.

1. « *Le onziesme.* Plusieurs parlent et escrivent ainsi, mais tres-mal. Il faut dire : *l'onziesme....* » (Vaugelas, *Remarques.*)

2. Vialart de Herse.

3. Dominique de Ligni, évêque de Meaux, du 16 mai 1659 au 27 avril 1681. Il eut pour successeur Bossuet.

des nouvelles de mon procès, selon lesquelles je pourrai marcher à Paris. Je n'y veux pourtant pas aller, au moins pour cette raison et sur cette apparence, que je ne sois assuré que mon droit est très-soutenable. Peut-être que ma présence ne sera pas inutile au procès des étangs de Maisoncelle⁴; je crois qu'il est toujours bon d'amuser Chevincourt de cette marche de Châlons; il continue à me persécuter pour la Serment, et il n'est pas mauvais qu'il croie que je puis aller bientôt à Paris, afin de l'amuser par cette espérance et de retarder toujours ses chicanes, pendant que vous avancerez toujours l'Ordre. Je ne vous puis exprimer le plaisir que vous me faites d'acquitter ponctuellement l'usufruit de Commercy; il n'y a rien qui me soit plus sensible dans la conjoncture des affaires de M. le p[rince] de Lislebonne⁵.

Vous ne me feriez pas des excuses des lettres de M. votre fils, si vous les aviez vu; il n'y a rien de plus sage et de plus juste. Je suis tout à vous et de tout mon cœur.

Ce 16 juillet.

Le Cardinal de RAIS.

A Monsieur, Monsieur de la Fons⁶.

CCI

(20 JUILLET 1671.)

J'AI reçu votre lettre du 15ᵉ de ce mois. Ma pensée est qu'il faut payer la pension à Marigny¹ sans rien dé-

4. Une des terres de l'abbaye de Saint-Denis.
5. Voyez ci-dessus, p. 277, note 3.
6. De la main de Malclerc. Signature autographe du Cardinal. Deux empreintes de son sceau en cire rouge sur le recto du second feuillet, et plaquées sur lacs de soie rouge.
1. Voyez ci-dessus, p. 168, note 8, et tome II des *Mémoires de Retz*, p. 127, note 4.

duire ; la chose n'en vaut pas la peine et je l'ai trop obligé sur le principal pour ne le pas faire encore sur ce petit accessoire. Faites-lui pourtant sentir, s'il vous plaît, mon honnêteté comme de vous-même.

Je persiste dans la pensée qu'il faut presser l'Ordre sans relâche, et qu'il ne faut consulter sur ce sujet que pour amuser la Serment².

Je prends le parti de ne point aller à Paris pour mon procès, croyant bien qu'il sera appointé, et je vous avoue que voyant que je serai obligé d'y faire un voyage quand on le plaidera, je plains pour cette fois ma peine. Je suis tout à vous et de tout mon cœur.

A Commercy, le 20 juillet 1671.

Le Cardinal de RAIS.

A Monsieur, Monsieur de la Fons³.

CCII
(22 JUILLET 1671.)

JE ne vous écris celle-ci que pour vous dire que je n'ai point reçu de vos lettres par le dernier ordinaire. Vous aurez vu par ma dernière que je n'irai pas à Paris pour cette heure, parce que ma cause sera infailliblement appointée, et, ainsi, je différerai mon voyage jusqu'à [ce] qu'elle soit sur le bureau et prête à juger.

J'attends aujourd'hui M. Lamb. de Venise¹, et

---

2. *Lasserman*, dans l'original.
3. D'une main inconnue. Signature du Cardinal. Deux sceaux en cire rouge, plaqués sur lacs de soie rouge.

1. Nous croyons que ce mot en abrégé, terminé par un point, signifie : M. l'Ambassadeur de Venise. C'était alors Michieli. (*An-*

MM. de Châlons et de Meaux en partirent hier matin. Je suis tout à vous et de tout mon cœur.

Parlez, je vous supplie, aux gens qui vous demanderont si je vais à Paris, comme si vous croyiez que mon procès m'y peut faire aller plus tôt que nous ne le croyons ; en effet il y a une infinité de gens qui pensent à me venir importuner ici, que vous empêcherez par là d'y venir.

Ce 22 juillet.

Le Cardinal de Rais.

A Monsieur, Monsieur de la Fons[2].

CCIII

ADRESSÉE A M. DE LANGNI, CONSEILLER DU ROI AU GRAND CONSEIL.

A Commerci, le 27 de juillet 1671.

J'espère, Monsieur, que vous agréerez la prière que je vous fais de considérer la justice de l'affaire que j'ai présentement au Grand Conseil, et que je me serve même avec joie de cette occasion pour vous assurer de mes services très-passionnés et de l'estime très-particulière que je fais et de votre mérite et de votre amitié.

Le Cardinal de Rais.

A Monsieur, Monsieur de Langni, conseiller du Roi en son Grand Conseil[1].

nuaire historique de la Société de l'Histoire de France pour l'année 1850, p. 144.)

2. De la main de Malclerc. Signature autographe du Cardinal. Deux sceaux de cire rouge à ses armes, plaqués sur lacs de soie rouge.

1. Lettre autographe. Deux empreintes du plus petit sceau

CCIV

DRESSÉE A M. HERVÉ, CONSEILLER DU ROI AU GRAND CONSEIL[1].

A Commerci, le 27 de juillet 1671.

Je suis très-persuadé, Monsieur, que M. votre père aura bien la bonté de vous solliciter pour moi; aussi je vous écris beaucoup moins pour vous recommander mon affaire que pour vous assurer de mes services très-passionnés et vous demander la continuation d'une amitié que vous tenez de M. votre père, et qui me sera toute ma vie très-sensible et très-chère.

Le Cardinal de Rais.

A Monsieur, Monsieur Hervé, conseiller du Roi en son Grand Conseil[2].

CCV
(28 juillet 1671.)

J'ai reçu tout à la fois vos deux lettres du 18 et du 22, je suis tout à fait de votre sentiment touchant M. de Monthelon[1] et il est nécessaire par toute raison de lui payer réglément les intérêts. Voici un petit mot pour

---

du Cardinal en cire rouge, plaquées sur lacs de soie rouge. La lettre ne fut pas remise à M. de Langni, puisqu'elle est restée dans les papiers du Cardinal.

1. François Hervé, sieur de la Boissière, nommé en 1667.
2. Lettre autographe. Deux empreintes du plus petit sceau du Cardinal à ses armes, plaquées sur lacs de soie rouge. Cette lettre ne fut pas remise au destinataire : M. de la Fons jugea sans doute plus à propos de la garder.

1. Encore un créancier de Retz. Il faudrait : *Monthelon*.

lui par lequel je le remercie de toutes ses honnêtetés.

Vous aurez su par M. de Hacqueville ce qui s'est fait touchant le prieuré de Lestré[2].

Je conçois très-bien l'utilité qu'il y a à accommoder, s'il se peut, M. Forcadel et MM. Cherriers, aussi bien que les Religieux avec ces derniers. Je ferai en sorte que M. de Saint-Mihiel fasse son possible auprès de MM. Cherriers pour les y porter encore. M. Vacherot m'a écrit, et je lui fais réponse aux termes que vous me marquez; il n'est pas fort raisonnable, mais il a deux oncles qui le sont plus que lui, et vous le pourrez peut-être par leur moyen rendre capable des choses.

M. l'abbé[3] m'a prié de vous prier d'acquitter, sur le reste de mon quartier, une lettre de change qui vous est adressée pour lui de la somme de 1375 livres. Son argent est tout prêt ici, mais je ne le veux pas toucher que vous ne m'ayez envoyé la lettre acquittée, je vous prie donc de faire la chose. Je suis à vous et de tout mon cœur[4].

Ce 28 juillet 1671.

Le Cardinal de RAIS.

A Monsieur, Monsieur de la Fons[5].

Je vous prie de faire tenir en main propre le paquet ci-joint pour M. d'Annery[6].

2. Lisez l'*Estrée*. L'abbaye de Saint-Denis possédait la seigneurie de Moinvilliers et *Estrée* Saint-Denis.
3. L'abbé de Saint-Mihiel, dom Hennezon.
4. Plusieurs mots sont soulignés à l'original dans ce dernier paragraphe.
5. De la main de Malclerc. Signature autographe du Cardinal. Deux empreintes de sceaux, plaquées en cire rouge, sur lacs de soie de même couleur, aux armes de Retz.
6. Voyez ci-dessus, p. 425, note 1.

CCVI

A Commerci, le 30 juillet 1671.

J'ai reçu votre lettre du 25 de ce mois[1]. C'est une chose pitoyable que Chevincourt ne sache pas où est le bail judiciaire; autant en seroit-ce, s'il n'y avoit pas moyen de le suppléer.

J'envoie à M. de Hacqueville les lettres qu'il m'a demandé pour mes juges, et je les ai toutes écrit de ma main.

M. Labeur[2] et M. la Motte auront un peu de patience, s'il leur plaît; remettez-les, je vous prie, au premier fonds où la chose vous sera possible.

Le corps du prieur de Saint-Denis de Lestré[3] a été gardé et je sais de science certaine qu'il est mort le vendredi au soir à huit heures, mais vous aurez vu présentement que cela n'a servi de rien à ceux qui l'ont caché. J'ai eu ici M. Lamb[4] de Venise. Je suis tout à vous et de tout mon cœur.

Le Cardinal de Rais.

A Monsieur, Monsieur de la Fons[5].

1. La date et la première phrase de la main du Cardinal; le reste de la lettre de la main de Malclerc.
2. Voyez ci-dessus, p. 7, note 1.
3. Lisez l'*Estrée*.
4. L'ambassadeur de Venise, selon toutes probabilités. Voyez ci-dessus, p. 431, note 1.
5. Deux empreintes du sceau de Retz en cire rouge, sur lacs de soie rouge.

CCVII
(3 AOUT 1671.)

J'ai reçu votre lettre du 29 de juillet; vous aurez en plus mes lettres pour mes juges et je vous prie de remercier en mon nom M. de Vassé[1] à qui je suis très-obligé de la peine qu'il prend de solliciter pour moi. Mandez, je vous supplie, ce qui reste de mon quartier, afin que je tire une lettre de change conforme à ce que vous m'en écrirez.

Je vous renvoie le billet de Chevincourt; vous savez qu'il n'est pas surpris. Je reviens[2] de Vic[3] où j'ai été voir avec M. de Choisy[4], M. de Metz[5]. Je suis tout à vous et de tout mon cœur.

Ce 3 août, à Saint-Eure[6].

Le Cardinal de RAIS.

Il suffit de dire, touchant mon voyage à Paris, que je le pourrai bien faire dans six semaines. Si Marigny vous en parloit, dites-lui, s'il vous plaît, en confiance, que j'y

---

1. Henri François marquis de Vassé, cousin germain de Mme de Grignan.
2. *Revins* dans l'original.
3. Sans doute *Vic-sur-Seille*, dans la Meurthe. Voyez la *Notice de la Lorraine...*, par dom Calmet, édition de Lunéville, 1840, tome II, p. 465 et suivantes.
4. Probablement l'abbé de Choisy, qui connaissait le Cardinal et les Caumartin. Voyez les *Mémoires...* de l'abbé de Choisy, édition d'Utrecht, 1747, p. 510 à 515. Il avait été choisi par le cardinal de Bouillon comme conclaviste, pour le conclave où fut élu Odescalchi sous le nom d'Innocent XI. Ce fut là qu'il se lia avec le cardinal de Retz.
5. Georges d'Aubusson de la Feuillade, évêque de Metz, du 4 septembre 1668 au 12 mai 1697.
6. Nous n'avons pu découvrir où se trouve cette localité.

pourrai bien aller plus tôt, ce qui n'est pourtant pas vrai, mais il y a raison de lui parler ainsi.

A Monsieur, Monsieur de la Fons[7].

CCVIII
(6 août 1671.)

J'ai reçu votre lettre du premier de ce mois; vous trouverez ci-joint une lettre que m'écrit Vacherot qui paroît insister, ce me semble; je vous envoie à cachet volant la réponse que je lui fais. Le prieur de Saint-Denis écrit à M. de Saint-Mihiel qu'il est d'accord avec MM. Cherriers pour le partage[1]. M. de la Houssaye vous dira le détail de ce que j'ai fait touchant le prieuré de Saint-Denis de Lestrée sur lequel je me trompe fort si les indultaires[2] y peuvent mordre. Répondez, je vous prie, avec beaucoup de compliments à ceux que l'on vous a fait pour moi sur ce sujet. Je ne trouverai jamais mauvais que M. l'abbé Meliant poursuive son droit puisqu'il le croit bon. M. d'Avaux[3] est encore bien plus de mes amis que M. Meliant, mais que faire à cela? M. Chassebras[4] le doit être encore davantage; je ne crois

7. De la main de Malclerc. Signature autographe du Cardinal. Deux empreintes de son sceau en cire rouge, plaquées sur lacs de soie rouge.
1. Pour le partage des biens de l'abbaye entre l'abbé et les moines. Ce partage ne reçut son exécution qu'en 1672. Le prieur était alors dom Guillaume Momole Geoffroy.
3. Voyez plus haut, p. 382, note 1, la définition du mot *indultaires*.
3. Peut-être Jean-Jacques de Mesmes, comte d'Avaux, alors maître des requêtes au parlement de Paris, et qui en devint un des présidents le 22 avril 1672.
4. L'ancien grand vicaire du cardinal de Retz pendant la

pas que le défaut de prise de possession devant la mort fasse vaquer le Bénéfice, non plus que la résignation non admise en cour de Rome.

Je vous prie toutefois d'expliquer à M. Chassebras ce que l'abbé Méliand vous a dit sur ce sujet; il est toujours très-bon qu'il en soit averti. M. Forcadel m'écrit qu'il ne veut point d'autre juge que moi; il n'y a rien de plus honnête, mais il faudroit que les autres fussent de même humeur. Je suis tout à vous et de tout mon cœur.

Ce 6 août 1671.

Le Cardinal de RAIS.

A Monsieur, Monsieur de la Fons[6].

CCIX
(10 AOUT 1671.)

J'AI reçu votre lettre du 3 de ce mois; si j'avois vu plus tôt le certificat du banquier, je n'aurois pas été trop d'avis que l'on plaidât, mais ne vous servez plus, s'il vous plaît, de M. le Mair dans mes affaires et témoignez-lui que lui et ses correspondants m'ont voulu désobliger de gaieté de cœur. Mais ne lui dites cela qu'après que la cause sera toute achevée de plaider: je vous assure que je leur donnerai une botte[1] du côté de Rome.

Fronde ecclésiastique, et dont il est si souvent question dans notre tome VI.

6. De la main de Malclerc. Signature autographe du Cardinal. Deux empreintes de son sceau en cire rouge, plaquées sur lacs de soie de même couleur.

1 Terme d'escrime souvent employé par Retz. Voyez sa correspondance pour le chapeau dans notre tome VIII.

Pour ce qui est de l'affaire de Saint-Denis de Lestré[2], la conscience est entièrement à couvert; je conviens que ce n'est pas tout; je prie M. de Hacqueville de décider avec mes amis ce qu'il y a à faire; donnez-leur, je vous prie, les mêmes avis que vous m'avez donné, dont je vous remercie.

J'ai vu votre mémoire de dépense; je vous prie de m'en envoyer un qui contienne la dépense du quartier d'avril et de juillet sur lequel je n'ai encore touché que sept mille livres par la lettre que j'ai tiré sur M. de Hacqueville, afin que je puisse voir ce qu'il reste, déduction faite de ce que vous avez payé par mon ordre et fourni pour achats. *Envoyez-moi aussi, je vous prie, la lettre de change acquittée pour l'abbé de Saint-Mihiel, qui monte à ce qu'il m'a dit à 1375 livres, afin que je puisse recevoir cette somme* de lui, laquelle est toute prête ici à Breuil[3].

Je suis de tout mon cœur.

Ce 10 août.

Le Cardinal de Rais.

A Monsieur, Monsieur de la Fons[4].

CCX
(13 AOUT 1671.)

J'AI reçu votre lettre du 8 de ce mois. Vous aurez vu par ma dernière mes sentiments touchant le prieuré de

2. L'*Estrée*.
3. Village et prieuré à la porte de Commercy.
4. De la main de Malclerc. Signature autographe du Cardinal. Deux empreintes de son sceau en cire rouge, plaquées sur lacs de soie de même couleur.

Lestré qui sont tout à fait conformes à ceux de M. de Chassebras. Il n'est pas nécessaire que vous parliez du voyage à M. de Marigny.

Je n'ai point ouï parler de la pancarte[1] du pied terrier de Saint-Denis et je suis de votre sentiment que cela ne se devoit point faire sans un bon concert. J'en écris même dès aujourd'hui mes sentiments à M. de Hacqueville. Je suis au lit depuis trois jours d'une fluxion sur le pied qui pourroit bien devenir goutte avec le temps. Je suis absolument à vous et de tout mon cœur.

Ce 13 août.

Le Cardinal de RAIS.

A Monsieur, Monsieur de la Fons[2].

CCXI
(16 AOUT 1671.)

J'AI reçu votre lettre du 12. Je me suis remis à M. le Cardinal de Bouillon de ce qui regarde le prieuré de Lestré[1], et pour celui de Mortagne, il n'y a rien à faire qu'à le laisser juger.

Je crois [que] Coustart sera content de ce que vous lui avez écrit.

Faites, s'il vous plaît, ce que vous jugerez pour le

---

1. « Affiche qu'on met à la porte des Bureaux des Doüanes et autres lieux où on leve des impositions sur diverses marchandises, qui contient la taxe qui en est faite et qu'on doit payer.» (FURETIÈRE, *Dictionnaire*.)

2. De la main de Malclerc. Signature autographe du Cardinal. Deux empreintes en cire rouge de son sceau, plaquées sur lacs de soie de même couleur

1. De l'*Estrée*.

*mieux à l'égard du chevau-léger de M. le Dauphin*².

Vous n'avez que faire de m'envoyer les thèses de M. Couret plus tôt que par la petite femme de Vignot³. Je vous ai répondu par une de mes précédentes touchant le certificat de M. le Mair; j'en écris aujourd'hui à Rome vigoureusement. Je ne suis pas encore libre de ma fluxion; mais comme on me dit qu'un exercice médiocre aidera à la dissiper, je ne laisse pas de partir aujourd'hui pour Verdun d'où je reviendrai mardi. Je suis tout à vous et de tout mon cœur.

Ce 16 août.
Le Cardinal de Rais.

A Monsieur, Monsieur de la Fons⁴.

CCXII
(24 AOUT 1671.)

J'AI reçu votre lettre du 19 de ce mois. Je n'ai presque plus de douleur de ma fluxion sur le pied; mais j'y ai encore beaucoup de foiblesse, qui, joint à l'enflure et à la rougeur, est une marque que c'est un commencement de goutte. Je fais état de faire un petit tour à Paris dans quelques temps, quand je me serai parfaitement rétabli; je crois qu'il faut bien quinze jours et peut-être trois semaines pour cela. Nous voirons¹ là tous

2. Cette phrase est soulignée dans l'original.
3. Peut-être est-il question de la femme de Nicolas Vinot, le maître de musique du Cardinal.
4. De la main de Malclerc. Signature autographe du Cardinal. Deux sceaux en cire rouge sur lacs de soie rouge.
1. C'est un archaïsme. Robert Estienne n'admettait pas d'autre forme. Voyez *Gallicæ grammatices libellus*, Parisiis, 1560, in-8°, p. 66.

ensemble la conduite que nous devons prendre touchant le prieuré de Mortagne; car pour ce qui est de celui de Saint-Denis de Lestré, je crois la chose accommodée présentement, et j'en suis très-aise; l'accommodement étant toujours meilleur en toutes choses que le procès[2]. Je vous assure que je sens de la joie quand je pense que je vous embrasserai dans quelque temps et que je vous pourrai dire de bouche que je suis absolument à vous et de tout mon cœur.

Ce 24 août.

Le Cardinal de RAIS.

A Monsieur, Monsieur de la Fons[3].

CCXIII
(31 AOUT 1671.)

J'AI reçu votre lettre du 26 de ce mois et je suis très-aise de ce que vous avez fait pour la Plaine, et continuez, je vous prie, à sa veuve cent livres de pension annuelle; comme elle n'a pas d'enfant, cela suffit.

Il étoit nécessaire, pour l'exemple, que vous changeassiez, comme vous avez fait, les adresses de Rome. Vous trouverez ci-joint les pièces que vous avez souhaité touchant Maisoncelle. Répondez, je vous prie, comme vous trouverez à propos, à mon nom, au sieur Levemont.

Envoyez, quand il vous plaira, le modèle du trans-

---

2. « On dit proverbialement que le meilleur procès ne vaut pas le pire accommodement. » (FURETIÈRE, *Dictionnaire*.)

3. De la main de Malclerc. Signature autographe du Cardinal. Deux sceaux en cire rouge à ses armes, brisés. Lacs de soie enlevés.

port et je le signerai en la manière que vous le désirerez.

Je n'ai presque plus de douleur, mais il me reste encore beaucoup de foiblesse. Je suis tout à vous et de tout mon cœur.

Ce 31 août 1671.

Le Cardinal de RAIS.

A Monsieur, Monsieur de la Fons¹.

CCXIV
(3 SEPTEMBRE 1671.)

J'AI reçu votre lettre du 29 du passé. Je n'irai pas si tôt à Paris, et je crois mon voyage retardé jusques à la fin d'octobre; mais il ne s'en faut encore expliquer ni pour ni contre au commun¹. Je ne suis pas encore trop bien de mon pied. Je suis à vous et de tout mon cœur.

Ce 3 septembre 1671.

Le Cardinal de RAIS.

A Monsieur, Monsieur de la Fons².

1. De la main de Malclerc. Signature autographe du Cardinal. Deux empreintes de son sceau en cire rouge sur lacs de soie rouge.
1. « *Commun*, s. m. Peuple, multitude. » (RICHELET, *Dictionnaire*.)
2. De la main de Malclerc. Signature autographe du Cardinal. Deux empreintes de son sceau en cire rouge, à ses armes, plaquées sur lacs de soie rouge.

CCXV
(7 SEPTEMBRE 1671.)

J'ai reçu [la] vôtre du 2. J'irai certainement à Paris dans quelque temps; mais je ne vous en saurois dire précisément le jour que M. de Hacqueville saura même devant moi et qu'il vous dira. Je vous assure que j'aurai bien de la joie de vous embrasser et de vous donner toutes les marques de ma reconnoissance et de mon amitié. Je suis absolument à vous et de tout mon cœur.

Ce 7 septembre 1671.

Le Cardinal de RAIS.

Ne parlez, je vous prie, de mon voyage à Paris que selon ce que M. de Hacqueville vous dira.

À Monsieur, Monsieur de la Fons[1].

CCXVI
(10 SEPTEMBRE 1671.)

J'ai reçu votre lettre du 5 de ce mois. Vous aurez lundi prochain les papiers que vous souhaitez touchant le fermier de la Grande-Aulne[1]. Il n'est que bien d'achever le paiement du quartier de juillet à la veuve de la Plaine, sur l'ancien pied.

1. De la main de Malclerc. Signature autographe du Cardinal. Deux sceaux cire rouge à ses armes, plaqués sur lacs de soie rouge.
1. Terre et seigneurie de l'abbaye de Saint-Denis, consistant en haute, moyenne et basse justice, cens, rentes, dîmes, terres labourables, prés, îles et autres domaines et revenus, tant audit lieu, qu'à Nogent-sur-Seine, Ablenay, Fontaine-Macon et autres lieux dépendant de la seigneurie.

Je crois vous avoir déjà mandé que M. de Hacqueville vous dira le temps de mon départ plus tôt que je ne vous puis dire moi-même; le délai n'en peut pourtant pas être trop grand.

Je suis très-aise de ce que vous me mandez de l'Ordre de Commercy, car M. de Hacqueville m'avoit fait peur en me disant que la Serment le pouvoit retarder malgré tous nos efforts. Je suis absolument à vous et de tout mon cœur.

Ce 10 septembre 1671.
Le Cardinal de Rais.

Faites tout ce que vous trouverez à propos touchant la vérité des sels de la Chaulme[2].

Je crois que M. de Hacqueville ne sera pas parti pour Bretagne; si par hasard il l'étoit, ouvrez le paquet qui lui est adressé pour faire tenir les lettres que vous trouverez dedans à leur adresse et envoyez-lui, s'il vous plaît, celle que je lui écris.

A Monsieur, Monsieur de la Fons[3].

CCXVII

A Commerci, le 14 de septembre 1671.

J'ai reçu votre lettre du 9 de ce mois. J'ai une joie sensible du choix que le Roi a fait de M. de Pomponne[1].

2. Redevance de sel au profit de cette abbaye, appartenant au cardinal de Retz.
3. De la main de Malclerc. Signature autographe du cardinal de Retz. Deux empreintes de son sceau en cire rouge, plaquées sur lacs de soie de même couleur.
1. Pomponne, secrétaire d'État des affaires étrangères, après la mort de Lionne, survenue le 1er septembre 1671. Simon Arnauld,

Ma pensée n'est point que nous soutenions le procès de Mortagne, et je l'ai déjà mandé à M. de Hacqueville. Voyez, je vous prie, avec lui les moyens de s'en tirer avec honneur et avec bienséance; il n'y en auroit point à soutenir une mauvaise affaire.

Tant que MM. Cherriers agiront sans concert, il arrivera tous les jours quelque accident pareil à celui du trou provandier[2]. M. d'Hacqueville m'écrit par le dernier ordinaire qu'il leur a parlé très-fortement; et, en vérité, il est nécessaire de les obliger à changer de conduite.

Je suis tout à vous et de tout mon cœur.

Ce 17 septembre 1671.

Le Cardinal de Rais.

A Monsieur, Monsieur de la Fons[3].

CCXVIII
(17 septembre 1671.)

J'ai reçu votre lettre du 12 de ce mois. Je suis très-aise de ce que le jugement de l'instance pour le prieuré de Mortagne est différé, parce que ce délai nous donne le temps de sortir de cette affaire avec plus de bienséance. J'ai tiré une lettre de change de cinq mille

---

marquis de Pomponne, était fils de Robert Arnault d'Andilly et de Catherine Le Fèvre de la Borderie, né en 1618; il fut nommé ministre et secrétaire d'État en 1671, disgracié en 1679 et rappelé à la Cour en 1691. Il mourut le 26 septembre 1699.

2. On a vu dans une lettre précédente que le cardinal de Retz était fort embarrassé pour savoir ce que signifiait le *trou provandier*. Voyez ci-dessus, p. 267, note 2.

3. Lettre autographe, signée. Deux sceaux cire rouge.

livres sur vous payable au 15 octobre. Je suis absolument à vous et de tout mon cœur.

Ce 17 septembre 1671.
Le Cardinal de Rais.

Je continue toujours dans la résolution de vous aller voir, et M. de Hacqueville vous en dira précisément le temps. Vous trouverez ci-joint l'acquit que vous avez demandé qui regarde le sieur de Massy.

A Monsieur, Monsieur de la Fons[1].

CCXIX
(21 SEPTEMBRE 1671.)

J'AI reçu votre lettre du 16 de ce mois qui me soulage en m'apprenant que vous ne croyez pas que la Serment nous embarrasse, et que vous espérez de pouvoir prévenir ses chicanes[2]; je vous conjure encore d'y faire tout votre pouvoir, cela me paroissant très-important. Je suis absolument à vous et de tout mon cœur.

Ce 24 septembre 1671.
Le Cardinal de Rais.

A Monsieur, Monsieur de la Fons[1].

1. De la main de Malclerc. Signature autographe. Deux sceaux cire rouge plaqués sur lacs de soie de même couleur.
1. De la main de Malclerc. Signature autographe. Deux sceaux cire rouge.
2. *Les* chicanes dans l'original.

CCXX

(24 septembre 1671.)

J'ai reçu votre lettre du 19 de ce mois. Je vous prie de remercier M. le chevalier d'Argenteuil de ma part; mais vous aurez vu par ce que j'ai mandé à M. de Hacqueville que je ne crois pas que cette affaire soit soutenable et qu'il ne faut songer, à mon opinion, qu'à en sortir avec bienséance.

Je crois aussi qu'il est bon, en l'état où sont les choses, de signer la transaction avec M. le Procureur Général[1]; mais je suis très-aise aussi de ce que vous avez répondu sur ce sujet à MM. Cherriers et d'en conférer devant eux avec M. de Hacqueville, afin qu'ils voient qu'ils ne doivent pas faire les choses de leur tête et sans concert.

J'attends avec impatience des nouvelles du partage[2], car je voudrois de bon cœur qu'il fût achevé. Je suis tout à vous et de tout mon cœur.

Le Cardinal de Rais.

A Monsieur, Monsieur de la Fons[3].

1. Achille de Harlay.
2. Le partage des terres de l'abbaye de Saint-Denis entre l'abbé et les moines.
3. De la main de Malclerc. Signature autographe du Cardinal. Deux sceaux cire rouge à ses armes, plaqués sur lacs de soie rouge.

CCXXI
(28 SEPTEMBRE 1671.)

J'AI reçu votre lettre du 23 de ce mois qui m'apprend la conclusion du partage[1]; j'en ai joie parce que j'es-

---

1. Voici comment s'exprime sur cette question du partage, dans son intéressante *Histoire de l'abbaye de Saint-Denis*, Mme d'Ayzac, dignitaire honoraire de la maison de Saint-Denis. Son travail a été fait en grande partie sur les documents originaux appartenant aux anciennes archives de l'abbaye : « En 1668, des démêlés sur la question financière ayant surgi entre les religieux et leur abbé, Jean-François-Paul de Gondy, cardinal de Retz, l'intervention du Conseil d'État fut invoquée de part et d'autre pour terminer le différend. Deux transactions, conclues le 3 août 1668 et en 1672, réglèrent les droits de chacun, et les lettres en furent homologuées aux registres du Grand Conseil le 12 juillet 1675.

« Premièrement, un procès-verbal fut dressé des dimensions et de l'état de la basilique et des lieux réguliers de l'abbaye, et la nécessité fut constatée de bâtir dans cette dernière un nouveau dortoir. (Voyez le Procès-verbal de partage, etc., en 1672, manuscrit in-folio de la Bibliothèque de la ville de Saint-Denis, fol. 205, 209, et 533 au recto et au verso.)

« En second lieu, il fut procédé au partage des biens, des droits et des domaines de l'abbaye en trois lots : le premier, qui fut choisi par l'abbé, forma la *mense abbatiale;* appelés à faire leur choix après lui, les religieux assignèrent le second lot à la réparation et à l'entretien des bâtiments de la basilique, de l'abbaye et des fermes de son rayon, et ce fut la *mense distraite;* puis ils s'adjugèrent le troisième lot, et ce fut la *mense conventuelle.*

« Les biens aliénés, et ensuite dégagés par les religieux, ne furent pas d'abord compris dans cette répartition ; mais il fut sursis au partage qui devait être fait en définitive jusqu'à ce que l'examen eût été fait des sommes qu'ils avaient employées au retrait de ces mêmes propriétés ou appliquées, depuis le recouvrement, à en remettre quelques-unes en valeur.

« Cet examen fait, les religieux exigèrent, avant qu'il fût procédé à ce second partage, que l'abbé leur remboursât les deux tiers de la somme de 77 362 livres, 15 sous, 3 deniers, somme reconnue constituer le total de ces déboursés. » (*Histoire de l'abbaye de*

père que cela nous délivrera au moins de quelques embarras.

Je vous rends grâce du soin que vous avez pour la lettre de change pour laquelle je vous écrivis dernièrement. J'ai donné ordre pour vous envoyer le mandement de trois cents livres de diminution que vous demandez.

Je suis tout à vous et de tout mon cœur.

Le Cardinal de Rais.

Ce 28 septembre 1671.

A Monsieur, Monsieur de la Fons².

CCXXII

A Commerci, le 30 de septembre 1671.

J'ai reçu votre lettre du 26 de ce mois. Je vous envoirai quand vous voudrez la lettre pour Messieurs Cherriers, mais comme ce sont gens assez difficultueux et qu'ils prétendent avoir présentement intérêt au paiement des dettes, ne jugeriez-vous point à propos de les préparer un peu auparavant par M. d'Hacqueville à n'avoir point d'état particulier, encore pour cette année? Peut-être que mon scrupule est mal fondé et que je leur fais tort; mais il ne nuit de rien de vous dire mon soupçon à tout hasard, et sur le tout j'écrirai quand et en quelle manière vous le désirerez. Ce qui me fait juger le plus nécessaire de les préparer par M. de Hacque-

Saint-Denis, tome Iᵉʳ, p. 452-453.) On pourra voir dans le même tome, de la page 454 à la page 459, en quoi consistait la *mense abbatiale*, c'est-à-dire le lot qui resta au cardinal de Retz.

2. De la main de Malclerc. Signature autographe du Cardinal. Deux sceaux cire rouge à ses armes, plaqués sur lacs de soie rouge.

ville et leur faire même entendre la vérité du fait, est qu'à moins que de cela ils ne manqueront pas de croire et de dire que je divertis pour mon plaisir les fonds[1] destinés au paiement de mes créanciers. M. de Hacqueville est apparemment présentement à Paris et d'un mot il peut obvier à ces discours et à ces ombrages[2]. Montrez-lui, je vous prie, ce que je vous en écris ici. Comme Malclerc est à Metz, je ne lui écris point aujourd'hui. Je suis tout à vous et de tout mon cœur.

Le Cardinal de Rais.

Faites pour les sels tout ce que vous jugerez à propos. Je vous écrirai plus au long lundi.

A Monsieur, Monsieur de la Fons[3].

CCXXIII
(5 octobre 1671.)

J'ai reçu votre lettre du 30 du passé[1]. M. de Saint-Mihiel arriva ici avant-hier, qui m'a dit qu'il a préparé MM. Cherriers afin qu'il ne fissent aucune difficulté de vous mettre les vingt mille livres entre les mains du fonds qu'ils doivent à Noël, de sorte qu'il n'y a point d'autres mesures à prendre sur cela, et je vous envoie pour cet effet, dès cet ordinaire, une lettre pour ces messieurs. Je vous l'envoie sans être cachetée, afin

1. Le fonds de l'abbaye de Saint-Denis.
2. *Ombrage*, employé figurément, soit au singulier, soit au pluriel, était d'un emploi fréquent au dix-septième siècle. Voyez le *Lexique de la langue de Racine*.
3. Lettre autographe, signée. Deux sceaux cire rouge.
1. Du mois passé.

que vous voyez si cela est bien, et si vous trouvez qu'il y faille ajouter quelque chose, vous n'avez qu'à me le mander.

J'ai bien de la joie que le partage de Saint-Denis soit consommé et j'espère que nous en aurons dorénavant plus de repos; je suis très-aise aussi de ce que vous espérez bientôt la conclusion de l'Ordre qui me donneroit toujours de l'inquiétude, si je n'étois assuré que vous avez l'œil au tour de passe-passe qu'apparemment on y voudra faire.

Je suis tout à vous et de tout mon cœur.

Ce 5 septembre[2] 1671.

Le Cardinal de RAIS.

A Monsieur, Monsieur de la Fons[3].

CCXXIV
(8 OCTOBRE 1671.)

J'AI reçu votre lettre du 3 de ce mois; j'espère que je vous embrasserai bientôt; et que je pourrai même mander lundi le jour de mon départ.

Vous aurez su que j'ai donné le prieuré de Chaulmont[1] à M. Chassebras. Je suis assuré que vous approu-

2. C'est par erreur que le secrétaire a mis 5 septembre. Il faut lire 5 octobre.
3. De la main de Malclerc. Signature autographe du Cardinal. Deux empreintes en cire rouge à ses armes, plaquées sur lacs de soie rouge.
1. Nous ne trouvons pas ce prieuré dans l'état des biens de l'abbaye de Saint-Denis. Peut-être était-ce un des nouveaux Bénéfices que Retz avait reçus du Roi. Quoi qu'il en soit, on voit que le Cardinal n'oublia pas de donner à Chassebras un témoignage de sa reconnaissance pour les services importants qu'il lui

verez mon choix; je suis très-aise que vous envoyiez le sieur Marcelet en Bretagne.

M. l'abbé de Saint-Mihiel croit qu'il n'y a plus d'inconvénient à présenter la requête pour le partage. Je suis absolument à vous.

Le Cardinal de RAIS.

Ce 8 octobre.

A Monsieur, Monsieur de la Fons².

CCXXV
(12 octobre 1671.)

J'AI reçu votre lettre du 7 d'octobre. Vous devez avoir présentement reçu la lettre que j'ai écrit à Messieurs Cherriers pour vous faire mettre entre les mains les cinquante mille livres.

Voici une lettre pour Mme d'Assérac¹ que M. Marcelet lui peut rendre, par laquelle je mande à Madame d'Assérac et je la prie de prendre confiance comme à celui qui a votre procuration pour tout ce qui regarde mes affaires en Bretagne, et particulièrement celles des prieurés échangés. Je vous prie aussi de voir ce que l'on peut tirer de celui qui est en Languedoc; cela vous est facile par le moyen de M. d'Aguesseau². J'ai tiré au 30 de ce mois la seconde partie du quartier, ainsi que vous l'avez mandé.

J'envoie à M. de Hacqueville deux lettres de Rome

---

avait rendus pendant la Fronde ecclésiastique. Chassebras mourut le 3 septembre 1691.

2. De la main de Malclerc. Signature autographe du Cardinal. Deux sceaux cire rouge.

1. Voyez ci-dessus, p. 269, note 2.
2. Maître des requêtes de l'Hôtel et au conseil privé du Roi.

qui me donnent un nouveau droit au prieuré de Mortagne[3], mais je ne crois pas que, selon les maximes du Grand Conseil, cela puisse changer nos affaires de nature.

M. de Hacqueville a raison touchant M. Chassebras, et je vous prie de lui rendre les frais[4]. Je vous prie de rendre aussi à Lenglois les 150 livres sans conséquence; si l'on peut prendre ces deux articles sur le revenu des prieurés, j'en serai bien aise comme tout le monde. Assuré que le roi viendra à Châlons au mois de janvier[5], j'ai différé jusque-là à faire ma cour. M. de Hacqueville vous dira encore quelque autre raison qui m'obligera de changer de pensée sur mon voyage de Paris.

Je suis absolument à vous et de tout mon cœur.

Le Cardinal de RAIS.

Ce 12 octobre 1671.

A Monsieur, Monsieur de la Fons[6].

3. Voyez ci-dessus, p. 410, note 3, et p. 382, note 2.

4. Les frais pour la cession du prieuré faite au profit de Chassebras par le cardinal de Retz. Sur d'Hacqueville et le cardinal de Retz, voyez une lettre de Mme de Sévigné à Mme de Grignan, en date du 14 octobre 1671, tome II des *Lettres de Sévigné* de notre collection, p. 386. Dans une lettre en date du 26 juillet précédent, la marquise disait à sa fille : « J'ai reçu une lettre de notre Cardinal, qui me dit encore pis que pendre du gros abbé (M. de Pontcarré) qui est avec lui. » (Tome II, p. 298.)

5. Louis XIV devait se rendre à Châlons pour assister au mariage de son frère, Philippe d'Orléans, avec la princesse Charlotte-Isabelle, fille de Charles-Louis, électeur palatin, qui par le traité de Munster avait été rétabli dans l'électorat, dont Frédéric, son père, avait été dépossédé lors de son entreprise sur la Bohême. Le mariage fut célébré le 16 novembre 1671. Le cardinal de Retz ne se rendit pas à Châlons, comme il en avait le projet, car on trouvera plus loin une lettre du 16 novembre qui dut être écrite à Commercy.

6. De la main de Malclerc. Signature autographe du Cardinal. Deux sceaux cire rouge à ses armes, plaqués sur lacs de soie rouge.

CCXXVI
(15 octobre 1671.)

J'ai reçu votre lettre du 10 de ce mois. Je suis bien aise de ce que l'on a trouvé un homme pour le bailliage de Saint-Denis ; c'est une place qu'il est assurément nécessaire de bien remplir.

Je vous prie de voir M. le Premier Président[1] et M. le Procureur général[2] de ma part et de faire mes compliments sur la mort de Mme la Procureuse générale[3], en leur disant que je leur aurois témoigné moi-même la part sensible que j'y prends sans une fluxion que j'ai sur la main, qui pourroit bien être de la goutte. Je m'en console un peu parce que j'espère au moins que cela me fera du bien à la vue. Je vous remercie de tout mon cœur de la ponctualité avec laquelle vous avez acquitté la première lettre de change. Je suis tout à vous et de tout mon cœur.

Le Cardinal de Rais.

Ce 15 octobre 1671.

M. de Chassebras[4] fait quelque difficulté de recevoir

---

1. Guillaume de Lamoignon, seigneur de Basville, conseiller ordinaire du Roi en tous ses conseils, baron de Saint-Yon et de Boissy, fils de Chrétien de Lamoignon, président au mortier. Guillaume de Lamoignon était premier président du parlement de Paris depuis le 25 novembre 1658.

2. Achille de Harlay, qui lui-même devint plus tard président du Parlement le 18 novembre 1689. Voyez son portrait dans les *Mémoires* de Saint-Simon.

3. L'expression est à noter à cause de son caractère officiel. — Anne-Madeleine de Lamoignon, fille de M. de Lamoignon, marquis de Basville, premier président du Parlement, et de Madeleine Potier d'Ocquerre. Il l'avait épousée le 12 septembre 1667. Elle mourut le 8 octobre 1671.

4. Grand Vicaire de Retz pendant la Fronde ecclésiastique.

le remboursement des frais à cause du nouveau Bénéfice que je lui ai donné; ne laissez pas, je vous prie, de les lui rendre.

A Monsieur, Monsieur de la Fons⁵.

CCXXVII
(19 OCTOBRE 1671.)

J'ai reçu votre lettre du 14 de ce mois. Comme mon voyage de Paris est tout au moins différé pour un temps même considérable, il faudra voir ce qu'il sera à propos de faire pour Mlle de Northumberland à Jouars¹. J'en écrirai à fond par l'ordinaire prochain à Mme de Jouars² et à M. de Hacqueville; il faut terminer cette affaire, sur laquelle il semble que le père et la mère aient perdu l'esprit.

Les Religieux de Saint-Denis sont ici d'avant-hier au soir; nous devons après dîner parler d'affaires; je n'y ferai rien sans le bien peser. M. Cherrier m'a envoyé deux provisions pour le bailliage de Saint-Denis et je les envoie à M. de Hacqueville en le priant de ne les point rendre qu'après avoir concerté sur ce point avec vous, quoique Cherrier m'écrive que tout s'est fait de concert. Je suis tout à vous et de tout mon cœur.

Ce 19 octobre 1671.

Le Cardinal de Rais.

Depuis ma lettre écrite j'ai entretenu les Religieux

5. De la main de Malclerc. Signature autographe. Deux sceaux cire rouge.
1. L'abbaye de Jouarre. Voyez ci-dessus, p. 318, note 7.
2. L'abbesse de Jouarre.
3. Il y a *poser* dans l'original.

qui ne m'ont rien demandé que la collation des cures où ils ont la seigneurie[3] et qui ne me l'ont demandé que comme une grâce dépendante purement de moi, ce que je leur ai accordé et parce que M. l'abbé de Saint-Mihiel n'y a pas trouvé d'inconvénient et parce que, dans la vérité, je me trouve assez souvent chargé et embarrassé de ces sortes de collations. Je n'en userois pas ainsi si c'étoit des prieurés.

A Monsieur, Monsieur de la Fons[4].

CCXXVIII
(22 OCTOBRE 1671.)

J'ai reçu votre lettre du 17 de ce mois. Mandez-moi, je vous supplie, au plus juste que vous pourrez, le revenu des prieurés que l'on m'a donné pour l'abbaye de la Chaume. Je serai bien aise d'en disposer et je ne le puis faire que je ne sache précisément ce qu'ils valent.

Je suis tout à fait persuadé que les secondes bulles pour le prieuré de Mortagne sont inutiles[1] et qu'il ne faut plus songer à cette affaire que pour en sortir honnêtement.

Comme j'ai su que l'aîné Cherriers pensoit à faire ici

---

3. C'est-à-dire les cures appartenant à la *mense conventuelle*, qui était dans leur lot, depuis le partage. Voyez ci-dessus, p. 449, note 1.
4. De la main de Malclerc. Signature autographe du Cardinal. Deux sceaux cire rouge plaqués sur lacs de soie rouge.
1. Il résulte de ce passage que les bulles avaient été délivrées pour le prieuré de Mortagne au S[r] et que, par conséquent, les secondes accordées à Retz, pour le même prieuré, étaient nulles.

un voyage, je l'y ai[2] moi-même invité, et c'est effectivement un bonheur qu'il s'y trouve dans le temps que les Religieux de Saint-Denis y sont encore parce que je me servirai de cette conjoncture pour lui faire voir devant eux que je désire que les droits où il n'y a point d'utile ne seront pas moins soignés que les autres où ils trouvent de l'émolument. Cela est important, et c'est à quoi pourtant je conviens qu'il est malaisé de bien rémédier dans un forfait. Je suis tout à vous et de tout mon cœur.

A Commercy, le 22e octobre 1671.

Le Cardinal de RAIS.

Voici une lettre pour M. de Bonneval, fils de M. de Jouy, que je vous prie de lui faire tenir sûrement.

Son Éminence depuis la lettre écrite me commande d'y ajouter qu'elle vous prie de faire tenir la ci-jointe à M. le baron de Gondi et de lui faire faire ou fournir un habit de la valeur de cent livres.

A Monsieur, Monsieur de la Fons[3].

CCXXIX
(26 OCTOBRE 1671.)

J'AI reçu votre lettre du 21; voici une lettre de Chevincourt que je vous envoie, qui vous marque qu'il peut avoir pensée d'embarrasser, à la Saint-Martin, l'Ordre de Commercy; ayez-y l'œil, je vous prie.

2. On lit dans l'original : je *lui ay*, etc.
3. D'une main inconnue. Signature autographe du Cardinal. Deux sceaux cire rouge plaqués sur lacs de soie rouge.

Je m'en vais faire un tour de sept ou huit jours à Chasteauvillain[1]. Ne laissez pas d'écrire à l'ordinaire à Commercy où je serai de retour de jeudi en huit jours. Je suis absolument à vous et de tout mon cœur.

Le Cardinal de Rais.

Ce 26 octobre.

A Monsieur, Monsieur de la Fons[2].

CCXXX
(29 octobre 1671.)

J'ai reçu votre lettre du 24 de ce mois qui m'apprend l'opiniâtreté du sieur de Levemont ; je suis persuadé que l'on le pourra mettre à la raison. J'ai ici M. Cherrier et j'espère que je le mettrai sur le bon pied ; j'y ferai au moins mon possible. Je pars demain pour Châteauvillain et je serai de retour ici précisément à la huitaine. Je suis absolument à vous et de tout mon cœur.

Ce 29 octobre 1671.

Le Cardinal de Rais.

A Monsieur, Monsieur de la Fons[1].

1. Voyez ci-dessus, p. 315, note 2.
2. De la main de Malclerc. Signature autographe du Cardinal. Lettre pliée en long, avec un simple sceau en cire rouge à ses armes, plaqué sur le repli du papier.
1. De la main de Malclerc. Signature autographe du Cardinal. Deux sceaux cire rouge, aux armes du Cardinal, plaqués sur lacs de soie de même couleur.

CXXXI

LETTRE DE HENRI HENNEZON, ABBÉ DE SAINT-MICHEL, A M. DE LA FONS, AVEC UN POST-SCRIPTUM DU CARDINAL.

Commercy, le 29 octobre (1671).

S. E. me commande, Monsieur, de vous dire qu'il vous prie de mettre entre les mains de M. Cherrier le transport qu'il avoit fait à M. de Malclerc sur Ruelle, avec l'acceptation de M. Chapellain, que l'on rompra en sa présence avec ledit transport, et par après on le renverra ici déchiré. Je profite de cette occasion pour vous assurer de la continuation de mes très-humbles respects et que je serai toute ma vie votre très-obéissant serviteur.

A. Henry, abbé de Saint-Mihiel.

Je prie Monsieur de la Fons de faire le contenu ci-dessus et la présente lui sert de décharge.

Le Cardinal de Rais[1].

CCXXXII

A Chasteauvillain[1], le 4 de novembre 1671.

J'ai reçu votre lettre du 28 du passé. Je pars demain d'ici pour être vendredi à Commerci.

---

1. La lettre de la main de dom Hennezon, abbé de Saint-Mihiel. Le post-scriptum autographe, ainsi que la signature. Pas d'empreinte.

1. Haute-Marne. Ce château, comme on l'a dit plus haut, p. 315, note 2, appartenait à M. de Vitry.

Aussitôt que je saurai précisément le détail du revenu des bénéfices par M. Marcelet, j'en disposerai.

Je suis très-aise de ce que l'affaire du bailliage de Saint-Denis est terminée.

J'ai parlé à Cherrier et obligeamment et fortement, c'est-à-dire très-raisonnablement, et il me paroît qu'il est satisfait de moi. J'espère tout de bon que le petit voyage qu'il a fait à Commerci aidera bien à le mettre sur le bon pied, et il me paroît qu'il est sorti d'avec moi avec des bonnes intentions. Il ne peut plus au moins ignorer les miennes sur ce qui vous regarde. Il m'a paru par quelques circonstances qu'il n'est pas aveugle sur[2] son parent et cela n'est que mieux.

Il faudra essayer de faire quelque chose pour le petit de Gondi; je vous manderai au premier jour une pensée qui m'est venue sur cela.

Vous faites très-bien de ménager par des gratifications le commis dont vous me parlez. Il n'y a rien de plus nécessaire pour consommer l'affaire de l'Ordre.

Je suis très en peine de la santé de M. d'Hacqueville. Mes baise-mains, s'il vous plaît, à M[3]. et Mme de la Houssaie[4]. Je suis absolument à vous et vous ne doutez pas que ce ne soit du meilleur de mon cœur.

Le Cardinal de Raıs.

A Monsieur, Monsieur de la Fons[5].

2. Envers, à l'égard de. Voyez ci-dessus, p. 325, note 4.
3. M. de la Houssaie et l'évêque de Châlons, Vialart de Herse, avaient prêté quarante mille livres à Retz, lorsque, après sa fuite de Nantes, il s'était rendu à Rome. Voyez les *Mémoires* de Retz, tome V, p. 106.
4. M. et Mme Amelot de la Houssaie, amis de Retz.
5. Lettre autographe, signée. Deux sceaux cire rouge aux armes du Cardinal, plaqués sur lacs de soie de même couleur.

CCXXXIII
(9 NOVEMBRE 1671.)

J'ai reçu vos deux lettres du 31 octobre et du 4 de ce mois. Je ne suis de retour que d'hier au soir de Châteauvillain et de Ligny[1].

Je suis tout à fait de votre avis touchant l'Ordre; il faut le terminer *in ogni modo*, et ne point s'arrêter à tout ce que diront[2] Chevincourt et la Serment.

Je vous rends grâce de tout ce que vous faites pour M. l'abbé de Gondi et, dans la vérité, je m'en sens fort obligé. Je ne lui écrirai que par l'ordinaire prochain, parce que je suis accablé aujourd'hui de compagnie. Je vous remercie aussi de tout mon cœur de la ponctualité avec laquelle vous avez acquitté la lettre de change. Je suis de tout mon cœur.

Ce 9 novembre 1671.
       Le Cardinal de RAIS.

M. de la Houssaye me mande que vous me ferez tenir mes arbres; je vous envoie le plan de mon jardin[3].

A Monsieur, Monsieur de la Fons[4].

CCXXXIV
(12 NOVEMBRE 1671.)

Je n'ai point reçu de vos lettres par le dernier ordinaire, et je m'imagine qu'elles sont arrivées trop tard à

---

1. Ligny-en-Barrois (Meuse).
2. Il y a *dira* dans l'original.
3 Le Cardinal ne dit pas s'il s'agit de son jardin à Commercy ou de celui de Ville-Issey.
4. Signature autographe du Cardinal.

la poste. Je vous supplie de dire à M. et à Mme de Lamet le détail des raisons qui m'ont empêché d'aller à Paris parce qu'ils souhaitoient l'un et l'autre passionnément le voyage pour leur affaire. Je suis absolument à vous.

Ce 12 novembre 1671.
Le Cardinal de RAIS.

Faites tenir, je vous prie, à Laon, la lettre pour M. l'Évêque d'Olonne[1].

A Monsieur, Monsieur de la Fons[2].

CCXXXV
(16 novembre 1671.)

J'AI reçu par un même ordinaire vos deux lettres du 7 et du 11 de ce mois qui me donnent bien de la joie en m'apprenant que nous sommes sur le point de voir finir l'Ordre de Commercy. Dieu veuille que la Serment ne nous y fasse pas quelque nouvel embarras. Ce qui me met en repos est que vous y avez l'œil. Je suis absolument à vous et de tout mon cœur.

Ce 16 novembre 1671.
Le Cardinal de RAIS.

M. Cherrier m'écrit pour un petit échange qu'il souhaiteroit que je fisse. Je lui mande d'en conférer

---

1. Jean de Malvand, récollet, nommé suffragant de Clermont et sacré évêque d'Olonne le 7 juillet 1648, mort à Aix le 4 mai 1683. Il était janséniste, et donna son approbation à la publication des *Pensées de Pascal* (24 novembre 1669).
2. De la main de Malclerc. Signature autographe. Deux sceaux cire rouge, plaqués sur lacs de soie rouge.

avec vous, et je vous prie d'y apporter toute la facilité possible ; il y a même raison pour cela, parce que M. l'Évêque de Senlis¹, qui est de mes bons amis, s'y intéresse.

Le Cardinal de RAIS.

A Monsieur, Monsieur de la Fons².

CCXXXVI
(19 NOVEMBRE 1671.)

J'AI reçu votre lettre du 14 de ce mois qui m'apprend avec bien de la joie que l'Ordre de Commercy s'avance, et je crois que effectivement la Serment, voyant que les frais d'un procès tomberoient sur elle, pourra se tempérer¹ et ne nous pas troubler. J'attends les arbres² en bonne disposition. Je suis tout à vous et de tout mon cœur.

Ce 19 novembre 1671.

Le Cardinal de RAIS.

A Monsieur, Monsieur de la Fons³.

1. Denis Sanguin, évêque de Senlis, du 14 janvier 1652 au 13 mars 1702.
2. De la main de Malclerc. Signature autographe du Cardinal. Deux sceaux cire rouge à ses armes, plaqués sur lacs de soie rouge.
1. S'apaiser, se calmer. Cet emploi de ce verbe ne se trouve pas dans les dictionnaires.
2. Les arbres destinés au jardin de Commercy ou à celui de Ville-Issey.
3. De la main de Malclerc. Signature autographe du Cardinal. Deux sceaux cire rouge à ses armes, plaqués sur lacs de soie rouge.

CCXXXVII
(23 novembre 1671.)

J'ai reçu votre lettre du 18 de ce mois. Je suis de votre sentiment touchant le petit de Gondy; faites-le habiller, je vous prie; il est plus juste en toute manière de l'aider que son père[1]. Mon sentiment n'est pas qu'il faille se contenter de donner une simple assurance à M. de Liancourt[2]; il y a trop longtemps que l'on lui doit; je vous prie de lui mettre en main cette assignation[3] certaine sur MM. Cherriers sur le premier payement de l'année prochaine. Envoyez-la-moi, s'il vous plaît, afin que je la signe et que je prie en même temps MM. Cherriers de l'accepter dès à présent, payable dans le terme auquel ils sont obligés; il sera bien mieux à mon avis de porter ensemble à M. le duc de Liancourt et l'assignation et l'acceptation. Je suis tout à vous et de tout mon cœur.

Ce 23 novembre 1671.

Les Religieux de Saint-Denis m'ont prié de vous recommander à vous et à M. de Lhommeau la prompte expédition du procès touchant le partage. M. Cherrier, en passant à Châlons, est convenu de certains actes avec M. Bernard qui les a envoyés ici, me priant l'un et l'autre de les signer. Je vous les envoie afin que vous

---

1. Il était fils de ce Gondi que le Cardinal, pour se débarrasser de lui, avait interné dans son abbaye de Buzay, et qui rompit son ban, comme on l'a vu plus haut, p. 252 et note 5.

2. M. et Mme de Liancourt étaient créanciers du cardinal de Retz pour deux mille écus. Voyez les *Mémoires de Retz*, tome V, p. 104, tome II, p. 430, note 3 et p. 524, et note 2.

3. « De six mille livres pour [lui] sur [ce] que je vous envoye... » Mots effacés dans l'original.

voyez s'il n'y a point d'inconvénient, et si vous n'y en trouvez pas, vous n'avez qu'à les rendre à M. Cherrier.

Le Cardinal de RAIS.

Péan[4], qui est ici, dit qu'il a oublié de vous écrire d'envoyer ici, de [la] soie rouge pour cacheter les lettres[5]. Je n'en ai pas ; envoyez-en toujours, s'il vous plaît, un peu par la poste, attendant une autre commodité.

A Monsieur, Monsieur de la Fons[6].

CCXXXVIII
(26 NOVEMBRE 1671.)

J'AI reçu votre lettre du 21 de ce mois ; je ne vous recommandai l'affaire de l'échange que supposé qu'il n'y ait rien contre mes intérêts et ceux de l'abbaye ; et je suis assuré que je n'ai que faire de m'en mettre en peine, puisque vous y veillez pour moi. M. Cherrier dit que la chose est de très-peu d'importance ; mais, avec tout cela, il y a des matières qui, quoique petites, sont de conséquence pour les suites. Je vous rends grâces des arbres. Je suis absolument à vous et de tout mon cœur.

Ce 26 novembre 1671.

Le Cardinal de RAIS.

Je vous envoie une lettre de M. de Bonneval sur laquelle je vous prie, après vous être informé du détail,

---

4. Péan, alors maître d'hôtel du Cardinal.
5. Il y a dans l'original : *tiltres* ou *lettres*. Mais on lit plus distinctement tiltres, quoique le mot lettres offre un sens plus satisfaisant.
6. De la main de Malclerc. Signature autographe du Cardinal. Deux sceaux en cire rouge à ses armes, brisés. Lacs de soie enlevés.

de faire en mon nom tout ce que l'honnêteté et l'amitié que j'ai pour M. de Jouy peut permettre dans la justice ; je dis dans la justice, car vous savez qu'il ne faut pas s'embarrasser mal à propos contre des officiers au temps où nous sommes.

Faites savoir à M. de la Houssaye que je ne lui envoie pas aujourd'hui les lettres pour Rome parce que elles ne partiroient pas de Paris plus tôt qu'elles feront en ne partant d'ici que lundi prochain.

A Monsieur, Monsieur de la Fons[1].

CCXXXIX
(30 novembre 1671.)

J'ai reçu votre lettre du 25 de ce mois, qui ne me surprend pas sur ce qu'elle m'apprend du discours du commis du greffe ; cela est plus clair que le jour.

Il n'y a rien de plus raisonnable que ce que vous m'écrivez touchant l'échange, et il s'en faut tenir à cela. Il est juste que les gens que l'on accommode se mettent aussi à la raison de leur côté.

Voici deux lettres de M. l'évêque d'Olonne[1] et d'un curé du diocèse de Laon avec les réponses que je leur fais. Joignez-y, s'il vous plaît, ce que vous jugerez à propos.

Je suis très-fâché de la mort de M. Le Jay. J'ai prié M. de Hacqueville de vous parler touchant la Motte-

---

1. De la main de Malclerc. Signature autographe du Cardinal. Deux sceaux cire rouge, sur lacs de soie vert clair.
1. Voyez ci-dessus, p. 463, note 1.

Charvais pour lequel il m'avoit écrit. Je suis absolument à vous et de tout mon cœur.

A Commercy, ce 30 de novembre 1671.

Le Cardinal de RAIS.

Je vous prie de voir de ma part Mme Mesnardeau, je dis Mme Menardeau veuve de M. Mesnardeau[2], vulgairement appelée l'honnête femme, et de lui rendre la lettre ci-jointe que vous cachèterez, s'il vous plaît, après l'avoir lue. Accompagnez aussi, je vous prie, cette lettre de tout ce que vous pourrez d'avantageux à M. le comte de Vinde, qui est le fils de M. le marquis de Sablonnières; c'est assez vous dire. Voyez, je vous supplie, si vous ne pourriez point prendre les fonds des petites pensions que je donne à Paris, sur les fruits échus des prieurés que j'ai eu pour la Chaume[3].

A M. de la Fons[4].

CCXL

A Commercy, ce 3 de décembre 1671.

J'AI reçu votre lettre du 28 du passé. Je suis très-aise des arbres et j'en ai remercié M. de la Quintinie[1].

2. S'agit-il de ce Ménardeau, conseiller du parlement de Paris, qui assista aux conférences de Ruel? C'est ce que ne dit pas le Cardinal.
3. Nous n'avons trouvé nulle part les noms des prieurés qui furent donnés au Cardinal, en échange de son abbaye de la Chaume ou de la Chaulme.
4. De la main de Gaultray. Signature autographe du Cardinal. Pas de sceaux. Simple feuillet.
1. Jean de la Quintinie, le célèbre horticulteur, qui eut sous sa direction les jardins de Versailles et qui avait été chargé par

Voici une lettre de M. Léger avec la réponse que je lui fais; vous la lui expliquerez, s'il vous plaît, comme vous le jugerez à propos, de [ne] lui rien donner sur son principal à ce premier Noël². Voyez, je vous supplie, si au suivant, on le pourra faire.

M. de Gondi, en me remerciant, me prie de trouver bon qu'il me vienne voir à Commercy; mandez-lui, je vous supplie, que je ne désire pas qu'il se donne cette peine. Je suis absolument à vous et de tout mon cœur.

Le Cardinal de Rais.

Mme de Chalivaux demeure chez M. Lavocat, chanoine de Notre-Dame, son frère et mon grand vicaire³.

A Monsieur, Monsieur de la Fons⁴.

CCXLI

A Commercy, ce 7 de décembre 1671.

J'AI reçu votre lettre du 2 de ce mois. Je crains si fort, sur l'Ordre, les chicanes de la Serment, que vous m'avez donné une grande joie en me mandant qu'elles ne pourront point arrêter la chose.

Ne faites rien, s'il vous plaît, pour le sellier, qui ne

Louis XIV de les dessiner. Il était né, en 1626, à Chabanais, petite ville de l'Angoumois, et mourut à Versailles en 1688. — Il y a *Quinquinie* dans l'original.

2. Il y a probablement quelques mots omis dans cette phrase; mais celle qui suit la fait suffisamment comprendre.

3. Lavocat, pendant la Fronde ecclésiastique, avait été, comme on l'a vu dans notre tome VI, un des grands vicaires du cardinal de Retz.

4. De la main de Gaultray. Signature autographe du Cardinal. Deux sceaux cire rouge.

soit dans les intérêts de l'abbaye, et juste et raisonnable.

Voyez, je vous supplie, aussitôt ma lettre reçue, M. de la Houssaye, et en lui donnant celle que je lui écris, dites que je vous ai prié de mettre incessamment dans ma maison de Saint-Denis[1] un appartement en état pour y loger M. Nicole[2], et je vous en prie en effet. Je

1. En 1668, le cardinal de Retz avait obtenu par un arrêt du parlement de Paris l'autorisation de démolir l'hôtel bâti par le cardinal de Bourbon, afin de se construire avec ses matériaux une résidence plus moderne. Comme cet hôtel était situé dans l'enceinte de l'abbaye, les moines effrayés d'un tel voisinage offrirent à leur abbé onze autres édifices en échange de l'hôtel de Bourbon. Le Cardinal, ayant accepté leur offre, s'installa dans une maison flanquée de deux tourelles, à laquelle il donna le nom d'hôtel de Retz. Cette maison était contiguë à l'ancienne maison du sous-prieur et avait vue sur les jardins de l'abbaye. Il serait trop long d'en donner la description détaillée que l'on trouvera dans le tome II de l'*Histoire de Saint-Denis* par Mme d'Ayzac (p. 309-311).

2. Pierre Nicole, l'un des plus célèbres disciples de Port-Royal, né à Chartres le 13 octobre 1625, mort le 16 novembre 1695. Voici ce qu'on lit dans *la Vie de M. Nicole*, Luxembourg, 1732, in-24, seconde partie, p. 35 et suivantes, année 1671 : « On croit que M. Nicole demeuroit à Saint-Denis, lorsqu'il écrivit les deux Lettres, au sujet du P. Des Gabets.... Après avoir passé quelque temps avec M. Arnauld chez Mme de Longueville, pour y travailler avec ce docteur aux factums de cette princesse contre Mme de Nemours au sujet de quelques contestations civiles, il ne pensa plus qu'à se retirer dans quelque monastère, où il fût peu connu, et où il pût assister régulièrement à tout l'Office divin. Il jeta les yeux sur l'abbaye de Saint-Denis, près de Paris, et ayant obtenu de M. le cardinal de Retz un logement dans la maison abbatiale, avec la permission d'y demeurer autant de temps qu'il lui plairoit, il y alla au commencement de mai 1671. Il y vécut d'abord dans une grande retraite. Il sortoit peu ; il prioit et étudioit beaucoup et ne voyoit presque personne. Son valet faisoit sa cuisine, en quoi il étoit fort habile. Mais M. Nicole étoit très-dur à lui-même, malgré l'extrême délicatesse de son tempérament, et ses infirmités habituelles.... M. Nicole ne demeura à Saint-Denis que jusqu'au mois d'août. Ce lieu étoit trop

sais bien que ce seroit une affaire de mettre cette maison en état³, mais je crois que ce n'en est pas une d'y mettre un appartement, et quand même il y auroit en cela quelque dépense, je la ferois de très-bon cœur pour un si bon sujet, et qui d'ailleurs m'est recommandé par M. de la Houssaye.

Mlle de Nortombelland⁴ désire d'aller passer cinq ou six semaines avec Madame sa mère pour éprouver sa vocation. Voyez, je vous supplie, avec M. de Hacqueville, comme il la faut habiller. Je suis absolument à vous et de tout mon cœur. Faites tenir, je vous prie, sûrement la lettre ci-jointe à M. le marquis de Bonneval.

Le Cardinal de Rais⁵.

CCXLII
(10 décembre 1671.)

J'ai reçu votre lettre du 5 de ce mois. M. de Hacqueville m'écrivoit, il y a quelque temps, à propos des

proche de Paris, pour n'y être pas exposé à de fréquentes visites. On le tiroit malgré lui de sa solitude, et il y retrouva bientôt ce qu'il avoit voulu fuir. Pour y remédier il s'enfuit dans le désert de Port-Royal-des-Champs, où il eut la consolation de trouver M. Arnauld, M. de Sainte-Marthe et M. de Saci.... » On peut voir d'après la date de la lettre du cardinal de Retz de décembre 1671, que ce ne fut point cette année-là qu'il offrit l'hospitalité à Nicole, mais l'année suivante.

3. Le cardinal de Retz était trop couvert de dettes pour persister dans le dessein de se faire bâtir à Saint-Denis un palais abbatial. Il se contenta même, comme on le voit, de la maison que lui avaient cédée les Religieux, sans même y faire de réparations.

4. Voyez ci-dessus, p. 318 et note 7.

5. De la main de Gaultray. Signature autographe. Simple feuillet détaché, sans empreinte de sceau.

petites pensions que je donne à Paris, que je pouvois faire état, si je le jugeois à propos, d'en prendre le fonds sur celui des décimes, et comme il me marque que ce fonds va à un peu moins de deux mille écus, je crois qu'étant joint à celui que l'on peut tirer cette année des petits prieurés, il pourra suffire tant à cet effet qu'au payement de votre pension. Mandez-moi, je vous supplie, ce qui en est, et croyez, et par devoir et par inclination, que vous êtes le premier sur ce fonds, si il est bon, et que si il ne l'est pas, je vous en chercherai incessamment un autre. Écrivez-moi sur cela vos pensées, comme si vous vous parliez à vous-même. Vous le pouvez et vous le devez, sachant la reconnoissance et l'amitié que j'ai pour vous. Je suis absolument à vous et de tout mon cœur.

A Commercy, ce 10 décembre 1671.

Le Cardinal de RAIS.

M. de la Fons[1].

CCXLIII
(13 DÉCEMBRE 1671.)

J'AI reçu votre lettre du 9 de ce mois; les arbres seront ce soir ici.

Bruslé écrit au Sr de Malclerc, sur ce que il ne jouit pas de Saint-Martin-du-Tertre[1]. Voyez, je vous prie, ce qu'il faut faire sur cela, puisque M. l'abbé[2] m'a dit

1. De la main de Gaultray. Signature autographe. Simple feuillet. Pas de sceaux.

1. Le fief de Saint-Martin de Tartre, faisant partie de la *mense distraite* de l'abbaye de Saint-Denis, c'est-à-dire de la *mense* assignée à l'entretien des bâtiments de l'abbaye et de la basilique.

2. Il s'agit probablement de l'abbé de Saint-Mihiel, dom Hennezon.

que par le traité avec les Cherriers il en devoit jouir paisiblement; mandez-moi, je vous prie, s'il faut que je leur écrive; il n'est pas juste, comme vous savez, de laisser Bruslé sans subsistance.

Je me remets absolument à vous sur ce que vous jugerez de ce qui se doit et se peut faire touchant MM. Coustart et Leger.

Dites, je vous prie, à l'abbé Daurat[3] qu'il n'a que faire de venir présentement à Commercy, parce que j'irai à Paris dans la fin du mois qui vient[4] et il est vrai que je fais état d'y aller dans ce temps-là; si Bonvouloir[5] vouloit venir, dites-lui, s'il vous plaît, la même chose; je m'imagine que la grande aumônerie[6] sera donnée en ce temps-là.

J'aurai en vérité bien de la joie de vous embrasser et de vous dire moi-même que je suis absolument à vous et de tout mon cœur.

Ce 13 décembre 1671.

Ne parlez, je vous prie, de mon voyage à Paris qu'autant qu'il sera nécessaire pour empêcher l'abbé Daurat et la l'At.[7] de me venir trouver. M. de Hacqueville me mande que les Religieux de Saint Denis avoient pensée

---

3. *Dorat* dans l'original.
4. Cette locution bien qu'ancienne n'a pas figuré d'abord dans nos dictionnaires. Ce n'est qu'à partir de 1835 que l'Académie explique : *l'année, le mois, la semaine qui vient* par « l'année prochaine, le mois prochain, la semaine prochaine. »
5. *Bonvouloir*, qui était évidemment un nom propre, est écrit en deux mots dans l'original, et sans majuscule.
6. Il s'agit de la grande aumônerie de Saint-Denis, qui était une des plus grandes dignités de l'abbaye.
7. Nom propre, ainsi en abrégé dans l'original. Vous n'avons pu deviner lequel. Peut-être faudrait-il lire : et *l'autre*, c'est-à-dire, le sieur *Bonvouloir*, dont il a été parlé plus haut. Malclerc, le secrétaire de Retz, commettait souvent des erreurs et estropiait la plupart des noms propres.

de faire parler pour moi un autre avocat[8] que M. de Lhommeau; il ne faut pas à mon opinion souffrir cela, car ce seroit[9] lui faire une injure.

Signé : Le Cardinal de RAIS.

A Monsieur, Monsieur de la Fons[10].

CCXLIV

A Commerci, le 14 décembre (1671).

DEPUIS ma lettre écrite, je vous fais ce mot pour vous prier de ne parler à personne du petit tour que je fais état de faire à Paris et pas même à l'abbé Daurat.

Le Cardinal de RAIS.

A Monsieur, Monsieur de la Fons[1].

CCXLV

17 décembre 1671.

J'AI reçu votre lettre du 12ᵉ de ce mois. M. Labeur m'écrit pour sa pension, et je le remets à ce que vous lui direz en conformité de ce que je vous écrivis, il y a quelques jours, sur ce sujet.

Prenez la peine, s'il vous plaît, de vous informer quand M. de Bonneval sera de retour pour lui faire

---

8. Après le mot *avocat*, les deux mots : *pour moi* sont répétés.
9. Après *ce seroit*, les mots : *à mon opinion* sont répétés.
10. De la main de Malclerc. Signature autographe de Retz. Deux sceaux en cire rouge.
1. Petit billet de la main du Cardinal. Deux sceaux en cire rouge.

rendre ma lettre. Je suis absolument à vous et de tout mon cœur.

      Le Cardinal de Rais.

A Monsieur, Monsieur de la Fons[1].

CCXLVI

    A Commercy, ce 21 de décembre 1671.

J'ai reçu votre lettre du 16 de ce mois. Faites, je vous supplie, ce que vous jugerez à propos avec M. de Hacqueville pour les habits de Mlle de Nortombelland. Elle m'écrit par le dernier ordinaire qu'elle est absolument résolue de revenir à Jouarre[1], et qu'elle ne veut même demeurer avec sa mère[2] que très-peu de temps. Cela étant, il me semble que l'on peut agir avec elle sur ce pied, même de concert avec elle.

M⁰ Menardeau me paroît un peu injuste de vouloir empêcher une veuve de trente ans de se marier. Mes compliments, s'il vous plaît, à M. l'abbé de Gondi. Je suis absolument à vous et de tout mon cœur. On vous présentera, les 20 et 25 du mois prochain, les deux lettres de change pour mon quartier.

M. de Hacqueville me mande qu'il ne croit pas qu'il y ait de difficulté pour les décimes. Mandez-moi, je vous supplie, ce qui en sera, quand vous y verrez clair,

---

1. De la main de Gaultray. Signature autographe du Cardinal. Deux sceaux en cire rouge, plaqués sur lacs de soie rouge.

1. L'abbaye des Bénédictines dont nous avons parlé ci-dessus, p. 318, note 7.

2. Mme de Northumberland (Elisabeth Wriothesley), veuve de Josselyn Percy, onzième comte de Northumberland, était la plus jeune des filles du lord trésorier Southampton. Voyez les *Lettres de Mme de Sévigné*, tome III, p. 178, note 3.

afin que nous songions à un autre fonds pour les pensions, en cas que celui-là manque.

M. de la Fons[3].

Le Cardinal de Raıs.

CCXLVII
(24 décembre 1671.)

J'ai reçu votre lettre du 19. Si le Roi vient à Châlons, je m'y rendrai aussitôt que lui, mais je vous dis, pour vous seul, que cela ne m'empêchera pas de faire ensuite un petit tour à Paris, où j'aurai bien de la satisfaction à vous embrasser. Nous réglerons là tout ce qui se pourra faire pour la satisfaction des créanciers qui demandent à être payés, parce que j'y serai assurément dans le mois de janvier, soit que le Roi vienne à Châlons, ou qu'il n'y vienne pas. Je suis très-aise que les Religieux ne se soient point opiniâtré sur le sujet de M. de Lhommeau; il n'y avoit rien de plus déraisonnable; il me semble que je vous ai mandé que j'ai tiré mon quartier[1] en deux lettres de change au 20 et 25 de janvier. Je suis à vous absolument et de tout mon cœur.

Ce 24 décembre 1671.

Le Cardinal de Raıs.

Faites tenir, je vous prie, cette lettre pour M. du Hamel, chanoine[2], et en mains propres; s'il n'est pas à Paris, attendez qu'il y soit.

M. de la Fons[3].

3. De la main de Gaultray. Signature autographe du Cardinal. Simple feuillet. Pas de sceaux.
1. Le quartier de ses revenus sur l'abbaye de Saint-Denis.
2. Voyez ci-dessus, p. 208, note 1.
3. De la main de Malclerc. Signature autographe du cardinal

CCLXVIII

A Commercy, ce 27 de décembre 1671.

J'ai reçu votre lettre du 23ᵉ de ce mois. J'attends celle de lundi pour prendre ma résolution sur ce que votre dernière contient dans son premier article et je vous la manderai aussitôt. Je suis absolument à vous et de tout mon cœur.

Le Cardinal de Rais.

Voici quatre lettres de maîtrise pour Saint-Denis que Fromentin[1] m'a demandées, et que j'ai fait expédier en la même forme qui étoient celles que je donnai d'abord; mais comme je les ai relues, j'y ai trouvé une clause qui me paroît contre les bonnes mœurs, qui est une dispense du chef-d'œuvre[2]; c'est pourquoi je n'ai point voulu les faire délivrer que vous ne les eussiez vues. Voyez donc, s'il vous plaît, ce qui en est, et si vous n'y trouvez point d'inconvénient, faites-les délivrer comme Fromentin le désire.

M. de la Fons[3].

---

de Retz. Deux sceaux en cire rouge plaqués sur lacs de soie rouge.

1. Charles Fromentin, le chirurgien du Cardinal; son ancien valet de chambre. L'abbé de Saint-Denis, parmi ses droits innombrables, possédait celui de percevoir une taxe, lorsqu'il délivrait des lettres de maîtrise. Dans sa lettre, on voit qu'il fait cadeau à Fromentin de ses droits à percevoir sur quatre lettres de maîtrise.

2. Les maîtrises n'étaient accordées qu'aux apprentis qui avaient fait un chef-d'œuvre.

3. De la main de Gaultray. Signature autographe de Retz. Simple feuillet. Pas de sceaux.

CCXLIX

A Commerci, le 30 décembre 1671.

J'ai reçu votre lettre du 26 de ce mois. Je m'en vas à Châlons où je demeurerai autant que le Roi y sera[1], et j'irai de là faire un petit tour à Paris où en vérité j'aurai une sensible joie de vous embrasser.

Je vous rends un million de grâces de ce que vous avez fait pour M. de Lislebonne[2]. Faites, je vous supplie, le mieux qu'il vous sera possible pour les enfants de M. le Houx[3]. Je suis absolument à vous et de tout mon cœur.

Le Cardinal de RAIS.

A Monsieur, Monsieur de la Fons[4].

CCL

A Commercy, ce 2 de janvier 1672.

J'ai reçu votre lettre du 28 du passé; j'espère que je vous y ferai bientôt réponse moi-même. Je fais état de

---

1. Nous n'avons pas trouvé trace de ce voyage du Roi à Châlons. C'était un faux bruit, et Retz ne tarda pas à s'en rendre compte, car il n'alla pas à Châlons.

2. Voyez ci-dessus, p.277, note 3.

3. Il s'agit très-probablement de ce Le Houx, boucher, partisan dévoué de Retz, qui fut sur le point de prendre les armes avec « toute la boucherie de la place aux Veaux », pour délivrer le Cardinal que l'on venait d'arrêter. (Voyez *Mémoires de Retz*, tome IV, p. 453; et tome II, p. 561 et note 3.) Après la Fronde, et jusque dans sa retraite à Commercy, Retz ne manqua jamais de venir en aide, autant qu'il le put, a ses anciens partisans et complices.

4. Lettre autographe. Deux sceaux cire rouge sur lacs de soie blanche.

partir de demain en huit jours ; n'en dites pourtant rien encore, je vous prie, parce que je vous écrirai plus certainement jeudi prochain. Je suis toujours bien foible de mon pied, mais je me fortifierai apparemment entre ci et là.

Voici une lettre de Mme de Guénégaud, prieure de Pontoise[1] ; voyez, je vous prie, ce qui se peut faire pour la satisfaire et prenez excuse sur ma goutte de ce que je ne lui fais pas réponse moi-même. Il y a cinq ou six semaines que je lui écrivois ce qu'elle marque dans cette lettre, et il faut que j'aie oublié de vous en écrire. Je suis absolument à vous et de tout mon cœur.

Le Cardinal de Rais.

M. de la Fons[2].

CCLI
(4 JANVIER 1672.)

J'AI reçu votre lettre du 30 de ce mois. Je persiste toujours dans la résolution de vous aller voir ; mais l'incertitude des marches du Roi[1] me fait suspendre la mienne, et, pour vous dire le vrai, cette incertitude est venue fort à propos ; car j'ai depuis deux jours si mal aux yeux que j'aurois été bien embarrassé, s'il m'avoit fallu marcher dans ce moment. M. Alliot[2], qui est ici,

---

1. Jeanne de Guénégaud, prieure de l'Hôtel-Dieu de Pontoise, était fille de Gabriel de Guénégaud et de Marie de la Croix. Elle était sœur de Henri de Guénégaud, marquis de Planci, comte de Montbrison, etc., secrétaire d'État, depuis 1643, et garde des sceaux des ordres du Roi, qui mourut en 1676.
2. De la main de Gaultray. Signature autographe du Cardinal. Simple feuillet. Pas de sceaux.
1. Louis XIV se préparait alors à son expédition en Hollande.
2. Pierre Alliot, médecin ordinaire de Louis XIV, né à Bar-le-

croit que cette fluxion n'aura pas de suites plus mauvaises que les précédentes, quoiqu'elle soit beaucoup plus grande.

Il faut avouer que Saint-Amour est un insolent personnage; il ne mérite pas que l'on ait aucune considération pour lui; il le faut pousser à bout dans la justice. Je m'étonne de ce que l'on parle encore de mon voyage à Paris; car personne du monde n'en savoit rien ici, et je n'en ai même écrit à personne, mais vous savez que l'on n'est jamais trois mois sans renouveler ce bruit duquel, ce me semble, on devroit pourtant être las. Je suis absolument à vous et de tout mon cœur.

A Commercy, ce 4 de janvier 1672.

Le Cardinal de Rais.

Je vous prie de solliciter en mon nom, le plus efficacement qu'il vous sera possible, M. le Premier Président[3] pour M. de Bras. M. l'abbé du Greix[4] vous dira le détail de cette affaire à laquelle je prends une part sensible.

M. de la Fons[5].

CCLII

A Ville Issé, le 4 de janvier 1672.

J'ai reçu votre lettre du 31 du passé. Je partirai lundi pour vous aller voir, quoique j'aie encore le pied bien

---

Duc. Il fut l'inventeur d'un prétendu spécifique contre le cancer; il en fit vainement l'essai sur la reine Anne d'Autriche.

3. Guillaume de Lamoignon, premier président depuis le 16 novembre 1658. Voyez ci-dessus, p. 455, note 1.

4. Ou Groix.

5. De la main de Gaultray. Signature autographe de Retz. Simple feuillet. Pas de sceaux.

foible. Je suis absolument à vous et du plus tendre de mon cœur.

Le Cardinal de Rais[1].

CCLIII
(7 janvier 1672.)

J'ai reçu votre lettre du 2 de ce mois. J'ai encore si mal aux yeux, qu'il m'est impossible d'aller à Châlons, si le Roi y est le 8, comme on le dit, et M. Alliot qui est ici auprès de moi, dit que je hasarderois ma vue. S'il passe jusques à Metz, j'y pourrai aller apparemment, parce que M. Alliot dit qu'entre ci et cinq ou six jours mes yeux qui commencent à être mieux se pourront fortifier. Aussitôt qu'ils le seront, j'irai faire un petit tour à Paris, mais n'en dites encore rien, s'il vous plaît. J'y verrai M. de la Viéville[1] et, en attendant, je vous prie de l'amuser autant qu'il vous sera possible. Vous avez très-bien fait de prendre à tout hasard les précautions nécessaires touchant le prieuré. Mais voyez, je vous supplie, avec M. de Hacqueville, si ce qui s'est passé ici devant, touchant ce même prieuré, ne porteroit point quelques embarras, si l'on se vouloit servir de l'arrêt nouveau. Cela mérite d'être pesé. Je suis ravi de ce que vous me mandez

1. Billet autographe du Cardinal, signé. Simple feuillet. Pas de sceaux.
1. Un des créanciers de Retz. Peut-être s'agit-il de Charles II, duc de la Vieuville, ancien gouverneur de Philippe d'Orléans, frère de Louis XIV, qui servit aux siéges de Bourbourg, de Béthune et de Dunkerque, fut blessé à la bataille de Lens en 1648 et qui mourut plus tard, le 2 février 1689. Il était fils de Charles de la Vieuville, surintendant pendant la Fronde.

de l'arrêt d'Ordre. Je suis absolument à vous et de tout mon cœur.

A Commercy, ce 7 de janvier 1672.

Le Cardinal de Raɪs.

M. de la Fons².

CCLIV

A Commercy, ce 11 de janvier 1672.

J'ʌɪ reçu votre paquet du 6ᵉ; mais je n'y ai point trouvé de lettre de vous pour moi. Je m'imagine que vous l'aurez adressée à Châlons où ma fluxion sur les yeux m'a empêché d'aller ; elle a été terrible, mais elle est présentement beaucoup diminuée. Je serai en état de vous écrire plus au long jeudi prochain, étant encore présentement dans les remèdes. Je suis absolument à vous et de tout mon cœur.

Le Cardinal de Raɪs.

M. de la Fons¹.

CCLV
(14 janvier 1672.)

J'ʌɪ reçu par le dernier ordinaire vos deux lettres du 6 et du 9 de janvier.

M. de Hacqueville vous peut dire plus de nouvelles que moi-même, du temps que je vous irai voir ; je crois toutefois que ce sera bientôt ; nous verrons là tout ce qui se pourra faire pour les créanciers qui pressent.

2. De la main de Gaultray. Signature autographe du Cardinal. Simple feuillet. Pas de sceaux.

1. De la main de Gaultray. Signature autographe du Cardinal. Simple feuillet. Pas de sceaux.

J'attends avec bien de la joie la fin de l'Ordre de Commercy.

Mes yeux commencent à être mieux, mais ils ont été très mal cette fois, et beaucoup plus mal qu'à l'ordinaire. Je suis tout à vous et de tout mon cœur.

Ce 14 janvier 1672.
Le Cardinal de Rais.

A Monsieur, Monsieur de la Fons[1].

CCLVI
(18 janvier 1672.)

J'ai reçu votre lettre du 13 de ce mois qui me donne bien de la joie en m'apprenant le bon état de l'Ordre de Commercy et vous avez très-grande raison de ne rien épargner pour le consommer.

Informez-vous bien, s'il vous plaît, si l'arrêt du conseil touchant les indults a un arrêt[1] rétroactif.

Je ne suis pas encore tout à fait bien de mes yeux, mais je fais toutefois état de partir dans quelques jours pour vous aller voir; mais j'attends pour cela des lettres de M. de Hacqueville. Je suis à vous et de tout mon cœur.

Ce 18 janvier 1672.
Le Cardinal de Rais.

A Monsieur, Monsieur de la Fons[2].

1. De la main de Malclerc. Signature autographe du Cardinal. Deux sceaux cire rouge, plaqués sur lacs de soie de même couleur.

1. Il faudrait lire : « effet rétroactif »; mais dans l'original il y a arrêt, ce qui est évidemment une erreur de Malclerc, qui a pris un mot pour l'autre et qui était peu habitué à écrire sous la dictée.

2. De la main de Malclerc. Signature autographe de Retz. Deux

CCLVII
(28 janvier 1672.)

Je vous embrasserai bientôt, mais je ne puis toutefois vous dire encore le jour de mon départ. Je vous l'écrirai précisément lundi.

Je vous envoyerai aussi le même jour la ratification pour le trou provandier. L'on ne l'a pas expédiée assez à temps pour aujourd'hui.

Faites savoir, je vous supplie, à Mme la duchesse de Nortombelland que je lui ferai dans quelque temps moi-même ma réponse à Paris. Le reste à la première vue, qui me donnera en vérité bien de la joie par celle que j'aurai à vous embrasser et de vous dire moi-même que je suis absolument à vous et de tout mon cœur.

A Commercy, ce 28 de janvier 1672.

Le Cardinal de Rais.

Voici une lettre pour M. le marquis de Vaudy. M. de Hacqueville vous pourra peut-être dire où il loge.

M. de la Fons[1].

CCLVIII

A Commercy, ce 1er de février 1672.

J'ai reçu votre lettre du 27. Voici une lettre que je vous envoie du Sr de Levemont[1] auquel je vous prie de répondre ce que vous jugerez à propos, en attendant

sceaux en cire rouge, plaqués sur lacs de soie de même couleur.
1. De la main de Gaultray. Signature autographe du Cardinal. Simple feuillet. Pas de sceaux.

1. *Leremont* dans l'original.

que je lui fasse réponse moi-même à Paris où je fais état d'aller bientôt. Je crois que je partirai samedi, et qu'ainsi vous pouvez adresser vos lettres à Châlons où je demeurerai deux jours.

Faites savoir aussi, je vous supplie, à M. Forcadel que je ne lui fais point réponse, parce que je la lui ferai moi-même de bouche dans peu de temps.

Je vous assure que la joie de vous embrasser n'est pas la moindre et est même une des plus grandes de celles que je puis recevoir à Paris. Je suis absolument à vous et de tout mon cœur.

Le Cardinal de RAIS.

M. de la Fons[2].

CCLIX
(4 FÉVRIER 1672.)

J'AI reçu votre lettre du 30, à laquelle je vous dirai, pour toute réponse, que je pars samedi prochain pour vous aller voir, que je donnerai aussitôt que je serai arrivé à Paris toutes les assurances à M. de Mannevillette[1], et que je suis absolument à vous et de tout mon cœur.

A Commercy, ce 4 de février 1672.

Le Cardinal de RAIS.

M. de la Fons.

2. De la main de Gaubray. Signature autographe du Cardinal. Simple feuillet. Pas de sceaux.

1. Adrien de Hanyvel, comte de Mannevillette, marquis de Crévecœur, receveur général du clergé, mort à Paris en novembre 1684. Sa fille Marie épousa en 1687 François-Joseph de Clermont-Tonnerre. On croit que c'est à ce personnage que la Bruyère a fait allusion dans son chapitre : *Du mérite personnel* : « Ce n'est pas qu'il faut quelquefois pardonner à celui qui, avec un grand cortége, etc. » Voyez ci-dessus, p. 197, note 9. Il était

CCLX

A Commercy, ce 8 de février 1672.

Je pars après dîner pour aller coucher à Ligny[1] et demain à Châlons; je vous écrirai de là le jour que je pourrai être à Paris[2]. Je suis tout à vous et de tout mon cœur.

Le Cardinal de Rais.

M. de la Fons[3].

CCLXI
(9 mai 1672.)

J'ai reçu votre lettre du 4 de ce mois, le jour même de mon arrivée en ce lieu qui fut vendredi dernier. Elle m'apprend la requête présentée par les créanciers de Bourgogne, qui ne me met en aucune peine, par ce que j'ai vu des sentiments de M. de Lhommeau sur ce sujet; mais particulièrement parce que vous êtes sur les lieux pour veiller à leurs démarches, et je suis fort en repos des choses dont vous prenez soin. Je vous en-

---

depuis longtemps un des créanciers de Retz. — Cette lettre porte la signature autographe du Cardinal.

1. Ligni en Barrois. Voyez ci-dessus, p. 325, note 1.
2. Sur le séjour à Paris du Cardinal, voyez les lettres de Mme de Sévigné du 17 février 1672, tome II de la collection des *Grands Écrivains*, p. 505; du 26 du même mois, tome II, p. 513; du 9 mars, tome II, p. 527; du 16 mars, p. 538; du 15 avril, tome III, p. 20; du 22 avril, tome III, p. 29; du 29 avril, tome III, p. 41. Dans cette dernière lettre Mme de Sévigné annonçait à sa fille que le Cardinal devait quitter Paris le lendemain pour retourner à Commercy. Il était de retour le 6 mai. Voyez aussi une lettre de Mme de Coulanges à Mme de Sévigné du 24 février 1672, *ibidem*, tome III, p. 192.
3. Billet de la main de Gaultray. Signature autographe du Cardinal. Simple feuillet. Pas de sceaux.

voyerai à la huitaine une réponse que je dois aux Ursulines de Dijon sur ce sujet et j'écrirai en même temps à M. Cacu pour faire connoître à ces gens-là qu'ils devoient attendre ma réponse devant que de faire aucune procédure. Je vous envoyerai mes lettres à cachet volant afin que vous les puissiez voir. Quoique je trouve mon droit fort bon, mon avis est que vous tiriez l'affaire de longue[1], afin qu'elle ne se juge que l'hiver qui vient où je pourrai l'aller solliciter moi-même. Je suis tout à vous et de tout mon cœur.

A Commercy, ce 9 de mai 1672.

Le Cardinal de RAIS.

M. de la Fons[2].

CCLXII

9 mai 1672.

Voici un paquet qui regarde Monsieur le prince de Lixin[1], qui est mon voisin et mon ami particulier. Consultez, je vous prie, cette affaire incessamment, non pas seulement avec M. Florentin, mais suppliez même

1. « La commune opinion est qu'il faut dire *tirer de longue*, et *aller de longue*, pour dire *avancer, gagner pays, faire du chemin... tirer* ou *aller de longue*, marque un progrès fort pront par le moyen duquel on parvient bientost au but que l'on se propose. » (VAUGELAS, *Remarques*.)

2. De la main de Gaultray. Signature autographe du Cardinal. Simple feuillet. Pas de sceaux.

1. Lixin, petite ville de Lorraine dans la principauté de Phalsbourg, dans le Sargau (diocèse de Metz). En 1624, le duc de Lorraine, Henri II, maria Henriette de Lorraine sa nièce, sœur du duc Charles IV, à Louis de Guise, baron d'Ancerville, connu plus tard sous le nom de Louis de Philisbourg. En récompense des services qu'il avait rendus à Ferdinand II, en 1629, le prince érigea la terre de Lixin en principauté immédiate du Saint-Empire. Louis de Guise étant mort en 1630, la princesse Henriette épousa secrètement, en 1644, don Carlo Guasco ; devenue veuve

M. Poncet[2], en mon nom, de vous en dire son sentiment et, en cas qu'il juge que l'on puisse obtenir ce que l'on demande au Conseil, poursuivez la chose, je vous supplie, avec toute la chaleur possible, et parlez-en même à Messieurs le Garde des Sceaux[3], de Sére, Boucherat[4], Voisin[5], Barin[6] et la Marguerie[7] de ma part. Je ne puis vous exprimer la joie que j'aurois, si vous me pouviez envoyer quelque chose de bon contre cet arrêt de Metz. Il y va de la ruine entière du prince de Lixin, qui est tout à fait de mes amis.

Le Cardinal de RAIS.

A M. de la Fons[8].

CCLXIII
(16 mai 1672.)

J'AI été fort mal depuis jeudi de ma fluxion, mais, Dieu merci, je suis beaucoup mieux ; je n'ai aucune dou-

pour la seconde fois, elle se maria avec un gentilhomme génois fort riche, François de Grimaldi. Elle mourut sans enfant en 1661 ; son troisième mari eut la jouissance de tous ses biens et porta le nom de prince de Lixin, jusqu'à sa mort, arrivée en 1695. C'est ce Grimaldi qui était l'ami du cardinal de Retz.

2. Pierre Poncet, maître des requêtes au Conseil d'État.

3. Le garde des sceaux était alors d'Aligre, nommé le 23 avril 1672 après la mort de Séguier, survenue le 28 janvier de la même année ; d'Aligre devint chancelier de France le 8 janvier 1674.

4. Guillaume Boucherat, alors conseiller clerc à la Grand'-Chambre du Parlement depuis le 11 août 1646.

5. Daniel Voisin, seigneur de Cerisay, maître des requêtes, ancien prévôt des marchands, qui, en 1674, devint conseiller d'État.

6. Charles Barin de la Galissonière, substitut au Parlement.

7. Peut-être Louis Lenet, seigneur de la Marguerie, maître des requêtes, qui devint vers 1674 premier président du parlement de Bourgogne.

8 De la main de Malclerc. Signature autographe du cardinal de Retz. Pas de sceaux.

leur et j'ai très-bien reposé la nuit. M. Alliot s'en veut retourner et dit n'avoir aucun besoin d'être ici.

Je crois que je ne vous dois pas faire de remerciement de tout ce que vous faites si bien pour moi; il me semble que nous sommes par deçà les compliments[1]. Je suis tout à fait de votre avis touchant les créanciers de Bourgogne. Conférez-en avec M. de Hacqueville, je vous en supplie, et croyez que je suis tout à vous et de tout mon cœur.

Le Cardinal de RAIS.

Ce 16 mai 1672, à Ville [Issé].

Je vous écrirai au premier jour plus au long.

A Monsieur, Monsieur de la Fons[2].

CCLXIV
(19 mai 1672.)

J'AI reçu votre lettre du 14; je suis beaucoup mieux et repose à mon ordinaire et n'ai plus de douleur; demain je m'en vais à Commercy. Je vous recommande de tout mon cœur les intérêts de M. le prince de Lixin, et vous ne pourrez jamais m'obliger plus sensiblement. Vous voirez les papiers que je vous envoie et je vous conjure de faire le possible et d'employer mon nom et mes amis.

Je vous envoie la réponse pour le prieur de Saint-Denis[1] qui n'est qu'un simple compliment. Lundi je

1. Au delà des compliments.
2. De la main de Malclerc. Signature autographe de Retz. Deux empreintes brisées de son sceau en cire rouge. Lacs de soie enlevés.

1. Ce devait être alors dom Claude Martin, qui avait succédé à dom Guillaume Momole Geofroy, mort en 1672. Le nouveau prieur avait annoncé probablement à Retz sa nomination et le Cardinal lui répondait par une lettre de compliment.

vous écrirai plus au long. Je suis tout à vous et de tout mon cœur.

A Ville [Issé], ce 19 mai 1672.

Voici un acte que M. Cherrier m'a envoyé pour le ratifier, je vous l'envoie et vous le verrez.

Le Cardinal de RAIS.

A Monsieur, Monsieur de la Fons[2].

CCLXV
(21 MAI 1672.)

J'AI reçu votre lettre du 18e. J'avois eu un peu de relâche à ma fluxion, mais je commence à m'en ressentir depuis hier au soir, et le mal est qu'on ne la peut arracher[1] dans la situation où elle est; on travaille à la faire tomber avec le vitriol.

Mlle de Nortombelland n'aura pas été un mois à Jouarre qu'elle pressera pour prendre le voile.

Vous n'avez qu'à garder le récépissé de M. de la Chausse.

Voici une nouvelle paperasse contre Bernard qui sera peut-être aussi mal fondée que beaucoup d'autres; comme il s'agit pourtant d'un fait considérable, il est à propos, à mon opinion, que vous vous informiez du détail.

Je viens d'envoyer un exprès à Châlons pour savoir des nouvelles de M. de Caumartin que l'on m'a dit avoir été mordu par un chien enragé; j'en suis dans des

2. De la main de Malclerc. Signature autographe de Retz. Deux empreintes de son sceau en cire rouge, plaquées sur lacs de soie de même couleur.

1. Sous-entendu la dent gâtée, cause de la fluxion.

peines inconcevables. Je suis tout à vous et de tout mon cœur.

A Commerci, ce 21 de mai 1672.

Le Cardinal de Rais.

M. de la Fons².

CCLXVI
(30 mai 1672.)

J'ai reçu votre lettre du 25 et je vous remercie de tout mon cœur de tous vos soins. Je me porte présentement mieux que je n'ai fait; mais j'ai eu en vérité des douleurs inconcevables. Je refuse à Bruslé l'administration de Saint-Denis[1] sur ce que il n'est pas prêtre; et, en effet, vous avez grande raison de dire qu'il est nécessaire de dire que l'administrateur le soit. Faites, je vous prie, si vous pouvez, comprendre raison à Bruslé. J'ai plus d'impatience qu'il n'en a lui-même de faire quelque chose pour lui, mais vous voyez comme moi que cela n'est nullement possible; faites-le connoître, s'il vous plaît, à M. de Caumartin. Je donne l'administration au neveu du défunt, mais n'en dites encore rien, parce que je ne puis encore aujourd'hui faire réponse à deux personnes qui me l'ont demandé, et je vous l'envoirai demain par ce neveu même du défunt. Je n'écrirai plus que les lundis à moins qu'il y ait quelque chose de pressé.

2. De la main de Gaultray. Signature autographe du Cardinal. Pas de sceaux.

1. On voit dans la lettre suivante du 31 mai, qu'il s'agissait de l'administration, non de l'abbaye de Saint-Denis, mais simplement de l'hôpital de la ville. Malclerc a donc dû omettre ces deux mots : *de l'hôpital*.

Ayez, s'il vous plaît, la peine de donner à l'abbé Daurat les provisions et de marquer dans l'occasion que vous l'avez fait. Envoyez-moi aussi, je vous prie, celle de Gaultray. Je vous remercie de tout mon cœur du soin que vous prenez de l'affaire de M. le prince de Lixin ; je vous la recommande de tout mon cœur et suis absolument à vous.

Ce 30 mai 1672.   Le Cardinal de RAIS.

Comme M. de Hacqueville est parti, je ne lui écris pas.

A Monsieur, Monsieur de la Fons[2].

CCLXVII
(31 MAI 1672.)

J'AI reçu votre lettre du 28 de ce mois sur laquelle il ne me paroît rien à ajouter à ma dernière.

Je vois par une lettre que j'ai reçue de Mme de Jouarre que Mlle de Nortombelland[1] ne pense plus à être religieuse ; peut-être l'envie lui en reviendra-t-elle. Je suis absolument à vous et de tout mon cœur.

A Commercy, ce 31 de mai 1672.

Le Cardinal de RAIS.

Prenez, je vous prie, la peine de voir M. de Laigues et de lui dire que j'ai donné au neveu de M. Labeur[2]

---

2. De la main de Malclerc. Signature autographe du cardinal. Simple empreinte de son petit sceau, plaquée sur la lettre pliée en long.

1. Northumberland.

2 Ce Labeur était, comme nous l'avons dit, le prêtre qui avait pris possession de l'archevêché de Paris, après la mort de Retz, alors prisonnier à Vincennes.

l'administration de l'hôpital de Saint-Denis. M. de Laigues m'en avait fait prier par M. de Hacqueville.

Le neveu de M. Labeur s'appelle Juery.

M. de la Fons[3].

CCLXVIII
(31 mai 1672.)

J'ai reçu votre lettre du 28 de ce mois qui me fait voir votre départ pour Bretagne.

Je donne au neveu de M. Labeur l'administration de l'hôpital. Il en est très-capable. Bruslé me l'a demandé même avec empressement, mais à la vérité je n'ai pas cru le devoir ni le pouvoir faire.

Je fais dès aujourd'hui ce qu'il faut pour le P. Joubert et j'envoie aussi à M. le président de la Cour des Aides[1] le protocole pour les lettres.

Je me porte beaucoup mieux de ma fluxion sur les dents, et je suis plus à vous qu'à moi-même.

J'ai écrit à M. le Cardinal d'Estrées[2] dès l'ordinaire précédent.

Le Cardinal de Rais.

A Commercy, ce 31 de mai 1672.

A M. de la Fons[3].

3. De la main de Gaultray. Signature autographe du cardinal de Retz. Simple feuillet. Pas de sceaux.

1. Il y avait en 1672 un premier président de la Cour des aides, Nicolas Le Camus, et quatre présidents, mais Retz n'indique pas le nom de celui auquel il écrit.

2. César d'Estrées, fils de François-Annibal d'Estrées, maréchal de France, et de Marie de Béthune, né le 5 février 1628, sacré évêque de Laon en septembre 1655, reçu à l'Académie française en 1657, cardinal le 24 août 1671. En 1681, il se démit de son évêché, devint abbé de Saint-Germain-des-Prés en 1703 et mourut dans cette abbaye le 19 décembre 1714.

3. De la main de Gaultray. Signature autographe du Cardinal. Simple feuillet. Pas de sceaux.

CCLXIX
(6 juin 1672.)

J'ai reçu votre lettre du premier de ce mois. Donnez, je vous supplie, l'argent qui sera nécessaire pour l'expédition de l'affaire de M. le prince de Lixin; je ne crois pas que cela aille à une somme considérable.

Voici des lettres pour MM. les cardinaux d'Estrées et de Bonzi[1]; je vous prie de les faire tenir sûrement à l'un et à l'autre. Faites aussi donner en main propre à Mme d'Assérac celle que vous trouverez ici pour elle.

Dites aussi, je vous prie, au bailli de Saint-Denis de ma part qu'il fasse ce que M. de la Houssaye souhaitera touchant la maison et qu'il ne s'avise pas dorénavant de ne vous pas nommer vous et M. de Lhommeau dans des affaires qui regardent l'abbaye de Saint-Denis. Je crois même qu'il est à propos que vous lui montriez ce que je vous en écris afin qu'il ne puisse [dou]ter de mon intention. Je suis absolument à vous et de tout mon cœur.

Le Cardinal de Rais.

A Commercy, ce 6 de juin 1672.

A Monsieur, Monsieur de la Fons[2].

1. Pierre de Bonzi, fils de François, sénateur de Florence, et de Christine Riari, né le 15 avril 1631; sacré évêque de Béziers le 12 septembre 1660; ambassadeur à Venise en 1662, puis en Pologne; transféré à l'archevêché de Toulouse en 1670; cardinal en 1672; archevêque de Narbonne en 1674; mourut à Montpellier le 11 juillet 1703.

2. De la main de Gaultray. Signature autographe de Retz. Deux empreintes de son sceau en cire rouge sur un feuillet détaché.

CCLXX

A Commercy, ce 13 de juin 1672.

J'ai reçu vos deux lettres du 4 et du 8 de ce mois. Si vous aviez vu celles que Bruslé m'a écrites touchant l'hôpital de Saint-Denis, vous avoueriez qu'il ne se fait guère de justice sur cette affaire, mais, comme vous dites, je suis persuadé que M. de Caumartin ne sera pas de son avis.

M. de la Houssaye m'a écrit touchant le bailli de Saint-Denis. Voici la réponse que je lui fais, accompagnée d'un billet au bailli et d'un autre à Cherriers. Je crois qu'ils y déféreront, mais s'ils ne le faisoient pas, voyez, je vous prie, avec M. de la Houssaye, ce qu'il faut faire pour me faire obéir, et faites en mon nom tout ce que vous voudrez pour cela. Le bailli ne m'a pas paru sage, et MM. Cherriers même n'en étoient pas contents, quand je suis parti de Paris.

Madame de L'Islebonne[1] accoucha d'un fils avant-hier et je l'ai tenu sur les fonds. Je suis absolument à vous et de tout mon cœur.

Le Cardinal de Rais.

Si la maison est comprise dans le traité de MM. Cherriers, ce que je crois, parce que je ne me ressouviens point d'avoir fait réflexion dans le moment que je traitai avec eux, que je l'eusse promise à M. de la Houssaye; il faut dire à MM. Cherriers que l'on leur en tiendra compte et le faire effectivement sans que M. de la Houssaye le sache, parce que je ne veux pas qu'elle

---

1. La princesse de Lislebonne, qui avait acheté au cardinal de Retz la terre et seigneurie de Commercy. Voyez ci-dessus, p. 277, note 3.

lui coûte un sol, et c'est pourquoi je vous prie de ne lui pas montrer le billet que j'écris à MM. Cherriers. Il suffit de lui dire qu'il y en a un. La vérité est que, si la maison est comprise dans le traité des Cherriers, ce malentendu vient par ma faute, car je devois avoir excepté cette maison, mais je suis pourtant excusable de l'avoir oublié, parce qu'il me semble que, lorsque j'étois à Paris, M. Nicole² ne pensoit plus à la prendre. Voici la lettre de Bruslé avec la réponse que je lui fais.

Le Cardinal de RAIS.

J'oubliai dernièrement à vous faire réponse sur les tableaux de Villepreux³; je serois dans la vérité très-aise de les avoir, et je vous prie même de faire ce que vous pourrez pour cela, en observant pourtant ce qu'il faut à l'égard des créanciers.

Faites voir, je vous prie, à M. de Caumartin ce que j'écris à Bruslé. Mandez-moi, s'il vous plaît, ce que vous jugez à propos que je réponde à Bruslé sur la permission qu'il me demande de vendre sa lieutenance.

M. de la Fons⁴.

2. Nicole de Port-Royal. Voyez ci-dessus, p. 470, note 2.
3. Il s'agissait des portraits originaux de la famille de Gondi. Ils étaient si détériorés, que Retz ne se souciait point d'abord de les posséder; il eut le projet d'en faire exécuter des copies. Mais on voit par cette lettre qu'il se ravisa. Nous croyons que c'est d'après ces originaux qu'ont été gravés par Duflos tous les beaux portraits qui figurent dans l'*Histoire généalogique de la maison de Gondi*, par Corbinelli.
4. De la main de Gaultray. Deux signatures autographes du Cardinal. Simple feuillet. Pas de sceaux.

CCLXXI
(20 juin 1672.)

J'ai reçu vos deux lettre du 11ᵉ et du 15 de ce mois.

Vous aurez vu par ces dernières que j'ai prévenu ce que vous me mandez de la lettre aux Cherriers. Vous la devez avoir présentement. Là-dessus, s'il y a quelque chose à faire de plus, vous n'avez qu'à me le mander, mais je crois qu'après ce que j'ai écrit, il n'y aura plus d'obstacle à la satisfaction de M. de la Houssaye.

Faites, je vous supplie, le possible pour accommoder l'affaire avec les créanciers de Bourgogne, et, à propos de cette affaire, je vous prie de faire savoir à M. Gagne s'il a reçu ma réponse que je lui ai adressée par la voie des Minimes. Je lui ai écrit fort honnêtement, aussi bien qu'aux religieuses de Dijon qui m'avoient écrit sur le même sujet.

M. le comte de Limoges[1], qui m'est venu voir ici, a un grand procès en ce parlement de Dijon. Voici la liste de ses juges; voyez, je vous supplie, si par le moyen de vos amis et des miens, vous n'y pourriez pas trouver quelque habitude[2] et m'envoyer quelque lettre que je lui pusse faire tenir. Je suis tout à vous et de tout mon cœur.

Le Cardinal de Rais.

A Commercy, ce 20 de juin 1672.

---

1. Il est encore question de ce comte de Limoges dans la lettre suivante du 11 juillet. Il appartenait à une famille de Normandie maintenue dans sa noblesse le 13 janvier 1668. Un Louis de Limoges de Renneville avait été reçu chevalier de Malte le 30 mai 1612. Un autre membre de cette famille, Georges de Limoges, avait été lieutenant général au gouvernement de Normandie. Voyez l'*Histoire de la maison d'Harcourt*, par la Roque, tome II, p. 1292 et 1699.

2. Voyez tome IV, p. 464, note 5.

Je vous prie de faire rendre la lettre que j'écris à Mme de Longueville, par un homme botté, qui parte comme si je l'avois envoyé exprès en poste, pour la lui rendre et pour lui témoigner la douleur que j'ai de la mort de Monsieur son fils[3].

M. de la Fons.

3. Le second fils de Mme de Longueville, Jean-Louis-Charles d'Orléans, duc de Longueville et d'Estouteville, prince souverain de Neufchâtel, comte de Dunois-Saint-Paul, avait été tué, le 12 mai précédent, après le passage du Rhin, à l'âge de vingt-quatre ans; il allait être élu roi de Pologne. Ce jeune prince était d'une beauté remarquable. Mme de Longueville, dit Sainte-Beuve, « ne quitta tout à fait l'hôtel de Longueville qu'après cette dernière mort si cruelle, et qui nous est tant connue par l'admirable lettre de Mme de Sévigné. Le jeune M. de Longueville fut tué, on le sait, un moment après le passage du Rhin, en se jetant, par un coup de valeur imprudente, dans un gros d'ennemis qui fuyaient, et avec lui périrent une foule de gentilshommes. Il fallait annoncer ce malheur à Mme de Longueville. De peur de rester trop incomplet, nous répétons ici la page immortelle :

« Mademoiselle de Vertus, écrit Mme de Sévigné (20 juin 1672), étoit retournée depuis deux jours à Port-Royal, où elle est presque toujours; on est allé la quérir avec M. Arnauld pour dire cette terrible nouvelle. Mlle de Vertus n'avoit qu'à se montrer; ce retour si précipité marquoit bien quelque chose de funeste. En effet, dès qu'elle parut : Ah, mademoiselle! comment se porte monsieur mon frère (le Grand Condé)? Sa pensée n'osa aller plus loin.—Madame, il se porte bien de sa blessure.—Il y a eu un combat! Et mon fils? — On ne lui répondit rien. — Ah! mademoiselle, mon fils, mon cher enfant, répondez-moi, est-il mort? — Madame, je n'ai point de paroles pour vous répondre.—Ah! mon cher fils! Est-il mort sur-le-champ? N'a-t-il pas eu un seul moment? Ah! mon Dieu! quel sacrifice! Et là-dessus elle tomba sur son lit, et tout ce que la plus vive douleur peut faire, et par des convulsions, et par des évanouissements, et par un silence mortel, et par des cris étouffés, et par des larmes amères, et par des élans vers le ciel, et par des plaintes tendres et pitoyables, elle a tout éprouvé. Elle voit certaines gens, elle prend des bouillons, parce que Dieu le veut; elle n'a aucun repos; sa santé, déjà très-mauvaise, est visiblement altérée. Pour moi, je lui souhaite

CCLXXII
(27 juin 1672.)

J'ai reçu vos deux lettres du 18 et du 22 de ce mois.

Voici une lettre pour le bailli de Saint-Denis que j'ai faite toute la plus forte qu'il ma été possible.

Bruslé me demande la permission de se défaire de sa lieutenance et d'en tirer récompense. Que croyez-vous que je lui doive répondre?

Les Gazettes de Bruxelles sont aussi fausses que les autres, mais ne laissez pas, s'il vous plaît, de me les envoyer.

Si Mlle de Northumbelland m'avoit toujours dit qu'elle vouloit être religieuse à Jouarre, on eût pensé effectivement à essayer d'avoir pour elle la coadjutorerie de Sainte-Marie de Metz[1], et la chose n'eût pas été peut-être impossible, mais comme il lui a plu de se tromper toujours elle-même et nous aussi, l'occasion s'en est perdue parce que Mme de Sainte-Marie a fait un autre choix. Il est bon que vous le fassiez savoir

---

la mort, ne comprenant pas qu'elle puisse vivre après une telle perte. » (*La Bruyère, la Rochefoucauld, Mme de la Fayette et Mme de Longueville* (par Sainte-Beuve). Paris, imprimerie de Fournier, 1842, un volume in-18.)

Le lecteur ne manquera pas de remarquer le contraste entre cette lettre si touchante et l'action toute théâtrale du cardinal de Retz ordonnant à son correspondant de faire porter, par un courrier botté et comme envoyé tout exprès en poste de Commercy, une lettre de condoléance à la duchesse. — Cette lettre est de la main de Gaultray. Signature autographe du Cardinal. Simple feuillet. Pas de sceaux.

1. L'abbaye de Sainte-Marie de Metz, dont la fondation paraît remonter au dixième siècle, était un séminaire de religieuses « sorties de très-bon lieu ». (Dom Calmet, *Notice de la Lorraine*, etc. Lunéville, 1840, tome II, p. 85 et 86.)

à Mlle de Northumbelland par Mademoiselle votre fille, et qu'elle lui marque même sans affectation que ces occasions sont si rares qu'il ne seroit pas judicieux de s'y attendre.

Dites aussi, s'il vous plaît, à Mme de Northumbelland que j'ai écrit en Angleterre, mais que je n'en ai point encore de réponse.

Je suis tout à fait de votre sentiment touchant Marmion. Cornuot me fait beaucoup moins de peine, mais à propos de Villepreux[2] au décret duquel j'ai, comme vous le dites, un notable intérêt, je vous prie de songer à en retirer les tableaux, sans toutefois nous en faire une affaire avec les créanciers.

Recevez, s'il vous plaît, les comptes de l'Hôtel-Dieu de Saint-Denis, et s'il faut deux personnes pour cela, prenez avec vous qui il vous plaira.

Pour l'affaire de Bourgogne, je crois qu'il faut faire tout ce qui sera en notre pouvoir pour l'accommoder à l'amiable; si cela ne se peut, il faut, à mon avis, la porter jusqu'à l'hiver prochain dans lequel je pourrai moi-même l'aller solliciter. Vous savez que les gens de Dijon eux-mêmes seront bien plus traitables quand ils me sauront sur les lieux, et je sais que M. Gagne[3] craint sur toutes choses ma présence à Paris. Ce qui me donne de la joie sur ce détail est que vous me mandez que mon affaire est meilleure en justice qu'en arbitrage; ce qui est un très-bon signe. Il ne se peut rien de mieux que ce que vous avez proposé d'une conférence.

2. Villepreux, terre des Gondi (aujourd'hui canton de Marly-le-Roi, Seine-et-Oise). Elle avait appartenu à Emmanuel de Gondi, ancien général des galères, le père de Pierre duc de Retz et du cardinal de Retz.

3. Gaigne, conseiller au Parlement de Dijon. Voyez ci-après la note 1 de la lettre du 25 juillet 1672.

Je suis absolument à vous et de tout mon cœur.
Le Cardinal de Rais.

A Commercy, ce 27 de juin 1672.

A Monsieur, Monsieur de la Fons[4].

CCLXXIII

A Commercy, ce 30 juin 1672.

J'ai reçu votre lettre du 25 de ce mois. Vous aurez présentement ma lettre pour MM. Cherriers. Je remercie M. Marcelet de bon cœur de toutes les peines que je lui donne.

Il me semble que vous ne m'avez pas fait de réponse sur les recommandations que je vous avois prié de réitérer de ma part auprès de M. de Breteuil[1] pour M. du Housset, et je vous prie de ne perdre pas un moment à le servir; vous savez qu'il est des plus anciens et meilleurs de mes amis.

Comme le dernier mercredi a été la Saint-Pierre, j'appréhende bien que vous n'ayez pu encore avoir obtenu l'arrêt pour M. le P[rince] de Lixins[2]; ce sont des incidents inévitables.

Voici une lettre pour M. le C[ardinal] de Bonzi[3];

---

4. De la main de Gaultray. Signature autographe du Cardinal. Deux empreintes de son sceau en cire rouge, plaquées sur lacs de soie de même couleur.

1. Il s'agit ou de le Tonnelier de Breteuil, alors conseiller d'État, d'épée, au Conseil royal des finances; ou de Claude le Tonnelier de Breteuil, conseiller au Parlement à la première chambre des enquêtes depuis le 14 juin 1652.

2. Voyez ci-dessus, p. 487, note 1.

3. Voyez ci-dessus, p. 494, note 1.

faites-la-lui rendre, je vous prie, sûrement, mais par un homme toutefois qu'il ne puisse interroger, parce que je l'ai daté du 20 de ce mois.

Je suis tout à vous et de tout mon cœur.

Le Cardinal de Rais.

Je crois que M. de Hacqueville sera arrivé présentement à Paris, ou chez lui; s'il est chez lui, je vous prie de lui envoyer par un messager exprès la lettre que vous trouverez pour lui dans ce paquet, en lui gardant toujours celle que Gaultray vous doit avoir mandé de ma part de lui garder à son arrivée à Paris.

Je n'écris pas à M. l'abbé de Gondy parce que je vois par la date de sa lettre qu'il doit être parti présentement; j'aurai bien de la joie de le voir ici.

A Monsieur, Monsieur de la Fons [4].

CCLXXIV
(7 juillet 1672.)

J'ai reçu vos deux lettres du 29 du passé et du 2 de ce mois.

Malclerc vous aura mandé de ma part par le dernier ordinaire les raisons pour lesquelles mon sentiment est que vous fassiez payer le marchand de Nantes, poursuivi pour la ferme de la Chaume [1], et que vous dissiez à la femme de Nantes qu'elle ne doit rien prétendre

---

4. Adresse de la main de Retz. Lettre de la main de Malclerc. Signature autographe du Cardinal. Deux empreintes de son sceau en cire rouge, plaquées sur lacs de soie rouge.

1. Abbaye du cardinal de Retz. Voyez ci-dessus, p. 401, note 4.

pour son prétendu linge. Je n'avois point de maison formée à Nantes², et tous mes gens mangeoient à l'auberge.

Parlez, je vous supplie, à Bruslé, comme M. de Caumartin le jugera à propos.

Ce n'est pas au Roi d'Angleterre³ que j'ai écrit pour Mme de Northumbelland, et j'ai fait purement ce qu'elle m'a dit, qui est de faire demander à une dame qu'elle m'a nommée et qui est grand'tante de sa fille, si elle la veut recevoir chez elle. Je n'ai point encore de réponse.

Les tableaux que je demande de Villepreux ne sont pas ceux qui étoient sur les cheminées auxquels je ne prétends rien; ce ne sont que des portraits⁴ de tous mes proches qui étoient dans la galerie, et qui ne sont bons que pour quelqu'un de la maison. Les créanciers n'en auroient pas dix écus et je crois qu'ils les donneront sans peine.

Il n'y a rien de mieux que ce que vous faites touchant les créanciers de Bourgogne; s'accommoder par conférence, s'il se peut, et s'ils ne sont pas raisonnables, ne plaider que l'hiver prochain.

Faites tenir, s'il vous plaît, la lettre ci-jointe à M. l'abbé le Fèvre, frère de M. de la Barre.

Je suis absolument à vous et de tout mon cœur⁵.

A Commercy, ce 7 de juillet 1672.

Le Cardinal de Rais.

M. de la Fons⁶.

2. Retz avait été, en effet, prisonnier dans le château.
3. Le Cardinal, comme on le sait, était très-avant dans la faveur de Charles II, roi d'Angleterre.
4. Dans l'original : *pourtraits*. — 5. Une ligne effacée avec soin.
6. De la main de Gaultray. Signature autographe du Cardinal. Double feuillet, sans empreinte du sceau.

CCLXXV

11 juillet 1672.

J'ai reçu votre lettre du 6 de ce mois. Voyez, je vous prie, de ma part, M. du Housset, et dites-lui que je lui suis très-obligé de l'avis qu'il m'a donné par vous que M. le président de Novion[1] a intérêt au procès que M. le comte de Limoges a à Dijon, et que bien que M. le comte de Limoges soit mon parent[2], j'honore et estime si fort M. le président de Novion que je me désiste de toutes sollicitations. Ajoutez, s'il vous plaît, à cela toutes les honnêtetés nécessaires et pour M. de Novion et pour M. du Housset. Je crois même qu'il sera bon que vous alliez avec le même M. du Housset chez M. le président de Novion pour lui faire mes compliments et l'assurer que je n'aurois pas pensé à solliciter, si j'avois su plus tôt ce que vous m'avez mandé sur ce sujet.

Voici encore une lettre pour M. le cardinal de Bonsi; sachez, je vous prie, si le Jacobin lui aura rendu l'autre.

Voici le brevet pour M. de la Houssaye; si le bailli

---

1. Dans l'original : le P^t. Nicolas Potier, seigneur de Novion, fils d'André et de Catherine Cavelier, né en 1618, devint conseiller au Parlement en 1637, président en 1645, secrétaire des ordres du Roi en 1656, premier président en 1678. En 1689, il se démit de sa charge; il avait été reçu, en 1681, à l'Académie française; il mourut le 1er septembre 1693. Voyez ci-dessus, p. 227, note 4. Bien que, pendant la Fronde, il eût fait preuve au sein du Parlement d'une certaine hardiesse dans ses propositions, il était loin de montrer du courage au milieu d'une sédition. Lors de l'arrestation de Broussel, lorsque le Parlement, revenant au Palais-Royal, fut forcé de rebrousser chemin pour réclamer la délivrance des prisonniers, Novion fut du nombre des parlementaires *qui se perdirent* et se sauvèrent à l'aide d'un déguisement.

2. Voyez la note de la lettre du 20 juin 1672.

est encore assez impertinent pour faire³ quelques difficultés, poussez-le en mon nom *in ogni modo*.

J'ai reçu une lettre de M. de Hacqueville qui me marque qu'il sera le 15 de ce mois à Paris; gardez-lui, s'il vous plaît, pour son retour celle que vous trouverez dans ce paquet pour lui. Il ne se peut rien de mieux que ce que vous avez répondu à l'homme de M. Colbert. Je suis absolument à vous et de tout mon cœur.

Voici trois lettres que j'ai reçu et que je vous envoie avec la réponse que je fais à M. Ferrand⁴; accompagnez-la, s'il vous plaît, en la lui rendant, des raisons que vous savez. Je vous avoue que je suis tellement fatigué de toutes ces criailleries que je me résous tous les jours de plus en plus à exécuter ce que je vous ai dit tant de fois, et je vous assure que je le ferai cet hiver, au plus tard. Je crois qu'après cela ces gens au moins ne crieront plus. Gardez, s'il vous plaît, la lettre de Chaussé le jeune, aussi bien que l'autre qui y est jointe, et si M. Ferrand vous les redemande⁵, dites que je ne vous les ai pas renvoyé, mais que, si il veut, vous me les redemanderez.

Le Cardinal de Rais.

Témoignez, s'il vous plaît, comme de vous, à M. Ferrand que vous me voyez en pensée de prendre une conduite dans quelque temps qui pourra encore abréger le payement de mes dettes⁶, et que je ferai plus sur ce sujet que la bonne conduite ne m'oblige de dire à cause des conséquences. Vous pouvez dire cela assurément, car, entre vous et moi, ma résolution est tout à

---

3. *Encore* répété après le mot faire.
4. Ferrand, un des créanciers de Retz.
5. Il y a *remende* dans l'original.
6. Ligne effacée : et que je l'aurois déjà fait sans la malhonnêteté.

fait prise et il est bon de parler ainsi à Ferrand et de lui faire appréhender pour son maître de la honte, s'il se plaignoit tout seul.

M. de la Fons [7].

CCLXXVI
(11 juillet 1672.)

Je me suis ravisé, Monsieur, depuis vous avoir écrit la lettre que vous trouverez dans mon gros paquet. Ne donnez point, je vous prie, ma lettre à M. Ferrand, jusques à ce que vous ayez encore reçu de mes nouvelles. Il m'est venu quelques pensées sur ce détail, sur quoi je vous écrirai amplement jeudi prochain ou tout au plus tard d'aujourd'hui en huit jours. Je suis absolument à vous et de tout mon cœur.

A Commercy, ce 11 de juillet 1672.

Le Cardinal de Rais.

J'ai raison particulière pour prendre quelques jours devant que de répondre à M. Ferrand. Faites tenir, je vous prie, sûrement en Angleterre la lettre que vous trouverez ici pour M. Joly.

Si M. Ferrand vous demande si vous avez répondu pour lui, dites que non, et que vous ne vous en étonnez pas, parce qu'il y a eu un de vos paquets retardé. Je ferai certainement cette réponse, comme je vous viens de dire ou jeudi prochain ou d'aujourd'hui en huit jours au plus tard, et je vous écrirai en même temps amplement sur ce sujet.

7. De la main de Malclerc. Signature autographe du Cardinal. Double feuillet. Pas de sceaux.

Vous n'avez que faire de dire à M. Ferrand ce que je vous écris de marquer, car je lui fais écrire aujourd'hui par Gaultray que je ne lui saurois faire réponse que d'aujourd'hui en huit jours.

M. de la Fons[1].

CCLXXVII

A Commerci, le 14 de juillet 1672[1].

J'AI reçu votre lettre du 9 de ce mois; vous aurez su présentement ma réponse touchant la veuve Auger.

Voyez, je vous prie, le plus tôt qu'il vous sera possible, M. d'Articoli, qui est logé rue Cassette, faubourg Saint-Germain, proche les Carmes déchaussés, chez l'abbé de Barada[2], et dites-lui que j'ai écrit à M. l'évêque de Lavaur[3] pour avoir des lettres de recommandations pour lui; que je lui ai mandé de vous les adresser et que, aussitôt que vous les aurez reçu, vous les porterez avec lui à ceux à qui elles s'adresseront. Dites-lui aussi, s'il vous plaît, que je vous ai pareillement prié de voir M. le p[résident] de Maupeou, de la quatrième, de ma part[4] et de le prier de solliciter pour lui M. le p[ré-

---

1. De la main de Gaultray. Signature autographe du Cardinal. Simple feuillet. Pas de sceaux.
1. La date est de la main du Cardinal.
2. Il devait être le neveu de François de Baradat, premier écuyer de Louis XIII, premier gentilhomme de la Chambre, et lieutenant général, en 1626, au gouvernement de Champagne, mort en 1683.
3. Michel Amelot de Gournay, évêque de Lavaur, du 23 juin 1671 au 16 janvier 1673.
4. C'est-à-dire de la quatrième Chambre des enquêtes. Nous n'avons pas trouvé de président de ce nom dans la liste des magistrats formant cette quatrième Chambre. René de Maupeou était président de la première depuis le 3 août 1636.

sident] de Maupeou de la cinquième[5], parce que je ne le connois point du tout et que je vous ai même mandé de parler en mon nom à ceux de la cinquième auprès desquels vous croirez que ma recommandation puisse faire quelque chose, et que je vous les aurois désigné, si je les connoissois, mais il est vrai qu'après avoir vu la liste, je ne me suis trouvé aucune habitude dans cette Chambre. Faites tenir aussi, s'il vous plaît, la lettre ci-jointe pour M. de Lavaur[6] bien sûrement, et dites à M. d'Articoli, qu'il y a longtemps que j'aurois fait ce que je fais présentement, si l'on ne m'avoit dit que son procès étoit gagné. Je vous dirai, entre nous, que je souhaite avec passion de pouvoir servir ce gentilhomme, et comme il est vieil et soupçonneux, donnez-lui, je vous prie, outre les effets, toutes les démonstrations possibles.

Le Cardinal de Rais.

A Monsieur, Monsieur de la Fons[7].

CCLXXVIII
(18 juillet 1672.)

J'ai reçu votre lettre du 13 de ce mois. Je suis bien aise de ce que vous avez commencé avec les créanciers de Dijon.

---

5. Un autre président de Maupeou était, en effet, dans la cinquième Chambre des enquêtes. (*Portrait du Parlement de Paris* et l'*État de la France* de 1674.) On trouve dans la lettre originale de Retz le nom de Maupeou, écrit deux fois *Mopeou*.

6. L'évêque de Lavaur, déjà nommé au commencement de la lettre.

7. De la main de Malclerc. Signature autographe du Cardinal. Deux empreintes de son sceau en cire rouge, plaquées sur lacs de soie rouge.

Voici une lettre pour M. de la Potherie[1] que je vous envoie à cachet volant, afin que vous la voyez avant que de la donner ; comme pareillement celle que j'écris sur ce même sujet aux Cherriers. M. de la Potherie est un de mes plus anciens amis, et je vous prie de faire tout ce qui sera nécessaire pour sa satisfaction. La procédure contre Lamori est ridicule, mais en cela et en toutes les autres choses de cette nature, vous n'avez qu'à vous servir du pouvoir que je vous ai donné en présence même de M. Cherrier. Vous voirez ce que je leur écris touchant la qualité de trésorier[2], il n'y a rien de plus impertinent que cela.

Voici aussi une lettre ouverte que je vous envoie pour M. Ferrand que vous lui expliquerez, comme vous jugerez à propos ; je ne crois pas que l'on puisse rien changer de la destination passée, et il y a mille raisons pour cela, mais je vous dirai pour vous seul, une résolution finale et déterminée que j'ai prise, qui vous peut donner lieu de faire voir à M. Ferrand et aux autres, qui croient peut-être pouvoir inquiéter, que l'on pourra peut-être faire plus que l'on ne dit. Cette résolution est de commencer en 1673 à ne prendre plus pour moi que 20 000 ₶ pour me réduire à vivre l'année d'après[3]. Cette résolution est si immuable que, quoique je vous vienne de dire

1. Il s'agit probablement d'un parent de Claude de la Potherie, trésorier de l'extraordinaire des guerres, parent des Arnaud, et qui avait embrassé l'état ecclésiastique. Ce fut lui qui fit présent à Port-Royal de la sainte épine. Il mourut à Paris le 11 septembre 1670, à quatre-vingt-sept ans, et fut enterré à Port-Royal.

2. Les Cherriers étaient économes ou trésoriers de l'abbaye de Saint-Denis.

3. On peut juger par là de l'extrême et très-louable désir qu'avait le cardinal de Retz de désintéresser ses créanciers avant sa mort. Seule son abbaye de Saint-Denis lui rapportait cent vingt mille livres de rente, sans compter ses autres revenus patrimoniaux et ceux de ses autres abbayes. C'était donc beaucoup plus

que c'est pour vous seul que je vous l'annonce, je ne laisse pas de vous prier en même temps d'en faire confidence à Ferrand, parce que je suis bien aise de satisfaire dès à présent, autant qu'il m'est possible, les prêts de M. le duc de Lesdiguières[4]. Rendez, s'il vous plaît, à M. Ferrand les deux lettres de Girault et de Chaussé que j'ai renvoyé, et dites-lui, comme de vous-même, que si le moindre de mes domestiques ou de mes pensionnaires avoient vu la lettres de Chaussé, j'aurois peut-être de la peine d'empêcher que l'on apprît à Chaussé[5] la manière qu'il doit observer de parler d'un homme comme moi.

Faites valoir un peu à M. Ferrand les raisons qui me portent à distinguer M. D'Esdiguières, non pas en le payant, car cela est impossible, mais en lui donnant au moins toutes les marques de considération et de confiance. Faites valoir aussi à Ferrand celle que je prends en lui en cette occasion.

Je suis absolument à vous et de tout mon cœur.

A Ville [Issey], ce 18 juillet 1672.

Le Cardinal de RAIS.

M. de la Fons.

A Monsieur, Monsieur de la Fons[6].

de cent mille livres qu'il se proposait de leur abandonner chaque année.

4. Voyez ci-après, p. 515, note 3. Ce M. de Lesdiguières était probablement celui qui, en 1675, devait épouser une nièce du Cardinal.

5. Ce Chaussé ne figure pas dans la liste des domestiques de Retz, donnée par Dumont dans son *Histoire de Commercy*.

6. De la main de Malclerc. Signature autographe du Cardinal. Deux empreintes de son sceau en cire rouge, plaquées sur lacs de soie rouge.

CCLXXIX
(25 juillet 1672.)

J'ai reçu votre lettre du 16 et du 20 de ce mois. Je vous ai déjà prié de faire en mon nom tout ce qui est nécessaire pour la satisfaction de M. de la Houssaye touchant la saisie faite sur Lamaury[1]. Vous avez vu ce que j'en ai écrit à Cherrier qui, comme vous le dites, ne sait faire aucune distinction des gens. Il est bon de le lui apprendre. Dites, je vous prie, à M. de la Houssaye qu'il ordonne de tout cela comme il lui plaira et que vous l'exécuterez de ma part.

Je suis tout à fait de votre sentiment qui est d'accommoder, s'il se peut, l'affaire de Bourgogne, mais si M. Gagne vient à Paris, je crois qu'il est bon de lui faire de ma part le même discours que je fis en votre présence dans les Minimes, qui est que je vous ai mandé de traiter aussi favorablement les gens de Bourgogne que mes propres créanciers, pourvu qu'ils soient raisonnables; mais que je vous ai mandé en même temps que, s'ils font un pas de procédure[2], ma résolution est, pour l'exemple, de ne les payer jamais, quand même ils auroient quatorze arrêts. Il ne vous sera pas difficile de leur faire connoître que la chose dépendra toujours de moi et que, par les circonstances particulières et de mes affaires et de ma personne, je puis parler et agir

---

1. On a vu, dans la lettre du 18 juillet, ce nom écrit *Lamori*, orthographe qui doit être défectueuse.

2. *Un pas de procédure*, c'est-à-dire une démarche, un acte de procédure. Cette expression *pas* s'employait souvent ainsi au figuré dans le langage du Palais. « Pensez, Messieurs, que voilà tantôt six ans écoulés, et nous ne sommes encore qu'au premier pas. » (Patru, *VI° plaidoyer*. Pour dame Catherine de Rambouillet.)

ainsi sans me faire aucun tort. Vous saurez bien tempérer ce discours des honnêtetés nécessaires à l'égard de M. Gagne[3] qui est homme riche et considérable dans son parlement.

Je vous rends un million de grâces de toutes les peines que vous avez prises pour l'affaire de M. le prince de Lixin et pour celle de M. d'Articouli[4], aussi bien que de votre ponctualité touchant M. de Lislebonne, qui m'a donné une joie particulière dans ce rencontre.

Je donne de très-bon cœur la cure de Sorbay[5] à M. de Bridion, et j'en ferai expédier les provisions aussitôt que vous m'aurez envoyé les noms nécessaires; mais prenez garde, s'il vous plaît, que ce ne soit pas la même que celle de la Flamangherie[6] que je conférai dernièrement. Je ne le crois pas, et je ne doute point que ce ne soient deux cures différentes; mais à tout hasard il est bon de s'en enquérir. Je suis absolument à vous et de tout mon cœur.

Le Cardinal de RAIS.

J'ai aujourd'hui donné la provision du prieuré à Gaultray[7]; je vous prie de lui envoyer toutes les pièces nécessaires et tous les enseignements que vous en pouvez avoir. Comme il y a présentement vacance[8], il y a les

---

3. On trouve ce M. Gaigne conseiller au parlement de Dijon dès 1650. Voyez *Analecta Divionensia*, Anecdotes du Parlement de Bourgogne, par Claude Malteste, publiées pour la première fois par Charles Muteau, conseiller à la Cour impériale de Dijon, 1 volume in-8°. Dijon, 1864. (Page 83.)

4. On a vu ci-dessus ce nom écrit : d'Articoli.

5. Terre et seigneurie de Sorbais, appartenant à l'abbaye de Saint-Denis. La cure était à la collation de l'abbé, bien qu'elle fît partie de la mense conventuelle.

6. Autre terre et seigneurie de l'abbaye de Saint-Denis.

7. Le Cardinal donnant un prieuré à Gaultray, il s'ensuit nécessairement que celui-ci était dans les ordres.

8. Dans l'original : *de* vacance.

fruits à recevoir; voyez, je vous prie, ce qu'il y a de diligences à faire pour cette première fois.

A Commercy, ce 25 de juillet 1672⁹.

CCLXXX
(28 juillet 1672.)

J'ai reçu votre lettre du 23 de ce mois. L'arrêt pour M. le prince de Lixin[1] ne porte pas main levée et je ne m'en étonne pas parce que cela eût été contre les formes; mais je crois qu'il donnera lieu à l'obtenir dans les suites et je vous prierai encore de vous y employer, quand M. le prince de Lixin m'aura donné les pièces nécessaires pour cela.

Est-il possible que M. de la Houssaye ne soit pas déjà en possession du logement[2]? Cela me fait en vérité honte et me met en colère. Faites mettre le bailli dehors par les épaules, en mon nom, et dites aussi, s'il vous plaît, à d'Anthoine de ma part qu'il ne s'avise plus de prendre la qualité de trésorier. Je suis tout à vous et de tout mon cœur.

Ce 28 juillet 1672.
Le Cardinal de Rais.

A Monsieur, Monsieur de la Fons[3].

9. De la main de Gaultray. Signature autographe du Cardinal. Simple feuillet. Pas de sceaux.
1. Ce prince de Lixin était un Grimaldi, comme on l'a vu plus haut, page 487, dans la note 1.
2. D'un logement à Saint-Denis, occupé par le bailli de la ville.
3. De la main de Malclerc. Signature autographe du Cardinal. Deux empreintes de son sceau en cire rouge, plaquées sur lacs de soie rouge.

CCLXXXI
(1ᵉʳ AOUT 1672.)

J'AI reçu votre lettre du 27 du passé. Je m'imagine, selon que vous me mandez, que celle-ci vous trouvera de retour à Paris où je vous prie de faire mes compliments à M. et Mme d'Aguesseau[1].

Quentin me demande deux choses, dont l'une est de lui remettre sa pension sur le même pied qu'elle étoit ci-devant et de la lui faire payer de quartier en quartier. Je lui accorde la première parce qu'il dit [être] devenu aveugle et je ne veux pas le second parce qu'il est important pour la conséquence de ne jamais payer les pensions qu'aux termes échus, car autrement les années n'auroient que six mois. Écrivez-lui, je vous prie, ce que je lui mande.

Bruslé écrit ici continuellement pour Saint-Martin-du-Tertre[2]. M. l'abbé de Saint-Mihiel dit que les Cherriers ne sont obligés à son payement que depuis qu'il sont en jouissance des dix mille livres. Mandez-moi donc, je vous supplie, ce qu'il [faut] que je lui réponde.

Voici une lettre de M. de Chevincourt. Voyez, je vous prie, ce qu'il y a à faire touchant Le Bigre. Je me ressouviens que je fus en grande colère en ce temps sur ce sujet contre le docteur Paris; sur le tout il en faut sortir

---

1. Henri d'Aguesseau, intendant du Limousin, depuis conseiller d'État. Il était père du chancelier Henri-François d'Aguesseau, qui était déjà né à Limoges, le 7 novembre 1668.

2. Ce nom de lieu ne figure pas dans l'état des biens de l'abbaye de Saint-Denis. Il s'agissait sans doute d'une redevance que le Cardinal avait assignée au sieur Bruslé sur cette terre ou ce domaine, qui devait dépendre de l'abbaye, puisque les Cherriers, qui en étaient les économes, devaient payer cette redevance au sieur Bruslé.

très-nettement, d'autant plus que la chose regarde 1672
M. Colbert; ce fut, comme vous savez, une grande friponnerie au pauvre docteur.

Voici une lettre de M. Ferrand qui me surprend terriblement; il me mande que vous lui avez donné parole, en mon nom, de payer M. le duc de Lesdiguières au-dessus du transport 10 000 ₶ chaque année des deux prochaines³; ce que je ne conçois pas, car je vois dans les copies de mes lettres d'affaires, que je ne vous ai mandé sur cela autre chose, sinon que je vous priois pour faire connoître à M. le duc D'Esdiguières la netteté de mon procédé de faire confiance à M. Ferrand de la résolution que j'ai prise de me réduire l'année qui vient à 20 000 ₶ pour ma subsistance, et des années suivantes à 10 000 ₶. M. Ferrand ne peut pas tirer de là conséquence que je lui puisse donner dix mille livres de surcroît ces deux années-là, et, en effet, mon intention n'a pas été telle, mais seulement de traiter M. le duc de Lesdiguières sur ce point comme les plus privilégiés de mes créanciers, c'est-à-dire MM. de Châ-

---

3. M. de Lesdiguières, dont nous avons parlé plus haut, était créancier du Cardinal du chef de la duchesse de Lesdiguières, sa mère, qui avait prêté à Retz cinquante mille livres en 1655, pendant qu'il était réfugié à Rome. Voyez les *Mémoires de Retz*, tome V, p. 105-106. Ce Lesdiguières était François-Emmanuel de Blanchefort, de Bonne, de Créquy, d'Agoust, de Vesc, de Montlor et de Montauban, duc de Lesdiguières, pair de France, maréchal de camp des armées du Roi, gouverneur et lieutenant général en Dauphiné. Il était fils de François de Blanchefort, de Bonne, de Créquy, etc., duc de Lesdiguières, pair de France, etc., et de défunte Anne de la Madeleine, de Ragny, duchesse de Lesdiguières, cousine germaine de Retz. Ce fut ce François-Emmanuel qui, le 10 mars 1675, devait épouser la nièce du cardinal de Retz, Paule-Françoise-Marguerite de Gondi, fille de Pierre de Gondi, duc de Retz. La duchesse de Lesdiguières, la cousine germaine de Retz, était morte en 1656. Voyez *Mémoires de Retz*, tome Ier, p. 100, note 1.

lons, de Caumartin, la Houssaye et Saverilac, au payement desquels je prétends effectivement appliquer mon retranchement. Je ne ferai point de réponse à Ferrant, jusqu'à ce que vous m'ayez mandé le détail de ce qui s'est passé en votre conférence. Rendez-lui, je vous supplie, en attendant, la lettre de Girault, et dites-lui que je ne lui ferai point de réponse jusque à ce que j'aie reçu la vôtre sur ce sujet, en lui marquant d'un côté toutes les honnêtetés possibles pour M. le duc de Lesdiguières, en lui faisant voir, d'autre part, comme de vous-même, qu'après ce que je fais pour mes créanciers, qui est beaucoup au-dessus de tout ce que les lois les plus rigoureuses me pourroient ordonner, mes créanciers ont beaucoup d'intérêt à ne se pas plaindre de moi, parce que il[4] me seroit fort aisé de faire beaucoup moins que je ne fais. Il est bon de faire connoître à ce M. Ferrand, comme de vous-même, qu'il n'y auroit qu'à perdre à faire des procédures contre moi et vous savez bien qu'il est vrai. Je crois en vérité entre nous que ce qu'il m'écrit est un artifice pour m'engager et pour me faire croire qu'il a pris pour M. le duc de Lesdiguières seul, ce que vous lui aurez dit pour les autres créanciers en général. Je suis tout à vous et de tout mon cœur.

Ce 1 août 1672.

          Le Cardinal de RAIS.

A M. de la Fons[5].

4. Au sens neutre; que cela est vrai.
5. De la main de Malclerc. Signature autographe du Cardinal. Pas de sceaux.

CCLXXXII
(9 août 1672.)

Voici la réponse à la lettre de M. de Gilbercour[1] du 30 juillet, et à la vôtre du 3 août. Je n'ai point reçu la réponse de M. Daurat[2]; je vous supplie de la lui demander. Envoyez-moi, s'il vous plaît, le modèle de la procuration que demande l'abbé Daurat. J'ai donné l'arrêt à M. le prince de Lixin, et nous voilà hors d'intrigue pour l'avenir. Mettez, s'il vous plaît, sur mon compte ce que vous avez déboursé; je ne savois pas que M. de Caumartin ait eu la fièvre, et quoique vous me mandiez sa convalescence j'en suis très en peine, parce que ces fièvres tierces ont souvent des rechutes. Il vous dira les raisons pour lesquelles je suis résolu de ne point aller à Paris pour le présent; je les lui mande dans une lettre que j'écris en commun à lui et à M. de Hacqueville. Je suis tout à fait du sentiment que l'on pousse autant qu'il sera possible le présidial de Nantes[3], et celui-là plus qu'un autre. Je suis de tout mon cœur et absolument à vous.

Le Cardinal de RAIS.

A Ville [Issey], ce 18 août 1672.

A Monsieur, Monsieur de la Fons[4].

1. Le fils, comme on l'a vu plus haut, de M. de la Fons.
2. Un des créanciers de Retz.
3. Pour un procès qu'avait intenté au Cardinal une femme de Nantes, qui prétendait lui avoir fait de fournitures pendant sa détention.
4. De la main de Malclerc. Signature autographe du cardinal de Retz. Deux empreintes de son sceau en cire rouge, plaquées sur lacs de soie rouge.

CCLXXXIII
(18 août 1672.)

J'ai été si accablé de visites que le départ de Mme de Lislebonne m'a attiré, que je suis obligé de mettre en une les réponses à vos lettres du 6, du 10, et du 13 de ce mois. Comme il n'y va que d'une année pour Bruslé, ce n'est pas une grande affaire; il faudra lui revaloir[1] cela quand nous le pourrons. Faites tout ce que vous jugerez à propos touchant l'affaire de Le Bigre.

M. Ferrand, par le dernier ordinaire, demande à Gaultray une lettre que je vous ai envoyé pour la lui rendre; je ne lui ai point fait de réponse sur celle que je reçus de lui en même temps, parce que j'ai vu par une des vôtres que vous faisiez état de lui dire ce que j'eusse pu lui mander.

Témoignez, s'il vous plaît, à M. Angrand[2] que je suis[3] très-fort son obligé et que je serois très-aise qu'il prît la peine d'envoyer les arrêts dont il parle.

Je crois que vous ne doutez pas de la part très-sensible que je prends à tout ce qui vous touche et qu'ainsi je désire[4] même autant que vous tout ce qui est de votre satisfaction. Prenez donc, s'il vous plaît, pour votre voyage tout le temps qui vous sera nécessaire; ce dont je vous prie seulement est de laisser vos ordres touchant l'affaire de Bourgogne et touchant mon quartier d'octobre que je tirerai à l'accoutumé. Nous entre-

---

1. « Rendre la pareille en bien ou en mal. Cet homme-là m'a fait une injure, je luy *revaudray* cela; s'il m'a fait du bien, je luy ay bien *revallu*. » (*Dictionnaire de l'Académie*, 1694.)
2. Ou Augrand.
3. Que je *me* suis dans l'original.
4. Dans l'original : Je *le* désire.

tiendrons ce commerce avec M. de Gilbercour[5] qui est un bon lieutenant. Je suis absolument à vous et de tout mon cœur.

A Ville, ce 18 août 1672.

J'envoie à M. de Hacqueville qui m'en avoit écrit de la part de M. Chevalier, des provisions pour un lieutenant de Ruel[6]; voyez, je vous prie, si les provisions sont en forme et si il n'y a pas d'inconvénient. M. Chevalier[7] qui ne croit pas vivre longtemps, dont je suis extraordinairement touché, me demande, ce dit-il, cette grâce avec une instance terrible. Je suis bien aise entre vous et moi de la lui faire entière, mais de plus je veux toujours éviter le plus qu'il m'est possible d'assujettir à finance les offices de Saint-Denis et c'est ce qui, joint à la considération de M. Chevalier, m'empêche de consentir aux deux cent soixante livres que M. Bernard demande pour Bauquet. Dites-lui, s'il vous plaît, mes raisons. Il y a longtemps que M. Cherrier me presse pour demander des lettres d'attribution de juridiction au Grand Conseil. J'ai eu de la peine à m'y résoudre à cause du Parlement, mais, tout bien considéré, je m'y rends, et parce que le Parlement ne peut trouver mauvais, à mon sens, que je fasse ce que tous les cardinaux ont fait devant moi et parce qu'il est vrai que les maximes du Grand Conseil sont en plusieurs choses plus favorables aux ecclésiastiques que celles du Parlement[8].

5. Le fils de M. de la Fons.
6. Terre et seigneurie de l'abbaye de Saint-Denis.
7. Chevalier était, comme nous l'avons dit plus haut, un des grands vicaires de Retz pendant la Fronde ecclésiastique et qui, à cette époque, ainsi qu'on a pu le voir dans notre tome VI, lui avait rendu les plus grands services avec un zèle et un courage au-dessus de tout éloge.
8. Le Grand Conseil connaissait des matières concernant les

Conférez-en, s'il vous plaît, avec M. de Hacqueville et voyez si la considération du procès que nous courrons fortune d'avoir avec les créanciers de Bourgogne au Parlement de Paris, ne mérite pas quelque réflexion pour faire différer la demande de ces lettres; c'est une réflexion qui me vient à ce moment.

Le Cardinal de Rais.

A Monsieur de la Fons[9].

CCLXXXIV
(22 août 1672.)

Je n'ai donné aucune charge de solliciter pour le bailli de Saint-Denis, et je ne voudrois pour rien du monde soutenir, ni en effet, ni en apparence, la malversation ; mais je ne laisse pas d'être très-fâché de voir encore le bailli en cet état, car quoiqu'il m'ait paru fou, il est pourtant désagréable de voir celui-ci en la même peine où nous avons vu l'autre, et il me semble que les Religieux, devant que de souffrir qu'un homme dépendant d'eux le mît en justice, m'en devoient bien dire quelque chose. Informez-vous, je vous prie, du détail et voyez si on ne pourroit pas terminer cette affaire par une autre voie que celle du Parlement, car il est fâcheux de voir

---

Bénéfices consistoriaux, archevêchés, évêchés, abbayes et prieurés conventuels étant à la nomination du Roi..., excepté le droit de régale. Il connaissait aussi des droits qui appartenaient au Roi sur les Églises cathédrales et collégiales à cause de son joyeux avénement à la couronne et du serment de fidélité des archevêques et évêques ; des indults des cardinaux et autres prélats du Royaume, etc. (*État de la France* de 1674. Tome II, p. 123-124.)

9. De la main de Malclerc. Signature autographe du cardinal de Retz. Pas de sceaux.

les officiers de Saint-Denis tympanisés[1] tant de fois de suite dans la Grand'Chambre.

Apparemment M. Gagne ne viendra pas à Paris de ce Parlement. Je crois qu'il est bon, à tout hasard, que vous laissiez ordre, quand vous partirez, de lui faire savoir que vous l'avez attendu longtemps et que vous faites état de revenir en tel temps. J'ai reçu votre lettre du 17 de ce mois. Je suis tout à vous et de tout mon cœur.

A Commercy, ce 22 d'août 1672.

Le Cardinal de Rais.

A Monsieur de la Fons[2].

CCLXXXV
(29 août 1672.)

J'ai reçu votre lettre du 24 août. Elle m'a donné beaucoup de joie, en me confirmant dans l'espérance d'un accommodement à l'amiable avec M. Gagne[1]. Faites-lui, s'il vous plaît, bien des honnêtetés de ma part. Je suis tout à vous et de tout mon cœur. Voilà un paquet pour M. de la Houssaye ; faites-lui rendre incessamment.

Ce 29 août 1672.

Le Cardinal de Rais.

A Monsieur, Monsieur de la Fons[2].

---

1. « *Tympaniser* pour publier et divulguer, est un mot de raillerie qui ne doit jamais être employé en une matière sérieuse. » (Vaugelas, *Nouvelles Remarques.*)

2. De la main de Gaultray. Signature autographe du Cardinal. Simple feuillet. Pas de sceaux.

1. M. Gaigne, membre du Parlement de Dijon. Voyez ci-dessus, p. 512, note 3.

2. De la main de Malclerc. Signature autographe du Cardinal

CCLXXXVI

A Ville, ce 15 de septembre 1672.

J'ai reçu par un même ordinaire et tout à la fois vos deux lettres du sept et du dix. Comme je serai dimanche à Châlons, où je dois trouver M. de Hacqueville à qui je suis bien aise de parler touchant le bailliage de Saint-Denis, je ne vous en mande rien aujourd'hui ; je vous en écrirai au long lundi. Dites, je vous supplie, à Mlle le Fruix que ma marche est cause de ce que je n'ai pas encore reçu sa lettre et qu'ainsi vous jugez que je ne lui ferai réponse que de Châlons ; ce que je vous puis dire par avance est que Mapeulx va à Bernard, et je vous manderai lundi la manière dont je répondrai à Mlle le Fruix ; vous savez les raisons pour lesquelles je la considère ; M. de Caumartin vous aidera à lui faire trouver nos raisons bonnes.

Je m'imagine que vous aurez présentement tout ajusté avec M. Gagne, dont j'ai en vérité bien de la joie.

Je n'écris ni à M. de Hacqueville ni à l'abbé de Pontcarré, les croyant certainement partis.

Je suis tout à vous et de tout mon cœur.

A Monsieur, Monsieur de la Fons[1].

de Retz. Deux empreintes de son sceau en cire rouge, plaquées sur lacs de soie rouge.

1. Lettre non signée. L'adresse est de la main du Cardinal ; elle est scellée de deux empreintes à ses armes plaquées sur lacs de soie rouge.

CCLXXXVII

ADRESSÉE A M. DE GILBERCOUR.
(20 SEPTEMBRE 1672.)

J'AI reçu, Monsieur, votre lettre du 17 de ce mois à Châlons, où je pourrai encore recevoir la réponse à celle-ci. Je vous rends grâces de tous vos soins et je vous assure que je les ressens comme je dois. J'ai bien de la joie que mes affaires de la Chaulme, des consignations et de M. Gagne soient accommodées. Il falloit une aussi bonne main que celle de M. de la Fons pour terminer tout cela. M. de Hacqueville arriva hier au soir et je ne l'ai encore entretenu qu'un moment. Je suis absolument à vous et de tout mon cœur.

A Sary[1], le 20 septembre 1672.

Le Cardinal de RAIS.

A Monsieur, Monsieur de Gilbercour[2].

CCLXXXVIII

A Sary, le 25 septembre 1672.

JE suis ici depuis trois jours où j'ai trouvé M. de Châlons, tout plein de plaintes de M. d'Olonne[1] touchant le défaut de réparation pour les églises du diocèse de Laon.

1. La maison de campagne de l'évêché de Châlons.
2. De la main de Malclerc. Signature autographe du Cardinal. Deux empreintes de son sceau en cire rouge, plaquées sur lacs de soie rouge.

1. Voyez ci-dessus, sur l'évêque d'Olonne, à la page 463, la note 1.

Je vous prie d'essayer d'en connoître la vérité et le détail pendant que vous êtes sur les lieux, afin que vous en puissiez parler comme savant[2] à MM. Cherriers, à votre retour, et les obliger à y donner ordre.

Le Cardinal de Raïs.

A Monsieur, Monsieur de la Fons[3].

CCLXXXIX

ADRESSÉE A M. DE GILBERCOUR.

A Sary, ce 27 septembre 1672.

J'AI reçu votre lettre du 24. Je vous prie de savoir de M. votre père, en lui écrivant, ce que je dois répondre à M. le commandeur de Bourlemont[1] touchant un mémoire qui lui a été envoyé ci-devant et qui regarde une permission de faire bâtir un étage dans la halle de Saint-Denis. S'il n'y a point d'inconvénient à la chose je serai bien aise d'obliger le Commandeur. Si M. de la Potherie vous envoie demander la réponse à sa lettre, faites-lui dire, s'il vous plaît, que vous n'en avez pas vous-même à votre paquet dans lequel sa lettre étoit incluse et que vous attribuez ce défaut à mon retour à Commercy. J'y serai effectivement vendredi au soir et je lui ferai réponse par l'ordinaire suivant. Je suis tout à vous et de tout mon cœur.

Envoyez-moi, je vous prie, lorsque la petite Truvel

2. Comme *savent* dans l'original.
3. De la main de Malclerc. Signature autographe du Cardinal. Deux empreintes de son sceau en cire rouge, plaquées sur lacs de soie rouge.

1. Sur le château de Bourlemont, situé en Lorraine dans la paroisse de Frebecourt et sur la famille de ce nom, voyez la *Notice de la Lorraine* de dom Calmet, édition de Lunéville de 1840, tome Ier, p. 143-144.

ira à Paris, une paire d'heures[2] pour femme, de maroquin de Levant, relié un peu proprement, de la valeur de deux écus ou environ, et ajoutez-y, s'il vous plaît, un petit sac de velours rouge, et faites aussi acheter l'*Esprit de M. de Genève*[3], relié en veau.

Le Cardinal de RAIS.

A Monsieur, Monsieur de la Fons de Gilbercour[4].

CCLXC

AU MÊME.
(SEPTEMBRE 1672.)

J'AI reçu votre lettre du 21 qui m'a trouvé ici où je demeurerai encore jusques à jeudi prochain. De sorte que je ne serai que d'aujourd'hui en huit jours à Commercy. Vous y pouvez donc adresser les lettres qui partiront de Paris mercredi prochain. Vous trouverez ici une lettre que j'écris à M. votre père; il faut, s'il vous plaît, la lui faire tenir en Picardie, parce qu'elle parle des réparations à faire dans l'Évêché de Laon, dont il pourra s'informer pendant qu'il est dans le pays.

Mlle Le Febvre, pour qui vous trouverez ici une lettre, est Mlle de la Chambre, qui a servi autrefois Ma-

---

2. « *Paire* se dit..., par extension, d'une chose qui est unique, et qui n'est point appariée. Ainsi on dit une *paire d'heures*... pour dire un livre d'heures... On dit une *paire* de sept psaumes, une *paire* de vigiles, pour dire une fois seulement ces prières. » (FURETIÈRE, *Dictionnaire*.)

3. Saint François de Sales.

4. De la main de Malclerc. Signature autographe du Cardinal. Deux empreintes de son sceau en cire rouge, plaquées sur lacs de soie rouge.

dame la Présidente de Pommereuil et qui a épousé depuis M. Le Febvre ; elle loge vis-à-vis du Petit-Saint-Anthoine.

Le paquet que vous trouverez ici pour M. le vicomte de Lamet est pour le fils. Vous savez sans doute où loge M. du Plessis Guenegault[1], c'est à l'ancien hôtel de Conti. Je suis tout à vous et de tout mon cœur.

Le Cardinal de RAIS.

A Monsieur, Monsieur de la Fons de Gilbercour[2].

CCXCI
AU MÊME.
(3 OCTOBRE 1672)

J'AI reçu votre lettre du 28 en ce lieu où je suis arrivé de vendredi au soir. Voici encore une lettre pour M. votre père, par laquelle je le prie de voir M. d'Olonne[1], s'il passe à Laon, pour cette même affaire des réparations. Je suis à vous et de tout mon cœur.

A Commercy, ce 3 d'octobre 1672.

Le Cardinal de RAIS.

M. de Gilbercour[2].

1. Henri de Guénégaud, seigneur du Plessis, ancien secrétaire d'État, avait épousé, le 23 février 1642, Isabelle de Choiseul. Sa femme, dit le père Rapin, dans les Mémoires, tome Ier, p. 218, « tenoit des assemblées de gens choisis à l'hôtel de Nevers, qui, depuis la Chambre de Justice, est devenu l'hôtel de Conti. » C'est, aujourd'hui, l'hôtel de la Monnaie.

2. Lettre de la main de Malclerc. Signature autographe du Cardinal. Deux sceaux en cire rouge, plaqués sur lacs de soie rouge, aux armes de Retz.

1. L'évêque d'Olonne. Voyez ci-dessus, p. 463, note 1.

2. De la main de Gaultray. Signature autographe du Cardinal. Simple feuillet. Pas de sceaux.

CCXCII

A Commercy, ce 3 d'octobre 1672.

M. DE CHALONS croit qu'il est très à propos que si vous passez par Laon à votre retour, vous entreteniez M. d'Olonne sur les réparations qui sont à faire dans ce diocèse. J'ai été à Sarry dix jours avec MM. de Châlons, de Meaux[1], de la Houssaye, de Hacqueville et de Pontcarré, et je n'en suis de retour que de vendredi au soir. Je suis absolument à vous et de tout mon cœur.

Le Cardinal de RAIS.

M. de la Fons[2].

CCXCIII

ADRESSÉE A M. DE GILBERCOUR.
(6 OCTOBRE 1671.)

JE ne vous fais ce mot que pour accuser la réception de la vôtre du premier de ce mois. Je suis absolument à vous et de tout mon cœur.

A Commercy, ce 6 d'octobre 1672.

Le Cardinal de RAIS.

M. de Gilbercour[1].

1. Voyez ci-dessus, p. 429, note 3.
2. Billet de la main de Gaultray. Signature autographe du Cardinal. Simple feuillet. Pas de sceaux.
1. Billet de la main de Gaultray. Signature autographe du Cardinal. Simple feuillet. Pas de sceaux.

CCXCIV

AU MÊME.
(10 OCTOBRE 1672.)

J'AI reçu votre lettre du 5 de ce mois. En voici une du doyen de Saint-Cloud. Vous ne ferez pas semblant, s'il vous plaît, de l'avoir reçue, mais je vous supplie de vous enquérir de la cure et de savoir de mes grands vicaires[1] s'ils l'ont conférée. Je suis tout à vous et de tout mon cœur.

A Commercy, ce 10 d'octobre 1672.

Le Cardinal de RAIS.

Voici une lettre pour Mme d'Assérac, donnez-la, je vous supplie, à son intendant en main propre. Vous pourrez savoir où il est logé par le moyen des Religieuses du Calvaire du faubourg Saint-Germain.

M. de Gilbercour[2].

CCXCV

AU MÊME.
(13 OCTOBRE 1672.)

J'AI reçu votre lettre du 7 qui m'apprend l'espérance que vous avez d'avoir bientôt M. de la Fons à Paris, et je crois même qu'il y est présentement. Je vous em-

---

1. Retz donne ce titre à ses anciens grands vicaires, lorsqu'il était archevêque de Paris.
2. De la main de Gaultray. Signature autographe du Cardinal. Simple feuillet. Pas de sceaux.

brasse l'un et l'autre de tout mon cœur et je suis absolument à vous.

Le Cardinal de Rais.

M. de Gilbercour[1].

CCXCVI

A Commercy, ce 20 d'octobre 1672.

J'AI reçu votre lettre du 15 de ce mois. Je ne me ressouvenois plus que j'avois donné, il y a déjà quelque temps, la cure de Vaucresson[1]. Voici la réponse que je fais à M. le doyen de Saint-Cloud qui me l'a demandée depuis que je l'ai donnée; comme je ne sais point son nom, je vous prie de le mettre sur la lettre que je lui écris avant que de la lui faire rendre.

Cherrière a envoyé par le dernier ordinaire la transaction[2] avec les religieux de Saint-Denis; je l'ai mise entre les mains de M. de Saint-Mihiel. M. de Hacqueville croit qu'il n'y a guère de sûreté[3]; qu'en dites-vous? Je suis absolument à vous et de tout mon cœur.

Le Cardinal de Rais.

M. de la Fons[4].

1. Billet de la main de Gaultray. Signature autographe du cardinal de Retz. Simple feuillet. Pas de sceaux.
1. Vaucresson était un fief de l'abbaye de Saint-Denis, ressortissant à la châtellenie et seigneurie de Ruel, qui appartenait également à l'abbaye.
2. La transaction pour le partage des biens de l'abbaye entre l'abbé et les religieux.
3. Trois ou quatre mots effacés.
4. De la main de Gaultray. Signature autographe du Cardinal. Simple feuillet. Pas de sceaux.

CCXCVII

(24 OCTOBRE 1672.)

J'ai reçu votre lettre du 19 de ce mois. Je vous remercie du soin que vous avez pris de Simon du Breuil; si l'affaire s'achève, envoyez-m'en, je vous prie, l'acte, afin que je le puisse envoyer au commandeur de Bourlemont.

J'ai reçu la réponse de Mme d'Assérac. Je suis tout à vous et de tout mon cœur.

A Ville, ce 24 octobre 1672.

N'avez-vous point frémi à la lecture de la lettre de M. d'Olon[ne]? C'est un bon homme, mais il va bien vite.

Le Cardinal de Rais.

A Monsieur, Monsieur de la Fons[1].

CCXCVIII

A Ville, ce 27 octobre 1672.

J'ai reçu votre lettre du 22. J'ai examiné avec M. l'abbé de Saint-Mihiel la transaction présentée par les Religieux que nous avons trouvée remplie de beaucoup de nouveaux articles, entre lesquels il y en a même un qui regarde Paumart, très-insolent. Je réponds à M. Cherrier, qui m'a envoyé cette transaction, que je n'en ai aucune qui ne soit en tout et par tout conforme

---

1. De la main de Malclerc. Signature autographe du Cardinal. Deux empreintes de son sceau brisées. Lacs de soie enlevés.

au projet de partage arrêté avec l'abbé de Saint-Mihiel, et que si les Religieux ont quelque chose à me demander de plus, ils le pourront faire dans la suite, après qu'ils auront mérité de nouvelles grâces de moi par une meilleure conduite que celle qu'ils ont tenue dans les derniers temps. Il faut à mon opinion en demeurer là [1] et ne pas mettre un mot dans la transaction dont on ne soit demeuré d'accord avec l'abbé de Saint-Mihiel. Je dis même des choses auxquelles il peut n'y point avoir d'inconvénient parce qu'il est important d'apprendre aux moines de ne plus abuser de la manière dont je les ai traité. M. de Hacqueville vous dira jusqu'à quel point a été leur insolence dans le temps que vous étiez en Picardie. Le bailli est un fol certainement, et apparemment un fripon, mais nous jugeâmes tous à Châlons qu'il étoit impossible d'en user autrement que l'on a fait, vu l'insolence de Paumart et la fourberie des Moines.

Je conviens qu'il faut avoir l'œil dorénavant par soi-même et à la conduite des officiers de l'abbaye et à ce que l'on [ne] mette pas mon nom légèrement dans le Parlement, mais en vérité le procédé des Religieux m'en console pour cette fois. Dieu veuille que Dom Laumer vous tienne ce qu'il vous a promis.

Il ne faut plus parler de l'affaire de Simon du Breuil; sa demande n'est pas juste et je l'ai mandé au commandeur de Bourlemont.

Mes baise-mains, s'il vous plaît, à M. et à Mme Fourcadel[2]; je les crois effectivement très-bien intentionnés pour moi.

1. Il y a dans l'original : Il *en* faut, à mon opinion, *en* demeurer là.
2. Il s'agit, sans doute, de Forcadel, le fermier général de l'abbaye de Saint-Denis.

Je crois qu'il n'y a que moi au monde dont les gens en faveur desquels on se dépouille soi-même, se soient jamais osé plaindre. Vous connoissez l'abbé Daurat et j'en ai compassion. Je suis absolument à vous et de tout mon cœur.

Le Cardinal de RAIS.

A Monsieur, Monsieur de la Fons[3].

CCXCIX
(31 OCTOBRE 1672.)

J'AI reçu votre lettre du 26 et les six tomes de l'*Esprit de M. de Genève*[1], avec le sac de velours et les heures, dont je vous remercie. Il ne se peut rien de mieux que tout ce que vous avez fait touchant les consignations, et je n'ai que faire d'y regarder après vous ; vous savez la confiance que j'ai et que j'aurai toute ma vie en vous.

Voici les sept mandements que j'ai signés, qui passent, ce me semble, de quelques choses les deux que je vous avois laissés à Paris ; mais n'importe, cela ne dérangera rien dans nos rescriptions[2] parce que nous aurons du fonds pour suppléer. Au surplus je me vas retrancher en tout et par tout, et pour cela je vous dirai pour vous seul, s'il vous plaît, sans exception, que je partirai d'ici le 1 de décembre pour faire un petit

---

3. Lettre de la main de Malclerc. Signature autographe du Cardinal. Deux empreintes de son sceau en cire rouge, plaquées sur lacs de soie rouge.

1. *L'Esprit de M. de Genève* (saint François de Sales), par Le Camus, évêque de Belley.

2. « *Rescription*, s. f. Mandement qu'on donne à un fermier, à un débiteur, à un correspondant, pour payer une certaine somme au porteur du billet. » (FURETIÈRE, *Dictionnaire*.)

voyage de 15 jours à Paris où nous prendrons toutes nos mesures sur le pied d'un retranchement entier et parfait. Faites donc, je vous supplie, que ces nouveaux mandements ne changent rien dans l'ordre des rescriptions que j'ai données à Paris, à quoi vous voyez qu'il y auroit inconvénient, même pour la réputation des affaires, et je vous donne ma parole que je suppléerai d'ailleurs, aussitôt que je serai à Paris, à ce qu'il faudra de surplus.

Vous aurez par l'ordinaire prochain le consentement de Malclerc pour ce qui regarde les consignations; il vous l'auroit envoyé aujourd'hui s'il savoit la forme de l'acte qu'il faut faire. Il ira demain à Saint-Mihiel le faire dresser par M. l'abbé de Saint-Mihiel. Mandez-moi, s'il vous plaît, ce qu'il faut que j'écrive à Chevincourt pour le même effet.

L'abbé Daurat n'est pas sage[3] et il m'a écrit une lettre qui fait pitié, et je ne lui ferai aucune réponse; il n'y a que lui au monde capable de chicaner avec un homme qui se dépouille pour le revêtir. Vous verrez que je m'en vais faire une action qui fera grande honte à tous ceux qui se plaignent de moi. N'en parlez, je vous conjure, encore à personne du monde non plus que de mon voyage. Je serai infailliblement à Paris le 6 de décembre; je serai de retour à Commercy la veille du jour de l'an. M. de la Houssaye doit avoir reçu présentement ce que je lui ai écrit touchant la saisie sur laquelle j'ai témoigné à Cherrier mes sentiments. Nous réglerons l'avenir à Paris. Je suis absolument à vous et de tout mon cœur.

A Ville, ce 31 octobre 1672.
Le Cardinal de Rais.

3. Au lieu de n'est pas sage, il y avait d'abord : est un fol. Ces trois mots sont effacés.

1672 Voici une lettre fort impertinente que j'ai reçue de M. l'archevêque de Rouen[4]. Je vous prie d'y faire une enveloppe et d'y mettre au-dessus : A M. l'archevêque de Rouen et de l'adresser à quelqu'un en Normandie où il est, qui lui dise que celui qui fait les affaires de M. le Cardinal de Rais à Paris l'a chargé de la lui rendre en main propre parce qu'elle n'a pas pu être écrite pour Son Éminence.

Le Cardinal de RAIS.

Voici une lettre pour M. de Saint-Hilaire, chanoine de Beauvais. Vous saurez où il loge ou chez M. Joly, chanoine[5], ou chez M. de Pompone[6], ou à l'hôtel de Longueville[7]; il est présentement à Paris.

A Monsieur, Monsieur de la Fons[8].

CCC

A Ville Issé, le 1 de novembre 1672.

J'AI reçu votre lettre du 29. M. d'Olonne[1] écrit d'une grande véhémence[2] et M. Cherrier me mande que ces plaintes ne sont nullement fondées, [qu'] il l'a cherché

---

4. François IV Rouxel de Médavy, archevêque de Rouen, de décembre 1671 au 29 janvier 1691.
5. Claude Joly, l'un des plus dévoués partisans de Retz pendant la Fronde ecclésiastique.
6. Simon Arnauld, marquis de Pomponne, ministre et secrétaire d'État en 1671; disgracié plus tard en 1679, mort le 26 septembre 1699.
7. Rue Saint-Thomas du Louvre et rue Saint-Nicaise.
8. Lettre de la main de Malclerc. Deux signatures autographes du Cardinal. Deux empreintes brisées de son sceau en cire rouge. Lacs de soie enlevés.
1. Voyez ci-dessus, p. 463, note 1.
2. Ces deux premières lignes de la main du Cardinal.

pour l'éclaircir et que ne l'ayant pas trouvé à Laon, il a vu l'official qui est demeuré très-satisfait de ce qu'il lui a dit; qu'entre autres le curé de Fay ne peut pas prétendre davantage que ce qu'il lui a offert, qui est de lui abandonner les dîmes. Je ne sais comme M. d'Olonne entendra tout cela et je sais aussi peu si cela est bien fondé ou non; mandez-moi un peu, s'il vous plaît, ce que vous en croyez.

1672

Je ne vous dis rien sur les contre-lettres parce que vous aurez vu par mes précédentes que nous n'en sommes pas encore là. Cependant je suis bien aise de savoir qu'elles n'ont point d'inconvénients.

Le factum du bailli est très-fol et je ne [le] trouve sage qu'en ce qui regarde Dom Laumer. S'il avoit plu à la Congrégation de Saint-Maur d'avoir quelque égard à ce que je souhaitois d'elle et à ce que M. de Hacqueville lui avoit témoigné de ma part, elle se seroit épargné le chagrin qu'elle prend de voir la Révérence de Dom Laumer mal traitée sur ce ton; ce sont des fols de part et d'autre. Je conçois fort aisément que vous n'avez plus de fonds entre les mains pour la Fontaine et pour la Plaine. Remettez-les, s'il vous plaît, au premier jour de l'an. Nous nous verrons entre ci et là et nous réglerons si bien les choses que tout sera payé à jour nommé[3].

Je vous envoie les actes que vous m'avez demandés. Je suis absolument à vous et de tout mon cœur.

Le Cardinal de Rais.

A Monsieur, Monsieur de la Fons[4].

3. « *Nommé*. Déterminé, précis. *A jour nommé.* » (Ablancourt.) RICHELET, *Dictionnaire*, 1680.

4. Cette adresse est de la main du Cardinal; le corps de la lettre, moins les deux premières lignes, est de celle de Malclerc. Signature autographe du Cardinal. Deux empreintes de son sceau en cire rouge, plaquées sur lacs de soie rouge.

CCCI

A Commerci, ce 5 de novembre 1672[1].

J'ai reçu votre lettre du 5, qui m'y fait voir que je m'étois trompé dans mon calcul touchant les mandements et j'en suis très-aise. Je ne le suis pas tant de la perte des deux cent mille livres et je sais bien même à qui en est la faute. Si tout cela avoit passé par vos mains, je ne les aurois pas perdues. Je suis très-aise de l'offre que vous avez faite à l'abbé Daurat. C'est un fou avec qui je n'aurai de ma vie commerce. Je suis absolument à vous et du meilleur de mon cœur.

Le Cardinal de Rais.

A Monsieur, Monsieur de la Fons[2].

CCCII

7 novembre 1672.

J'ai reçu votre lettre du 2 de ce mois que j'ai trouvée ici au retour d'un petit voyage de quatre jours que j'ai fait à dix lieues d'ici pour un baptême. Vous devez avoir reçu présentement les mandements touchant les Consignations que je vous envoyai par le dernier ordinaire.

L'abbé Daurat n'est qu'un fou dont je ne veux plus entendre parler.

Voici deux lettres pour Mmes de Luxembourg[1], qui

---

1. Cette lettre est au Musée des Archives nationales, sous le numéro 867.
2. Lettre autographe, signée.
1. L'une de ces deux dames était Madeleine-Charlotte-Bonne-Thérèse de Clermont, duchesse de Luxembourg. Elle était fille du second lit de Marguerite-Charlotte de Luxembourg, duchesse de Piney, et de Charles-Henri de Clermont-Tonnerre. Elle épousa,

sont, si je ne me trompe, à Pressy². Je vous prie de les faire rendre chez M. de Luxembourg³ à Paris, mais entre les mains de quelque homme de créance. Je suis tout à vous et de tout mon cœur.

Le Cardinal de RAIS.

Voici aussi une lettre pour Mme la comtesse de Bouteville⁴.

A Monsieur, Monsieur de la Fons⁵.

le 7 mars 1661, François-Henri de Montmorency, duc de Luxembourg, pair et maréchal de France, et mourut le 21 août 1701. Le duc son mari était comte de Bouteville et seigneur de *Préci*, ce qui s'accorde bien avec ce que dit le cardinal de Retz, qui ordonne de faire porter sa lettre à Préci. L'autre dame de Montmorency dont parle Retz était probablement Marguerite-Charlotte de Luxembourg, duchesse de Piney, comtesse de Ligni, mère de Madeleine, et qui mourut en 1680.

2. Lisez : *Préci*.

3. M. de Luxembourg, dont nous venons de donner les prénoms et qualités dans la note 1, était né le 8 janvier 1628. Il était fils posthume de François de Montmorency, comte de Lusse et de Bouteville. Il assista à la bataille de Rocroi aux côtés du prince de Condé, et le suivit partout dans la bonne comme dans la mauvaise fortune. Le 22 mai 1662, il fut nommé duc et pair. Lieutenant général sous les ordres du Roi, il se signala en 1668 à la conquête de la Franche-Comté ; commanda en chef une des armées dans la campagne de Hollande, prit plusieurs villes et défit les troupes des états près de Woërden et de Bodegrave. En 1673, obligé de se retirer de Hollande, il fit une retraite qui fut considérée comme un chef-d'œuvre ; avec vingt mille hommes, il passa au travers de l'armée ennemie, qui en avait soixante-dix mille. Il serait trop long de raconter tous ses autres exploits, qui ne furent pas moins glorieux et qui remplissent les Mémoires du siècle. Il mourut à Versailles le 4 janvier 1695 et fut enterré à Ligni en Barrois, dans le voisinage de Commercy.

4. Il s'agit probablement de Marie Amelot, fille de Denis Amelot, doyen des maîtres des requêtes et conseiller d'État. Elle avait épousé Charles de Béon Luxembourg, marquis de Bouteville, maréchal de camp des armées du Roi. Elle mourut le 15 janvier 1702, à l'âge de quatre-vingt-dix-neuf ans.

5. De la main de Gaultray. Signature autographe du Cardinal

CCCIII
(14 novembre 1672.)

J'ai reçu la vôtre du 9 de ce mois; en voici une anonyme que je vous envoie qui me paroît être d'un curé de Saint-Denis. Il ne faut pas faire semblant de lire seulement ces lettres sans nom dont on seroit accablé. Ceux de Colombes[1] s'en sont enfin lassés. J'écris à MM. Cherrière et je les prie de vous mettre en main six mille livres pour acquitter une lettre de change que j'ai tirée sur vous, payable au premier décembre. Je suis tout à vous et de tout mon cœur.

Le Cardinal de Rais.

A Commercy, ce 14 de novembre 1672.

Monsieur de la Fons[2].

CCCIV
(14 novembre 1672.)

Je joins ce billet[1] à ce que je vous ai déjà écrit aujourd'hui par la main de Gaultray, pour vous dire que je ne partirai que le lendemain de Noël. Si quelqu'un vous demande si et quand j'irai à Paris, je vous prie de dire que j'ai deux ou trois affaires qui me pourront

---

de Retz. Deux empreintes de son sceau en cire rouge sur un feuillet détaché, plaquées sur lacs de soie rouge.
1. Terre et seigneurie de l'abbaye de Saint-Denis.
2. De la main de Gaultray. Signature autographe du Cardinal. Simple feuillet. Pas de sceaux.
1. Billet joint à la lettre précédente.

obliger à y faire un tour cet hiver, mais que vous n'en savez pas précisément le temps. Je suis tout à vous et de tout mon cœur.
Le Cardinal de R<small>AIS</small>.

A Ville, ce 14 novembre 1672.

A Monsieur, Monsieur de la Fons².

CCCV

A Commercy, ce 17 de novembre 1672.

J'<small>AI</small> reçu votre lettre du 12 de ce mois. Si vous pouvez trouver dans l'extraordinaire quelque petit fonds pour le payement de la veuve la Plaine¹ et de la Fontaine, j'en serai bien aise. Je vous supplie, si autrement, de les remettre à Noël comme je vous l'avois mandé ci-devant. Voici une lettre pour M. Daurat, le Conseiller²,

---

2. De la main de Malclerc. Signature autographe du Cardinal. Deux empreintes de son petit sceau en cire rouge, plaquées sur lacs de soie rouge.

1. C'était la veuve de ce la Plaine qui avait rendu au cardinal de Retz de grands services dont nous ignorons la nature, et auquel il avait fait une pension qu'il continua à sa veuve.

2. Étienne Daurat, conseiller au Parlement, à la troisième Chambre des enquêtes depuis le 29 août 1641.
Voici comment il est traité dans le *Portrait du Parlement de Paris* : « D<small>AURAT</small> se pique d'éloquence, harangueur, peu judicieux, emporté, incapable de raison dans ses passions, peu sûr, quoiqu'il se pique d'amis, grand frondeur, a été dans les affaires et dans le recouvrement des taxes; déclame néanmoins contre le métier; brouillé avec sa famille, et parent avec Mme du Tillet, femme du conseiller en la Grand'Chambre. Nullement attaché à ses intérêts; ferme en ses opinions; déférant à M. de Sève, prévôt des marchands, son oncle; a épousé la fille de M. de Bosle, auditeur des comptes, qu'on croit s'être mêlé d'affaires, et qui avoit grandes liaisons avec M. Le Camus, contrôleur général. »

que je vous prie de lui faire tenir sûrement; il ne faut pas qu'elle passe par les mains de l'abbé. Je suis tout à vous et de tout mon cœur.

Le Cardinal de Raıs.

M. de la Fons³.

CCCVI
(25 novembre 1672.)

J'ai reçu votre lettre du 19 qui m'apprend la mort de Mme de Caumartin¹, dont je suis tout à fait touché. Je vois bien que cette nouvelle, jointe au passage du Roi, m'ôtera la satisfaction de voir ici M. de Caumartin que j'attendois avec autant de joie que d'impatience.

Je persiste dans la résolution de faire un petit tour à Paris aussitôt après Noël, et j'espère que la sciatique qui m'incommode depuis quatre ou cinq jours, sera passée en ce temps-là; elle ne me donne pas encore de grande douleur, mais je ne puis marcher et c'est une grande incommodité pour moi. Je vous remercie de tout mon cœur de ce que vous avez fait touchant la lettre de change. M. Cherrier qui vous mettra les fonds entre les mains même devant l'échéance si vous voulez...².

Masselin demande la charge de Paumart; dites-lui,

---

3. De la main de Gaultray. Signature autographe du Cardinal. Simple feuillet. Pas de sceaux.

1. Madeleine de Choisi, fille de Jean, seigneur de Balleroi, et de Madeleine le Charon. Elle était mère de Caumartin, l'ami de Retz; elle mourut le 18 novembre 1672. Elle était femme de Louis Le Fèvre, seigneur de Caumartin, conseiller au Grand Conseil, puis maître des requêtes et conseiller d'État (mort en 1624), qui l'avait épousée en secondes noces, en avril 1622.

2. La fin de la phrase en blanc. Il y a *le* fonds dans l'original.

je vous prie, en général que je ne lui puis encore faire réponse sur ce qu'il m'a demandé, mais que je pense à lui. Ne dites, je vous supplie, à personne qu'il m'ait fait cette demande.

Je suis absolument à vous.

A Commercy, ce 25 novembre 1672.

Le Cardinal de RAIS.

A Monsieur, Monsieur de la Fons[3].

CCCVII
(29 novembre 1672.)

J'AI reçu votre paquet du 23 qui contenoit des Gazettes de Hollande, des lettres pour Malclerc et pour Gaultray; il n'y en avoit point pour moi, et apparemment celle que vous m'aurez écrite sera demeurée par mégarde sur votre table.

Je reçois tous les jours de nouvelles plaintes du curé de Fay le Noyer[1]; j'attends la réponse que je vous ai mandée sur ce sujet, que je dois recevoir, ce me semble, par le premier ordinaire; il est certain qu'il faut avoir l'œil à ce que l'on fasse justice au curé, mais il faut prendre garde en même temps que le zèle de M. l'évêque d'Olonne, que nous connoissons, ne demande pas plus que l'on est obligé par justice. Je suis toujours in-

---

3. De la main de Malclerc. Signature autographe du Cardinal. Deux empreintes de son sceau en cire rouge, plaquées sur lacs de soie rouge.

1. Fay le Noyer dépendait de la terre et seigneurie de Serry-lès-Maizières près de Ribemont (Aisne), appartenant à l'abbaye de Saint-Denis et faisant partie de la mense abbatiale.

542   CORRESPONDANCE DIVERSE

commodé de ma sciatique et je ne puis marcher que soutenu par une personne; du reste je me porte très-bien. Je me suis fait apporter ici d'avant-hier parce que l'air y est meilleur qu'à Commercy.

Je suis absolument à vous et de tout mon cœur.

Le Cardinal de RAIS.

A Ville, ce 29 novembre 1672.

M. de la Fons[3].

On me mande qu'il y a une chapelle vacante dans Saint-Denis et que les chanoines de Saint-Paul y ont pourvu. Mandez-moi ce que c'est.

A Monsieur, Monsieur de la Fons[2].

CCCVIII
(19 décembre 1672.)

La goutte m'a repris au genou, de cette nuit, et tout ce que j'ai pu faire à ce matin est de dicter une petite lettre pour M. de Hacqueville qui est pour vous et pour lui.

Le Cardinal de RAIS.

Ce 19 décembre.

A Monsieur, Monsieur de la Fons[1].

2. De la main de Malclerc. Signature autographe du Cardinal. Deux empreintes de son sceau en cire rouge plaquées sur lacs de soie rouge.

1. De la main de Malclerc. Signature autographe du Cardinal. Deux empreintes de son sceau en cire rouge, plaquées sur lacs de soie rouge.

CCCIX

A Commerci, le 28 décembre 1672.

J'ai reçu votre lettre du 24[1] de ce mois; j'espère que le retour du Roi à Paris me donnera bientôt lieu d'y faire le petit tour dont je vous ai parlé.

M. Cherrier ne m'a rien mandé de l'arrêt obtenu contre les officiers du grenier à sel. Je lui en écrirai, car il me paroît que ce n'est pas jeu sûr[2] en ce temps ici et je [me] passerois bien de faire de ces sortes de pas sans vous à qui je suis absolument et de tout mon cœur.

Si l'on vous parle de mon voyage de Paris, répondez, je vous prie, que j'y ai quelques affaires qui m'y pourroient bien appeler, mais que vous ne croyez pas que je [me] mette en chemin devant que d'être bien fortifié de ma goutte. J'en suis encore effectivement foible.

J'ai reçu une lettre de M. Daurat[3] la plus obligeante du monde sur la malhonnêteté de son frère.

Le Cardinal de Rais.

A Monsieur, Monsieur de la Fons[4].

1. Ces six premiers mots sont de la main du Cardinal.
2. « *Seur*, c'est-à-dire certain, assuré, qui n'est point dangereux : c'est jouer à *jeu seur*. » (Richelet, *Dictionnaire*.)
3. M. Daurat, le conseiller à la troisième Chambre des enquêtes. Son frère était l'abbé Daurat, dont le Cardinal avait eu récemment fort à se plaindre.
4. Lettre de la main de Malclerc. Signature autographe du Cardinal. Deux empreintes de son sceau en cire rouge, plaquées sur lacs de soie de même couleur.

CCCX
(9 janvier 1673.)

J'ai reçu votre lettre du 4 de ce mois. Je partirai certainement mercredi prochain, et je ne m'arrêterai qu'un jour à Châlons et un autre à Jouarre. Je suis absolument à vous et de tout mon cœur.

A Commercy, ce 9 de janvier 1673.

Le Cardinal de Rais.

M. de la Fons[1].

CCCXI

Ce samedi, 18 de février 1673[1].

Je prie Monsieur de la Fons de venir demain dimanche dîner ici et de faire savoir à M. Ferrant que je le prie de se trouver à deux heures pour régler avec M. Cherrier le payement de M. de Lesdiguières[2].

Le Cardinal de Rais.

Je vous prie d'apporter demain les papiers nécessaires pour cela.

Pour Monsieur de la Fons[3].

1. Billet de la main de Gaultray. Signature autographe du Cardinal. Simple feuillet. Pas de sceaux.

1. Cette lettre doit avoir été écrite à Paris, à l'hôtel de Lesdiguières.

2. Voyez, ci-dessus, p. 321, la note 1 concernant le duc de Lesdiguières, qui était cousin issu de germain, par sa mère, du Cardinal, et qui devait être dans deux ans son neveu par alliance.

3. Lettre autographe, sauf la suscription, qui est d'une autre main. Fermée par une simple empreinte aux armes du Cardinal, sans lacs de soie.

CCCXII

A Jouarre, le 1 de mars 1673.

JE vous prie de mettre encore sur le mémoire M. de Matignon et M. de Lisieux[1] qu'il me semble y avoir oubliés, et de dire à M. de Chourier qu'il voie tout des premiers M. le Nonce[2]. Je suis tout à vous et de tout mon cœur.

Le Cardinal de RAIS.

Je vous prie d'en user pour les lettres des particuliers comme je vous le dis une fois dans ma chambre à Paris.

A Monsieur, Monsieur de la Fons[3].

CCCXIII

A Commercy, le 9 de mars 1673.

J'AI reçu en arrivant ici vos deux lettres du 1 et du 4 de ce mois. Je serois bien fâché que Cornuot gagnât son procès et en vérité il me semble que ce seroit un horrible résultat; sur le tout *alea judiciorum*.

---

1. Léonor Ier Goyon de Matignon, évêque de Lisieux du 25 septembre 1648 à 1677. Le Matignon, qui est nommé le premier, était, ainsi que l'évêque du même nom, créancier du cardinal de Retz.

2. Le nonce qui succéda à Borgellini était, d'après l'*Annuaire historique* de l'année 1850, publié par la Société de l'*Histoire de France*, un *Spada*, dont la présence à Paris est constatée en 1674. On ne trouve pas de nonce sous la date de 1673.

3. Lettre autographe, ainsi que la suscription. Deux empreintes du petit sceau du Cardinal en cire rouge, plaquées sur lacs de soie rouge.

Je suis absolument à vous et de tout mon cœur.

Le Cardinal de RAIS.

A Monsieur, Monsieur de la Fons[1].

CCCXIV

A Commercy, le 13 de mars (1673).

J'AI reçu votre lettre du 8 de ce mois. Je suis très-aise de ce que M. Cherrier vous a témoigné; vous voyez comme moi que cela est bon à toute chose; il y a long-temps que je les avois assuré que vous n'aviez aucune part avec M. d'Aulonne[1] et qu'il vous damnoit pour le moins autant qu'eux. M. de Hacqueville n'oubliera pas assurément l'affaire du clergé; elle nous est très-importante; il faut aussi bien solliciter celle qui est devant M. Pussort[2], et je vous prie d'y employer tous mes amis.

Je vous rends grâces des diligences que vous avez fait touchant M. le président Labbé[3]. J'écris à M. de Hacqueville touchant le nommé Cuntier qui l'a importuné cent fois et je l'en importune pour la cent et unième. Ce

1. Lettre autographe. Deux empreintes du sceau du Cardinal en cire rouge. Lacs de soie enlevés.

1. L'évêque d'Olonne. Voyez ci-dessus, p. 410, note 2.

2. Henri Pussort, ancien conseiller au Grand Conseil, était alors conseiller d'État.

3. Le président Labbé ne figure pas parmi les présidents du parlement de Paris. Ce devait être un président de parlement de province. Disons en passant que le cardinal de Retz avait une grande influence au sein du parlement de Paris, car, de même que l'archevêque de Paris, il avait droit de séance et voix dans cette assemblée, en sa qualité d'abbé de Saint-Denis. Depuis sa rentrée en France, il ne paraît pas avoir usé une seule fois de ce droit.

Cuntier est fol, si je ne suis trompé; comme il offre pourtant de se remettre du tout à M. de la Houssaye, vous pouvez juger que je ne l'en dédirai pas et je prie M. de Hacqueville, comme je fais vous aussi, d'informer M. de la Houssaye du détail. M. de Hacqueville m'a toujours dit être sans fondement de la part de Cuntier. Vous m'avez accusé le billet que je vous écrivois de Jouars[4] mais vous ne me parlez pas de celui que j'y avois joint pour M. Forcadel; je vous envoie une lettre pour M. l'abbé de Gondy. J'ai encore une petite attaque de goutte que le voyage et le mauvais temps m'ont donné. Je suis tout à vous et de tout mon cœur.

Le Cardinal de RAIS.

A Monsieur, Monsieur de la Fons[5].

CCCXV
(16 MARS 1673.)

J'AI reçu votre lettre de confiance qui m'apprend que vous avez les deux tableaux de M. l'évêque de Meaux[1]; vous les pouvez donner à la petite femme qui est partie aujourd'hui d'ici pour Paris. J'ai toujours de la foiblesse au pied et je m'imagine qu'il n'y a que le beau temps qui le[2] puisse bien rétablir. *Envoyez-moi,*

---

4. Lisez : Jouarre.
5. De la main de Malclerc. Signature autographe du Cardinal. Deux empreintes de son sceau en cire rouge, plaquées sur lacs de soie rouge.

1. C'était, comme nous l'avons dit plus haut, p. 429 note 3, Dominique II de Ligni, le prédécesseur de Bossuet au siége de Meaux.
2. *Les* dans l'original.

s'il vous plaît, à l'ordinaire, les gazettes³. Je suis tout à vous et de tout mon cœur.

Ce 16 mars 1673.
Le Cardinal de Rais.

A Monsieur, Monsieur de la Fons⁴.

CCCXVI
(20 mars 1673.)

J'ai reçu votre lettre du 15 de ce mois. Si l'abbé de la légation dont vous m'avez envoyé une lettre vous demande réponse, je vous prie de lui dire que vous ne l'avez pas même de votre paquet et que vous en êt[es] en peine parce que me l'ayant envoyé à Châlons où vous croyez que j'étois encore, il m'en aura trouvé parti, et qu'ainsi il pourra être égaré à la poste.

J'écris à M. de Hacqueville touchant M. Ferrand, afin qu'il voie avec M. Cherrier à quoi la chose tient. Je ne me porte pas encore bien de mon pied et la saison est rude pour le remettre. Je suis absolument à vous et de tout mon cœur.
Le Cardinal de Rais.

A Commercy, ce 20 mars 1673.

A Monsieur, Monsieur de la Fons¹.

---

3. Cette phrase est soulignée dans l'original.
4. De la main de Malclerc. Signature autographe du Cardinal. Deux empreintes de son sceau en cire rouge, plaquées sur lacs de soie rouge.
1. De la main de Malclerc. Signature autographe du Cardinal. Deux empreintes de son sceau en cire rouge, plaquées sur lacs de soie de même couleur.

CCCXVII
(23 mars 1673.)

J'ai reçu votre lettre du 18; voici une lettre pour M. de la Houssaye touchant Cuntier; je le prie de trouver bon qu'il le fasse enrager quelque temps, comme il a fait enrager M. de Hacqueville.

Vous êtes assuré de votre salut, puisque vous n'èt[es] que dans le purgatoire de M. l'évêque d'Aulonne[1]. J'ai toujours le pied très-faible, mais sans douleur.

M. Chevincourt m'écrit que Vignon, ayant peine à remettre les minutes du greffe entre les mains du nouveau pourvu, offre de les remettre à l'abbaye. Je lui fais réponse que quoique je ne voie pas grand inconvénient à cela, je n'en sais pas assez pour en décider et qu'il faut que vous voyez tout ensemble les plaintes et les crieries[2] de part et d'autre. Je suis absolument à vous et de tout mon cœur.

Le Cardinal de Rais.

Ce 23 mars.

Je vous prie de me faire chercher dans les registres du Conseil un arrêt par lequel, en l'année 50, 51 ou 52, le Roi évoqua en son Conseil la prétention que le parlement de Metz avoit de connoître des procès de Commercy.

A Monsieur, Monsieur de la Fons[3].

---

1. D'Olonne. On écrivait alors également *Aulonne*. C'est ce qu'on voit dans l'approbation donnée par cet évêque pour la première édition des *Pensées* de Pascal en 1670.

2. Littré ne donne de ce mot, pour le xviie siècle, qu'un exemple tiré de la Bruyère.

3. De la main de Malclerc. Signature autographe du Cardinal

CCCXVIII

A Commercy, le 26 de mars 1673.

J'avois autrefois recommandé à M. du Fresnoi, qui est de mes bons et anciens amis, la cure de Morcin[1] en Brie, et il en avoit effectivement ôté les chapes, que l'on avoit transférées à Tréfou[2] qui, dans la vérité, en est plus capable et qui appartient à un prieur et qui n'est qu'à un quart de lieue de là. On les a remis à Morcin depuis quelque temps. Voyez, je vous prie, M. du Fresnoi de ma part et sachez de lui si il ne pourroit pas, à ma considération, faire quelque chose pour le pauvre M. de Morcin qui est homme de qualité, de mérite et de service et que j'aime extrêmement. Je lui en serois parfaitement obligé.

Le Cardinal de Rais.

Recommandez-lui aussi, je vous prie, le fils de Mme de Goui.

A Monsieur, Monsieur de la Fons[3].

---

de Retz. Deux sceaux en cire rouge à ses armes, brisés au milieu. Lacs de soie arrachés.

1. On ne trouve pas ce nom de lieu dans le *Dictionnaire géographique de la France* publié par Adolphe Joanne (Paris, Hachette).

2. Nous n'avons pas non plus trouvé ce nom de *Tréfou*, dont le Cardinal a peut-être dénaturé l'orthographe, mais on trouve, dans le *Dictionnaire géographique* cité dans la précédente note, *Tréfols* (Marne, canton de Montmirail), où l'on voit une ancienne église sous le vocable de Saint-Médard.

3. Lettre autographe, signée. Deux empreintes du sceau du Cardinal en cire rouge, plaquées sur lac de soie de même couleur.

CCCXIX

A Commercy, ce 27 mars 1673.

J'ai reçu votre lettre du 22 de ce mois. M. Ferrand me fait de grandes plaintes qu'il n'est pas payé, et les Cherriers écrivent à Malclerc que c'est à cause que l'affaire contre Cornuot n'est pas vidée. Je leur réponds que la somme est si grosse et la prétention de Cornuot si légère que je ne crois qu'elle les dût empêcher de payer; que je vous écris toutefois encore aujourd'hui pour vous prier de presser de toute votre force le jugement de l'instance et d'abandonner même le procès plutôt que de différer d'un moment le payement de M. le duc de Lesdiguieres. Voilà ce que j'écris en propres termes aux Cherriers auxquels j'ajoute de retenir plutôt les trois cents livres que prétend Cornuot, sur ma subsistance. Je vous prie de témoigner cela à M. Ferrand; je ne lui écris qu'un mot en le remettant à ce que vous lui direz. Je suis absolument à vous et de tout mon cœur.

Le Cardinal de Rais.

Je prie aussi M. de Hacqueville de parler à M. Ferrand et encore à MM. Cherriers.

A Monsieur, Monsieur de la Fons[1].

---

1. Lettre de la main de Malclerc. Signature autographe du Cardinal. Deux empreintes de son sceau en cire rouge, plaquées sur lacs de soie de même couleur.

CCCXX

A Ville[1], ce 30 mars 1673.

J'ai reçu votre lettre du 25 de ce mois qui m'a trouvé encore avec un peu de foiblesse ; il faut espérer[2] au beau temps. Je m'en vais à Saint-Mihiel passer la fête, et comme je n'en reviendrai que lundi, j'ai toute la mine de ne point écrire ce jour-là. Je suis tout à vous et de tout mon cœur.

J'ai trouvé l'arrêt du Conseil et vous n'avez plus que faire de le faire chercher.

Le Cardinal de RAIS.

A Monsieur, Monsieur de la Fons[3].

CCCXXI
(1ᵉʳ AVRIL 1673.)

J'ai reçu votre lettre du 29 du passé. Je suis très-aise et je vous en remercie de ce que vous avez satisfait M. d'Aulonne.

J'ai retrouvé l'arrêt du Conseil et vous n'avez que faire de le chercher. Si vous avez écrit à M. Augrant sur ce sujet, je vous prie de lui récrire sans perdre de temps et de lui mander que vous avez trouvé l'arrêt dans les registres du Conseil ; il y a raison particulière

---

1. Ville-Issey.
2. *Espérer à* est d'un assez fréquent usage au XVIIᵉ siècle. Voyez le *Lexique de la langue de Corneille*.
3. De la main de Malclerc. Signature autographe du Cardinal. Deux empreintes de son sceau en cire rouge, plaquées sur lacs de soie de même couleur.

pour cela, et ajoutez même, s'il vous plaît, à M. Augrant, sans affectation et par manière de raillerie, que l'arrêt est horrible contre le parlement de Metz. Sur le tout, si vous ne lui avez pas écrit sur ce sujet, je vous prie de [ne] lui en pas écrire.

Je m'en vais passer la fête à Saint-Mihiel dont je ne reviendrai que lundi au soir.

Voici une lettre pour M. d'Anneri[1] en faveur de M. de Saint-Sir[2]. Mandez-moi, s'il vous plaît, si cette affaire regarde M. Cherrier ou moi purement, parce que, selon cela, je ferai ma réponse. Je suis absolument à vous et de tout mon cœur.

Ce 1 avril 1673.
                        Le Cardinal de Rais.

Je vous supplie de prendre la peine de solliciter ou plutôt de faire solliciter en mon nom ceux de la Grande Chambre que vous connoissez être de mes amis; voyez, s'il vous plaît, Mme la présidente de la Musle[3] pour lui dire que je vous ai fait cette prière et lui faire entendre qu'une recommandation par homme exprès et connu vaut mieux qu'une des lettres que l'on croit souvent mendiées.

A Monsieur, Monsieur de la Fons[4].

1. Voyez ci-dessus, p. 425, note 1.
2. Peut-être faudrait-il : Saint-Cyr.
3. Nous croyons que ce nom a été tronqué par le copiste. On trouve plus loin la variante de la *Musse* dans une lettre en date du 22 mai 1673.
4. De la main de Malclerc. Signature autographe du Cardinal. Deux empreintes de son sceau en cire rouge plaquées sur lacs de soie de même couleur.

CCCXXII
(6 avril 1673.)

J'ai reçu votre lettre du 1 de ce mois; en voici une du jeune Vacherot[1] qui me paroît fort impertinente; vous remarquerez, s'il vous plaît, que mes amis avoient promis, pour le temps de ma prison seulement, quatre mille livres par année pour toutes choses généralement à M. Vacherot, que je lui en ai tenu compte à proportion de cinq mille par an, sans rien rabattre pour la subsistance que je lui ai donné tout le temps qu'il a été auprès de moi, et même si pleinement dans les pays étrangers, que je lui ai toujours fourni jusques à ses habits et à ses souliers. Ce n'est pas tout : le bonhomme m'ayant présenté un mémoire que mes gens d'affaire lui firent connoître n'avoir point de fondement, je ne laissai pas de lui allouer pour une somme de treize mille livres qui, à la vérité, ne sont payables qu'après ma mort. Ce n'est pas encore tout : le bon homme s'é-

1. Le fils de l'ancien médecin de Retz. Voyez ci-dessus, p. 152, note 6, et ci-après, p. 575, note 1.
Voici ce qu'écrivait, le 16 septembre 1653, à Charles Spon, Guy Patin : « Le cardinal de Retz est encore au bois de Vincennes.... (Il) a cherché un médecin, qui se voulût enfermer dans la prison avec lui; enfin il en a trouvé un après que plusieurs l'ont refusé. M. Vacherot s'est enfermé avec lui moyennant quatre mille livres par an qu'on lui promet et dont on lui a avancé la première année. Ce cardinal ne perdra point son argent; il a assez bien et heureusement rencontré en ce choix-là. M. Vacherot est savant, d'un riche entretien, et de bonne compagnie; il est même un petit débauché, il boit assez volontiers et emplit aussi son capuchon, et par après il dit merveilles. C'est un grand garçon d'environ cinquante-quatre ans, homme veuf qui n'a qu'un enfant. » (*Lettres de Guy Patin*, édition Reveillé-Parise, Paris, Baillière, 1846, 3 vol. in-8°, tome II, p. 73-74.) Voyez aussi sur Vacherot, p. 180 du même tome, et p. 38 et 469 du tome III.

tant contenté de n'être payé de ses intérêts qu'au denier vingt, j'accordai, depuis sa mort, à la prière du fils, qu'il le fût au denier dix-huit. Sur le tout, il me semble qu'il ne me peut rien demander en justice, en lui payant les intérêts; mandez-moi si je me trompe, afin que je règle encore plus justement, sur ce que vous m'écrirez, la réponse que je lui veux faire.

J'ai reçu les tableaux de M. l'évêque de Meaux; je l'en remercierai moi-même samedi, car il doit être ici ce jour-là. Je suis tout à vous et de tout mon cœur.

Le Cardinal de Rais.

A Monsieur, Monsieur de la Fons².

CCCXXIII
(9 avril 1673.)

J'ai reçu votre lettre du 5 de ce mois qui ne demande pas une grande réponse; aussi bien ne vous la puis-je faire aujourd'hui que d'un mot, parce que je monte présentement en chaise pour aller au devant de ces MM. les Évêques. Je suis tout à vous et de tout mon cœur.

A Commercy, ce 9 avril.

Le Cardinal de Rais.

Je ne sais¹ donner à M. Cagnart mon agence² parce que j'ai à Rome un nommé M. de la Chausse à qui je suis

---

2. De la main de Malclerc. Signature autographe du Cardinal. Deux empreintes de son sceau en cire rouge, plaquées sur lacs de soie de même couleur.

1. Il faudrait, ce semble : *Je ne puis*, etc.

2. « Employ de celuy qui fait les affaires d'autruy. Il ne se dit que des gens qui sont chargez des affaires de Princes, ou de quelque corps illustre, comme du clergé, d'une province, etc. » (Furetière, *Dictionnaire*.)

obligé et au préjudice duquel le sieur Cagnart ne voudroit pas l'avoir.

Le Cardinal de Rais.

A Monsieur, Monsieur de la Fons[3].

CCCXXIV
(13 avril 1673.)

J'ai reçu votre lettre du 8 du mois; voici la réponse pour M. d'Annery touchant l'affaire de M. de Saint-Sir[1]. Je lui mande que j'en écris à MM. Cherriers et que je leur recommande de faciliter la chose autant qu'ils pourront.

J'ai vu ici MM. les Évêques et le gros abbé[2]; ils doivent revenir au premier jour. Le gros abbé avoit raison de vous dire qu'il ne s'en retourneroit pas, sans épigramme. Je suis absolument à vous et de tout mon cœur.

A Commercy, ce 13 avril 1673.

Expliquez, s'il vous plaît, à M. d'Anneri, en lui envoyant ma lettre, comme l'affaire de M. de Saint-Sir dépend de MM. Cherriers plus que de moi.

Le Cardinal de Rais.

A Monsieur, Monsieur de la Fons[5].

3. De la main de Malclerc. Signature autographe du Cardinal. Deux empreintes de son sceau en cire rouge, plaquées sur lacs de soie rouge.

1. Peut-être vaudrait-il mieux : Saint-Cyr. Comme on l'a vu dans une lettre précédente, ce nom propre a été déjà écrit *Saint-Sir* une première fois. A la fin de la lettre du 13 avril, il est écrit de la même manière.

2. L'abbé Pierre Camus de Pontcarré, l'ami de Mme de Sévigné, qui le nomme sans cesse *le gros abbé.*

3. De la main de Malclerc. Signature autographe du cardinal

CCCXXV

Commercy, ce 17 avril 1673.

J'ai reçu votre lettre du 12 de ce mois. En voici une pour Vacherot auquel j'écris au sens que vous me marquez, et je prie même M. de Hacqueville de parler à MM. Cherriers pour le payement de l'année échue à la Saint-Jean 1672. Ne cherchez point, je vous prie, de papiers touchant la souveraineté de Commercy; j'ai ici tous ceux qui sont nécessaires; je les envoirai, s'il est de besoin, et j'espère que cette affaire se pourra assoupir d'elle-même, c'est pourquoi il n'en faut encore parler à personne. M. de Saint-Mihiel qui a fait, comme vous savez, mon traité, ne me croit obligé à aucune garantie; ne laissez pas, je vous prie, de chercher la sentence sur ce sujet dont vous me parlez, mais sans bruit.

Je suis très-aise de ce que vous croyez que l'affaire de Cornuot sera bientôt terminée. Je suis tout à vous et de tout mon cœur.

J'envoie à M. de Hacqueville une lettre sans nom d'un homme associé à M. de Lery[1], à ce qu'il dit, et menacé de saisie. Mandez-moi, s'il vous plaît, ce qu'il veut dire; je l'ai envoyé à M. de Hacqueville, parce qu'il me semble que je me ressouviens qu'il me parla à Paris de quelque chose touchant Auvers[2]; voyez, je vous prie, avec lui ce que ce peut-être.

Le Cardinal de Rais.

Je vous prie de faire tout ce qui est nécessaire pour

de Retz. Deux empreintes de son sceau en cire rouge, plaquées sur lacs de soie rouge.

1. De *Lery* ou de *Levy*, mais plutôt *Lery*.
2. Terre et seigneurie de Saint-Denis.

obtenir des lettres d'état pour M. le baron de Vanne contre tous ses créanciers et sur toutes ses affaires, et particulièrement le faire décharger et surseoir l'assignation dont voici la copie. Comme il est actuellement dans le service, la chose ne sera pas, à mon sens, fort difficile, et ensuite faites-les signifier au procureur au logis duquel ses parties ont élu domicile; enfin je vous recommande cette affaire de tout mon cœur et d'obtenir les lettres d'état en la meilleure manière qu'il se pourra.

Le Cardinal de Raıs.

A Monsieur, Monsieur de la Fons[3].

(*Note détachée.*) Messire Nicolas de Ligniville, baron de Vanne, capitaine de cavalerie pour le service du Roi[4]. Ce sont ces compagnies nouvelles que l'on a levées en Lorraine.

CCCXXVI
(20 avril 1673.)

J'ai reçu votre lettre du 15 de ce mois et je ne vous écris aujourd'hui que pour en accuser la réception, n'y ayant pas grande matière du reste. Il y en a pourtant une importante, car elle regarde du plant de vigne de Virginie[1] pour mettre auprès des murailles de mon pe-

---

3. Lettre de la main de Malclerc. Signature autographe du cardinal de Retz. Deux empreintes de son sceau en cire rouge, plaquées sur lacs de soie rouge.
4. Ligniville, village aux sources de la Verre, situé entre la Marche et Mirecourt (diocèse de Toul). La maison de Ligniville était une branche de l'ancienne et illustre maison de Nancy, de Lenoncourt et de Rosières. (*Notice de la Lorraine*, par dom Calmet.)
1. « *La Vigne vierge* est une vigne sans fruit qui monte fort

tit appartement. Envoyez-m'en, je vous prie, par le premier coche pour en planter environ vingt-cinq toises. Je suis absolument à vous.

Ce 20 avril, à Ville.

Le Cardinal de Rais.

A Monsieur, Monsieur de la Fons².

CCCXXVII
(24 avril 1673.)

J'ai reçu votre lettre du 19 de ce mois; j'attends la réponse de M. de Chevincourt touchant M. Modave¹. Sur le tout je ferai de mon côté tout ce qui dépendra de moi pour sa satisfaction, et je vous prie de ne vous servir jamais d'autre procureur dans les affaires que vous aurez pour moi. Je ne puis pas forcer MM. Cherriers à s'en servir malgré eux, mais je puis bien y faire tout ce que je pourrai et je l'ai déjà fait en écrivant pour cela fortement et à eux et à Chevincourt.

MM. de la Rochelle² et de Meaux sont partis aujourd'hui pour retourner à Paris.

Ce 24 avril 1672.

Le Cardinal de Rais.

haut, et sert à faire des palissades le long des murailles. Elle jette une agréable verdure et a pris le nom de *Vigne vierge*, à cause qu'elle a été apportée de la Virginie, en Amérique. » (*Dictionnaire des Arts et des Sciences*, par Thomas Corneille, 1694.)

2. De la main de Malclerc. Signature autographe du Cardinal Deux empreintes de son sceau en cire rouge, plaquées sur lacs de soie de même couleur.

1. Modave, comme on l'a vu plus haut, était le procureur, à Paris, du cardinal de Retz. On en a du reste la preuve à la fin de la phrase suivante.

2. M. de la Rochelle, c'est-à-dire l'évêque de la Rochelle. C'était

J'oubliois de vous dire de témoigner de ma part à M. Julry, administrateur de l'hôtel-Dieu de Saint-Denis, de rendre ses comptes au plus tôt parce que l'on me mande qu'il faut les voir avant que la visite que j'ai ordonné se fasse.

Le Cardinal de Rais.

A Monsieur, Monsieur de la Fons[3].

CCCXXVIII
(27 avril 1673.)

J'ai reçu votre lettre du 22 que je ne fais que presque d'accuser[1] parce que j'ai si mal aux yeux qu'à peine puis-je signer mon nom. J'écris aujourd'hui à MM. Cherriers touchant le payement des arrérages. Je suis tout à vous et du meilleur de mon cœur.

Ce 27 avril 1673.

Le Cardinal de Rais.

A Monsieur, Monsieur de la Fons[2].

Marie de Laval de Boisdauphin, qui occupait ce siége depuis le 1er juillet 1661 et qui le garda jusqu'au 22 novembre 1693. Quant à l'évêque de Meaux, c'était, comme nous l'avons dit plus haut, M. Dominique de Ligni.

3. De la main de Malclerc. Deux signatures autographes du Cardinal. Deux empreintes de son sceau en cire rouge, plaquées sur lacs de soie rouge.

1. Voyez ci-dessus, p. 253 note 1.

2. De la main de Malclerc. Signature autographe du Cardinal. Deux empreintes de son sceau en cire rouge dont l'une a été entièrement arrachée ; la seule qui reste est plaquée sur lacs de soie rouge.

CCCXXIX
(4 mai 1673.)

J'ai reçu vos deux lettres du 26 et du 29 du passé. J'ai toujours si mal aux yeux que tout ce que je puis faire est de signer. M. de Hacqueville me mande que son avis seroit d'accommoder, si ce peut, l'affaire de Cornuot pour se délivrer de l'embarras qu'elle donne. Voyez, je vous prie, avec lui ce qu'il y a à faire sur cela; car je serois assez de son sentiment, si Cornuot se vouloit mettre à la raison et se faire justice. Je vois bien qu'il faut différer à planter de la vigne de Virginie jusqu'à l'automne. Je suis tout à vous et de tout mon cœur.

A Ville, ce 4 mai.

M. de Hacqueville me mande qu'il est d'avis de recevoir les propositions de Cornuot, et je suis tout à fait de son sentiment, parce que je ne puis être incommodé d'une chose de cette nature, mes dettes étant payées; terminez-la donc, s'il vous plaît, aux conditions que M. de Hacqueville vous fera savoir, ou si M. de Hacqueville n'est pas de retour, à celles que MM. Cherriers, auxquels Cornuot s'est adressé, vous expliqueront. M. de Hacqueville les trouve très-acceptables.

A Ville, ce 4 mai 1673.

Le Cardinal de Rais.

A Monsieur, Monsieur de la Fons[1].

1. De la main de Malclerc. Signature autographe du Cardinal. Deux empreintes de son sceau en cire rouge, plaquées sur lacs de soie de même couleur.

CCCXXX
(8 mai 1673.)

J'ai reçu votre lettre du 3 de ce mois; vous aurez vu par ma précédente que M. de Hacqueville m'avoit proposé accommodement avec Cornuot à des conditions qui ne m'ont pas déplu. Je me confirme toujours de plus en plus dans la pensée qu'il les faut recevoir, et parce que vous m'avez toujours mandé que le succès en est problématique et parce que, à vous dire le vrai, je compte beaucoup moins cent écus tous les ans, quand j'aurai payé mes dettes, que je n'en compte vingt avant que je ne sois quitte. J'ai toujours très mal aux yeux, quoique ma fluxion soit un peu diminuée depuis hier. Je suis absolument à vous et de tout mon cœur.

Ce 8 mai 1673.
        Le Cardinal de Rais.

Je ne sais si l'affaire de Cornuot n'aura pas été jugée vendredi, mais si elle ne l'a pas été, mon sentiment est que l'on l'accommode incessamment sans y balancer.

A Monsieur, Monsieur de la Fons[1].

CCCXXXI
(11 mai 1673.)

J'ai reçu la vôtre du 6. M. Penaultier[1] ne m'a point vu

---

1. De la main de Malclerc. Signature autographe du Cardinal. Deux empreintes de son sceau en cire rouge, plaquées sur lacs de soie de même couleur.

1. Peut-être s'agit-il de Pierre-Louis de Reich, seigneur de

certainement à Paris, mais il faut prendre pour bon ce qu'il dit de sa visite. Voyez, je vous prie, avec M. de Hacqueville, ce que l'on peut faire avec lui pour terminer; cela nous est très-important pour nos arrérages qui sont, comme vous savez, établis sur ce fonds. Je vous recommande aussi de tout mon cœur l'affaire de M. de Chery, et je vous avoue qu'il est bien fâcheux de se voir exposé à des saisies par des égarements de papiers. Je crois qu'il est à propos que vous voyez avec MM. Cherriers ce qu'il y a à faire pour les prévenir de ce côté-là, car je vois bien, par ce qu'ils m'écrivent, qu'ils craignent de l'embarras en cette affaire; et vous savez que ils n'en sauroient avoir par cette voie qu'ils ne m'en donnent en même temps. Ménagez, je vous supplie, en attendant, Collard et Vacherot, en leur faisant voir que l'on attend pour les satisfaire le règlement des décimes qui est sûr. Je me porte mieux de ma fluxion sur les yeux, mais je les ai encore très-foibles et l'attaque a été rude.

Je suis tout à vous et de tout mon cœur[2].

Ce 11 mai 1673.

Je vous prie de faire un compliment de ma part à M. de Boucherat[3] sur le mariage de M. de Morangis[4] et

---

Penautier, trésorier des états de Languedoc, qui fut impliqué plus tard dans le procès de la Brinvilliers, et de plus accusé par Marie Rosset, la veuve de Pierre de Hanyvel, sieur de Saint-Laurens, receveur général du clergé, d'avoir fait empoisonner son mari, pour s'emparer de sa place.

2. Au bas de la page manuscrite, le mot : *tournez*.

3. C'était ou Guillaume Boucherat, conseiller à la Grand'-Chambre depuis le 11 août 1646, ou Louis Boucherat, seigneur de Compans, alors conseiller d'État.

4. Probablement Antoine Barillon, sieur de Morangis, ancien conseiller au Parlement, et, depuis 1672, maître des requêtes ordinaires de l'Hôtel du Roi.

de lui dire que si j'avois pu écrire, je n'aurois pas manqué de le faire moi-même.

Le Cardinal de RAIS.

A Monsieur, Monsieur de la Fons[5].

CCCXXXII
(15 mai 1673.)

J'AI reçu votre lettre du 10 de ce mois. Je suis très-aise de ce que nous avons gagné le procès de Saint-Amour; son bien est un peu embarrassé, mais il en a beaucoup plus qu'il n'en faut.

Je suis de votre avis touchant la vente de Jouy-le-Châtel[1]; il faut prolonger, s'il se peut, ce procès jusqu'à l'assemblée. M. de Query[2] m'écrit sur son affaire et voici la réponse que je lui fais, que je vous prie de lui faire tenir. Procurez-lui, je vous prie, toute la satisfaction possible; il y a longtemps qu'il est de mes amis et je lui ai même des anciennes obligations.

Je vous recommande les lettres d'État[3] de M. de Vanne

---

5. De la main de Malclerc. Signature autographe du Cardinal Deux empreintes de son sceau en cire rouge, plaquées sur lacs de soie de même couleur.

1. Il y a plusieurs *Joui* dans la Lorraine, mais aucun *Joui-le-Châtel*. Nous ne trouvons pas non plus ce nom de lieu dans l'état des biens de l'abbaye de Saint-Denis. Mais il y a un *Joui-le-Châtel* dans Seine-et-Marne, canton de Nangis, et peut-être est-ce celui-là dont il s'agit.

2. Dans la lettre précédente, ce nom est écrit : *de Chery*.

3. « On appelle des *Lettres d'Estat*, celles que le Roy donne aux ambassadeurs, aux officiers de guerre, et à tous ceux qui sont absents pour le service de l'Estat. Elles portent surséances de toutes les poursuites qu'on pourroit faire en justice contre eux. » (FURETIÈRE, *Dictionnaire*.)

Je me porte beaucoup mieux de ma fluxion sur les yeux, mais en vérité elle a été rude cette fois.

Ce 15 mai.   Le Cardinal de RAIS.

M. de la Fons.

A Monsieur, Monsieur de la Fons[4].

CCCXXXIII
(18 MAI 1673.)

J'AI reçu votre lettre du 13. Je désapprouve au dernier point le procédé d'Anthoine et je prie même aujourd'hui M. de Hacqueville de le témoigner de ma part à MM. Cherriers. Il n'y a rien de plus juste que ces deniers, dont vous me parlez pour les poursuites, soient mis entre vos mains. Je me porte mieux de ma fluxion et je suis tout à vous et de tout mon cœur.

Ce 18 mai 1673.   Le Cardinal de RAIS.

A Monsieur, Monsieur de la Fons[1].

CCCXXXIV
(22 MAI 1673.)

J'AI reçu votre lettre du 16. Je vous envoie la lettre pour M. Daurat; voyez, s'il vous plaît, Mme la prési-

---

4. De la main de Malclerc. Signature autographe du Cardinal. Deux empreintes de son sceau en cire rouge, plaquées sur lacs de soie de même couleur.

1. De la main de Malclerc. Signature autographe du Cardinal. Deux empreintes de son sceau en cire rouge, plaquées sur lacs de soie de même couleur.

dente de la Musse[1] de ma part, et priez-la de vous dire ceux de ses juges qu'elle désire que vous remerciez en mon nom. J'ai si mal aux yeux que je ne lui fais pas réponse non plus qu'à M. de Busignan; faites-leur, s'il vous plaît, mes excuses à l'un ou à l'autre. Le billet de M. Daurat est écrit de ma main et je vous assure même que j'en suis fatigué.

Je vous recommande de tout mon cœur les papiers de M. de Quiry[2].

Envoyez, je vous supplie, ce qu'il se peut et doit faire pour la satisfaction de Bruslé. Je prie M. de Hacqueville d'en conférer avec vous; mais comme vous dites, c'est bien difficile d'empêcher ces fous de faire des folies, et Durmart ne fera jamais d'autres choses. A l'égard de l'affaire de Jouy-le-Châtel, mon avis est que [l'on] la prolonge tout le plus qu'il se pourra, parce que nous trouverions de l'avantage à la différer, s'il étoit possible, jusqu'à l'assemblée du clergé.

Je remets à M. de Hacqueville le choix du Parlement ou du Grand Conseil[3]. Je suis tout à vous et de tout mon cœur.

Ce 22 mai.

Le Cardinal de Rais.

A Monsieur, Monsieur de la Fons[4].

1. Voyez ci-dessus la lettre en date du 1ᵉʳ avril 1673, où ce nom est écrit de la *Musle*, ce qui doit être une erreur du copiste. On ne trouve, à cette époque, aucun président de la Musle ou de la Musse au parlement de Paris. Ce devait être un président de parlement de province.
2. Dans la lettre précédente : *de Quéry*.
3. Deux lignes effacées.
4. De la main de Malclerc. Signature autographe du Cardinal. Deux empreintes de son sceau en cire rouge, plaquées sur lacs de soie de même couleur.

CCCXXXV
(25 mai 1673.)

J'ai reçu votre lettre du 20 de ce mois. Il n'y a rien de plus juste que de rembourser M. de Quiry[1], s'il ne veut pas se donner patience. M. de Hacqueville me mande que Vacherot ne se contente pas pour le payement des arrérages, mais que je lui assigne un fonds pour la sûreté du capital. Mandez-moi, je vous prie, amplement, s'il est fondé à faire cette demande, [ce] que je ne crois pas; ce qui lui est dû d'arrérages, ce que l'on lui en peut payer présentement; vous voyez bien que ma réponse doit être mesurée selon toutes ces circonstances.

Je la lui ferai selon ce que vous manderez sur tout cela. M. Cherrier m'a mandé qu'il payeroit les arrérages de Vacherot. Il me semble que si cela est, et qu'il ne puisse rien demander de plus que ce qui lui aura été payé, il sera à propos que je lui écrive un peu fortement; sur le tout j'attendrai votre réponse.

J'ai prié M. de Hacqueville de voir avec vous ce qui se doit et peut faire touchant la plainte de Bruslé et je mande en attendant à MM. Cherriers que je ne veux en façon du monde que d'Anthoine signe.

Pour ce qui est de la porte[2] de M. Hennequin, usez-en, s'il vous plaît, comme vous le jugerez à propos avec le P. Prieur de Saint-Denis[3] qu'il vaut mieux sur le tout contenter que M. Hennequin. Je suis tout à vous et de tout mon cœur.

Ce 23 mai 1673.

1. Un des créanciers de Retz.
2. *Porte* (sic).
3. Dom Claude Martin, depuis 1672.

Je vous prie de prendre la peine de voir M. de Baillibault de ma part et de lui dire qu'il sait que je n'ai pas balancé, depuis trois ou quatre ans, à le servir contre le vicomte des Marets, quoique M. l'abbé des Marets soit un des plus anciens et un des meilleurs amis que j'aie au monde, mais que ledit abbé, voyant que ces procès n'ont point de fin, m'a demandé en grâce de ne m'en plus mêler, ce que je n'ai pu refuser à notre ancienne amitié.' Ajoutez, s'il vous plaît, à cela toutes les honnêtetés possibles.

Le Cardinal de RAIS.

A Monsieur, Monsieur de la Fons⁴.

CCCXXXVI

A Commercy, ce 29 mai (1673).

J'AI reçu votre lettre du 24 de ce mois; je ne vois rien qui empêche de rembourser M. de Query, si vous le jugez à propos. Il est certain qu'il n'en a pas usé avec civilité à mon égard dans les derniers temps; comme toutefois il m'a servi autrefois dans les passés, je n'ai pas laissé de lui écrire très-honnêtement comme vous savez, mais cela n'empêche pas de recevoir des gens plus faciles que lui, s'il s'y en présente.

Je prie M. de Hacqueville encore par cet ordinaire de voir avec vous ce qu'il y a à faire touchant Bruslé, et aussi touchant le futur bailli¹; celui que MM. Cherriers me proposèrent à Paris et pour lequel je leur donnai

4. De la main de Malclerc. Signature autographe du Cardinal. Deux empreintes de son sceau en cire rouge, plaquées sur lacs de soie de même couleur.

1. De Saint-Denis.

même des provisions est un homme qui a été secrétaire de M. de Machault[2], et duquel je me souviens avoir ouï dire beaucoup de bien; je ne sais s'il s'appelle Bainse; il est certain qu'il est important que cette place soit remplie d'un homme sage et d'un homme de bien. Mes yeux sont toujours un peu foibles de ma dernière fluxion, mais j'espère que le beau temps les fortifiera. Je suis absolument à vous et de tout mon cœur. Je crois vous avoir mandé par le dernier ordinaire à [propos de] Bruslé qu'il a très-bien fait de ne reconnoître aucune provision qui ne soit contresignée de Gaultray. Je vous prie de le lui dire encore de ma part et que je prie encore M. de Hacqueville aujourd'hui de voir avec vous et de régler avec vous le dernier différend sur lequel il m'écrit.

Le Cardinal de Rais.

A Monsieur, Monsieur de la Fons[3].

CCCXXXVII
(5 juin 1673.)

J'ai reçu vos deux lettres du 27 et du 31 du passé. En voici une pour M. de Pusignan[1]. D'Anthoine ne prendra plus le titre de trésorier après ce que j'ai écrit à M. de Hacqueville et à MM. Cherriers même.

2. Peut-être Jean-Baptiste de Machault, fils du conseiller d'État et qui était conseiller du Parlement à la seconde Chambre des requêtes du Palais depuis le 17 mai 1658.
3. De la main de Malclerc. Signature autographe du Cardinal. Deux empreintes de son sceau en cire rouge, plaquées sur lacs de soie de même couleur.
1. Dans la lettre ci-dessus du 22 mai 1673, on trouve un M. de Busignan. Ce doit être le même personnage dont le nom a été mal orthographié dans l'une ou l'autre lettre.

On ne m'a rien écrit touchant les plaintes dont vous me parlez du fermier de la rivière[2].

Je suis en peine de ce que les avocats diront touchant l'affaire de Jouy-le-Châtel, parce qu'elle me paroît de conséquence pour les suites.

Je suis beaucoup mieux de ma fluxion sur les yeux, mais il me reste toujours un peu de foiblesse.

Je suis très-aise de ce que vous avez payé le port des lettres de Rome au sieur Chubière, mais dites-lui, s'il vous plaît, qu'il [ne] mette sur mon compte aucune lettre que celles que vous lui mettrez en main et qui seront pour mes affaires. Vous voyez comme moi qu'il y a raison, et que la facilité qu'il y a eu jusques ici à faire des commerces sous mon nom n'a pas été si petite que l'on eût pu croire[3]. Je suis absolument à vous et de tout mon cœur.

Le Cardinal de Rais.

Depuis ma lettre écrite, je viens d'en recevoir une qui marque que la pièce dont j'avois tant recommandé le secret, courre[4] les champs. Seroit-ce possible que l'on eût encore manqué à la parole que l'on me réitéra en votre présence? Je vous confesse que j'ai peine à le croire.

Le Cardinal de Rais.

A Monsieur, Monsieur de la Fons[5].

---

2. Probablement de la rivière de Seine pour la partie sur laquelle l'abbaye de Saint-Denis avait des droits de péage, de pêche, etc., etc.

3. Que l'on n'eût pu croire, dans l'original.

4. Il faudrait : *court*.

5. De la main de Malclerc. Signature autographe du Cardinal. Deux empreintes de son sceau en cire rouge, plaquées sur lacs de soie rouge.

CCCXXXVIII
(8 juin 1673.)

J'ai reçu votre lettre du 3 de ce mois ; il est constant que M. Hennequin doit être considéré par la raison de son neveu qui, outre la considération de sa charge[1], m'a paru être de mes amis.

Je crois qu'il n'y a plus rien à faire à l'égard de Vacherot qu'à se bien défendre. Je ne lui ai point fait réponse sur les deux premières lettres qu'il m'a écrit parce que j'attendois la vôtre à celles par lesquelles je vous avois demandé ce qu'il étoit à propos que je réponde; vous ne me l'avez point fait toutes les deux fois. Ce que je vois de bon à tout cela est que vous m'avez écrit autrefois que les arrérages lui étant payés, il ne peut rien prétendre du capital. Comment est-ce que son oncle lui peut souffrir des démarches de cette nature qui m'obligent à ne lui faire de ma vie aucune grâce? Cela est d'exemple.

Je vous ai mandé par ma dernière que l'on m'écrivoit que l'obligation que vous savez court les champs. Enquérez-vous-en, je vous prie, car je vous avoue qu'un manquement de foi de cette nature me seroit insupportable. Je suis absolument à vous.

A Commercy, ce 8 juin 1673.

Le Cardinal de Rais.

A Monsieur, Monsieur de la Fons[2].

1. Il y avait alors un Louis-François Hennequin, procureur général au Grand Conseil depuis 1671. C'est bien lui dont veut parler le Cardinal, ainsi qu'en fournit la preuve la lettre suivante du 19 juin 1673.
2. De la main de Malclerc. Signature autographe du Cardinal. Deux empreintes de son sceau en cire rouge, plaquées sur lacs de soie de même couleur.

CCCXXXIX

A Ville-Issé, ce 10 de juin 1673.

Je vous prie, Monsieur, de recommander en mon nom, avec toute l'instance possible, à M. le Garde des sceaux[1] les intérêts de M. Olivier, lieutenant du Roi, de Vaucouleurs[2]. Je suis tout à vous et de tout mon cœur.

Le Cardinal de RAIS.

Je vous prie même de présenter à M. le Garde des sceaux celui qui vous rendra ce billet.

A Monsieur, Monsieur de la Fons, à Paris [en] l'île Notre-Dame, sur le quai d'Alençon[3].

CCCXL
(12 juin 1673.)

J'ai reçu votre lettre du 7. J'ai toujours cru que l'affaire de Jouy-le-Châtel n'étoit bonne qu'à accommoder et je vous prie de n'y perdre pas de temps. Je vous recommande aussi de tout mon cœur de prendre un soin très-particulier du procès contre Vacherot de qui il faut faire exemple, parce que je ne crois pas qu'il y ait au

---

1. Étienne d'Aligre, garde des sceaux en 1672, et chancelier deux ans après, mourut le 25 octobre 1677, à quatre-vingt-cinq ans.
2. Petite ville très-ancienne, située sur la Meuse, à trois lieues de Toul à l'orient, et à peu près à égale distance de Commercy. (*Notice de la Lorraine* de dom Calmet.)
3. Lettre entièrement autographe; une empreinte du sceau du Cardinal sur cire rouge, plaquée sur lacs de soie rouge.

monde une pareille ingratitude à la sienne. L'on m'a écrit que son principal moyen est la distraction qu'il prétend que je fasse de mes meubles, à cause de l'obligation que j'avois fait autrefois à M. Forcadel. Ce moyen est, comme vous voyez, très-impertinent et très-ridicule, mais cependant il ne doit être guère agréable à ceux qui m'avoient promis le secret et auxquels je l'avois demandé, non pas pour mon intérêt, mais pour celui des gens à qui alloit cet argent et qui l'ont fort bien rendu.

Je ne me souviens point de ce qui regarde l'affaire d'Auvers[1]; mais il suffit que vous vous en souveniez, et je persiste dans le sentiment qu'il faut toujours préférer l'équité et l'honnêteté à la rigueur. Voyez donc, s'il vous plaît, avec M. de Hacqueville ce que l'on doit faire en cette occasion particulière sur ces principes. Vous pouvez lui montrer ce que je vous écris afin que je n'aie pas de scrupule de ne pas suivre en cela la rigueur du droit. Je suis tout à vous et de tout mon cœur.

Le Cardinal de RAIS.

Ce 12 juin 1673.

La lettre que Vacherot m'a écrite ne mérite pas de réponse; il faut payer les arrérages. MM. Cherriers me mandent qu'ils le feront incessamment.

A Monsieur, Monsieur de la Fons[2].

1. Terre de l'abbaye de Saint-Denis.
2. De la main de Malclerc. Signature autographe du Cardinal. Deux empreintes de son sceau en cire rouge, plaquées sur lacs de soie de même couleur.

CCCXLI
(14 juin 1673.)

J'ai reçu votre lettre du 10 de ce mois. Vous aurez vu par ma précédente que mon sentiment est qu'il faut accommoder l'affaire de M. de Villegagnon et faire exemple de Vacherot.

Je suis bien aise que vous ayez envoyé le manteau et la cape de toile peinte à Mlle de Northumberland ; pour ce qui est du reste, écrivez-lui, je vous prie, que vous ne pouvez rien faire sans les ordres de Mme de Jouars[1] qui l'a désiré ainsi positivement de moi, et que sur le tout elle ne se doit pas impatienter, parce que vous savez que, n'ayant trouvé en France aucune dame de ses proches qui la veuille auprès d'elle, je fais état de la renvoyer cet automne à M. son père.

Je suis obligé de vous dire pour la vérité que l'on ne m'a point mandé que vous eussiez fait voir à personne l'obligation que vous savez, et quand on me l'auroit mandé, je ne l'aurois pas cru, n'étant pas capable de vous faire une injustice de cette nature ; je crois que vous n'en doutez pas.

Je vous envoie le certificat pour M. de Vanne ; je vous recommande cette affaire-là de tout mon cœur. Je suis absolument à vous.

Le Cardinal de Rais.

Ce 15 juin 1673.

A Monsieur, Monsieur de la Fons[2].

---

1. Jouarre. L'abbesse de Jouarre était, à cette date, Henriette de Lorraine de Chevreuse Faremontier. (*État de la France* de 1674, tome II, p. 146.)

2. De la main de Malclerc. Signature autographe du cardinal

CCCXLII
(19 juin 1673.)

J'ai reçu votre lettre du 14⁰ de ce mois. Je suis très-aise de ce que vous me mandez que l'on accommode à l'amiable l'affaire de M. Hennequin, par la considération de M. le procureur général du Grand Conseil[1], qui m'a toujours paru très-bien intentionné pour moi.

Je voudrois que la conduite de Vacherot fût meilleure et par la considération de feu son oncle[2] que j'aimois fort, et parce que, si il continue, il m'obligera à ne lui faire jamais aucune grâce, même dans les temps où assurément je la ferai aux autres qui sont en même condition que lui. C'est ce qu'il lui faut faire connoître avec fermeté et avec hauteur; c'est un misérable qui ne se peut conduire que par là.

Voici une lettre pour M. Forcadel. Je suis absolument à vous et de tout mon cœur.

Le Cardinal de Rais.

Le 19 juin 1673.

A Monsieur, Monsieur de la Fons[3].

de Retz. Deux empreintes de son sceau en cire rouge, plaquées sur lacs de soie rouge.

1. Voyez ci-dessus la lettre du 8 juin et la note 1.
2. Le Cardinal entend-il parler de son ancien médecin ou d'un frère de son médecin? S'il s'agit du médecin, nous savons par Guy Patin qu'il avait un fils, et c'est ce fils, croyons-nous, qui avait des droits sur les obligations écrites contractées envers son père par le Cardinal. Dans des lettres précédentes, il est question d'un oncle du jeune Vacherot, qui n'était pas encore mort.
3. D'une main inconnue. Signature autographe du Cardinal. Deux empreintes de son sceau en cire rouge, plaquées sur lacs de soie de même couleur.

CCCXLIII
(22 juin 1673.)

J'ai reçu votre lettre du 17 de ce mois; vous avez répondu à Mme de Saint-Cir[1] tout ce qui se peut de mon côté; le reste regarde MM. Cherriers de la bourse desquels je ne puis pas disposer. Témoignez-le, je vous prie, à Mme de Saint-Cir le plus honnêtement qu'il vous sera possible.

Je suis tout à vous et de tout mon cœur.

Le Cardinal de RAIS.

A Commercy, ce 22 juin.

A Monsieur, Monsieur de la Fons[2].

CCCXLIV

A Commercy, ce 26 juin 1673.

J'ai reçu votre lettre du 21 juin. Mon opinion est qu'il est bon que vous amusiez Mlle de Northumberland par l'espérance d'un voyage, que vous ne fassiez pourtant que quand il y aura de l'utilité; elle est folle et ce qu'elle vous veut dire et rien c'est la même chose[1].

Vous aurez vu par ma précédente la résolution où je

---

1. On a vu plus haut dans deux lettres ce nom écrit *Saint-Sir;* ce qui nous semblait une faute. Cette nouvelle orthographe du même nom prouve que notre conjecture était fondée.

2. De la main de Malclerc. Signature autographe du Cardinal de Retz. Deux empreintes de son sceau en cire rouge, plaquées sur lacs de soie de même couleur.

1. Littré ne donne de cette locution familière qu'un seul exemple tiré de Marivaux.

suis de faire une distinction notable et perpétuelle de Vacherot à mes autres créanciers. Si il fait seulement un pas contre moi, faites-le-lui connoître, s'il vous plaît, et qu'il n'y aura jamais de retour, comme il dit vrai, et je vous assure que l'on tire exemple en toute manière. J'en suis fâché sur le tout à cause de son père[2], et je voudrois bien qu'il me laissât lieu de le traiter dans ce comme les autres créanciers; essayez, je vous prie, de lui faire connoître ses intérêts.

Si on peut avec justice révoquer ce que les abbés de Saint-Denis ont accordé pour la chasse à ces deux gentilshommes dont vous me parlez, il ne faut pas balancer à le faire, et je vous prie de le dire de ma part aux gens de M. le cardinal de Bouillon. Je suis tout à vous et de tout mon cœur.

Le Cardinal de Rais.

A Monsieur, Monsieur de la Fons[3].

CCCXLV
(29 juin 1673.)

J'ai reçu votre lettre du 24 de ce mois; j'ai bien de la joie que M. Penaultier[1] se mette à la raison et qu'il y

---

2. Il semble que Retz ait entendu par ces mots : à cause de la mémoire de son père.

3. De la main de Malclerc. Signature autographe du Cardinal. Deux sceaux en cire rouge à ses armes, plaqués sur lacs de soie rouge.

1. Louis de Reich, seigneur de Penautier, trésorier des états de Languedoc, qui fut compromis un peu plus tard dans l'affaire de la Brinvilliers, comme nous l'avons dit plus haut, p. 562, note 1. Mme de Sévigné parle souvent de lui dans ses lettres.

ait apparence d'accommodement à l'affaire de Jouy-le-Châtel, qui est de conséquence par les suites.

Voici une lettre de remerciement pour M. Pussort[2], à qui j'avois oublié d'écrire; je l'ai datée du 15 de ce mois; vous pouvez aisément trouver quelque raison de délai. Je suis absolument à vous et de tout mon cœur.

A Commercy, ce 29 juin 1673.

Le Cardinal de RAIS.

A Monsieur, Monsieur de la Fons[3].

CCCXLVI

ADRESSÉE A M. DE GILBERCOUR[1].

(3 JUILLET 1673.)

J'AI reçu votre lettre du 28 du passé qui me donne lieu de vous assurer de mes services qui vous sont et seront toujours très-assurés. Je suis absolument à vous.

A Commercy, ce 3 juillet 1673.

A Monsieur, Monsieur de Gilbercour[2].

---

2. Henri Pussort, ancien conseiller au Grand Conseil, alors conseiller d'État.

3. De la main de Malclerc. Signature autographe du Cardinal. Deux empreintes de son sceau en cire rouge, plaquées sur lacs de soie de même couleur.

1. Dans d'autres lettres précédentes, le nom est écrit *Gibercour*. C'était, comme nous l'avons dit déjà, le fils de M. de la Fons.

2. De la main de Malclerc. Signature autographe du Cardinal. Deux empreintes de son sceau en cire rouge, plaquées sur lacs de soie rouge.

CCCXLVII
(6 juillet 1673.)

J'ai reçu votre lettre du 1 juillet. Je suis assez aise que Vacherot n'ait encore rien dit, car je vous avoue que, s'il faut plaider, l'hiver me plaît [et me] plaira plus, car je pourrai bien faire un petit tour à Paris.

« Je ne me puis servir de la main d'un autre pour vous témoigner ma joie et de l'honneur[1] et de la santé de M. votre fils. Si vous aviez vu combien je me suis trouvé sensible à cette nouvelle, vous avoueriez que l'on ne le peut être davantage à ce qui vous touche. »

Le Cardinal de Rais.

A Monsieur, Monsieur de la Fons[2].

CCCXLVIII
(10 juillet 1673.)

J'ai reçu votre lettre du 5 de ce mois. M. de Hacqueville me mande qu'il fera tout son possible pour ac-

---

1. M. de Gilbercour, le fils de M. de la Fons, avait sans doute obtenu un office de judicature. On trouve un Claude de la Fon qui, précisément, en 1673, fut nommé conseiller au Grand Conseil. Était-ce le fils du contrôleur des Restes de la Chambre des comptes? On serait presque tenté de le croire à cause de la coïncidence de la date de la lettre de Retz avec celle de la nomination d'un homme portant le même nom. Nous devons faire remarquer pourtant que, dans la lettre du 14 août suivant, Retz ne donne pas de qualité à M. de Gilbercour.
2. Le premier paragraphe de la main de Malclerc. Le second, entre guillemets, de celle du Cardinal, ainsi que la signature. Deux empreintes du sceau de Retz en cire rouge, plaquées sur lacs de soie rouge.

commoder l'affaire de M. Forcadel, et j'ai bien de la joie de ce que vous me mandiez de l'apparence qu'il y a à réussir à celui qui regarde les droits seigneuriaux de Jouy-le-Châtel.

Vous aurez su par ma précédente que mon opinion est qu'il est bon de porter insensiblement le procès contre Vacherot jusqu'à l'hiver, s'il est assez fol pour l'entreprendre. Je suis absolument à vous et de tout mon cœur.

Ce 10 juillet 1673.

Le Cardinal de Rais.

Post-scriptum. — Je vous prie de tout mon cœur de faire tout le possible pour obtenir des lettres d'État pour M. le baron de Vanne. Vous avez mandé que le certificat de service que je vous ai envoyé n'étoit pas bien; mandez-moi ce qu'il est nécessaire que l'on fasse.

Vous m'obligerez aussi sensiblement lorsque celui qui a soin des affaires de M. des Armoises[1] à Paris vous priera de présenter des lettres de ma main à M. le Garde des sceaux[2], M. Boucherat[3], M. Poncet[4] et M. de la Margerie[5], de vouloir leur dire, dis-je, qu'ils ne peuvent jamais m'obliger plus sensiblement que d'avoir un

1. Il appartenait à une famille de la Lorraine, alliée à celle de Jeanne d'Arc.
2. M. d'Aligre, comme on l'a dit plus haut, p. 488, note 2.
3. Il y avait trois Boucherat au Parlement : l'un qui était conseiller à la 2ᵉ Chambre des enquêtes; l'autre qui avait la même fonction à la 3ᵉ Chambre des enquêtes; le troisième, Louis Boucherat, seigneur de Compans, ancien maître des requêtes, était conseiller d'État en 1673. C'est de ce dernier que parle Retz.
4. Pierre Poncet, comte d'Ablis, ancien maître des requêtes, était alors conseiller d'État.
5. Louis Lesnet, seigneur de la Marguerie, ancien maître des requêtes, puis premier président au parlement de Bourgogne, était conseiller d'État en 1673.

soin particulier des intérêts de M. des Armoises; et
vous ne pourrez[6] jamais aussi faire rien qui me donne
plus de satisfaction que de faire ce qui sera en vous sur
cette affaire; vous en voyez les raisons comme moi-
même.

Le Cardinal de Rais.

Quand l'affaire de M. des Armoises sera en état, je
vous prie de la solliciter en mon nom.

A Monsieur, Monsieur de la Fons[7].

CCCXLIX
(13 juillet 1673.)

J'ai reçu votre lettre du 8 de ce mois; remerciez, je
vous supplie, à mon nom, M. Gilbert; il a toujours été
de mes amis. Je suis très-aise de ce que vous me mandez du payement de l'usufruit et je vous remercie de
tout mon cœur du soin très-particulier que vous en avez.
MM. Cherriers ont dit à M. de Hacqueville que je suis
tenu de l'incendie[1] et M. de Saint-Mihiel le croit aussi;
il dit toutefois qu'il faut le voir plus précisément dans
l'original, et il le voira aujourd'hui. Je suis à vous et de
tout mon cœur.

Ce 13 juillet 1673.
Le Cardinal de Rais.

A Monsieur, Monsieur de la Fons[2].

6. *Pouvez* dans l'original.
7. De la main de Malclerc. Signature autographe du Cardinal.
Deux empreintes de son sceau en cire rouge, plaquées sur lacs de
soie rouge.
1. Voyez ci-après la lettre du 24 juillet.
2. De la main de Malclerc. Signature autographe du Cardinal

CCCL

A Commercy, ce 17 juillet 1673.

J'ai reçu votre lettre du 12 de ce mois, et je ne vous y réponds qu'en courant parce que je pars à ce moment pour aller à Verdun où le Roi arrive demain[1]. Dites, je vous prie, à M. Coustart, que je songe à lui, et qu'aussitôt après mon voyage de Verdun, qui sera de peu de jours, je donnerai les ordres nécessaires. Je suis tout à vous et de tout mon cœur.

Le Cardinal de Rais.

A Monsieur, Monsieur de la Fons[2].

CCCXLI

(20 juillet 1673.)

J'ai reçu votre lettre du 15 de ce mois. Je vous envoie celle que j'écris à M. Coustart en réponse d'une que j'ai reçue de lui par le dernier ordinaire. Mandez effectivement, je vous supplie, si je puis faire état pour le payer des intérêts échus, du fonds et des décimes, et dites-lui, s'il vous plaît, qu'aussitôt que vous m'aurez

---

de Retz. Deux empreintes de son sceau en cire rouge, plaquées sur lacs de soie de même couleur.

1. Louis XIV, après s'être emparé de Maestricht le 29 juin, passa en Alsace afin d'assurer la neutralité de Strasbourg entre l'Empereur et lui. Le cardinal de Retz était de retour à Commercy le 20 juillet, comme on le voit par une lettre de lui à cette date.

2. De la main de Malclerc. Signature autographe du cardinal de Retz. Deux empreintes de son sceau en cire rouge, plaquées sur lacs de soie de même couleur.

écrit sur ce point, je lui ferai réponse précise. Je suis aise qu'il voie que vous lui parlez conformément à ce que je lui écris.

Nous nous passerions bien de l'aubaine de Uli-Saint-George[1].

Voici la procuration pour l'affaire des décimes[2]. J'attends ici à ce soir M. le cardinal de Bouillon[3]. Je suis absolument à vous et de tout mon cœur.

A Commercy, ce 20 juillet 1673.

Le Cardinal de RAIS.

A Monsieur, Monsieur de la Fons[4].

CCCLII
(24 juillet 1673.)

J'AI reçu votre lettre du 19. Ce que vous m'écrivez touchant l'incendie me paroît bien fondé, et je vous prie d'en conférer avec M. de Hacqueville aussi bien que sur ce que le nouveau bailli a fait à l'égard du sergent. Je finis parce que M. le cardinal de Bouillon est ici, qui ne me permet pas de faire de longue lettre. Je suis absolument à vous et de tout mon cœur.

Ce 24 juillet 1673.

J'ai fait payer les six cents livres restant de la pen-

1. Terre et seigneurie d'Ully-Saint-Georges, appartenant à l'abbaye de Saint-Denis, et faisant partie de la *mense abbatiale*.
2. C'est-à-dire des décimes du clergé, à payer au Roi.
3. Voyez ci-dessus, p. 341, note 2.
4. De la main de Malclerc. Signature autographe du Cardinal. Deux empreintes de son sceau en cire rouge, plaquées sur lacs de soie de même couleur.

sion de Chourses¹ entre les mains de M. Pirrot comme il me l'a mandé. J'ai raison particulière pour désirer que Mme de Verdun² le sache; dites-lui, je vous prie, adroitement, et sans qu'elle voie que je vous ai mandé de lui en parler; vous la pouvez voir sous quelque prétexte.

Le Cardinal de Rais.

A Monsieur, Monsieur de la Fons³.

CCCLIII
(27 juillet 1673.)

J'ai reçu votre lettre du 22 de ce mois. J'aurois considéré de très-bon cœur la personne que vous me recommandez, sans les engagements que j'ai à mes grands vicaires¹; je promis, dès le précédent ordinaire, le prieuré du Grand-Puis² à M. l'Advocat³ et je le lui écrivis; vous voyez par là que la chose n'est plus en état.

1. Il s'agit sans doute de la terre et seigneurie de Chaourse en Thiérache, appartenant à l'abbaye de Saint-Denis et faisant partie de la *mense conventuelle*.
2. L'abbesse d'un couvent de femmes de Verdun; probablement celui des Bénédictines.
3. De la main de Malclerc. Signature autographe du Cardinal. Deux empreintes de son sceau en cire rouge, plaquées sur lacs de soie de même couleur.

1. C'est-à-dire à ses anciens grands vicaires, du temps qu'il était archevêque de Paris.
2. Ce prieuré ne figure pas dans l'état des possessions de l'abbaye de Saint-Denis. Dans le *Dictionnaire géographique... de la France*, publié par la librairie Hachette, on ne trouve qu'un seul lieu du nom de *Grand-Puits*, situé dans *Seine-et-Marne*.
3. Lavocat, un des grands vicaires de Retz pendant la Fronde ecclésiastique.

Je suis tout à fait de votre avis touchant les instances qui sont à juger. Vous savez que j'aime beaucoup mieux les accommodements que les procès.

J'ai ici M. le cardinal de Bouillon; nous faisons état d'aller dimanche ensemble à Nancy et de faire notre cour[4]. Je suis tout à vous et de tout mon cœur.

Ce 27 juillet 1673.

Voici une lettre d'un nommé M. Collon; sachez, je vous prie, si c'est de M. Collon, le conseiller[5], et en ce cas, faites-lui rendre, s'il vous plaît, cette réponse.

Le Cardinal de Rais.

A Monsieur, Monsieur de la Fons[6].

4. Le Roi passa en effet à Nancy, après avoir quitté la Hollande, pour se rendre en Alsace.

5. Nous n'avons pas trouvé de Collon parmi les membres du parlement de Paris en 1673.

6. De la main de Malclerc. Signature autographe du cardinal de Retz. Deux empreintes de son sceau en cire rouge, plaquées sur lacs de soie de même couleur. — Parmi les lettres de Retz à M. de la Fons se trouve ce curieux billet de Malclerc :

Son Éminence est en bonne santé : elle part dans un moment. M. le cardinal de Bouillon et M. de Verdun montent dans son carrosse. Nous avons eu ici M. le duc de Navailles et force monde à qui on a fait très-bonne chère. Son Éminence a eu aujourd'hui tant de monde qu'elle n'a pas eu un moment de temps pour vous écrire. Elle m'a dit qu'elle le feroit à Nancy et que je vous assurasse de ses services très-passionnés. Vous avez obligé Son Éminence d'écrire à M. le baron de Vanne.

Je suis votre très-obéissant serviteur.

Ce 30 juillet.

Malclerc Sommervilliers.

A M. de la Fons.

Lettre autographe signée. Sceau de Malclerc brisé, en cire rouge, fascé de... et de....

CCCLIV
(7 AOUT 1673.)

J'ai reçu vos deux lettres du 29 du passé et du second de celui-ci[1]. J'arrivai hier de Nancy où j'ai fait ma cour cinq ou six jours durant[2]. J'y retournerai encore dans douze ou quinze jours. On croit que le Roi y fera du séjour. Je voudrois bien que l'affaire de M. Penaultier fût terminée et je crois qu'il n'y a pas de mal que je lui en fasse écrire un mot par M. le cardinal de Bonsi[3] de qui il dépend absolument et qui doit me venir voir ici au premier jour. Je suis absolument à vous et de tout mon cœur.

Ce 7 août 1673.
         Le Cardinal de Rais.

A Monsieur, Monsieur de la Fons[4].

CCCLV

A Commercy, ce 10 août 1673.

J'ai reçu votre lettre du 5 qui me marque votre voyage en Languedoc; vous savez ce que je suis et à

---

1. Nous avons déjà vu *le passé* pour le mois passé. (Ci-dessus, p. 451, note 1.) Voici maintenant *celui-ci* pour le mois courant.
2. Après s'être emparé de Maestricht, le 29 juin, le Roi s'était rendu en Lorraine, puis en Alsace, pour assurer la neutralité de Strasbourg entre l'Empereur et lui.
3. Pierre de Bonsi avait été nommé cardinal l'année précédente. Il était archevêque de Toulouse depuis le 17 janvier 1672 et occupa ce siége jusqu'au mois d'octobre 1673. En 1674, il devint archevêque de Narbonne. Ce passage de la lettre de Retz permet de supposer qu'il s'agit bien de Penautier, trésorier des états de Languedoc, dont nous avons parlé ci-dessus, p. 577, note 1.
4. De la main de Malclerc. Signature autographe du Cardinal

M. de la Houssaye et à M. d'Aguesseau[1], et vous ne pouvez douter, par conséquent, que je ne sois très-aise de ce que vous faites pour leur satisfaction. Mandez-moi, s'il vous plaît, si vous jugez que l'on puisse faire quelque chose, en attendant votre retour, pour avancer l'affaire de M. Penaultier. Je suis absolument à vous et de tout mon cœur.

Le Cardinal de Rais.

A Monsieur de Gilbercour[2].

CCCLVI

ADRESSÉE A M. DE GILBERCOUR.
(14 août 1673.)

J'ai reçu votre lettre du 9 et je vous remercie de tout mon cœur des nouvelles marques que vous m'y donnez de votre amitié; quoique je n'en puisse être surpris, elle me donne toujours de la joie. M. de la Fons m'a écrit son voyage, dès l'ordinaire passé, et je lui ai témoigné par ma réponse celle que j'ai de la satisfaction qu'il a donnée à M. d'Aguesseau.

Portez, je vous prie, à M. Hotman[1] celle que vous trouverez ici pour lui; il faut que celle qu'il m'a écrite soit demeurée ou dans la boîte ou au bureau, car elle

---

de Retz. Deux sceaux en cire rouge à ses armes, plaqués sur lacs de soie rouge.

1. Voyez ci-dessus, p. 514, note 1.
2. De la main de Malclerc. Signature autographe du Cardinal. Deux empreintes de son sceau en cire rouge, plaquées sur lacs de soie rouge.

1. Vincent Hotman, seigneur de Fontenay, ancien procureur général en la Chambre de justice, était en 1673 maître des requêtes et intendant des finances.

est datée du 2 de ce mois et je ne l'ai reçue que l'onze². Je suis absolument à vous et de tout mon cœur.

Ce 14 août 1673.

Le Cardinal de RAIS.

A Monsieur, Monsieur de Gilbercour³.

CCCLVII
ADRESSÉE A M. DE GILBERCOUR.
(16 AOÛT 1673.)

J'AI reçu votre lettre du 12 ; je fais état d'aller dans la semaine prochaine à Nancy d'où je vous envoirai une lettre pour M. Penaultier ; elle sera de M. le cardinal de Bonsi de qui ledit sieur Penaultier est tout à fait dépendant¹. Je suis tout à vous et de tout mon cœur.

Ce 17 août 1673.

Le Cardinal de RAIS.

A Monsieur, Monsieur de Gilbercour².

2. Voyez ci-dessus, p. 429, note 1.
3. De la main de Malclerc. Signature autographe du Cardinal. Deux empreintes de son sceau en cire rouge, plaquées sur lacs de soie de même couleur.
1. Voyez la note 1 de la page 577 ci-dessus. Ce passage de la lettre de Retz vient confirmer nos conjectures précédentes.
2. De la main de Malclerc. Signature autographe du Cardinal. Deux empreintes brisées de son sceau en cire rouge. Lacs de soie enlevés.

CCCLVIII

ADRESSÉE A M. DE GILBERCOUR.
(21 AOÛT 1673.)

J'ai reçu votre lettre du 16 de ce mois. Écrivez, s'il vous plaît, à Mlle Northumberland que vous avez donné avis à M. de la Fons de ce qu'elle vous a écrit, et qu'il vous a fait réponse que vous lui envoyassiez la copie ci-jointe d'une lettre que Mme Cebret a écrit à M. de Malclerc par ordre de Mme de Jouars[1]. Ajoutez-lui, s'il vous plaît, que vous savez d'ailleurs que Mme de Jouars trouveroit très-mauvais que l'on lui envoyât quelque chose sans son ordre.

Je pars demain pour aller à Nancy prendre congé du Roi; je vous envoirai de là une lettre de M. le cardinal de Bonsi pour M. Penaultier. Je vous prie de donner à M. de Hacqueville quelque lumière, si vous savez, de l'affaire que j'ai avec ledit Penaultier, parce que M. Costart[2], que j'ai remis sur le fonds des décimes, presse sur la parole que M. de la Fons lui en avoit donnée et que je lui ai donnée pareillement. M. de la Fons m'a mandé que M. Penaultier l'avoit déjà contenté sur celles de Bretagne.

Je suis absolument à vous et de tout mon cœur.

Le Cardinal de Rais.

Ce 21 août 1673.

A Monsieur, Monsieur de Gilbercour[3].

1. L'abbesse de Jouarre. — 2. Ailleurs : *Coustard*.
3. De la main de Malclerc. Signature autographe du Cardinal. Deux empreintes de son sceau en cire rouge. Lacs de soie rouge enlevés.

CCCLIX
(28 août 1673.)

J'ai reçu votre lettre du 6, qui me donne bien de la joie en m'apprenant votre bonne santé et l'espérance que vous avez d'un prompt retour. Informez-vous, je vous supplie, du revenu et qualité du prieuré que j'ai donné à Gaultray[1], pendant que vous êtes en ce pays-là; il veut faire croire que ce n'est rien. Assurez, s'il vous plaît, M. et Mme d'Aguesseau[2] de mes services très-humbles. Je suis absolument à vous et de tout mon cœur.

Ce 28 août 1673.

Le Cardinal de RAIS.

A Monsieur, Monsieur de la Fons[3].

CCCLX
(9 septembre 1673.)

J'ai reçu votre lettre du 30 du passé, qui me donne bien de la joie en m'apprenant votre bonne santé et l'espérance que vous avez d'un prompt retour. Je serois pourtant fâché que vous le précipitassiez à mon occasion, et que vous ne donnassiez pas tout le temps que vous jugerez nécessaire à votre commodité[1] et à la satisfac-

---

1. Gaultray, l'ancien secrétaire de Retz.
2. Henri d'Aguesseau, alors maître des requêtes et président au Grand Conseil, ancien conseiller au parlement de Metz. Sa femme se nommait Claire-Eugénie Le Picart de Périgny et était fille de Jean-Baptiste et de Catherine Gueffier.
3. De la main de Malclerc. Signature autographe du Cardinal. Deux sceaux en cire rouge à ses armes, plaqués sur lacs de soie de même couleur.

1. Dans l'original : et *avec* commodité....

tion de M. d'Aguesseau. M. le cardinal de Bonsi a écrit à M. Penaultier touchant les décimes et je saurai au premier jour ce qu'il aura répondu. Je suis absolument à vous et de tout mon cœur.

Le Cardinal de RAIS.

Ce 9 septembre 1673.

A Monsieur, Monsieur de la Fons[2].

CCCLXI
(20 SEPTEMBRE 1673.)

J'AI reçu votre lettre du 6 qui me donne bien de la joie en m'apprenant votre bonne santé. J'ai eu ici Monsieur[1] et je pars demain pour aller à Nancy[2] où je demeurerai trois ou quatre jours. Je suis tout à vous et de tout mon cœur.

Ce 20 septembre 1673.

Le Cardinal de RAIS.

A Monsieur, Monsieur de la Fons[3].

---

2. De la main de Malclerc. Signature autographe du Cardinal. Deux empreintes de son sceau en cire rouge, plaquées sur lacs de soie de même couleur.

1. *Monsieur*, c'est-à-dire Philippe de France, duc d'Orléans, frère du Roi. Il était né le 21 septembre 1640 au château de Saint-Germain-en-Laye. Il fut appelé d'abord le *duc d'Anjou*, jusqu'à la mort de Gaston, en 1660, et, depuis cette mort, le duc d'Orléans, et *Monsieur*. Du vivant de Gaston, il était appelé le *petit Monsieur*, *Monsieur frère du Roi*, *le véritable Monsieur*. Il mourut le 9 juin 1701 au château de Saint-Cloud.

2. Afin d'y aller de nouveau saluer Louis XIV.

3. De la main de Malclerc. Signature autographe du Cardinal. Deux empreintes de son sceau en cire rouge, plaquées sur lacs de soie de même couleur.

CCCLXII
(30 octobre 1673.)

J'ai reçu votre lettre du 25 de ce mois et j'ai bien de la joie de vous savoir de retour en bonne santé. M. de Chevincourt m'a écrit quelque chose qui regarde la quittance des consignations. Voyez, je vous prie, avec lui, ce qui se peut faire. Voici la réponse à M. d'Aguesseau. Je suis absolument à vous et de tout mon cœur.

Ce 30 octobre 1673.

Le Cardinal de RAIS.

A Monsieur, Monsieur de la Fons[1].

CCCLXIII

A Commercy, ce 2 novembre 1673.

J'ai reçu votre lettre du 28 du passé; je suis très-aise de la conclusion de l'affaire des décimes. Je vous prie, à propos de cela, de vous ressouvenir de M. Costart[1]. Je suis absolument à vous et de tout mon cœur.

Le Cardinal de RAIS.

A Monsieur, Monsieur de la Fons[2].

1. De la main de Malclerc. Signature autographe du cardinal de Retz. Deux empreintes de son sceau en cire rouge, plaquées sur lacs de soie de même couleur.
1. Ailleurs : *Coustart*.
2. Billet de la main de Malclerc. Signature autographe du Cardinal. Deux empreintes de son sceau en cire rouge, plaquées sur lacs de soie et sur le recto du premier feuillet.

CCCLXIV
(6 novembre 1673.)

J'ai reçu votre lettre du 1 de ce mois, à laquelle je ne ferai réponse que par l'ordinaire prochain, parce que je suis accablé aujourd'hui de compagnie. Je suis absolument à vous et de tout mon cœur.

Ce 6 novembre 1673.

Le Cardinal de Rais.

A Monsieur, Monsieur de la Fons[1].

CCCLXV

Commercy, ce 9 novembre 1673.

J'ai reçu votre lettre du 4. Je suis très-aise que la difficulté de la rente qui regarde Mme de Lingendes[1] soit levée, et je souhaite que celle de la taxe ait la même issue. Je suis absolument à vous et de tout mon cœur.

Le Cardinal de Rais.

A Monsieur, Monsieur de la Fons[2].

1. De la main de Malclerc. Signature autographe du Cardinal. Deux sceaux en cire rouge à ses armes, plaqués sur lacs de soie de même couleur.

1. Retz n'étant que coadjuteur avait souscrit à M. et à Mme de Lingendes, en échange d'une assez forte somme qu'il avait reçue d'eux, une constitution de rente dont on trouvera l'acte dans l'Appendice de notre tome IX.

2. Billet de la main de Malclerc. Signature autographe du cardinal de Retz; deux empreintes de son sceau en cire rouge, plaquées sur lacs de soie de même couleur.

CCCLXVI
(13 novembre 1673.)

J'ai reçu votre [lettre] du 8 de ce mois. J'ai assurément écrit à M. d'Aguesseau ; ce n'est qu'une réponse à la civilité qu'il m'avoit faite par vous. Je la réitérerai, si vous me mandez que ma lettre n'ait pas été reçue. Je suis bien aise que vous ayez meilleure espérance de la taxe.

Je suis absolument à vous et de tout mon cœur.

Le Cardinal de Rais.

A Monsieur, Monsieur de la Fons[1].

CCCLXVII
(17 novembre 1673.)

J'ai reçu votre lettre du 11 ; j'en ai eu aussi une de M. Costart qui me témoigne d'être fort content de votre procédé ; il est constant que la manière fait quelquefois aussi bon effet que le fond même. Envoyez-moi, s'il vous plaît, ce qu'i[l] nous faut pour Busay[1], auquel je vois bien qu'il commence à être bon d'y[2] penser. Je suis absolument à vous et de tout mon cœur.

Le Cardinal de Rais.

A Monsieur, Monsieur de la Fons[3].

1. De la main de Malclerc. Signature autographe du Cardinal. Deux empreintes de son sceau en cire rouge, plaquées sur lacs de soie rouge.
1. Abbaye du cardinal de Retz, qu'il avait possédée dès sa jeunesse.
2. Il faudrait : *de* penser.
3. De la main de Malclerc. Signature autographe du Cardinal

CCCLXVIII
(23 novembre 1673.)

J'ai reçu votre lettre du 15. Je vous envoirai jeudi deux lettres pour M. le P. Président de Bretagne[1] et pour M. du Molinet et une pour M. de Brats[2], qui est parent de M. de la Bourdonnaye; je ne connois point les autres commissaires, mais M. le duc de Rais[3] les connoîtra assurément; mais je vous en écrirai un billet pour lui[4].

Voici un mot pour M. le président de Bragelonne. Je vous parlerai jeudi touchant le bail de Busay[5] et je ne le fais pas dès aujourd'hui parce que j'attends une proposition que je sais que l'on me doit faire sur cela, de laquelle il est nécessaire que vous soyez informé devant que de rien faire. Je vous remercie de ce que vous faites pour M. le prince de Lisbonne[6] dont j'ai grande joie. Je suis absolument à vous et de tout mon cœur.

Le Cardinal de Rais.

Ce 20 novembre.

A Monsieur, Monsieur de la Fons[7].

de Retz. Deux empreintes de son sceau en cire rouge, plaquées sur lacs de soie de même couleur.

1. François d'Argouges.
2. C'étaient probablement des conseillers du parlement de Bretagne.
3. Pierre de Gondi, duc de Rais, frère aîné du Cardinal.
4. Les mots *pour lui* se trouvent après : *écrirai* et une seconde fois après : *billet.*
5. Ancienne abbaye du cardinal de Retz. Voyez ci-dessus, p. 198, note 3. Dans l'*État de la France* de 1674, tome II, p. 142, on voit que le cardinal de Retz était encore abbé de Buzay, de Quimperlé en Bretagne et de la Chaume.
6. Lisez : de Lislebonne. Voyez ci-dessus, p. 277, note 3.
7. De la main de Malclerc. Signature autographe du Cardinal

CCCLXIX
(23 novembre 1673.)

J'ai reçu votre lettre du 18. Je fais état de faire, dans quelque temps, un petit tour à Paris; mais n'en parlez encore, s'il vous plaît, à personne; dites seulement à ceux qui vous demanderont si j'y irai que je pourrai bien y faire un tour cet hiver, mais que vous n'en savez pas le temps[1]. Nous parlerons là de tout ce qu'i[l] y aura à faire et pour Buzay et pour toutes choses; voici les lettres que je vous ai promis pour Bretagne. Je suis absolument à vous et de tout mon cœur.

Ce 23 novembre 1673. Le Cardinal de Rais.

Voici des lettres pour Mmes de Rais[2] et d'Assérac[3]. C'est pour les prier de solliciter ceux qu'elles connoîtront dans les commissaires du Domaine. Si M. de la Bourdonnaye est parent de M. du Brats, pour qui j'ai tant sollicité à Paris, il faudra lui en faire écrire par Beauchesne[4].

A Monsieur, Monsieur de la Fons[5].

de Retz. Deux empreintes de son sceau en cire rouge, plaquées sur lacs de soie de même couleur.

1. Le Cardinal ne réalisa ce projet qu'au milieu du mois de janvier suivant. A la date du 15 de ce mois, Mme de Sévigné écrivait de Paris à Mme de Grignan : « Le cardinal de Retz arrive, il sera ravi de vous voir. (Édition de la *Collection des Grands Écrivains*, tome III, p. 372.)
2. Mme de Rais, Catherine de Gondi, femme de Pierre de Gondi, duc de Rais, la belle-sœur du Cardinal. Elle mourut à Machecoul le 18 septembre 1677.
3. Voyez ci-dessus, p. 269, note 2.
4. Ancien gentilhomme de Retz, à qui le Cardinal payait une pension, après l'avoir congédié.
5. De la main de Gaultray. Signature autographe du Cardinal

CCCLXX
(27 NOVEMBRE 1673.)

J'AI reçu votre lettre du 22 de ce mois. Voici les trois procurations, mais je ne vous envoie pas la quatrième qui est celle du bail de Buzay, par la raison que je vous ai marquée ci-devant, et parce que je fais état de faire un petit tour à Paris le mois qui vient[1]. Je ne puis encore vous dire précisément le jour que je partirai. Vous remplirez, s'il vous plaît, de votre nom la procuration pour MM. des Gabelles, et je me plains de ce que vous me le demandez. J'aurai en vérité bien de la joie de vous embrasser. Je suis tout à vous et de tout mon cœur.

Le Cardinal de RAIS.

Ce 27 novembre.

J'envoie à M. de Hacqueville les trois procurations; voyez, je vous prie, avec lui les choses, d'autant plus que je lui ai envoyé ci-devant les mémoires que le prieur de Buzay m'a envoyé.

A Monsieur, Monsieur de la Fons[2].

CCCLXXI

A Commercy, ce 30 novembre (1673).

J'AI reçu votre lettre du 25 de ce mois, vous devez avoir présentement reçu les procurations.

---

de Retz. Deux empreintes de son sceau en cire rouge, plaquées sur lacs de soie de même couleur.

1. Qui *vint*, dans l'original.
2. De la main de Malclere. Signature autographe du Cardinal

Nous parlerons de tout le reste à Paris; je pars mardi ou mercredi prochain, et j'aurai bien de la joie de vous y embrasser.

Le Cardinal de Raıs.

A Monsieur, Monsieur de la Fons[1].

CCCLXXII
(4 décembre 1673.)

J'ai reçu votre lettre du 29 de ce mois. Je faisois état de partir jeudi, mais je remets à samedi, à cause de la Notre-Dame. Je suis tout à fait de votre avis qu'il faut terminer à l'amiable l'affaire des marguilliers de Villepreux[1]. Je suis absolument à vous et de tout mon cœur.

Ce 4 décembre.

Le Cardinal de Raıs.

A Monsieur, Monsieur de la Fons[2].

CCCLXXIII
(7 décembre 1673.)

J'ai reçu votre lettre du 2 de ce mois. Je croyois partir samedi pour vous aller voir; mais une fluxion sur

---

de Retz. Deux empreintes de son sceau en cire rouge, plaquées sur lacs de soie de même couleur.

1. Billet de la main de Malclerc. Signature autographe du Cardinal. Deux empreintes de son sceau en cire rouge, plaquées sur lacs de soie rouge.

1. *Villepreux*, terre de la famille de Gondi.

2. De la main de Malclerc. Signature autographe du Cardinal. Deux empreintes de son sceau en cire rouge, plaquées sur lacs de soie de même couleur.

la joue, arrivée à l'abbé de Saint-Mihiel, me retarde; ce délai ne sera, à mon avis, que deux ou trois jours au plus.

Vous me faites injustice en disant que je vous crois capable de négliger l'affaire de Saint-Amour; car j'ai trop d'expérience du soin et de l'affection que vous avez pour mes intérêts.

Remettez, je vous prie, Mlle de Northumberland à mon passage. Je suis absolument à vous et de tout mon cœur.

Le Cardinal de RAIS.

Ce 7 décembre.

A Monsieur, Monsieur de la Fons[1].

CCCLXXIV
(11 DÉCEMBRE 1673.)

J'AI reçu votre lettre du 6 de ce mois. Je fais état de partir samedi, si toutefois la santé de M. de Saint-Mihiel me le permet. Je l'espère, parce que sa fluxion commence à se passer. Je suis absolument à vous et de tout mon cœur.

Ce 11 décembre 1673. Le Cardinal de RAIS.

A Monsieur, Monsieur de la Fons[1].

1. De la main de Malclerc. Signature autographe du cardinal de Retz. Deux empreintes de son sceau en cire rouge, plaquées sur lacs de soie rouge.
1. De la main de Malclerc. Signature autographe du Cardinal. Deux empreintes de son sceau en cire rouge, plaquées sur lacs de soie rouge.

CCCLXXV
(8 janvier 1674.)

La goutte qui m'a pris à Bar m'oblige à retourner à Commercy d'où j'étois parti, croyant que l'exercice pourroit dissiper une atteinte assez légère de goutte que j'avois eu l'avant-veille sur le pied. L'ébranlement du carrosse a fait un effet tout contraire, et M. Alliot[1] est persuadé qu'il faut un peu de repos pour ne pas aigrir le mal davantage. Il m'assure pourtant qu'il ne sera pas de durée. Je partirai dès qu'il sera un peu remis.

Je suis absolument à vous.

Ce 8 janvier 1674.

Le Cardinal de Raıs[2].

CCCLXXVI
(15 janvier 1674.)

J'ai reçu votre lettre du 7 qui m'apprend que vous ne vous portez pas bien, dont je suis très-fâché. J'ai encore un peu de douleur au pied, mais j'y ai encore beaucoup de foiblesse, qui ne m'empêchera pas pourtant, comme je l'espère, de partir sur la fin de cette semaine. Je suis tout à vous de tout mon cœur.

Ce 15 janvier 1674.

Le Cardinal de Raıs.

A Monsieur, Monsieur de la Fons[1].

1. Le médecin ordinaire de Louis XIV. Voyez ci-dessus, p. 479, note 1.
2. Billet de la main de Malclerc. Signature autographe du Cardinal. Pas d'empreinte de sceaux.
1. De la main de Malclerc. Signature autographe du Cardinal

CCCLXXVII

A Commercy, ce 17 janvier 1674.

J'ai encore un peu de douleur au pied, et j'espère que cela ne m'empêchera pas de me mettre en chemin dans les premiers jours de la semaine prochaine[1].

Je vous prie de prendre la peine de demander à mon nom à M. le Premier Président une audience pour M. Péan, chanoine de Saint-Honoré. Je suis absolument à vous.

Le Cardinal de Rais.

A Monsieur, Monsieur de la Fons[2].

CCCLXXVIII
(1674.)

Envoyez-moi, s'il vous plaît, les papiers qui concernent M. Joli. Il est nécessaire que je les aie ce soir parce que M. de Montet part demain au matin.

Pour Monsieur de la Fons[1].

---

de Retz. Deux empreintes de son sceau en cire rouge, plaquées sur lacs de soie de même couleur.

1. Comme on l'a vu dans une note de la lettre du 23 novembre précédent, Mme de Sévigné annonce à sa fille, en date du 15 janvier 1674, que le cardinal de Retz arrive à Paris. Il faut donc que la date de cette lettre soit inexacte, puisque dans sa lettre du 17 du même mois le Cardinal annonce qu'il ne partira que la semaine suivante. Peut-être aussi Mme de Sévigné veut-elle dire en se servant de l'expression : *arrive*, que le Cardinal est sur le point d'arriver.

2. Billet de la main de Malclerc. Signature autographe du Cardinal. Deux cachets aux armes de Retz.

1. Billet autographe du cardinal de Retz, non signé et non daté. Pas de sceaux. En tête de ce billet, on lit le mot *Première*,

CCCLXXIX

(20 AVRIL 1674.)

Je vous prie de voir Mme la Vicomtesse [de] Lamet et de savoir si le fesandier[1], avec qui elle avoit fait marché pour moi viendra cette année, c'est-à-dire assez à temps pour faire encore couver les poules ce printemps. Le temps presse, et si il n'est ici dans la fin de ce mois ou au plus tard dans le commencement de mai, c'est une année perdue pour la fesanderie. Je suis à vous et de tout mon cœur.

Le Cardinal de RAIS.

A Monsieur, Monsieur de la Fons[2].

—ce qui indique le numéro d'ordre dans la liasse primitive. La pièce portant le numéro 1 est peut-être d'une date antérieure à 1674.

1. On ne trouve pas ce mot dans le *Dictionnaire des Arts et des Sciences* (de Thomas Corneille), de 1694; non plus que dans la première édition du *Dictionnaire de l'Académie françoise*, à la même date, ni dans le *Dictionnaire universel* de Furetière. Cotgrave, dans son Dictionnaire français-anglais publié en 1611, et Oudin, dans ses *Recherches italiennes et françoises* de 1642, donnent la forme *faisannier*, pour homme qui chasse, élève ou vend des faisans. Retz, comme on l'a vu plus haut, avait installé dans sa campagne de Ville-Issey une ménagerie pour diverses espèces d'animaux rares.

2. De la main de Malclerc. Signature autographe du Cardinal. Deux empreintes de son sceau en cire rouge, plaquées sur lacs de soie de même couleur. Nous n'avons trouvé aux Archives nationales, dans le fonds de l'abbaye de Saint-Denis, aucune lettre du cardinal de Retz à M. de la Fons, pour la fin de l'année 1674, ni pour les années 1675, 1676 et 1677. En 1676, à la nouvelle de la mort du pape Clément X, arrivée le 22 juillet de la même année, le Cardinal était parti pour Rome, afin d'assister au conclave où fut élu Innocent XI. Il était arrivé à Rome à la fin du mois d'août et il était de retour à Commercy vers les premiers jours d'octobre, où l'attendait une lettre de remerciement de Louis XIV (10 octobre 1676).

Nota. — Entre la lettre précédente du 20 avril 1674 et la suivante qui porte la date du 13 juillet 1678, il y a une interruption de quatre années et trois mois environ. Elle ne peut s'expliquer que par la perte de la correspondance du Cardinal pendant cette longue période, ou par sa dispersion dans quelques cartons inexplorés des Archives nationales. Cette perte momentanée ou définitive est fort regrettable, car les lettres que Retz dut écrire à M. de la Fons pendant ces quatre et même ces cinq dernières années de sa vie auroient permis, sans aucun doute, de compléter par de nombreux et intéressants détails la biographie du Cardinal. C'est à peine si les lettres assez nombreuses de Mme de Sévigné dans lesquelles il est question de Retz, et quelques souvenirs que nous ont laissés plusieurs Bénédictins, peuvent permettre de combler cette lacune.

CCCLXXX

Ce mercredi matin, 13 juillet 1678[1].

JE vous prie, Monsieur, de voir de ma part ceux des juges de M. le baron de Rorté que vous connoissez être de mes amis, et de leur recommander en mon nom ses intérêts le plus fortement que vous pourrez ; vous me ferez plaisir aussi de solliciter vos amis. Je vous donne le bonjour et suis tout à vous.

Le Cardinal de RAIS.

Pour Monsieur de la Fons, Conseiller du Roi, Con-

---

1. On lit dans l'original: 1678. Le chiffre 8 est toutefois chargé d'encre, mais encore lisible. D'ailleurs le corps de la lettre est d'une main inconnue que l'on ne voit pas apparaître une seule fois dans la correspondance de Retz, antérieurement à cette date.

trôleur des Restes de la Chambre des Comptes, île Notre-Dame, sur le quai d'Alençon, à Paris[1].

NOTES COMPLÉMENTAIRES
DE LA TROISIÈME PARTIE.

A la page 301, ci-dessus, note 1, nous avons parlé de la visite que fit le cardinal de Retz au Chapitre noble de Remiremont, dont l'abbesse était alors la princesse de Salm. Voici quelques nouveaux et intéressants détails que veut bien nous transmettre M. Bernard Puton, avocat à Nancy, à l'obligeance de qui nous devons déjà communication d'une lettre inédite du Cardinal aux chanoinesses de Remiremont. (Voyez ci-dessus, p. 359, 360 et note 2 de la page 359.)

« En 1665, nous écrit M. Puton, lorsque le cardinal de Retz était exilé en Lorraine, dans sa terre de Commercy, il témoigna à Charles IV, duc de Lorraine, le désir de rendre visite au Chapitre de Remiremont. Ce prince donna mandement de le recevoir avec les mêmes honneurs qu'on avait coutume de rendre à sa propre personne. Le Cardinal arriva à Remiremont le 12 mai 1665. Les bourgeois montèrent la garde à sa porte; le Chapitre en corps lui offrit son hommage et lui envoya, par le suppléant de l'écolâtre[1] alors absent, le vin d'honneur. Le Cardinal visita le Saint-Mont, puis l'abbaye et le cimetière du Chapitre, où il s'arrêta quelque temps, *devisant et blasonnant* sur les armes gravées sur les tombes. Chaque jour il assista à tous les offices et refusa, par

---

1. D'une main inconnue. Signature autographe. Pas de sceaux. Petit papier, non doré sur tranche, comme celui qu'emploie ordinairement le Cardinal, et d'un tout autre format.

1. « *Escolatre*, chanoine qui jouit d'une prébende en quelques cathédrales, qui l'oblige d'enseigner la philosophie et les lettres humaines à ses confrères et d'en tenir école. » (*Dictionnaire de Furetière*.)

déférence, de donner sa bénédiction à l'abbesse. Les chanoinesses improvisèrent des ornements pontificaux et, le jour de l'Ascension, le Cardinal, conduit processionnellement à l'église, se confessa à la sacristie avant les saints Mystères et célébra la messe solennelle à laquelle toutes les chanoinesses communièrent de sa main.

« Le septième jour de son séjour, le Cardinal prit congé du Chapitre et lui promit ses services en cour de Rome ; il laissa les nobles dames tellement émerveillées de ses belles manières que tous les incidents de sa visite furent transcrits dans un procès-verbal et conservés dans les archives du Chapitre. (*Notes tirées des Archives*.)

« Voici maintenant dans quelles circonstances la lettre que je vous ai adressée était écrite (voyez cette lettre ci-dessus, p. 359 et suivantes) :

« En 1670, le cardinal de Retz avait recommandé au Chapitre Jeanne de Copley de Tresham[1], dont la famille était fidèle aux Stuarts : Henriette d'Angleterre appuyait aussi cette postulante. Un héraut d'armes d'Angleterre avait attesté la pureté des lignes, et les chanoinesses de Remiremont, jalouses de leur noblesse, ne savaient pas si l'attestation pouvait être considérée comme suffisante. Nous voyons par la lettre de Retz, qu'il conseille d'appliquer la règle : *locus regit actum*. »

1. Dans la copie de la lettre de Retz qui nous a été communiquée, on lisait Mlle de Rohan, au lieu de *Tresham*. M. Puton, dans sa dernière lettre, nous permet de réparer cette erreur. Il dit de plus que c'était Henriette d'Angleterre qui recommandait cette jeune fille au Chapitre. Retz, dans sa lettre aux chanoinesses de Remiremont, la désigne simplement sous le nom de *Madame*. Comme cette princesse était morte le 30 juin 1670, c'est-à-dire cinq mois avant la date de la lettre du Cardinal, nous ne pouvions supposer qu'il pût être question d'*Henriette*, mais bien de *Marguerite de Lorraine*, veuve de Gaston d'Orléans, à laquelle on donna aussi jusqu'à sa mort le titre de *Madame*.

On a vu, à la page 233 ci-dessus, que le cardinal de Retz prie M. de la Fons de recommander le P. de Gondi à M. *Fieubet* pour la chaire de Saint-Paul. Gaspard de Fieubet, conseiller d'État, était chancelier de la Reine et il rentrait dans ses fonctions de donner ou de refuser aux prêtres et aux religieux du diocèse de Paris l'autorisation de prêcher dans telle ou telle église. Il est souvent question de ce personnage dans les lettres de Mme de Sévigné. Voyez à la Table, tome XII, p. 162.

QUATRIÈME PARTIE

CORRESPONDANCE (Suite).
(1638-1675.)

LETTRES DIVERSES DU CARDINAL DE RETZ.

NOTICE.

La première de ces lettres est adressée au président Barillon par *l'abbé de Retz*, au retour de ce voyage d'Italie sur lequel Tallemant des Réaux nous a donné de si piquants détails. Cette lettre, en date du 4 février 1638, a pour objet la demande d'un nouvel emprunt. L'abbé, comme on le sait, commença de bonne heure à puiser dans toutes les bourses de ses amis, et à inaugurer cette longue série de dettes qui, vers la fin de sa vie, s'élevaient à plus de quatre millions de livres, c'est-à-dire à plus de vingt-cinq millions de notre temps.

Parmi les autres lettres du Cardinal, nous citerons celle qu'il adressa à un personnage dont le nom n'est pas indiqué, mais qui, selon toute vraisemblance, n'était autre que Michel Le Tellier (5 juillet 1661); une lettre à Colbert, en date du 18 février 1662, une autre à l'historien Godefroy (21 mai 1664), et surtout la lettre du 20 décembre 1668, adressée à Mme de Sévigné, sa cousine par alliance.

Enfin nous appellerons toute l'attention du lecteur sur une étrange déposition du Cardinal attestant que la mère Marguerite Acarie, du Saint-Sacrement, carmélite déchaussée, avait reçu du ciel le don de prophétie.

1638

I

L'ABBÉ DE RETZ AU PRÉSIDENT BARILLON[2].

(4 FÉVRIER 1638.)

Monsieur,

La plus grande joie que j'aie à mon retour en France est l'espérance que j'ai qu'il me donnera l'honneur de vous voir, que je souhaite avec toutes les passions du monde. La liberté que vous m'avez donnée me fait prendre la hardiesse de vous envoyer ce gentilhomme, pour vous supplier très-humblement de faire, si vous le pouvez, sans vous incommoder à cette heure, pour moi, ce que vous me fîtes l'honneur de m'offrir quand je partis. Il vous dira ce qui m'oblige à vous faire cette prière, et quand j'aurai l'honneur de vous voir, je vous en dirai encore d'autres raisons que je ne vous saurois mander

---

1. *OEuvres de Louis XIV*, chez Treuttel et Würtz, libraires, Paris, 1806. 6 vol. in-8°. En tête du premier volume se trouve une CHIROGRAPHIE ou *copie figurée de l'écriture originale des hommes illustres, qui ont marqué, sous le règne de Louis XIV, dans la carrière des armes, des affaires et des lettres; rassemblée par le général Grimoard*. Sous le n° 17 de cette Chirographie, est imprimée une lettre adressée au président Barillon, par l'*abbé de Retz* (Paul de Gondi), qui, pendant quelques années, avait porté le nom d'abbé de Buzai, d'une de ses abbayes. Ce nom ne lui paraissant pas très-relevé, il prit celui d'abbé de Retz. C'est, je crois, la seule lettre de lui que l'on connaisse avec la particularité de cette signature. La lettre a été reproduite en entier dans la *Chirographie*, mais on n'en a donné en fac-similé que les quatre premières lignes avec les trois dernières et la signature. Elle fut écrite par le jeune abbé à son retour de ce voyage d'Italie dont parle Tallemant des Réaux (tome IV, p. 173-174 de l'édition Techener). Le président de Barillon avait prêté à l'abbé, paraît-il, une somme d'argent avant son départ; dans sa lettre, Retz lui renouvelle une demande du même genre. Cet autographe faisait partie de la collection du général Grimoard.

par un autre. Vous voyez comme j'use librement de l'honneur de votre amitié. Je vous supplie très-humblement de me pardonner et de me croire,
> Monsieur,
>> Votre très-humble et très-obéissant serviteur,
>>> L'abbé de Rets.

A Paris, ce 4 février 1638.

Je prends la hardiesse de vous supplier très-humblement d'assurer Madame votre femme de mon très-humble service.

II

LETTRE DU CARDINAL DE RETZ A UN PRINCE DONT LE NOM N'EST PAS INDIQUÉ[1].

(7 NOVEMBRE 1651.)

Monseigneur,

Je n'ai point de paroles pour rendre de très-humbles grâces à Votre Atesse Sérénissime de l'honneur qu'elle me fait et dont j'ai appris le particulier[2] par M. l'abbé Charrier. Je la supplie très-humblement de croire que je reçois l'honneur de sa protection comme la chose du monde qui me sera toute ma vie la plus glorieuse et que

---

1. Lettre autographe, communiquée par M. Étienne Charavay, archiviste paléographe. (Vente d'autographes du 26 avril 1875. N° 636 du catalogue.) Il s'agit peut-être ou du cardinal d'Este ou plutôt du grand-duc de Toscane, l'un et l'autre qualifiés d'Altesses Sérénissimes.

2. « *Particulier* se dit substantivement : Voilà une relation qui nous apprend tout *le particulier* de cette bataille. » (Furetière, *Dictionnaire*.)

1651 je ne souhaiterai jamais rien avec plus de passion que de me pouvoir rendre digne par mes obéissances très-humbles de la qualité,

Monseigneur,

De Votre Altesse Sérénissime, très-humble et très-obéissant et très-obligé serviteur,

Le Coadjuteur de Paris.

De Paris, le 7 novembre[3].

III

A UN INCONNU.

(1652, APRÈS LE 19 FÉVRIER, JOUR DE LA PROMOTION.)

Illustrissimo et Reverendissimo Signore[1],

1652 Io fo gran stima de favori di V. S. perche ben conoscendo il merito et qualita sue trovo che questi sentimenti le sono ben dovuti; sia pero certa che l'espressione fattami da V. S. de suoi verso di me all' occasione della mia promotione al cardinalato mi sia giunta molto gradita et che godero sempre nelle occasioni che potranno venirmi di servire V. S. et alla sua casa; se ella poi me le porgera spesso mi fara anche accrescere nel desiderio che tengo d'apparir sempre,

Aff^{mo},

Per servirla,

Il Cardinale di Rets[2].

3. De V. A. répété une seconde fois et biffé.

1. D'une autre main : *le 7 novembre 1652.*

2. Au dos : un numéro d'ordre, et : Senza data. Copié chez M. E. Charavay, archiviste paléographe. Vente Boilly, 26 novembre 1874. Le nom de la personne à qui est adressée la lettre n'est pas indiqué.

IV

LETTRE DU CARDINAL DE RETZ A UN DE SES AMIS POUR LE REMERCIER DES COMPLIMENTS QU'IL LUI AVAIT ADRESSÉS SUR SA PROMOTION AU CARDINALAT[1].

(13 mars 1652.)

Monsieur, vous me témoignez par votre lettre de prendre part à la joie que tous mes amis m'ont fait paroître sur ma promotion au cardinalat, d'une manière si obligeante, que je ne puis assez vous en faire paroître mon ressentiment. Je vous assure qu'il ne s'y peut rien ajouter, non plus qu'au désir que j'aurai toujours d'être véritablement,

Monsieur,

Votre très-affectionné à vous servir,

Le Cardinal de Retz[2].

Paris, ce 13 mars 1652.

V

BILLET AUTOGRAPHE SIGNÉ DU CARDINAL DE RETZ AU DUC DE NOIRMOUTIER[1].

(4 janvier 1655.)

Je supplie Monsieur le duc de Noirmoutier de prendre

---

1. Manuscrit de la Bibliothèque nationale. Fonds Saint-Germain, cité sans indication de numéro, par MM. Champollion, qui ont reproduit cette lettre dans leur édition des *Mémoires de Retz*, de 1836, p. 336-337. Ce numéro est le 362 du Saint-Germain. La promotion du cardinal de Retz avait eu lieu le 19 février 1652.

2. Signature autographe.

1. Bibliothèque nationale. Fonds Béthune, 3856.

toute créance à ce que lui écrira de ma part M. l'abbé de Lamet.

Le Cardinal de RETZ.

Ce 4 janvier, de Rome, 1655².

VI

BILLET AUTOGRAPHE SIGNÉ DU CARDINAL DE RETZ
AU DUC DE NOIRMOUTIER ET AU VICOMTE DE LAMET[1].

JE supplie Messieurs les duc de Noirmoutier et vicomte de Lamet² de prendre toute confiance à ce que

2. Cette date n'est pas de la main du cardinal de Retz. La lettre est adressée à Louis de la Trémouille, duc de Noirmoutier, dont il est si souvent question dans les derniers volumes des *Mémoires de Retz*. Partisan du cardinal dans les premiers temps de la Fronde, il se rallia ensuite à Mazarin, obtint le gouvernement de Mont-Olympe, et pendant la prison de Retz feignit d'embrasser de nouveau ses intérêts, mais sans jamais faire aucune tentative sérieuse pour obtenir sa délivrance. Retz n'était pas homme à ne point s'apercevoir du double jeu de ce personnage équivoque ; aussi le traite-t-il fort sévèrement dans ses *Mémoires*. Voyez notamment tome II, p. 286 et note 4; tome IV, p. 471-472, etc. On trouve dans le fonds Béthune, n° 3856, cité ci-dessus, une assez volumineuse correspondance échangée entre Noirmoutier, le prince de Condé et Bussi-Lamet, au sujet des intérêts du cardinal de Retz, surtout pendant sa captivité. Mais tous ces beaux semblants et ces pourparlers furent sans résultats. — Adrien-Augustin de Bussi-Lamet, dont il est question à la fin de cette lettre, était docteur de Sorbonne, maître de chambre et parent du cardinal de Retz, qu'il suivit dans son exil et auquel il resta constamment fidèle.

1. Bibliothèque nationale, ms. Béthune, fr. 3856. Voyez la note 2 de la lettre précédente.

2. Il s'agit non d'Antoine-François de Lamet, marquis de Bussy, gouverneur de Mézières, cité tome II, p. 286, note 4, mort en 1653, mais de son parent François de Lamet, vicomte de Laon

leur dira Malclerc[3] de ma part, et de croire que je suis 1655
absolument à eux.

De Rome, ce 1er mars.
       Le Cardinal de Rets.

Et au dos :

D'une autre main : *Cardinal de Retz*, 1er mars 1655.

VII

LETTRE DU CARDINAL DE RETZ A M. ***[1].
(5 juillet 1661.)

J'ai appris par M. de Perraçon[2] les obligations que 1661
que je vous ai. Jugez, s'il vous plaît, Monsieur, à quel
point elles me doivent être sensibles dans la conjoncture[3] présente. Vous savez que l'honneur de vos bonnes
grâces m'a toujours été très-cher et par le respect en

---

mestre de camp, qui lui succéda en la même qualité à Mézières.
Voyez *Mémoires de Retz*, tome IV, p. 475, et tome II, p. 335,
note 2.

3. Malcler ou Malclerc, écuyer du cardinal de Retz, dont il
est si souvent question à la fin des *Mémoires de Guy Joly* et de
ceux du cardinal de Retz.

1. *Les Collections d'autographes de M. de Stassart.* — Notices et
extraits par M. le baron Kervyn de Lettenhove, membre de l'Académie. Bruxelles, F. Hayez, imprimeur de l'Académie royale de
Belgique, in-8° de 188 pages, 1879, p. 38.

2. Je serais tenté de croire qu'il faut lire *Pennacors*. M. de Pennacors, parent éloigné et confident de Retz, fut en effet chargé
par celui-ci de négocier auprès des ministres de Louis XIV pour
obtenir d'eux sa rentrée en France et sa réconciliation avec le
Roi. Il est souvent question de ce personnage dans les *Mémoires
de Guy Joly*, et parfois aussi dans ceux de Retz.

3. Il y a dans l'imprimé *conjecture*, ce qui est évidemment une
erreur de lecture.

particulier que j'ai toujours eu pour votre mérite et par la bonté que vous m'avez témoignée en tant de rencontres. Je manquerai de vie plutôt que de reconnoissance, et comme je suis assez malheureux pour ne vous la pouvoir faire connoître par des services, je vous conjure de croire que je vous la marquerai si fortement par une confiance entière et parfaite, que vous n'aurez jamais sujet de douter que vous ne soyez la personne du monde dont l'amitié m'est la plus précieuse et la plus chère et que j'honore le plus véritablement et le plus sincèrement. Vous connoîtrez cette vérité par les suites. Je me remets du surplus à ceux qui vous rendront cette lettre et qui ont déjà pris la peine de vous assurer de mes services.

Ce 5 juillet 1661.

Le Cardinal de Retz[4].

VIII

LE CARDINAL DE RETZ A M. COLBERT[1].
(18 février 1662.)

Monsieur,

Je sais les obligations que je vous ai et je vous supplie de croire qu'elles me sont d'autant plus sensibles

---

4. Lettre autographe signée, sans suscription. M. Kervyn de Lettenhove croit que cette lettre fut adressée à Colbert, qui, à notre connaissance, ne fut mêlé en rien à la négociation de la rentrée en France du cardinal de Retz. Nous croyons plutôt qu'elle fut écrite à Le Tellier, qui s'occupait spécialement de cette affaire et qui la mena à bonne fin.

1. D'après un fac-similé d'une lettre autographe de Retz, publiée dans le tome II, p. 154, de : *Mes Voyages aux environs de Paris*, par J. Delort. Paris, 1821, 2 vol. in-8°. Le nom de la personne à

que dès la première occasion que vous avez eue de me témoigner de la bonté, vous l'avez fait de la manière du monde qui me doit le plus toucher. Ce n'est pas sans une satisfaction très-particulière que je me crois très-obligé à une personne pour le mérite de laquelle j'ai toujours eu autant d'estime. Je vous supplie de croire que j'en conserverai très-chèrement les sentiments et que je ne souhaiterai jamais rien avec plus de passion que de vous témoigner que je suis,

Monsieur,
Votre affectionné serviteur,
Le Cardinal de Retz.

A Commerci, ce 18 février 1662.

IX

DÉPOSITION DU CARDINAL DE RETZ POUR ATTESTER QUE LA MÈRE MARGUERITE ACARIE, DU SAINT-SACREMENT, CARMÉLITE DÉCHAUSSÉE, AVAIT REÇU LE DON DE PROPHÉTIE[1].

(APRÈS LE 29 JUIN 1662.)

Je crois que je pourrois remplir un volume, si je voulois déposer ici tout ce que j'ai ouï dire de la vertu et

qui était adressée la lettre ne serait autre que Colbert, d'après Delort, qui l'avait lu sans doute sur la suscription, qu'il ne donne pas.

1. Nous avons trouvé cette étrange déposition du Cardinal dans l'ouvrage intitulé : *La Vie de la vénérable mère Marguerite Acarie, dite du Saint-Sacrement, religieuse carmélite déchaussée, décédée au monastère de la Sainte Mère de Dieu de Paris*, etc., écrite par M. T. D. C. (Tronson de Chenevières). Un vol. in-8°, Paris, Louis Sevestre, 1689, p. 167-170. Tronson avait découvert dans les archives des Religieuses du Carmel la pièce que nous publions, écrite en entier et signée de la main du cardinal de Retz, ainsi qu'il l'atteste, p. 169.

du mérite de la Révérende Mère Marguerite du Saint-Sacrement, Religieuse Carmélite, à des personnes d'une foi irréprochable; mais comme je suis persuadé que je ne dois pas leur envier l'honneur du témoignage qu'elles doivent rendre elles-mêmes à la vérité, je me contenterai de rapporter en ce lieu ce que je trouve dans ma maison, et ce que je trouve d'une manière si particulière et si convaincante, qu'il n'y peut avoir, ce me semble, aucun lieu d'en douter.

J'ai ouï dire plusieurs fois à feu mon père[2], que, plusieurs années avant qu'il entrât dans la Congrégation de l'Oratoire, et dans le temps qu'il étoit encore engagé dans les intrigues et dans les plaisirs de la Cour, il fut pressé par feue ma mère d'aller voir la mère Marguerite; qu'il y résista longtemps, et que s'y étant résolu à la fin par une pure complaisance, il trouva feu M. le cardinal de Bérulle, qui n'étoit encore que supérieur de l'Oratoire, avec lequel il n'avoit aucune habitude; et que la mère Marguerite lui dit en l'abordant ces propres termes : « Voilà, Monsieur, le Révé-
« rend Père de Bérulle que vous ne connoissez pas,
« mais vous le connoîtrez quelque jour, et il sera l'in-
« strument le plus efficace dont Dieu se servira pour
« votre salut. Vous vous moquez de moi à l'heure qu'il
« est; vous vous en moquerez encore longtemps; mais
« vous connoîtrez que je vous dis le vrai[3]. » J'ai ouï faire ce récit à feu mon père une infinité de fois, depuis qu'il a été dans l'Oratoire; mais je me souviens de le

---

2. Emmanuel de Gondi, général des galères. Après la mort de sa femme qu'il aimait tendrement, il entra à l'Oratoire et y reçut l'ordre de la prêtrise le 6 avril 1627. Il mourut à Joigny, le 29 juin 1662.

3. « On dit Avouez le *vray*, dites le *vray*, c'est-à-dire la vérité. » (FURETIÈRE, *Dictionnaire*.)

lui avoir ouï faire dans mon enfance, longtemps devant qu'il eût la pensée d'y entrer[4].

A Commercy, etc.[5]

X

LE CARDINAL DE RETZ A COLBERT[1].
(30 juin 1663.)

Monsieur,

Je viens d'apprendre la perte que vous avez faite[2], dans laquelle je vous supplie de croire que je prends une part très-sensible, comme je ferai toujours dans toutes les choses qui vous regarderont. Vous n'en douterez pas, je m'assure, si vous considérez que l'estime très-particulière que je fais de votre personne et la reconnoissance très-véritable que je dois avoir et que j'ai effectivement des soins continuels que vous avez la bonté de prendre pour tout ce qui me touche, ne me peuvent donner d'autres sentiments. Je vous proteste que je les

---

4. On pourra consulter sur les circonstances de la conversion d'Emmanuel de Gondi notre ouvrage intitulé : *Saint Vincent de Paul et les Gondi*, in-8°, chez Plon, 1882, p. 177 à 184. Nous avons reproduit dans ce volume la déposition de Retz, p. 178-179.
5. Cette déposition du Cardinal ne porte pas de date; mais comme il y parle de la mort de son père, survenue le 29 juin 1662, elle est par conséquent postérieure à cette date.
1. Obligeante communication de M. Étienne Charavay, archiviste paléographe. Lettre autographe, signée.
2. Le 29 avril de la même année était mort Jean Baptiste Colbert, seigneur de Saint-Pouange et de Villacerf, conseiller du Roi, intendant de justice en Lorraine, et chef d'une autre branche de la famille du grand ministre. C'est probablement de cette perte que parle le cardinal de Retz.

conserverai toute ma vie et que je suis très-sincèrement et très-véritablement.

Monsieur,

Votre très-affectionné serviteur,

Le Cardinal de Rets.

A Commerci, ce 30 juin 1663.

A Monsieur Colbert.

XI

LE CARDINAL DE RETZ A M. GODEFROY, CONSEILLER ET HISTORIOGRAPHE DU ROI[1].

A Commercy, ce 21e mai 1664[2].

Monsieur,

Comme j'ai toujours fait une très-particulière estime et de votre nom et de votre mérite, j'ai une extrême joie des nouvelles marques que vous me donnez de votre amitié[3], et je vous prie de croire que cette considération, jointe à ce que je dois à tout ce qui peut toucher la mémoire de feu M. Vacherot[4], m'obligera toute

1. Denis Godefroy, historiographe de Louis XIV, garde des archives de la Chambre des comptes de Flandre, etc., né à Paris le 24 août 1615, mort à Lille le 9 juin 1681. Il a publié plusieurs de nos anciens historiens et chroniqueurs, tels que Jean Chartier, Jacques Bouvier dit Berry, Mathieu de Coucy, Ph. de Commynes, G. de Jaligny, Jean de Féron, etc.
2. Bibliothèque de l'Institut, fonds Godefroy. Sur le dos de la lettre : « A Monsieur, Monsieur Godefroy, conseiller et historiographe du Roi. »
3. Il est probable que Godefroy avait écrit au Cardinal pour le féliciter de son accommodement avec Louis XIV.
4. Vacherot, médecin du cardinal de Retz, pendant et depuis

ma vie à rechercher avec chaleur les occasions de vous faire connoître par des effets les sentiments que j'ai pour votre personne et pour tout ce qui vous regarde. Soyez-en persuadé, je vous conjure, et que je suis avec beaucoup de vérité et de passion,

 Monsieur,

  Votre très-affectionné à vous servir,

   Le Cardinal de Rets[5].

Je rends grâces de tout mon cœur à M. Janvier de son souvenir et je le prie de croire que je conserverai pour lui et pour toute sa famille les sentiments de reconnoissance que je devois à M. Vacherot, de la perte duquel je suis inconsolable.

XII

LE CARDINAL DE RETZ A M. ***[1].

(22 JUIN 1664.)

J'AURAI une extrême joie de vous embrasser, et je vous prie de prendre la peine de venir mardi prochain à Pierrefitte[2], proche de Saint-Denis, où je suis encore

---

sa prison, mourut à la fin d'avril 1664. (Lettre de Retz à l'abbé Paris en date du 3 mai 1664.)

5. Tout le corps de la lettre et le post-scriptum de la main d'un secrétaire. Les mots : *Votre très-affectionné à vous servir* et la signature sont autographes.

1. *Isographie des hommes célèbres, ou collection de fac-simile de lettres autographes et de signatures;* exécutée et imprimée par Th. Delarue, lithographe, tome IV. Paris, 1843, 4 vol. grand in-4°. Bibliothèque du Roi.

2. Pierrefitte, terre et seigneurie appartenant à l'abbaye de Saint-Denis.

pour deux ou trois jours. Vous n'avez qu'à demander la maison de M. Forcadel[3]. Je serois bien aise que M. le Marquis d'O[4] voulût aussi prendre cette peine afin que nous puissions causer ensemble, ce que je pourrai faire[5] pour l'obliger sans manquer à ce que je dois aux droits de l'abbaye[6]. Je suis tout à vous et de tout mon cœur.

Le 22e juin 1664.
Le Cardinal de Retz.

XIII

A MONSIEUR DE BELFONS, CAPITAINE AU RÉGIMENT DE PIÉMONT[1].

A Commercy, ce 16 décembre 1666.

Je ne suis point surpris des nouvelles marques que vous me donnez de votre souvenir et de votre affection; mais je n'en suis pas moins touché. Soyez persuadé, je

3. Forcadel était le fermier général de toutes les terres et seigneuries de l'abbaye de Saint-Denis.
4. Il s'agit probablement de Charles du Quesnel, etc., mestre de camp d'un régiment de cavalerie et gentilhomme ordinaire de la Chambre du Roi par lettres du 22 juin 1659. Il était fils de Gabriel du Quesnel et de Louise d'O, fille de Jean d'O, vicomte de Manou, etc. Louise d'O étant la seule héritière de l'ancienne famille d'O, Charles du Quesnel avait pris le titre de marquis d'O, du chef de la mère.
5. Il semble qu'il faudrait.... que nous puissions causer ensemble [de] ce que je pourrai faire, etc.
6. En sa qualité d'abbé commendataire de Saint-Denis.
1. Collection Chantelauze. Lettre de la main d'un secrétaire et signée par le Cardinal. Deux sceaux aux armes du même en cire noire, plaqués sur lacs de soie de même couleur. Vendu par M. E. Charavay. Nous n'avons pu découvrir à quelle famille appartenait ce Belfons, ou plutôt Bellefonds, qui ne figure pas dans la généalogie des Gigault de Bellefonds.

vous conjure², que celle que j'ai pour votre personne répond fort justement à l'estime que j'ai pour votre mérite.

Le Cardinal de Rets.

XIV

LE CARDINAL DE RETZ AU COMTE DE GUITAUT¹.

Rome, ce 1ᵉʳ juin 1667.

Monsieur, je viens d'apprendre votre perte, et je crois que vous ne doutez pas que je ne la ressente comme je dois, puisqu'il n'y a personne au monde qui prenne plus de part à tout ce qui vous touche, à qui l'honneur de votre amitié soit plus sensible, et qui soit avec plus de passion et de sincérité, Monsieur, votre affectionné serviteur.

2. Le copiste a mis : je vous conjure *et* que celle que j'ai.
1. *Lettres inédites de Mme de Sévigné.* Paris, chez J. Klostermann fils, libraire, in-8°, 1814. Lettres au comte de Guitaut, trouvées dans sa famille, p. 268. La lettre est adressée à Guillaume de Pechpeyrou-Comminges, comte de Guitaut, qui était l'ami de Mme de Sévigné et dont il est si souvent question dans les lettres de la marquise. (Voyez à la table alphabétique des *Lettres de Mme de Sévigné*, tome XII, édition Hachette, p. 303-305, l'article *Guitaut.*) Il avait épousé en premières noces Madeleine de la Grange, dont il eut plusieurs enfants, tous morts en bas âge. C'est sans doute à l'une de ces pertes que fait allusion la lettre du cardinal de Retz. Après la mort de sa première femme, il épousa Élisabeth-Antoinette de Verthamont, sœur de Catherine-Madeleine de Verthamont, la seconde femme de Louis-François Le Fèvre de Caumartin, conseiller au Parlement et l'un des plus fidèles amis du cardinal de Retz.

XV

BILLET AUTOGRAPHE DU CARDINAL DE RETZ[1].
(8 OCTOBRE 1667.)

Je vous rends un million de grâces de votre beau présent que je reçois avec bien de la joie et parce qu'il est fort beau et parce qu'il me vient de vous. Soyez persuadé, je vous conjure, que rien jamais ne peut m'être plus cher ni plus sensible que ce qui vous touche et que je suis absolument à vous et de tout mon cœur.

Le Cardinal de Retz.

Ce 8 octobre 1667.

XVI

LE CARDINAL DE RETZ A MADAME DE SÉVIGNÉ[1].

A Commerci, le 28 décembre 1668.

Si les intérêts de Mme de Meckelbourg[2] et de M. le Maréchal d'Albret[3] vous sont indifférents, Ma-

---

1. N° 136 d'un catalogue de Gabriel Charavay, passage Verdeau, janvier 1875. Pas de suscription.

1. *Recueil de Lettres choisies, pour servir de suite aux Lettres de Madame de Sévigné à Madame de Grignan, sa fille.* In-12, Paris, Rollin, 1751. Édition originale, p. 1, 2 et 3. La lettre de Retz a été reproduite parmi les *Lettres de Sévigné* de la collection des *Grands Écrivains*, tome I, p. 536-537. Le père Lelong, n° 31095, cite cette lettre.

2. Élisabeth-Angélique de Montmorency, veuve de Gaspard de Coligni, duc de Châtillon; et remariée en février 1664, à Christian-Louis, duc de Meckelbourg. (Note de l'édition originale.)

3. César-Phébus d'Albret, comte de Miossens, né en 1614, maréchal de France en 1653; il était frère du chevalier d'Albret qui avait tué en duel le marquis de Sévigné.

dame, je solliciterai pour le cavalier, parce que je l'aime quatre fois plus que la dame; si vous voulez que je sollicite pour la dame, je le ferai de très-bon cœur, parce que je vous aime quatre millions de fois mieux que le cavalier; si vous m'ordonnez la neutralité, je la garderai; enfin, parlez, et vous serez ponctuellement obéie. Je ne suis point surpris des frayeurs de ma nièce[4]; il y a longtemps que je me suis aperçu qu'elle dégénère; mais quelque grand que vous me dépeigniez son transissement sur le jour de la conclusion[5], je doute qu'il puisse être égal au mien sur les suites[6], depuis que j'ai vu par une de vos lettres[7] que vous n'avez, ni n'espérez guère d'éclaircissements, et que vous vous abandonnez en quelque sorte au Destin, qui est souvent très-ingrat, et reconnoît assez mal la confiance que l'on a placée en lui. Je me trouve en vérité sans comparaison plus sensible à ce qui vous regarde, vous et la petite, qu'à ce qui m'a jamais touché moi-même le plus sensiblement. Au reste, Madame, ne vous en prenez, ni au cardinal dataire, ni à moi, de ce que l'on n'a rien fait encore pour Corbinelli[8]. Un homme de la Daterie[9], en qui

4. Mlle de Sévigné, depuis comtesse de Grignan, nièce de Retz à la mode de Bretagne. Le Cardinal était cousin-germain de la mère du marquis de Sévigné.

5. Il s'agissoit du mariage de Mlle de Sévigné avec M. de Grignan, qui se fit le 29 janvier suivant. (Note de l'édition originale.) Voyez la Notice de Mme de Sévigné, de notre collection, sur sa parenté avec Retz, p. 154.

6. Retz avait cherché à dissuader Mme de Sévigné de l'alliance de sa fille avec M. de Grignan qu'il croyait ruiné.

7. Comme on le voit, Retz était en correspondance avec sa cousine par alliance, et l'on doit regretter autant la perte de ses lettres à la marquise que celle des lettres de la marquise au Cardinal.

8. Corbinelli, l'allié et l'ami de Retz, auteur, entre autres ouvrages, de l'*Histoire généalogique de la maison de Gondi*, 2 vol. grand in-4°. Paris, 1705.

9. Le dataire était le plus haut fonctionnaire de la chancelle-

je me fiois, a pris mon nom pour obtenir mille grâces pour lui, et m'a trompé dans trois ou quatre chefs; s'il en a usé pour Corbinelli, comme il a fait pour d'autres, je doute que le nom de Corbinelli ait été seulement prononcé depuis ma première lettre. Il n'y a pas quinze jours que ce même homme m'écrivit une longue histoire sur cette affaire et sur quelques autres que je lui avois recommandées; et j'ai découvert deux faussetés dans les détails qu'il me fait : ce n'est pas au sujet de Corbinelli; mais comme je vois qu'il ment sur le reste, je juge qu'il a pu encore mentir à cet égard; j'y remédierai par le premier ordinaire, et avec toute la force qu'il me sera possible. Vous ne pouvez vous imaginer le chagrin que cela m'a donné.

XVII

LETTRE DE RETZ A M.***[1].

(4 AVRIL 1669.)

MONSIEUR votre père m'a dit autrefois, si je ne me

rie romaine : aucune expédition de bénéfices ne pouvait avoir lieu sans son approbation. Le cardinal de Retz avait écrit à Mme de Sévigné pour lui annoncer son évasion du château de Nantes, qui avait eu lieu, comme on le sait, le 8 août 1654. Mme de Sévigné parle de cette dépêche du Cardinal dans une lettre qu'elle adressait à Ménage, qui lui avait fait tenir celle de Retz. (Voyez les *Lettres de Mme de Sévigné*, dans la collection des *Grands Écrivains*, tome Ier, p. 387-388.) Il est dit, par erreur, dans la note 1 de cette page 387, que Retz était Cardinal depuis 1650. Retz ne fut promu au cardinalat que le 19 février 1652.

1. Billet avec signature autographe du cardinal de Retz, dans lequel il prie le destinataire, qui n'est point nommé, de lui procurer le contrat de mariage de sa grand'tante Marie de Gondi. — Bibl. Victor Cousin. M. 1002, cahier 6. N° 31. La lettre est

trompe, qu'il avoit une copie en forme du contrat de mariage de Marie de Gondi, comtesse de Saint-Trivier², ma grand'tante, avec son premier mari qui étoit de la maison de Grillet et comte de Saint-Trivier³. Ayez, je vous supplie, la bonté de le faire chercher dans vos papiers, et de croire que personne ne vous aime et ne vous estime plus véritablement que moi. Vous êtes si occupé à Châlons que l'on n'oseroit presque espérer de vous voir ici, mais en vérité j'aurois bien de la joie de vous y embrasser et de vous dire moi-même que je suis tout à vous et de tout cœur.

Le Cardinal de Rets.

A Commercy, ce 4 d'avril 1669.

XVIII

LE CARDINAL DE RETZ A L'ABBÉ CHARRIER[1].
(25 NOVEMBRE 1669.)

J'AI reçu, mon cher abbé, votre lettre du 17ᵉ de ce

probablement adressée à l'un des fils de Caumartin. Collection Chantelauze, tome XIII, p. 149. Copie.
2. En Bresse.
3. Le cardinal de Retz s'occupait déjà à cette époque de la généalogie de sa famille que Corbinelli publia plus tard sous son propre nom. On peut voir dans l'*Histoire généalogique de la maison de Gondi*, parue en 1705, tome II, p. 18 et 19, de nombreux détails sur cette Marie de Gondi, femme de Nicolas de Grillet et dame de Saint-Trivier. Le testament de cette grand'tante que réclamait le Cardinal fut retrouvé par son correspondant, car il figure dans l'*Histoire généalogique de la maison de Gondi*, preuves, p. CCLXXXIX, tome Iᵉʳ.
1. Il s'agit non de l'abbé Guillaume Charrier, abbé de Chage, au diocèse de Meaux, qui fut chargé par le cardinal de Retz de

mois, et je l'envoie à M. Bouvier², pour voir ce qu'ils résoudront à Rome sur tout ce que vous me mandez fort judicieusement, afin de vous en faire part aussitôt. Mais je ne laisse pas pour cela de m'étendre sur les inconvénients que vous me marquez, et de leur faire voir que vous ne pouvez être garant que de votre fait. Je vous rends grâces de tout mon cœur de la révocation que vous m'offrez et de la manière même dont vous me l'offrez, à moins que Monsieur le cardinal Ottobon³ que vous savez être extrêmement de mes amis, et à qui j'ai beaucoup d'obligations....⁴, je ne vous en aurois pas pressé. Quant à ce qui regarde l'abbé Bouvier, j'ai bien de la joie que vous vous soyez mis en état d'exécuter ce que vous avez promis sur son sujet. Je vous suis obligé d'en user aussi ponctuellement que vous faites, et par la part que je prends à ce qui le touche, et par celle que je prendrai toujours à vos intérêts. Soyez persuadé, je vous conjure, et de l'estime et de l'amitié que j'ai

suivre la négociation de l'affaire de son chapeau, et qui mourut à Paris en 1667, mais de son neveu Charrier, abbé de Quimperlé, dont il est si souvent question dans les *Lettres de Mme de Sévigné*. (Voyez la *Table alphabétique des Lettres de Sévigné*, p. 84, dans la collection des *Grands Écrivains*). La lettre que nous publions nous a été très-obligeamment communiquée, il y a quelques années, par M. Badin, 14, rue de Sèvres, et faisait partie de sa collection d'autographes.

2. L'abbé Bouvier, expéditionnaire en cour de Rome et l'un des agents secrets du cardinal de Retz. L'abbé, grâce à son mérite, fut un moment sur le point, comme nous l'avons dit, d'obtenir le chapeau de cardinal.

3. Pierre Ottoboni, né à Venise le 19 avril 1610, évêque de Brescia en 1654, fut élu pape sous le nom d'Alexandre VIII le 6 octobre 1689 et mourut le 1ᵉʳ février 1691. Bien que Louis XIV lui eût rendu Avignon, il fit dresser une bulle contre les quatre articles de la Déclaration de 1682, et les déclara nuls et non avenus.

4. Ici auraient dû se trouver quelques mots omis par le copiste.

pour vous, et croyez que je ne manque que d'occasions de vous les témoigner par des services effectifs.

Le Cardinal de Rets.

A Commerci, ce 25 de novembre 1669⁵.

XIX

LE CARDINAL DE RETZ A M. ****¹.

De Commerci, le 6 de juillet 1671.

JE vous rends, Monsieur, un million de grâces de toutes vos bontés pour moi et je vous prie de croire que je les ressens comme je dois. Je ferai avec application ce que vous désirez touchant les Pères de Saint-Maur, et je suis absolument à vous et de tout mon cœur.

Le Cardinal de Rais².

5. Suscription : A Monsieur l'abbé Charrier.
1. Lettre autographe signée, sans l'adresse et les sceaux. Vente Charavay du 6 février 1882.
2. Comme nous l'avons dit plus haut dans ce volume, p. 399, note 1, jusqu'au 19 mars 1671, Retz avait signé : *Le Cardinal de Rets*. A partir du 23 mars de la même année, il signa jusqu'à sa mort : *Le Cardinal de Rais;* c'était la récente orthographe que venait d'adopter son frère Pierre de Gondi, duc de Retz, et dont s'était servi autrefois le chef le plus illustre de la branche française, Albert de Gondi, maréchal de France et duc de Retz. Nous possédons dans notre collection plusieurs pièces, signées de sa main, avec les deux variantes : duc de *Rets*, et duc de *Rais*.

XX

LETTRE DU CARDINAL DE RETZ AU COMTE DE FEUQUIÈRES[1].

A Commerci, le 8 de septembre 1671.

Monsieur,

Je reçois avec tous les sentiments et toute la reconnoissance que je dois, les nouvelles marques qu'il vous plaît de me donner de votre amitié et je vous supplie d'être persuadé que rien ne me peut être plus cher ni plus sensible, et par tout ce que je dois par différents titres à votre nom et par l'estime très-particulière que j'ai fait toute ma vie de votre personne. Je ne me puis empêcher, Monsieur, de me réjouir avec vous de ce que

---

1. D'après un fac-similé, in-plano, pris sur l'original ayant fait partie de la collection de Mme la comtesse Boui de Castellane. Ce fac-similé est dans l'*Iconographie françoise* en regard d'un portrait de Retz en lithographie, exécuté d'après une toile du château de Bussy-Rabutin, ayant appartenu à M. de Sarcus. (*Iconographie française*, etc., 3 vol. in-folio, publiés par Mme Delpech. Paris, 1840.) La lettre de Retz est adressée à Jude, comte de Feuquières, lieutenant général pour le Roi dans la province de Toul, précédemment colonel d'un régiment d'infanterie de son nom. Il était fils d'Isaac de Pas, marquis de Feuquières, lieutenant général des armées du Roi, et d'Anne-Louise de Gramont. Le comte Jude de Feuquières épousa Catherine-Marguerite Mignard, fille du célèbre peintre de ce nom, et mourut le 10 octobre 1741. Jude est le seul des sept fils d'Isaac de Pas, marquis de Feuquières, qui ait porté le titre de comte de Feuquières; il ne saurait donc être douteux que c'est bien à lui que la lettre, d'après sa suscription, est adressée. Cependant, il est dit, dans Moréri, qu'il ne laissa pas d'enfant de sa femme, la fille de Mignard, et, dans la lettre de Retz, qu'il avait un fils. Comment expliquer cette contradiction? Il est permis de supposer que ce fils mourut jeune et ne survécut pas à son père. Jude avait pour frère aîné Antoine, marquis de Feuquières, le célèbre homme de guerre, qui a laissé d'importants *Mémoires* sur la tactique militaire de son temps.

j'ai trouvé en celle de Monsieur votre fils, qui, en vérité et sans exagération, me paroît être beaucoup au-dessus de son âge. J'en ressens dans moi-même une joie qui me marque la part très-véritable que je prends en tout ce qui vous touche et la passion très-sincère avec laquelle je suis,
Monsieur,
Votre très-affectionné serviteur,
Le Cardinal de Rais.

XXI

LETTRE DU CARDINAL DE RETZ A M. DE BISSI[1].

A Commerci, le 26 de mai 1672.

Je vous rends, Monsieur, un million de grâces des marques qu'il vous a plu de me donner de votre amitié par ce gentilhomme, et je vous supplie d'être persuadé que, sans compliments et sans exagération, elle m'est et me sera toute ma vie très-chère et très-sensible par l'estime très-haute et très-parfaite que je sais être due par toute sorte de ...[2] à votre mérite.
Le Cardinal de Rais.

« Vous voulez bien, Monsieur, que je vous recommande de tout mon cœur M. de *Cenucies*[3] dont la famille et la personne me sont très-chères. »

1. Lettre autographe signée. La suscription également autographe porte : Monsieur, Monsieur de Bissi, mareschal des camps et armées du Roi. Trois quarts de page in-4°. — Soie et cachets aux armes, conservés. Collection J.-P.-Abel Jeaude (de Verdun).
2. Il y a *pais* dans la copie, ce qui n'offre pas de sens.
3. Ce nom est ainsi écrit dans la copie.

NOTA. — A la date du 30 mai 1675, il existe dans la collection d'autographes de M. Feuillet de Conches, en copie du temps, une traduction en italien de la lettre latine que le cardinal de Retz adressa au Sacré Collège pour se démettre du chapeau. Cette traduction, qui avait été communiquée à M. Adolphe Regnier par son possesseur, est si remplie de fautes, que nous n'avons pas jugé à propos de la reproduire. Mais la date qui la termine n'est pas sans intérêt : *Parigi*, 30 *maggio* 1675, puisque la lettre latine ne porte que le millésime de 1675. Voyez dans notre tome VII, p. 428 et suivantes, n° 24, la lettre latine de Retz aux cardinaux, ainsi que la Notice concernant cette lettre, p. 428.

XXII

AU MÊME[1].

A Saint-Mihiel, le 14 de juillet 1675.

JE suis, Monsieur, si accoutumé à recevoir des marques de votre honnêteté que je n'en puis être surpris. Je ne vous en suis pas moins obligé et je vous supplie d'être persuadé que personne du monde[2] ne peut estimer ni chérir plus véritablement et plus sincèrement que moi l'honneur de votre amitié.

Le Cardinal de RAIS.

1. Lettre autographe signée. La suscription, également autographe, porte : *A Monsieur, Monsieur de Bissi, à Nanci*. Cachet et lacs de soie conservés. Archives de la maison de Thiard de Bissy, au château de Pierre (Saône-et-Loire).

2. « *Monde* est... un terme augmentatif des affirmations ou négations.... Il a dit de vous tous les biens du *monde*. » (FURETIÈRE, *Dictionnaire*.)

XXIII

LETTRE DE RETZ AU CARDINAL MAIDALCHINI[1].

(9 FÉVRIER 1679.)

Monseigneur,

Je suis honteux d'importuner Votre Éminence aussi souvent que je le fais; mais voici encore une occasion dans laquelle il m'est impossible de ne lui pas représenter la nature de la grâce que l'on demande au Sacré Collége, et les qualités de la personne qui la demande. Le Roi a donné au fils de M. le duc de Luxembourg, qui est capitaine de ses gardes, et général de ses armées dans les Pays-Bas, une abbaye qui ne vaut que dix mille livres de rente; qui est chargée de quatre mille livres de pension, et d'une infinité de réparations. Les bulles portent treize à quatorze mille livres. Votre Éminence peut juger de la disproportion. Je vous supplie, Monseigneur, d'avoir la bonté de la prendre en considération; de croire que je vous en serai en mon particulier très-sensiblement obligé, et que personne n'est avec plus de respect que moi,

 Monseigneur,

  De Votre Éminence [le] très-humble et très-obéissant serviteur[2],

   Le Cardinal de Rais.

Paris, le 9ᵉ février 1679.

Monseigneur le cardinal Maidalchini.

1. Lettre faisant partie de la collection de M. Chantelauze et à lui cédée par M. Étienne Charavay.
2. Ces mots : *très-humble et très-obéissant serviteur* sont autographes, ainsi que la signature. La lettre est adressée à François Maidalchini, neveu de la célèbre Olimpia Maidalchini, belle-

sœur du pape Innocent X. Ce François Maildalchini, grâce à la haute faveur dont jouissait sa tante auprès du Pape, fut nommé cardinal à l'âge de vingt-six ans, le 7 octobre 1647. Il était né à Viterbe le 12 avril 1621, et mourut à Nettuno le 10 juin 1700. Son corps, transporté à Rome, y fut inhumé dans l'église de Saint-Eustache, en présence du Sacré Collége.

CINQUIÈME PARTIE

CORRESPONDANCE (Suite).

(1652-1675.)

LETTRES ADRESSÉES AU CARDINAL DE RETZ PAR QUELQUES-UNS DE SES AMIS ET DE SES FAMILIERS.

NOTICE.

Parmi ces lettres, nous en signalerons deux de saint Vincent de Paul, l'une pour prier son ancien élève, le cardinal de Retz, d'approuver de nouveau, en sa qualité d'archevêque de Paris, les Règles de la Compagnie de la Mission[1]; l'autre pour lui dire, dans les termes les plus touchants, que sentant les approches de la mort, il le supplie de lui pardonner s'il a pu lui déplaire en quelque chose, et de maintenir sa protection à l'œuvre des missionnaires.

On lira aussi avec intérêt deux lettres inédites de Chapelain, qui m'ont été communiquées, il y a de longues années, par mon maître et ami Sainte-Beuve; une très-belle lettre de Rancé, qui ne désespéra jamais de ramener dans la même voie que lui l'homme qui fut peut-être le plus grand pécheur du dix-septième siècle. Enfin on relira peut-être avec quelque plaisir une lettre d'Olivier Patru, qui nous montre en quelle haute estime les esprits les plus éminents du règne de Louis XIV tenaient le cardinal de Retz et quels sentiments d'admiration leur inspirait ce qu'il y avait de grand et de généreux dans son caractère.

1. Paris, 5 septembre 1658.

I

LETTRE DE SCARRON A RETZ[1].

(COMMENCEMENT DE L'ANNÉE 1652.)

II

DEUX LETTRES
DE SAINT VINCENT DE PAUL AU CARDINAL DE RETZ[1].

NOTICE.

Il n'est pas une seule des institutions de bienfaisance de saint Vincent de Paul qui n'ait été fondée avec la protection des Gondi et qui n'ait été alimentée par leurs dons, souvent considérables[2]. Aussi le saint homme conserva-t-il pour les membres de cette famille, et en particulier pour son

1. Cette lettre a été publiée dans notre tome Ier des *Mémoires de Retz*, p. 345, à l'Appendice. Scarron ne félicite pas Retz de sa promotion au cardinalat, ainsi que pourrait le faire croire le titre factice qui a été mis en tête de sa lettre. Plusieurs passages de son épître prouvent en effet que Retz n'était pas encore cardinal : « J'ai hasardé tout mon bien à parier que vous le seriez bientôt, dit Scarron. Il faut qu'il augmente de moitié si j'ai affaire à des gens d'honneur..... J'espère que nous en aurons bientôt le plaisir. » La promotion de Retz ayant eu lieu le 19 février 1652, la lettre de Scarron est donc antérieure à cette date.

1. *Lettres de saint Vincent de Paul, fondateur des Prêtres de la Mission et des Filles de Charité*. Paris, 1880, 4 vol. in-8°, chez Pillet et Dumoulin. Édition imprimée pour l'usage exclusif des Prêtres de la Mission. Tome IV, p. 14 à 144.

2. C'est ce que nous avons démontré dans notre ouvrage intitulé : *Saint Vincent de Paul et les Gondi*, Paris, 1882, un vol. in-8°, chez Plon.

ancien élève, le cardinal de Retz, la plus profonde et la plus tendre gratitude. J'ai fait connaître dans un ouvrage spécial les liens qui unissaient Vincent aux Gondi et au Cardinal; je ne puis que renvoyer les lecteurs à cet ouvrage.

L'original des Règles de la Compagnie de la Mission, confié à un membre du Parlement, avait été perdu par son incurie. Il s'agissait d'obtenir du cardinal de Retz, alors exilé, une nouvelle approbation pour un nouveau texte de ces Règles que Vincent, cette fois, destinait à l'impression, afin d'éviter qu'elles ne subissent le même sort que les premières. Tel est l'objet de sa première lettre au cardinal de Retz.

A quelques années de là, sentant sa fin prochaine, Vincent ne voulut pas quitter la vie sans dire un dernier adieu, sans rendre les derniers devoirs de sa profonde reconnaissance aux deux bienfaiteurs qui avaient le plus contribué à la fondation et au développement de ses grandes œuvres, c'est-à-dire à Emmanuel de Gondi, l'ancien général des galères, alors retiré à l'Oratoire, et à son fils, le cardinal de Retz. Il prit la plume et leur adressa les deux lettres touchantes qu'on lira à la suite de celle-ci.

Paris, 5 septembre 1658.

Monseigneur,

Je me donne l'honneur d'assurer de nouveau Votre Éminence de mon obéissance perpétuelle avec toute l'humilité et l'affection que je le puis. Je vous supplie très-humblement, Monseigneur, de l'avoir pour agréable, comme aussi la très-humble prière que je vous fais d'avoir la bonté d'approuver derechef les Règles de la Compagnie de la Mission, lesquelles Votre Éminence a déjà approuvées une fois, et feu Monseigneur l'Archevêque une autre. Nous avons été obligés de toucher à quelques-unes, tant à cause de quelques fautes qui s'y sont glissées en les transcrivant, que parce que nous avions réglé les choses que l'expérience nous a fait voir

1658

être difficiles dans la pratique. Quoi qu'il en soit, Monseigneur, nous n'avons point touché à l'essentiel des Règles, ni à aucune circonstance considérable; et de cela j'assure Votre Éminence devant Dieu, à qui je dois aller rendre compte de ma pauvre et chétive vie, étant dans la quatre-vingt-troisième année de mon âge. L'approbation que je vous demande, Monseigneur, n'est pas tant l'affaire de cette petite congrégation que celle de Votre Éminence, qui en est le fondateur et l'unique protecteur. Je ne m'adresse point à Monseigneur votre père[1] pour avoir sa recommandation, ni à aucune puissance de la terre : c'est à sa seule bonté que j'ai recours. Si je savois le lieu où est maintenant Votre Éminence[2], je me donnerois l'honneur de lui envoyer un de ses missionnaires pour lui faire cette très-humble supplication; mais ne le sachant pas, je mets cette lettre entre les mains de la providence de Dieu, laquelle je supplie de mettre entre les vôtres, Monseigneur, à qui je demande sa bénédiction, prosterné en esprit aux pieds de Votre Éminence, etc.

LE MÊME AU MÊME[1].

MONSEIGNEUR,

1660 ?

J'ai sujet de penser que c'est ici la dernière fois que j'aurai l'honneur d'écrire à Votre Éminence, à cause

1. Le général des galères était entré à l'Oratoire le 26 avril 1627, et mourut le 29 juin 1662, à l'âge de quatre-vingt-un ans.
2. Le cardinal de Retz était alors en Hollande, errant de ville en ville, sous divers déguisements et différents noms, pour se soustraire à la police de Mazarin.
1. Cette lettre n'est pas datée. Les éditeurs de la correspondance du saint supposent qu'elle a été écrite au mois d'août 1660. Vincent mourut le 26 septembre suivant. Les Pères lazaristes n'ont retrouvé que ces deux lettres de saint Vincent de Paul au cardi-

de mon âge et d'une infirmité qui m'est survenue, qui peut-être me vont conduire au jugement de Dieu. Dans ce doute, Monseigneur, je supplie très-humblement Votre Éminence de me pardonner si je lui ai déplu en quelque chose. J'ai été assez misérable pour le faire sans le vouloir, mais je ne l'ai jamais fait avec dessein. Je prends aussi la confiance, Monseigneur, de recommander à Votre Éminence sa petite Compagnie de la Mission, qu'elle a fondée, maintenue et favorisée, et qui étant l'ouvrage de ses mains, lui est aussi très-soumise et très-reconnoissante, comme à son père et à son prélat; et tandis qu'elle priera Dieu sur la terre pour Votre Éminence et pour la maison de Retz, je lui recommanderai au ciel l'une et l'autre, si sa divine bonté me fait la grâce de m'y recevoir, selon que je l'espère de sa miséricorde et de votre bénédiction, Monseigneur, que je demande à Votre Éminence, prosterné en esprit à ses pieds, étant comme je suis, à la vie et à la mort, en l'amour de Notre-Seigneur, etc.[2].

nal de Retz, mais il ne sauroit être douteux qu'il ne lui en ait écrit un assez grand nombre à diverses époques.

2. Le même jour, Vincent adressait cette lettre au R. P. de Gondi, alors exilé par Mazarin à Clermont, en Auvergne :

« Monseigneur,

« L'état caduc où je me trouve, et une petite fièvre qui m'a pris, me fait user, dans le doute de l'événement, de cette précaution en votre endroit, Monseigneur, qui est de me prosterner en esprit à vos pieds, pour vous demander pardon des mécontentements que je vous ai donnés par ma rusticité, et pour vous remercier très-humblement, comme je fais, du support charitable que vous avez eu pour moi, et des innombrables bienfaits que notre petite compagnie, et moi en particulier, avons reçus de votre bonté. Assurez-vous, Monseigneur, que s'il plaît à Dieu de me continuer le pouvoir de prier, je l'emploierai en ce monde et en l'autre pour votre chère personne et pour celles qui vous appartiennent, désirant être au temps et en l'éternité, etc. »

III

LETTRE DE CHAPELAIN AU CARDINAL DE RETZ[1].

(13 mars 1662.)

Monseigneur,

Votre Éminence me connoissant de si longue main pour le zélé serviteur que je lui suis, elle n'aura pas de peine à croire que je n'ai pas moins respiré, voyant la fin de ses travaux arrivée, que j'ai soupiré durant leur cours si douloureux. C'est, Monseigneur, ce qui m'empêchera de m'étendre pour vous persuader, surtout en un temps où vous recevez les compliments de toute la France, pour se réjouir avec vous d'un changement[2], sinon aussi favorable que le mérite Votre Éminence, au

---

1. Lettres inédites de Chapelain, copie manuscrite du temps en 6 volumes in-4°, ayant fait partie de la bibliothèque Sainte-Beuve, à qui nous avons dû cette communication. Ces lettres commencent en 1632 et finissent en 1673; mais de 1640 à 1659, il y a une lacune de dix-neuf ans. Chapelain vivait dans l'intimité de Retz lorsque celui-ci n'était encore que simple abbé. Lorsque Retz fut nommé coadjuteur de son oncle l'archevêque de Paris, et qu'il forma sa maison, ce fut Chapelain qui introduisit Ménage dans la *domesticité* du prélat. Voyez tome Ier des *Mémoires de Retz*, à l'Appendice, p. 331, note 1. Chapelain dédia au prélat son *Dialogue sur la lecture des vieux romans*. Voyez à l'Appendice de notre tome Ier cette dédicace, p. 341-342. M. Tamizey de Larroque a entrepris, dans la *Collection de documents inédits sur l'Histoire de France*, la publication des lettres inédites de Chapelain. Seul, le tome Ier, qui comprend les lettres de 1632 à 1640, a paru. Le savant éditeur, qui a eu entre les mains les manuscrits de Sainte-Beuve, ne manquera pas d'insérer dans la suite de son travail les deux lettres que nous publions.

2. Allusion à la rentrée en France du cardinal de Retz, après un exil qui avait duré près de dix ans. Le Cardinal était alors relégué à Commercy, où la lettre de Chapelain lui était adressée, ainsi que le porte la suscription.

moins tel qu'il lui rend le calme après tant d'agitation et remet sa vertu en état de se déployer et d'être également utile au Roi et à l'Église. En attendant que je la puisse voir de plus près, je me contenterai de la révérer dans la foule de ceux qui s'intéressent dans ce qui la regarde, bien que la qualité de ma passion soit digne qu'on la distingue des autres, et qu'il y ait peu de personnes qui pussent, avec autant de justice que moi, se dire,

Monseigneur,
De Votre Éminence, etc.

De Paris, ce XIIIe mars 1662.

IV

LE MÊME AU MÊME[1].
(4 JUILLET 1662.)

Monseigneur,

La fortune qui a si longtemps et en de si tristes manières exercé Votre Éminence, lorsqu'elle sembloit lui avoir donné quelque repos, lui a porté le coup de tous le plus sensible en la privant d'un père de la vertu la plus consommée et qui, durant qu'elle a vécu[2], a été pour elle la plus grande et peut-être l'unique de ses consolations. Dieu vous fortifiera, s'il lui plaît, en cette dernière et si rude épreuve, et vous coopérerez avec lui

1. Même provenance que pour la lettre précédente. La suscription porte : A Monseigneur le cardinal de Retz, à Commercy. Cette lettre fut écrite par Chapelain à l'occasion de la mort d'Emmanuel de Gondi, père du Cardinal, qui venait de s'éteindre, à l'âge de quatre-vingt-un ans, le 29 juin précédent.
2. Il y a évidemment une faute de copiste. Il faut lire : durant *qu'il* a vécu.

1662 pour votre soulagement par cette fermeté d'âme qui a été l'admiration de toute l'Europe, et qui vous a fait voir à tout le monde au-dessus des accidents. Je ne vous écris pas aussi, Monseigneur, pour avoir la témérité de prétendre contribuer rien à l'adoucissement de votre peine, mais pour vous témoigner que je la ressens à l'égal de vous, et je ne ferai point d'effort pour vous le persuader, sachant que vous connoissez mon cœur là-dessus, et qu'entre ceux qui s'intéressent davantage en tout ce qui vous regarde, vous savez bien n'avoir personne qui soit plus constamment, plus sincèrement, ni avec plus de respect,

Monseigneur,
De Votre Éminence, etc.

De Paris, ce 4e juillet 1662[3].

V

LETTRE DE L'ABBÉ DE RANCÉ AU CARDINAL DE RETZ[1].
(SANS DATE. 1662 ?)

Monseigneur,

Si Votre Éminence croyoit qu'il y eût personne dans le monde dont mon cœur fût plus occupé que d'Elle,

3. Emmanuel de Gondi, l'ancien général des galères, étant mort à Joigny le 29 juin, cette nouvelle n'avait pas tardé à se répandre dans Paris, et Chapelain, cinq jours après l'événement, avait pu adresser au cardinal de Retz sa lettre de condoléance.

1. Catalogue d'une vente d'autographes qui eut lieu le 9 décembre 1878, par le ministère de M. Étienne Charavay, archiviste paléographe. Suscription sur le dos de la lettre : *A Monseigneur le cardinal de Retz*. Lettre autographe signée. Ligne du haut enlevée, sur laquelle il y avait certainement ce mot : *Monseigneur*. La dernière ligne a également été coupée en deux dans sa longueur, mais il a été facile de la reconstituer par les têtes de lettres qui

Elle ne me feroit pas justice, et je la puis assurer qu'Elle m'est présente toutes les fois que je me trouve devant Dieu. Votre Éminence s'imaginera aisément que je ne lui demande point pour Elle des prospérités périssables. Je les regarde toutes comme des obstacles aux véritables biens que je lui désire. Tout ce qui se passe dans cette vie n'est que vanité, et ne mérite pas un seul instant les soins d'un homme qui en attend une autre, et le monde est fait de manière et se décrédite tellement de lui-même, qu'il ne faut ni grâce ni vertu pour le quitter. Quelque envie que j'aie d'avoir l'honneur de vous voir, Monseigneur, je ne le peux que vers l'arrière-saison, à moins que Votre Éminence eût besoin de mon service et qu'Elle m'ordonnât de l'aller trouver, auquel cas je ne différerois pas un seul moment de me rendre auprès d'Elle et de lui témoigner que je n'ai nulle affaire dans ce monde quand il est question de lui obéir. Je supplie Votre Éminence d'être persuadée que je lui parle du fond de mon cœur, et qu'Elle n'a point de serviteur qui soit à Elle avec moins de réserve et plus de [respect, que moi, Monseigneur, l'abbé de la Trappe[2].

En marge : Je ne fais mes compliments à Votre Éminence sur la continuation de la protection qu'Elle nous accorde avec tant de bonté[3]. Je n'ai point reçu la lettre qu'Elle m'a fait l'honneur de m'écrire. Elle a été détournée.

1662

existent encore : *respect que moi, Monseigneur, l'abbé de la Trappe.* Les sceaux de la lettre ont aussi disparu.

2. La lettre ne porte pas de date au bas, peut-être parce qu'elle a été coupée dans cette partie; mais il est probable que cette date devait être de la fin de l'année 1662, après la rentrée en France du cardinal de Retz.

3. Voyez dans notre tome VII les démarches que faisait à Rome, auprès du Pape, le cardinal de Retz, en faveur de l'abbé de Rancé.

VI

LETTRE D'OLIVIER PATRU AU CARDINAL DE RETZ[1].
(APRÈS LE 6 JUIN 1664.)

MONSEIGNEUR,

Puisque mes petites infirmités ne m'ont pas permis de vous saluer[2], Votre Éminence me pardonnera si je m'acquitte par lettre de l'obéissance et du respect que je lui dois. J'ai su et de M. de Jouy et de M. Matharel[3] l'honneur que vous m'avez fait de vous souvenir de moi : c'est une bonté dont je ne puis assez vous remercier; et je serois bien malheureux, si Votre Éminence avoit pu se persuader qu'en cette rencontre un ressentiment sans raison m'eût éloigné de mon devoir. Je n'ai nulle part à la demande que mes amis, par affection, vous ont faite en ma faveur. S'ils m'eussent communiqué leur pensée, je vous aurois sans doute épargné un grand chagrin : car je sais quel fardeau c'est à une âme magnanime que d'être obligée de refuser. Mes intérêts, si j'en suis cru, ne brouilleront jamais personne. Quand ce ne seroit que pour donner, je souhaiterois d'être riche : mais tout ce qu'il faut faire pour le devenir me déplaît; et d'ailleurs,

---

1. *Plaidoyers et OEuvres diverses de M. Olivier Patru, de l'Académie françoise.* Paris, Sébastien Cramoisy, 1681, in-8°, p. 906-908.
2. Cette lettre ne porte pas de date, mais il est facile de voir, en la lisant, qu'elle fut écrite après le retour du Cardinal en France, et après sa première visite à la Cour, c'est-à-dire après le 6 juin 1664.
3. Sur M. de Jouy, nous n'avons rien découvert qui nous indiquât quelles furent ses relations avec le cardinal de Retz. Quant à M. de Matharel, nous avons trouvé dans plusieurs lettres ministérielles inédites qu'il était un des plus dévoués partisans du Cardinal, et qu'après la fuite de celui-ci du château de Nantes, il fut pendant quelque temps prisonnier à la Bastille.

à l'âge où je suis, ce peu que je puis avoir à vivre ne vaut pas la peine de songer à faire des provisions. Ainsi, Monseigneur, à mon égard, M. de..... vit encore ; ou du moins ce qui s'est passé pour sa dépouille, je le regarde comme un reste de la tempête de votre fortune. Lorsque je devins votre serviteur, je ne regardai point à vos mains : ce cœur que rien ne peut vaincre, cette bonté qu'on ne peut assez admirer, tous ces dons si précieux dont le ciel vous a si heureusement comblé, me donnèrent à Votre Éminence. Ce n'est, Monseigneur, ni votre pourpre, ni la splendeur, ou les couronnes de votre Maison, c'est quelque chose de plus grand, c'est vous-même, c'est votre vertu qui m'attache ; et ces liens ne peuvent se rompre qu'on ne perde ou la vie ou la raison. J'ai donc pris part à toute la joie que Votre Éminence vient de donner à Paris, à toute la Cour, ou plutôt à tout le Royaume. Dans cette retraite malheureuse où l'infortune de mes oreilles me retenoit, j'ai béni cent et cent fois le bienheureux jour qui vous a rendu tout entier à la France, à vos amis, à vos serviteurs ; et Votre Éminence me fera justice, si Elle croit que parmi toute cette foule d'honnêtes gens qui ont eu l'honneur de la saluer, il n'y a personne qui soit ni plus véritablement ni avec plus de respect que je suis, etc.

VII

LETTRES DE LOUIS XIV AU CARDINAL DE RETZ[1].
(DE JUIN 1663 AU MOIS D'OCTOBRE 1676.)

1. On trouvera ces lettres dans notre tome VII, aux pièces justificatives.

VIII

LE COMTE DE BUSSY-RABUTIN AU CARDINAL DE RETZ.

A Chaseu, ce 4 juin 1675[1].

CE que vous venez de faire ne m'a point surpris[2], Monseigneur; car je vous ai toujours regardé comme

1. *Les Lettres de Messire Roger de Rabutin, comte de Bussy*, etc. Amsterdam, 1698, tome IV, p. 181-182.
2. Retz venait d'envoyer à Rome sa démission de cardinal. (Voyez dans notre tome VII toutes les pièces concernant cette affaire, de la page 428 à 433, et à l'Appendice du même volume, de la page 569 à 581.) Les causes de cette résolution de Retz furent interprétées très-diversement par les contemporains. La Rochefoucauld (tome II de notre collection, p. 110 et 111) dit, en parlant du Cardinal : « La retraite qu'il vient de faire est la plus éclatante et la plus fausse action de sa vie; c'est un sacrifice qu'il fait à son orgueil, sous prétexte de dévotion : il quitte la Cour, où il ne peut s'attacher, et il s'éloigne du monde qui s'éloigne de lui. » Bussy-Rabutin, sur cette démission de Retz et sur sa retraite à Saint-Mihiel, tenait un langage fort différent selon qu'il s'adressait aux amis de Retz et à ceux qui n'étaient pas en relations avec lui, louant hautement cette action devant les premiers, essayant d'en montrer la vanité et la fausseté auprès des autres. Mme de Sévigné, dans nombre de ses lettres à Bussy et à d'autres personnes, prit chaudement, comme on le sait, la défense de Retz et ne cessa de croire à la sincérité de sa conversion. Ce fut aussi la ferme conviction de Bossuet, lorsque, longtemps après la mort de Retz, il grava en traits inoubliables, dans l'Oraison funèbre de Le Tellier, le portrait de l'ancien chef de la Fronde. Si, après ces deux grandes autorités, il nous était permis de rappeler l'opinion exprimée par nous sur le même sujet, il y a quelques années, nous dirions que nous avons fait trop de concessions aux jugements de Bossuet et de Mme de Sévigné, et que nous croyons aujourd'hui que c'est la Rochefoucauld qui a dit le dernier mot. (Voyez notre mémoire intitulé : *le Cardinal de Retz et les Jansénistes*, dans la 3ᵉ et dernière édition du *Port-Royal* de Sainte-Beuve, à l'*Appendice* du tome V.) Et ce qui le prouve avec la dernière évidence, c'est que l'un des esprits les plus pénétrants du Sacré Collége, le cardinal

un homme extraordinaire, et capable des plus grandes et des plus belles actions. L'amitié que vous m'avez fait l'honneur de me promettre, me fait prendre part à tout ce que vous faites. Elle m'obligeroit à vous souhaiter de la bonne fortune si vous ne la méprisiez. Je ne vous souhaiterai donc qu'une longue vie, Monseigneur, car quoique je croie qu'elle vous soit indifférente, elle peut servir d'exemple aux méchants et de soulagement aux misérables. Aussitôt que je vous saurai en lieu où j'aurai la liberté d'aller, je vous irai assurer de mes très-humbles respects, et dire à Votre Éminence que personne n'est plus que moi son très, etc.

Azzolini, qui fut l'un des amis les plus intimes du cardinal de Retz et qui n'était pas homme à se laisser prendre pour dupe, donne à la conduite du noble pénitent les mêmes causes et les mêmes mobiles que la Rochefoucauld. Azzolini disait donc en plein consistoire : « qu'il connoissoit le cardinal de Retz par l'expérience d'une longue amitié, qu'il étoit homme à vouloir parvenir à une réputation singulière, par quelque moyen que ce fût, sans être touché d'une véritable dévotion ; ....qu'il ne l'avoit pu par le ministère en aucun lieu; qu'il le vouloit par l'abandon de toutes choses; et qu'il étoit homme capable de représenter au Roi qu'il devient vieux et incommodé des yeux et d'autres maux; qu'il ne pourra plus assister dans un conclave, etc. » (Lettre de l'abbé Servien à Pomponne, secrétaire d'État des Affaires étrangères, 27 juin 1675, dans notre tome VII, p. 572-573.) On sait comment Louis XIV et le Pape, d'un commun accord, refusèrent la démission de Retz.

FIN DE LA CORRESPONDANCE.

TABLE DES MATIÈRES

CONTENUES DANS LE HUITIÈME VOLUME.

Pages.

AVERTISSEMENT... I
INTRODUCTION... XXI

PREMIÈRE PARTIE
CORRESPONDANCE.
(1651-1676).

Lettres de Retz à l'abbé Charrier........................ 1
Lettre de Retz à l'abbé de Barclay....................... 75
Lettres de Retz à l'abbé Charrier........................ 76
Lettres des serviteurs de Retz à l'abbé Charrier......... 105
Lettres diverses... 127

DEUXIÈME PARTIE
CORRESPONDANCE (SUITE).
(1662-1665.)

Lettres de M. le cardinal de Retz à M. de Paris, archidiacre de Rouen.. 133

Lettre de Brosseau, l'un des secrétaires du cardinal de Retz, à l'abbé Paris................................ 151
Lettres de M. le cardinal de Retz à M. de Paris.......... 153

TROISIÈME PARTIE

CORRESPONDANCE (Suite).

(1665-1678.)

Lettres inédites du cardinal de Retz à M. de la Fons, contrôleur des restes à la Chambre des comptes............ 177
Lettre du cardinal de Retz à une personne inconnue...... 190
Lettres du cardinal de Retz à M. de la Fons............. 191
Copie de la lettre de Son Éminence à M. Cherrière l'aîné. 290
Lettre du cardinal de Retz à M. de Vienne d'Argentenay. 300
Lettre du cardinal de Retz à M. de la Fons............. 301
Copie de la réponse de Son Éminence à D. Laumer...... 302
Lettres du cardinal de Retz à M. de la Fons............. 304
Lettre du cardinal de Retz à Mmes de Remiremont....... 359
Lettres du cardinal de Retz à M. de la Fons............. 361
Lettre du cardinal de Retz à M. Langni, conseiller du Roi au Grand Conseil.................................. 432
Lettre du cardinal de Retz à M. Hervé, conseiller du Roi au Grand Conseil.................................. 433
Lettres du cardinal de Retz à M. de la Fons............. 433
Lettre de Henri Hennezon, abbé de Saint-Mihiel, à M. de la Fons, avec un post-scriptum du Cardinal........... 460
Lettres du cardinal de Retz à M. de la Fons............. 460
Lettre du cardinal de Retz à M. de Gilbercour.......... 578
Lettres du cardinal de Retz à M. de la Fons............. 579
Lettres du Cardinal adressées à M. de Gilbercour........ 587
Lettres du Cardinal à M. de la Fons................... 590

TABLE DES MATIÈRES.

QUATRIÈME PARTIE
CORRESPONDANCE (Suite).
(1638-1679.)

Lettres diverses du cardinal de Retz. — L'abbé de Retz au président Barillon.	608
Lettre du cardinal de Retz à un prince dont le nom n'est pas indiqué.	609
Lettre du cardinal de Retz à un de ses amis pour le remercier des compliments qu'il lui avait adressés sur sa promotion au cardinalat.	611
Billet autographe signé du cardinal de Retz au duc de Noirmoutier.	611
Billet autographe signé du cardinal de Retz au duc de Noirmoutier et au vicomte de Lamet.	612
Lettre du cardinal de Retz à M. ***.	613
Le cardinal de Retz à M. Colbert.	614
Déposition du cardinal de Retz pour attester que la mère Marguerite Acarie, du Saint-Sacrement, carmélite déchaussée, avait reçu le don de prophétie.	615
Le cardinal de Retz à Colbert.	617
Le cardinal de Retz à M. Godefroy, conseiller et historiographe du Roi.	618
Le cardinal de Retz à M. ***.	619
A M. de Belfons, capitaine au régiment de Piémont.	620
Le cardinal de Retz au comte de Guitaut.	621
Billet autographe du cardinal de Retz.	622
Le cardinal de Retz à Mme de Sévigné.	622
Lettre de Retz à M. ***.	624
Le cardinal de Retz à l'abbé Charrier.	625
Le cardinal de Retz à M. ***.	627
Lettre du cardinal de Retz au comte de Feuquières.	628
Lettre du cardinal de Retz à M. de Bissi.	628
Au même.	630
Lettre de Retz au cardinal Maidalchini.	631

CINQUIÈME PARTIE
CORRESPONDANCE (Suite).
(1652-1675.)

Lettre de Scarron à Retz..............................	634
Deux lettres de saint Vincent de Paul au cardinal de Retz.	634
Le même au même...................................	636
Lettre de Chapelain au cardinal de Retz...............	638
Le même au même...................................	639
Lettre de l'abbé de Rancé au cardinal de Retz..........	640
Lettre d'Olivier Patru au cardinal de Retz..............	642
Lettres de Louis XIV au cardinal de Retz..............	643
Le comte de Bussy-Rabutin au cardinal de Retz..... ...	644

FIN DE LA TABLE DES MATIÈRES.

15387. — TYPOGRAPHIE A. LAHURE,
rue de Fleurus, 9, à Paris.

www.ingramcontent.com/pod-product-compliance
Lightning Source LLC
Chambersburg PA
CBHW071705300426
44115CB00010B/1308